Nicola Abbagnano Giovanni Fornero

FARE FILOSOFIA

AUTORI, TESTI, LABORATORIO

volume terzo

Ottocento e Novecento

con la collaborazione di

Domenico Massaro

EDIZIONE AGGIORNATA
E AMPLIATA

paravia

Coordinamento redazionale: Chiara Sottile
Redazione: Maria Cristina Strati
Ricerca iconografica: Rosy Berghelli
Grafica: Giuseppe Stefanelli
Copertina: Studio Livio, Torino.
Videoimpaginazione: Videocomp, Torino

In copertina: ritratto di Karl R. Popper;
Giorgio Morandi, *Grande natura morta metafisica*, 1918, olio su tela,
Milano, collezione E. Jesi © by SIAE 2001.

All'elaborazione delle parti antologiche e delle *Schede* hanno collaborato: Ermanno Arrigoni, Giancarlo Galeazzi, Mauro Sacchetto, Nereo Tabaroni. Domenico Massaro ha curato la riorganizzazione dei capitoli, la selezione dei testi, l'aggiornamento delle note ed è autore del cap. 10 e della sezione su Derrida del cap. 19.
Ha realizzato altresì le sezioni di *Laboratorio filosofico*, ad eccezione di quelle dei capitoli 5, 8, 12 e 19 curate da Bianca Gianquitto.

Stampato per conto della casa editrice da
Rotolito Lombarda, Pioltello, Milano, Italia

Seconda edizione

Ristampa	Anno
2 3 4 5 6 7 8 9 10	03 04 05 06 07

Prefazione

Fare filosofia è il frutto di un nuovo progetto editoriale, che si inserisce nella solida tradizione degli ormai classici manuali di Nicola Abbagnano e Giovanni Fornero. Anche in questa veste, realizzata con la collaborazione di Domenico Massaro e destinata prevalentemente agli indirizzi sperimentali, sono presenti talune caratteristiche inconfondibili della produzione filosofica Paravia, che possiamo così sintetizzare:

- *chiarezza* espositiva
- *rispetto* per tutte le posizioni teoriche
- *rigore* nella ricostruzione del pensiero dei filosofi
- *attenzione* al significato *umano* dei sistemi di pensiero.

Particolare importanza ha per noi la questione del *significato umano* del filosofare. Riteniamo, infatti, che prima (e alla radice) delle costruzioni teoriche vi siano i filosofi che le hanno elaborate, i quali si collocano pur sempre, anche se in modo critico, all'interno di una *scena*, rappresentata dal proprio tempo storico. La filosofia è dunque essenzialmente *dialogo*, in un duplice senso: dialogo tra diverse correnti di pensiero e tra i filosofi del passato (i loro *testi*) e noi.

Fare filosofia intende stimolare nell'alunno un'abitudine alla riflessione e alla ricerca, partendo dal presupposto che lo studio dei grandi pensatori del *passato* possa aiutare a *trovare le parole per dire il presente*, secondo l'insegnamento di Ricoeur per il quale *comprendere* significa *comprendersi di fronte al testo*: ogni vera comprensione è, in altri termini, comprensione di sé attraverso ciò che è diverso da sé, gli altri e il passato. Per questo abbiamo inserito alla fine di ogni capitolo un *Laboratorio filosofico* che, lungi dall'essere un noioso questionario di verifica, è costruito in modo tale da porre lo studente in atteggiamento, attivo e critico, di meditazione: quasi, secondo la bella metafora di Nietzsche, un *ruminare* sopra i pensieri degli altri con l'obiettivo di essere in grado di "pensare in proprio". Il *Laboratorio*, pertanto, richiede essenzialmente due tipi di esercizi:

- l'analisi dei testi classici, attraverso la chiarificazione di termini e concetti, la messa in evidenza delle idee centrali e della strategia argomentativa, l'identificazione del tema e della tesi (il punto di vista) dell'autore, la problematizzazione e la valutazione personale;
- la produzione – scritta, orale e dialogica – di testi che stimolino la capacità di argomentare le proprie opinioni e di pensare in modo autonomo.

Memori dell'insegnamento di Kant, secondo cui «l'uditore [l'alunno] deve apprendere *non pensieri*, ma *a pensare*; bisogna *non portarlo*, ma *guidarlo*, se si vuole che in futuro egli sia in grado di camminare da se stesso», con questo nuovo Corso di filosofia ci proponiamo di favorire lo sviluppo delle capacità logico-argomentative dello studente, attraverso la frequentazione del ricco e variegato *territorio* della filosofia, sia nel suo aspetto di *narrazione* storica che di *interpretazione* e *lettura* diretta dei classici.

L'edizione aggiornata e ampliata

A due anni dalla sua prima pubblicazione, questo terzo volume di *Fare filosofia* si presenta aggiornato e ampliato, anche sulla base dei suggerimenti giunti dai docenti, per venire incontro alle esigenze, maturate nel frattempo, di dare più ampio spazio al Novecento.

Così, si è ritenuto utile ripartire meglio la materia tra i due tomi *Autori* e *Temi*, rendendo più agile la parte dedicata ai *Temi* e ampliando quella degli *Autori*: il tomo dedicato agli *Autori* si è arricchito di nuovi capitoli dedicati al ***positivismo evoluzionistico,*** al ***neocriticismo e storicismo,*** al ***pragmatismo americano,*** fino a giungere a *Derrida* e *Rorty,* esponenti del più recente pensiero postmetafisico e postmoderno. Inoltre, tenendo presente la nuova edizione di *Protagonisti e testi della filosofia*, sono state aggiornate alla luce delle più attuali interpretazioni critiche le trattazioni di alcuni autori cardine, quali *Nietzsche* e *Heidegger,* e tutte le *bibliografie.*

Chi volesse compiere il percorso filosofico seguendo la linea dei soli *Autori* trova nell'edizione riveduta del terzo volume di *Fare filosofia* una vasta possibilità di scelta, aggiornata e completa. Il tomo dedicato ai *Temi* è stato reso più essenziale tramite lo spostamento negli *Autori* di alcuni capitoli (Freud, Weber e la scuola di Francoforte, la nuova epistemologia).

L'adozione congiunta di *Autori* e *Temi* – che proponiamo come la soluzione più idonea al conseguimento degli obiettivi formativi della disciplina – costituisce, soprattutto in questa nuova edizione, una ricca presentazione dell'avventura del pensiero umano (non solo quello occidentale) attraverso i secoli.

Giovanni Fornero
Domenico Massaro

Capitolo primo

Schopenhauer: l'irrazionalità del mondo e l'ascesi atea

SCHOPENHAUER: L'IRRAZIONALITÀ DEL MONDO E L'ASCESI ATEA*

1. VITA E OPERE

Arthur Schopenhauer nacque a Danzica il 22 febbraio 1788: suo padre era banchiere, sua madre, Giovanna, una nota scrittrice di romanzi. Viaggiò nella sua giovinezza in Francia e in Inghilterra; e dopo la morte del padre, che voleva destinarlo al commercio, frequentò l'università di Gottinga dove ebbe come maestro di filosofia lo scettico Schulze. Sulla sua formazione influirono le dottrine di Platone e di Kant. Nel 1811 a Berlino Schopenhauer ascoltava le lezioni di Fichte; nel 1813 si laureava a Jena con una tesi *Sulla quadruplice radice e del principio di ragion sufficiente*. Negli anni seguenti (1814-1818) Schopenhauer visse a Dresda. Qui attese a comporre uno scritto *Sulla vista e sui colori* (1816) in difesa delle dottrine scientifiche di Goethe, con il quale si era legato di amicizia durante un suo soggiorno a Weimar; e preparò per la stampa la sua opera principale, *Il mondo come volontà e rappresentazione*, pubblicata nel dicembre del 1818, ma con la data dell'anno successivo. Dopo un viaggio a Roma e a Napoli, si abilitò nel 1820 alla libera docenza presso l'università di Berlino e fino al 1832 tenne qui i suoi corsi liberi, senza troppo zelo e senza alcun successo. Tra il 1822 e il 1825 fu di nuovo in Italia. L'epidemia di colera del 1831 lo indusse ad andare via da Berlino; si stabilì a Francoforte sul Meno dove rimase fino alla morte, avvenuta il 21 settembre 1861. Intanto nel 1836 pubblicava *La volontà nella natura*, e nel 1841 *I due problemi fondamentali dell'etica*. L'ultima sua opera, *Parerga e paralipomena*, fu pubblicata nel 1851, ed è un insieme di trattazioni e di saggi, alcuni dei quali, per la loro forma popolare e brillante, contribuirono non poco a diffondere la sua filosofia. Essi comprendono, fra l'altro: *La filosofia delle Università*, *Aforismi sulla saggezza della vita*, *Pensieri su argomenti diversi*.

L'opera principale di Schopenhauer è *Il mondo come volontà e rappresentazione*

2. LE RADICI CULTURALI

Schopenhauer si pone come punto di incontro (o di scontro) di esperienze filosofiche eterogenee: Platone, Kant, l'Illuminismo, il Romanticismo, l'idealismo e la spiritualità indiana.

Gli influssi di Platone, di Kant, dell'Illuminismo e del Romanticismo

Di Platone lo attrae soprattutto la teoria delle «idee», intese come forme eterne sottratte alla caducità dolorosa del nostro mondo. Da Kant, che egli considera come il filosofo più grande e più originale della storia del pensiero, deriva l'impostazione *soggettivistica* della sua gnoseologia. Dell'Illuminismo lo interessano il filone materialistico e quello dell'ideologia, da cui eredita la tendenza a considerare la vita psichica e sensoriale in termini di fisiologia del sistema nervoso. Inoltre, da Voltaire desume lo spirito ironico e brillante e

* La selezione dei testi di Schopenhauer e le note di commento sono di D. Massaro.

la tendenza demistificatrice nei confronti delle credenze tramandate. Dal Romanticismo Schopenhauer trae alcuni temi di fondo del suo pensiero, come ad esempio l'irrazionalismo, la grande importanza attribuita all'arte e alla musica, e, soprattutto, il tema dell'infinito, cioè la tesi della presenza, nel mondo, di un Principio assoluto di cui le varie realtà sono manifestazioni transeunti. Altro motivo indubbiamente romantico è quello del dolore. Tuttavia, mentre il Romanticismo, sul piano filosofico, mostra una tendenza globalmente ottimistica, che si concretizza in un tentativo di dialettizzare o riscattare il negativo tramite il positivo (Dio, lo Spirito, la storia, il progresso, ecc.), Schopenhauer appare decisamente orientato verso il pessimismo, di cui è uno dei maggiori teorici.

Il rifiuto dell'idealismo

Decisiva importanza, anche se indiretta, gioca pure l'idealismo, vera «bestia nera» e «idolo polemico» dello schopenhauerismo.

Il pensiero idealistico viene spregiativamente indicato come «filosofia delle Università» e presentato come una filosofia farisaica, che non è al servizio della verità, ma di interessi volgari quali il successo e il potere, e che si propone di giustificare sofisticamente le credenze che tornano utili alla chiesa e allo stato. A Fichte e Schelling Schopenhauer riconosce tuttavia un certo ingegno, se pure male impiegato; ma, quanto a Hegel, viene descritto come «un sicario della verità», «un ciarlatano pesante e stucchevole». Nel linguaggio fiorito e pittoresco in cui egli esprime il suo poco benevolo apprezzamento sulla filosofia contemporanea, si manifesta tuttavia l'esigenza, che sentì vivissima, della libertà della filosofia, esigenza che lo fa indignare di fronte alla divinizzazione dello stato fatta da Hegel.

L'interesse per il pensiero orientale

Un caratteristico rilievo occupa pure, nell'universo spirituale di Schopenhauer, la sapienza dell'antico Oriente, alla quale egli fu avviato, nell'ambito degli interessi orientalistici del Romanticismo, da Frederich Mayer. Il rapporto fra Schopenhauer e la tradizione filosofico-religiosa dell'India è stato variamente interpretato e dibattuto fra i critici, e, data la difficoltà dell'argomento, costituisce tuttora uno dei problemi più complessi e "aperti" relativi a Schopenhauer[1].

Qualunque sia il giudizio in proposito, è comunque fuor di dubbio che Schopenhauer: **1)** è stato il primo filosofo occidentale a tentare il ricupero di alcuni motivi del pensiero dell'estremo Oriente; **2)** ha desunto da esso un prezioso repertorio di "immagini" e di espressioni suggestive, del quale ha fatto un uso abbondante nei suoi scritti; **3)** è stato un ammiratore della sapienza orientale e un "profeta" del suo successo in Occidente, al punto da scrivere:

«Spediamo ormai ai bramani clergymen inglesi [...] ma ci succede come a chi tira una palla contro una roccia. In India non potranno metter mai radice le nostre religioni: la sapienza originaria dell'uman genere non sarà soppiantata dagli accidenti successi in Galilea [= dal cristianesimo]. Viceversa torna l'indiana sapienza a fluire verso l'Europa, e produrrà una fondamentale mutazione del nostro sapere e pensare» (*Il mondo*, par. 63).

3. Il mondo della rappresentazione come «velo di Maya»

L'interpretazione schopenhaueriana dei concetti di fenomeno e cosa in sé

Il punto di partenza della filosofia di Schopenhauer è la distinzione kantiana tra fenomeno e cosa in sé. Ma questa distinzione ha poco in comune con quella veramente professata da Kant. Per quest'ultimo il fenomeno è la realtà, l'unica realtà accessibile alla mente umana; e il noumeno è un concetto-limite che serve da promemoria critico per rammentarci i *limiti*

[1] Tuttavia è bene ricordare che Icilio Vecchiotti, uno dei maggiori studiosi attuali del filosofo (e conoscitore delle filosofie orientali) è apparso decisamente contrario alla tradizionale sopravvalutazione dell'«orientalismo» di Schopenhauer, e favorevole, piuttosto, a «vanificare» per buona parte la questione stessa.

della conoscenza. Per Schopenhauer il fenomeno è invece parvenza, illusione, sogno, ovvero ciò che nell'antica sapienza indiana è detto «velo di Maya»; mentre il noumeno è una realtà che si «nasconde» *dietro* l'ingannevole trama del fenomeno, e che il filosofo ha il compito di «scoprire». Fin da principio, Schopenhauer riconduce quindi il concetto di fenomeno ad un significato estraneo allo spirito del kantismo, e che appare vicino, almeno in parte, alla filosofia indiana e buddistica, come risulta chiaramente da un passo che egli trae dagli antichi testi dei *Veda* e dei *Purana*:

«È Maya, il velo ingannatore, che avvolge gli occhi dei mortali e fa loro vedere un mondo del quale non può dirsi né che esista, né che non esista; perché ella rassomiglia al sogno, rassomiglia al riflesso del sole sulla sabbia, che il pellegrino da lontano scambia per acqua; o anche rassomiglia alla corda gettata a terra che egli prende per un serpente» (*ivi*, par. 3).

Come si può notare, "l'atmosfera" orientalistico-metafisica nella quale la filosofia di Schopenhauer immerge il lettore è ben diversa da quella gnoseologico-scientifica della *Ragion pura*. Inoltre, mentre per il Criticismo il fenomeno è l'*oggetto* della rappresentazione, che esiste *fuori* della coscienza, anche se viene appreso tramite un corredo di forme a priori (v. la «confutazione dell'idealismo» fatta nella *Critica della ragion pura*), il fenomeno di cui parla Schopenhauer è una rappresentazione che esiste solo *dentro* la coscienza. Tant'è vero che egli crede di poter esprimere l'essenza del kantismo con la tesi, che apre il suo capolavoro, secondo cui «il mondo è la mia rappresentazione». Per Schopenhauer questo è un principio simile agli assiomi di Euclide: ognuno ne riconosce la verità appena lo intende, e uno dei grandi meriti della filosofia moderna, da Cartesio a Berkeley, è di averlo portato definitivamente alla luce.

La rappresentazione

La rappresentazione ha due aspetti essenziali e inseparabili, la cui distinzione costituisce la forma generale della conoscenza: da un lato c'è il *soggetto* rappresentante, dall'altro c'è l'*oggetto* rappresentato. Soggetto e oggetto esistono soltanto all'*interno* della rappresentazione, come due lati di essa, e nessuno dei due precede o può sussistere indipendentemente dall'altro. Di conseguenza, non ci può essere soggetto senza oggetto. Il materialismo è falso perché nega il soggetto riducendolo all'oggetto o alla materia. L'idealismo (quello di Fichte) è parimenti errato poiché compie il tentativo opposto e altrettanto impossibile di negare l'oggetto riducendolo al soggetto. Sulle orme del Criticismo, anche Schopenhauer ritiene che la nostra mente, o più esattamente il nostro sistema nervoso e cerebrale[2], risultino corredati di una serie di forme a priori, la scoperta delle quali «è un capitale merito di Kant, un immenso merito» (*ivi*, par. 2). Tuttavia, a differenza di Kant, Schopenhauer ammette solo *tre* forme a priori: spazio, tempo e causalità. Quest'ultima è l'*unica* categoria (si ricordi che Kant ne aveva elencate 12), in quanto tutte le altre sono riconducibili ad essa e poiché la realtà stessa dell'oggetto si risolve completamente nella sua azione causale su altri oggetti. Tant'è vero che dire materia, puntualizza Schopenhauer, è dire azione causale, come testimonia il termine tedesco *Wirklichkeit* (realtà), che discende dal verbo *wirken* (agire).

Differenza fra Kant e Schopenhauer

La vita come «sogno» ingannevole

Poiché Schopenhauer paragona le forme a priori a dei vetri sfaccettati attraverso cui la visione delle cose si deforma, egli considera la rappresentazione come una fantasmagoria ingannevole, traendo la conclusione che la vita è «sogno», cioè un tessuto di apparenze o una sorta di «incantesimo», che fa di essa qualcosa di simile agli stati onirici. Andando alla ricerca di precedenti illustri di questa intuizione, Schopenhauer (*ivi*, par. 5) cita i filosofi *Veda* (che considerano l'esistenza comune come una sorta di illusione ottica), *Platone* (il quale «dice spesso che gli uomini non vivono che in un sogno»), *Pindaro* (il quale afferma che «l'uomo è il sogno di un'ombra»), *Sofocle* (che paragona gli individui a «simulacri e ombre leggere»), *Shakespeare* (il quale scrive che «noi siamo di tale stoffa, come quella di cui son fatti i sogni, e la nostra breve vita è chiusa in un sonno»), *Calderón de la Barca* (autore del noto dramma *La vida es sueño*).

[2] Questa maggior sottolineatura (rispetto a Kant) delle basi *fisiologiche* del processo conoscitivo è dovuta alle influenze dell'Illuminismo materialistico francese e delle sue propaggini negli ideologi.

Ma al di là del sogno e della trapunta arabescata del fenomeno esiste la realtà *vera*, sulla quale l'uomo, o meglio il filosofo che è nell'uomo, non può fare a meno di interrogarsi. Infatti, sostiene Schopenhauer, l'uomo è un «animale metafisico», che, a differenza degli altri esseri viventi, è portato a ***stupirsi*** della propria esistenza e ad interrogarsi sull'essenza ultima della vita. Ciò avviene proporzionalmente alla sua intelligenza:

L'uomo come «animale metafisico»

«Nessun essere, eccetto l'uomo, si stupisce della propria esistenza; per tutti gli animali essa è una cosa che si intuisce per se stessa, nessuno vi fa caso [...] Quanto più in basso si trova un uomo nella scala intellettuale, tanto meno misteriosa gli appare la stessa esistenza: gli sembra piuttosto che il tutto, così com'è, si comprenda da sé [...] Al contrario la meraviglia filosofica [...] è condizionata da uno svolgimento superiore dell'intelligenza, ma non da questo soltanto: senza dubbio è anche la conoscenza della morte, e con essa la considerazione del dolore e della miseria della vita, ciò che dà il più forte impulso alla riflessione filosofica e alle spiegazioni metafisiche del mondo. Se la nostra vita fosse senza fine e senza dolore, forse non verrebbe in mente a nessuno di chiedersi perché il mondo esista e perché sia fatto così com'è fatto [...]» (*Suppl.*, cap. XVII).

4. La «volontà di vivere»

Schopenhauer presenta la sua filosofia come l'integrazione necessaria di quella di Kant, poiché si vanta di aver individuato quella via d'accesso al noumeno che il filosofo della *Ragion pura* aveva precluso. Ma se la nostra mente è chiusa nell'orizzonte della rappresentazione, com'è possibile «lacerare» il velo di Maya? Com'è possibile trovare il «filo d'Arianna» per orientarci nel labirinto del relativo e attingere l'assoluto? Dove possiamo trovare quel passaggio segreto, che ci introduca nella fortezza della cosa in sé?

Se noi fossimo soltanto conoscenza e rappresentazione, o una «testa d'angelo alata senza corpo», argomenta Schopenhauer, non potremmo mai uscire dal mondo fenomenico, ossia dalla rappresentazione puramente *esteriore* di noi e delle cose. Ma poiché siamo dati a noi medesimi non solo come rappresentazione, ma anche come corpo, non ci limitiamo a "vederci" *dal di fuori*, bensì ci "viviamo" anche *dal di dentro*, godendo e soffrendo. Ed è proprio questa esperienza di base, simile ad un raggio di sole che penetra oltre la nuvola, che permette all'uomo di «squarciare» il velo del fenomeno e di afferrare la cosa in sé. Infatti, ripiegandoci su noi stessi ci rendiamo conto che l'essenza profonda del nostro io, o meglio, la cosa in sé del nostro essere globalmente considerato, è la brama o la «volontà di vivere» (***Wille zum leben***), cioè un impulso prepotente e irresistibile che ci spinge ad esistere e ad agire. Più che intelletto o conoscenza, noi siamo vita e volontà di vivere, e il nostro stesso corpo non è che la manifestazione *esteriore* dell'insieme delle nostre brame *interiori*: l'apparato digerente non è che l'aspetto fenomenico della volontà di nutrirsi, l'apparato sessuale non è che l'aspetto oggettivato della volontà di accoppiarsi e di riprodursi, e così via. E l'intero mondo fenomenico non è altro che la maniera attraverso cui la volontà si manifesta o si rende visibile a se stessa nella rappresentazione spazio-temporale. Da ciò il titolo del capolavoro di Schopenhauer: *Il mondo come volontà e rappresentazione*.

La volontà di vivere come radice noumenica dell'uomo e dell'universo

Per esprimere il concetto di questa supremazia della volontà, Schopenhauer ricorre ad una serie eloquente di immagini, scrivendo che il rapporto esistente tra la volontà e l'intelletto, fra la volontà e il corpo, fra la volontà e il fenomeno in generale, è lo stesso che intercorre fra il padrone e il servo, l'uomo e lo strumento, il cavaliere e il cavallo, il fabbro e il martello, il sole e la luna, il cuore e il capo.

Fondandosi sul principio di analogia, Schopenhauer afferma che la volontà di vivere non è soltanto la radice noumenica dell'uomo, ma anche l'essenza segreta di tutte le cose, ossia la *cosa in sé* dell'universo, finalmente svelata: «Essa è l'intimo essere, il nocciolo di ogni singolo, ed egualmente del Tutto» (*ivi*, par. 21). Infatti la volontà di vivere pervade *ogni* essere della natura, sia pure in forme distinte e secondo gradi di consapevolezza diversi, che vanno dalla materia organica, in cui appare in modo inconscio, sino all'uomo in cui essa risulta pienamente consapevole.

5. CARATTERI E MANIFESTAZIONI DELLA «VOLONTÀ DI VIVERE»

Essendo *al di là* del fenomeno, la Volontà presenta caratteri contrapposti a quelli del mondo della rappresentazione, in quanto si sottrae alle forme proprie di quest'ultimo: lo spazio, il tempo e la causalità. Innanzitutto la Volontà primordiale è *inconscia*, poiché la consapevolezza e l'intelletto costituiscono soltanto delle sue possibili manifestazioni secondarie. Di conseguenza, il termine Volontà, preso in senso metafisico-schopenhaueriano, non si identifica con quello di volontà cosciente, ma con il concetto più generale di energia o di impulso (e in questo senso si comprende perché Schopenhauer attribuisca la volontà anche alla materia inorganica e ai vegetali).

La Volontà è *inconscia*...

In secondo luogo, la Volontà risulta *unica*, poiché esistendo al di fuori dello spazio e del tempo, che hanno la prerogativa di dividere e di moltiplicare gli enti, si sottrae costituzionalmente a ciò che i filosofi del Medioevo chiamavano «principio di individuazione». Infatti la Volontà non è *qui* più di quanto non sia là, più oggi di quanto non sia stata ieri o sarà domani. Essa, dice Schopenhauer, è in una quercia come in un milione di querce. Essendo *oltre* la forma del tempo, la Volontà è anche *eterna* e indistruttibile, ossia un Principio senza inizio né fine. Per questo, Schopenhauer scrive che «alla Volontà è assicurata la vita» e paragona il perdurare dell'universo nel tempo ad un «meriggio eterno senza tramonto refrigerante», oppure all'«arcobaleno sulla cascata», non toccato dal fluire delle acque (*ivi*, par. 54).

...unica...

...eterna...

Essendo al di là della categoria di causa, e quindi di ciò che Schopenhauer denomina «principio di ragione», la Volontà si configura anche come una Forza libera e cieca, ossia come un'Energia incausata, senza un perché e senza uno scopo. Infatti noi possiamo cercare la «ragione» di questa o quella manifestazione fenomenica della Volontà, ma non della Volontà in se stessa, esattamente come possiamo chiedere ad un uomo perché voglia questo o quello, ma non perché voglia in generale. Tant'è che a quest'ultima domanda l'individuo non potrebbe rispondere che «voglio perché voglio», ossia, traducendo la frase in termini filosofici, «perché c'è in me una volontà irresistibile che mi spinge a volere». Infatti, la Volontà primordiale non ha una meta oltre se stessa: la vita vuole la vita, la volontà vuole la volontà, e ogni motivazione o scopo cade *entro* l'orizzonte del vivere e del volere (*ivi*, par. 29).

...incausata* e *senza scopo

Miliardi di esseri (vegetali, animali, umani) non vivono che per vivere e continuare a vivere. È questa, secondo Schopenhauer, l'unica crudele verità sul mondo, anche se gli uomini hanno cercato per lo più di "mascherare" la sua terribile evidenza postulando un Dio cui sarebbe finalizzata e in cui troverebbe un "senso" la *loro* vita (escludendo quindi, da questa sorta di investitura di senso, gli *altri* esseri viventi, che, almeno nelle religioni e nelle filosofie occidentali, sembrano fungere da semplice "cornice" dei destini umani). Ma Dio, nell'universo doloroso di Schopenhauer, non può esistere (v. par. 7) e l'unico Assoluto è la Volontà stessa. Infatti i suoi caratteri di fondo, cioè il fatto di essere unica, eterna, incausata, sono i caratteri che da sempre si sono conferiti a Dio e con cui soprattutto i Romantici hanno caratterizzato l'Infinito.

La crudele verità sul mondo

Schopenhauer ritiene che l'unica e infinita Volontà di vivere si manifesti nel mondo fenomenico attraverso due *fasi* logicamente distinguibili. Nella prima, la Volontà si «oggettiva» in un sistema di forme immutabili, aspaziali e atemporali, che egli chiama platonicamente «idee» e che considera alla stregua di *archetipi del mondo*. Nella seconda, la Volontà si oggettiva nei vari individui del mondo naturale, che sono nient'altro che la moltiplicazione, vista attraverso il prisma dello spazio e del tempo, delle idee. Fra gli individui e le idee esiste un rapporto di copia-modello, per il quale i singoli esseri risultano semplici riproduzioni di quell'unico prototipo originario che è l'idea.

Le «oggettivazioni» della Volontà: le *idee* e le *cose*

Il mondo delle realtà naturali si struttura a propria volta attraverso una serie di "gradi" disposti in ordine ascendente. Il grado più basso dell'oggettivazione della Volontà è costituito dalle forze generali della natura. I gradi superiori sono le piante e gli animali. Questa sorta di piramide cosmica culmina nell'uomo, nel quale la Volontà diviene pienamente consapevole. Ma ciò che acquista in coscienza, la Volontà perde in sicurezza, poiché la ragione, come guida della vita, è meno efficace dell'istinto, e fa sì che l'uomo risulti sempre, in un certo senso, un « animale malaticcio».

6. La vita è dolore

Volere è soffrire

Affermare che l'essere è la manifestazione di una Volontà infinita equivale a dire, secondo Schopenhauer, che la vita è dolore per essenza. Infatti volere significa desiderare, e desiderare significa trovarsi in uno stato di tensione, per la mancanza di qualcosa che non si ha e si vorrebbe avere. Il desiderio risulta quindi, per definizione, assenza, vuoto, indigenza: ossia dolore. E poiché nell'uomo la Volontà è più cosciente, e quindi più "affamata", egli risulta il più bisognoso e mancante degli esseri, e destinato a non trovare mai un «appagamento» verace e definitivo: «Ogni volere scaturisce da bisogno, ossia da mancanza, ossia da sofferenza. A questa dà fine l'appagamento; *tuttavia per un desiderio che venga appagato, ne rimangono almeno dieci insoddisfatti*; inoltre la brama dura a lungo, le esigenze vanno all'infinito; l'appagamento è breve e misurato con mano avara. Anzi, la stessa soddisfazione finale è solo apparente: il desiderio appagato dà tosto luogo a un desiderio nuovo: quello è un errore riconosciuto, questo un errore non conosciuto ancora. *Nessun oggetto del volere, una volta conseguito, può dare appagamento durevole* [...] *bensì rassomiglia soltanto all'elemosina, la quale gettata al mendico prolunga oggi la sua vita per continuare domani il suo tormento*» (*ivi*, par. 38).

Il piacere come cessazione di dolore

Per di più, ciò che gli uomini chiamano godimento (fisico) e gioia (psichica) è nient'altro, come avevano già sostenuto Pietro Verri e Giacomo Leopardi[3], che una *cessazione* di dolore, ossia lo scarico da uno stato preesistente di *tensione*, che ne rappresenta la *condizione* indispensabile. Infatti, argomenta Schopenhauer, perché ci sia piacere bisogna per forza che vi sia uno stato precedente di tensione o di dolore (ad esempio il godimento del bere presuppone la sofferenza della sete). La stessa cosa non vale tuttavia per il dolore, che non può affatto essere ridotto, con un puro gioco dialettico di parole, a cessazione di piacere, poiché un individuo può sperimentare una catena di dolori, senza che questi siano *preceduti* da altrettanti piaceri, mentre *ogni* piacere nasce solo come cessazione di una qualche preesistente tensione fisica o psichica. Detto negli incisivi termini figurati di una battuta dei *Parerga e paralipomena*: «Non v'è rosa senza spine, ma vi sono parecchie spine senza rose!» (II, 385).

Carattere «negativo» dell'umana felicità

Di conseguenza, mentre il dolore, identificandosi con il desiderio, che è la struttura stessa della vita, è un dato primario e permanente, il piacere è solo una funzione derivata del dolore, che vive unicamente *a spese* di esso. Tant'è che il piacere riesce a vincere il dolore solo a patto di annullare se stesso. Infatti, non appena vien meno lo stato di tensione del desiderio, cessa anche il godimento:

«Che ogni felicità sia di natura negativa soltanto, e non positiva [...] ne abbiamo una prova anche in quello specchio fedele dell'essenza del mondo e della vita che è l'arte, soprattutto nella poesia. Ogni poesia epica o drammatica può in ogni caso rappresentare soltanto uno sforzo, un'aspirazione attiva, una lotta per la conquista della felicità, e non mai la felicità stessa durevole e compiuta. Essa conduce il suo eroe attraverso mille difficoltà e pericoli

[3] Sebbene Schopenhauer non citi esplicitamente Verri, è quasi certo che il *Discorso sull'indole del piacere e del dolore* (1773) gli fosse noto, sia per la traduzione tedesca (1777) sia per l'entusiastico apprezzamento dimostrato da Kant verso il pensatore lombardo, del quale dichiarò di «sottoscrivere» senz'altro la teoria del piacere come «cessazione» del dolore. Tracce esplicite della lettura di Verri da parte di Schopenhauer emergono anche confrontando i testi delle due opere. Schopenhauer cita invece Leopardi, manifestando grande considerazione per «l'italiano» che ha saputo rappresentare in maniera «profonda» il dolore. Sembra invece che Leopardi non abbia avuto modo di conoscere il pensatore tedesco. Sul rapporto Leopardi-Schopenhauer circolano parecchi "luoghi comuni". Ciò che possiamo dire in questa sede è che si tratta di due esperienze intellettuali molto diverse, maturate in distinti contesti storico-culturali. Ciò non esclude che su *taluni* punti *specifici* del loro discorso esistenziale vi siano delle constatabili affinità.

sino alla mèta: non appena questa è raggiunta, subito lascia cadere il sipario. Null'altro, infatti, le resterebbe, se non mostrare che la luminosa mèta, nella quale l'eroe sognava di trovare la felicità, ha beffato anche lui, di modo che, quando l'ha raggiunta, egli non si trova meglio di prima» (*Il mondo*, par. 58).

Accanto al dolore, che è una realtà durevole, e al piacere, che è qualcosa di momentaneo, Schopenhauer pone, come terza situazione esistenziale di base, la noia, la quale subentra quando vien meno l'aculeo del desiderio («il possesso disperde l'attrazione») oppure il frastuono delle attività o il pungolo delle preoccupazioni. Di conseguenza, conclude Schopenhauer, *la vita umana è come un pendolo che oscilla incessantemente fra il dolore e la noia, passando attraverso l'intervallo fugace, e per di più illusorio, del piacere e della gioia.* Ma se il dolore costituisce la legge profonda della vita (tant'è che «nessuno si è mai veramente sentito felice nel presente, a meno che non fosse ubriaco»), ciò che distingue i casi e le situazioni umane è solo il diverso modo o le diverse *forme* in cui esso si manifesta: «variando secondo età e circostanze, come istinto sessuale, appassionato amore, gelosia, invidia, odio, paura, ambizione, avarizia, infermità ecc. E se finalmente non riesca a trovar via in nessun'altra forma, viene sotto la malinconia, grigia veste del tedio e della noia» (*ivi*, par. 57).

La vita come «pendolo» che oscilla fra il dolore e la noia

Poiché la Volontà di vivere, che è un desiderio perennemente inappagato e sempre rinnovantesi, si manifesta in tutte le cose sotto forma di una vera e propria *Sehnsucht* (desiderio inappagato) cosmica, il dolore non riguarda soltanto l'uomo, ma investe *ogni* creatura. *Tutto soffre*: dal fiore che appassisce per mancanza d'acqua all'animale ferito, dal bimbo che nasce al vecchio che muore. E se l'uomo, in cui si riassume e potenzia il male nel mondo, soffre di più rispetto alle altre creature, è semplicemente perché egli, avendo maggior consapevolezza, è destinato a sentire in modo più accentuato la spinta della volontà e a patire maggiormente l'insoddisfazione del desiderio e le offese dei mali. Per la stessa ragione, il genio, avendo maggiore sensibilità rispetto agli uomini comuni, è votato ad una maggior sofferenza: «chi aumenta il sapere, moltiplica il dolore», «più intelligenza avrai, più soffrirai», ripete Schopenhauer con l'*Ecclesiaste* (I, 18).

Il pessimismo cosmico

In tal modo, Schopenhauer perviene ad una delle più radicali forme di pessimismo cosmico di tutta la storia del pensiero, ritenendo che il male non sia solo nel *mondo*, ma nel *Principio* stesso da cui esso dipende. Espressione di tale dolore universale non è solo l'anelito frustrato della Volontà, ma anche la lotta crudele di tutte le cose. Infatti, dietro le celebrate «meraviglie» del creato, si cela *in realtà*, secondo il filosofo, un'«arena di esseri tormentati e angosciati, i quali esistono solo a patto di divorarsi l'un l'altro, dove perciò ogni animale carnivoro è il sepolcro vivente di mille altri e la propria autoconservazione è una catena di morti strazianti».

Al di là delle celebrate «meraviglie» del creato si celano la lotta e la sofferenza di tutte le cose

Uno degli esempi più paradossali ed espressivi di tale auto-lacerazione dell'*unica* Volontà in una *molteplicità conflittuale* di parti e di individui reciprocamente ostili che si contendono l'un l'altro «lo spazio ed il tempo», è costituito, per Schopenhauer, dalla formica gigante d'Australia «la quale, se viene divisa in due parti, ci offre lo spettacolo di un combattimento fra il capo e la coda. Il primo afferra coi denti quest'ultima, che si difende valorosamente, colpendolo col suo pungiglione; la lotta può durare anche una mezz'ora, finché entrambe le parti muoiono o sono trascinate via da altre formiche [...]».

E in questa vicenda irrazionale della vita cosmica l'individuo appare soltanto uno strumento *per* la specie, fuori della quale egli non ha valore. Di conseguenza, al di là del «breve sogno» dell'esistenza individuale, l'unico fine della natura sembra esser quello di perpetuare la vita, e, con la vita, il dolore.

Il fatto che alla Natura interessi solo la sopravvivenza della specie trova una sua manifestazione emblematica nell'amore, fenomeno che Schopenhauer ritiene basilare per l'individuo, e di cui la filosofia *deve* quindi occuparsi. Infatti l'amore, che «si impadronisce della metà delle forze e dei pensieri dell'umanità più giovane», è uno dei più forti stimoli dell'esistenza: «non esita a penetrare, disturbando, tra gli accordi degli uomini di stato e tra le ricerche dei dotti, è capace di introdurre le sue letterine amorose e le ciocche dei capelli nei portafogli ministeriali e nei manoscritti filosofici, ordisce ogni giorno le trame più complicate e cattive, scioglie i vincoli più stretti, conduce a sacrificare a volte la vita o la salute, la ricchezza, il rango e la felicità, anzi priva di coscienza l'onesto e rende traditore il fedele [...]» (*Suppl.*, cap. XLIV).

L'amore come *strumento* per perpetuare la vita della specie

Ma se l'amore è così forte da fare di Cupido «il signore degli dèi e degli uomini» è perché dietro le sue lusinghe e il suo incanto sta in realtà il freddo Genio della specie che mira alla perpetuazione della vita. In altre parole, il fine dell'amore, o lo scopo per cui esso è voluto dalla Natura, è solo l'accoppiamento (ed è per questo che l'atto sessuale è accompagnato da un particolare piacere). Ma se dietro il fascino di un bel volto c'è, in verità, un nascosto desiderio sessuale, che, con l'innamoramento, si traduce nel ciclo accoppiamento-procreazione, vuol dire che l'individuo è lo zimbello della Natura proprio là ove crede di realizzare maggiormente il proprio godimento e la propria personalità. Manifestazione dell'essenza *biologica* dell'amore è il caso-limite della mantide femmina, che divora il maschio dopo l'unione sessuale, o la triste constatazione che la donna, dopo aver adempiuto alla procreazione e all'allevamento dei figli, perde ben presto bellezza e attrattive. Ma se l'amore è un puro strumento per continuare la specie, *non c'è amore senza sessualità*. Tant'è vero che in passi di sapore pre-freudiano e pre-psicanalitico, Schopenhauer scrive:

«Ogni innamoramento, per quanto etereo voglia apparire, affonda sempre le sue radici nell'istinto sessuale» (*ivi*). «Se la passione del Petrarca fosse stata appagata, il suo canto sarebbe ammutolito [...]» (*ivi*).

L'amore *vero* non è «eros», ma «pietà»

Ed è per quest'insieme di ragioni che l'amore procreativo viene *inconsapevolmente* avvertito come «peccato» e «vergogna». Esso commette infatti il maggiore dei delitti: la perpetuazione di altre creature destinate a soffrire. Ma se l'amore, come afferma in modo aforistico Schopenhauer, è nient'altro che «due infelicità che si incontrano, due infelicità che si scambiano ed una terza infelicità che si prepara», l'unico amore di cui si può tessere l'elogio non è quello generativo dell'*eros*, ma quello disinteressato della «pietà» (v. par. 7).

TESTO 1 — COME UN PENDOLO, OSCILLIAMO SEMPRE TRA DOLORE E NOIA

Già vedemmo la natura priva di conoscenza avere per suo intimo essere un continuo aspirare, senza meta e senza posa; ben più evidente ci apparisce quest'aspirazione considerando l'animale e l'uomo. Volere e aspirare è tutta l'essenza loro, affatto simile a inestinguibile sete. Ma la base d'ogni volere è bisogno, mancanza, ossia dolore, a cui l'uomo è vincolato dall'origine, per natura. Venendogli invece a mancare oggetti del desiderio, quando questo è tolto via da un troppo facile appagamento, tremendo vuoto e noia l'opprimono: cioè la sua natura e il suo essere medesimo gli diventano intollerabile peso. La sua vita oscilla quindi come un pendolo, di qua e di là, tra il dolore e la noia, che sono in realtà i suoi veri elementi costitutivi. Tal condizione s'è dovuta singolarmente esprimere anche col fatto, che quando l'uomo ebbe posti nell'inferno tutti i dolori e gli strazi, per il cielo non rimase disponibile se non appunto la noia. [...]

La vita dei più non è che una diuturna battaglia per l'esistenza, con la certezza della sconfitta finale. Ma ciò che li fa perdurare in questa sì travagliata battaglia non è tanto l'amore della vita, quanto la paura della morte, la quale nondimeno sta inevitabile nello sfondo, e può a ogni minuto sopravvenire. La vita stessa è un mare pieno di scogli e di vortici, cui l'uomo cerca di sfuggire con la massima prudenza e cura; pur sapendo, che quand'anche gli riesca, con ogni sforzo e arte, di scamparne, perciò appunto si accosta con ogni suo passo, ed anzi vi drizza in linea retta il timone, al totale, inevitabile e irreparabile naufragio: alla morte. Questo è il termine ultimo del faticoso viaggio, e per lui peggiore di tutti gli scogli, ai quali è scampato.

Ma qui ci si presenta subito come molto notabile, che da un lato i dolori e strazi dell'esistenza possono facilmente accumularsi a tal segno che la morte stessa, nel fuggir la quale consiste l'intera vita, diviene desiderata, e spontaneamente le si corre incontro; dall'altro, che non appena miseria e dolore concedono all'uomo una tregua, la noia è subito vicino tanto, che quegli per necessità ha bisogno d'un passatempo. Quel che tutti i viventi occupa e tiene in molto, è la fatica per l'esistenza. Ma dell'esistenza, una volta che sia loro assicurata, non sanno che cosa fare: perciò il secondo impulso, che li fa muovere, è lo sforzo di alleggerirsi dal peso dell'essere, di renderlo insensibile, di «ammazzare il tempo», ossia di sfuggire alla noia. Quindi vediamo, che quasi tutti gli uomini al riparo dei bisogni e delle cure, quand'abbiano alla fine rimosso da sé tutti gli altri pesi, si trovano esser di peso a se stessi, e hanno per tanto di guadagnato ogni ora che passi, ossia ogni sottrazione fatta a quella vita appunto, per la cui conservazione il più possibile lunga avevano fino allora impiegate tutte le forze. E la noia è tutt'altro che un male di poco conto: ché finisce con l'imprimere vera disperazione sul volto. Essa fa sì che esseri, i quali tanto poco s'amano a vicenda, come gli uomini, tuttavia si cerchino avidamente, e diviene in tal modo il principio della socievolezza. Anche contro di essa, come contro altre universali calamità, vengono prese pubbliche precauzioni, e già per ragion di stato; perché questo male, non meno del suo estremo opposto, la fame, può spingere gli uomini alle maggiori sfrenatezze; *panem et circenses* vuole il popolo. Il severo sistema penitenziario di Filadelfia fa strumento di punizione la semplice noia, per mezzo di solitudine e inazione: ed è sì terribile, che già ha condotto i reclusi al suicidio. Come il bisogno è il perpetuo flagello del popolo, così è flagello la noia per le classi elevate. Nella vita borghese è rappresentata dalla domenica, come il bisogno dai sei giorni di lavoro.

Tra il volere e il conseguire trascorre dunque intera ogni vita umana. Il desiderio è, per sua natura, dolore: il conseguimento genera tosto sazietà; la mèta era solo apparente: il possesso disperde l'attrazione; in nuova forma si ripresenta il desiderio, il dolore: altrimenti, segue monotonia, vuoto, noia, contro cui è la battaglia altrettanto tormentosa quanto contro il bisogno.

A. Schopenhauer, *Il mondo come volontà e rappresentazione*,
trad. it. di P. Savj Lopez e G. De Lorenzo, Laterza, Bari, 1991, pp. 411-414

1-5. Il brano in analisi è tratto dal celebre par. 57 del libro IV de *Il mondo come volontà e rappresentazione*, in cui Schopenhauer svolge la seguente argomentazione centrale: l'essenza della vita consiste in un ininterrotto «volere e aspirare» (r. **3**). Ma che cos'è, in realtà, il volere, se non «dolore», dal momento che si vuole sempre ciò che non si ha e della cui carenza si soffre? È vero che molti desideri vengono esauditi, ma sempre altri nuovi si presentano all'uomo. In sintesi, brevi e modeste soddisfazioni non riescono ad appagare i nostri bisogni. Tutta la vita si svolge, dunque, tra l'*illusione di felicità* e la *delusione*, tra il *dolore* e la *noia*.

5-10. Schopenhauer approfondisce la sua analisi esistenziale, sostenendo che quando l'uomo si illude di aver appagato i propri bisogni si sente subito invaso da un altro più terribile sentimento, la *noia*, che è una specie di vuoto. La vita umana, dunque, si consuma oscillando senza posa tra il dolore e la noia, con alcuni brevi e fatui momenti di piacere.

11-18. La morte è il destino naturale degli esseri viventi, l'orizzonte fatale che essi temono, ma a cui non possono sfuggire. Capovolgendo il punto di vista della filosofia idealistica, contro cui ingaggia una lotta senza tregua, Schopenhauer afferma che l'uomo non sceglie tanto la vita perché la ama, quanto perché teme la morte.

19-30. Quando i dolori e le sofferenze dell'esistenza appaiono insostenibili, l'uomo arriva a desiderare la morte stessa; ma, non appena si profila una tregua a tali mali, subito affiora la noia.

30-43. Anche la noia è terribile e «insopportabile». L'uomo, che naturalmente non ama i suoi simili, pur di sfuggire alla disperazione e alla solitudine che sono generate dalla noia, si adatta a cercare la compagnia degli altri. Per illustrare quanto sia atroce per l'uomo questo sentimento, Schopenhauer ricorda i metodi carcerari del severo sistema penitenziario della città di Filadelfia, che usa proprio la noia e la solitudine come strumenti di punizione dei reclusi, presso cui erano frequenti i casi di suicidio. In genere, afferma l'autore, i ceti nobili sono afflitti dalla noia, perché hanno tutto e sono insoddisfatti, mentre i ceti popolari sono spesso sopraffatti dal dolore a causa della loro indigenza.

L'INFERNO DEL MONDO

TESTO 2

Siamo ormai persuasi *a priori*, per le generalissime considerazioni fatte, per avere investigato i primi fondamenti elementari della vita umana, che questa già per sua generica disposizione è incapace d'ogni vera felicità, anzi è essenzialmente un dolore in molteplici forme, e uno stato al tutto infelice. Potremmo adesso suscitare questa persuasione molto più vivacemente in noi, se, procedendo più *a posteriori*, venissimo a esaminare casi meglio determinati, presentassimo immagini alla fantasia, e volessimo con esempi raffigurare il martirio senza nome, che esperienza e storia ci offrono, da qualunque parte si guardi, e sotto qualsivoglia aspetto s'investighi. Ma il capitolo non avrebbe mai fine, e ci allontanerebbe dal punto di vista della generalità, che è essenziale alla filosofia. Inoltre una cotale analisi potrebb'esser forse tenuta per semplice declamazione sull'umana miseria, come se ne son fatte tante, e come tale accusata d'essere unilaterale, perché procederebbe da fatti singoli. Da codesto rimprovero e sospetto va perciò esente la nostra affatto fredda e filosofica dimostrazione, procedente dall'universale, e condotta *a priori*, dell'inevitabile dolore radicato nell'essenza della vita. La conferma *a posteriori* è facile averla dovunque. Ciascuno, che si sia svegliato dai primi sogni di giovinezza, e abbia osservato la propria e l'altrui esperienza, e guardato intorno nella vita, nella storia del passato e del tempo suo, come infine nelle opere dei grandi poeti, troverà per risultanza, quando un pregiudizio incancellabilmente impresso non paralizzi il suo giudizio, che quest'umano mondo è il regno del caso e dell'errore, i quali senza pietà vi imperano, nelle grandi come nelle piccole cose; e accanto a quelli agitano inoltre follia e malvagità la sferza. Di là deriva, che ogni cosa buona si faccia strada solo a fatica, e alcunché di nobile e di saggio ben raramente venga alla luce, raggiungendo efficacia o attenzione; mentre l'assurdo e lo stolto nel dominio del pensiero, il triviale e lo scipito nel dominio dell'arte, il malvagio e l'insidioso nel dominio delle azioni, soli tengono il campo, appena turbati da brevi interruzioni. E viceversa l'eccellenza in ogni genere è sempre un'eccezione, un caso tra milioni; sì che, quando s'è manifestata in un'opera durevole, questa, dopo esser sopravvissuta al rancore dei suoi contemporanei, rimane isolata, e la si conserva come un aerolito[4], caduto da un ordine di cose diverso da quello che qui regna. Per ciò che tocca poi la vita individuale, ogni storia di vita è una storia di dolore; ché ogni corso vitale è, di regola, una prolungata serie di grandi e piccole sventure, che ciascuno cela del suo meglio, perché sa come altri raramente ne proverebbero simpatia o compassione, bensì quasi sempre soddisfazione, vedendo un'immagine delle pene da cui sono essi in quel momento immuni. E forse non si darà mai il caso che un uomo, al termine della sua vita, se capace di riflessione e in pari tempo sincero, desideri di ricominciarla; ma invece ben più volentieri sceglierà il completo non essere. Il contenuto essenziale del celeberrimo monologo nell'*Amleto* è, ridotto in breve, questo: il nostro stato è così miserabile, che un completo non essere dovrebbe senz'altro essergli preferito. Ora, se il suicidio ci portasse veramente al non essere, sì che l'alternativa «essere o non essere» ci stesse innanzi nel pieno significato della parola, sarebbe assolutamente da scegliere, come una desiderabilissima conclusione (*a consummation devoutly to be wish'd*). Ma in noi è qualcosa, che ci dice, non stare il fatto così; tutto non sarebbe finito, la morte non è un assoluto annientamento. Corrisponde a ciò quanto attesta il padre della storia[5], né mai fu contraddetto da allora, non essere esistito uomo alcuno, il quale più d'una volta non abbia desiderato di non vedere il dì seguente. Quindi la brevità della vita, tanto spesso lamentata, potrebbe forse essere quel che la vita ha di meglio. Se finalmente a ciascuno si volessero porre sott'occhio gli orrendi dolori e strazi, a cui è la sua vita perennemente esposta, lo coglierebbe raccapriccio: e se si conducesse il più ostinato ottimista attraverso gli ospedali, i lazzaretti, le camere di martirio chirurgiche, attraverso le prigioni, le stanze di tortura, i recinti degli schiavi, pei campi di battaglia e i tribunali, aprendogli poi tutti i sinistri covi della miseria, ove ci si appiatta per nascondersi agli sguardi della fredda curiosità, e da ultimo facendogli ficcar l'occhio nella torre della fame di Ugolino, certamente finirebbe anch'egli con l'intendere di qual sorte sia questo *meilleur des mondes possibles*. Donde ha preso Dante la materia del suo *Inferno*, se non da questo nostro mondo reale? E nondimeno n'è venuto un inferno bell'e buono. Quando invece gli toccò di descrivere il cielo e le sue gioie, si trovò davanti a una difficoltà insuperabile: appunto perché il nostro mondo non offre materiale per un'impresa siffatta. Perciò non gli rimase se non trasmetterci, in luogo delle gioie paradisiache, gli ammaestramenti, che a lui furono colà impartiti dal suo antenato, dalla sua Beatrice, e da differenti santi. Da ciò apparisce abbastanza chiaro, di qual natura sia questo mondo.

A. Schopenhauer, *Il mondo come volontà e rappresentazione*, cit., pp. 426-428

[4] Intendi: meteorite.
[5] Erodoto, *Storie*, VII, 46.

1-13. La vita è dolore, anzi, con il poeta "veggente" Calderón de la Barca, Schopenhauer ripete che «il delitto maggiore dell'uomo è l'esser nato» (in spagnolo: *Pues el delito mayor / del hombre es haber nacido*, da *La vita è sogno*). A questa affermazione Schopenhauer era giunto nei paragrafi precedenti attraverso una dimostrazione *a priori*. Egli, infatti, considerando in generale l'essenza della vita (v. T. 1), aveva dedotto che essa consiste nel dolore. Ora egli si propone di confermare questa asserzione con alcuni esempi desunti dall'esperienza (dimostrazione *a posteriori*).

13-27. La conferma dell'irrazionalità del mondo, regno del caso e dell'errore (r. **18**), ci deriva, a posteriori, dall'osservazione dei fatti del passato e dalla stessa esperienza presente, oltre che dalla testimonianza dei grandi poeti. Infatti, nel campo del pensiero dominano per lo più l'assurdo e la stupidità (rr. **21-22**), nel campo dell'arte il triviale e il banale (r. **22**) e nelle azioni umane tengono il campo quasi sempre la malvagità e la furbizia (rr. **22-23**).

27-31. Ogni uomo preferisce patire in silenzio, quasi cercando di nascondere agli altri la propria sofferenza e il proprio dolore, dal momento che nel mondo non esiste vera compassione né amicizia. Gli uomini sono cattivi: «vi è nel cuore di ogni uomo — dice Schopenhauer — una belva, che attende solo il momento propizio per scatenarsi e infuriare contro gli altri» (*Parerga e paralipomena*, II, 114). La dimostrazione dell'umana cattiveria è data dalla constatazione che le disgrazie altrui provocano spesso una malcelata soddisfazione nel nostro feroce istinto egoistico, mentre ogni vantaggio del prossimo, anche piccolo, ci infastidisce e ci irrita, spingendoci talora a comportarci come quel carceriere che «quando scoprì che il suo prigioniero era riuscito faticosamente ad addomesticare un ragno e ne traeva diletto, subito lo schiacciò» (*ivi*, II, 114). Se gli uomini vivono insieme, ripete Schopenhauer seguendo un'antica tradizione di pensiero che risale a Hobbes, non è per simpatia o innata socievolezza, ma soprattutto per bisogno. Allo stesso modo, le leggi e lo stato non derivano dall'intrinseca eticità della natura umana, secondo quelle che Schopenhauer considera le *fandonie* degli idealisti, ma solo da una necessità di difesa e di regolamentazione degli istinti aggressivi degli individui.

31-43. Essendo la vita intessuta di dolore, non c'è uomo che non abbia desiderato almeno una volta di farla finita e di morire. Ma il *suicidio* non è il vero rimedio al male di vivere, perché esso, secondo Schopenhauer, «lungi dall'esser negazione della volontà, è invece un atto di forte affermazione della volontà stessa» (*Il mondo come volontà e rappresentazione*, cit., p. 519). Il suicida, infatti, vuole la vita, ed è soltanto scontento delle condizioni che gli sono toccate. «Egli — osserva con una acuta analisi Schopenhauer — non rigetta perciò in nulla la volontà di vivere, ma soltanto la vita, distruggendone il singolo fenomeno. (...) Il suicida nega soltanto l'individuo, non la specie» (*ivi*, p. 520). Il suicidio, dunque, conclude Schopenhauer, «è azione in tutto vana e stolta: ché sopprimendo il fenomeno rimane intatta la cosa in sé, come sussiste l'arcobaleno, per veloci che si succedano le gocce le quali nell'attimo lo sostengono» (*ivi*, p. 520). In effetti, Schopenhauer propone un'altra soluzione: l'ascesi mistica — non importa se cristiana o buddista — che è la vera negazione di sé e la morte della volontà di vivere. Nell'ascesi, dice Schopenhauer, l'uomo «cessa di volere, si guarda (bene) dall'attaccar la sua volontà a una cosa qualsiasi, cerca di rinsaldare in se stesso la massima indifferenza per ogni cosa» (*ivi*, p. 497).

43-56. Il brano termina con la dura requisitoria di Schopenhauer contro le filosofie ottimistiche, che da Leibniz a Hegel avevano considerato il nostro come *il migliore dei mondi possibili*. Uno dei tratti più interessanti della filosofia schopenhaueriana è la critica delle varie menzogne (oggi diremmo "ideologie") con cui gli uomini tentano di *celare* a se stessi la cruda realtà della vita. Nelle sue opere, infatti, si trovano spunti di quella che sarà definita una tecnica dello "smascheramento", che si suole attribuire ai "filosofi del sospetto" dell'età moderna, cioè Nietzsche, Marx, Freud. Dopo aver "sbugiardato" la filosofia accademica di stato, affermando che chi viene pagato per pensare non può certo filosofare liberamente, ma lo deve fare secondo le direttive che riceve da chi lo paga, e dopo essersi opposto alle ipocrisie spiritualistiche sull'amore, Schopenhauer ora intende attaccare i luoghi comuni sulla "razionalità" dell'esistenza e sulla felicità umana. Il suo bersaglio preferito è l'ottimismo cosmico di quasi tutte le filosofie occidentali, cioè quello schema di pensiero che interpreta il mondo come un organismo perfetto, provvidenzialmente governato da Dio o dalla Ragione immanente (Hegel). Questa visione, oltre ad essere "consolatrice", è anche palesemente falsa, perché la vita per Schopenhauer è un'esplosione di forze sostanzialmente irrazionali, e il mondo, anziché essere il regno della logica e dell'armonia, è il teatro dell'illogicità e della sopraffazione.

Un altro aspetto della dottrina di Schopenhauer, che lo contrappone radicalmente non solo all'idealismo romantico e alla maggioranza dei suoi contemporanei, ma anche all'intera cultura dell'Ottocento — che è stato definito «il secolo della storia» — è la polemica contro ogni forma di storicismo.

Innanzitutto Schopenhauer ridimensiona fortemente la portata conoscitiva della storia, affermando che essa non è una vera e propria scienza, in quanto, anziché procedere per concetti e leggi generali, è costretta a limitarsi alla catalogazione dell'individuale. Proprio per questo, la storia risulta inferiore anche all'arte e alla filosofia, che mirano alle strutture universali e permanenti, risultando più profonde e veritiere. Infatti gli storici, a furia di studiare *gli* uomini, finiscono per perdere di vista *l'*uomo, o per cadere nell'illusione che gli uomini mutino davvero di epoca in epoca. In realtà, sostiene Schopenhauer, se noi siamo in grado di procedere oltre le apparenze, non possiamo far a meno di scoprire, in accordo con la saggezza orientale e biblica dell'*Ecclesiaste*, che «non vi è nulla di nuovo sotto il sole», e che, al di là del miraggio del tempo e della storia, il destino dell'uomo presenta, nei suoi caratteri *essenziali* (nascita - sofferenza - morte), dei tratti immutabili: «Mentre la storia ci insegna che in ogni tempo avviene qualcosa di diverso, la filosofia si sforza di innalzarci alla concezione che in ogni tempo fu, è e sarà sempre la stessa cosa» (*Suppl.*, cap. XXXVIII).

Di conseguenza, secondo Schopenhauer, il solo modo proficuo di occuparsi di storia, valido anche per chi è "davvero" filosofo, è quello di risalire dalla storia alla filosofia della storia. Difatti, dallo studio degli avvenimenti del passato risulta evidente la costante uniformità e *ripetitività* della storia, nella quale non cambia l'essenza delle cose, ma solo la loro *facciata* accidentale e superficiale. Tant'è vero che quando uno ha letto Erodoto, il padre della storia, conosce già *tutta* la storia dell'umanità. Ma allora la storia è solo il fatale ripetersi di uno stesso dramma, che ripropone, battuta per battuta, la stessa «monotona sonata» che si è sentita e si sentirà ancora infinite volte nel mondo: chi nasce, chi muore, chi si innamora, chi invecchia, chi viene glorificato, chi viene calpestato, ecc. Quindi, se spogliamo la storia della sua pretesa di rivelarci il «diverso» e il «progressivo», se prendiamo coscienza del fatto che essa esiste solo perché l'umanità si trova nel dolore e spera di metterlo a tacere, mutando condizione o inseguendo un illusorio progresso, possiamo concludere che il compito vero della storia è di offrire all'uomo la coscienza di sé e del proprio destino.

7. Le vie di liberazione dal dolore

Da quanto si è detto, emerge chiaramente come la vita sia sostanzialmente dolore, al di là di qualsiasi *apparenza* ingannevole:

«Nella vita umana, come in ogni cattiva mercanzia, il lato esterno è mascherato con falso splendore: sempre si cela ciò che soffre; mentre ciascuno [...] quanto più interna contentezza gli manca, tanto più desidera nell'opinione altrui passare per felice» (*Il mondo* ecc., par. 59).

Schopenhauer afferma che l'esistenza, in virtù del dolore che la costituisce, è quella cosa che si impara poco per volta a non volerla. Di conseguenza, si potrebbe pensare che il sistema di Schopenhauer metta capo ad una «filosofia del suicidio universale». *Invece*, come accennato, *Schopenhauer rifiuta e condanna il suicidio* per due motivi di fondo: **1)** perché «il suicidio, lungi dall'essere negazione della volontà, è invece un atto di forte affermazione della volontà stessa» in quanto il suicida «vuole la vita ed è solo malcontento delle condizioni che gli sono toccate» (*ivi*, par. 69), per cui anziché negare veramente la volontà egli nega piuttosto la vita; **2)** perché il suicidio sopprime unicamente l'individuo, ossia *una* manifestazione fenomenica della Volontà di vivere, lasciando intatta la cosa in sé, che pur morendo in un individuo rinasce in mille altri, simile al sole che, appena tramontato da un lato, risorge dall'altro.

Il rifiuto del suicidio

Di conseguenza, secondo Schopenhauer, la vera risposta al dolore del mondo non consiste nell'eliminazione, tramite il suicidio, di una vita o più vite, ma nella *liberazione* dalla stessa Volontà di vivere.

Dalla *voluntas* alla *noluntas*

Ma com'è possibile, per l'uomo, spezzare le catene della Volontà, se quest'ultima costituisce la sua essenza e la struttura metafisica dell'universo? Più che soffermarsi su una vera e propria *giustificazione* teorica di questo passaggio-chiave (ma poco fondato) del suo pensiero, Schopenhauer preferisce richiamare l'attenzione sul *fatto* dell'esistenza di individui *eccezionali* (i geni dell'arte, i santi, gli eremiti, i mistici) che, in tutti i tempi, hanno intrapreso e sperimentato il cammino della liberazione dalla tirannia dei bisogni e dell'egoismo connessi alla volontà di vivere, dimostrando, in tal modo, che allorquando la *voluntas* perviene alla «coscienza di sé» essa tende a farsi *noluntas*, ossia negazione progressiva di se medesima.

In altre parole, dalla presa di coscienza del dolore e dal disinganno di fronte alle illusioni dell'esistere, nascono le varie "tappe" della liberazione. Schopenhauer articola l'*iter* salvifico dell'uomo in tre momenti essenziali: l'arte, la morale e l'ascesi.

a) *L'arte*

Mentre la conoscenza, e quindi la scienza, è continuamente irretita nelle forme dello spazio e del tempo, e asservita ai bisogni della volontà, l'arte, secondo Schopenhauer, è conoscenza libera e disinteressata, che si rivolge alle idee, ossia alle forme pure o ai modelli eterni delle cose. Ciò accade perché nell'arte *questo* amore, *questa* afflizione e *questa* guerra divengono ad esempio *l'*amore, *l'*afflizione e *la* guerra, ovvero *l'essenza* immutabile di tali fenomeni. Il soggetto che contempla le idee, e quindi gli aspetti *universali* della realtà, ovviamente non è più l'individuo naturale, sottoposto alle esigenze pratiche della volontà, ma il puro soggetto del conoscere, il *puro occhio del mondo*: «Mentre per l'uomo comune, il proprio patrimonio conoscitivo è la lanterna che illumina la strada, per l'uomo geniale è il sole che rivela il mondo». Proprio per questo suo carattere contemplativo e per questa sua capacità di muoversi in un mondo di forme eterne, l'arte sottrae l'individuo alla catena infinita dei bisogni e dei desideri quotidiani, con un appagamento immobile e compiuto. *Di conseguenza l'arte, secondo Schopenhauer, risulta catartica per essenza, in quanto l'uomo, grazie ad essa, più che vivere contempla la vita, elevandosi al di sopra della volontà, del dolore e del tempo.*

L'arte come contemplazione disinteressata delle idee

Le varie arti corrispondono ai gradi diversi di manifestazione della volontà. Esse vanno dall'architettura, che corrisponde al grado più basso delle manifestazioni della volontà (cioè alla materia inorganica), sino alla scultura, alla pittura e alla poesia che hanno per oggetto le idee del mondo vegetale, animale e umano. Fra le arti spicca la *tragedia* che è l'autorappresentazione del dramma della vita.

Posto a sé occupa invece la musica. Infatti essa non riproduce mimeticamente le idee, come le altre arti, ma si pone come *immediata rivelazione della volontà a se stessa*. Svolgendo in modo originale spunti già presenti nell'estetica musicale romantica, Schopenhauer sostiene che la musica si configura come l'arte più profonda e universale e come una vera e propria «metafisica in suoni», capace di metterci a contatto, al di là dei limiti della ragione, con le radici stesse della vita e dell'essere. Ogni arte è quindi liberatrice: poiché il piacere che essa procura è la cessazione del bisogno, cessazione raggiunta mercè lo svincolarsi della conoscenza dalla volontà e il suo porsi come disinteressata contemplazione. Ma la funzione liberatrice dell'arte è pur sempre temporanea e parziale e ha i caratteri di un gioco effimero o di un breve incantesimo. Di conseguenza essa non è una via per uscire dalla vita, ma solo un *conforto* alla vita stessa. La via della redenzione presuppone quindi altri sentieri.

La musica come arte suprema

Carattere temporaneo e parziale dell'evasione artistica

b) *L'etica della pietà*

A differenza della contemplazione estetica, che è un estraniarsi trasognato *dalla* realtà, la morale implica un impegno *nel* mondo a favore del prossimo. Infatti l'etica è un tentativo di superare l'egoismo e di vincere quella lotta incessante degli individui fra loro che costituisce l'*ingiustizia* e che rappresenta una delle maggiori fonti di dolore.

Pur riconoscendo, con Kant, che il «disinteresse» forma il cuore della moralità, Schopenhauer, contro Kant, sostiene che l'etica non sgorga da un imperativo categorico dettato dalla ragione, ma da un *sentimento* di «pietà» attraverso cui avvertiamo come *nostre* le sofferenze degli *altri*. Di conseguenza, la pietà non nasce da un ragionamento astratto, ma da un'esperienza vissuta, mediante la quale, squarciando i veli del nostro egoismo, compatiamo il prossimo (com-patire = sentire insieme) e giungiamo ad identificarci con il suo tormento. Tant'è vero, puntualizza il filosofo, che non basta *sapere* che la vita è dolore e che

L'origine dell'etica

tutti soffrono, perché bisogna *sentire* e realizzare questa verità nel profondo del nostro essere. Quindi non è la conoscenza che produce la moralità, ma la moralità che produce la conoscenza, in quanto, come afferma Wagner, «attraverso la compassione conosciamo» (*Parsifal*, I, V, v. 70). Infatti, tramite la pietà *sperimentiamo* quell'*unità* metafisica di tutti gli esseri che la filosofia *teorizza* e che i testi delle *Upanishad* esprimono con la sacra formula *Tat Twan asi* («questo vivente sei tu»), facendoci capire come il tormentatore e il tormentato, distinti fenomenicamente, siano, noumenicamente, una stessa realtà.

Solo per un sogno illusorio il malvagio si crede separato dagli altri e dal loro dolore: ma il rimorso temporaneo e la duratura angoscia, che accompagnano i suoi misfatti, costituiscono l'oscura consapevolezza dell'unità del Volere cosmico. Pertanto se ogni malvagità è un disconoscimento dell'unità primordiale degli esseri, ogni atto di pietà è un riconoscimento vissuto di essa, che va oltre il velo di Maya del fenomeno e del *principium individuationis* dello spazio e del tempo, attraverso i quali gli enti appaiono "moltiplicati".

La giustizia

La morale si concretizza in due virtù cardinali: la giustizia e la carità (o *agàpe*). La giustizia, che è un primo freno all'egoismo, ha un carattere negativo, poiché consiste nel *non* fare il male e nell'essere disposti a riconoscere agli altri ciò che siamo pronti a riconoscere a noi stessi.

La carità

La carità si identifica invece con la volontà positiva e attiva di fare del bene al prossimo. Diversamente dall'*eros*, che essendo egoistico e interessato è un *falso* amore, l'*agàpe*, essendo disinteressato, è *vero* amore: «ogni puro e sincero amore è pietà» (*Il mondo* ecc., par. 67). Ai suoi massimi livelli la pietà consiste nel far propria la sofferenza di tutti gli esseri passati e presenti e nell'assumere su di sé il dolore cosmico. Sebbene la morale della pietà implichi una vittoria (che Schopenhauer definisce «eccezionale» e «misteriosa») sull'egoismo, essa rimane pur sempre all'*interno* della vita e presuppone un qualche attaccamento ad essa. Di conseguenza Schopenhauer, non pago di approfondire l'esperienza della pietà, o di formulare eventuali *tecniche* per tradurla efficacemente in atto, si propone il traguardo di una liberazione *totale* non solo dall'egoismo e dall'ingiustizia, ma dalla stessa volontà di vivere. Questa liberazione è l'*ascesi*.

c) *L'ascesi*

L'ascesi e le sue forme

L'ascesi, che nasce dall'«orrore» dell'uomo «per l'essere di cui è manifestazione il suo proprio fenomeno, per la volontà di vivere, per il nocciolo e l'essenza di un mondo riconosciuto pieno di dolore» (*ivi*, par. 68), è l'esperienza per la quale l'individuo, cessando di volere la vita e il volere stesso, si propone di *estirpare* il proprio desiderio di esistere, di godere e di volere: «Con la parola ascesi [...] io intendo, nel senso più stretto, il deliberato infrangimento della volontà, mediante l'astensione dal piacevole e la ricerca dello spiacevole, l'espiazione e la macerazione spontaneamente scelta, per la continuata mortificazione della volontà» (*ivi*).

Il primo passo dell'ascesi è la «castità perfetta», che libera dalla prima e fondamentale manifestazione della volontà di vivere: l'impulso alla generazione e alla propagazione della specie. La rinuncia ai piaceri, l'umiltà, il digiuno, la povertà, il sacrificio e l'automacerazione, che sono le altre manifestazioni tipiche dell'ascetismo, tendono tutte al medesimo scopo, che è quello di sciogliere la volontà di vivere dalle proprie catene. Infatti se tale volontà fosse vinta interamente in un solo individuo, essa perirebbe tutta, perché è una sola. Il compito di questa liberazione radicale è affidato all'uomo, tramite cui l'intero mondo può essere redento.

La soppressione della volontà di vivere, di cui l'ascesi rappresenta la tecnica, è l'unico vero atto di libertà che sia possibile all'uomo. Infatti l'individuo, come fenomeno, è un anello della catena causale ed è necessariamente determinato dal suo carattere. Ma quando egli riconosce la volontà come cosa in sé, si sottrae alla determinazione dei motivi che agiscono su di lui come fenomeno. In altre parole, la coscienza del dolore come essenza del mondo non è un motivo, ma un *quietivo* del volere, capace di vincere il carattere stesso dell'individuo e le sue tendenze naturali. Quando succede ciò, l'uomo diviene libero, si rigenera ed entra in quello stato che i Cristiani chiamano di *grazia*. Tuttavia, mentre nei mistici del cristianesimo l'ascesi si conclude con l'*estasi*, che è l'ineffabile stato di unione con Dio, nel misticismo ateo di Schopenhauer il cammino nella salvezza mette capo al *nirvana* buddista, che è l'esperienza del nulla.

Il nirvana

Un nulla — si badi bene — che secondo quanto insegnano i testi e i maestri dell'Oriente non è il niente, bensì un nulla *relativo* al mondo, cioè una *negazione* del mondo stesso: «Quel che rimane dopo la soppressione completa della volontà — dice Schopenhauer alla fine della sua opera — è certamente il nulla per tutti coloro che sono ancora pieni della volontà. Ma per gli altri, in cui la volontà si è distolta da se stessa e rinnegata, questo nostro universo tanto reale, con tutti i suoi soli e le sue vie lattee è, esso, il nulla» (*ivi*, par. 71).

In altre parole, se il mondo, con tutte le sue illusioni, le sue sofferenze e i suoi rumori, è un nulla, il nirvana, per l'asceta schopenhaueriano, è un *tutto*, cioè un oceano di pace o uno spazio luminoso di serenità, in cui si dissolve la nozione stessa di «io» e di «soggetto».

L'ESTASI E IL NULLA

TESTO 3

Con la libera negazione, con la soppressione della volontà, vengono anche soppressi tutti quei fenomeni e quel perenne premere e spingere senza mèta e senza posa, per tutti i gradi dell'oggettività, nel quale e mediante il quale il mondo consiste; soppressa la varietà delle forme succedentisi di grado in grado, soppresso, con la volontà, tutto intero il suo fenomeno; poi finalmente anche le forme universali di quello, tempo e spazio; e da ultimo ancora la più semplice forma fondamentale di esso, soggetto e oggetto. Non più volontà; non più rappresentazione, non più mondo.

Davanti a noi non resta invero che il nulla. Ma quel che si ribella contro codesto dissolvimento nel nulla, la nostra natura, è anch'essa nient'altro che la volontà di vivere. Volontà di vivere siamo noi stessi, volontà di vivere è il nostro mondo. L'aver noi tanto orrore del nulla, non è se non un'altra manifestazione del come avidamente vogliamo la vita, e niente siamo se non questa volontà, e niente conosciamo se non lei. Ma rivolgiamo lo sguardo dalla nostra personale miseria e dal chiuso orizzonte verso coloro, che superarono il mondo; coloro, in cui la volontà, giunta alla piena conoscenza di sé, se medesima ritrovò in tutte le cose e quindi liberamente si rinnegò; coloro, che attendono di vedere svanire ancor solamente l'ultima traccia della volontà del corpo, cui ella dà vita. Allora, in luogo dell'incessante, agitato impulso; in luogo del perenne passar dal desiderio al timore e dalla gioia al dolore; in luogo della speranza mai appagata e mai spenta, ond'è formato il sogno di vita d'ogni uomo ancor volente: ci appare quella pace che sta più in alto di tutta la ragione, quell'assoluta quiete dell'animo pari alla calma del mare, quel profondo riposo, incrollabile fiducia e letizia, il cui semplice riflesso nel volto, come l'hanno rappresentato Raffaello e Correggio, è un completo e certo Vangelo.

La conoscenza sola è rimasta, la volontà è svanita. E noi guardiamo con profonda e dolorosa nostalgia a quello stato, vicino al quale apparisce in piena luce, per contrasto, la miseria e la perdizione del nostro. Eppur quella vista è la sola, che ci possa durevolmente consolare, quando noi da un lato abbiam riconosciuto essere insanabile dolore ed infinito affanno inerenti al fenomeno della volontà, al mondo; e dall'altro vediamo con la soppressione della volontà dissolversi il mondo, e soltanto il vacuo nulla rimanere innanzi a noi. In tal guisa adunque, considerando la vita e la condotta dei santi, che raramente ci è concesso invero d'incontrar nella nostra personale esperienza, ma che dalle loro biografie e, col suggello dell'interna verità, dall'arte ci son posti sotto gli occhi, dobbiamo discacciare la sinistra impressione di quel nulla, che ondeggia come ultimo termine in fondo a ogni virtù e santità e di cui noi abbiamo paura, come della tenebra i bambini. Discacciarla, quell'impressione, invece d'ammantare il nulla, come fanno gl'Indiani, in miti e in parole prive di senso, come sarebbero l'assorbimento in Brahma o il Nirvana dei Buddhisti. Noi vogliamo piuttosto liberamente dichiarare: quel che rimane dopo la soppressione completa della volontà è invero, per tutti coloro che della volontà ancora son pieni, il nulla. Ma viceversa per gli altri, in cui la volontà si è rivolta da se stessa e rinnegata, questo nostro universo tanto reale, con tutti i suoi soli e le sue vie lattee, è — il nulla.

A. Schopenhauer, *Il mondo*, cit., §. 71, pp. 535-536

1-7. Il processo di liberazione etica culmina nell'ascesi mistica, grazie alla quale si perviene all'annullamento della volontà di vivere e del mondo fenomenico sua espressione, cioè si perviene al "nulla" (e non ad un'altra vita o al Paradiso, come pensano le religioni). Le tappe di questo processo di ascesi sono: a) la *castità*: «il suo corpo, sano e forte, esprime per mezzo dei genitali l'istinto sessuale, ma egli rinnega la volontà e sbugiarda il corpo: non vuole la soddisfazione del sesso, a nessun patto. Volontaria, perfetta castità è il primo passo nell'ascesi, ovvero nella negazione della volontà di vivere» (*Il mondo come volontà...*, cit., p. 497); b) la *povertà*: «L'ascesi si rivela inoltre nella volontaria, meditata povertà, che non sopravviene per *accidens*, in quanto il patrimonio venga donato per lenir mali altrui, ma è già scopo a se stessa, serve di permanente mortificazione della volontà, affinché l'appagamento dei desideri e la mollezza della vita non tornino ad eccitar la volontà (...). Similmente pratica il digiuno, anzi la macerazione, l'autoflagellazione, per sempre più uccidere mediante perenne privazione e sofferenza la volontà, ch'egli conosce e aborrisce qual sorgente del proprio doloroso essere come di quello del mondo» (*ivi*, p. 499); c) la *morte*: «Viene finalmente la morte, a disciogliere questo fenomeno di questa volontà, la cui essenza qui, già da gran tempo, per libera negazione di se medesima (...) era spenta. E la morte, come invocata redenzione, è altamente benvenuta, e lietamente viene accolta. Con lei non termina in questo caso, com'è per gli altri, il solo fenomeno; bensì l'essenza medesima è soppressa (...) è il mondo insieme finito» (*ivi*, pp. 499-500).
Sopprimendo il mondo mediante l'ascesi, si sopprime anche la «volontà di vivere», che è la radice di tutte le cose. Mediante l'ascesi si esce dalla propria individualità e dalla trama del tempo e dello spazio.
Cessa, inoltre, la distinzione tra soggetto e oggetto e si raggiunge una più alta unità cosmica.

8-21. Il "nulla", che solitamente ci atterrisce quando ci facciamo condizionare dalla volontà di vivere presente in noi, nell'estasi si disvela come la massima serenità e tranquillità, la fine del susseguirsi di illusioni e delusioni. Un riflesso di questa beatitudine si può cogliere nelle opere di Raffaello e Correggio che raffigurano i grandi santi.

22-38. Ciò che per gli uomini ingenui e superficiali è tutto, in realtà non ha valore, mentre ciò che ai loro occhi è nulla ha il massimo valore. L'esempio dei santi (di tutte le religioni) è agli uomini più utile di tutte le dispute dei filosofi. «Per il filosofo — aggiunge Schopenhauer — sono adunque sotto questo riguardo incomparabilmente più istruttive e importanti, quanto alla significazione del contenuto, le biografie di santi uomini, per male che siano scritte di solito, e presentate con un misto di superstizione e di stoltezza, che non siano Plutarco e Livio» (*Il mondo come volontà*, cit., p. 504).
Secondo un punto di vista largamente diffuso tra i critici, la teoria «orientalistica» dell'ascesi costituisce la parte più debole e contraddittoria del sistema schopenhaueriano. Infatti, se la volontà si identifica con la struttura metafisica del reale, anzi con l'assoluto e con l'infinito stesso, come si può ipotizzare un suo annullamento da parte dell'asceta? E come si può coerentemente ritenere, più in generale, che la volontà, la cui essenza è appunto il volere, ad un certo momento non voglia più se stessa? Per di più, la fuga ascetica dalla vita, che è sempre un'avventura individuale che finisce per coincidere con la chiusura dell'io in se medesimo, tutto preso dalle sue tecniche auto-maceranti, non contrasta forse con l'ideale etico della pietà verso il prossimo che soffre e con l'impegno a realizzarla concretamente? Inoltre, è proprio vero che l'*unico* sbocco logico del pessimismo sia il quietismo dell'asceta, oppure, come testimoniano ad esempio il Leopardi della *Ginestra* e il Camus de *La peste*, esistono anche altri possibili, e più occidentalmente "impegnati", esiti del pessimismo? Infine, il fatto che Schopenhauer non si sia sentito *personalmente* deciso ad intraprendere la via dell'ascesi, non priva la sua filosofia della testimonianza viva del suo autore, dando l'impressione della "non-sincerità" del suo pessimismo?
Tuttavia queste critiche, come tante altre che gli sono state mosse o gli si potrebbero muovere, non debbono far perdere di vista né la sua denuncia della *realtà* del dolore, né la portata demistificatrice del suo filosofare, né la profondità di molte sue analisi, coincidenti, almeno a livello di "fenomenologia della condizione umana", con le voci più alte della sapienza di tutti i tempi. Del resto, la "ricchezza" di motivi del suo pensiero, al di là della cornice sistematica, è confermata dall'ampia serie di influssi esercitati sulla cultura successiva.

LABORATORIO FILOSOFICO

*Il pensiero di Schopenhauer fu ignorato, salvo qualche rara eccezione, per gran parte della sua vita, e le sue opere furono per lungo tempo neglette e disconosciute. L'opposizione di Schopenhauer al trionfante idealismo di Fichte e di Hegel gli costò l'indifferenza e l'ostilità degli ambienti accademici. A nulla gli valse l'espediente di tenere all'università di Berlino (nel 1820) le proprie lezioni nelle stesse ore di Hegel: il suo corso restò senza studenti e dovette interromperlo. Il motivo di tutto ciò va ricercato nell'*inattualità *delle sue idee, fortemente segnate dal pessimismo e dalla radicale ostilità per ogni visione progressiva e ottimistica della storia. Di qui la sua intransigente opposizione contro l'imperante idealismo dei professori universitari e, in particolare, contro i "tre sofisti", Fichte, Schelling e Hegel*[6]*. Ciò non significa, beninteso, che la filosofia* antistorica *di Schopenhauer fosse veramente al di là della storia. Come ha scritto C. Vasoli, «poche altre filosofie sono così legate all'età che le generò e presentano meglio* [...] *i lineamenti di una società che stava operando una radicale trasformazione tecnica ed economica, a prezzo di immani sacrifici e dolori, l'immagine di una civiltà che progrediva spietatamente attraverso l'incessante incremento dei bisogni e della loro soddisfazione. Sullo sfondo dell'esistenza e della meditazione di Schopenhauer sta infatti il mondo capitalistico del primo trentennio dell'Ottocento, l'Europa della Restaurazione e della rivoluzione industriale che distruggeva, giorno per giorno, tutti i valori e i "parametri" tradizionali della vita umana, suscitando angosciose incertezze, drammatici conflitti, profondi dissidi etici e religiosi. Né credo — continua Vasoli — si possano comprendere molti dei suoi atteggiamenti e dei suoi sentimenti, se non si avverte, quasi in filigrana, la vicina presenza di quella società di spregiudicati finanzieri, astuti mercanti e spietati capitalisti che il filosofo di Danzica conosceva, del resto, così bene, per essere nato tra loro ed averne condiviso la professione e l'attività negli anni più delicati dell'adolescenza. La concezione schopenhauriana dell'esistenza umana come puro egoismo e istinto violento di sopraffazione, l'amara condanna del vano gioco della volontà con il suo inesausto fluire di desideri, dolori, piaceri e tedio, lo stesso rifiuto teorico dell'etica attivistica tipica della civiltà borghese moderna possono essere, certo, ricondotte a precedenti dottrinali più o meno illustri, a indiscutibili suggestioni intellettuali, a questa o a quella fonte documentata. Ma il significato che esse assumono nel complesso della meditazione di Schopenhauer e nella storia della cultura filosofica del suo tempo è indubbiamente legato alla violenta, brutale tensione di un'epoca tra le più "crudeli" della storia umana. Perché è davvero difficile negare che quelle idee fossero, almeno in parte, il frutto del vicino ricordo di venti anni di guerre e di stragi, delle ansie che dominavano una società continuamente sconvolta da crisi economiche e sociali, e che in esse si riflettesse il crollo delle speranze illuministiche in un mondo dominato dalla ragione, speranze che sembravano ora così duramente smentite dall'avvento di una società sempre meno umana»*[7].

1

Sulla base delle conoscenze acquisite in questo capitolo, spiega il titolo del capolavoro di Schopenhauer *Il mondo come volontà e rappresentazione*, e successivamente elenca i tratti

[6] Su questo tema consigliamo la lettura del trattatello *Contro la filosofia universitaria*, pubblicato da Schopenhauer nei *Parerga e paralipomena*, ora in trad. it. di G. Colli, Adelphi, Milano, 1992.

[7] C. Vasoli, *Introduzione* a A. Schopenhauer, *Il mondo come volontà e rappresentazione*, cit., pp. XII-XIII.

essenziali della «rappresentazione» e della «volontà di vivere»:

RAPPRESENTAZIONE	VOLONTÀ
....	....
....	....
....	....
....	....

2

Riconduci al complesso del pensiero di Schopenhauer la seguente citazione di Shakespeare che ricorre nel I libro del *Mondo come volontà e rappresentazione*:

«We are such stuff
As dreams are made of, and our little life
Is rounded with a sleep»[8].

(Shakespeare, *La tempesta*, atto 3, scena 1)

3

Sviluppa il tema della vita che oscilla continuamente tra dolore e noia (v. T. 1) e stabilisci un confronto con il pensiero di Leopardi, l'autore che più si avvicina alle idee pessimistiche di Schopenhauer.

4

Componi un testo libero, assumendo come spunto per le tue riflessioni il seguente brano di Schopenhauer:

«Gli uomini somigliano a orologi, che vengono caricati e camminano, senza sapere il perché; ed ogni volta, che un uomo viene generato e partorito, è l'orologio della vita umana di nuovo caricato, per ancora una volta ripetere, frase per frase, battuta per battuta, con variazioni insignificanti, la stessa musica già infinite volte suonata. Ciascun individuo, ciascun volto umano e ciascuna vita non è che un nuovo breve sogno dell'infinito spirito naturale, della permanente volontà di vivere; non è che una nuova immagine fuggitiva, che la volontà traccia per gioco sul foglio infinito dello spazio e del tempo, lasciandola durare un attimo appena percettibile di fronte all'immensità di quelli, e poi cancellandola, per dar luogo ad altre. Nondimeno, e in ciò è l'aspetto grave della vita, ognuna di tali immagini fugaci, ognuno di tali insipidi capricci dev'essere pagato dalla intera volontà di vivere, in tutta la sua violenza, con molti e profondi dolori, e in ultimo con un'amara morte, a lungo temuta, finalmente venuta. Per questo ci fa così subitamente malinconici la vista d'un cadavere.

La vita d'ogni singolo, se la si guarda nel suo complesso, rilevandone solo i tratti significanti, è sempre invero una tragedia; ma, esaminata nei particolari, ha il carattere della commedia. Imperocché l'agitazione e il tormento della giornata, l'incessante ironia dell'attimo, il volere e il temere della settimana, gli accidenti sgradevoli d'ogni ora, per virtù del caso ognora intento a brutti tiri, sono vere scene di commedia. Ma i desideri sempre inappagati, il vano aspirare, le speranze calpestate senza pietà dal destino, i funesti errori di tutta la vita, con accrescimento di dolore e con morte alla fine, costituiscono ognora una tragedia. Così, quasi il destino avesse voluto aggiungere lo scherno al travaglio della nostra esistenza, deve

[8] «Noi siamo tale stoffa / come quella di cui son fatti i sogni / e la nostra breve vita è chiusa in un sonno».

la vita nostra contenere tutti i mali della tragedia, mentre noi non riusciamo neppure a conservar la gravità di personaggi tragici, e siamo invece inevitabilmente, nei molti casi particolari della vita, goffi tipi da commedia» (A. Schopenhauer, *Il mondo come volontà e rappresentazione*, cit., pp. 124-125).

SCHEDA DELLE INTERPRETAZIONI

Schopenhauer nella cultura moderna

Nonostante qualche isolato riconoscimento alle sue doti di filosofo, Schopenhauer, in un primo momento, non ebbe fortuna, tant'è vero che molte copie del suo capolavoro andarono al macero. Ciò fu dovuto, in parte, alla tendenza anti-idealistica e anti-ottimistica del suo sistema, che risultò, per i suoi tempi, oggettivamente "contro-corrente". Questo fatto è testimoniato dalle prime "recensioni", fra le quali si segnala quella di Jean-Paul Richter (1825), che parla del suo libro come di: «un'opera filosofica di genio, ardita, multilaterale, piena di perspicacia e di profondità, ma di una profondità spesso sconsolata e senza un termine ultimo, paragonabile al malinconico lago della Norvegia, sul quale nel suo cupo muro di cinta fatto di ripide rocce non si scorge mai il sole, ma nella profondità solo il cielo stellato di giorno e sopra il quale non si muove uccello né onde. Per fortuna io posso lodare, ma non sottoscrivere il libro».

Queste note di Richter hanno un preciso valore di "documento" filosofico, e non solo di reazione emotiva, poiché l'immagine del «lago norvegese» serve a comunicare tutta "l'estraneità" di Schopenhauer alla cultura del suo tempo, nonché alla comune e tradizionale maniera di concepire la vita.

Con l'ondata di pessimismo provocata dalla caduta delle «illusioni quarantottesche» e con il diverso clima culturale venutosi a creare con il tramonto dell'hegelismo, abbiamo "l'esplosione di notorietà" di Schopenhauer, che ottiene notevole successo e una schiera di appassionati discepoli, o «apostoli » ed «evangelisti», come egli stesso ebbe a chiamarli. Da questo momento inizia la vera e propria fortuna "europea" di Schopenhauer, che non concerne solo la filosofia, ma anche la letteratura e l'arte, sebbene non si traduca in vere e proprie adesioni globali alla sua dottrina, ma piuttosto, come ha rilevato Vecchiotti[9], in un tentativo di «stassellare» alcune intuizioni dal suo insieme dottrinale. Non potendo evidentemente coprire tutto l'arco di tale fortuna, ci limiteremo ad accennare ad alcuni momenti-tipo di essa, che servono a dare un'idea della singolare "presenza" di questo filosofo nella cultura moderna. Fra i primi rilevanti ammiratori di Schopenhauer troviamo Wagner. In una lettera al fratello F. Liszt, nel 1854, egli scrive ad esempio che «con il lento procedere della mia musica mi sono ora occupato esclusivamente di un uomo che è giunto a me, anche solo letterariamente, come un dono del cielo nella mia solitudine (...) Il suo pensiero principale, la negazione della volontà di vivere, è di una serietà terribile, ma è l'unico che sia "liberatorio"». E sebbene non tutti i critici siano d'accordo sulla portata dello "schopenhauerismo" di Wagner, è indubbio che alcuni noti drammi del compositore germanico risentano delle teorie del filosofo. Tipico, in questo senso, il finale di *Tristano e Isotta*, che esprime al tempo stesso la brama dell'amore e la ricerca dell'annientamento totale, sia pur nella forma, non-schopenhaueriana, del suicidio[10]:

ertrinken,	naufragare,
versinken,—	affondare,—
unbewusst,—	al di là della consapevolezza,—
höchste Lust!	suprema gioia!

Tracce rilevanti della filosofia schopenhaueriana nella musica troviamo anche nella monografia wagneriana su Beethoven. Schopenhauer è presente anche a Kierkegaard, che lo cita più volte nei *Diari*, condividendone, da un lato, la polemica contro i «professori» delle università o apprezzandone taluni motivi anti-ottimistici, ma limitandone polemicamente, dall'altro lato, la figura e la

(*segue*)

[9] Cfr. I. Vecchiotti, *A. Schopenhauer. Storia di una filosofia o della sua «fortuna»*, La Nuova Italia, Firenze, 1976.
[10] Cfr. F. Bolognesi, *La vera dottrina dell'amore di Schopenhauer*, Barghigiani, Bologna, 1980.

dottrina: «egli non è un pessimista sul serio, né completamente scevro dall'essere anch'egli un sofista»[11]. Ma l'influenza più profonda Schopenhauer l'ha forse esercitata su Nietzsche, che nella terza delle *Considerazioni inattuali* (1874) lo esalta come «educatore della Germania», sostenendo che «l'uomo di Schopenhauer assume su di sé il dolore volontario della veridicità», mettendosi in lotta con il suo tempo. Il rapporto Nietzsche-Schopenhauer va ben al di là di questo scritto elogiativo, nel quale, tra l'altro, non si parla tanto della filosofia di Schopenhauer, quanto della sua possibile efficacia culturale. Tuttavia, il rapporto tra i due pensatori non può neanche essere "liquidato" ricordando che, in seguito, Nietzsche capovolgerà la negazione ascetica della vita in un'affermazione «dionisiaca» della medesima, unendo in una comune condanna Schopenhauer, Wagner e ogni sorta di «romanticismo malato». Infatti, l'importanza *decisiva* che Schopenhauer ha rivestito per Nietzsche consiste nel fatto che alcune delle teorie più profonde di Nietzsche, e le stesse problematiche del nichilismo e del «superamento» del nichilismo, prendono le mosse proprio da Schopenhauer e dalla sua persuasione di un «mondo sdivinizzato, cieco, senza significato, folle e problematico».

Peso rimarchevole Schopenhauer esercita pure sulle cosiddette «filosofie della vita» da Simmel a Spengler e a Bergson, che dalle sue pagine "stassellano" il motivo dell'*impulso vitale primordiale* che pervade la natura, collocandolo tuttavia in un orizzonte di pensiero teso alla celebrazione dei valori vitali, e quindi ben distante dallo schopenhaueriano «orrore» di fronte alle forze scatenate dell'esistenza. Nel nostro secolo, i critici, sempre per quanto riguarda il mondo culturale tedesco, hanno rinvenuto influssi di Schopenhauer anche in autori come Wittgenstein[12], Jaspers, Heidegger e Horkheimer, nei quali, pur nella specificità delle varie posizioni, sarebbe presente un filone irrazionalistico e pessimistico derivante dal filosofo di Danzica.

Ad esempio Horkheimer ha rivendicato in più occasioni il legame fra la «teoria critica» della società e il motivo pessimistico e schopenhaueriano del dolore nel mondo, che la *praxis* rivoluzionaria, all'insegna della solidarietà e della pietà, avrebbe il compito di contrastare, ma non la pretesa di distruggere completamente.

Nella Germania del Novecento, Schopenhauer ha continuato a godere di notevole considerazione anche fra gli artisti. Basti citare, per tutti, il caso di Thomas Mann, il massimo scrittore tedesco del nostro secolo, che ha celebrato il filosofo come uno dei principali maestri e ispiratori del mondo moderno, richiamandone implicitamente il nome e l'opera nei *Buddenbrook*, in cui Thomas, il personaggio centrale del libro, fa del capolavoro di Schopenhauer una sorta di interessante scoperta.

Assai dibattuto fra gli studiosi è anche il problema dei rapporti fra Schopenhauer e la psicanalisi. Forse più che di influssi determinanti su Freud, come vorrebbero taluni critici, si può parlare, a proposito di Schopenhauer, di talune convergenze anticipatrici con la psicologia del profondo: ad esempio il tema della volontà come forza cieca che si agita nell'uomo al di là della coscienza, tenendo "in pugno" l'intelletto, costretto a giustificare a posteriori, come decisioni dell'intelligenza, brame e spinte maturate a livello istintuale, oppure la tesi della «sublimazione» delle pulsioni sessuali nel meccanismo dell'amore «sentimentale», ecc. In ogni caso, al di là di specifiche analogie, è indubbio che fra tutti i filosofi Schopenhauer risulti quello oggettivamente più vicino a Freud[13].

Anche per quanto riguarda l'area culturale *francese*, l'influenza di Schopenhauer risulta notevole ed estesa non solo ai filosofi in senso stretto (da Amiel a Bergson), ma anche, e in modo particolare, agli artisti: da Maupassant a Zola, dagli impressionisti ai simbolisti. Di André Gide vale la pena di riportare il seguente giudizio: «Quando lessi *Il mondo come volontà e come rappresentazione*, pensai subito: "Sì, le cose stanno proprio così"»[14]. Anche per quanto concerne *l'Inghilterra*, più che nei filosofi (da Stuart Mill agli evoluzionisti), la presenza di Schopenhauer è forte nei letterati: da George Eliot a Thomas Hardy (di quest'ultimo è interessante la visione anti-romantica e anti-ottimistica della natura e la tesi secondo cui la solidarietà può abitare solo nella «città degli uomini»: come appare ad esempio dalla lirica *In a wood*, del 1887). Motivi schopenhaueriani emergono anche in diverse commedie di G. B. Shaw (ad esempio *Non si può mai sapere, Uomo e superuomo*, ecc.). Anche negli altri paesi del mondo Schopenhauer ha esercitato un ampio raggio di influssi, dalla *Svezia* (che tra l'altro si è trovata d'accordo con il filosofo nel difendere i diritti degli animali) alla *Russia* (Tolstoj, ad esempio, ha definito Schopenhauer «il più geniale tra gli uomini»).

(*segue*)

[11] S. Kierkegaard, *Diario*, trad. it. a cura di C. Fabro, Morcelliana, Brescia, 1948, vol. I, p. 393.
[12] M. Micheletti, *Lo schopenhauerismo di Wittgenstein*, La Garangola, Padova, 1973.
[13] Cfr. R. K. Gupta, *Freud und Schopenhauer*, in «Journal of Ideas», XXXVI, 1975.
[14] A. Gide, *Diario*, trad. it., Bompiani, Milano, 1954, vol. III, 1928-1939.

A questo punto si potrebbe pensare che, anche nel nostro paese, un filosofo che ha avuto una tardiva quanto vasta e multiforme fortuna abbia esercitato analoghi influssi. In realtà, come scrive senza mezzi termini Vecchiotti, in Italia egli «si è trovato addirittura in una situazione squallida, forse unica nei paesi che presumano di vantare una certa cultura» (*op. cit.*, p. 89). Infatti, sebbene nel nostro paese, grazie a De Sanctis e al noto dialogo *Schopenhauer e Leopardi* (1858), si sia cominciato a parlare ben presto del filosofo tedesco, e non siano mancati studiosi appassionati del suo sistema (alcuni dei quali particolarmente acuti, come ad esempio Martinetti), è indubbio che l'opinione dominante, sin quasi ai giorni nostri, non sia stata molto favorevole al teorico della Volontà di vivere. Infatti si può dire che lo schopenhauerismo sia apparso *di fatto*, a gran parte dell'opinione colta italiana, ciò che è sembrato a Giovanni Papini, che ne *Il crepuscolo dei filosofi* (1906) lo ha definito come la «grande opera buffa della filosofia tedesca».

Mentre altrove Schopenhauer ha ispirato letterati, artisti e musicisti, in Italia la sua influenza, anche in questo senso, è stata molto scarsa. Unica eccezione è un romanziere che appartiene più alla cultura del *Mitteleuropa* che a quella del nostro paese: Italo Svevo; il quale, secondo le dichiarazioni della moglie, Lidia Veneziani, «sapeva a memoria» i testi del filosofo. Infatti nella figura dell'«inetto» e nel suo tentativo di sottrarsi alle zuffe e alle angosce della lotta per la vita, contrapponendo alla *voluntas* comune una sua peculiare *noluntas* (v. soprattutto *Una vita* o *Senilità*) vi è senz'altro un influsso di Schopenhauer mediato dall'evoluzionismo darwiniano.

Alla mancata fortuna di Schopenhauer in Italia (ripetiamo: non presso isolati studiosi, ma nell'ambito della filosofia "ufficiale") hanno indubbiamente contribuito idealisti e Marxisti. Infatti Croce e Gentile, sebbene esperti di cultura tedesca, hanno mostrato, per il suo «pessimismo» (e per quello di molti altri) un sostanziale disinteresse, oppure una preconcetta opposizione, contrapponendo al filosofo di Danzica le metafisiche certezze scaturenti dalla teoria idealistica dello Spirito come sostanza del mondo. Da parte loro, i Marxisti si sono sostanzialmente rifatti alla nota interpretazione di Lukács, svolta nella *Distruzione della ragione*, che considera lo schopenhauerismo come una «apologia indiretta» della società borghese, ossia una semplice «ideologia», che, senza negare le contraddizioni del capitalismo, «prende le mosse da questa contraddizione (...) ma ne dà un'interpretazione che torna a tutto vantaggio del capitalismo».

Sulla scia di quanto accade negli altri paesi, anche in Italia questo filosofo, negli ultimi tempi, sembra suscitare più interesse di un tempo. Da un lato ciò è dovuto alla "riscoperta" di Nietzsche, che ha comportato una parallela rinascita di interessi per Schopenhauer. Dall'altro lato deriva forse da un tipo di cultura satura di troppi miti e di troppa retorica ottimistica e sempre più convinta, nella "difficile" situazione mondiale, che il pessimismo, compreso quello di Schopenhauer, sia qualcosa di troppo complesso, di troppo antico e di troppo "universale", per poter essere "racchiuso" in determinati limiti geografici e cronologici, o per poter essere "ridotto" ad escrescenza ideologica della Germania della Restaurazione e del moderno capitalismo occidentale. In quest'ottica "l'attualità" di Schopenhauer appare simile a quella di Nietzsche, poiché risiede sostanzialmente nella sua capacità critica e *demistificante* di ogni «favola sul reale», che tenda a "velare" le innegabili "durezze" del vivere, ingannando gli uomini con oppiacei ottimismi. Ma in *questo* senso, Schopenhauer, più che fungere da stimolo per "fughe ascetiche" di tipo orientale, o per rinnovate forme di disimpegno storico, sembra fungere da *piattaforma* per quelle forme di umanesimo — ateo, religioso o agnostico — che dopo essere passate attraverso «il bagno di verità» della denuncia del dolore nel mondo, si sentono impegnate, al di là e contro Schopenhauer stesso, a *combattere* concretamente il negativo, procedendo in tal modo, come voleva il già citato Horkheimer, dallo «scandalo» filosofico di fronte al male alla lotta quotidiana contro di esso, nella convinzione che la sofferenza, pur non potendo venir estirpata del tutto, possa tuttavia, almeno per certi aspetti, essere efficacemente contrastata e ridotta.

GLOSSARIO E RIEPILOGO

«Il mondo come volontà e rappresentazione». Schopenhauer intitola in questa maniera il suo capolavoro «perché come il mondo è da un lato, in tutto e per tutto, rappresentazione (v.), così è, dall'altro lato, in tutto e per tutto, volontà (v.)» (*Il mondo*, par. 1).

La **rappresentazione** (*Vorstellung*) è la realtà in quanto oggetto di conoscenza da parte di un *soggetto*: «tutto ciò che esiste per la conoscenza — adunque questo mondo intero — è solamente oggetto in rapporto al soggetto, intuizione di chi intuisce; in una parola, rappresentazione», «Tutto (...) deve inevitabilmente aver per condizione il soggetto, ed esiste solo per il soggetto. Il mondo è rappresentazione» (par. 1). Schopenhauer fa coincidere l'ambito della rappresentazione con l'ambito del *fenomeno*, in senso kantiano. Tuttavia, tale concetto, oltre che avere una valenza più marcatamente coscienzialistico-soggettivistica (ossia di entità che esiste *dentro* la coscienza) presenta, in Schopenhauer, dei connotati metafisici e orientaleggianti estranei al kantismo. Tale è la dottrina del fenomeno come di un'*illusione* che si frappone tra noi e la cosa in sé, a guisa di un *velo* (il «velo di Maya» di cui parla la sapienza indiana) che copre il volto vero delle cose.

La **cosa in sé** di cui parla Schopenhauer non è un concetto-limite che serva soprattutto a rammentarci i *confini* della conoscenza, ma una realtà assoluta che si nasconde *dietro* l'ingannevole trama del fenomeno. Realtà che Schopenhauer, a differenza di Kant, ritiene *conoscibile*. Infatti, argomenta il filosofo, se noi fossimo soltanto conoscenza e rappresentazione, ovvero un'«alata testa d'angelo» (par. 18), non potremmo mai uscire dal mondo fenomenico, ossia da una rappresentazione puramente *esteriore* di noi e delle cose. Ma poiché siamo dati a noi medesimi non solo come rappresentazione, ma anche come corpo, non ci limitiamo a vederci *dal di fuori*, bensì ci viviamo anche *dal di dentro*, godendo e soffrendo. Ed è proprio questa esperienza di base che permette all'uomo di "squarciare" il velo del fenomeno e di rendersi conto che la cosa in sé è nient'altro che la volontà di vivere (v.).

La **Volontà di vivere** (*Wille zum Leben*) è il noumeno del mondo, ovvero l'essenza nascosta dell'universo: «Non soltanto in quei fenomeni che sono affatto simili al suo proprio — negli uomini e negli animali — egli dovrà riconoscere, come più intima essenza, quella medesima volontà; ma la riflessione prolungata lo condurrà a conoscere anche la forza che ferve e vegeta nella pianta, e quella per cui si forma il cristallo, e quella che volge la bussola al polo, e quella che scocca nel contatto di due metalli eterogenei, e quella che si rivela nelle affinità elettive della materia, come repulsione ed attrazione, separazione e combinazione (...)» (par. 21). Poiché ciò che la volontà sempre vuole è la vita, puntualizza Schopenhauer, «è tutt'uno, e semplice pleonasmo, quando invece di "volontà" senz'altro diciamo "volontà di vivere"» (par. 54). Essendo al di là del fenomeno e delle sue forme costitutive (lo spazio, il tempo e la causa), la Volontà è unica, aspaziale, atemporale e incausata (per l'illustrazione di questi attributi v. il testo) e si configura, in sostanza, come un eterno e cieco impulso, di cui tutto ciò che esiste è manifestazione od oggettivazione. *N.B.* Il concetto di volontà in Schopenhauer non coincide con il concetto di volontà *cosciente*, ma con quello, più generale, di energia o *impulso*. Di conseguenza, la Volontà cosmica può essere *sia* inconsapevole (come accade nella materia) *sia* consapevole (come accade nell'uomo).

Schopenhauer considera le **idee** (nel senso platonico del termine) come la prima e immediata oggettivazione della Volontà, ovvero come l'insieme degli *archetipi* delle cose: «Per idea intendo adunque ogni determinato ed immobile grado di obiettivazione della Volontà, in quanto esso è cosa in sé, e sta quindi fuor della pluralità. Cotesti gradi stanno ai singoli oggetti, come le loro forme eterne, o i loro modelli» (par. 25).

Dolore, piacere e noia. Dire che l'essere è Volontà equivale a dire, secondo Schopenhauer, che l'essere è costitutivamente dolore. Infatti, volere significa desiderare, e desiderare significa trovarsi in uno stato di tensione e di mancanza, che nessun appagamento può colmare. Tant'è che «per un desiderio che venga appagato, ne rimangono almeno dieci insoddisfatti». Del resto, una soddisfazione che plachi temporaneamente i desideri precipita l'uomo in una situazione altrettanto negativa, che è quella della noia. O il dolore o la noia: ecco il destino dell'uomo. L'esistenza del piacere non contraddice affatto questa verità. Infatti, ciò che gli uomini chiamano piacere è nient'altro che una cessazione momentanea dal dolore, ossia lo scarico da uno stato preesistente di tensione. Momento cui succedono inevitabilmente nuovi desideri (e quindi nuovi dolori) oppure la noia. Da ciò il pessimismo (v.).

Il **pessimismo metafisico** di Schopenhauer deriva dalla constatazione che essere = dolore, in quanto l'universo è solo Volontà *inappagata*, ossia il teatro di una vicenda di cui la *sofferenza* costituisce la *legge* immanente.

L'**amore**, inteso come *eros*, per Schopenhauer è nient'altro che uno stratagemma di cui si serve il genio della specie per *sedurre* l'individuo e indurlo alla perpetuazione della vita. Di conseguenza, l'amore procreativo va condannato.

L'**ottimismo**, in tutte le sue forme (metafisiche, sociali e storiche), viene definito da Schopenhauer come un pensare «iniquo» e come «un amaro scherno dei mali senza nome patiti dall'umanità» (par. 59).

Le **vie di liberazione** dal dolore sono le varie tappe attraverso cui l'uomo cerca di liberarsi dalla volontà di vivere e si identificano con l'arte (v.), la morale (v.) e l'ascesi (v.).

Schopenhauer respinge il **suicidio** poiché vede in esso una malcelata forma di attaccamento alla vita («il suicida vuole la vita, ed è solo malcontento delle condizioni che gli sono toccate») che, per di più, sopprime soltanto *una* manifestazione fenomenica della Volontà e non la Volontà *in se stessa*.

L'**arte**, per Schopenhauer, è la contemplazione delle idee (v.), ossia la conoscenza pura e disinteressata degli aspetti universali e immutabili della realtà. Di conseguenza, a differenza della storia, la quale si dirige a ciò che è spazio-temporalmente delimitato, l'arte, che è opera del *genio*, riproduce «l'essenziale e il permanente in tutti i fenomeni del mondo» (par. 36). Proprio per questo suo carattere contemplativo, e per questa sua capacità di dirigersi verso un mondo di forme non toccate dalla «ruota del tempo», l'arte libera l'individuo dalla catena dei desideri e dei bisogni, elevandolo al di sopra del dolore e del tempo. Tuttavia, la liberazione prodotta dalle varie arti, al culmine delle quali Schopenhauer colloca la musica (v. il testo), ha pur sempre un carattere parziale e temporaneo, che coincide con i momenti fugaci e preziosi in cui ha luogo: «Non diviene ella adunque per lui (...) un quietivo della volontà; non lo redime per sempre dalla vita, ma solo per brevi istanti, e non è ancor una via a uscir dalla vita, ma solo a volte un conforto nella vita stessa (...)» (par. 52).

La **morale**, per Schopenhauer, non sgorga da un imperativo categorico dettato dalla ragione, ma da un sentimento di pietà o di compassione nei confronti del prossimo, ossia da una «partecipazione, immediata e incondizionata, ai dolori altrui». La pietà etica si concretizza in due virtù cardinali: la giustizia e la carità: «Questa pietà è l'unica base effettiva di una giustizia spontanea e di ogni *carità* genuina» (*Il fond. d. mor.*). La giustizia, rappresentata dal principio *neminem laede*, consiste nel *non* fare del male agli altri e perciò costituisce soltanto l'aspetto «negativo» della pietà. La carità, che Schopenhauer riassume nel principio *omnes, quantum potes, juva*, coincide con la volontà attiva di fare del bene al prossimo, ossia con l'aspetto «positivo» della pietà.

L'**ascesi**, che nasce dall'«orrore dell'uomo per l'essere», è l'esperienza per la quale l'individuo, cessando di volere la vita e il volere stesso, si propone di *estirpare* il proprio desiderio di esistere, di godere e di volere mediante una serie di accorgimenti (castità, umiltà, ecc.) al culmine dei quali sta il *nirvana* (parr. 68 e 71).

INDICAZIONI BIBLIOGRAFICHE

L. Ceppa, *Schopenhauer diseducatore*, Marietti, Genova 1984.
G. Riconda, *Schopenhauer interprete dell'Occidente*, Mursia, Milano 1986[2].
U. Galimberti, *Schopenhauer e la cieca pulsione*, in Id., *Gli equivoci dell'anima*, Feltrinelli, Milano 1987, pp. 218-251.
I. Volpicelli, *A. Schopenhauer. La natura vivente e le sue forme*, Marzorati, Milano 1988.
A. Hübscher, *Arthur Schopenhauer: un filosofo contro corrente*, Mursia, Milano 1990.
A. Marini (a cura di), *Schopenhauer ieri e oggi*, Il Melangolo, Genova 1991.
F. Bazzani, *Unità, identità, differenza. Interpretazione di Schopenhauer*, Ponte alle Grazie, Firenze 1992.
G. Invernizzi, *Invito al pensiero di Schopenhauer*, Mursia, Milano 1995.
G. Simmel, *Schopenhauer e Nietzsche*, Ponte alle Grazie, Firenze 1995.
I. Vecchiotti, *Introduzione a Schopenhauer*, Laterza, Bari 1997[8].
S. Barbera, *Il mondo come volontà e rappresentazione. Introduzione alla lettura*, Carocci, Roma 1998.

SCHEDA BIBLIOGRAFICA

Queste sono le edizioni italiane principali del capolavoro di Schopenhauer, *Il mondo come volontà e rappresentazione*: a cura di C. Vasoli, con trad. it. di P. Savj Lopez e G. Di Lorenzo, Laterza, Bari, 1968; a cura di G. Riconda, con trad. it. di N. Palanga, Mursia, Milano, 1969; a cura di A. Vigliani, Mondadori, Milano, 1989. I *Supplementi* al *Mondo* sono disponibili con trad. it. di G. De Lorenzo, Laterza, Roma-Bari, 1986. Per quanto riguarda le altre opere si segnalano: *Parerga e paralipomena*, trad. it. di G. Colli, M. Montinari, E. Amendola Kuhn, 2 voll., Adelphi, Milano, 1982; *Scritti sulla musica e le arti*, a cura di F. Serpa, La Nuova Italia, Firenze, 1981; *La libertà del volere umano*, trad. it. di E. Pocar, Laterza, Roma-Bari, 1988; *La quadruplice radice del principio di ragion sufficiente*, a cura di A. Vigorelli, Guerini e associati, Milano, 1990; *Metafisica della natura*, a cura di I. Volpicelli, Laterza, Roma-Bari, 1993.

Capitolo secondo

KIERKEGAARD: LA FEDE COME ANTIDOTO CONTRO LA DISPERAZIONE

Capitolo secondo

KIERKEGAARD: LA FEDE COME ANTIDOTO CONTRO LA DISPERAZIONE

1. VITA E SCRITTI

L'impianto anti-idealistico del filosofare kierkegaardiano

I temi fondamentali della ricerca di Kierkegaard, dalla difesa della singolarità dell'uomo e dell'esistenza contro l'universalità della ragione alla categoria della libertà come possibilità, costituiscono una precisa contrapposizione all'idealismo romantico, allora dominante.

Le vicende biografiche e intellettuali

Søren Kierkegaard nacque in Danimarca a Copenhagen il 5 maggio 1813. Educato da un padre anziano nel clima di una religiosità severa, si iscrisse alla facoltà di teologia di Copenhagen, dove fra i giovani teologi dominava l'ispirazione hegeliana. Nel 1840, dopo circa 10 anni dal suo ingresso all'università, si laureava con una dissertazione *Sul concetto dell'ironia con particolare riguardo a Socrate*, che pubblicava l'anno seguente. Ma non intraprese la carriera di pastore alla quale la sua laurea lo abilitava. Nel 1841-1842 fu a Berlino e ascoltò le lezioni di Schelling, che v'insegnava la sua filosofia positiva, fondata sulla distinzione radicale tra realtà e ragione. Dapprima entusiasta di Schelling, Kierkegaard ne fu presto deluso. Dopo di allora, egli visse a Copenhagen con un capitale lasciatogli dal padre, assorto nella composizione dei suoi libri. Gli incidenti esteriori della sua vita sono scarsi e apparentemente insignificanti: il fidanzamento, che egli stesso mandò a monte, con Regina Olsen; l'attacco di un giornale umoristico, «Il corsaro», di cui si dolse e si crucciò come di una persecuzione; la polemica, che occupò gli ultimi anni della sua vita, contro l'ambiente teologico di Copenhagen e specialmente contro il teologo hegeliano Martensen. Kierkegaard moriva l'11 novembre 1855.

Gli episodi spiacevoli cui si è fatto cenno hanno avuto, nella sua vita interiore (secondo la testimonianza del *Diario*) e nelle sue opere, una risonanza profonda e apparentemente sproporzionata alla loro reale entità. Kierkegaard parla nel *Diario* di un «grande terremoto» che si è prodotto ad un certo punto nella sua vita e che lo ha costretto a mutare il suo atteggiamento di fronte al mondo. Egli accenna soltanto vagamente alla causa di questo rivolgimento («Una colpa doveva gravare su tutta la famiglia, un castigo di Dio discendere su di essa; essa doveva scomparire, cancellata come un tentativo mal riuscito dalla potente mano di Dio»); e per quanto i biografi si siano affaticati, indiscretamente quanto inutilmente, a determinarla, è chiaro che essa rimane, dinnanzi agli occhi dello stesso Kierkegaard, come una minaccia vaga e terribile insieme.

La «scheggia nelle carni»

Kierkegaard parla poi nel *Diario*, e ne parlò anche sul letto di morte, di una «scheggia nelle carni» che egli è stato destinato a portare; e anche qui, di fronte alla mancanza di ogni dato preciso, sta il carattere grave e ossessionante della cosa. Fu appunto probabilmente questa scheggia nelle carni che gli impedì di condurre in porto il suo fidanzamento con Regina Olsen, che egli ruppe, dopo qualche anno, di sua spontanea iniziativa. Anche qui nessun motivo preciso, nessuna causa determinata; solamente il senso di una minaccia oscura e inafferrabile, ma paralizzante. Perciò pure non intraprese la carriera di pastore né nessun'altra; e di fronte alla sua stessa attività di scrittore dichiarò di porsi in «un rapporto poetico», cioè in un rapporto di distacco e di lontananza: distacco ancora accentuato dal fatto che egli pubblicò i suoi libri sotto pseudonimi diversi, quasi a impedire ogni riferimento del loro contenuto alla sua stessa persona. Questi elementi biografici vanno tenuti continuamente presenti per la comprensione dell'atteggiamento filosofico di Kierkegaard.

Le opere

Ecco intanto le sue opere principali: *Il concetto dell'ironia* (1841); *Aut-Aut*, di cui fa parte il *Diario di un seduttore* (1843); *Timore e tremore* (1843); *La ripetizione* (1843); *Briciole filosofiche* (1844); *Il concetto dell'angoscia* (1844); *Prefazione* (1844); *Stadi nel cammino della vita* (1845); *Postilla conclusiva non scientifica* (1846); *Il punto di vista sulla mia attività di scrittore* (postumo ma composto nel 1846-1847); *La malattia mortale* (1849). Kierkegaard è anche autore di numerosi *Discorsi religiosi*; e pubblicò nel 1855 (maggio-settembre) il periodico «Il momento», nel quale trovarono posto i suoi attacchi contro la chiesa danese.

2. L'ESISTENZA COME POSSIBILITÀ

Il sentimento paralizzante del possibile

Una prima caratteristica dell'opera e della personalità di Kierkegaard è l'aver cercato di ricondurre la comprensione dell'intera esistenza umana alla categoria della *possibilità* e di aver messo in luce il carattere *negativo* e *paralizzante* della possibilità come tale. Già Kant aveva riconosciuto, a fondamento di ogni potere umano, una *possibilità reale* o *trascendentale*; ma di tale possibilità egli aveva messo in luce l'aspetto positivo, che ne fa un'effettiva capacità umana, limitata bensì, ma che ritrova, nei limiti stessi, la sua validità e il suo impegno di realizzazione. Kierkegaard scopre ed evidenzia, con un'energia mai prima raggiunta, l'*aspetto negativo* d'ogni possibilità che entri a costituire l'esistenza umana. Ogni possibilità è infatti, oltre che *possibilità-che-sì*, sempre anche *possibilità-che-non*: implica la non realizzazione di ciò che è possibile, quindi la minaccia del nulla. Kierkegaard vive, e scrive, sotto il segno di questa minaccia. Si è visto come tutti i tratti salienti della sua vita si siano rivestiti, ai suoi stessi occhi, di un'oscurità *problematica*. I rapporti con la famiglia, l'impegno di fidanzamento, la sua stessa attività di scrittore, gli appaiono carichi di alternative terribili, che finiscono per paralizzarlo. Egli stesso ha vissuto in pieno la figura così potentemente descritta nelle pagine finali del *Concetto dell'angoscia*: quella del *discepolo dell'angoscia*, di chi sente in sé le possibilità annientatrici e terribili che ogni alternativa dell'esistenza prospetta. Perciò, di fronte a ogni alternativa Kierkegaard si è sentito paralizzato.

Egli stesso dice di essere «una cavia d'esperimento per l'esistenza» e di riunire in sé i punti estremi di ogni opposizione. «Ciò che io sono è un nulla; questo procura a me e al mio genio la soddisfazione di conservare la mia esistenza al *punto zero*, tra il freddo e il caldo, tra la saggezza e la stupidaggine, tra il qualche cosa e il nulla come un semplice *forse*». Il punto zero è l'indecisione permanente, l'equilibrio instabile tra le alternative opposte che si aprono di fronte a qualsiasi possibilità. E forse potrebbe essere proprio questa la scheggia nelle carni di cui Kierkegaard parlava: l'impossibilità di ridurre la propria vita a un còmpito preciso, di scegliere tra le alternative opposte, di riconoscersi e attuarsi in una possibilità unica. Questa impossibilità si traduce per lui nel riconoscimento che il proprio còmpito, l'unità della propria personalità, è appunto in questa condizione eccezionale di indecisione e di instabilità e che il centro del suo io è nel non avere un centro.

Le alternative dell'esistenza

Una seconda caratteristica del pensiero di Kierkegaard è il suo sforzo costante di chiarire *le possibilità fondamentali* che si offrono all'uomo, gli stadi o i momenti della vita che costituiscono *le alternative dell'esistenza* e tra le quali l'uomo generalmente è condotto a scegliere, mentre egli, Kierkegaard, non poteva scegliere. La sua attività fu quella di un contemplativo: ed egli si disse e si credette poeta. E moltiplicò la sua personalità con *pseudonimi*, in modo da accentuare il distacco tra se stesso e le forme di vita che veniva descrivendo, in modo da far intendere chiaramente che egli stesso non s'impegnava a scegliere tra esse. Una terza caratteristica basilare del suo pensiero è il tema della *fede*. Soltanto nel cristianesimo egli vede un'àncora di salvezza: in quanto il cristianesimo gli sembrava insegnare quella stessa dottrina dell'esistenza che a lui pareva l'unica vera e nello stesso tempo offrire, con l'aiuto soprannaturale della fede, un modo per sottrarre l'uomo all'angoscia e alla *disperazione*, che ne costituiscono strutturalmente l'esistenza.

La fede

3.

La singolarità come categoria propria dell'esistenza umana

Contro l'idealismo di Hegel che dissolveva il «singolo» (cioè l'uomo concreto) nella «ragione universale», Kierkegaard proclama l'istanza del singolo, dell'esistente come tale. «La verità — egli dice — è una verità solo quando è una verità *per me*». La verità non è l'oggetto del pensiero, ma il processo con cui l'uomo se l'appropria, la fa sua e la vive: l'appropriazione della verità è la verità. Alla riflessione oggettiva propria della filosofia di Hegel, Kierkegaard contrappone la riflessione *soggettiva* ed esistenziale: una riflessione, appassionata e paradossale, in cui sono coinvolti personalmente il singolo individuo e il suo destino. Hegel ha fatto dell'uomo un genere animale giacché solo negli animali il genere è superiore al singolo. Il genere umano ha invece la caratteristica che il singolo è superiore al genere. Questo è, secondo Kierkegaard, l'insegnamento fondamentale del cristianesimo; ed è il punto su cui bisogna combattere la battaglia contro la filosofia hegeliana e in generale contro ogni filosofia che si avvalga della riflessione oggettiva. Kierkegaard considera suo compito inserire la persona singola, con tutte le sue esigenze, nella ricerca filosofica. Non per nulla egli avrebbe voluto far scrivere sulla sua tomba questa sola espressione: «Quel singolo». E non per nulla ha combattuto tutta la vita contro il panteismo idealistico, cioè contro la pretesa di identificare uomo e Dio, affermando invece «l'infinita differenza qualitativa» tra il finito e l'infinito, ossia *l'abisso* incolmabile che divide il modo d'essere del singolo da quello dell'Assoluto.

L'istanza del «singolo» e la polemica anti-hegeliana (cfr. il *Glossario*)

L'abisso fra l'uomo e Dio

4.

Gli stadi dell'esistenza

Il primo libro di Kierkegaard s'intitola significativamente *Aut-Aut*. È una raccolta di scritti pseudonimi che presentano l'alternativa di due stadi fondamentali della vita: la vita estetica e la vita morale. Il titolo stesso indica già come questi stadi non siano due gradi di uno sviluppo unico che passi dall'uno all'altro e li concili. Tra uno stadio e l'altro vi è abisso e salto. Ognuno di essi forma una vita a sé, che con le sue opposizioni interne si presenta all'uomo come un'alternativa che esclude l'altra.

a) *Vita estetica*

Lo *stadio estetico* è la forma di vita di chi esiste nell'*attimo*, fuggevolissimo e irripetibile. L'esteta è colui che vive poeticamente, cioè vive insieme di immaginazione e di riflessione. Egli è dotato di un senso finissimo per trovare nella vita ciò che vi è di interessante, e sa trattare i casi vissuti come se fossero l'opera dell'immaginazione poetica. Così l'esteta si foggia un mondo luminoso, dal quale è assente tutto ciò che la vita presenta di banale, insignificante e meschino; e vive in uno stato di ebbrezza intellettuale continua. La vita estetica esclude la *ripetizione*, che implica sempre monotonia e toglie l'interessante alle vicende più promettenti. La vita estetica è concretamente rappresentata da Kierkegaard in Giovanni, il protagonista del *Diario del seduttore*, che sa porre il suo godimento non nella ricerca sfrenata e indiscriminata del piacere, ma nella limitazione e nell'intensità dell'appagamento. Ma la vita estetica rivela la sua insufficienza e la sua miseria nella noia. *Chiunque viva esteticamente è disperato, lo sappia o non lo sappia; la disperazione è l'ultimo sbocco della concezione estetica della vita*. Essa è l'ansia di una vita diversa che si prospetta come un'altra alternativa possibile. Per raggiungere quest'altra alternativa, bisogna attaccarsi alla disperazione, scegliere e darsi ad essa con tutto l'impegno, per rompere l'involucro della pura esteticità e riagganciarsi con un salto all'altra alternativa possibile, la vita etica.

«Scegli dunque la disperazione — dice Kierkegaard — la disperazione stessa è una scelta giacché si può dubitare senza scegliere di dubitare ma non si può disperarsi senza sceglierlo. Disperandosi, si sceglie di nuovo e sceglie se stesso, non nella propria immediatezza, come individuo accidentale, ma si sceglie se stesso nella propria validità eterna».

b) *Vita etica*

La vita etica nasce appunto con questa *scelta*. Essa implica una stabilità e una *continuità* che la vita estetica, come incessante ricerca della varietà, esclude da sé. Essa è il dominio della riaffermazione di sé, del dovere e della fedeltà a se stessa: il dominio della libertà per la quale l'uomo si forma o si afferma da sé. «L'elemento estetico è quello per il quale l'uomo è immediatamente ciò che è; l'elemento etico è quello per cui l'uomo diviene ciò che diviene». Nella vita etica l'uomo singolo si sottopone a una forma, si adegua all'universale e rinuncia ad essere l'eccezione. Come la vita estetica è incarnata dal seduttore, la vita etica è incarnata dal marito. Il matrimonio è l'espressione tipica dell'eticità, secondo Kierkegaard: esso è un còmpito che può essere proprio di tutti. Mentre nella concezione estetica dell'amore una coppia di persone eccezionali può essere felice in forza della sua eccezionalità, nella concezione etica del matrimonio può diventar felice ogni coppia di sposi. Inoltre la persona etica vive del suo lavoro. Il suo lavoro è anche la sua vocazione, perciò essa lavora con piacere: il lavoro la mette in relazione con altre persone, e adempiendo il suo còmpito essa adempie a tutto ciò che può desiderare al mondo.

La scelta della scelta

La caratteristica della vita etica in questo senso è la *scelta* che l'uomo fa di se stesso. *La scelta di se stesso è una scelta assoluta perché non è la scelta di una qualsiasi determinazione finita (che non è mai il «se stesso») ma la scelta della libertà: cioè in fondo della scelta stessa.* Una volta effettuata questa scelta, l'individuo scopre in sé una ricchezza infinita, scopre che ha in sé una storia nella quale riconosce la sua identità con se stesso. Questa storia include i suoi rapporti con gli altri, sicché, nel momento in cui l'individuo sembra isolarsi di più, penetra più profondamente nella radice con la quale si riattacca all'intera umanità. Per la sua scelta, egli non può rinunziare a nulla della sua storia, neanche agli aspetti di essa più dolorosi e crudeli; e nel riconoscersi in questi aspetti, egli si *pente*. Il pentimento è l'ultima parola della scelta etica, quella per cui questa scelta appare insufficiente e trapassa nel dominio religioso.

Il «pentimento» e l'apertura a Dio

«Il pentimento dell'individuo — dice Kierkegaard — coinvolge se stesso, la famiglia, il genere umano, finché egli si ritrova in Dio. Solo a questa condizione egli può scegliere se stesso e questa è la sola condizione che egli vuole perché solo così può scegliere se stesso in senso assoluto». La scelta assoluta è dunque pentimento, *riconoscimento della propria colpevolezza*, della colpevolezza perfino di ciò che si è ereditato. «Il suo se stesso si trova in qualche modo fuori di lui e dev'essere conquistato; e il pentimento è il suo amore perché egli lo sceglie assolutamente, per la mano di Dio». Questo è lo scacco finale della vita etica, lo scacco per cui essa, in virtù della stessa struttura che la costituisce, tende a raggiungere la vita religiosa.

c) *Vita religiosa*

Non c'è tuttavia continuità tra la vita etica e quella religiosa. Tra esse c'è anzi un abisso ancora più profondo, un'opposizione ancora più radicale di quella tra l'estetica e l'etica.

La vicenda di Abramo

Kierkegaard chiarisce questa opposizione in *Timore e tremore*, raffigurando la vita religiosa nella persona di Abramo. Vissuto fino a 70 anni nel rispetto della legge morale, Abramo riceve da Dio l'ordine di uccidere il figlio Isacco e di infrangere così la legge per la quale è vissuto. Il significato della figura di Abramo sta nel fatto che il sacrificio del figlio non gli è suggerito da una qualsiasi esigenza morale (come fu, ad esempio, per il console Bruto), ma da un puro comando divino che è in contrasto con la legge morale e con l'affetto naturale e non trova alcuna giustificazione innanzi ai familiari stessi di Abramo. In altri termini, l'affermazione del principio religioso sospende interamente l'azione del principio morale. Tra i due princìpi non c'è possibilità di conciliazione o di sintesi. La loro opposizione è radicale. Ma se è così, la scelta tra i due princìpi non può essere facilitata da nessuna considerazione generale, né decisa in base a nessuna regola. L'uomo che ha fede, come Abramo, opterà per il principio religioso, seguirà l'ordine divino anche a costo di una rottura totale con la generalità degli uomini e con la norma morale. Ma la fede non è un principio generale: è un rapporto privato tra l'uomo e Dio, un rapporto assoluto con l'Assoluto. È il dominio della solitudine: non si entra in essa "in compagnia", non si odono voci umane e non si scorgono regole. Di qui deriva il carattere incerto e rischioso della vita religiosa.

Ad esempio, come può l'uomo esser certo di essere l'*eccezione giustificata*? Come può sapere che egli è l'eletto, colui al quale Dio ha affidato un còmpito eccezionale, che esige e giustifica la sospensione dell'etica? C'è un solo segno indiretto: la forza angosciosa con cui proprio questa domanda si pone all'uomo che è stato veramente eletto da Dio. L'angoscia dell'incertezza è la sola assicurazione possibile. La fede è appunto la certezza angosciosa, l'angoscia che si rende certa di sé e di un nascosto rapporto con Dio. L'uomo può pregare Dio che gli conceda la fede; ma la possibilità di pregare non è essa stessa un dono divino? Così c'è nella fede una contraddizione ineliminabile. La fede è paradosso e scandalo. Cristo è il segno di questo paradosso: è colui che soffre e muore come uomo, mentre parla e agisce come Dio; è colui che è e si deve riconoscere come Dio, mentre soffre e muore come un misero uomo. *L'uomo è posto di fronte al bivio: credere o non credere. Da un lato è lui che deve scegliere, dall'altro ogni sua iniziativa è esclusa perché Dio è tutto e da lui deriva anche la fede. La vita religiosa è nelle maglie di questa contraddizione inesplicabile.* Ma questa contraddizione è quella stessa dell'esistenza umana. Kierkegaard vede perciò rivelata dal cristianesimo la sostanza stessa dell'esistenza. Paradosso, scandalo, contraddizione, necessità e nello stesso tempo impossibilità di decidere, dubbio, angoscia, sono le caratteristiche dell'esistenza e sono nello stesso tempo i fattori essenziali del cristianesimo.

La fede come paradosso e scandalo

Di un cristianesimo, però, che Kierkegaard si accorse (negli ultimi anni della vita) esser assai lontano da quello delle religioni ufficiali. «Sono in possesso di un libro — egli scrisse una volta — che in questo paese può dirsi sconosciuto e di cui voglio quindi dare il titolo: "Il Nuovo Testamento di nostro Signore e Salvatore Gesù Cristo"». La polemica contro il pacifico e accomodante cristianesimo della chiesa danese, polemica nella quale dichiarò di scendere in campo, più che per il cristianesimo, per la sincerità e l'onestà, dimostra come in realtà egli difendesse nel cristianesimo il significato dell'esistenza che aveva riconosciuto e fatto proprio. Ma questo significato, se si trova espresso e, per così dire, incarnato storicamente nel cristianesimo, non è limitato al dominio religioso, ma è connesso con ogni forma o stadio dell'esistenza. La religione ne è consapevole, ma non lo monopolizza: la vita estetica e la vita etica lo includono, come si è visto, ugualmente. E le opere più significative di Kierkegaard sono quelle che lo affrontano direttamente e lo fissano nel suo significato umano.

5. IL SENTIMENTO DEL POSSIBILE: L'ANGOSCIA

Kierkegaard si è dapprima fermato a delineare gli stadi fondamentali della vita, presentandoli come alternative escludentisi e come situazioni dominate da irrimediabili contrasti interni. L'approfondimento della sua ricerca lo porta al punto centrale nel quale si radicano le stesse alternative della vita e i loro contrasti: l'esistenza come possibilità. Kierkegaard affronta direttamente, nelle sue due opere fondamentali, il *Concetto dell'angoscia* e *La malattia mortale*, la situazione di radicale incertezza, di instabilità e di dubbio, in cui l'uomo si trova costituzionalmente per la natura problematica del modo d'essere che gli è proprio. Nel *Concetto dell'angoscia* questa situazione è chiarita nei confronti del rapporto dell'uomo con il mondo, nella *Malattia mortale* nei confronti del rapporto dell'uomo con se stesso, cioè nel rapporto costitutivo dell'io.

L'angoscia come esperienza vissuta e tormentosa della possibilità

L'*angoscia* è la condizione generata nell'uomo dal possibile che lo costituisce. Essa è strettamente connessa con il peccato ed è a fondamento dello stesso peccato originale. L'innocenza di Adamo è ignoranza; ma è un'ignoranza che contiene un elemento che determinerà la caduta. Questo elemento non è né calma né riposo; non è neppure turbamento o lotta, perché non c'è ancora niente contro cui lottare. Non è che un niente; ma proprio questo niente genera l'angoscia. A differenza del timore e di altri stati analoghi che si riferiscono sempre a qualcosa di determinato, l'angoscia non si riferisce a nulla di preciso. Essa è il puro sentimento della possibilità.

«Il divieto divino — dice Kierkegaard — rende inquieto Adamo perché sveglia in lui la possibilità della libertà. Ciò che si offriva all'innocenza come il niente dell'angoscia è ora entrato in lui, e qui ancora resta un niente: l'angosciante possibilità di *potere*. Quanto a ciò che può, egli non ne ha nessuna idea, altrimenti sarebbe presupposto ciò che ne segue, cioè la differenza tra il bene e il male. Non vi è in Adamo che la possibilità di potere, come una forma superiore d'ignoranza, come un'espressione superiore di angoscia, giacché in questo grado più alto essa è e non è, egli l'ama e la fugge».

Nell'ignoranza di ciò che può, Adamo possiede il suo potere nella forma della pura possibilità; e l'esperienza vissuta di questa possibilità è l'angoscia. L'angoscia non è né necessità né libertà astratta, cioè libero arbitrio; è libertà *finita*, cioè limitata e impastoiata, e così si identifica con il sentimento della possibilità.

La connessione fra l'angoscia, il possibile e il futuro

La connessione dell'angoscia con il possibile si rivela nella connessione del possibile con l'avvenire. Il possibile corrisponde completamente all'avvenire. «Per la libertà, il possibile è l'avvenire, per il tempo l'avvenire è il possibile. Così all'uno come all'altro, nella vita individuale corrisponde l'angoscia». Il passato può angosciare solo in quanto si ripresenta come futuro, cioè come una possibilità di ripetizione. Così una colpa passata genera angoscia solo se non è veramente passata, giacché se fosse tale potrebbe generare pentimento, non angoscia. L'angoscia è legata a ciò che non è ma può essere, al nulla che è possibile o alla possibilità nullificante. Essa è legata strettamente alla condizione umana. Se l'uomo fosse angelo o bestia, non conoscerebbe l'angoscia; e difatti essa manca o diminuisce negli stadi che degradano o inclinano verso la bestialità.

TESTO 1 L'ANGOSCIA

In una favola di Grimm si racconta di un ragazzo che andò in cerca di avventure per imparare a sentire l'angoscia. Lasciamo andare quell'avventuriere senza domandare in quale modo egli per la strada potesse imbattersi nel terribile. Vorrei dire, però, che questo – cioè l'imparare a sentire l'angoscia – è un'avventura attraverso la quale deve passare ogni uomo, affinché non vada in perdizione, o per non essere mai stato in angoscia o per essersi immerso in essa: chi invece imparò a sentire l'angoscia nel modo giusto, ha imparato la cosa più alta. Se l'uomo fosse un animale o un angelo, non potrebbe angosciarsi. Poiché è una sintesi egli può angosciarsi, e più profonda è l'angoscia più grande è l'uomo; non l'angoscia, come gli uomini l'intendono di solito, cioè l'angoscia che riguarda l'esteriore, ciò che sta fuori dell'uomo, ma l'angoscia che egli stesso produce. Soltanto in questo senso bisogna intendere il racconto del vangelo quando si dice che Cristo fu angosciato fino alla morte (*Matteo* 26, 28), come pure quando egli dice a Giuda «Quello che fai, fallo presto» (*Giovanni* 13, 27). Nemmeno la terribile espressione di Cristo che mise in angoscia lo stesso Lutero quando predicava su di essa: «Dio mio, Dio mio, perché mi hai abbandonato?» (*Matteo* 27, 46), nemmeno queste parole esprimono così fortemente il patimento; infatti, coll'ultima si indica uno stato in cui Cristo si trova, la prima invece indica il rapporto con uno stato che non è.

L'angoscia è la possibilità della libertà; soltanto quest'angoscia ha, mediante la fede, la capacità di formare assolutamente, in quanto distrugge tutte le finitezze scoprendo tutte le loro illusioni. E nessun grande inquisitore tiene pronte torture così terribili come l'angoscia, nessuna spia sa attaccare con tanta astuzia la persona sospetta, proprio nel momento in cui è più debole, né sa preparare così bene i lacci per accalappiarlo come sa l'angoscia; nessun giudice, per sottile che sia, sa esaminare così a fondo l'accusato come l'angoscia che non se lo lascia mai sfuggire, né nel divertimento, né nel chiasso, né sotto il lavoro, né di giorno, né di notte. Colui che è formato dall'angoscia, è formato mediante possibilità; e soltanto chi è formato dalla possibilità, è formato secondo la sua infinità. Perciò la possibilità è la più pesante di tutte le categorie. Veramente si sente dire spesso il contrario, che la possibilità è così lieve e la realtà invece tanto pesante. [...]

Di solito la possibilità di cui si dice che è così lieve, s'intende come possibilità di felicità, di fortuna, ecc. Ma questa non è affatto la possibilità; questa è un'invenzione fallace che gli uomini, nella loro corruzione, imbellettano per avere almeno un pretesto per lamentarsi della vita e della Provvidenza e per avere un'occasione di farsi importanti ai propri occhi. No, nella possibilità tutto è ugualmente possibile e chi fu realmente educato mediante la possibilità, ha compreso tanto il lato terribile quanto quello piacevole. Se un tale esce dalla scuola delle possibilità sapendo, meglio che non un bambino il suo ABC, ch'egli dalla vita non può pretendere assolutamente nulla e che il lato terribile, la perdizione, l'annientamento, abita con ogni uomo a porta a porta, e se ha tratto profitto dall'esperienza che l'angoscia, di cui egli si angosciava, lo assale nel momento seguente, allora darà alla realtà un'altra spiegazione, esalterà la realtà, e anche quando essa pesa grave sopra di lui, si ricorderà che essa è molto più leggera di quanto non fosse la possibilità.

S. Kierkegaard, *Il concetto dell'angoscia*, in *Opere* (a cura di C. Fabro), Sansoni, Firenze, 1972, pp. 193-194

1-9. Con questo testo siamo nel cuore del pensiero di Kierkegaard, per il quale l'uomo, essendo strutturalmente possibilità, è anche essenzialmente angoscia. L'uomo deve imparare a sentire l'angoscia nel modo giusto, perché essa gli consente di fare il salto della fede. L'uomo, pertanto, deve evitare due errori fatali: sia l'errore di schivare l'angoscia sia quello di restarne impigliato e dominato. Ma che cosa significa veramente l'angoscia? Per Kierkegaard l'angoscia non è la paura o il timore per la perdita di oggetti esteriori: essa non ha nulla a che vedere con ciò che è esterno all'uomo. L'angoscia è l'uomo stesso, il suo essere possibilità o apertura all'infinito. Soltanto in questo senso si può dire che essa è tipica dell'uomo, e non dell'animale o dell'angelo.

9-15. La frase più terribile pronunciata da Cristo non è quella che impressionava Lutero: «Mio Dio, perché mi hai abbandonato?», ma l'altra che Egli rivolse a Giuda: «Quello che fai, fallo presto!» (r. **11**). La prima affermazione esprime la sofferenza per ciò che *accadeva*, la seconda l'angoscia per ciò che *poteva* accadere (rr. **14-15**). Soltanto in quest'ultima, dunque, si rivela veramente l'umanità di Cristo: perché umanità significa angoscia.

16-36. La povertà spirituale sottrae l'uomo all'angoscia; ma l'uomo sottratto all'angoscia diventa schiavo di tutte le circostanze che lo spingono di qua e di là senza meta. L'angoscia è la stessa possibilità della libertà. Essa è la più gravosa delle categorie. Kierkegaard collega strettamente l'angoscia con il principio dell'*infinità* o dell'onnipotenza del possibile. È l'infinità o indeterminatezza delle possibilità che rende insuperabile l'angoscia e ne fa la situazione fondamentale dell'uomo nel mondo. L'uomo che ha imparato a vivere l'angoscia sarà in grado di guardare in modo diverso alla realtà e a tutte le altre sofferenze, che gli appariranno come un male minore (in quanto saranno pur sempre finite e relative in confronto all'infinità dell'angoscia). La scuola dell'angoscia prepara in tal modo l'uomo al salto nella fede, vero antidoto alla tragica condizione in cui vive.

6. Disperazione e fede

L'angoscia è la condizione in cui l'uomo è posto dal possibile che si riferisce al mondo; la disperazione è la condizione in cui l'uomo è posto dal possibile che si riferisce alla sua stessa interiorità, al suo io. La possibilità che provoca l'angoscia è inerente alla situazione dell'uomo nel mondo: è la possibilità di fatti, di circostanze, di legami che rapportano l'uomo al mondo. La disperazione è inerente alla personalità stessa dell'uomo, al rapporto in cui l'io è con se stesso e alla possibilità di questo rapporto. Disperazione e angoscia sono quindi strettamente legate, ma non identiche: entrambe tuttavia sono fondate sulla struttura problematica dell'esistenza.

Genesi e struttura della disperazione

«L'io — dice Kierkegaard — è un rapporto che si rapporta a se stesso; è, nel rapporto, l'orientamento interno di questo stesso rapporto. L'io non è rapporto, ma è il ritorno su se stesso del rapporto». *Posto ciò, la disperazione è strettamente legata alla natura dell'io. Difatti l'io può volere, come può non volere, esser se stesso. Se vuole esser se stesso, poiché è finito, quindi insufficiente a se stesso, non giungerà mai all'equilibrio e al riposo. Se non vuole esser se stesso e cerca di rompere il proprio rapporto con sé, che gli è costitutivo, urta anche qui contro un'impossibilità fondamentale.* La disperazione è la caratteristica sia dell'una che dell'altra alternativa. Essa è perciò la malattia mortale, non perché conduca alla morte dell'io ma perché è il *vivere la morte* dell'io: è il tentativo impossibile di negare la possibilità dell'io o rendendolo autosufficiente o distruggendolo nella sua natura concreta. Le due forme della disperazione si richiamano l'un l'altra e si identificano: disperare di sé nel senso di volersi disfare di sé significa voler essere l'io che non si è veramente; voler essere se stesso ad ogni costo significa ancora voler essere l'io che non si è veramente, un io autosufficiente e compiuto. Nell'uno e nell'altro caso la disperazione è l'impossibilità del tentativo.

Ma siccome a Dio tutto è possibile, il credente possiede anche il contravveleno sicuro contro la disperazione: «il fatto che la volontà di Dio è possibile fa sì che io possa pregare; se essa fosse soltanto necessaria, l'uomo sarebbe essenzialmente muto come l'animale».

La fede come antidoto contro la disperazione

Come opposto della fede, la disperazione è il peccato: e perciò l'opposto del peccato è per l'appunto la fede, non la virtù. *La fede è l'eliminazione della disperazione, è la condizione in cui l'uomo, pur orientandosi verso se stesso e volendo esser se stesso, non si illude sulla sua autosufficienza ma riconosce la sua dipendenza da Dio*. In questo caso, la volontà di esser se stesso non urta contro l'impossibilità dell'autosufficienza che determina la disperazione, perché è una volontà che si affida alla potenza da cui l'uomo stesso è posto, cioè a Dio. *La fede sostituisce alla disperazione la speranza e la fiducia in Dio*. Ma porta pure l'uomo al di là della ragione e di ogni possibilità di comprensione: essa è assurdità, paradosso e scandalo. Che la realtà dell'uomo sia quella di un individuo isolato di fronte a Dio, che ogni individuo come tale, sia esso un potente della Terra o uno schiavo, esista *dinanzi a Dio*, — questo è lo scandalo fondamentale del cristianesimo, scandalo che nessuna speculazione può togliere o diminuire. *Tutte le categorie del pensiero religioso sono impensabili*. Impensabile è la trascendenza di Dio, che implica una distanza infinita tra Dio e l'uomo e così esclude qualsiasi familiarità tra Dio e l'uomo anche nell'atto del loro più intimo rapporto. Impensabile è il peccato nella sua natura concreta, come esistenza dell'individuo che pecca. Impensabile è l'idea di un Dio che si fa carne e muore per noi. La fede crede nonostante tutto, e assume tutti i rischi. La fede è, per Kierkegaard, il capovolgimento paradossale dell'esistenza; di fronte all'instabilità radicale dell'esistenza costituita dal possibile, la fede si appella alla stabilità del principio di ogni possibilità, a Dio, — cui tutto è possibile.

I paradossi del pensiero religioso

7. L'ATTIMO E LA STORIA: L'ETERNO NEL TEMPO

Secondo Kierkegaard la storia non è affatto una *teofania*, cioè, come pensava Hegel, una rivelazione o autorealizzazione dell'Assoluto. Infatti, il rapporto tra l'uomo e Dio non si verifica nella storia, ovvero nella continuità del divenire umano, ma piuttosto nell'*attimo*, inteso come subitaneo irrompere della verità divina nell'uomo. In questo senso, il cristianesimo è paradosso e scandalo. Se il rapporto tra l'uomo e Dio si verifica nell'attimo, ciò vuol dire che l'uomo per suo conto vive nella non-verità; e la conoscenza di questa condizione è il peccato. Kierkegaard contrappone il cristianesimo così inteso al *socratismo*, secondo il quale l'uomo invece vive nella verità e si tratta soltanto per lui di renderla esplicita, di trarla fuori maieuticamente. Il maestro per il socratismo è una semplice occasione per il processo maieutico, giacché la verità abita sin dal principio nel discepolo. Socrate perciò rifiutava di chiamarsi maestro e dichiarava di non insegnare nulla. Ma dal punto di vista cristiano, poiché l'uomo è la non-verità, si tratta di ricreare l'uomo, di farlo rinascere, per renderlo adatto alla verità che gli viene da fuori. Il maestro è perciò un salvatore, un redentore, che determina la nascita di un uomo nuovo, capace di accogliere nell'attimo la verità di Dio.

L'«attimo»

Socratismo e cristianesimo

Dio rimane quindi al di là di ogni possibile punto d'arrivo della ricerca umana. L'unica sua possibile definizione, secondo Kierkegaard, è quella che lo contrassegna come *differenza assoluta*; ma è una definizione apparente, perché una differenza assoluta non può essere pensata, e allora questa differenza assoluta non significa altro che l'uomo non è Dio, che l'uomo è la non-verità, il peccato. La ricerca di Dio non ha fatto un passo innanzi.

Il discepolo di «prima mano» e quello di «seconda mano»

L'attimo è dunque l'inserzione paradossale e incomprensibile dell'eternità nel tempo, e realizza il paradosso del cristianesimo, che è la venuta di Dio nel mondo. In questo senso soltanto, il cristianesimo è un fatto storico; e se ogni fatto storico fa appello alla fede, questo particolare fatto storico implica una fede alla seconda potenza perché esige una decisione che superi la contraddizione implicita nell'eternità che si fa tempo, nella divinità che si fa uomo. Ma questo fatto storico non ha testimoni privilegiati, giacché la sua storicità si ripresenta, nell'*attimo*, ogni volta che il singolo uomo riceve il dono della fede. Kierkegaard afferma a questo proposito che non c'è nessuna differenza tra il «discepolo di prima mano» e il «discepolo di seconda mano» di Cristo. L'uomo, che vive dopo molti secoli dalla venuta di Cristo, crede all'informazione del contemporaneo di Cristo solo in virtù di una condizione che a lui stesso deriva direttamente da Dio. Per lui quindi si verifica originalmente la venuta di Dio nel mondo, e ciò accade in virtù della fede. La divinità di Cristo non era più evidente per il testimone immediato, per il contemporaneo di Gesù, di quanto non lo sia per qualsiasi Cristiano che abbia ricevuto la fede.

LA FEDE COME SCANDALO

TESTO 2

Come il concetto di «fede», anche quello di «scandalo» è una categoria specificamente cristiana che si rapporta alla fede. La possibilità dello scandalo è una specie di bivio ovvero è ciò che pone davanti a un bivio. Da questa possibilità si partono due vie, l'una porta allo scandalo e l'altra alla fede, ma non si giunge mai alla fede senza passare attraverso la possibilità dello scandalo.

Lo scandalo si rapporta essenzialmente alla sintesi di Dio e uomo, ossia all'Uomo-Dio [in Cristo]. La speculazione ha naturalmente creduto di poter «comprendere» l'Uomo-Dio: chiaro, perché la speculazione toglie all'Uomo-Dio le determinazioni di temporalità, di contemporaneità, di realtà.

In generale è una cosa triste e spaventosa vedere che quest'atteggiamento è celebrato come profondità e non si esagera dicendo che ciò non è altro che un abbandonarsi a buffonate e un farsi beffe della gente. No, la situazione consiste nell'Uomo-Dio, la situazione è [credere] che l'uomo singolo che ti sta accanto è l'Uomo-Dio. Uomo-Dio non è l'unità di Dio e dell'uomo; una simile terminologia è una profonda illusione ottica. Uomo-Dio è unità di Dio e di un uomo singolo. Che il genere umano sia o debba essere affine a Dio, è vecchio paganesimo; ma che un uomo singolo sia Dio, è cristianesimo, e questo singolo uomo è l'Uomo-Dio. Né in cielo, né in terra, né all'inferno, né nelle aberrazioni del pensiero più fantastico c'è, umanamente parlando, la possibilità di una composizione più pazzesca. Questo si mostra nella situazione della contemporaneità e non c'è possibilità di un rapporto con l'Uomo-Dio se non cominciando con la situazione della contemporaneità.

Lo scandalo nel senso più stretto, lo scandalo *kat'exochén* si riferisce dunque all'Uomo-Dio e ha due forme: una è in direzione nel senso dell'elevatezza quando ci si scandalizza del fatto che un uomo singolo dica di essere Dio, agisca o parli in maniera che riveli Dio (di questo si tratta sotto B); l'altra quando lo scandalo è in direzione dell'abbassamento, nel senso che colui che è Dio, è quell'uomo umile che soffre come un umile (di questo si tratta sotto C). Nel primo caso, lo scandalo non è affatto ch'io mi senta scandalizzato da quest'uomo umile, ma dal fatto ch'egli vuole ch'io creda ch'egli è *Dio*. E quando io l'ho creduto, lo scandalo si mostra dall'altra parte: che debba essere Dio, lui, quest'uomo umile, impotente, il quale, nel momento di passare ai fatti, si mostra assolutamente incapace di tutto. Nel primo caso, si parte dalla qualità «uomo» e lo scandalo poggia sulla qualità «Dio»; nell'altro si parte dalla determinazione Dio e lo scandalo poggia sulla determinazione uomo. L'Uomo-Dio è il paradosso in senso assoluto; perciò è assolutamente certo che la ragione finirà per arenarsi.

S. Kierkegaard, *L'esercizio del cristianesimo*, in *Opere*, cit., pp. 730-731

1-20. La categoria dello scandalo è una categoria tipicamente cristiana e la sua possibilità pone davanti a un bivio (r. **3**) da cui partono due vie: una conduce ancora allo scandalo e l'altra alla fede, ma non si giunge mai alla fede senza passare attraverso la possibilità dello scandalo (rr. **4-5**).

Nella nota a questo passo, non riportata nel testo, Kierkegaard fa alcune considerazioni sulla filosofia moderna che ha sempre «parlato di dubbio» mentre invece avrebbe dovuto parlare di «disperazione». Come la filosofia si è sbagliata a parlare di dubbio invece che di disperazione, così ci si è abituati ad usare la categoria «dubbio» dove «bisognerebbe parlare di scandalo». Il rapporto tra personalità e cristianesimo, continua Kierkegaard, «non è quello di dubitare o credere, ma quello di scandalizzarsi o di credere». La filosofia moderna «invece di spaventare gli uomini e di richiamarli all'ordine col parlare della disperazione e della possibilità dello scandalo, ha spinto gli uomini all'orgoglio di dubitare e di aver dubitato (...) Invece di chiarire questo fatto nei propri riguardi e di rivolgere quindi gli uomini (gli uomini singoli) alla realtà etica, alla religione, alla sfera esistenziale, la filosofia ha creato l'illusione (...) che gli uomini possano speculare liberandosi della loro buona pelle per entrare nell'apparenza pura».

Lo scandalo prima di tutto riguarda, come ripete tante volte Kierkegaard nel *Diario*, la fede nell'Uomo-Dio (rr. **6-7**), cioè Cristo. Lo scandalo è la rottura con l'immediatezza, con il sentimento, con la fantasia e con la ragione, cioè con qualsiasi elemento umano; per questo lo scandalo implica una negazione della razionalità mediatrice, è proprio della fede e richiede «un salto» (*Diario*, Morcelliana, Brescia, 1962, vol. I, p. 418).

La speculazione (r. **7**), cioè la filosofia, ha creduto di poter comprendere naturalmente (r. **7**), cioè razionalmente, l'Uomo-Dio; ma in questo modo toglie all'Uomo-Dio le determinazioni della temporalità, della contemporaneità e della realtà (rr. **8-9**), cioè le determinazioni del Singolo, come ha fatto Hegel, che riduce il mistero dell'incarnazione all'unità del divino e dell'umano che si realizza in Cristo e nell'umanità intera lungo il cammino della storia. L'Uomo-Dio non è l'unità di Dio e dell'uomo (rr. **13-14**) in generale, ma è l'unità di Dio e di un singolo uomo. Questa è la differenza tra paganesimo (rr. **15-16**) e cristianesimo (r. **16**).

Né in cielo, né in terra, né all'inferno (r. **17**) c'è la possibilità di trovare una composizione così pazzesca come quella dell'Uomo-Dio. Questa idea si evidenzia anche in un'altra categoria che Kierkegaard usa di frequente nell'*Esercizio del cristianesimo* e nel *Diario*: quella di contemporaneità (rr. **18-19**). Questa è la categoria cristiana decisiva e consiste nel credere e nell'accettare nell'uomo singolo Gesù Cristo, il Figlio di Dio; essa vede in Cristo il «modello» della nostra vita; essa è il «criterio di misura» della nostra esistenza. La contemporaneità è quindi una categoria esistenziale, e consiste ora nel vedere Cristo nei malati, nei poveri, nei sofferenti, ecc. «Ma non siete voi stati contemporanei dei malati, dei poveri, delle vittime dell'ingiustizia, dei sofferenti ecc. E che avete fatto per loro?» (*Diario*, vol. I, p. 989).

21-32. Kierkegaard distingue ora due forme fondamentali di scandalo (si tratta dello scandalo in senso stretto, dello scandalo *kat'exochén* (r. **21**), cioè dello scandalo per eccellenza): la prima forma riguarda lo scandalo di un uomo singolo che proclama di essere Dio; è lo scandalo nella forma dell'elevatezza (r. **22**); è lo scandalo del sommo sacerdote che grida davanti al Sinedrio: «Ha bestemmiato! Voi avete udito la bestemmia!» (*Matteo* 26,65).

L'altra forma di scandalo è in direzione dell'abbassamento (r. **24**); cioè «colui il quale pretende di essere Dio, appare come un essere umano umile, povero, sofferente, e in fine impotente» (*Esercizio del cristianesimo*, in *Opere*, cit., p. 741). Ora ci si scandalizza non perché Cristo sia Dio, ma perché l'uomo che viene processato, condannato e messo a morte come un fuorilegge, sia Dio. È lo scandalo dei compaesani di Gesù che dicono: «Non è egli il figlio del legnaiolo? E sua madre non si chiama Maria? E i suoi fratelli, Giacomo, Giuseppe, Simone e Giuda? E le sue sorelle non sono tutte fra noi? Donde sono venute a lui tutte queste cose? Ed essi si scandalizzarono in lui» (*Matteo* 13,55-57; *Marco* 6,3; cfr. *Esercizio del cristianesimo*, in *Opere*, p. 742). Nel primo caso si parte dalla determinazione uomo (qualità uomo, r. **30**) e lo scandalo poggia sulla determinazione Dio; nel secondo si parte dalla determinazione Dio e lo scandalo poggia sulla determinazione uomo (r. **31**).

L'Uomo-Dio è il paradosso in senso assoluto (cfr. *Briciole di filosofia*, Il paradosso assoluto, in *Opere*, cit., p. 219); la ragione qui è assolutamente impotente. Il credente è portato a credere proprio per il paradosso e non per l'evidenza logica, perché sa che a Dio tutto è possibile; Kierkegaard nelle *Briciole di filosofia* come nella *Postilla* parla di «credere a motivo dell'assurdo» (*Briciole di filosofia*, in *Opere*, cit. p. 227); oppure nel *Diario* scrive: «il credente è allora l'uomo di carattere il quale, assolutamente obbediente a Dio, capisce come un compito di carattere che non si deve comprendere (...) Come principio bisogna dire: la fede non si può comprendere; il massimo a cui si arriva è poter comprendere che non si può comprendere. Così anche per un Assoluto non si possono dar ragioni, al massimo si possono dar ragioni che non ci sono ragioni» (vol. I, p. 861; vol. II, p. 264).

Questo, come si è già sottolineato, è il vero motivo per il quale Kierkegaard si oppone ad Hegel: non si tratta di dissentire da qualche tesi, ma di un'opposizione «all'interno del movimento stesso del pensiero in quanto Kierkegaard al di sopra della scienza hegeliana pone la fede cristiana, al di sopra del genere come un Tutto, il singolo davanti a Dio, al di sopra della continuità della dialettica, il salto della libertà, al di sopra della evidenza e trasparenza del concetto, il paradosso e lo scandalo» della rivelazione (Fabro, *Introduzione*, in *Opere*, cit., p. LI).

LABORATORIO FILOSOFICO

Søren Kierkegaard è un pensatore molto originale, che concepisce la filosofia non come una scienza, ma come un'occasione per riflettere su se stesso. Le sue opere più importanti, Aut-Aut *(1843),* Timore e tremore *(1843),* Stadi nel cammino della vita *(1845), sono anche nel titolo significative di questo atteggiamento "antiaccademico" di fare filosofia. In antitesi ad Hegel (1770-1831), che identificava la storia con un processo razionale e necessario, Kierkegaard vede la vita in termini di* «scelta»*. L'esistenza umana viene sempre posta di fronte ad un'alternativa (aut-aut); la scelta è assolutamente libera e, dunque, causa di «angoscia» per l'uomo. L'angoscia ha, però, una struttura ambivalente: è contemporaneamente fonte di infelicità e coscienza di libertà. La libertà si esercita nell'atto con cui si decide il passaggio attraverso i vari stadi dell'esistenza: l'*estetico *(esemplificato nella figura di Don Giovanni, il seduttore), l'*etico *(esemplificato nella figura dell'assessore Guglielmo, il marito, che vive un'esistenza caratterizzata dall'impegno) e il* religioso *(esemplificato nella figura di Abramo, l'uomo di fede, che sceglie Dio anche quando questi lo chiama ad un atto "irragionevole", quello di sacrificare il figlio Isacco). La filosofia di Kierkegaard è, nel suo complesso, il tentativo di fondare la validità della religione sulla struttura dell'esistenza umana. Ma la religione di Kierkegaard è molto lontana dall'essere una visione razionale o pacificante del mondo. Essa è l'unica via che si apre all'uomo per sottrarsi all'angoscia, alla disperazione e allo scacco delle possibilità, mediante l'instaurazione di un rapporto immediato con Dio.*

1

Il *Diario di un seduttore* è l'opera in cui Kierkegaard narra la storia di Giovanni, che, mettendo in campo ogni arte, conquista Cordelia, un'innocente ragazza di diciotto anni. Ma l'amore dei due rifugge da ogni forma di vincolo duraturo: essi non solo non si sposano, ma rinunciano anche ad ogni legame esteriore (lo stesso fidanzamento viene sciolto per volere di Cordelia). Non c'è, dunque, vero sentimento tra i due? Niente affatto. Nella logica *estetica* della *seduzione,* l'amore deve essere libero da ogni nodo obbligante. «Soltanto ora veramente — esclama Giovanni — posso chiamarla mia, dal momento che non c'è nessun segno esteriore di possesso». «E quando — dice ancora Giovanni in una lettera del *Diario* a Cordelia — ti terrò stretta tra le mie braccia, quando tu mi avvicinerai nel tuo abbraccio, non avremo allora bisogno di alcun anello per ricordarci che ci apparteniamo a vicenda, giacché non è già questo abbraccio un anello che vale un simbolo? E più stretto questo anello si stringerà intorno a noi, più indissolubilmente ci legherà insieme, maggiore sarà la libertà, poiché la tua libertà consiste nell'essere mia, e la mia nell'essere tuo». Questa condizione di vita *estetica* è espressa magistralmente da Kierkegaard nel seguente brano, in cui viene richiamato il bel mito antico del cacciatore Alfeo e della ninfa Aretusa. Dopo aver letto il testo kierkegaardiano, stabilisci un confronto tra la vita estetica e quella etica, assumendo come simboli le figure del «seduttore» e del «marito».

«Cordelia mia,

Alfeo, andando a caccia, s'innamorò della ninfa Aretusa. Questa non volle esaudire il suo desiderio e fuggì innanzi a lui continuamente, finché nell'isola di Ortigia si tramutò in fonte. Fu tale il dolore di Alfeo che a sua volta venne tramutato in fiume, nel Peloponneso. Eppure, egli non dimenticò il suo amore, ma sotto le acque del mare si congiunse con quella fonte. È il tempo della metamorfosi trascorso? Rispondi. È il tempo dell'amore trascorso? A che cosa mai potrei paragonare l'anima tua pura e profonda, che nessun contatto ha con il mondo, se non a una fonte? E non ti ho io detto d'essere come un fiume che di te sia innamorato? E non mi precipito, ora che siamo separati, tra le onde del mare per ricongiungermi a te? Lì, sotto le onde del mare, ci incontreremo ancora di nuovo, ché soltanto in quella profondità per la prima volta ci apparterremo a vicenda, completamente.

Tuo Giovanni» (S. Kierkegaard, *Diario del seduttore*, trad. it. di A. Veraldi, Rizzoli, Milano, 1993, p. 160).

2

Delinea i tratti essenziali della religiosità kierkegaardiana, soffermandoti in particolare ad analizzare la radicale differenza tra vita etica e vita religiosa e il concetto di fede come scandalo (cfr. T. 2).

3

Kierkegaard ha fornito alla tradizione e all'indagine filosofica concetti in parte inediti, che saranno ripresi nel Novecento dalle correnti dell'esistenzialismo. Essi possono sintetizzarsi attraverso le seguenti parole-chiave: *possibilità*, *scelta*, *aut-aut*, *esistenza*, *angoscia*, *disperazione*, *fede*. Costruisci, usando le suddette parole, un testo libero che contenga le principali argomentazioni della filosofia kierkegaardiana.

GLOSSARIO E RIEPILOGO

Esistenza. È lo specifico modo d'essere dell'uomo nel mondo, modo che risulta definito dai concetti interdipendenti di singolarità (v.), possibilità (v.), scelta (v.), angoscia (v.), disperazione (v.) e fede (v.).

Il **Singolo** è, per Kierkegaard, la categoria *propria* dell'esistenza umana, filosoficamente concepita come realtà irriducibile al concetto e cristianamente intesa come valore assoluto. Ecco taluni passi del *Diario* che insistono eloquentemente su tale nozione: «L'esistenza corrisponde alla realtà singolare, al singolo (ciò che già insegnò Aristotele); essa resta fuori del concetto che comunque non coincide con essa. Per un singolo (...) l'esistenza (essere o non essere) è qualcosa di molto decisivo; un uomo singolo non ha certo un'esistenza concettuale»; «"Il Singolo" è la categoria attraverso la quale debbono passare, dal punto di vista religioso, il tempo, la storia, l'umanità»; «In ogni genere animale la specie è la cosa più alta (...) Solo nel genere umano — a causa del cristianesimo — (...) l'individuo è più alto del genere»; «Se io dovessi domandare un epitaffio per la mia tomba, non chiederei che "quel Singolo", anche se ora questa categoria non è capita. Lo sarà in seguito»; «Con questa categoria "il Singolo", quando qui tutto era sistema su sistema, io presi polemicamente di mira il sistema, ed ora di sistema non si parla più»; «A questa categoria è legata assolutamente la mia possibile importanza storica. I miei scritti saranno presto dimenticati, come quelli di molti altri. Ma se questa categoria era giusta, se questa categoria era al suo posto, se io qui ho colpito nel segno, se ho capito bene che questo era il mio compito, tutt'altro che allegro, comodo e incoraggiante: se mi sarà concesso questo, anche a prezzo di inenarrabili sofferenze interiori, anche a prezzo di indicibili sacrifici esteriori: allora io rimango e i miei scritti con me (...)».

L'**antihegelismo** di Kierkegaard è parte integrante della sua difesa dell'«esistenza». Ad Hegel Kierkegaard rimprovera soprattutto: 1) la mentalità «pagana», ossia la tendenza a ritenere la specie (l'Umanità, lo Spirito, ecc.) più importante dell'individuo; 2) la concezione della filosofia come scienza *oggettiva* (cioè distaccata e disinteressata) e non come riflessione *soggettiva* nella quale il singolo è direttamente *coinvolto*; 3) la conseguente *scissione* fra speculazione filosofica e vita vissuta, ossia l'edificazione di un «sistema» nel quale non trova posto e fondamento la condizione *effettiva* in cui il filosofo, al pari di tutti gli altri uomini, è costretto a vivere: «Succede della maggioranza dei filosofi sistematici, riguardo ai loro sistemi, come di chi si costruisse un castello e poi se ne andasse a vivere in un fienile: per conto loro essi non vivono in quell'enorme costruzione sistematica. Ma nel campo dello spirito ciò costituisce un'obiezione capitale. Qui i pensieri, i pensieri di un uomo, debbono essere l'abitazione in cui egli vive (...) altrimenti sono guai» (*Diario*, I, p. 243); 4) la tendenza a "mediare" e a "conciliare" ciò che nella vita concreta non risulta affatto mediabile e conciliabile; 5) l'identificazione panteistica fra uomo e Dio, e quindi l'incapacità di cogliere «l'infinita differenza qualitativa» che separa il finito dall'infinito.

Possibilità. Secondo Kierkegaard l'esistenza non è un'entità necessaria e garantita, ma un insieme di possibilità che obbligano l'uomo ad una scelta (v.) e che implicano una componente ineliminabile di *rischio*. Ogni possibilità è infatti, oltre che *possibilità-che-sì*, anche *possibilità-che-non*: «Di solito la possibilità di cui si dice ch'è così lieve, s'intende come possibilità di felicità, di fortuna ecc. Ma questa non è affatto la possibilità; questa è un'invenzione fallace (...) No, nella possibilità tutto è ugualmente possibile (...)», «la possibilità è la più pesante di tutte le categorie» (*Il concetto dell'angoscia*, v.).

Scelta. Secondo Kierkegaard esistere significa *scegliere*. Infatti, la scelta non è una semplice manifestazione della personalità, ma *costituisce* o forma la personalità stessa, che sceglie vivendo o vive scegliendo. In altri termini, l'individuo non è quel che *è*, ma ciò che *sceglie* di essere. Tant'è vero che persino la rinuncia alla scelta è una scelta, sia pure un tipo di scelta per causa della quale l'uomo rinunzia a farsi valere come io: «La scelta è decisiva per il contenuto della personalità; con la scelta essa sprofonda nella cosa scelta e se essa non sceglie, appassisce in consunzione» (*Aut-Aut*, II).

Gli **stadi dell'esistenza** sono i modi fondamentali di vivere e di concepire l'esistenza. Modi che per Kierkegaard sono essenzialmente tre: la vita estetica (v.), etica (v.) e religiosa (v.). I primi due sono descritti in *Aut-Aut* e il terzo in *Timore e tremore*. Secondo Kierkegaard questi stadi non possono hegelianamente addizionarsi (*et-et*) e fondersi in una finale sintesi conciliatrice di tipo dialettico, ma si presentano come reciprocamente escludentisi fra loro (*aut-aut*). Tant'è che il "passaggio" dall'uno all'altro postula sempre una rottura o un "salto", accompagnato da un cambiamento radicale di mentalità.

Lo **stadio estetico** è la forma di vita in cui l'uomo «è immediatamente ciò che è», ossia il comportamento di colui che, rifiutando ogni vincolo o impegno continuato, cerca l'attimo fuggente della propria realizzazione, all'insegna della novità e dell'avventura. Infatti, l'esteta, che trova il suo simbolo più significativo nel Don Giovanni di Mozart (ma anche nelle coscienze "inquiete" dell'*Ebreo errante* e del *Faust* di Goethe), si propone di fare della propria vita un'opera d'arte da cui sia bandita la monotonia e nella quale, viceversa, trionfino le emozioni inedite («Godi la vita e vivi il tuo desiderio», insegna l'esteta, per il quale ogni donna non è che uno «spunto poetico» messo al servizio della propria raffinata ricerca del piacere). Tuttavia, al di là della sua apparenza gioiosa e brillante, la vita estetica è destinata alla *noia* (che segue alla vanità del piacere) e al *fallimento* esistenziale. Infatti, vivendo attimo per attimo ed evitando il peso di scelte impegnative (ossia scegliendo di *non* scegliere), l'esteta, secondo Kierkegaard, finisce per rinunciare ad una propria identità e per avvertire, con *disperazione*, il vuoto della propria esistenza senza centro e senza senso.

Lo **stadio etico** è il momento in cui l'uomo, scegliendo di scegliere, ossia assumendo in pieno la responsabilità della propria libertà, si impegna in un compito, al quale rimane fedele. Infatti, a differenza della vita estetica, la quale tenta di evitare la «ripetizione» e cerca ad ogni istante il nuovo, la vita etica si fonda sulla continuità e sulla scelta «ripetuta» che l'individuo fa di se stesso e del proprio compito. In altri termini, nella vita etica (che è simboleggiata dallo stato matrimoniale) l'individuo si sottopone ad una «forma» o ad un modello «universale» di comportamento, che implica, al posto del desiderio dell'«eccezionalità», la scelta della «normalità» («La morale — scrive Kierkegaard — è propriamente il generale e, in quanto generale, è ciò che vale per tutti»). Tuttavia, pur collocandosi su un piano più alto rispetto alla vita estetica, la vita etica è destinata anch'essa al fallimento. Infatti, l'uomo etico non può fare a meno di riconoscere la propria finitudine peccaminosa e quindi di "pentirsi". Inoltre, nell'ambito della "generalità" della vita etica e della connessa ritualità dei suoi comportamenti, l'individuo non riesce a "trovare" veramente se stesso e la propria "singolarità" genuina. Tanto più che esiste, in ognuno, un'ansia di infinito che non si lascia racchiudere nei limiti di una tranquilla esistenza di marito e di impiegato. Da ciò il bisogno di un'esperienza più profonda e coinvolgente grazie a cui l'individuo — vincendo l'angoscia (v.) e la disperazione (v.) che lo costituiscono come uomo e che giacciono al fondo di ogni vita, anche della più fortunata e felice — possa davvero realizzarsi come «singolo» e nelle sue aspettative migliori. Tale è la vita religiosa (v.).

L'**angoscia** di cui parla Kierkegaard è il *sentimento del possibile*, cioè quello stato d'animo esistenziale che sorge dinanzi alla "vertigine" della libertà e alle infinite possibilità negative che incombono sulla vita e sulla personalità dell'uomo. Per questi suoi caratteri, l'angoscia è diversa dalla paura che si prova al cospetto di una situazione determinata e di un pericolo preciso. Inoltre, essa è un sentimento tipicamente *umano*, tant'è che viene provata solo da chi ha *spirito*: «più profonda è l'angoscia più grande è l'uomo». L'unico modo efficace per *contrastare* l'angoscia e i suoi tormenti («nessun grande inquisitore tien pronte torture così terribili come l'angoscia; nessuna spia sa attaccare con tanta astuzia la persona sospetta, proprio nel momento in cui è più debole, né sa preparare così bene i lacci per accalappiarla come sa l'angoscia; nessun giudice, per sottile che sia, sa esaminare così a fondo l'accusato come l'angoscia che non se lo lascia mai sfuggire, né nel divertimento, né nel chiasso, né sotto il lavoro, né di giorno, né di notte (...)») non è l'accortezza umana, ma la fede religiosa in Colui al quale «tutto è possibile».

La **disperazione**. Mentre l'angoscia si riferisce al rapporto dell'uomo con il mondo, la disperazione si riferisce al rapporto dell'uomo con se stesso, in cui consiste propriamente l'io. In questo rapporto, se l'io vuol essere se stesso, poiché è finito e quindi *insufficiente* a se stesso, non giungerà mai all'equilibrio e al riposo. Viceversa, se *non* vuol essere se stesso, urta anche qui contro un'impossibilità di fondo. Nell'uno e nell'altro caso, ci si imbatte nella disperazione, che è un'autentica *malattia mortale*, non perché conduca alla morte dell'io, ma perché è il *vivere la morte dell'io*, cioè la negazione del tentativo umano di rendersi *autosufficienti* o di *evadere* da sé. Ma se ogni uomo, lo sappia o meno, è malato di disperazione, l'unica terapia efficace contro di essa è la fede, ossia quella condizione in cui l'io, pur orientandosi verso se stesso e pur volendo essere se stesso, non si illude sulla sua autosufficienza, ma riconosce la sua *dipendenza* da Colui che lo ha posto e che, solo, può garantire la sua realizzazione. L'uomo deve quindi «volere» la disperazione, poiché riconoscendosi in preda ad essa egli *può* volgersi alla ricerca di una salvezza. *N.B.* La disperazione di cui parla Kierkegaard non è la disperazione *finita* che discende dalla perdita di beni mondani (ad esempio di una persona cara o di un patrimonio); ma la disperazione *infinita* che discende dalla propria insufficienza esistenziale. Infatti, se la prima costringe l'uomo a «rinchiudersi» in sé e nel finito, la seconda lo spinge ad uscire «fuori di sé» e ad aprirsi all'Assoluto: «Eppure è mia intima convinzione che la vera salvezza dell'uomo è nel disperarsi. Qui appare di nuovo l'importanza di *volere la propria disperazione*, di volerla in senso infinito, in senso assoluto, poiché un simile volere è identico all'assoluta dedizione. Se invece voglio la mia disperazione in senso finito, la mia anima ne soffre, poiché così il mio essere più profondo non giunge a prorompere nella disperazione, ma al contrario si richiude in essa, si indurisce. Così la disperazione finita è un rinchiudersi nel finito, la disperazione assoluta un dischiudersi all'infinito» (*Aut-Aut*).

Lo **stadio religioso** è lo stadio della fede, intesa come «rapporto assoluto con l'Assoluto» (*Timore e tremore*), ossia lo stadio in cui l'individuo, andando al di là della limitatezza della vita etica, si apre totalmente a Dio, riuscendo a vincere (anche se non ad eliminare completamente) l'angoscia e la disperazione che lo costituiscono come uomo. Fra lo stadio etico e quello religioso esiste un abisso, incarnato dalla figura di Abramo (v. testo). Infatti, lo stadio religioso, lungi dal ridursi alle tranquillizzanti verità della ragione e dell'etica, costituisce la dimensione dello *scandalo* e del *paradosso* (come testimoniano le principali credenze del cristianesimo: si pensi all'idea di un Dio che si fa «carne» e che «muore» sulla croce per i nostri peccati).

L'**attimo**. Secondo Kierkegaard la fede ha il carattere di «attimo» in quanto implica una subitanea inserzione dell'eternità nel tempo, ossia un'improvvisa «discesa» della verità divina *nell'*uomo. La natura della fede, comportando un incontro *paradossale* fra la linea verticale della trascendenza e quella orizzontale dell'immanenza, esclude che essa possa venir suscitata o *prodotta* da procedimenti umani o dimostrativi e fa sì che la divinità di Cristo non sia più evidente, per i contemporanei di Gesù, di quanto non lo sia per un qualsiasi cristiano che abbia ricevuto il dono della fede.

Approfondimento

Ironia e **umorismo**. Da un lato Kierkegaard tende a valorizzare l'ironia, poiché essa, consistendo nel «non prendere sul serio» il finito tramite un atteggiamento di distaccata superiorità spirituale, porta ad una relativizzazione delle realtà mondane (come quando Socrate svela le presunzioni conoscitive degli uomini, o come quando l'esteta prende coscienza della insufficienza e vacuità dei propri piaceri). Dall'altro lato, Kierkegaard critica l'ironia, poiché essa, risolvendosi romanticamente in una indebita «infinitizzazione dell'interiorità» (*Diario*, VI, A, 8), rischia di capovolgersi in un atteggiamento nichilista ed estetizzante cristianamente inaccettabile. All'ironia Kierkegaard contrappone l'umorismo: «Il criterio discriminante fra ironia e "humor"(...) sembra sia il diverso atteggiamento della coscienza verso il finito: mentre l'ironia accetta il vuoto e la dispersione del finito come la realtà in sé che tocca subire e l'uomo resta ancora nell'immanenza e nel dubbio, così che si distacca sempre di più dal reale che lo circonda, lo "humor" si appoggia e deriva da una certezza, quella religiosa, che vince il dubbio e spinge ad agire nel mondo che ci circonda (...) Lo "humor" rispetto all'ironia, è più dialettico e più costruttivo ad un tempo: in quanto l'umorista è l'uomo della religiosità, della passione infinita, il quale si tiene bensì distaccato con lo spirito del finito, e tuttavia gli resta fedele nell'azione (...)» (C. Fabro).

Indicazioni bibliografiche

C. Fabro, *Tra Kierkegaard e Marx*, Vallecchi, Firenze 1952.
AA.VV., *Studi kierkegaardiani* (a cura di C. Fabro), Morcelliana, Brescia 1957 (si veda, in questo volume, l'articolo di N. Abbagnano, *Kierkegaard e il sentiero della possibilità*).
G. Lukács, *La distruzione della ragione*, Einaudi, Torino 1959.
T. W. Adorno, *Kierkegaard. La costruzione dell'estetico*, Longanesi, Milano 1962.
L. Pareyson, *L'etica di Kierkegaard nella prima fase del suo pensiero*, Giappichelli, Torino 1965 (si veda pure, di L. Pareyson, *Studi sull'esistenzialismo*, Sansoni, Firenze 1971[3]).
F. Lombardi, *Kierkegaard*, Sansoni, Firenze 1968[3].
M. Gigante, *Religiosità di Kierkegaard*, Morano, Napoli 1972.
A. Cortese, *Kierkegaard*, in *Questioni di storiografia filosofica*, La Scuola, Brescia 1975-1978, vol. III, pp. 417-717 (per la fortuna e le interpretazioni).
S. Spera, *Il giovane Kierkegaard*, Cedam, Padova 1977.
L. Lunardi, *La dialettica in Kierkegaard*, Liviana, Padova 1982.
S. Spera, *Introduzione a Kierkegaard*, Laterza, Roma-Bari 1983.
V. Melchiorre, *Saggi su Kierkegaard*, Marietti, Genova 1987.
L. Amoroso (a cura di), *Maschere kierkegaardiane*, Rosenberg & Sellier, Torino 1990.
P. Nepi (a cura di), *L'«Esercizio del Cristianesimo» di Kierkegaard e il Cristo dei filosofi*, Paravia, Torino 1992.
G. M. Pizzuti, *Invito al pensiero di Kierkegaard*, Mursia, Milano 1995.
U. Regina - R. Panattoni, *La costruzione dell'interiorità in Søren Kierkegaard*, La Baùta, Venezia 1995.
P. Ricoeur, *Kierkegaard. La filosofia e l'"Eccezione"*, Morcelliana, Brescia 1995.
B. Forte, *Fare teologia dopo Kierkegaard*, Morcelliana, Brescia 1997.

Capitolo terzo

Feuerbach e Marx: dalla critica della religione alla critica della società

Feuerbach e Marx: dalla critica della religione alla critica della società

1. Destra e Sinistra hegeliana

Alla morte di Hegel (1831), i suoi discepoli si divisero in due correnti chiamate da David Strauss (1808-1874), con termini desunti dalle consuetudini del Parlamento francese, *Destra* e *Sinistra hegeliana*. La spaccatura della scuola fu resa possibile dallo stesso sistema hegeliano, che poteva essere interpretato sia in senso conservatore che in senso rivoluzionario.

La spaccatura della scuola hegeliana

La Destra cercò di adattare l'idealismo alle tesi fondamentali del cristianesimo (quali ad esempio l'esistenza di un Dio trascendente, l'immortalità personale, ecc.) e ad una visione politica conservatrice, che giustificava la realtà esistente (svolgendo sul piano storico la nota dottrina hegeliana dell'identità tra il reale e il razionale).

La Sinistra, che ebbe più grande incidenza storico-culturale, muovendo da una critica serrata dell'hegelismo si impegnò nel progetto di rivalutare i caratteri e i bisogni dell'*uomo concreto*, che nell'idealismo non avevano trovato un riconoscimento adeguato. Inoltre, affermando che *non tutto quello che esiste è razionale* (e, quindi, genuinamente "reale"), finiva per concepire la filosofia come *critica dell'esistente*, ovvero come un progetto di trasformazione rivoluzionaria delle istituzioni politiche contemporanee.

2. Feuerbach

La maggiore figura della Sinistra hegeliana è quella di Ludwig Feuerbach, nato a Landshut in Baviera nel 1804 e morto a Rechenberg nel 1872. Scolaro di Hegel a Berlino, libero docente a Erlangen, si vide troncare la carriera universitaria dall'ostilità incontrata dalle sue idee sulla religione. Dapprima hegeliano fervente, Feuerbach si staccò in seguito dall'hegelismo, in particolare con lo scritto del 1839 *Critica della filosofia hegeliana*, a cui seguirono, sulla stessa linea, le *Tesi provvisorie per la riforma della filosofia* (1843) e i *Princìpi della filosofia dell'avvenire* (1844). Le sue opere più importanti sono: *L'essenza del cristianesimo* (1841) e *L'essenza della religione* (1845).

2.1. La critica all'idealismo

Secondo Feuerbach, l'idealismo fornisce una visione *rovesciata* delle cose: rende il concreto (cioè l'uomo, il finito, ecc.) un attributo dell'astratto (Dio, l'infinito, l'idea). Esso stravolge i rapporti reali tra soggetto e predicato, tra concreto e astratto. Ad esempio, mentre nella realtà effettiva delle cose l'essere si configura come il soggetto originario, di cui il pensiero è soltanto predicato (cioè, attributo o effetto), nell'idealismo si afferma il contrario.

L'idealismo, dunque, offre una versione *capovolta* della realtà, perché fa figurare ciò che viene *prima* (il concreto, la causa) come ciò che viene *dopo* (l'astratto, l'effetto), e viceversa.

Il motivo dominante: «riportare l'uomo con i piedi per terra»

Da queste premesse deriva il motivo dominante del programma feuerbachiano: rimettere le cose al loro posto, riportare l'uomo con i piedi per terra. «L'inizio della filosofia — scrive Feuerbach — è il finito, il determinato, il reale»[1].

2.2. La critica della religione

a) *Dio come proiezione dell'uomo*

Dio come proiezione dell'uomo

Applicando la sua metodologia materialistica alla religione, Feuerbach afferma che non è Dio (l'astratto) ad aver creato l'uomo (il concreto), ma l'uomo ad aver creato Dio. Infatti Dio, secondo Feuerbach, è nient'altro che la proiezione illusoria o l'oggettivazione fantastica di qualità umane, in particolare di quelle "perfezioni" caratteristiche della nostra specie che sono la ragione, la volontà e il cuore. In altri termini, il divino è nient'altro che l'umano in generale, proiettato in un mitico aldilà e adorato come tale: «La religione — scrive Feuerbach in *L'essenza del cristianesimo*[2] — è l'insieme dei rapporti dell'uomo con se stesso, o meglio con il proprio essere, riguardato però come un *altro* essere [...]. Tutte le qualificazioni dell'essere *divino* sono perciò qualificazioni dell'essere *umano* [...]: tu credi che l'amore sia un attributo di Dio perché tu stesso ami, credi che Dio sia un essere sapiente e buono perché consideri bontà e intelligenza le migliori tue qualità [...]» (pp. 39 e 44). *Il mistero della teologia è quindi l'antropologia*. Proprio in quanto *antropologia capovolta*, la religione costituisce «la prima, ma indiretta autocoscienza dell'uomo». Tant'è vero che essa «precede sempre la filosofia, nella storia dell'umanità così come nella storia dei singoli individui. L'uomo sposta il suo essere *fuori da sé*, prima di trovarlo *in sé* [...]. La religione è l'infanzia dell'umanità; il bambino vede il proprio essere, l'uomo, fuori da sé, ossia oggettiva il proprio essere in un altro uomo. Perciò il progresso storico delle religioni consiste appunto nel considerare in un secondo tempo come soggettivo e *umano* ciò che le prime religioni consideravano come oggettivo e adoravano come *dio*. Le prime religioni sono idolatrie per le religioni posteriori; queste riconoscono che l'uomo ha adorato il proprio essere senza saperlo [...]. Ma ogni religione particolare che definisce idolatrie le sue più antiche sorelle, esclude se stessa — ed invero necessariamente, altrimenti non sarebbe più religione — da questo destino, da questa natura universale della religione; soltanto alle altre religioni attribuisce ciò che rimane pur sempre [...] il vizio della religione in generale» (p. 38).

L'origine dell'idea di Dio:

Appurato che Dio è l'essenza dell'uomo personificata e che l'antropologia costituisce la chiave di volta della teologia (e quindi di *tutti* i misteri del cristianesimo, dalla Trinità alla verginità di Maria: cfr. il *Glossario*), rimane da vedere, in concreto, come *nasca*, nell'uomo, l'idea di Dio. A questo proposito Feuerbach si è variamente espresso. Talora (in particolare ne *L'essenza del cristianesimo*) egli tende a porre l'origine dell'idea di Dio nel fatto che l'uomo, a differenza dell'animale, ha coscienza di se stesso non solo come individuo, ma anche come specie. Ora, mentre come individuo si sente debole e limitato, come specie si sente invece infinito e onnipotente. Da ciò la figura di Dio, il quale, come si è appena visto, è nient'altro che una personificazione immaginaria delle qualità della specie: «la religione è la coscienza dell'infinito; essa dunque è, e non può essere altro, che la coscienza che l'uomo ha, non della limitazione, ma dell'infinità del proprio essere» (p. 26).

α) la distinzione fra individuo e specie

Altre volte (in particolare nella *Teogonia*, ma il tema è presente anche negli altri scritti) Feuerbach tende a scorgere l'origine dell'idea di Dio nell'opposizione umana tra volere e potere. Opposizione che porta l'individuo a costruirsi una divinità in cui tutti i suoi desideri appaiono realizzati: «A proprio presupposto la religione ha il contrasto o la contraddizione tra volere e potere, desiderare e ottenere [...]. Nel volere, nel desiderare, nel rappresentare l'uomo è illimitato, libero, onnipotente — è Dio; ma nel potere, nell'ottenere, nella realtà egli è condizionato, dipendente,

β) l'opposizione fra volere e potere

[1] L. Feuerbach, *Tesi provvisorie per una riforma della filosofia*, trad. in *Principi della filosofia dell'avvenire*, Einaudi, Torino, 1948, p. 67.
[2] Trad. it., Feltrinelli, Milano, 1960[2].

limitato [...]. Il pensare, il volere sono cosa mia; ma ciò che io voglio e penso non è cosa mia, è fuori di me, non dipende da me. La tendenza, il fine della religione è rivolto a togliere questa contraddizione o contrasto; e l'ente in cui queste vengono tolte, in cui ciò che è possibile secondo i miei desideri e le mie rappresentazioni, ma impossibile per le mie forze diventa possibile, o piuttosto reale, — questo ente è l'ente divino» (*Essenza della religione*, par. 30), «"Il tuo Dio è tale qual è il tuo cuore". Quali i desideri degli uomini tali i loro dèi» (par. 55). I Greci avevano divinità limitate, esemplifica Feuerbach, perché i loro desideri erano limitati. I desideri dei Cristiani sono senza limiti, perciò la loro divinità è infinita e onnipotente. In sintesi: «Dio è l'ottativo del cuore umano divenuto tempo presente» (*Ess. d. crist.*, p. 151).

Altre volte (in particolare nella *Essenza della religione*), Feuerbach ha visto la genesi primordiale dell'idea di Dio nel sentimento di ***dipendenza*** che l'uomo prova di fronte alla natura. Sentimento che ha spinto l'uomo ad adorare quelle cose senza le quali egli non potrebbe esistere: la luce, l'aria, l'acqua e la terra (tant'è, ricorda Feuerbach, che alcuni popoli, ad esempio gli antichi messicani, avevano come divinità anche il sale).

γ) la dipendenza dell'uomo di fronte alla natura

b) *L'alienazione e l'ateismo*

Qualunque sia l'origine della religione, è comunque certo, secondo Feuerbach, che essa costituisce una forma di *alienazione* (cfr. il *Glossario*), intendendo con questo termine (presente in Hegel e ripreso da Marx) quello stato patologico per cui l'uomo, «scindendosi», proietta fuori di sé una Potenza superiore (Dio) alla quale *si sottomette* (anche nei modi più umilianti e crudeli: si pensi ai sacrifici di vite umane compiuti per scopi religiosi). Ma se la religione è il frutto di un'«oggettivazione» alienata e alienante, in virtù della quale l'uomo tanto più ***pone*** in Dio quanto più ***toglie*** a se stesso («La gloria di Dio si fonda esclusivamente sull'abbassamento dell'uomo, la beatitudine divina solo sulla miseria umana, la divina sapienza solo sull'umana follia, la potenza divina solo sulla debolezza umana»), l'ateismo si configura non solo come un atto di onestà filosofica, ma anche come un vero e proprio *dovere morale*. Infatti, secondo Feuerbach, è ormai venuto il tempo che l'uomo recuperi ***in sé*** i predicati positivi che egli ha proiettato fuori di sé in quello specchio illusorio e astratto della propria essenza che è Dio.

La struttura dell'alienazione religiosa

L'ateismo come imperativo filosofico e morale

Detto altrimenti, ciò che nella religione è ***soggetto*** deve ri-diventare ***predicato***. Quindi non più: Dio (soggetto) è sapienza, volontà e amore (predicato), ma, al contrario, la sapienza, la volontà e l'amore ***umano*** (soggetto) sono divini (predicato). Di conseguenza, il compito della vera filosofia non è più quello di porre il finito nell'infinito (ossia di risolvere l'uomo in Dio), ma quello di porre l'infinito nel finito (ossia di risolvere Dio nell'uomo). Ciò fa sì che l'ateismo di Feuerbach non abbia un carattere puramente ***negativo***, ma si presenti anche, ***in positivo***, come proposta di una nuova divinità: l'uomo (per le conseguenze etiche e pratiche di questo atteggiamento v. il par. 2.3).

2.3. Umanismo e filantropismo

La nuova filosofia, o «filosofia dell'avvenire», delineata da Feuerbach nell'ultima fase del suo pensiero, ha la forma di un umanismo naturalistico. *Umanismo*: perché fa dell'uomo l'oggetto e lo scopo del discorso filosofico. *Naturalistico*: perché fa della Natura la realtà primaria da cui tutto dipende, compreso l'uomo: «La nuova filosofia fa dell'uomo l'oggetto unico, universale e supremo della filosofia, includendovi la natura considerata come fondamento dell'uomo. La nuova filosofia fa dell'antropologia, con inclusione della fisiologia, la scienza universale» (*Princìpi della fil. dell'avv.*, par. 54).

L'umanismo naturalistico

Nucleo di questo umanismo naturalistico è il rifiuto di considerare l'individuo come astratta spiritualità o razionalità e la concezione dell'uomo come essere che vive, che soffre, che gioisce e che avverte una serie di «bisogni» dai quali si sente *dipendente*. Un essere, insomma, «di carne e di sangue», che risulta condizionato dal ***corpo*** e dalla ***sensibilità***: «Il reale nella sua realtà, o, il reale in quanto reale, è il reale in quanto è oggetto dei sensi, è ciò che è sensibile. Verità, realtà, senso, sono tutt'uno. Soltanto un essere sensibile è un essere vero, un essere reale [...]» (par. 32). La sensibilità per Feuerbach non si riduce affatto ad un

L'uomo come essere «di carne e di sangue»

atteggiamento puramente conoscitivo, ma presenta una valenza pratica, come dimostra il suo legame con l'*amore*, ossia con quella passione fondamentale che fa tutt'uno con la vita («Non essere alcuna cosa e non amare alcuna cosa sono tutt'uno. Tanto più uno partecipa all'essere, quanto più ama, e viceversa»). Passione che ha il potere di *aprirci* verso il mondo: «l'amore è la vera prova ontologica dell'esistenza di un oggetto al di fuori della nostra testa [...]. Esiste soltanto ciò che — essendo — ti procura gioia, e — non essendo — dolore» (par. 33). Ammettere che l'uomo è bisogno, sensibilità e amore equivale nello stesso tempo ad ammettere la *necessità* degli *altri*, ossia il fatto che l'*io*, per usare la caratteristica terminologia di Feuerbach, non può stare senza il *tu* (come testimonia già il fatto biologico della necessità della donna per l'uomo e viceversa). Da ciò il «comunismo» filosofico di Feuerbach (che non va confuso con quello di Marx), ossia la dottrina dell'essenza *sociale* dell'uomo: «Le idee scaturiscono soltanto dalla comunicazione, solo dalla conversazione dell'uomo con l'uomo. L'uomo si eleva al concetto, alla ragione in generale, non da solo, ma insieme con l'altro. Due uomini occorrono per creare l'uomo, sia l'uomo spirituale sia quello fisico: la comunione dell'uomo con l'uomo è il primo principio e il primo criterio della verità e della validità universale. La certezza che esistano altre cose al di fuori di me è ottenuta attraverso la certezza che esiste al di fuori di me un altro uomo. Di quello che vedo da solo, non posso far a meno di dubitare: è certo soltanto quello che anche l'altro vede» (par. 41).

L'amore

L'essenza *sociale* dell'uomo

La messa in luce dei *condizionamenti* naturali fa sì che in Feuerbach assuma dignità etica e politica la teoria degli alimenti. Da ciò la tesi paradossale, contenuta anche nel titolo di un suo scritto del 1862, secondo cui «L'uomo è ciò che mangia». Tesi che non implica, come ritengono frettolosamente taluni studiosi, una forma di materialismo volgare (Feuerbach non è mai giunto a "ridurre" lo spirito alla materia o la psiche al corpo), ma che esprime piuttosto una lucida consapevolezza: **1)** dell'unità psico-fisica dell'individuo; **2)** del fatto che se si vogliono migliorare le condizioni spirituali di un popolo bisogna innanzitutto migliorare le sue condizioni materiali: «La fame e la sete abbattono non solo il vigore fisico ma anche quello spirituale e morale dell'uomo, lo privano della sua umanità, della sua intelligenza e della coscienza». «La teoria degli alimenti è di grande importanza etica e politica. I cibi si trasformano in sangue, il sangue in cuore e cervello; in materia di pensieri e di sentimenti. L'alimento umano è il fondamento della cultura e del sentimento. Se volete far migliore il popolo, in luogo di declamazioni contro il peccato, dategli un'alimentazione migliore. L'uomo è ciò che mangia».

L'importanza di una teoria degli alimenti

Anche da queste parole traspare il grande amore per l'umanità che fu proprio di Feuerbach, la cui filosofia finisce per risolversi in una forma di *filantropia*. Dall'amore per Dio all'amore per l'uomo, dalla fede in Dio alla fede nell'uomo, dalla trascendenza all'immanenza: ecco l'esito più caratteristico dell'ateismo «positivo» di Feuerbach. Esito che nelle *Lezioni sull'essenza della religione* tenute ad Heidelberg nel 1848-1849 trova un'eloquente manifestazione: «Lo scopo dei miei scritti, come pure delle mie lezioni, è questo: trasformare gli uomini da teologi in antropologi, da teofili in filantropi, da candidati dell'aldilà in studenti dell'aldiqua, da camerieri religiosi e politici della monarchia e aristocrazia celeste e terrestre in autocoscienti cittadini della terra [...]».

Dall'ateismo al filantropismo

3. Marx

3.1. Vita e opere

Il marxismo rappresenta una delle componenti intellettuali e politiche più importanti dell'età moderna. E Marx, oltre che essere stato «il filosofo del comunismo», è anche un "classico" della cultura, il cui pensiero riveste quindi una portata universale.

Marx nasce a Treviri nel 1818 da una famiglia ebrea, la quale, benché convertitasi al protestantesimo per ragioni di opportunità politica, era di fatto su posizioni agnostiche. Dal padre, avvocato brillante e colto, Marx riceve un'educazione di stampo razionalistico e liberale. Nel 1835-1836 si iscrive alla Facoltà di Giurisprudenza a Bonn e, successivamente, a Berlino. Entrato in contatto con il club dei «giovani hegeliani», studia a fondo la filosofia di Hegel. Passato da Giurisprudenza a Filosofia, si laurea all'università di Jena con una tesi sulla *Differenza tra la filosofia della natura di Democrito e quella di Epicuro*. Abbandonati i progetti di carriera universitaria, in seguito alla politica sempre più reazionaria del governo prussiano, si dedica al giornalismo politico. Divenuto caporedattore della «Gazzetta renana», è costretto a trasferirsi a Parigi in seguito all'interdizione del giornale da parte del governo (1843). Nel frattempo si è sposato con Jenny von Westphalen, una giovane appartenente all'antica aristocrazia renana, che sarà la compagna preziosa della sua vita travagliata. Sempre nel 1843 termina la stesura della *Critica della filosofia del diritto di Hegel*, in cui comincia a misurarsi polemicamente con i problemi della filosofia politica moderna.

La tesi e l'attività giornalistica

Nel 1844 esce a Parigi, sotto la direzione di Ruge e di Marx, il primo e unico numero degli *Annali franco-tedeschi*, sui quali appaiono due importanti saggi, che testimoniano l'esplicito passaggio di Marx al comunismo: *La questione ebraica* e *Per la critica della filosofia del diritto di Hegel. Introduzione*. A Parigi stringe con Engels un'amicizia che durerà tutta la vita e che gli sarà di conforto intellettuale, morale e materiale. Nel corso dell'anno, Marx, che ha cominciato ad approfondire gli studi economici, stende i *Manoscritti economico-filosofici*. Espulso dalla Francia, su insistenza del governo prussiano si trasferisce a Bruxelles, dove in collaborazione con Engels scrive la *Sacra famiglia*, contro Bauer e seguaci. Intanto matura il distacco polemico dall'intera filosofia tedesca, che si concretizza nelle *Tesi su Feuerbach*, e, soprattutto, in *L'ideologia tedesca* (1845-1846), scritta in collaborazione con Engels e rimasta inedita, in cui vengono poste le basi della concezione materialistica della storia. Nel 1847 si tiene a Londra il primo Congresso della «Lega dei Comunisti» e Marx, che non può parteciparvi, viene rappresentato da Engels. In questo periodo pubblica la *Miseria della filosofia*, che rappresenta il polemico e totale distacco da Proudhon. Sempre nel 1847, Marx viene incaricato dalla Lega di elaborare un documento teorico-programmatico, che viene pubblicato a Londra in collaborazione con Engels, con il titolo di *Manifesto del partito comunista* (1848). Nel 1849 la vittoria della controrivoluzione tedesca provoca l'espulsione di Marx dalla Germania, che intanto, a Colonia, aveva fondato la «Nuova gazzetta renana».

Dal liberalismo al comunismo

Il «Manifesto»

Si rifugia a Parigi, da dove però emigra subito per Londra, in seguito a difficoltà sorte con il governo francese, che vorrebbe concedergli asilo solo a patto del suo trasferimento a Morbihan, una zona paludosa della Bretagna. Nel 1850 scrive degli articoli sulla rivoluzione quarantottesca, che in seguito saranno ripubblicati da Engels con il titolo *Le lotte di classe in Francia dal 1848 al 1850*. Dopo un tentativo di riorganizzazione della Lega, che si conclude però con il suo scioglimento, nel 1851 Marx si ritira dalla politica attiva e inizia a lavorare al *British Museum*. Per lui e la sua ormai numerosa famiglia sono anni difficili, tormentati da problemi economici, cui Marx sopperisce in parte con i compensi tratti dalla collaborazione al «New York Tribune» e con i benevoli aiuti di Engels. La sua produzione scientifica è però feconda. Nel 1852 pubblica a New York una serie di articoli dal titolo *Il diciotto brumaio di Luigi Bonaparte*, dedicati al colpo di stato francese dell'anno precedente. Sempre più "sprofondato" in studi economici, nel 1857-1859 stende i *Lineamenti fondamentali della Critica dell'economia politica*. Nel 1859 pubblica *Per la critica dell'economia politica*.

Il soggiorno a Londra

Nel 1864 viene fondata l'Associazione Internazionale dei Lavoratori, nella quale Marx è figura dominante. Nel 1866 inizia il primo libro del *Capitale*, che viene pubblicato ad Amburgo nel 1867 (il secondo e il terzo volume, grazie al lavoro di Engels, che ne "decifrerà" i manoscritti, appariranno postumi nel 1885 e nel 1894). Nel 1870, a nome del Consiglio generale dell'Internazionale, scrive due *Indirizzi sulla guerra franco-prussiana*. Il terzo indirizzo, intitolato *La guerra civile in Francia* (1871), contiene le importanti osservazioni di Marx sulla Comune parigina. Nel 1875 scrive gli *Appunti sul libro di Bakunin «Stato e anarchia»* e la *Critica del programma di Gotha* (in occasione dell'unificazione dei socialisti tedeschi a Gotha, all'insegna di una strategia politica che a Marx sembrava poco rivoluziona-

Il *Capitale*

ria). Nel 1881 muore Jenny, e a distanza di due anni, nel 1883, anche Marx la segue nella tomba, compianto da Engels e dal movimento operaio internazionale. Una delle tante corone di fiori, inviata da studenti moscoviti, reca l'emblematica scritta: «A colui che ha difeso i diritti dei lavoratori nella teoria e li ha fatti valere nella pratica».

3.2. Caratteri generali del marxismo

Carattere *globale* dell'analisi marxista

Il primo contrassegno del pensiero di Marx è la sua irriducibilità alla dimensione puramente filosofica, sociologica o economica e il suo porsi come analisi *globale* della società e della storia, in grado di investire l'intero assetto strutturale e sovrastrutturale del capitalismo, ossia il mondo borghese nella molteplicità delle sue espressioni.

Il motivo della prassi

Un secondo contrassegno del marxismo è il suo legame con la *prassi*, ovvero la tendenza a fornire un'*interpretazione* dell'uomo e del suo mondo che sia anche *impegno di trasformazione rivoluzionaria*. Nel discorso pronunciato sulla tomba dell'amico, Engels afferma che «lo scienziato non era neppure la meta di Marx [...]. Perché Marx era prima di tutto un rivoluzionario». E infatti, nonostante la sua spiccata predisposizione per il pensiero e la scienza, Marx ha perseguito per tutta la sua vita l'ideale dell'unione fra teoria e prassi.

Siamo qui ad un punto-chiave del marxismo, che sta alla base della scelta rivoluzionaria che lo contraddistingue: l'ideale di tradurre in atto quell'incontro tra realtà e razionalità che Hegel aveva solo pensato e che Marx si propone invece di attuare con la prassi, mediante l'edificazione di una nuova società.

Le influenze culturali che stanno alla base del marxismo

Come scrive Engels, le influenze culturali che stanno alla base del marxismo sono essenzialmente tre: la filosofia classica tedesca da Hegel a Feuerbach; l'economia politica borghese da Smith a Ricardo; il pensiero socialista da Saint-Simon ad Owen. Come vedremo, queste tre esperienze intellettuali, che fungono da coordinate teoriche della genesi del marxismo, vengono ripensate da Marx alla luce di una sintesi creativa che, pur muovendo da esse, procede criticamente *oltre* i loro risultati, mettendo capo ad una *nuova* visione del mondo.

3.3. La critica ad Hegel

Il punto di partenza della riflessione di Marx è costituito dal confronto critico con l'idealismo hegeliano. Sulle orme di Feuerbach, Marx colpisce al cuore il *metodo* di Hegel, cioè il suo stesso modo di far filosofia. L'errore più grave di Hegel, secondo Marx, consiste nel fatto che egli fa delle cose concrete altrettante manifestazioni necessarie dello Spirito Assoluto. Ciò significa che, invece di limitarsi a constatare che, ad esempio, in certi ordinamenti politici esiste la monarchia, Hegel afferma che lo stato presuppone per forza una sovranità, la quale si incarna necessariamente nel monarca, che è la sovranità statale personificata. Inoltre, poiché ciò che è necessario, per Hegel, è anche razionale, egli deduce la piena *logicità* della monarchia, identificandola con la razionalità politica in atto.

Il «misticismo logico» e il capovolgimento idealistico fra soggetto e predicato

Marx definisce questo procedimento «misticismo logico», poiché in virtù di esso le istituzioni, anziché comparire per ciò che *di fatto* sono, finiscono per essere «allegorie» o personificazioni di una realtà spirituale che se ne sta occultamente *dietro* di esse. Esaminando il «mistero» di questa «costruzione speculativa», Marx, sulla scia di Feuerbach, arriva alla conclusione che essa è il risultato del capovolgimento idealistico fra soggetto e predicato, concreto e astratto.

Un esempio che illustra in modo semplice e scherzoso questo aspetto chiave della critica marxiana lo troviamo nella *Sacra famiglia*. Mentre l'uomo comune e il filosofo realista pensano che prima esistano le mele, le pere, le fragole e le mandorle *reali* e poi il *concetto* «di frutto», il pensatore idealista ritiene che prima esista «*il* frutto» e poi, in seguito, a titolo di sue manifestazioni necessarie e derivate, la mela, la pera, ecc. Ovviamente, in tal modo, l'idealista "stravolge" l'ordine delle cose, poiché egli, anziché considerare come soggetto ciò che nella realtà è soggetto (la mela, la pera...) e anziché considerare come predicato, o manifestazione derivata, ciò che nella realtà è predicato (la nozione astratta «il frutto»), trasforma il predicato in soggetto e viceversa, affermando appunto che prima esiste «*il* frutto», che poi si specifica nelle frutta (mele, pere, ecc.).

L'idealismo fa dunque del concreto la manifestazione dell'astratto, e di ciò che vien prima la manifestazione di ciò che viene dopo. Ecco in che senso Hegel, dopo essersi costruito il concetto astratto di Spirito partendo *dalla* realtà, finisce per fare *della* realtà la manifestazione dello Spirito. Al metodo «mistico» di Hegel, Marx, ispirandosi alle feuerbachiane *Tesi provvisorie per la riforma della filosofia* (1843), oppone polemicamente il *metodo trasformativo*, che consiste nel ri-capovolgere ciò che l'idealismo ha capovolto, ossia nel riconoscere di nuovo ciò che è *veramente* soggetto e *veramente* predicato.

Oltre che essere fallace sul piano filosofico, il metodo «mistico» di Hegel è anche *conservatore* sul piano politico, poiché porta a «canonizzare» o a «santificare» la realtà esistente, ossia a «razionalizzare» i dati di fatto, trasformandoli in manifestazioni *razionali* e *necessarie* dello Spirito. Di conseguenza, l'esito del *giustificazionismo speculativo* di Hegel (secondo il quale ciò che è reale è razionale) è un *giustificazionismo politico*, che, facendo la corte ai fatti (Marx parla di «crasso positivismo»), conduce all'accettazione delle istituzioni statali vigenti, puntellando ideologicamente la reazione. La "demistificazione" dell'hegelismo non toglie che Marx riconosca ad esso dei meriti notevoli, che si assommano nella sua visuale «dialettica», ossia nella concezione generale della realtà come totalità storico-processuale, costituita di elementi concatenati fra loro e mossa dalle *opposizioni*. Marx, per ora, sottolinea soprattutto questo ultimo aspetto, riconoscendo ad Hegel il merito di «cominciare ovunque con l'opposizione delle determinazioni», anche se gli muove l'appunto di aver giocato troppo sulle opposizioni «concettuali», anziché su quelle «reali», e di aver cercato una troppo facile mediazione e sintesi fra gli opposti, dimenticando che nella realtà gli opposti stanno invece come «due armate nemiche», fra cui non c'è sintesi, ma solo lotta o esclusione (schema che in seguito Marx applicherà al rapporto proletariato-borghesia). Nei prossimi paragrafi vedremo gli *sviluppi* di questo confronto con la «dialettica» (per un prospetto *globale* cfr. il *Glossario*).

Il giustificazionismo speculativo e politico di Hegel

Primo confronto con la «dialettica»

3.4. La critica della modernità e del liberalismo

Alla base della teoria di Marx e della sua adesione al comunismo, esplicitata nel 1844[3], vi è una critica globale della civiltà moderna e dello stato liberale, che rappresenta uno dei nuclei teorici più *importanti* del marxismo.

Il punto di partenza del discorso di Marx — iniziato nella *Critica* e sviluppato in modo rigoroso negli *Annali franco-tedeschi* del '44 — è la convinzione, mutuata da Hegel, che la categoria del moderno si identifichi con quella della «scissione», che prende corpo, innanzitutto, nella frattura fra società civile e stato. Mentre nella *polis* greca l'individuo si trovava in un'«unità sostanziale» con la comunità di cui faceva parte, e non conosceva antitesi fra ego pubblico ed ego privato, fra sfera individuale e sfera sociale, fra società e stato, nel mondo moderno l'uomo è costretto a vivere due vite: una «in terra» come «borghese», cioè nell'ambito dell'egoismo e degli interessi *particolari* della società civile, e l'altra «in cielo» come «cittadino», ovvero nella sfera superiore dello stato e dell'interesse *comune*. Tuttavia il «cielo» dello stato, secondo Marx, è puramente illusorio, poiché la sua pretesa di porsi come organo che persegue l'interesse comune, ossia come universale che media gli interessi particolari della società, è verificabilmente falsa. Infatti, anziché essere lo stato che imbriglia la società civile, "innalzandola" al bene comune, è piuttosto la società civile che imbriglia lo stato, "abbassandolo" a semplice strumento degli interessi particolari delle classi più forti. In altre parole, lo stato, ben lontano dal perseguire mete generali, non fa che *riflettere* e *sanzionare* gli interessi particolari dei gruppi e delle classi. Tant'è vero che la stessa proclamazione dell'uguaglianza "formale" dei cittadini di fronte alla legge, che è la grande conquista della Rivoluzione francese, non fa che presupporre e ratificare la loro disuguaglianza "sostanziale". *In sintesi, la civiltà moderna rappresenta, al tempo stesso, la società dell'egoismo e delle particolarità «reali» e della fratellanza e delle universalità «illusorie»*[4]. Di conseguenza, com-

La «scissione» moderna fra stato e società civile

La falsa universalità dello stato moderno

[3] Nel Novecento, dopo la rivoluzione sovietica, i termini di «comunismo» e di «socialismo» tendono ad essere distinti, indicandosi con l'uno le forze che in qualche modo si ispirano più direttamente a Marx e alla rivoluzione d'Ottobre, e con l'altro le forze che respingono la via leninista e il modello sovietico, mantenendosi, per lo più, su posizioni «revisioniste» rispetto al marxismo ortodosso. In Marx i due termini tendono invece ad essere usati in modo equivalente, anche se dal '48 in poi Marx usa preferibilmente le espressioni «comunisti» e «comunismo».

[4] Circa la sottile dialettica marxista dell'universalità *illusoria* e della particolarità *reale*, cfr. N. Bobbio - M. Bovero, *Modello giusnaturalistico e modello hegelomarxiano*, Il Saggiatore, Milano, 1980.

menta ironicamente Marx, come i Cristiani, pur essendo tutti diseguali in terra, si consolano di essere tutti eguali in cielo, così gli individui dell'epoca borghese, pur essendo tutti diseguali nella società civile, si consolano di essere tutti eguali di fronte allo stato, il quale, nel capitalismo, non può che assumere le sembianze di una evanescente democrazia «cristiana».

Secondo Marx la falsa universalità dello stato deriva dunque dal *tipo* di società che si è formata nel mondo moderno. Rifacendosi ancora una volta ad Hegel, che aveva descritto il sistema borghese come la società del *bellum omnium contra omnes*, Marx scorge i tratti essenziali della civiltà moderna nell'«individualismo» e nell'«atomismo», ossia nella «separazione» del singolo dal tessuto comunitario. E siccome lo stato post-rivoluzionario – dice Marx, riferendosi alla condizione della Francia posteriore al 1789 – legalizza questa situazione, riconoscendo, quali «diritti dell'uomo», la libertà *individuale* (che nella Costituzione del '93 viene intesa come l'esercizio di tutto ciò che non nuoce ad altri) e la *proprietà privata* (che nella Costituzione del '93 si identifica con il diritto di godere arbitrariamente dei propri beni), esso non è altro che la proiezione politica di una società strutturalmente a-sociale o controsociale. Questa critica filosofico-politica allo stato è così radicale, in Marx, da far sì che egli rifiuti *in blocco* la civiltà liberale, comprese quelle che vengono comunemente ritenute le due conquiste più preziose della rivoluzione anti-feudale e anti-assolutistica: il principio della «rappresentanza» (che presuppone già, per definizione, la «scissione» fra individuo e stato) e quello della libertà individuale (espressione, come si è visto, dell'«atomismo» borghese).

L'individualismo e l'atomismo della civiltà borghese

Queste critiche allo stato moderno, che scavano un abisso fra marxismo ortodosso e liberalismo, si comprendono adeguatamente solo in rapporto all'*ideale* di società che Marx ha in mente, che si identifica con un modello di democrazia *sostanziale* o *totale*, in cui esiste una sorta di compenetrazione perfetta fra singolo e genere, individuo e comunità, e nella quale «ciascuno è realmente solo un momento dell'intero *demos*», che rappresenta, insieme agli altri, se stesso e la società. Mentre Hegel pensava che tale società organica, simile alla *polis* greca, si potesse ottenere con una serie di strumenti *politici* quali la corporazione, la burocrazia e lo stato, Marx, denunciando tutto ciò come «mistificazione» (come si può pensare, ad esempio, che la burocrazia, essendo espressione dei particolarismi della società civile, persegua veramente fini universali?), ritiene che l'unico modo per realizzare tale modello di comunità solidale sia l'eliminazione delle diseguaglianze reali fra gli uomini, e in particolare del principio stesso di ogni diseguaglianza: *la proprietà privata*. Ma come tradurre concretamente in atto questa "vera" democrazia, che coincide con il comunismo stesso? Mentre nella *Critica* del 1843 lo strumento cui ricorre Marx è il «suffragio universale», negli *Annali franco-tedeschi* e nei *Manoscritti economico-filosofici* del 1844, l'arma cui egli fa appello è la rivoluzione sociale, di cui Marx ha ormai individuato anche il soggetto esecutore: il proletariato.

L'ideale di una democrazia *sostanziale* o totale (= il comunismo)

Infatti, per il giovane Marx è proprio la classe priva di proprietà, ovvero la classe che soffre maggiormente dell'«alienazione» prodotta dalla società borghese (v. par. 3.5), quella destinata ad eseguire la condanna storica della civiltà proprietaria ed egoistica, e a realizzare la democrazia comunista. Di conseguenza, all'ideale dell'emancipazione *politica*, che mira alla democrazia e all'uguaglianza *formale*, Marx contrappone l'ideale di una emancipazione *umana* che mira alla democrazia e all'uguaglianza *sostanziale*, ovvero al recupero autentico dell'«essenza sociale dell'uomo» (*das Kommunistische Wesen des Menschen*).

Emancipazione *politica* ed emancipazione *umana*

3.5. La critica dell'economia borghese e il tema dell'*alienazione*

I *Manoscritti economico-filosofici*, composti a Parigi nel 1844, segnano il primo decisivo approccio di Marx all'economia politica e rappresentano l'applicazione, in sede economica, degli schemi critico-dialettici applicati precedentemente al campo politico. Nei confronti dell'economia «borghese» l'atteggiamento di Marx è duplice, poiché da un lato egli la considera come un'espressione teorica della società capitalistica, e quindi come una valida «anatomia» di essa, e dall'altro le muove l'accusa di fornire un'immagine globalmente *mistificata*, cioè falsa, del mondo borghese. Ciò è dovuto principalmente, secondo Marx, alla sua incapacità di pensare in modo «dialettico». Infatti, anziché collocarsi in una prospettiva storico-processua-

I limiti dell'economia «borghese»

le, essa «eternizza» il sistema capitalistico, considerandolo non come *un* sistema economico fra i tanti della storia, ma come *il* modo naturale, immutabile e razionale di produrre e di distribuire la ricchezza. Tant'è vero che la stessa proprietà privata appare come un «fatto» da cui muovere, cioè come un dato metastorico che funge da *postulato* di ogni ricerca di economia «scientifica». Inoltre l'economia politica non scorge la struttura *contraddittoria* del proprio oggetto, ossia la *conflittualità* che caratterizza il sistema capitalistico e che si incarna soprattutto nell'*opposizione* reale fra *capitale* e *lavoro salariato*, fra borghesia e proletariato. Nei *Manoscritti* tale contraddizione viene espressa mediante il concetto di «alienazione».

Il concetto di «alienazione»

Questo concetto affonda le sue radici nella filosofia tedesca precedente. Per Hegel l'alienazione è il movimento stesso dello Spirito, che si fa altro da sé, nella natura e nell'oggetto, per potersi ri-appropriare di sé in modo arricchito. Come tale l'alienazione riveste, in Hegel, un significato negativo e positivo al tempo stesso. In Feuerbach l'alienazione è qualcosa di puramente negativo, poiché si identifica con la situazione dell'uomo religioso, che, «scindendosi», si sottomette ad una potenza estranea (Dio) che lui stesso ha posto, «estraniandosi» in tal modo dalla propria realtà. Marx si rifà soprattutto a Feuerbach, da cui accetta la struttura *formale* del meccanismo dell'alienazione, intesa appunto come una condizione patologica di «scissione», di «dipendenza» e di «autoestraniazione». Tuttavia, a differenza di Feuerbach, per il quale l'alienazione è ancora un fatto prevalentemente *coscienziale*, derivante da un'errata *interpretazione* di sé, in Marx essa diviene un fatto *reale*, di natura socio-economica, in quanto si identifica con la condizione storica del salariato nell'ambito della società capitalistica. L'alienazione dell'operaio viene descritta da Marx sotto quattro aspetti fondamentali, strettamente connessi fra loro:

Gli aspetti fondamentali dell'alienazione

a) Il lavoratore è alienato rispetto al *prodotto* della sua attività, in quanto egli, in virtù della sua forza-lavoro, produce un oggetto (il capitale), che non gli appartiene e che si costituisce come una potenza dominatrice nei suoi confronti.

b) Il lavoratore è alienato rispetto alla sua stessa *attività*, la quale prende la forma di un «lavoro forzato» o «costrittivo», in cui egli è *strumento* di fini estranei (il profitto del capitalista), con la grave conseguenza che l'uomo si sente «bestia» quando dovrebbe sentirsi veramente «uomo», cioè nel lavoro sociale, e si sente uomo quando fa la bestia, cioè si «stordisce» nel mangiare, nel bere e nel procreare. Infatti, sebbene queste ultime, puntualizza Marx, siano «anche funzioni schiettamente umane», esse, in quell'astrazione che le separa dalla restante cerchia dell'attività umana e le fa diventare scopi *ultimi* e unici, sono funzioni animali.

c) Il lavoratore è alienato rispetto al suo stesso *Wesen*, ossia alla sua «essenza» o «genere». Infatti la prerogativa dell'uomo nei confronti dell'animale è il lavoro libero, creativo e universale (in quanto egli «sa produrre secondo la misura di ogni specie»), mentre nella società capitalistica è costretto ad un lavoro forzato, ripetitivo e unilaterale.

d) Il lavoratore è alienato rispetto al prossimo, perché «l'altro», per lui, è soprattutto il capitalista, ossia un individuo che lo tratta come un mezzo e lo espropria del frutto della sua fatica, facendo sì che il suo rapporto con lui, e con l'umanità in genere, sia per forza *conflittuale*.

L'alienazione è causata dalla proprietà privata

La *causa* del meccanismo globale dell'alienazione, la quale fa sì che l'operaio sia ridotto a *strumento* per produrre una ricchezza che non gli appartiene e che si erge di fronte a lui come potenza estranea, risiede dunque nella proprietà privata dei mezzi di produzione, in virtù della quale il possessore della fabbrica (= il capitalista) può *utilizzare* il lavoro di una certa categoria di individui (= i salariati) per accrescere la propria ricchezza, secondo una dinamica che Marx, nel *Capitale*, descriverà in termini di «sfruttamento» e «logica del profitto». La dis-alienazione dell'uomo si identifica dunque, secondo Marx, con il superamento del regime della proprietà privata e con l'avvento del comunismo. Di conseguenza, per il Marx dei *Manoscritti*, la storia si configura come il luogo della *perdita* e della *riconquista*, da parte dell'uomo, della propria essenza e il comunismo diviene «la soluzione dell'enigma della storia». Questa *dialettizzazione* del corso storico rivela un evidente influsso della hegeliana *Fenomenologia dello Spirito*. Infatti, come per Hegel la coscienza, dopo essersi «perduta» in tante figure, «ritrova» finalmente se stessa nell'eticità e nello spirito assoluto, così, per Marx, l'uomo, dopo aver smarrito se stesso nella civiltà di classe, ritrova finalmente se medesimo nella società assoluta del comunismo.

La storia come luogo della perdita e della riconquista, da parte dell'uomo, della propria essenza

Ancora una volta, il *rapporto* Marx-Hegel, nelle analogie e nelle diversità, si rivela decisivo. Infatti nel capitolo finale dei *Manoscritti* Marx fa di nuovo i conti con il vecchio maestro. Egli riconosce ad Hegel una serie di meriti: **1)** per aver concepito l'uomo in un'ottica *storica* e come *risultato* della propria attività, ossia come «processo di autogenerazione»; **2)** per aver sottolineato in tale processo auto-formativo l'importanza del *lavoro*; **3)** per aver inteso tale processo in termini di alienazione e soppressione dell'alienazione; **4)** per aver evidenziato «la dialettica della negatività come principio motore e generatore», ossia per aver intuito che la liberazione scaturisce dialetticamente dall'oppressione, in quanto l'unico modo di realizzarsi, per l'uomo, consiste nel negare le condizioni che negano il proprio essere. Tuttavia, sebbene Hegel, in tal modo, abbia colto «l'espressione astratta, logica, speculativa per il movimento della storia», i suoi limiti consistono sostanzialmente: **1)** nell'aver ridotto l'individuo ad «autocoscienza» o «spirito», mettendo quindi, al posto dell'uomo reale, l'essenza astratta di esso; **2)** nell'aver considerato soprattutto il lavoro spirituale e «speculativo», quale si incarna nella figura del filosofo; **3)** nell'aver inteso l'alienazione e la disalienazione come delle operazioni *ideali*, che si consumano a livello coscienziale e filosofico e non sul piano *pratico*; **4)** nell'aver identificato l'alienazione con l'oggettivazione del soggetto, non rendendosi conto che ciò che aliena l'individuo non è l'oggettivazione *in quanto tale*, attuata tramite il lavoro, ma *quell'*oggettivazione negativa e disumanizzante che è propria del lavoro operaio nella società capitalistica.

Meriti e demeriti di Hegel

In sintesi, Hegel non ha fotografato la storia *vera* e il suo processo *concreto* di alienazione e disalienazione, poiché si è limitato a descrivere una storia *ideale* e *astratta*, che si svolge tutta nel cerchio del puro pensiero e che non presuppone degli interventi *pratici* sul mondo. Di conseguenza, la teoria di Hegel non ha niente a che fare con l'alienazione e la disalienazione effettiva, essendo piuttosto lo specchio mistificato di essa. Ma se l'alienazione economica è un fatto reale, che sta *alla base* di tutte le altre alienazioni, soprattutto di quella politica e di quella religiosa, l'unico modo per abbatterla, secondo Marx, è l'atto *reale*, e non puramente pensato, della rivoluzione e dell'instaurazione del socialismo, inteso come «umanismo giunto al proprio compimento».

L'alienazione *economica* come causa di *tutte* le altre alienazioni

3.6. Il distacco da Feuerbach

Il rapporto con Feuerbach

Analogamente ad Hegel, anche Feuerbach ha giocato, nel pensiero del giovane Marx, un ruolo di primo piano. Infatti nei *Manoscritti* del 1844 Marx afferma che Feuerbach «è il solo che si trovi in un rapporto *serio*, in un rapporto *critico*, con la dialettica hegeliana, ed abbia fatto in questo campo delle autentiche scoperte». Tant'è vero che egli appare a Marx «il vero superatore della vecchia filosofia». Tuttavia, nelle *Tesi su Feuerbach* (1845) e nella successiva *Ideologia tedesca* (1846), il rapporto con il maestro di un tempo appare definitivamente consumato. Vediamo schematicamente i vari momenti concettuali di tale processo.

La principale «rivoluzione teoretica» di Feuerbach consiste, agli occhi di Marx, nella rivendicazione della *naturalità* e *concretezza* degli «individui umani viventi» e nel rifiuto dell'idealismo teologizzante di Hegel, che ha ridotto l'uomo ad autocoscienza e a manifestazione di un soggetto spirituale infinito. In particolare, Feuerbach ha avuto il merito di teorizzare il «rovesciamento materialistico» di soggetto-predicato, concreto-astratto, che ha permesso la «demistificazione» della dialettica hegeliana. Pur avendo sottolineato la *naturalità* dell'uomo (e questo è il passo in avanti rispetto ad Hegel), Feuerbach (e questo è il passo indietro rispetto a lui) ha perso di vista la sua *storicità*, non rendendosi debitamente conto che l'uomo più che natura è *società*, e quindi storia, in quanto «l'essere umano non è un'astrazione immanente all'individuo singolo» bensì «l'insieme dei rapporti sociali» (VI tesi). Rompendo con Feuerbach e con l'antropologia filosofica tradizionale, che parlava dell'uomo come di un'essenza atemporale fornita di certe proprietà immutabili, Marx sostiene che l'individuo è reso tale dalla società storica in cui egli vive, per cui non esiste l'«Uomo» in astratto, ma l'uomo figlio e prodotto di una determinata società e di uno specifico mondo storico.

La "correzione" di Hegel con Feuerbach e viceversa

In tal modo, Marx corregge Hegel con Feuerbach e Feuerbach con Hegel, poiché, contro l'uno, può difendere la naturalità vivente dell'uomo, e, contro l'altro, la sua costitutiva socialità e storicità. Nello stesso tempo, egli può sostenere che ogni discorso sull'uomo si risolve inevitabilmente in un discorso sulla società e sulla storia, preparando così il passaggio dalla problematica antropologica all'indagine storica e socio-economica, secondo un processo che un filosofo francese del '900, L. Althusser, ha descritto come transizione dalla *filosofia* alla *scienza*.

Un secondo punto che unisce e divide Marx da Feuerbach è l'interpretazione della religione. Pur avendo "scoperto" il meccanismo generale dell'alienazione religiosa — per cui non è Dio a creare l'uomo, ma l'uomo a «proiettare» Dio sulla base dei propri bisogni — Feuerbach, in virtù della sua concezione prevalentemente «naturalistica» dell'uomo, non è stato in grado, secondo Marx, di cogliere le *cause* reali del fenomeno religioso, né di offrire dei validi *mezzi* per il suo superamento. Infatti, all'autore dell'*Essenza del cristianesimo* è sfuggito che *chi* produce la religione non è un soggetto astratto, avulso dalla storia e immutabilmente uguale a se stesso, ma un individuo che è «un prodotto sociale» (VII tesi). Ma se «l'uomo non è altro che il mondo dell'uomo, lo Stato la società», risulta ovvio, per Marx, che le *radici* del fenomeno religioso non vanno cercate nell'uomo *in quanto tale*, ma in un tipo *storico* di società. Infatti, sin dagli *Annali franco-tedeschi*, Marx è andato elaborando la sua nota teoria della religione come *Opium des Volks* (= oppio dei popoli). Secondo questa dottrina, la religione, in sostanza, è un «sospiro della creatura oppressa», ossia il prodotto di un'umanità alienata e sofferente a causa delle ingiustizie sociali, che cerca illusoriamente nell'aldilà ciò che le è negato di fatto nell'aldiqua.

La religione come «oppio dei popoli»

Se la religione, in quanto narcotico delle masse, è il *sintomo* di una condizione umana e sociale alienata, l'unico modo per eliminarla non è la critica *filosofica* (come pensava ancora Feuerbach, nella sua astrattezza di intellettuale), ma la trasformazione rivoluzionaria della società. *In altri termini, se la religione è il frutto malato di una società malata, l'unico modo per sradicarla è quello di distruggere le strutture sociali che la producono.* La disalienazione religiosa ha, dunque, come suo presupposto la disalienazione economica, ossia l'abbattimento della società di classe.

La disalienazione religiosa ha come presupposto la disalienazione economica

Secondo Marx, un altro limite di fondo del pensiero di Feuerbach, che lo accomuna alla tradizione, risiede nel tendenziale contemplativismo e teoreticismo. Infatti egli, a giudizio di Marx, ha ignorato l'aspetto *attivo* e *pratico* della natura umana e ha cercato la soluzione dei problemi reali nella dimensione della teoria, trascurando completamente l'aspetto della *praxis* rivoluzionaria. Di conseguenza, al vecchio materialismo speculativo e contemplante, di cui Feuerbach è l'ultima incarnazione, Marx oppone un *nuovo* materialismo, che considera l'uomo soprattutto come *prassi*, ritenendo che la soluzione dei problemi non sia da ricercarsi nella speculazione, ma nell'*azione*: «I filosofi hanno solo *interpretato* il mondo in modi diversi; si tratta però di *mutarlo*» (XI tesi).

La *praxis*

LE TESI SU FEUERBACH

TESTO 1

Proponiamo le più significative tra le 11 Tesi su Feuerbach.

Tesi 4

Feuerbach prende le mosse dal fatto dell'auto-estraniazione religiosa, della duplicazione del mondo in un mondo religioso e in uno mondano. Il suo lavoro consiste nel risolvere il mondo religioso nel suo fondamento mondano. Ma il fatto che il fondamento mondano si distacchi da se stesso e si costruisca nelle nuvole come un regno fisso ed indipendente, è da spiegarsi soltanto con l'auto-dissociazione e con l'auto-contraddittorietà di questo fondamento mondano. Questo fondamento deve essere perciò in se stesso tanto compreso nella sua contraddizione, quanto rivoluzionato praticamente. Pertanto, dopo che, per esempio, la famiglia terrena è stata scoperta come il segreto della sacra famiglia, è proprio la prima a dover essere dissolta teoricamente e praticamente. [...]

Tesi 6

Feuerbach risolve l'essenza religiosa nell'essenza *umana*. Ma l'essenza umana non è qualcosa di astratto che sia immanente all'individuo singolo. Nella sua realtà essa è l'insieme dei rapporti sociali.

Feuerbach, che non penetra nella critica di questa essenza reale, è perciò costretto:
1. ad astrarre dal corso della storia, a fissare il sentimento religioso per sé, ed a presupporre un individuo umano astratto - *isolato*.
2. L'essenza può dunque esser concepita soltanto come «genere», cioè come universalità interna, muta, che leghi molti individui *naturalmente*.

Tesi 7

Feuerbach non vede dunque che il «sentimento religioso» è esso stesso un prodotto sociale e che l'individuo astratto, che egli analizza, appartiene ad una forma sociale determinata.

Tesi 8

Tutta la vita sociale è essenzialmente *pratica*. Tutti i misteri che trascinano la teoria verso il misticismo trovano la loro soluzione razionale nella prassi umana e nella comprensione di questa prassi.

Tesi 9

Il punto più alto cui giunge il materialismo intuitivo, cioè il materialismo che non intende la sensibilità come attività pratica, è l'intuizione degli individui singoli e della società borghese.

Tesi 10

Il punto di vista del vecchio materialismo è la società borghese, il punto di vista del materialismo nuovo è la società umana o l'umanità sociale.

Tesi 11

I filosofi hanno soltanto diversamente *interpretato* il mondo; si tratta di *trasformarlo*.

K. Marx, *Tesi su Feuerbach*, in *Opere di Marx-Engels*, Editori Riuniti, vol. V, Roma, 1972, pp. 3, 4, 5

1-9. Feuerbach ha sì capito che la religione è alienazione, che la sua essenza è l'essenza dell'uomo. Non ha però capito, secondo Marx, che l'alienazione religiosa è fondata sull'alienazione socio-economica e che quindi per superarla non basta la riflessione filosofica, ma occorre la prassi rivoluzionaria. L'esempio della famiglia non faccia dimenticare al lettore che per Marx la religione nel suo insieme *si estinguerà* rivoluzionando la società nella sua struttura fondamentale (l'economia).

10-17. Marx contesta a Feuerbach di non aver colto la storicità dell'uomo, di aver concepito un materialismo naturalistico e non storico. Feuerbach ha una concezione statica e astratta dell'uomo, che prescinde dai rapporti sociali in cui l'uomo vive. Non esiste, secondo Marx, un'essenza umana atemporale, immutabile; l'essenza umana è storica perché l'uomo è figlio della società e del tempo in cui vive. Qui vi è da parte di Marx una forzatura polemica, perché proprio Feuerbach, criticando l'idealismo, aveva definito l'uomo *essere sociale*.

18-19. Nella settima tesi è puntualizzata la critica presente nella quarta tesi: Feuerbach non si rende conto che l'alienazione religiosa è un prodotto sociale, deriva da una certa società in cui l'uomo vive. In *Per la critica della filosofia del diritto di Hegel* Marx aveva già scritto: «La miseria *religiosa* è insieme l'*esposizione* della miseria reale e la *protesta* contro la miseria *reale* (...) Essa è l'oppio del popolo» (*Opere*, cit., vol. III, pp. 190, 191).

20-22. Il misticismo con i suoi misteri può essere sconfitto solo con la prassi; si noti che però Marx aggiunge che la prassi dev'essere accompagnata dalla riflessione.

23-26. Nella nona e decima tesi viene ribadita e sviluppata l'accusa al materialismo feuerbachiano di essere contemplativo e individualistico, dunque espressione della società borghese. Invece il nuovo materialismo, pratico e sociale, rappresenta il punto di vista dell'«umanità sociale» (espressione un po' sibillina con cui si allude al proletariato).

27. Il testo si conclude con un appello all'azione che testimonia l'impazienza rivoluzionaria del giovane Marx. Già in *Per la critica della filosofia del diritto di Hegel* aveva affermato che l'*arma della critica* non può certamente sostituire la *critica delle armi*.

3.7. La concezione materialistica della storia

La critica a Feuerbach segna il passaggio di Marx dall'umanismo al materialismo storico, poiché coincide con la transizione dall'antropologia speculativa al «sapere reale» della storia. Il testo in cui si concretizza tale processo è *L'ideologia tedesca*, scritta da Marx ed Engels, con la collaborazione di M. Hess, durante l'esilio di Bruxelles (1845-1846) e rimasta inedita sino al 1932. Più di dieci anni dopo, nella *Prefazione* a *Per la critica dell'economia politica* (1857), Marx dirà di essa: «Decidemmo di mettere in chiaro, con un lavoro comune, il contrasto tra il nostro modo di vedere e la concezione ideologica della filosofia tedesca, di fare i conti, in realtà, con la nostra anteriore coscienza filosofica».

L'ideologia tedesca

Prima ancora che nei contenuti, l'originalità di quest'opera risiede nel tentativo di cogliere il «movimento reale» della storia, *al di là* delle rappresentazioni ideologiche che ne hanno velato da sempre la struttura effettiva e le concrete forze motrici. Infatti, il discorso storico-materialistico di Marx ed Engels presuppone una basilare contrapposizione fra «scienza reale e positiva» e «ideologia».

In una delle sue accezioni principali l'ideologia appare come una «falsa rappresentazione» della realtà, e allude al processo per cui alla comprensione *oggettiva* dei rapporti reali fra gli uomini si sostituisce un'immagine *deformata* di essi. In altre parole, discorrere di rappresentazione ideologica del mondo equivale a parlare, secondo i classici del marxismo, di rappresentazione costituzionalmente *mistificante* di esso. Di altri significati, nonché delle "cause" e della "funzione" sociale delle ideologie diremo in seguito. Per ora ci basti sapere che l'intento di Marx è quello di svelare, al di là delle ideologie, la *verità* sulla storia, mediante il raggiungimento di un punto di vista *obbiettivo* sulla società, che permetta di descrivere non ciò che gli uomini «possono *apparire* nella rappresentazione propria o altrui, bensì quali sono realmente» (*L'ideologia tedesca*, Ed. Riuniti, Roma, 1969, p. 12). Questo programma comporta, ovviamente, la distruzione della vecchia filosofia idealistica e l'inaugurazione di una nuova «scienza», in relazione a cui la filosofia viene ad assumere l'ufficio strumentale di «sintesi dei risultati più generali che è possibile astrarre dall'esame dello sviluppo storico degli uomini» (*ivi*, p. 14).

Il concetto marxista di ideologia

La «scienza» della storia

Ma che cos'è l'umanità, intesa finalmente in modo scientifico e non ideologico? Marx risponde in prima istanza che essa è una specie evoluta, composta di individui associati, che lottano per la propria sopravvivenza. Di conseguenza, la storia non è, primariamente, un evento spirituale, ma un processo *materiale* fondato sulla dialettica bisogno-soddisfacimento:

«Il vivere implica prima di tutto il mangiare e bere, l'abitazione, il vestire e altro ancora. La prima azione storica è dunque la creazione dei mezzi per soddisfare questi bisogni; la produzione della vita materiale stessa [...] che ancora oggi, come millenni addietro, deve essere compiuta ogni giorno e ogni ora semplicemente per mantenere in vita gli uomini» (*ivi*, 18).

La storia come processo «materiale» alla cui base sta il lavoro

Ed è proprio quest'azione «materiale» che umanizza l'uomo. Infatti, commenta ironicamente Marx, si possono distinguere gli uomini dagli animali per la coscienza, per la religione, per tutto ciò che si vuole, ma essi cominciarono di fatto a distinguersi dagli animali allorché, in virtù della necessità, cominciarono a *produrre* i loro mezzi di sussistenza. Alla base della storia vi è dunque il *lavoro*, che Marx intende come creatore di civiltà e di cultura e come ciò attraverso cui l'uomo si rende tale, emergendo dall'animalità primitiva e distinguendosi dagli altri esseri viventi.

Nell'ambito di quella «produzione sociale dell'esistenza» che costituisce la storia, bisogna distinguere, secondo Marx, due elementi di fondo: le *forze produttive* e i *rapporti di produzione*. Poiché questi concetti stanno alla base della scienza storica marxiana, è importante afferrarne bene, sin dall'inizio, il preciso significato. Per forze produttive Marx intende tutti gli elementi necessari al processo di produzione, ossia, fondamentalmente: **1)** gli *uomini* che producono (= la forza-lavoro); **2)** i *mezzi* (terra, macchine, ecc.) impiegati nella produzione (= i mezzi di produzione); **3)** le *conoscenze* tecniche e scientifiche utilizzate per organizzare e migliorare la produzione. Per rapporti di produzione Marx intende i rapporti che si instaurano fra gli uomini nel corso della produzione e che regolano il *possesso* e l'impiego dei mezzi di lavoro, nonché la ripartizione di ciò che tra-

Le *forze produttive*

I *rapporti di produzione*

mite essi si produce. I rapporti di produzione trovano la loro espressione giuridica nei *rapporti di proprietà*.

Forze produttive e rapporti di produzione costituiscono, nella loro globalità, il «modo di produzione» di un certo periodo. L'insieme dei rapporti di produzione, o, più in generale, la *base economica*, quale si esprime nel «modo di produzione» e nella relativa dialettica tra forze produttive e rapporti di produzione, costituisce la *struttura*, ovvero lo scheletro economico della società, intesa come organismo complessivo. Infatti, rispetto alla totalità sociale la struttura rappresenta il piedistallo concreto su cui si eleva una sovrastruttura giuridico-politico-culturale. In altre parole, il termine sovrastruttura (dal tedesco *Überbau*: *über* = sopra, *Bau* = costruzione) sta ad indicare che, secondo il materialismo storico, i rapporti giuridici, le forze politiche, le dottrine etiche, artistiche, religiose e filosofiche non debbono essere intese, idealisticamente, come delle realtà a sé stanti, ma come delle *espressioni* più o meno dirette dei rapporti che definiscono la struttura di una certa società storica. Ecco, a questo proposito, il limpido testo di Marx.

Struttura e sovrastruttura

TESTO 2 STRUTTURA E SOVRASTRUTTURA

Il risultato generale al quale arrivai e che, una volta acquisito, mi servì da filo conduttore nei miei studi, può essere brevemente formulato così: nella produzione sociale della loro esistenza, gli uomini entrano in rapporti determinati, necessari, indipendenti dalla loro volontà, in rapporti di produzione che corrispondono a un determinato grado di sviluppo delle loro forze produttive materiali. L'insieme di questi rapporti di produzione costituisce la struttura economica della società, ossia la base reale sulla quale si eleva una sovrastruttura giuridica e politica e alla quale corrispondono determinate forme sociali della coscienza. Il modo di produzione della vita materiale condiziona, in generale, il processo sociale, politico e spirituale della vita. Non è la coscienza degli uomini che determina il loro essere, ma è, al contrario, il loro essere sociale che determina la loro coscienza. A un dato punto del loro sviluppo, le forze produttive materiali della società entrano in contraddizione con i rapporti di produzione esistenti, cioè con i rapporti di proprietà (che ne sono soltanto l'espressione giuridica) dentro i quali tali forze per l'innanzi s'erano mosse. Questi rapporti, da forme di sviluppo delle forze produttive, si convertono in loro catene. E allora subentra un'epoca di rivoluzione sociale. Con il cambiamento della base economica si sconvolge più o meno rapidamente tutta la gigantesca sovrastruttura. Quando si studiano simili sconvolgimenti, è indispensabile distinguere sempre fra lo sconvolgimento materiale delle condizioni economiche della produzione, che può essere constatato con la precisione delle scienze naturali, e le forme giuridiche, politiche, religiose, artistiche o filosofiche, in una parola le forme ideologiche che permettono agli uomini di concepire questo conflitto e di combatterlo. Come non si può giudicare un uomo dall'idea che egli ha di se stesso, così non si può giudicare una simile epoca di sconvolgimento dalla coscienza che essa ha di se stessa; occorre invece spiegare questa coscienza con le contraddizioni della vita materiale, con il conflitto esistente fra le forze produttive della società e i rapporti di produzione. Una formazione sociale non perisce finché non siano sviluppate tutte le forze produttive per la quale essa offra spazio sufficiente; nuovi e superiori rapporti di produzione non subentrano mai, prima che siano maturate in seno alla vecchia società le condizioni materiali della loro esistenza. Pertanto l'umanità non si propone se non quei problemi che può risolvere, perché, a considerare le cose dappresso, si trova sempre che il problema sorge solo quando le condizioni materiali della sua soluzione esistono già o almeno sono in formazione. A grandi linee, i modi di produzione asiatico, antico, feudale e borghese moderno possono essere designati come epoche che marcano il progresso della formazione economica della società. I rap-

porti di produzione borghese sono l'ultima forma antagonistica del processo di produzione sociale; antagonistica non nel senso di un antagonismo individuale, ma di un antagonismo che sorge dalle condizioni di vita sociali degli individui. Ma le forze produttive che si sviluppano nel seno della società borghese creano in pari tempo le condizioni materiali per la soluzione di questo antagonismo. Con questa formazione sociale si chiude dunque la preistoria della società umana.

K. Marx, *Prefazione, Per la critica dell'economia politica*, in *Opere*, cit., vol. XXX, pp. 298-299

1-5. Marx espone molto chiaramente il nucleo centrale del suo materialismo storico. I rapporti di produzione (nei quali, per Marx, gli uomini si trovano inseriti per una oggettiva necessità) sono i rapporti che si stabiliscono tra gli uomini nel corso della produzione e che regolano il possesso e l'impiego dei mezzi di produzione oltre alla distribuzione di ciò che si produce. Le forze produttive sono formate dall'insieme dei produttori, dei mezzi di produzione e delle cognizioni tecnico-scientifiche relative alla produzione. Qui Marx enuncia la teoria della corrispondenza tra forze produttive e rapporti di produzione.

5-11. Segue l'enunciazione della teoria della corrispondenza tra struttura economica e sovrastrutture giuridiche, politiche, ecc.; queste ultime insomma riflettono quello che Marx chiama anche il modo di produzione (= insieme di forze produttive e rapporti di produzione): ad un determinato assetto economico corrispondono determinate istituzioni, leggi, ecc., funzionali ad esso.

11-15. Determinati rapporti di produzione durano fin che giovano alle forze produttive; quando invece diventano un freno, un ostacolo, per esse, fatalmente si ha una rivoluzione sociale e tali rapporti vengono cambiati.

15-25. Il cambiamento economico, per quanto detto in precedenza, non può non ripercuotersi a livello sovrastrutturale; cambiano cioè anche la politica, il diritto, ecc. Qui Marx in sostanza riecheggia quanto aveva scritto nell'*Ideologia tedesca*. Si può ricordare, tra l'altro, la celebre affermazione: «le idee della classe dominante sono in ogni epoca le idee dominanti; cioè, la classe che è la potenza *materiale* dominante della società è in pari tempo la sua potenza *spirituale* dominante» (p. 44).

25-31. È stato spesso osservato che mentre il giovane Marx nutriva la fiducia che, purché vi fosse una forte volontà rivoluzionaria, la rivoluzione fosse possibile in ogni luogo e tempo, il Marx della maturità (come qui si può constatare) ritiene invece che il determinarsi di una rivoluzione dipenda da condizioni oggettive, economiche, indipendenti dalla soggettiva volontà.

31-38. Marx distingue quattro «epoche» della formazione economica della società: quella *asiatica* (fondata su forme comunitarie di proprietà), quella *antica* di tipo schiavistico, quella *feudale* e quella *borghese*. Tuttavia, poiché sia Marx che Engels accennano talora ad una «comunità primitiva» (*Urgemeinschaft*) di stampo *comunista* (sia intesa alla stregua di un tipo generale di cui la società asiatica sarebbe un sottotipo, sia intesa come tipo distinto e a sé stante), si può dire che le grandi formazioni economico-sociali individuate dai «classici del marxismo» siano la comunità primitiva, la società asiatica, la società antica, la società feudale, la società borghese e la futura società socialista.

Sebbene queste epoche non costituiscano, a rigore, delle tappe necessarie, in quanto molte società hanno saltato l'una o l'altra fase, è indubbio che esse costituiscano, dal punto di vista di Marx, altrettanti gradini di una sequenza che procede dall'inferiore al superiore. Altrettanto indubbio è che la storia, secondo i classici del marxismo, proceda dal comunismo primitivo (comunque inteso o prospettato) al comunismo futuro, attraverso il momento intermedio della società di classe, la quale si basa sulla divisione del lavoro e sulla proprietà privata (due concetti che per Marx sono identici, in quanto «con la prima si esprime in riferimento all'attività esattamente ciò che con l'altra si esprime in riferimento al prodotto dell'attività»). Parimenti indubbio è che questo diagramma storico dello sviluppo della civiltà (che tanto fascino ha esercitato sugli intelletti) poggi sulla tesi-convinzione del socialismo come sbocco *inevitabile* della dialettica storica: «Il comunismo per noi non è *uno stato di cose* che debba essere instaurato, un *ideale* al quale la realtà dovrà conformarsi. Chiamiamo comunismo il movimento *reale* che abolisce lo stato di cose presenti».

38-39. Per Marx il crollo del capitalismo segna la fine della preistoria, mentre con la nuova società comunista ha inizio la storia vera e propria. In altre parole, Marx vuole dire che solo nel comunismo gli uomini, cessata l'alienazione, prendono nelle loro mani la propria vita.

3.8. Il «Manifesto»

Articolazione del *Manifesto*

Il *Manifesto del partito comunista* (1848), nel quale Marx si propone di esporre «in faccia al mondo» gli scopi e i metodi dell'azione rivoluzionaria, rappresenta una stringata *summa* della concezione marxista del mondo. I punti salienti di esso sono: **1)** l'analisi della funzione storica della borghesia; **2)** il concetto della storia come «lotta di classe» e il rapporto fra proletari e comunisti; **3)** la critica dei socialismi non-scientifici.

La funzione storica della borghesia...

Nella prima parte del *Manifesto* Marx descrive, con un'eloquenza brillante, la vicenda storica della borghesia, sintetizzandone, dal suo punto di vista, meriti e limiti. *A differenza delle classi che hanno dominato nel passato, che tendevano alla conservazione statica dei modi di produzione, la borghesia, secondo Marx, non può esistere senza rivoluzionare continuamente gli strumenti di produzione e tutto l'insieme dei rapporti sociali.* Di conseguenza, la borghesia appare una classe costituzionalmente dinamica, che ha dissolto non solo le vecchie condizioni di vita, ma anche idee e credenze tradizionali.

La borghesia ha modificato la faccia della Terra in una misura che non ha precedenti nella storia, mostrando ai popoli che cosa possa l'attività umana. Ha compiuto ben altre meraviglie che le piramidi d'Egitto, gli acquedotti di Roma e le cattedrali gotiche; ha portato a termine ben altre spedizioni che gli spostamenti dei popoli e le Crociate in Terrasanta. La borghesia ha realizzato per la prima volta l'unificazione del genere umano, poiché il bisogno di uno smercio sempre più esteso per i suoi prodotti l'ha spinta a percorrere tutto il globo terracqueo. Agevolando le comunicazioni e trascinando nella civiltà tutti i paesi, assoggettando l'Oriente all'Occidente, è riuscita a costruire un mercato *mondiale* e a porre le basi per un reale cosmopolitismo. Nello stesso tempo ha assoggettato la campagna alla città, distruggendo le antiche civiltà contadine e creando centri urbani immensi. In una parola, scrive Marx, essa si è creata un mondo a propria immagine e somiglianza.

... e le sue contraddizioni

Senonché questa borghesia, che ha evocato come per incanto forze così gigantesche, assomiglia allo stregone che non riesce più a dominare le potenze infernali da lui evocate. Infatti le moderne forze produttive, sempre più sociali, si rivoltano contro i vecchi rapporti di proprietà, ancora privatistici e sottomessi alla logica del profitto personale, generando delle *crisi* terribili, che mettono in forse l'esistenza stessa del capitalismo. Tanto che il proletariato, classe oppressa della società borghese, non può fare a meno di mettere in opera una dura *lotta di classe,* volta al superamento del capitalismo e delle sue forme istituzionali e ideologiche.

La storia come «storia di lotte di classi»

Il concetto della storia come «lotta di classe» è uno dei più significativi del *Manifesto.* Infatti, se in *L'ideologia tedesca* Marx pone come motore dello sviluppo sociale la dialettica tra forze produttive e rapporti di produzione, in questa opera individua, come soggetto autentico di storia, la lotta fra le classi.

Come abbiamo già accennato, parlare di dialettica tra forze produttive e rapporti di produzione da un lato e di lotta di classe dall'altro, dal punto di vista di Marx, nonostante qualche equivoco da parte dei suoi interpreti, significa dire la *stessa* cosa, poiché le forze produttive e i rapporti di produzione non sono «strutture senza soggetto», ma risultano incarnate concretamente da quei gruppi di «individui umani viventi» che sono le classi.

Il contributo di Marx alla teoria delle classi

Marx non si è mai attribuito il merito di avere "scoperto" l'esistenza delle classi nella società moderna, né la lotta esistente fra loro. Infatti nella lettera a Weydemeyer del 5-III-1852 egli ammette francamente che molto prima di lui «storici borghesi hanno descritto lo sviluppo storico di questa lotta delle classi ed economisti borghesi ne hanno descritto l'anatomia economica». In realtà, come risulta dal seguito della lettera, e dall'intera opera di Marx, il suo contributo originale, a questo proposito, risiede piuttosto nell'aver puntualizzato che: **1)** l'esistenza delle classi è legata a determinate fasi storiche di sviluppo della produzione; **2)** le classi si definiscono essenzialmente in relazione alla proprietà o meno dei mezzi di produzione, la quale fa sì che in ogni epoca vi siano sempre due classi *fondamentali*; **3)** la lotta di classe conduce «necessariamente», attraverso la «dittatura del proletariato» (v. par. 3.11), alla soppressione di tutte le classi e ad una società senza classi.

Tralasciando per ora l'argomento della presa del potere da parte del proletariato e concentrandoci sulle nozioni di classe e di partito, si noti come una delle caratteristiche del marxismo sia la distinzione fra classe «in sé» e «per sé». Con questa terminologia, che compare in seguito ma che sottintende un concetto già presente nel *Manifesto*, Marx intende dire che un conto è la classe intesa come aggregato di individui che in una data società si trovano in una situazione economico-sociale pressappoco identica (la classe «in sé»), e un conto è la classe intesa come unità autocosciente che lotta in modo solidale per i medesimi obiettivi (la classe «per sé»). Evidentemente, una classe si trasforma in soggetto *rivoluzionario* solamente quando *perviene* alla *coscienza* di classe e aderisce al Partito comunista.

L'internazionalismo proletario

Conformemente alle sue analisi del capitalismo come fatto mondiale, Marx insiste inoltre sull'*internazionalismo* della lotta proletaria e termina il *Manifesto* con il noto *slogan* rivoluzionario: «Proletari di tutti i Paesi, unitevi!».

CLASSI E LOTTE DI CLASSI

TESTO 3

I

*Borghesi e proletari**

La storia di ogni società sinora esistita è storia di lotte di classi.

Liberi e schiavi, patrizi e plebei, baroni e servi della gleba, membri delle corporazioni e garzoni, in una parola oppressori e oppressi sono sempre stati in contrasto fra di loro, hanno sostenuto una lotta ininterrotta, a volte nascosta, a volte palese: una lotta che finì sempre o con una trasformazione rivoluzionaria di tutta la società o con la rovina comune delle classi in lotta.

Nelle prime epoche della storia troviamo quasi dappertutto una completa divisione della società in varie caste, una multiforme gradazione delle posizioni sociali. Nell'antica Roma abbiamo patrizi, cavalieri, plebei, schiavi; nel medioevo signori feudali, vassalli, maestri d'arte, garzoni, servi della gleba, e per di più in quasi ciascuna di queste classi altre speciali gradazioni.

La moderna società borghese, sorta dalla rovina della società feudale, non ha eliminato i contrasti fra le classi. Essa ha soltanto posto nuove classi, nuove condizioni di oppressione, nuove forme di lotta in luogo delle antiche.

L'epoca nostra, l'epoca della borghesia, si distingue tuttavia perché ha semplificato i contrasti fra le classi. La società intiera si va sempre più scindendo in due grandi campi nemici, in due grandi classi direttamente opposte l'una all'altra: borghesia e proletariato.

K. Marx - F. Engels, *Manifesto del partito comunista*, in *Opere*, cit., vol. VI, pp. 486-487

* Per borghesia si intende la classe dei capitalisti moderni, che sono proprietari dei mezzi della produzione sociale e impiegano lavoro salariato. Per proletariato si intende la classe degli operai salariati moderni che, non possedendo nessun mezzo di produzione, sono costretti a vendere la loro forza-lavoro per vivere. [Nota di Engels all'edizione inglese del 1888]

1. Il motore della storia, secondo Marx ed Engels, è sempre stato costituito dalle lotte tra le classi. Una classe sociale è formata da coloro che occupano la medesima posizione socio-economica. È però importante che costoro si elevino alla *coscienza di classe*, cioè prendano coscienza di

formare un'unità con interessi comuni e si organizzino come tali.

2-6. L'antagonismo tra oppressori e oppressi in linea di massima ha determinato il progresso di tutta la società, ma non viene negato il caso ben diverso di un logoramento e infine di una rovina di entrambe le classi in lotta.

7-11. Le divisioni in classi sono sempre esistite, ma Engels aggiungerà, in una nota del 1888, qui non riportata, che, in base a studi storici e sociologici successivi alla pubblicazione del *Manifesto*, si è scoperta l'esistenza di comunità agricole primitive, caratterizzate dal possesso comune del suolo, dove non c'era divisione in classi.

12-17. La borghesia moderna, dopo aver sconfitto l'aristocrazia feudale che l'opprimeva, è diventata essa stessa sfruttatrice del proletariato e quindi si è determinata una nuova lotta di classi. Marx ed Engels credono di poter prevedere a questo punto una rapida bipolarizzazione sociale per l'estinzione o meglio la proletarizzazione dei ceti medi. Nella già citata lettera a Weydemeyer Marx specifica che, dopo la rivoluzione e la dittatura del proletariato, avranno termine la divisione della società in classi e quindi le lotte tra classi.

SCHEDA DI APPROFONDIMENTO

La critica dei falsi socialismi

Una delle sezioni più importanti del *Manifesto* è costituita dalla critica di Marx ai socialismi precedenti. Marx raggruppa e divide la letteratura socialista e comunista in tre tendenze di fondo: il socialismo reazionario, il socialismo conservatore o «borghese» e il socialismo e comunismo critico-utopistici. Schieramenti che vengono divisi, a loro volta, in altre sotto-correnti.

1) *Il socialismo reazionario* attacca la borghesia più secondo parametri conservatori, rivolti al passato, che secondo schemi rivoluzionari rivolti al futuro, proponendosi di «far girare all'indietro la ruota della storia». Esso presenta tre forme: «feudale», «piccolo-borghese» e «tedesca».

Il socialismo feudale, medioevalistico e romanticheggiante (Marx allude ad esempio a certo «legittimismo francese» e alla «Giovane Inghilterra» capeggiata da Disraeli) auspica l'abolizione della società capitalistica moderna e dei suoi inconvenienti, acutizzati dalla Rivoluzione francese e dall'industrialismo, e il recupero di un passato pre-rivoluzionario, pre-borghese e pre-industriale. Sebbene i «feudali» cerchino l'alleanza del proletariato, in funzione anti-capitalistica, l'alleanza è basata su un equivoco: infatti, mentre i primi vogliono sostituire l'alienazione «attuale» con una alienazione «passata» (di stampo medioevale), i secondi mirano al superamento di *ogni* alienazione. All'ombra del socialismo feudale prolifica anche un «socialismo pretesco», il quale, secondo Marx, utilizza il messaggio evangelico per darsi una «tinta socialistica».

Il socialismo piccolo-borghese, rappresentato soprattutto dall'economista svizzero Sismondi (1773-1842), esprime il punto di vista della piccola borghesia rovinata dal capitalismo industriale, che vorrebbe anch'essa il ritorno ad una situazione pre-borghese, facendo rivivere il sistema corporativo per l'industria manifatturiera e il sistema patriarcale per l'agricoltura.

Il socialismo «tedesco» o sedicente «vero socialismo» (Marx allude ad esempio a K. Grün, H. Kriege, B. Bauer, M. Hess, ecc.), anch'esso di estrazione piccolo-borghese, rappresenta la traduzione germanica e «filosofica» del socialismo francese. Esso usa infatti una terminologia astratta e interclassista, parlando più dell'«Uomo» che dei proletari. Inoltre, nella sua rabbia anti-borghese, finisce per sostenere i governi tedeschi della reazione, opponendosi in tal modo a quelle conquiste della borghesia liberale (stato rappresentativo, libertà di stampa, ecc.) che gli stessi operai avrebbero interesse ad ottenere.

2) *Il socialismo conservatore o «borghese»* è incarnato da quegli economisti, filantropi e umanitari che vorrebbero rimediare agli «inconvenienti» sociali del capitalismo, senza distruggere il capitalismo stesso. Infatti, nella loro mentalità a-dialettica, essi vorrebbero la borghesia senza il proletariato, «la proprietà senza il furto», il lato *positivo* del sistema borghese *senza* quello negativo, non accorgendosi che producendo se medesimo il capitalismo produce inevitabilmente i suoi inconvenienti, per cui esso non va «curato», bensì distrutto.

Principale esponente di questa corrente è Proudhon (1809-1865), che Marx aveva già bersagliato nella *Miseria della filosofia* (1847), accusandolo di non comprendere il meccanismo della dialettica e l'importanza dell'antagonismo e delle contraddizioni, e di volere la proprietà senza i difetti

(*segue*)

che ne conseguono, proponendosi non già di eliminare la proprietà stessa, ma di *distribuirla* fra i lavoratori (del resto, la sua nota affermazione secondo cui la proprietà è un «furto», rileva Marx, non fa che presupporre il concetto stesso di proprietà).
3) *Il socialismo e il comunismo critico-utopistico* è costituito da quella feconda corrente di idee premarxiane che conta soprattutto i nomi di Saint-Simon (1760-1825), Fourier (1772-1837) e Owen (1771-1858). Pur avendo avuto il merito di scorgere l'antagonismo fra le classi e gli elementi di contraddizione esistenti nel mondo moderno, questi autori, che scrivono in un primo e poco sviluppato periodo della lotta del proletariato, hanno il limite, secondo Marx, di non riconoscere al proletariato una funzione storica e rivoluzionaria *autonoma*, e di fare appello a tutti i membri della società, compresi i ceti dominanti, per una *pacifica* azione di *riforme*, muovendosi in tal modo in una dimensione moralistica e utopistica. Infatti, sganciati dalla realtà sociale concreta, questi socialisti hanno dedicato gran parte della propria opera alla delineazione di società «ideali». A questo tipo di socialismo «utopistico» Marx contrappone invece il proprio socialismo «scientifico», basato su un'analisi critico-scientifica dei meccanismi sociali del capitalismo e sull'individuazione del proletariato come forza rivoluzionaria destinata ad abbattere il sistema borghese.
La critica di Marx ed Engels al socialismo «utopistico» non impedisce che essi abbiano tratto da questa corrente importanti *indicazioni* circa la società del futuro. Ad esempio, idee ed espressioni come quelle circa l'abolizione dello «sfruttamento dell'uomo sull'uomo», della «soppressione dello Stato politico», del «superamento del contrasto fra città e campagna», della necessità di dare «a ciascuno secondo il suo lavoro», sono apertamente derivate dal socialismo francese. Tant'è vero che lo storico marxista E. J. Hobsbawm, dati alla mano, ha scritto recentemente che «tutto, o quasi, ciò che Marx ed Engels hanno detto intorno alla forma concreta della società comunista si basa sui primi scritti utopistici»[5].

3.9. «Il Capitale»

a) *Economia e dialettica*

Il Capitale si propone di mettere in luce i meccanismi strutturali della società borghese, al fine di «svelare la legge economica del movimento della società moderna» (*Prefazione* al libro I). Esso rappresenta quindi il capolavoro di Marx e il testo-chiave della sua dottrina. Il fatto che *Il Capitale* rechi, come sottotitolo, *Critica dell'economia politica*, rivela l'esplicita contrapposizione di Marx all'economia classica. Come si è già accennato, Marx si differenzia dai grandi teorici dell'economia borghese — da Smith a Ricardo — soprattutto per il suo metodo storicistico-dialettico. Infatti, a differenza di tali autori, Marx è convinto che non esistano leggi *universali* dell'economia, e che ogni formazione sociale abbia caratteri e leggi *storiche* specifiche (le leggi che valgono per il feudalesimo, ad esempio, non valgono per il capitalismo). In secondo luogo, Marx è convinto che la società borghese porti in se stessa delle *contraddizioni* strutturali che ne minano la solidità, ponendo le basi oggettive della sua fine. In terzo luogo, Marx è persuaso che l'economia debba far uso dello schema dialettico (mutuato da Hegel) della *totalità organica*, studiando il capitalismo come una struttura i cui elementi risultano strettamente *connessi*: «Il risultato al quale perveniamo non è che produzione, distribuzione, scambio, consumo, siano identici, ma che essi rappresentano tutti dei membri di una totalità, differenze nell'ambito di un'unità [...] Una produzione determinata determina quindi un consumo, una distribuzione, uno scambio determinati, nonché i determinati rapporti tra questi diversi momenti».

La critica dell'economia politica borghese e i principi metodologici dell'economia marxista

Un'altra caratteristica del metodo di Marx è di studiare il capitalismo *distinguendone* gli elementi di fondo e *astraendo* da quelli secondari, al fine di metterne in luce le caratteristiche *strutturali* e le *tendenze* di sviluppo, per poi formulare, su di esso, alcune «previsioni».

Il procedimento astrattivo di Marx e il carattere tendenziale delle leggi

Tuttavia, dato il carattere *tendenziale* delle leggi rilevate (si sa che ad ogni tendenza può contrapporsi una contro-tendenza che frena la prima), esse non vanno confuse con delle "profezie". Ciò non toglie che la scarsa rigorosità linguistico-concettuale di Marx a

[5] E. J. Hobsbawm, *Marx, Engels e il socialismo premarxiano*, in *Storia del marxismo*, Einaudi, Torino, 1978, vol. I, p. 15.

questo proposito, che parla talora di «*tendenze* operanti ed effettuantisi con bronzea *necessità*» (*Prefazione* al I libro del *Capitale*), o del fatto che «la produzione capitalistica genera essa stessa la propria negazione con la *fatalità* che presiede ai fenomeni della natura», faccia sì che *Il Capitale* sembri presentarsi come «un libro di predizioni circa i destini futuri del capitalismo moderno» — e come tale sia stato letto da parte del movimento operaio seguente o dai critici di Marx, che lo hanno facilmente assimilato ad «un testo di profezie sbagliate».

Il Capitale non è solo un libro di economia

Si noti infine che *Il Capitale* non è soltanto un libro di economia. Infatti, poiché Marx vede nella sfera economica la chiave di spiegazione della società nel suo insieme, *Il Capitale* non intende porsi come studio di *un* segmento della vita reale, isolato dagli altri, ma come una fotografia critica della civiltà capitalistica, intesa come struttura *complessiva*.

b) *Merce, lavoro e plus-valore*

Secondo Marx, la caratteristica specifica del modo capitalistico di produzione, rispetto alle società precedenti, è di essere produzione generalizzata di merci. Di conseguenza, la prima parte del *Capitale* è dedicata all'analisi del fenomeno «merce».

Valore *d'uso* e valore *di scambio* di una merce

Innanzitutto, una merce deve possedere un *valore d'uso*, in quanto deve poter servire a qualcosa, ossia essere utile, poiché nessuno acquista qualcosa che non venga incontro a determinati *bisogni*, sia che questi «provengano dallo stomaco o dalla fantasia» (*Il Capitale*, vol. I). In secondo luogo, una merce, per essere veramente tale, deve possedere un *valore di scambio*, che ne garantisca la possibilità di essere scambiata con altre merci. Ma in che cosa risiede il valore di scambio di una merce? Marx, sulla scia degli economisti classici e dell'equazione valore = lavoro, risponde che esso discende dalla quantità di lavoro socialmente necessaria per produrla. Più lavoro è necessario per produrre una determinata merce e più essa vale. L'espressione «socialmente necessaria», usata da Marx, significa che egli intende riferirsi alla produttività sociale *media* esistente in un determinato periodo storico (infatti una merce che oggi vale *x*, in virtù di un mutamento della produttività sociale media, domani potrebbe valere *y*). Secondo Marx il valore non si identifica tuttavia con il *prezzo*. Infatti su quest'ultimo influiscono altri fattori contingenti, per esempio l'abbondanza o la scarsezza di una merce. Pertanto, il prezzo di una singola merce può superare il suo valore reale o stare al di sotto di esso, anche se Marx è convinto che, in condizioni normali, la somma complessiva dei prezzi delle merci esistenti in una determinata società equivalga alla somma complessiva del lavoro contenuto in esse, ossia al loro valore. Di conseguenza, sebbene nelle relazioni di mercato il valore non si presenti mai allo stato puro, ma sempre come prezzo, quest'ultimo non *è* il valore, ma *ha* il valore alla propria *base*.

Valore = lavoro

Il feticismo delle merci

La consapevolezza che alla radice di tutto sta il lavoro porta Marx a contestare il cosiddetto *feticismo* delle merci, che consiste nel considerare le merci come delle entità aventi valore *di per sé*, dimenticando che esse sono invece il *frutto* dell'attività umana e di determinati rapporti sociali.

Secondo Marx la caratteristica peculiare del capitalismo è il fatto che in esso la produzione non risulta finalizzata al consumo, bensì all'*accumulazione* di denaro. Di conseguenza, il ciclo capitalistico non è quello «semplice», prevalente nelle società pre-borghesi e descrivibile con la formula schematica M.D.M. (merce-denaro-merce), formula che allude al doppio processo per cui una certa quantità di merce viene trasformata in denaro e una certa quantità di denaro viene ri-trasformata in merce (ad esempio il contadino che vende del grano per comperarsi un vestito). Il ciclo economico *peculiare* del capitalismo è piuttosto quello descrivibile con la formula schematica D.M.D'. (denaro-merce-*più* denaro). Infatti nella società borghese abbiamo un soggetto (= il capitalista) che investe del denaro in una merce, per ottenere, alla fine, più denaro. Ma com'è possibile che qualcuno acquisti una merce che gli procura più denaro, e quindi — essendo il denaro l'equivalente del valore — più valore? Da dove deriva questo «più» monetario, ovvero tale plus-valore? A prima vista il processo di generazione del plusvalore appare una sorta di «mistero». Infatti il plus-valore (= D') non può provenire né dal denaro in se stesso, che è un semplice *mezzo* di scambio, né dallo scambio medesimo, poiché gli scambi, in termini di statistica sociale, hanno sempre luogo

Il ciclo economico capitalistico

fra valori equivalenti, per cui ciò che il capitalista acquista come venditore di merce deve già averlo perso prima come compratore.

Di conseguenza, Marx ritiene che l'origine del plus-valore non debba essere cercata a livello di *scambio* delle merci, bensì a livello della *produzione* capitalistica delle medesime. Infatti, nella società borghese il capitalista ha la possibilità di «comperare» e «usare» una merce *particolare*, che ha come caratteristica quella di produrre *valore*. Tale è la «merce umana», ossia, fuor di metafora, l'operaio. Infatti il capitalista compera la sua forza-lavoro, pagandola come una qualsiasi merce, ovvero secondo il *valore* corrispondente alla quantità di lavoro socialmente necessario a produrla, che, nel caso dell'operaio, corrisponde a quello dei mezzi che gli sono necessari per vivere, lavorare e generare, ossia al *salario*. Tuttavia l'operaio — ed è questa la fonte del plus-valore — ha la capacità di produrre un valore maggiore di quello che gli è corrisposto con il salario. **L'origine del plus-valore**

Chiarendo il tutto con un esempio: poniamo che un operaio lavori 10 ore al giorno e che in questo tempo produca un valore pari a 10. Evidentemente, se l'imprenditore gli corrispondesse *tutto* il valore prodotto, non avrebbe, per sé, alcun guadagno. Di conseguenza, il valore equivalente al salario deve per forza essere *inferiore* al valore globale prodotto dall'operaio. Poniamo che esso sia pari a 6. In tal caso, l'operaio, in 6 ore di lavoro, si sarebbe già guadagnato il proprio salario, "regalando" al capitalista 4 ore di plus-lavoro, che equivalgono ad una quantità corrispondente di plus-valore.

Il plus-valore discende quindi dal plus-lavoro dell'operaio, e si identifica con l'insieme del valore da lui gratuitamente offerto al capitalista. Con questa teoria Marx ha voluto fornire una spiegazione «scientifica» dello «sfruttamento» capitalista, che si identifica quindi con la possibilità, da parte dell'imprenditore, di utilizzare la forza lavoro altrui a proprio vantaggio. Ciò avviene in quanto il capitalista dispone dei *mezzi di produzione*, mentre il lavoratore dispone unicamente della propria energia lavorativa ed è costretto, per vivere, a «vendersi» sul mercato, in vista del salario.

Dal plus-valore deriva il profitto. Plus-valore e profitto, per Marx, non sono tuttavia la *medesima* cosa, come talora impropriamente si afferma, in quanto il profitto, pur presupponendo il plus-valore, non coincide totalmente con esso. Per comprendere la ragione di questa tesi risulta indispensabile tener presente la distinzione marxista fra capitale *variabile* (cosiddetto perché coincide con il capitale mobile investito in salari) e capitale *costante* (che coincide con il capitale investito nelle macchine e in tutto ciò di cui abbisogna la fabbrica per funzionare efficacemente). Poiché il plus-valore nasce solo in relazione ai salari, ossia al capitale variabile (in quanto più aumenta il plus-lavoro più cresce il plus-valore), il saggio del plus-valore risiede nel *rapporto*, espresso in percentuale, tra il plus-valore medesimo e il capitale variabile. **Plus-valore e profitto non sono la stessa cosa** **Il saggio del plus-valore**

$$\text{saggio del plus-valore} = \frac{\text{plus-valore}}{\text{capitale variabile}}$$

Cerchiamo di *chiarire* quanto sopra con un esempio. Se il capitale variabile è 6 e il plus-valore è 4, il saggio del plus-valore sarà $\frac{4}{6}$ ovvero $\frac{2}{3}$. Moltiplicando questo rapporto per 100 otterremo 66,$\bar{6}$% $\left(\frac{2}{3} \times 100 = \frac{200}{3} = 66,\bar{6}\right)$. Cifra che esprime appunto, in percentuale, il saggio (o il tasso) del plus-valore conseguito rispetto al capitale variabile anticipato.

Ma il capitalista, per poter dirigere la fabbrica, è costretto ad investire non solo in salari (capitale variabile), ma anche in impianti (capitale costante). Di conseguenza, il saggio del profitto non coincide con il saggio del plus-valore, ma scaturisce dal *rapporto*, espresso in percentuale, tra il plus-valore da un lato e la *somma* del capitale variabile e del capitale costante dall'altro. **Il saggio del profitto**

$$\text{saggio del plus-valore} = \frac{\text{plus-valore}}{\text{capitale costante + variabile}}$$

Ad esempio, se il plus-valore è 4, il capitale costante 1 e il capitale variabile 6, il saggio del profitto sarà $\frac{4}{1+6} = \frac{4}{7} = 57{,}1\%$.

Quindi, il saggio del profitto è sempre minore (come appare chiaro dalla maggior grandezza del denominatore) rispetto al saggio del plus-valore ed esprime in modo più preciso il guadagno del capitalista.

c) *Tendenze e contraddizioni del capitalismo*

Il bisogno capitalistico del profitto e il suo esito tragico

Poiché il capitalismo si regge sul ciclo D.M.D'., il suo fine strutturale immanente è la maggior quantità possibile di plus-valore. Ciò fa sì che il capitalismo insegua tutte le vie possibili per raggiungere tale scopo, caratterizzandosi come un tipo di società retto dalla logica del profitto *privato*, anziché dalla logica dell'interesse *collettivo*. Delineando un'analisi del capitalismo a sfondo tragico, Marx descrive le varie strade imboccate da esso in vista del proprio auto-accrescimento, mostrando come tale sistema generi una serie di contraddizioni e difficoltà che ne minano la sopravvivenza, preparandone la morte futura. Analizziamo alcune tappe significative di questo processo.

In un primo momento il capitalismo cerca di accrescere il plus-valore aumentando la giornata lavorativa (poniamo sino a quindici ore). Ma questa dilatazione d'orario, pur generando maggior plus-lavoro, e quindi maggior plus-valore, presenta dei limiti invalicabili, poiché oltre un certo numero di ore la forza-lavoro dell'operaio cessa di essere produttiva. Di conseguenza, più che al prolungamento della giornata lavorativa (che Marx chiama *plus-valore assoluto*), il capitalismo punta alla riduzione della parte di giornata lavorativa necessaria ad integrare il salario (che Marx chiama *plus-valore relativo*). Infatti se l'operaio, anziché impiegare sei ore per guadagnare il proprio salario, ne impiega quattro, risulta evidente che il plus-valore intascato dal capitalista è più grande. Ovviamente, tutto ciò si può ottenere solo mediante una maggior *produttività* del lavoro. Da ciò discende la necessità *strutturale*, per il capitalismo, di introdurre in continuazione nuovi e più efficienti metodi e strumenti di lavoro. Storicamente questo processo di produzione del plus-valore relativo passa attraverso tre fasi successive: **a)** la cooperazione semplice; **b)** la manifattura; **c)** la grande industria.

Il plus-valore relativo

L'industria meccanizzata

La grande svolta del modo capitalistico di produzione è la nascita dell'*industria meccanizzata*, che introduce, nel ciclo lavorativo, la macchina, ossia «il mezzo più potente per l'accorciamento del lavoro», capace di aumentare enormemente la quantità di merce prodotta nello stesso tempo con lo stesso numero di operai, e quindi di erogare maggior plus-valore relativo. Le macchine, che non hanno bisogno di riposo, permettono anche una maggior estrazione di plus-valore assoluto, allungando la giornata lavorativa. Inoltre, rendendo meno faticose le operazioni lavorative, i capitalisti possono ricorrere alla forza-lavoro delle donne e dei bambini, meno costosa e più docile.

I «costi umani» del capitalismo industriale

Mettendosi dal punto di vista dei salariati, Marx denuncia i «costi umani» dell'utilizzazione capitalistica delle macchine. Mentre nella manifattura era l'operaio ad usare gli strumenti di lavoro, ora è piuttosto «l'automa semovente» del macchinario di fabbrica ad usare il salariato, che diviene solo un'appendice o un «servo» della macchina. Mentre prima donne e bambini non erano forze concorrenti decisive, ora lo sono diventate, favorendo il contenimento o l'abbassamento dei salari. Inoltre, la velocità dei macchinari produce un'intensificazione del lavoro, distruggendo non solo ogni creatività individuale, ma generando *stress* psico-fisico. Per tutti questi motivi, fra lavoratore e macchina si instaura un'inevitabile relazione di *ostilità*, che nei primi movimenti operai, incapaci di distinguere fra macchine e *uso* capitalistico delle medesime, prende la forma (v. il luddismo) di una *distruzione* del macchinario.

Ma proprio l'aumento di produttività conseguito con l'uso delle macchine genera, accanto alla conflittualità operaia, il fenomeno delle *crisi cicliche di sovrapproduzione* proprie del capitalismo. Mentre nei secoli precedenti le crisi erano generate dalla *scarsità* di beni (a causa di carestie, epidemie, guerre, ecc.), nel capitalismo sono provocate da una sovrabbondanza di merci. *Paradossalmente, nel capitalismo c'è crisi non perché vi sia poca merce in circolazione, ma perché ne esiste troppa.* Questo è dovuto al fatto che il capitalismo (almeno quello "classico" dei tempi di Marx) risulta caratterizzato dal fenomeno dell'*anarchia della produzione*, la quale fa sì che i capitalisti si precipitino "alla cieca" nei settori dove il profitto è più alto, facendo sì che, ad un certo punto, si verifichi un eccesso di produzione rispetto alle esigenze di mercato. Tutto ciò genera la *crisi*, che ha come effetti concomitanti sia la *distruzione capitalistica dei beni* (spesso proprio quelli di cui avrebbero più bisogno le classi povere: caffè, frutta, ecc.) sia la *disoccupazione*, che va ad accrescere il cosiddetto «esercito industriale di riserva».

Le crisi cicliche

La necessità, per il capitalismo, di un continuo rinnovamento tecnologico, genera anche un altro inconveniente strutturale: *la caduta tendenziale del saggio di profitto*. Con questa espressione Marx intende quella legge per cui, accrescendosi smisuratamente il capitale *costante* (costituito dalle macchine e dalle materie prime) rispetto al capitale *variabile*, ossia aumentando ciò che egli denomina la «composizione organica del capitale», diminuisce per forza il saggio di profitto. Per comprendere adeguatamente questa legge, cui Marx attribuisce una grande importanza, bisogna tener presente che: **1)** il plus-valore non è generato dalle macchine di per sé, ma dal lavoro vivo, che viene pagato con il capitale variabile; **2)** il saggio di plus-valore è dato dal rapporto fra il plus-valore stesso e il capitale variabile; **3)** il saggio di profitto è dato dal rapporto fra il plus-valore da un lato e il capitale costante e il capitale variabile dall'altro. Ora, se v (= capitale variabile) resta stabile, resta stabile anche p (= il plus-valore); ma se nel frattempo c (= capitale costante) è accresciuto, risulta ovvio che il saggio di profitto è diminuito, come mostra il seguente prospetto matematico:

La caduta tendenziale del saggio di profitto

$$\frac{p}{c + v} \quad \text{oppure} \quad \frac{p}{C} \quad (\text{ove } C = c + v)$$

In altri termini, succede grosso modo che il profitto, per quanto elevato, risulti *progressivamente* sempre più scarso rispetto a tutto il capitale *impiegato*, in virtù, appunto, della crescita smisurata del capitale costante. La legge della caduta tendenziale del saggio di profitto equivale quindi ad una legge dei *rendimenti decrescenti*, «demotivante» rispetto agli investimenti capitalistici. Sebbene Marx abbia elencato talune «cause antagonistiche» che possono attenuare o rallentare l'efficacia della legge in questione, come ad esempio l'acquisto di materie prime all'estero, ad un prezzo minore di quello richiesto in patria, con la conseguente diminuzione del capitale costante, egli ha considerato la legge della caduta tendenziale del saggio di profitto come il vero «tallone d'Achille» del sistema capitalistico, legge che, dal suo punto di vista, può essere eventualmente ritardata nei suoi effetti, ma non cancellata nei suoi esiti catastrofici per la società borghese.

Sulla validità di questa legge-chiave i pareri sono divisi. Secondo alcuni l'aumento del macchinario, coincidendo con una maggior produttività, si tradurrebbe piuttosto in un *aumento*, e non in una *diminuzione* di profitto. Questo spiega perché la legge sia stata vivacemente contestata, ad esempio, non solo da Joan Violet Robinson (nota economista di Cambridge, della scuola post-keynesiana), ma anche da un valente economista marxista come Paul Marlor Sweezy. Altri studiosi marxisti sono invece propensi a ritenerla valida, almeno in linea di principio e come tendenza *di fondo* del capitalismo.

Le discussioni critiche sulla validità o meno di tale legge

Comunque si pensi a tal proposito, è un fatto che tale legge, secondo Marx, tende a mettere in difficoltà la borghesia, e, sommandosi con i fenomeni dell'anarchia produttiva, della *concorrenza* e delle crisi, finisce per produrre quell'ultima e decisiva tendenza del capitalismo che è la *scissione della società in due sole classi antagonistiche*. Come si è già accennato (v. par. 3.9.), Marx ha una visione sostanzialmente dualistica della società di classe, in quanto ritiene che in ogni momento della storia le classi *fondamentali* siano due. Questa dottrina, portata ad attribuire minore importanza alle classi medie, riflette compiutamente, a giudizio di Marx, la situazione stessa del capitalismo industriale avanzato, nel quale, in seguito al fenomeno della

La scissione della società in due sole classi antagonistiche

concorrenza e delle crisi, da un lato abbiamo una progressiva «espropriazione di molti capitalisti da parte di pochi», avente come effetto «la diminuzione costante dei magnati del capitale», e dall'altro abbiamo una massa sempre più grande di salariati, occupati e disoccupati.

La situazione finale del capitalismo

In altre parole, Marx tende a prospettare la situazione *finale* del capitalismo in termini dualistico-dialettici: da un lato una minoranza industriale, dalla gigantesca ricchezza e dall'immenso potere, dall'altro una maggioranza proletaria sfruttata. Situazione che, dato il carattere internazionale del capitalismo, tende a prodursi su scala *mondiale*, denunciando il limite massimo cui è pervenuta la contraddizione che sta alla base di tutte le altre contraddizioni del capitalismo: il contrasto tra forze produttive sempre più *sociali* e il carattere *privatistico* dei rapporti di produzione e di proprietà. Da ciò il celebre epilogo del I libro del *Capitale*: «La centralizzazione dei mezzi di produzione e la socializzazione del lavoro raggiungono un punto in cui diventano incompatibili col loro involucro capitalistico. Ed esso viene spezzato. *Suona l'ultima ora della proprietà privata capitalistica. Gli espropriatori vengono espropriati*».

TESTO 4 IL PLUS-VALORE

Abbiamo visto che l'operaio *durante una sezione del processo lavorativo produce* solo il valore della propria forza-lavoro, cioè il valore dei mezzi di sussistenza che gli sono necessari. Poiché egli produce in una situazione che poggia sulla divisione sociale del lavoro, non produce direttamente i propri mezzi di sussistenza, ma li produce nella forma di una merce particolare, il refe, p. es., cioè *un valore eguale al valore dei suoi mezzi di sussistenza*, ossia eguale al denaro col quale li compera. La *parte della sua giornata lavorativa* ch'egli consuma a questo scopo è maggiore o minore di volta in volta a seconda del valore della media quotidiana dei mezzi di sussistenza che gli sono necessari, dunque a seconda del tempo di lavoro medio richiesto per la loro produzione. Se il valore dei mezzi di sussistenza quotidiani dell'operaio rappresenta in media sei ore lavorative oggettivate, l'operaio deve lavorare in media sei ore al giorno per poterlo produrre. Se egli non lavorasse per il capitalista, ma per se stesso, indipendente, l'operaio dovrebbe sempre, eguali rimanendo le altre circostanze, lavorare in media ancora *per la stessa parte aliquota della giornata*, per produrre *il valore della propria forza-lavoro*, e con ciò ottenere i mezzi di sussistenza necessari per il proprio mantenimento, cioè per la propria continua riproduzione. Ma poiché nella parte della giornata lavorativa, nella quale produce il valore giornaliero della forza-lavoro, dicansi tre scellini, l'operaio produce soltanto un *equivalente* del valore della forza-lavoro, già pagato dal capitalista; e dunque col valore di nuova creazione non fa che *reintegrare il valore variabile di capitale* anticipato, quella produzione di valore si presenta come pura e semplice *riproduzione*. Chiamo dunque tempo di lavoro necessario la parte della giornata lavorativa nella quale si svolge questa riproduzione, e chiamo *lavoro necessario* il lavoro speso durante di essa. Necessario per l'operaio, perché indipendente dalla forma sociale del suo lavoro. Necessario per il capitale e per il mondo del capitale, perché la loro base è l'esistenza costante dell'operaio.

Il secondo periodo del processo lavorativo, nel quale l'operaio sgobba oltre i limiti del lavoro necessario, gli costa certo lavoro, dispendio di forza-lavoro, ma per lui non crea *nessun valore*. Esso crea *plus-valore*, che sorride al capitalista con tutto il fascino d'una creazione dal nulla. Chiamo *tempo di lavoro soverchio* questa parte della giornata lavorativa, e *plus-lavoro* (*surplus labour*) il lavoro speso in esso. Per conoscere il *plus-valore* è altrettanto decisivo intenderlo come puro e semplice *coagulo di tempo di lavoro soverchio*, come *plus-lavoro* semplicemente *oggettivato*, quanto è decisivo, per conoscere il *valore in generale*, intenderlo come puro e semplice *coagulo di tempo di lavoro*, come semplice *lavoro oggettivato*. Solo la *forma* per spremere al produttore immediato, al lavoratore questo plus-lavoro, distingue le formazioni economiche della società; p. es., la società della schiavitù da quella del lavoro salariato.

K. Marx, *Il Capitale*, I, Edizioni Rinascita, Roma, 1956, pp. 235-237

1-2. Già in precedenza Marx ha osservato che per una parte della sua giornata lavorativa l'operaio compie una quantità di lavoro il cui valore è pari solo a quello dei mezzi di sussistenza (sempre in precedenza egli ha calcolato che il salario operaio è determinato in base al valore dei mezzi di sussistenza necessari, in quanto il valore di scambio del lavoro operaio è stimato al pari di qualsiasi altra merce, cioè in base al costo di produzione).
3-23. Ad esempio, l'operaio lavora una quantità di refe (filo di fibre ritorte) per un valore complessivo pari a quello dei suoi mezzi di sussistenza e dunque la parte di giornata destinata a ciò varia a seconda del valore di tali mezzi. Nel caso in cui quest'ultimo quotidianamente corrisponda mediamente a sei ore di lavoro, l'operaio in una giornata deve lavorare mediamente sei ore per riprodurlo. Anche se lavorasse autonomamente, l'operaio dovrebbe pur sempre lavorare altrettanto per guadagnarsi i mezzi di sussistenza. Si può anche dire che l'operaio in quella parte di giornata si limita a rimborsare al capitalista ciò che questi, poniamo tre scellini, gli ha anticipato con il salario (ma in una nota alla terza edizione, qui omessa, Engels ha aggiunto che in realtà è l'operaio ad anticipare denaro al capitalista con il suo lavoro). In ogni caso Marx chiama tempo di lavoro necessario e lavoro necessario il periodo e il lavoro di cui sopra.
24-28. Se la giornata lavorativa e il lavoro compiuto finissero lì, il capitalista non avrebbe alcun guadagno; invece l'operaio lavora ben di più e dunque crea plus-valore che a lui non rende niente, mentre va a tutto vantaggio del capitalista. Marx chiama allora tempo di lavoro in sovrappiù e pluslavoro rispettivamente il tempo di lavoro e il lavoro di questa seconda fase della giornata.
28-31. Dunque Marx dissente radicalmente dagli economisti borghesi per i quali il guadagno del capitalista si forma durante la circolazione delle merci e non durante la produzione, vendendo le merci ad un prezzo superiore al loro valore. Come il valore di scambio in generale va concepito come una quantità di tempo di lavoro, come lavoro oggettivato in una merce, così il plus-valore va concepito come quantità di tempo di lavoro in sovrappiù, come plus-lavoro oggettivato in una merce.
31-33. Plus-lavoro e plus-valore erano presenti anche nelle economie del passato, quella che è cambiata è solo la forma in cui essi sono estorti al lavoratore.

3.10. La rivoluzione e la dittatura del proletariato

Le contraddizioni della società borghese rappresentano la base oggettiva della rivoluzione del proletariato, il quale, impadronendosi del potere politico, dà avvio alla trasformazione globale della vecchia società, attuando il passaggio dal capitalismo al comunismo. Di conseguenza, il proletariato, nella prospettiva di Marx, appare investito di una specifica *missione storico-universale*. Infatti, mentre le fratture rivoluzionarie del passato si traducevano nel trionfo di un nuovo modo di produrre e di distribuire la proprietà e in una nuova egemonia di classe, la rivoluzione comunista non abolisce soltanto *un* tipo particolare di proprietà, di divisione del lavoro e di dominio di classe, ma cancella *ogni* forma di proprietà privata, di divisione del lavoro e di dominio di classe, dando origine ad un'epoca nuova nella storia del mondo. Lo strumento tecnico della trasformazione rivoluzionaria è la *socializzazione* dei mezzi di produzione e di scambio, che passando dalle mani dei privati a quelli della comunità pongono fine al fenomeno del plus-valore e dello sfruttamento di classe.

Caratteri della rivoluzione comunista

Sui *metodi* per accedere al potere Marx ammette una gamma di possibilità, legate alle specificità storico-nazionali. Sebbene sia propenso a ritenere che la rivoluzione, come insegna la storia, implichi sempre forme violente, negli ultimi anni appare indirizzato ad ammettere anche la *possibilità* di una via «pacifica» al socialismo. Ad esempio, nel gennaio 1867, in un discorso commemorativo sull'insurrezione polacca, afferma: «è possibile che la lotta fra lavoratori e capitalisti sia meno terribile e meno sanguinosa della lotta fra signori feudali e borghesia in Inghilterra e in Francia. Speriamolo». E nel discorso di Amsterdam, che chiudeva il congresso dell'Internazionale, Marx dice: «L'operaio un giorno dovrà prendere il potere politico [...]. Noi non abbiamo affatto preteso che per arrivare a questo scopo i mezzi fossero dappertutto identici. Sappiamo quale importanza abbiano le istituzioni, i costumi e le tradizioni dei vari paesi, e non neghiamo che esistano dei paesi come l'America, l'Inghilterra e [...] l'Olanda, in cui i lavoratori possono raggiungere il loro scopo con mezzi pacifici».

I metodi per accedere al potere e il problema dell'esistenza o meno di una via «pacifica»

Alcuni studiosi ritengono tuttavia che Marx, in privato, rimanesse abbastanza scettico sulle possibilità di una via pacifica, che urtava contro il suo realismo storicistico. Significativa, a questo proposito, la testimonianza di H. M. Hyndman, il fondatore della federazione socialdemocratica inglese, il quale in un libro di memorie racconta di un colloquio con Marx negli anni Settanta: «L'Inghilterra è l'unico paese in cui una rivoluzione pacifica è possibile; ma — soggiunse dopo una pausa — la storia non ci incoraggia a crederlo. Voi inglesi assomigliate ai romani in molte cose, ma soprattutto nell'ignorare la vostra storia».

La necessità di abbattere lo stato borghese e le sue forme istituzionali

Violenta o pacifica che sia, la rivoluzione proletaria — e su questo punto le idee di Marx sono rimaste ferme — deve tuttavia mirare, come primo traguardo, all'abbattimento dello stato borghese e delle sue forme istituzionali. In una lettera a Ludwig Kugelmann del 12-IV-1871, egli scrive: «il prossimo tentativo della rivoluzione francese non consisterà nel trasferire da una mano all'altra la macchina militare e burocratica com'è avvenuto fino ad ora, ma nello spezzarla [...] tale è la condizione preliminare di ogni rivoluzione popolare sul continente». Di conseguenza, sebbene certo marxismo successivo di stampo "revisionistico", dall'Ottocento ad oggi, abbia diffuso l'idea secondo cui il nucleo della rivoluzione comunista, per Marx, consisterebbe nel «riempire» di contenuti sostanziali o sociali la democrazia ancora «formale» dello stato borghese, i testi del filosofo, a questo proposito, parlano in modo «duro» e «chiaro»: il compito del proletariato non è quello di *impadronirsi* della macchina statale borghese, manovrandola per i propri scopi, ma quello di «spezzarne» o distruggerne i meccanismi istituzionali di fondo.

Lo stato come «macchina» al servizio della borghesia

Questa dottrina di Marx si lega coerentemente con le sue convinzioni teoriche circa lo stato moderno, visto come sovrastruttura di una società civile prestatale dominata dagli interessi di classe della borghesia. Da ciò le «classiche» affermazioni de *L'ideologia tedesca*: «lo Stato è la forma in cui gli individui di una classe dominante fanno valere i loro interessi comuni» o del *Manifesto*: «il potere politico è il potere di una classe organizzata per opprimerne un'altra» o dell'*Antidühring* di Engels: «lo Stato moderno, qualunque ne sia la forma, è una macchina essenzialmente capitalistica, uno Stato dei capitalisti, il capitalista collettivo ideale». Ma se lo stato borghese, compresa la democrazia rappresentativa, è un insieme di apparati istituzionali (e «ideologici») che «servono» specificamente alla borghesia per esercitare il proprio dominio di classe, esso, per Marx, non costituisce un insieme di *tecniche* neutrali che possano essere usate anche a vantaggio del proletariato (secondo una concezione oggi prevalente, e accettata in parte anche dalle sinistre europee). Infatti, come ha notato Norberto Bobbio, lo stato, per Marx, è, sì, una macchina, ma non è una macchina che ognuno possa utilizzare ad arbitrio e piacimento, in quanto ogni classe dominante, secondo il materialismo storico, è costretta a foggiare una macchina statale secondo le *proprie* esigenze.

La dittatura del proletariato come misura politica fondamentale per la transizione al comunismo

Questo rifiuto netto e inequivocabile delle forme istituzionali dello stato borghese prende corpo nella dottrina della dittatura del proletariato. Sebbene già nel *Manifesto* si parli di «interventi dispotici nel diritto di proprietà e nei rapporti borghesi di produzione», il concetto preciso di dittatura del proletariato appare solo nella già citata lettera a Weydemeyer, in cui si afferma che «la lotta delle classi necessariamente conduce alla dittatura del proletariato». L'espressione "classica" di questa teoria la si trova poi nella *Critica del programma di Gotha* (1875), in cui Marx scrive che «tra la società capitalistica e la società comunista vi è il periodo della trasformazione rivoluzionaria dell'una nell'altra. Ad esso corrisponde anche un periodo politico di transizione, il cui Stato non può essere altro che *la dittatura rivoluzionaria del proletariato*». Anche la nozione di dittatura del proletariato discende coerentemente da tutto l'impianto concettuale del marxismo e dalla sua filosofia dello stato. Infatti se quest'ultimo, nel capitalismo, esprime il «dispotismo» o la «dittatura di classe» della borghesia, risulta ovvio che il proletariato, se vuole davvero costruire il comunismo, parando nel contempo le inevitabili mosse controrivoluzionarie della borghesia, non può fare a meno di instaurare una *sua* dittatura che, a differenza delle altre dittature storicamente esistite, che sono sempre state dittature di una minoranza di oppressori su una maggioranza di oppressi, appare invece come una dittatura della maggioranza degli oppressi su una minoranza di (ex)oppressori, destinata a scomparire.

La dittatura del proletariato si configura dunque, per Marx, come la misura politica fondamentale per la transizione dal capitalismo al comunismo. Tant'è vero che Lenin, riferendosi a Marx, scriverà che «marxista è soltanto colui che estende il riconoscimento della lotta delle classi fino al riconoscimento della dittatura del proletariato». Ma quali forme *concrete* dovrà prendere, secondo Marx, questa dittatura *del* (e non *sul*) proletariato? Su questo punto Marx ha taciuto per parecchio tempo, sinché le vicende della Comune parigina, di cui parla in *La guerra civile in Francia*, si sono configurate, ai suoi occhi, come «la forma politica finalmente scoperta, nella quale si poteva compiere l'emancipazione economica del lavoro». Come sintetizza e puntualizza Cesare Pianciola:

«Le caratteristiche fondamentali che Marx enuclea dalla breve esperienza della Comune sono: 1) *sostituzione dell'esercito permanente con l'organizzazione degli operai armati*, garanzia reale del carattere di classe della nuova organizzazione politica; 2) *soppressione del parlamentarismo*, cioè della delega dell'esercizio del potere a un apparato politico specializzato, nominalmente responsabile davanti al popolo ma di fatto autonomo e sovrapposto ad esso; sostituzione del parlamento con delegati eletti a suffragio universale, direttamente responsabili del loro operato, revocabili in ogni momento e retribuiti con salari corrispondenti a un normale salario operaio; 3) *soppressione del privilegio burocratico* attraverso l'estensione di quei criteri a tutte le cariche pubbliche, giudici e magistrati compresi. In definitiva, Marx sottolinea l'eliminazione di tutte le funzioni repressive e parassitarie dello Stato borghese e la riduzione delle funzioni utili a semplici funzioni "di lavoro", spogliate di autonomia politica rispetto al popolo organizzato in comuni»[6]. Inoltre il modello comunardo, embrione della futura dittatura proletaria, prevede anche, secondo Marx, l'abolizione della celebrata, ma per lui fittizia, separazione dei poteri («la Comune doveva essere non un organismo parlamentare, ma di lavoro, esecutivo e legislativo allo stesso tempo»).

Il «superamento» dello stato

Secondo Marx la dittatura del proletariato è solo una misura storica di transizione (sia pure a lungo termine), che mira tuttavia al superamento di se medesima e di ogni forma di stato. Anche questa tematica dell'«estinzione dello stato», attinta dai socialisti francesi e presente in qualche modo sin dai saggi del 1843, che parlano di *Aufhebung des Staates* (superamento dello stato), discende dai princìpi del materialismo storico. Infatti, se tutti gli stati storicamente esistiti si sono sempre configurati come strumento di oppressione e come dittature di classe, il proletariato, abolendo le classi, pone le basi per quello che Engels chiamerà il «deperimento» dello stato.

Differenza del modello marxista da quello socialdemocratico e anarchico

Al fondo del comunismo marxista vi è dunque un ideale di tipo anarchico. A differenza di Bakunin, Marx ritiene tuttavia che l'auspicata società senza stato non si possa raggiungere *subito*, ma solo in una prospettiva futura. In altri termini, il modello marxista si diversifica non solo dal modello «socialdemocratico», ma anche da quello «anarchico». Infatti, se contro i socialdemocratici, i quali vogliono conquistare lo stato dall'interno e utilizzarlo per i propri scopi, Marx afferma che il proletariato deve «spezzare» la democrazia e il parlamentarismo borghese, sostituendolo con una *sua* democrazia di tipo diretto, contro gli anarchici sostiene che non si può pensare di distruggere immediatamente lo stato senza passare attraverso un lungo periodo di dittatura proletaria, che coincide con il farsi della rivoluzione.

Solo quando l'edificazione del socialismo sarà compiuta, lo stato, secondo Marx, potrà davvero estinguersi, e far posto all'ideale di un autogoverno dei produttori associati, in cui, secondo la nota espressione di Engels (attinta da Saint-Simon), il dominio sugli uomini sarà completamente sostituito dalla semplice amministrazione delle cose.

LA RIVOLUZIONE COMUNISTA

TESTO 5

In genere Marx ed Engels esprimono la convinzione, polemizzando non a caso con i socialisti utopisti, che per la realizzazione della nuova società comunista sia necessaria la rivoluzione armata. Essi si preoccupano peraltro, soprattutto nelle opere della maturità, di chiarire che la

[6] C. Pianciola, *Il pensiero di Karl Marx*, Loescher, Torino, 1971, p. 312.

violenza rivoluzionaria può esser soltanto la levatrice della storia e non la genitrice di essa. Marx ed Engels solitamente sono restii a dare indicazioni su come sarà strutturata, dopo la rivoluzione, la futura società comunista; tuttavia nel Manifesto *è possibile leggere un programma di massima. Gli autori prevedono un periodo di transizione, più tardi chiamato* dittatura del proletariato, *nel corso del quale viene operata la centralizzazione del potere politico e di quello economico. In seguito, venuta meno la divisione in classi in conseguenza dell'abolizione della proprietà privata, Marx ed Engels prevedono la socializzazione o autogestione economica e l'autogoverno dei lavoratori.*

Tratteggiando le fasi più generali dello sviluppo del proletariato, abbiamo seguito la guerra civile più o meno occulta entro la società attuale fino al momento in cui essa esplode in una rivoluzione aperta, e col rovesciamento violento della borghesia il proletariato stabilisce il suo dominio. [...]

Il proletariato si servirà della sua supremazia politica per strappare alla borghesia, a poco a poco, tutto il capitale, per accentrare tutti gli strumenti di produzione nelle mani dello Stato, vale a dire del proletariato stesso organizzato come classe dominante, e per aumentare, con la massima rapidità possibile, la massa delle forze produttive.

Naturalmente sulle prime tutto ciò non può accadere, se non per via di interventi dispotici nel diritto di proprietà e nei rapporti borghesi di produzione, vale a dire con misure che appaiono economicamente insufficienti e insostenibili, ma che nel corso del movimento sorpassano se stesse e spingono in avanti, e sono inevitabili come mezzi per rivoluzionare l'intero modo di produzione.

Com'è naturale, queste misure saranno diverse a seconda dei diversi paesi.

Per i paesi più progrediti, però, potranno quasi generalmente essere applicate le seguenti:

1. Espropriazione della proprietà fondiaria e impiego della rendita fondiaria per le spese dello Stato.
2. Imposta fortemente progressiva.
3. Abolizione del diritto di eredità.
4. Confisca della proprietà di tutti gli emigrati e ribelli.
5. Accentramento del credito nelle mani dello Stato per mezzo d'una banca nazionale con capitale di Stato e con monopolio esclusivo.
6. Accentramento di tutti i mezzi di trasporto nelle mani dello Stato.
7. Aumento delle fabbriche nazionali e degli strumenti di produzione, dissodamento e miglioramento dei terreni secondo un piano comune.
8. Uguale obbligo di lavoro per tutti, istituzione di esercizi industriali, specialmente per l'agricoltura.
9. Unificazione dell'esercizio dell'agricoltura e di quello dell'industria, misure atte ad eliminare gradualmente l'antagonismo tra città e campagna.
10. Educazione pubblica e gratuita di tutti i fanciulli. Abolizione del lavoro dei fanciulli nelle fabbriche nella sua forma attuale. Unificazione dell'educazione e della produzione materiale, ecc.

Quando, nel corso dell'evoluzione, le differenze di classe saranno sparite e tutta la produzione sarà concentrata nelle mani degli individui associati, il potere pubblico perderà il carattere politico. Il potere politico, nel senso proprio della parola, è il potere organizzato di una classe per l'oppressione di un'altra. Se il proletariato, nella lotta contro la borghesia, si costituisce necessariamente in classe, e per mezzo della rivoluzione trasforma se stesso in classe dominante e, come tale, distrugge violentemente i vecchi rapporti di produzione, esso abolisce, insieme con questi rapporti di produzione, anche le condizioni d'esistenza dell'antagonismo di classe e le classi in generale, e quindi anche il suo proprio dominio di classe.

Al posto della vecchia società borghese con le sue classi e coi suoi antagonismi di classe subentra un'associazione nella quale il libero sviluppo di ciascuno è la condizione per il libero sviluppo di tutti.

K. Marx - F. Engels, *Manifesto del partito comunista*, in *Opere*, cit., vol. VI, pp. 497, 506-508

1-4. La guerra civile di cui si parla è la lotta tra le classi del proletariato e della borghesia. Essa sfocia inevitabilmente nel «rovesciamento violento» del dominio della borghesia. Mentre scrivono il *Manifesto*, Marx ed Engels si illudono che la rivoluzione comunista sia imminente; in realtà nel '48 l'Europa verrà scossa da una serie di moti di tipo liberal-costituzionale e liberal-nazionale; solo in Francia vi sarà una rivoluzione democratico-socialista, comunque ben diversa da quella immaginata da Marx ed Engels.

5-13. Una volta conquistato il potere, il proletariato deve accentrare nelle mani dello stato, da lui controllato, tutti i mezzi di produzione privati. È questa una prima fase in cui è necessario procedere dispoticamente, fase che nella *Critica del programma di Gotha* sarà definita *dittatura del proletariato*. Marx ed Engels prevedono delle difficoltà economiche in questa fase transitoria, il che ci può far ricordare la grave crisi in cui piomberà la Russia bolscevica e che spingerà Lenin a prendere la clamorosa decisione di introdurre la NEP (Nuova politica economica).

14-32. Gli autori stilano un programma di massima per questa fase post-rivoluzionaria iniziale. Non occorre entrare nel merito dei singoli punti programmatici; è evidente l'impronta statalistica del programma: si persegue il rovesciamento dell'economia di mercato.

33-41. Questo rafforzamento dello stato, però, paradossalmente prepara l'avvento di una società senza stato. Infatti, premesso che lo stato non è altro che un apparato (politico, giuridico, militare, scolastico, ecc.) al servizio della classe dominante, mediante la statalizzazione dell'economia si ottiene l'eliminazione delle classi e quindi, nelle previsioni di Marx ed Engels, lo stato perde la sua ragione d'essere. Engels esplicitamente teorizzerà l'*estinzione* dello stato.

42-44. La futura società sarà caratterizzata da una piena armonia tra gli uomini, da uno sviluppo collettivo, dalla libertà nell'uguaglianza. Il comunismo dunque è concepito come l'*emancipazione umana*, come il superamento della società civile moderna con il suo individualismo e i suoi egoismi.

Engels e il materialismo dialettico

Nella precedente esposizione su Marx abbiamo tenuto presente, almeno in parte, anche Engels. Di conseguenza, in questa scheda ci soffermeremo sulla parte più originale del pensiero di Engels: la dialettica della natura.

Nato nel 1820 a Barmen, in Germania, e morto a Londra nel 1895, Engels fu per quarant'anni amico e collaboratore di Marx. L'opera principale di Engels è l'*Anti-Dühring* (1878) diretta contro il filosofo positivista Dühring. Ma egli è anche autore, oltre che di numerosi scritti storico-politici, di un libro su *Feuerbach e la fine della filosofia classica tedesca* (1888) e di una *Dialettica della natura* pubblicata postuma (1925).

Per Marx la dialettica è un metodo per interpretare la società e la storia; per Engels è, in primo luogo, un metodo per interpretare la natura. La preoccupazione dominante di Engels è quella di inquadrare il marxismo nelle concezioni della scienza positivistica del suo tempo. «La dialettica è per la scienza naturale odierna la forma di pensiero più importante perché essa sola offre le analogie e con ciò i metodi per comprendere i processi di sviluppo che hanno luogo nella natura, i nessi generali, i passaggi da un campo di ricerca ad un altro». Pertanto le leggi della dialettica devono essere ricavate «per astrazione» tanto dalla storia della natura come da quella della società umana. Esse sono fondamentalmente tre: 1) la legge della conversione della quantità in qualità e viceversa; 2) la legge della compenetrazione degli opposti; 3) la legge della negazione della negazione. «Tutte e tre queste leggi — dice Engels — sono state sviluppate da Hegel nella sua maniera idealistica, come pure leggi del pensiero: la prima nella prima parte della logica, nella teoria dell'essere; la seconda occupa tutta la seconda, e di gran lunga più importante parte della sua logica, la teoria dell'essenza; la terza infine figura come legge fondamentale per la costruzione dell'intero sistema». Queste leggi sono illustrate da Engels con esempi tolti dalle scienze elementari; esempi fondati su analogie o immagini appariscenti (per esempio, il seme si nega trasformandosi in pianta che a sua volta produce il seme, negazione della negazione). Per ciò che riguarda la compenetrazione degli opposti, un esempio sarebbe il rapporto tra attrazione e repulsione per le quali la dialettica scientifica avrebbe dimostrato «che tutte le opposizioni polari sono condizionate dall'alterno gioco dei due poli opposti l'uno sull'altro, che la separazione e l'opposizione dei poli sussiste soltanto nel loro reciproco appartenersi, nella loro unione, e che viceversa la loro unione può esistere nella loro separazione, il loro rapporto nell'opposizione». E così via.

Engels condivide le previsioni di alcuni scienziati circa la fine dell'universo; ma dichiara la sua certezza che la materia in tutti i suoi mutamenti rimane eternamente la stessa, che nessuno dei suoi attributi può mai andare perduto e che perciò essa deve di nuovo creare, in altro tempo e in altro luogo, «il suo più alto frutto, lo spirito pensante, per quella stessa ferrea necessità che porterà alla scomparsa di esso sulla terra».

LABORATORIO FILOSOFICO

Il carattere essenzialmente "equivoco" del pensiero dialettico di Hegel, che — come ha osservato K. Löwith — poteva essere interpretato tanto in senso conservatore quanto in senso rivoluzionario, è all'origine della spaccatura della scuola che, ancora dopo la morte del maestro, si richiamava al nome di Hegel.
La Destra hegeliana, conservatrice sul piano politico, sostenne l'identità tra realtà e ragione, assumendo così un atteggiamento di giustificazione del potere politico esistente. La Sinistra, che ebbe un ruolo ben più rilevante, si fece interprete di atteggiamenti decisamente rivoluzionari sia dal punto di vista teorico che della prassi politica. Grande è stato l'influsso nell'Ottocento dell'opera di Feuerbach, in particolare per la sua rivendicazione di un umanesimo liberato dall'alienazione religiosa e per il riconoscimento del carattere naturale dell'uomo "in carne e ossa" (e dei suoi bisogni). Non a caso Marx considerò Feuerbach come «il vero superatore della vecchia filosofia». Ma l'opera e il pensiero di Marx rappresentano, a loro volta, un più radicale rinnovamento del metodo e dei contenuti della filosofia. Il marxismo ci appare, infatti, come una complessa e organica visione della realtà, in cui sono potentemente fusi gli aspetti economico-sociali e quelli culturali e politici. Da questo punto di vista possiamo affermare senza dubbio che il marxismo costituisce l'ultima poderosa sintesi della filosofia occidentale, in quanto dopo Marx nessun altro filosofo affronterà tutti i temi dell'enciclopedia filosofica.
Marx fa i conti con la cultura, l'economia e le istituzioni della società borghese, così come l'abbiamo conosciuta attraverso le elaborazioni della modernità: in questo senso egli supera sia la filosofia classica tedesca (Hegel) che l'economia classica (Smith e Ricardo) e le dottrine liberali dello stato, per giungere all'affermazione di un ideale di democrazia sostanziale o totale, *in cui esiste una sorta di compenetrazione perfetta tra l'individuo e la comunità. I momenti nodali della costruzione di questa società giusta e solidale si dislocano sia sul piano della teoria che della prassi, attraverso la critica all'ideologia borghese e l'abbattimento della* proprietà privata *dei mezzi di produzione, vera fonte dell'alienazione operaia (che, però, è cifra dell'alienazione dell'uomo moderno stesso).*
Disponiamo gli esercizi di questo Laboratorio *su tre assi, che possono schematicamente considerarsi come i pilastri su cui si fonda il complesso edificio marxiano.*

1

L'asse filosofico, o della critica dell'ideologia.
Analizza T. 1 e confronta (tenendo anche conto del § 3.3, *La critica ad Hegel*) Marx con Hegel e Feuerbach:

(relativamente a:)	MARX	HEGEL	FEUERBACH
Religione			
Rapporto Soggetto-Predicato			
Natura			
Dialettica			

2

L'asse economico e delle istituzioni borghesi.

a) Analizza il brano sul plus-valore (T. 4) e definisci i seguenti termini:

- ☐ forza lavoro;
- ☐ plus-valore;
- ☐ plus-lavoro;
- ☐ lavoro necessario;
- ☐ lavoro soverchio.

Sulla base delle argomentazioni marxiane di T. 4, svolgi il complesso problema delle modalità di arricchimento del capitalista, su cui si era soffermata anche la teoria economica classica (ad esempio Ricardo) contro cui Marx polemizza. In particolare, motiva l'importanza che Marx attribuisce alla fase della *produzione* rispetto a quella della *circolazione delle merci.*

b) Commenta (e cerca di problematizzare con riferimenti al presente) il seguente brano (tratto dal saggio del 1844 *La questione ebraica*), in cui il giovane Marx critica lo stato liberal-democratico, che, ammettendo la disuguaglianza economica tra i cittadini, vanifica di fatto l'uguaglianza dei diritti giuridici e politici che proclama a parole. Soffermati in particolare sulla scissione, tutta moderna, tra *società civile* e *stato politico.*

«Lo Stato sopprime, alla sua maniera, le differenze di *nascita*, di *condizione*, di *cultura*, di *professione*, dichiarando che nascita, condizione, cultura, professione non sono differenze politiche, proclamando ciascun membro del popolo partecipe *in egual misura* della sovranità popolare, senza riguardo a tali differenze, trattando tutti gli elementi della vita reale del popolo dal punto di vista dello Stato. Nondimeno lo Stato lascia che la proprietà privata, la cultura, la professione *operino* nel *loro* modo, cioè come proprietà privata, come cultura, come professione, e facciano valere la loro *particolare* essenza. [...]

Là dove lo Stato politico ha raggiunto il suo vero sviluppo, l'uomo conduce non soltanto nel pensiero, nella coscienza, bensì nella *realtà*, nella *vita*, una doppia vita, una celeste e una terrena, la vita nella *comunità politica* nella quale egli si considera come *ente comunitario*, e la vita nella *società civile* nella quale agisce come *uomo privato*, che considera gli altri uomini come mezzo, degrada se stesso a mezzo e diviene trastullo di forze estranee. [...]

Il conflitto nel quale si trova l'uomo come seguace di una religione *particolare*, con se stesso in quanto cittadino, con gli altri uomini in quanto membri della comunità, si riduce alla scissione *mondana* tra lo Stato *politico* e la *società civile*. Per l'uomo in quanto *bourgeois*, "la vita nello Stato è soltanto apparenza o una momentanea eccezione contro l'essenza e la regola". Certamente il *bourgeois*, come l'ebreo, rimane nella vita solo sofisticamente, così come solo sofisticamente il *citoyen* rimane ebreo o *bourgeois*; ma a fare il sofisma non sono i singoli individui. Essa è la *sofistica dello Stato politico* stesso. La differenza tra l'uomo religioso e il cittadino è la differenza tra il commerciante e il cittadino, tra il salariato giornaliero e il cittadino, tra il proprietario fondiario e il cittadino, tra l'*individuo vivente* e il *cittadino*. La contraddizione nella quale si trova l'uomo religioso con l'uomo politico è la medesima contraddizione nella quale si trova il *bourgeois* con il *citoyen*, nella quale si trova il membro della società civile con la sua *pelle di leone politica*. [...]

L'emancipazione *politica* è certamente un grande passo in avanti, non è bensì la forma ultima dell'emancipazione umana in generale, ma è l'ultima forma dell'emancipazione umana *entro* l'ordine mondiale attuale. S'intende: noi parliamo qui di reale, di pratica emancipazione» (K. Marx, *Sulla questione ebraica*, in *Opere*, cit., vol. III, 1976, pp. 165-168).

3

L'asse della prassi e della trasformazione rivoluzionaria. Raccogliendo le idee esposte in tutto il capitolo, rintraccia un filo di continuità nel pensiero marxiano che giustifichi la nuova visione della filosofia come prassi, assumendo come punto di riferimento l'XI Tesi su Feuerbach, secondo cui: «I filosofi hanno soltanto diversamente *interpretato* il mondo; si tratta di *trasformarlo*».

GLOSSARIO E RIEPILOGO

Feuerbach

Per **rovesciamento dei rapporti di predicazione** si intende il metodo caratteristico usato da Feuerbach nella sua battaglia contro la mentalità idealistico-religiosa. Metodo che consiste nel ri-capovolgere ciò che l'idealismo ha capovolto, ossia nel riconoscere di nuovo ciò che è realmente soggetto (= il concreto) e ciò che è realmente predicato (= l'astratto). Ad esempio non è la natura a fungere da predicato o attributo dello spirito (idealismo), ma lo spirito a fungere da predicato o attributo della natura (naturalismo).

Dio, secondo Feuerbach, è nient'altro che l'essenza oggettivata del soggetto, cioè l'immagine riflessa o la proiezione illusoria di qualità umane: «Tutte le qualificazioni dell'essere *divino* sono (...) qualificazioni dell'essere *umano*» (*Essenza del cristianesimo*, p. 39). Circa l'*origine* dell'idea di Dio Feuerbach si è variamente espresso. Talora ne ha individuato la genesi nella distinzione fra individuo e specie; talora nell'opposizione fra volere e potere; talora nel sentimento di dipendenza che l'uomo prova nei confronti della Natura. In ogni caso, la religione ha una chiara matrice antropologica (v.).

Antropologia capovolta. È il modo con cui Feuerbach concepisce la religione, intesa come «la prima, ma indiretta autocoscienza dell'uomo». Infatti, puntualizza il filosofo, «come l'uomo pensa, quali sono i suoi princìpi, tale è il suo dio (...) Tu conosci l'uomo dal suo Dio, e, reciprocamente, Dio dall'uomo (...) Dio è l'intimo *rivelato*, l'essenza dell'uomo *espressa*; la religione è la solenne rivelazione dei tesori celati dell'uomo, la pubblica professione dei suoi segreti d'amore(...)» (*E.C.*, pp. 37-38). Da ciò la possibilità di una riduzione, in chiave antropologica, di tutti i dogmi della teologia. Ad esempio, per quanto concerne il cristianesimo, che cos'è il mistero dell'*incarnazione*, cioè del farsi-uomo di Dio, se non la metafora dell'uomo riconosciuto come Dio? Che cos'è il mistero della *Trinità*, se non la metafora della vita sociale e della comunione fra l'io e il tu? Che cos'è il mistero della *resurrezione* di Cristo se non il soddisfacimento dell'antico desiderio dell'uomo di vincere la morte? Che cos'è il mistero della *Vergine-madre* se non il risultato del fatto che «l'individuo non si conforma alle noiose leggi della logica e della fisica, ma all'arbitrio della fantasia?» , per cui «in una medesima cosa esclude ciò che gli è sgradevole e conserva ciò che gli è gradito. Così gli piace la vergine pura, senza macchia, ma gli piace anche la madre, però solo madre incontaminata (...)?» (*E.C.*, p. 168). E così via.

Alienazione. È un termine, presente in Hegel e ripreso da Marx, che indica l'elemento patologico insito nell'«oggettivazione» religiosa descritta da Feuerbach, ovvero quello stato per cui l'uomo, «scindendosi», proietta fuori di sé una Potenza superiore (Dio) alla quale si sottomette a guisa di oggetto: «L'uomo — questo è il mistero della religione — proietta il proprio essere fuori di sé e poi si fa oggetto di questo essere metamorfosato in soggetto, in persona; egli pensa, ma come oggetto del pensiero di un altro essere, e questo essere è Dio» (*E.C.*, pp. 55-56). L'alienazione è collegata al fatto che quanto più l'uomo pone in Dio, tanto più toglie a se stesso: «Nella religione l'uomo opera una frattura nel proprio essere, scinde sé da se stesso, ponendo di fronte a sé Dio come un essere antitetico. Nulla è Dio di ciò che è l'uomo, nulla è l'uomo di ciò che è Dio. Dio è l'essere infinito, l'uomo l'essere finito; Dio perfetto, l'uomo imperfetto; Dio eterno, l'uomo perituro; Dio onnipotente, l'uomo impotente; Dio santo, l'uomo peccatore. Dio e l'uomo sono due estremi: Dio il polo positivo, assomma in sé tutto ciò che è reale, l'uomo il polo negativo, tutto ciò che è nullo» (p. 61). La presa di coscienza del fenomeno dell'alienazione, in quanto stato di «scissione» interiore e di «dipendenza» esteriore, genera, per Feuerbach, la necessità dell'ateismo (v.).

Per Feuerbach l'**ateismo** si identifica con la ri-appropriazione, da parte dell'uomo, della propria essenza alienata (v.). Come tale, esso non esprime soltanto un atto di intelligenza filosofica, ma anche un *dovere* umano e morale. L'ateismo di Feuerbach non ha un carattere puramente *negativo*, poiché si presenta anche, *in positivo*, come proposta di una nuova divinità: l'Uomo. All'ateismo Feuerbach finisce quindi per sostituire una forma di *antropoteismo*.

Teologia mascherata o razionalizzata è la formula usata da Feuerbach per sottolineare come l'idealismo hegeliano sia nient'altro che la traduzione, in termini «speculativi», della religione cristiana: «Chi non rinunzia alla filosofia di Hegel, non rinunzia neppure alla teologia».

Filosofia dell'avvenire. È la nuova filosofia proposta da Feuerbach in antitesi alla vecchia filosofia teologizzante. Filosofia che si identifica sostanzialmente con una forma di umanismo naturalistico (v.).

Umanismo naturalistico è la formula con cui può venir riassunta la parte positiva del pensiero di Feuerbach. *Umanismo*, perché fa dell'uomo l'oggetto e lo scopo del discorso filosofico; *naturalistico* perché fa della Natura la realtà ontologica primaria da cui tutto dipende, compreso l'uomo e i suoi bisogni: «La nuova filosofia fa dell'antropologia, con inclusione della filosofia, la scienza universale» (*Princìpi*, par. 54).

L'**essenza sociale dell'uomo** di cui parla Feuerbach deriva dal fatto che l'*io*, come egli scrive, non può stare senza il *tu*, in quanto l'uomo ha *costitutivamente* bisogno dei propri simili. E ciò non solo a livello biologico (necessità del maschio per la femmina e viceversa), ma in *tutti* gli aspetti della sua vita.

L'**amore per l'umanità** (filantropia) costituisce uno degli aspetti più caratteristici dell'ateismo positivo (v.) di Feuerbach, che si propone di sostituire l'amore per Dio con l'amore per l'uomo.

Marx

Misticismo logico. È l'accusa che Marx rivolge al metodo di Hegel, imputato di trasformare le realtà *empiriche* in «allegorie» di una realtà spirituale (= l'Idea) che abita occultamente *dietro* di esse e che funge da «significato» e «giustificazione» speculativa di esse. Ad esempio, invece di limitarsi a *constatare* l'esistenza della monarchia, Hegel ne *legittima* la validità, scorgendo in essa la sovranità statale personificata. Secondo Marx il «mistero» di questo artificio filosofico va ricercato nel capovolgimento idealistico del rapporto soggetto e predicato, in virtù del quale Hegel, dopo essersi costruito il concetto astratto di Spirito partendo *dalla* realtà concreta, finisce per fare *della* realtà la manifestazione *necessaria* dello Spirito. Da ciò il giustificazionismo speculativo e il conservatorismo politico di Hegel, che perviene a «canonizzare» o a «santificare» la realtà esistente e le istituzioni sociali in cui essa si incarna.

Dialettica. Il significato e l'uso della dialettica in Marx costituiscono tuttora argomento di dibattito fra gli studiosi. In generale, si può dire che per Marx la dialettica rappresenti, hegelianamente, tanto un modo di essere della realtà quanto un metodo per comprenderla efficacemente. Tuttavia, poiché Marx crede che in Hegel la dialettica risulti «capovolta», ossia cammini (idealisticamente) «sulla testa», egli si propone di rimetterla (materialisticamente) «sui piedi», sforzandosi di liberarne il «nocciolo razionale» dal «rivestimento mistico» (*Poscritto* alla 2ª ed. de *Il Capitale*). In particolare, per Marx la dialettica è quel metodo di indagine che consiste nel prospettare la realtà studiata come una *totalità in divenire* formata: 1) da una serie di momenti intercollegati; 2) da un insieme di contraddizioni che ne rappresentano la molla di sviluppo e il negativo da negare. Ad esempio, analizzare «dialetticamente» il capitalismo significa: 1) porre attenzione ai nessi che connettono organicamente, secondo un rapporto di «reciproco condizionamento», i vari momenti del ciclo economico (produzione, distribuzione, scambio, ecc.); 2) evidenziare le contraddizioni (tra forze produttive e rapporti di produzione, fra capitalisti e salariati, ecc.) che ne minano l'assetto interno e che ne fanno prevedere la fine futura, ossia l'*inevitabile* tramonto (da questo punto di vista, la dialettica si configura quindi come uno strumento che ci permette di comprendere, insieme al capitalismo, anche la *negazione* necessaria di esso). In sintesi, dalla dialettica di Hegel la filosofia materialistica di Marx ha essenzialmente ereditato: *a*) l'idea della *processualità* del reale; *b*) il modello della *totalità organica*; *c*) la tesi del *negativo* come «principio motore e generatore». Di essa ha invece rifiutato: *a*) la configurazione idealistica; *b*) il carattere aprioristico e speculativo; *c*) l'uso e l'abuso dello schema triadico di tesi, antitesi e sintesi.

Per **emancipazione politica** Marx intende la prassi dello stato (v.) moderno, che si limita ad uguagliare *formalmente* gli individui di fronte alla legge.

Per **emancipazione umana** Marx intende il superamento delle disuguaglianze *reali*, ovvero l'idea di una democrazia *sostanziale* in cui gli uomini siano uguali non solo sul piano politico (democrazia formale), ma anche su quello economico (comunismo).

Per **alienazione** si intende, in generale, la perdita o la cessione di un bene. Ad esempio, nel linguaggio giuridico si parla di alienazione di un patrimonio e in quello medico di alienazione delle facoltà mentali. In filosofia, il termine è stato usato sia da *Rousseau*, per indicare la cessione dei diritti individuali a favore della comunità, sia da *Hegel*, per alludere alla dialettica propria dello Spirito, il quale si perde nella natura e nell'oggetto per poi potersi ri-appropriare di sé in modo arricchito. Tenendo presente la lezione di Feuerbach, che aveva descritto l'«oggettivazione» religiosa in termini di «scissione» e di «dipendenza» (= l'uomo che, scindendosi, proietta fuori di sé un Dio al quale si sottomette), Marx intende per alienazione la situazione storica dell'operaio nella società capitalistica, in cui il salariato, per causa della proprietà privata, si trova: 1) scisso o *separato* sia rispetto al *prodotto* della sua attività (che appartiene al capitalista), sia rispetto alla sua *attività* stessa (che assume la forma di un lavoro costrittivo nel quale egli è reso *strumento* di fini estranei); 2) in uno stato di *dipendenza* rispetto ad una potenza (il capitale) che egli stesso produce continuamente con il proprio lavoro: «l'oggetto che il lavoro produce, il prodotto del lavoro, si contrappone ad esso come un *essere estraneo*, come *una potenza indipendente* da colui che lo produce (...)» (*Manoscritti*). Se l'alienazione deriva dal regime di proprietà privata, la dis-alienazione si identifica, secondo Marx, con la sua abolizione, cioè con il comunismo.

Alienazione religiosa. Pur accettando da Feuerbach l'idea della matrice umana della religione, Marx ritiene che le *cause* di essa non vadano cercate nell'uomo *in quanto tale*, ma in un tipo *storico* di società che la produce a titolo di «oppio dei popoli», ovvero a guisa di consolazione *illusoria* delle masse, sofferenti per causa delle ingiustizie sociali. Ora, se la religione è il frutto malato di una società malata, l'unico modo per sradicarla è, secondo Marx, quello di distruggere le strutture sociali che la producono: «La religione è il gemito della creatura oppressa, l'anima di un mondo senza cuore, così com'è lo spirito di una condizione di vita priva di spiritualità. Essa è l'oppio per il popolo. La soppressione della religione quale felicità illusoria del popolo è il presupposto della vera felicità. La necessità di rinunziare alle illusioni riguardanti le proprie condizioni è la necessità di rinunziare a quelle condizioni che hanno bisogno di illusioni. La critica della religione è dunque, in germe, la critica della valle di lacrime di cui la religione è l'aureola sacra (...)» (*Annali franco-tedeschi*).

Ideologia. Nel significato più forte e caratteristicamente marxiano si intende per ideologia una rappresentazione «falsa» o «deformata» della realtà, derivante da specifici interessi di classe (per altri significati v. il testo). La lotta contro l'ideologia costituisce uno degli scopi primari del marxismo, il quale presenta se stesso come «scienza reale e positiva», ossia come un quadro oggettivo delle forze motrici della società e della storia: «I presupposti da cui muoviamo non sono arbitrari, non sono dogmi: sono presupposti reali, dai quali si può astrarre solo nell'immaginazione. Essi sono gli individui reali, la loro azione e le loro condizioni materiali di vita (...). Questi presupposti sono dunque constatabili per via puramente empirica (...)» (*L'ideologia tedesca*, I). *N.B.* Questa accezione "negativa" di ideologia, tipica di Marx ed Engels, è andata smarrita presso Lenin e i Marxisti russi. Infatti, da questi ultimi, che non conoscevano gli scritti giovanili di Marx (rimasti inediti sino agli anni Trenta), il termine ideologia venne inteso in modo generico e neutrale, ossia come sinonimo di «sistema di idee». Si parlò così (secondo un uso tuttora prevalente, ma ben distante da quello originario di Marx) di ideologia marxista, proletaria, borghese, ecc.

Per **forze produttive** Marx intende gli elementi indispensabili al processo di produzione, ossia, fondamentalmente: 1) gli *uomini* che producono; 2) i *mezzi* (terra, macchine, ecc.) di cui si servono per produrre (= i mezzi di produzione); 3) le *conoscenze* tecniche e scientifiche di cui si servono per organizzare e migliorare la loro produzione.

I **rapporti di produzione** sono i rapporti che si instaurano fra gli uomini nel corso della produzione e che regolano il *possesso* e l'impiego dei mezzi di lavoro, nonché la ripartizione di ciò che tramite essi si produce. I rapporti di produzione trovano la loro espressione giuridica nei *rapporti di proprietà*.

Per **modo di produzione** Marx intende una combinazione storicamente determinata tra forze produttive (v.) e rapporti di produzione (v.), combinazione che forma il blocco portante di una formazione sociale (v.).

Struttura. L'insieme dei rapporti di produzione, o, più in generale, la *base economica*, quale si esprime nel «modo di produzione» (v.) e nella relativa dialettica tra forze produttive e rapporti di produzione, costituisce la struttura, ovvero lo scheletro economico, di una certa società.

La **sovrastruttura** (dal tedesco *Überbau*: *über* = sopra, *Bau* = costruzione) è l'insieme delle istituzioni giuridico-politiche e delle teorie morali, religiose, filosofiche, ecc. che corrispondono ad una determinata struttura (v.) economica. Il rapporto fra struttura e sovrastruttura, ossia lo *specifico* rapporto di *dipendenza* della seconda dalla prima, rappresenta uno dei punti più controversi del marxismo (v. il testo).

Per **materialismo storico** si intende la teoria, propria di Marx, secondo cui le vere forze motrici della storia non sono di natura spirituale o coscienziale, bensì materiale o socio-economica: «non è la coscienza che determina la vita, ma la vita che determina la coscienza» (*Ideologia tedesca*, I). «Questa concezione della storia si fonda dunque su questi punti: spiegare il processo reale della produzione, e precisamente muovendo dalla produzione materiale della vita immediata, assumere come fondamento di tutta la storia la forma di relazioni che è connessa con quel modo di produzione e che da essa è generata, dunque la società civile nei suoi diversi stadi, e sia rappresentarla nella sua azione come Stato, sia spiegare partendo da essa tutte le varie creazioni teoriche e le forme della coscienza, religione, filosofia, morale ecc. e seguire sulla base di queste il processo della sua origine, ciò che consente naturalmente anche di rappresentare la cosa nella sua totalità (e quindi anche la reciproca influenza di questi lati diversi l'uno sull'altro)» (*ivi*, I).

La **legge della storia**. Forze produttive e rapporti di produzione, oltre che rappresentare la chiave di lettura della statica della società, si configurano anche come lo strumento interpretativo della sua dinamica, ossia come la legge stessa della storia. Marx ritiene infatti che ad un determinato grado di sviluppo delle forze produttive tendano a *corrispondere* determinati rapporti di produzione e di proprietà, che si mantengono sino a quando *favoriscono* le forze produttive e vengono distrutti quando si convertono in ostacoli o catene per le medesime. Ora, poiché le forze produttive, in connessione con lo sviluppo tecnico, si sviluppano più rapidamente dei rapporti di produzione, che esprimendo delle relazioni di proprietà tendono a rimanere statici, ne segue periodicamente uno stato di frizione o di contraddizione fra i due elementi, che sfocia in una rivoluzione: «A un dato punto del loro sviluppo, le forze produttive materiali della società entrano in contraddizione con i rapporti di produzione esistenti, cioè con i rapporti di proprietà (che ne sono soltanto l'espressione giuridica) dentro i quali tali forze per l'innanzi s'erano mosse. Questi rapporti, da forme di sviluppo delle forze produttive, si convertono in catene. E allora subentra un'epoca di rivoluzione. Con il cambiamento della base economica si sconvolge più o meno rapidamente tutta la gigantesca sovrastruttura (...)» (Pref. a *Per la critica* ecc.).

Per **formazione sociale** (*Gesellschaftsformation*) o **formazione economico-sociale** (*ökonomische Gesellschaftsformation*) si intende l'insieme degli elementi strutturali e sovrastrutturali che contraddistinguono una società storicamente determinata. Le formazioni economico-sociali sono dunque delle totalità organiche la cui spina dorsale è costituita da uno specifico «modo di produzione» (v.). «A grandi linee — scrive Marx nella prefazione a *Per la critica dell'economia politica* — i modi di produzione asiatico, antico, feudale e borghese moderno possono essere designati come epoche che marcano il progresso della formazione economica della società». Tuttavia, poiché Marx ed Engels accennano talora all'esistenza di un «comunismo primitivo» e prospettano il socialismo come l'ultimo tipo di società della storia, si può dire che secondo i classici del marxismo le grandi formazioni economico-sociali della storia siano il comunismo primitivo, la società asiatica, la società antica, la società feudale, la società borghese e la società socialista (v. il testo). *N.B.* Con questa sequenza evolutiva, Marx (a differenza del marxismo volgare) non intende alludere ad una serie di tappe necessarie in rigida successione logica e cronologica (in quanto molte società hanno saltato l'una o l'altra fase e in una stessa epoca o area culturale si è avuta la compresenza di più modi di produzione). Ciò non toglie che le varie formazioni sociali costituiscano, dal punto di vista di Marx ed Engels, altrettanti gradini di uno sviluppo che, a cominciare dalle forze produttive, procede necessariamente dall'inferiore al superiore.

Classi sociali. Secondo Marx le classi (dal lat. *classis*, nome di etimologia incerta che denotava il livello tributario o il censo dei cittadini) si definiscono essenzialmente in rapporto alla proprietà o meno dei mezzi di produzione, la quale fa sì che in ogni periodo vi siano sempre due classi fondamentali (liberi e schiavi, baroni e servi della gleba, capitalisti e salariati, ecc.).

Marx vede nella **lotta di classe**, in cui si concretizza la contraddizione tra forze produttive e rapporti di produzione, la forza motrice della storia sinora trascorsa e concepisce il comunismo (v.) come una società senza classi.

Per **falsi socialismi** Marx intende tutte quelle dottrine («Il socialismo reazionario», «Il socialismo conservatore o borghese», «Il socialismo e il comunismo critico-utopistico»: v. il testo) che non sono ancora giunte al socialismo «scientifico» (v.).

Socialismo scientifico. La «scientificità» del socialismo di Marx ed Engels «consiste, secondo i suoi autori: *a*) nel fatto che il socialismo da programma razionalistico di ricostruzione della società che si rivolge indistintamente alla sua parte intellettualmente illuminata si trasforma in programma di autoemancipazione del proletariato, in quanto portatore storico della tendenza oggettiva alla risoluzione comunistica delle contraddizioni economico-sociali del capitalismo (...) in questo senso il socialismo intende essere "scienza" della rivoluzione proletaria; *b*) nel fatto che il socialismo non si presenta più come un "ideale", ma come una necessità storica derivante dall'inevitabile tramonto del modo capitalistico di produzione, che si annuncia oggettivamente nelle sempre più acute e frequenti crisi cui esso va incontro; *c*) nel fatto che il socialismo usa ora un "metodo scientifico" di analisi della società e della storia, che ha i suoi punti di forza nel "materialismo storico", con la teoria della successione storica dei modi di produzione, e nella "critica dell'economia politica", con la teoria del plusvalore (...)» (C. Pianciola).

Il **partito comunista** è l'avanguardia organizzata del movimento operaio, che deve guidare la classe lavoratrice alla rivoluzione: «Nella sua lotta contro il potere unificato delle classi possidenti, il proletariato può *agire come classe solo organizzandosi in partito politico autonomo*, che si oppone a tutti gli altri partiti costituiti dalle classi possidenti. Questa *organizzazione del proletariato in partito politico* è necessaria allo scopo di assicurare la vittoria della rivoluzione sociale e il raggiungimento del suo fine ultimo, la soppressione delle classi» (Marx, *Statuti dell'Associazione Internazionale degli Operai*).

Capitalismo. Marx interpreta la formazione sociale (v.) capitalistica dall'angolo visuale di un'analisi scientifica nel modo di produzione capitalistico. All'interno di questa ottica, egli distingue il capitalismo dagli altri tipi di società soprattutto in relazione a due caratteristiche *specifiche*: la produzione di merci (v.) e il plus-valore (v.). Il capitalismo, scrive Marx in *Il Capitale*, «produce i suoi prodotti come merci. Il produrre merci non lo distingue dagli altri modi di produzione, lo distingue invece il fatto che il carattere prevalente e determinante del suo prodotto è quello di essere merce (...)», «Il secondo tratto caratteristico, che contraddistingue specificamente il modo di produzione capitalistico è la produzione di plus-valore come scopo diretto e motivo determinante della produzione. Il capitale produce capitale e fa ciò solamente nella misura in cui produce plus-valore» (libro III).

Merce e **valore**. La merce costituisce, per Marx, la più evidente caratteristica del capitalismo (v.) inteso come «una immane raccolta di merci». La merce deve possedere innanzitutto un *valore d'uso* («L'utilità di una cosa ne fa un valore d'uso»). Tuttavia, per essere veramente tale, la merce deve possedere anche un *valore di scambio* («esse sono merci soltanto perché son qualcosa di *duplice*: oggetti d'uso e contemporaneamente depositari di valore»). Ma in che cosa consiste tale valore di scambio? Marx, sulla scia degli economisti classici e dell'equazione valore = lavoro, risponde che esso discende dalla *quantità di lavoro socialmente necessaria per produrla.*

Marx chiama **feticismo delle merci** il processo che porta a ritenere: 1) che le merci abbiano valore *di per se stesse* (dimenticando che esse sono il frutto del lavoro umano); 2) che i rapporti economici siano rapporti fra «cose» e non fra uomini: «Quel che qui assume per gli uomini la forma fantasmagorica di un rapporto fra cose è soltanto il rapporto sociale determinato che esiste fra gli uomini stessi. Quindi, per trovare un'analogia, dobbiamo involarci nella regione nebulosa del mondo religioso. Quivi, i prodotti del cervello umano paiono figure indipendenti, dotate di vita propria (...) Così, nel mondo delle merci, fanno i prodotti della mano umana. Questo io chiamo il feticismo che s'appiccica ai prodotti del lavoro appena vengono prodotti come merci (...)» (*Il Capitale*, libro III).

Plus-valore. Il ciclo tipico della società capitalistica D.M.D'. (merce-denaro-*più* denaro) ha come presupposto l'incremento di D., ossia la produzione di plus-valore: «Chiamo plus-valore (*surplus value*) questo incremento, ossia questo eccedente sul valore originario» (*Il Capitale*, libro I). Da dove deriva tale incremento? Marx risponde che esso discende dal fatto che il capitalista ha la possibilità di «comperare» e «usare» una merce *particolare*, che risulta in grado di produrre *valore*. Tale è la «merce umana», ossia, fuor di metafora, l'operaio, il quale producendo ad esempio 10, mentre a lui viene corrisposto un salario equivalente a 6, è costretto a «regalare» al capitalista l'eccedenza di 4. Il plus-valore discende quindi dal pluslavoro dell'operaio e si identifica con la porzione di valore da lui gratuitamente offerta al capitalista.

Il **capitale costante** coincide con il capitale investito nei mezzi di produzione.

Il **capitale variabile** coincide con il capitale investito nei salari.

Il **saggio del plus-valore** è il rapporto, espresso in percentuale, fra il plus-valore conseguito e il capitale variabile anticipato sotto forma di salari. Tale saggio (per la cui esemplificazione matematica v. il testo) manifesta il *grado* di sfruttamento della forza-lavoro operaia («il grado di sfruttamento determina l'ammontare del saggio del plus-valore»).

Il **saggio del profitto** scaturisce da un rapporto, espresso in percentuale, fra il plus-valore da un lato e la somma del capitale costante e del capitale variabile dall'altro. Il saggio o tasso del profitto risulta inferiore, per definizione, al saggio del plus-valore.

Caduta tendenziale del saggio di profitto. Legge per cui, accrescendosi smisuratamente il capitale *costante* (v.) rispetto al capitale *variabile* (v.), ossia aumentando la cosiddetta «composizione organica del capitale», diminuisce per forza il saggio di profitto (v.). In altri termini, in virtù di tale legge, succede che il profitto, per quanto elevato, risulti *progressivamente* sempre più scarso rispetto al capitale impiegato, in virtù, appunto, della crescita eccessiva del capitale costante.

Sfruttamento. In senso economico-sociale e tecnicamente marxiano, coincide con il prelievo di plus-valore (v.) agli operai salariati da parte dei capitalisti. Dal punto di vista filosofico coincide con l'alienazione (v.), ossia con la riduzione dell'uomo a *mezzo*.

Contraddizioni del capitalismo. Secondo Marx il capitalismo risulta internamente minato da una serie di contraddizioni che ne spiegano l'instabilità di fondo e la fine inevitabile. Tali sono, ad esempio, l'anarchia della produzione, le crisi cicliche, la disoccupazione, la caduta tendenziale del saggio di profitto (v.), la concorrenza e la scissione della società in due classi antagonistiche (con la relativa proletarizzazione della maggior parte della società). Contraddizioni che dipendono tutte dalla contraddizione di fondo del capitalismo, cioè dal contrasto tra forze produttive sempre più *sociali* e il carattere *privatistico* dei rapporti di produzione e di proprietà.

Per **rivoluzione** Marx intende il processo con il quale il proletariato, impadronendosi del potere politico, dà avvio alla trasformazione *globale* della vecchia società, attuando il passaggio dal capitalismo al comunismo. Passaggio che prevede una progressiva abolizione della proprietà privata dei mezzi di produzione, la scomparsa delle classi e la realizzazione di una società di liberi produttori nella quale non vi siano più né sfruttatori né sfruttati. Dal punto di vista storico-filosofico, la rivoluzione coincide con il processo che porta alla fine della «preistoria dell'umanità».

Lo **stato borghese**, secondo Marx, non è un'entità neutrale o al di sopra delle parti, ma un insieme di apparati istituzionali e ideologici che «servono» alla borghesia per esercitare il proprio dominio di classe: «Lo Stato è la forma in cui gli individui di una classe fanno valere i loro interessi comuni» (*Ideologia tedesca*, I). Di conseguenza, secondo il marxismo rivoluzionario, il compito del proletariato non è quello di «impadronirsi» della macchina statale borghese (secondo il modello del marxista revisionista), ma quello di *smantellarne* i meccanismi strutturali, compresa la democrazia rappresentativa.

La **dittatura del proletariato** si configura, secondo Marx, come la misura politica fondamentale del processo rivoluzionario, ossia come la fase che «media» il passaggio dalla società borghese a quella comunista. In altri termini, tale dittatura è il momento in cui il proletariato, organizzandosi «a classe dominante», impone la propria egemonia sulla classe borghese, al fine di distruggere lo stato borghese (v.) e di attuare il progetto comunista. Le misure concrete della dittatura proletaria sono state elencate da Marx in relazione alla Comune di Parigi (v. il testo).

Fasi del comunismo. Nella *Critica al programma di Gotha*, Marx distingue due fasi della società futura. Nella prima fase, in cui abbiamo a che fare con una società comunista che porta ancora le "macchie" della vecchia società, vige il principio (ancora imperfetto) «a ciascuno secondo il suo lavoro». Nella seconda fase, ossia in una condizione di comunismo pienamente dispiegato e di grande ricchezza, vige il principio «da ciascuno secondo le sue capacità, a ciascuno secondo i suoi bisogni».

Indicazioni bibliografiche

Sulla scuola hegeliana in generale:

K. Löwith, *Da Hegel a Nietzsche*, Einaudi, Torino 1959.
E. Rambaldi, *Le origini della Sinistra hegeliana*, La Nuova Italia, Firenze 1966.
C. Cesa, *Studi sulla Sinistra hegeliana*, Argalia, Urbino 1972.
M. Rossi, *Da Hegel a Marx*, Feltrinelli, Milano 1974.

Su Feuerbach:

C. Cesa, *Il giovane Feuerbach*, Laterza, Bari 1963.
E. Rambaldi, *La critica antispeculativa di L. A. Feuerbach*, La Nuova Italia, Firenze 1966.
G. Severino, *Origine e figure del processo teogonico di Feuerbach*, Mursia, Milano 1972.
L. Casini, *Storia e umanesimo in Feuerbach*, Il Mulino, Bologna 1974.
A. Schmidt, *Il materialismo antropologico di L. Feuerbach* , De Donato, Bari 1975.
G. Passadore, *Il Cristo ateo in Feuerbach*, Ist. Padano Arti Grafiche, Rovigo 1976.
F. Tomasoni, *Feuerbach e la dialettica dell'essere*, La Nuova Italia, Firenze 1982.
F. Engels, *Feuerbach e il punto di approdo della filosofia classica tedesca*, Editori Riuniti, Roma 1985.
F. Tomasoni, *Feuerbach e la natura non umana*, La Nuova Italia, Firenze 1986.
F. Bazzani, *Il tempo dell'esistenza. Stirner, Hess, Feuerbach, Marx*, Angeli, Milano 1987.
G. Forni, *L'essenza del cristianesimo. Il problema ermeneutico nella discussione protestante e modernista*, CLUEB, Bologna 1987.
N. Negretti, *Feuerbach e il miracolo*, Marietti, Genova 1992.
U. Perone, *Invito al pensiero di Ludwig Feuerbach*, Mursia, Milano 1992.
C. Cesa, *Introduzione a Feuerbach*, Laterza, Bari 1997[3].

Su Marx:

M. Rossi, *Marx e la dialettica hegeliana*, Editori Riuniti, Roma 1960-1963, nuova ediz.: *Da Hegel a Marx*, 4 voll., Feltrinelli, Milano 1970-1975.
AA.VV., *Marx vivo*, 2 voll., Mondadori, Milano 1962.
U. Cerroni, *Marx e il diritto moderno*, Editori Riuniti, Roma 1962.
A. Cornu, *Marx e Engels dal liberalismo al comunismo*, Feltrinelli, Milano 1962.
K. Axelos, *Marx pensatore della tecnica*, Sugar, Milano 1963.
J. Hyppolite, *Saggi su Marx e Hegel*, Bompiani, Milano 1963.
J. Y. Calvez, *Il pensiero di K. Marx*, Borla, Torino 1964.
F. Fergnani, *Marxismo e filosofia contemporanea*, Mangiarotti, Cremona 1965.
G. Girardi, *Marxismo e cristianesimo*, Cittadella Ed., Assisi 1966.
E. Mandel, *Che cos'è la teoria marxista dell'economia?*, Samonà e Savelli, Roma 1967.
A. Plebe, *Che cosa ha veramente detto Marx*, Ubaldini, Roma 1967.
L. Althusser - E. Balibar, *Leggere il Capitale*, Feltrinelli, Milano 1968.
G. Bedeschi, *Alienazione e feticismo nel pensiero di Marx*, Laterza, Bari 1968.
M. Dobb, *Economia politica e capitalismo*, Boringhieri, Torino 1968.
E. Fromm, *Marx e Freud*, Il Saggiatore, Milano 1968.
L. Colletti, *Il marxismo e Hegel*, Laterza, Bari 1969.
A. Schmidt, *Il concetto di natura in Marx*, Laterza, Bari 1969.
I. Fetscher, *Il marxismo. Storia documentaria*, Feltrinelli, Milano 1969-1970.
U. Cerroni, *Teoria della crisi sociale in Marx*, De Donato, Bari 1970.
E. Fromm, W. Reich, I. Sapir, *Psicanalisi e marxismo*, Samonà e Savelli, Roma 1970.
C. Napoleoni, *Smith, Ricardo, Marx. Considerazioni sulla storia del pensiero economico*, Boringhieri, Torino 1970.
A. De Palma, *Le macchine e l'industria da Smith a Marx*, Einaudi, Torino 1971.

R. Rosdolsky, *Genesi e struttura del «Capitale» di Marx*, Laterza, Bari 1971.
P. A. Rovatti, *Critica e scientificità in Marx*, Feltrinelli, Milano 1973.
S. Veca, *Marx e la critica dell'economia politica*, Il Saggiatore, Milano 1973.
R. Guastini, *Marx dalla filosofia del diritto alla scienza della società*, Il Mulino, Bologna 1974.
C. Luporini, *Dialettica e materialismo*, Editori Riuniti, Roma 1974.
E. V. Ilenkov, *La dialettica dell'astratto e del concreto nel «Capitale» di Marx*, Feltrinelli, Milano 1975.
M. Dal Pra, *La dialettica in Marx*, Laterza, Roma-Bari 1977.
P. Dognin, *Introduzione a Karl Marx*, Città Nuova, Roma 1977.
S. Veca, *Saggio sul programma scientifico di Marx*, Il Saggiatore, Milano 1977.
A. Carandini, *L'Anatomia della scimmia. La formazione economica della società prima del Capitale*, Einaudi, Torino 1979.
G. Bedeschi, *Introduzione a Marx*, Laterza, Roma-Bari 1981.
H. Lefebvre, *Abbandonare Marx?*, Editori Riuniti, Roma 1983.
J. Mancini, S. Natoli, *Marx e la religione*, Cappelli, Bologna 1984.
M. Mugnai, *Il mondo rovesciato. Contraddizione e «valore» in Marx*, Il Mulino, Bologna 1984.
N. Tabaroni (a cura di), *Il «Manifesto del partito comunista» di Marx ed Engels e il dibattito socialista tra utopia e scienza nella prima metà del XIX secolo*, Paravia, Torino 1989.
E. De Marchi - G. La Grassa - M. Turchetto, *Per una teoria della società capitalistica. La critica dell'economia politica da Marx al marxismo*, NIS, Roma 1994.
J. Derrida, *Gli spettri di Marx. Stato del debito, lavoro del lutto e nuova Internazionale*, Cortina, Milano 1994.
G. Bedeschi, *Introduzione a Marx*, Laterza, Bari 1997[6].
N. Bobbio, *Né con Marx né contro Marx*, Editori Riuniti, Roma 1997.

Su Engels:

G. Mayer, *F. Engels. La vita e l'opera*, Einaudi, Torino 1969.
E. Fiorani, *F. Engels e il materialismo dialettico*, Feltrinelli, Milano 1971.
R. Mondolfo, *Il materialismo storico di Federico Engels*, ed. orig. 1912, La Nuova Italia, Firenze 1972.
G. Prestipino, *Natura e società. Per una nuova lettura di Engels*, Editori Riuniti, Roma 1973.
F. De Aloisio, *Engels senza Marx*, Liguori, Napoli 1979.
P. Bellinazzi, *Forza e materia nel pensiero di Marx ed Engels*, Angeli, Milano 1984.
G. M. Bravo, *Engels*, Angeli, Milano 1991[2].
S. Garroni (a cura di), *Engels cento anni dopo*, La Città del Sole, Napoli 1995.

SCHEDA BIBLIOGRAFICA

L'*opera omnia* di **Marx e Engels**, in lingua italiana è pubblicata in 50 volumi dagli Editori Riuniti col titolo *Opere complete di Marx-Engels*, Roma, 1972 e seguenti.
Sono disponibili anche le singole opere pubblicate dagli stessi Editori Riuniti, da Laterza, da Feltrinelli e da altre Case editrici ancora. Gli scritti giovanili marxiani sono raccolti in *Opere filosofiche*, a cura di G. della Volpe, Editori Riuniti, Roma, 1969.
Per una bibliografia particolareggiata degli scritti marx-engelsiani si rinvia a G. Bedeschi, *Introduzione a Marx*, Laterza, Roma-Bari, 1981.
Per un primo approccio ai testi marx-engelsiani si possono consultare i seguenti volumi antologici: *Il pensiero di Karl Marx*, a cura di C. Pianciola, Loescher, Torino, 1971; *K. Marx. Il pensiero filosofico, politico, economico*, a cura di D. Antiseri e M. Baldini, La Scuola, Brescia, 1989; *Il Manifesto del partito comunista di Marx ed Engels e il dibattito socialista tra utopia e scienza nella prima metà del XIX secolo*, a cura di N. Tabaroni, Paravia, Torino, 1989.

Capitolo quarto

Comte e Mill: due versioni del Positivismo europeo

Comte e Mill: due versioni del Positivismo europeo

1. Caratteri generali del Positivismo

Il Positivismo è un movimento filosofico e culturale, caratterizzato dall'esaltazione della scienza, che nasce in Francia nella prima metà dell'Ottocento e che si impone, a livello europeo e mondiale, nella seconda parte del secolo.

Significati del termine «positivo»

Il termine «positivo», da cui deriva il nome di questa corrente, viene assunto, dai filosofi positivisti, in due significati fondamentali: **1)** «positivo» è innanzitutto ciò che è reale, effettivo, sperimentale, in opposizione a ciò che è astratto, chimerico, metafisico; **2)** «positivo» è anche ciò che appare fecondo, pratico, efficace, in opposizione a ciò che è inutile e ozioso. Comparso per la prima volta nel *Catechismo degli industriali* (1822) di Saint-Simon, il termine viene messo a punto da Comte, che lo applica alla propria dottrina, consacrandone l'uso nella terminologia filosofica europea (il Positiv*ismo*).

Tesi generali del Positivismo

Pur comprendendo pensatori che si diversificano tra loro sia per formazione intellettuale, sia per temi e soluzioni specifiche, il Positivismo appare caratterizzato, sin dall'inizio, da una celebrazione della scienza, che si concretizza in una serie di convinzioni di fondo:

1) La scienza è l'unica conoscenza possibile e il metodo della scienza è l'unico valido: pertanto il ricorso a cause o princìpi che non siano accessibili al metodo della scienza non dà origine a conoscenza; e la metafisica, che fa appunto tale ricorso, è priva di valore. Il grido risuonato in Germania — «*Keine Metaphisik mehr!*»: Niente più metafisica! — rappresenta, di conseguenza, uno dei principali motti polemici del Positivismo, che tuttavia, come vedremo, non sarà sempre fedele ad esso.

2) Non avendo oggetti suoi propri, o campi privilegiati di indagine sottratti alle scienze, la filosofia tende a coincidere con la totalità del sapere positivo o, più specificamente, con l'enunciazione dei princìpi *comuni* alle varie scienze. La funzione peculiare della filosofia consiste quindi nel riunire e nel coordinare i risultati delle singole scienze, in modo da realizzare una conoscenza unificata e generalissima. In ogni caso, essa si costituisce come studio delle «generalità scientifiche».

3) Il metodo della scienza, in quanto è l'unico valido, va esteso a *tutti* i campi, compresi quelli che riguardano l'uomo e la società. Tant'è vero che la *sociologia* diviene la creatura prediletta dei Positivisti.

4) Il progresso della scienza rappresenta la base del progresso umano e lo strumento per una *riorganizzazione* globale della vita in società, capace di superare la «crisi» del mondo moderno o di accelerarne lo sviluppo in modo sempre più rapido.

Basi storiche e culturali del "successo" del Positivismo

Le basi storiche e culturali di questo "successo" del Positivismo sono parecchie. Sul piano politico abbiamo un quadro europeo che, al di là dello scontro in Crimea (1854) e della guerra-lampo tra Prussia e Francia (1870), appare sostanzialmente caratterizzato dalla pace e dall'espansione coloniale europea in Africa e in Asia. Dal punto di vista economico abbiamo un ulteriore balzo in avanti del capitalismo industriale, coincidente con una sua progressiva "internazionalizzazione". In ambito sociale troviamo un profondo mutamento delle strutture e dei modi di vita delle città, che in pochi decenni sono investite da rivolgimenti più radicali di quelli conosciuti in altrettanti secoli. Nel settore scientifico abbiamo tutta una serie di importanti scoperte, mentre sul piano tecnico le applicazioni del vapore e dell'elettricità danno inizio ad un'èra nuova, rappresentata soprattutto dalle ferrovie, divenute ben presto il principale "simbolo" della modernità e delle sue vittorie sullo spazio e sul tempo. In ambito culturale, accanto al tramonto dell'idealismo romantico e alla ricerca di un sapere "positivo" più aderente alla realtà, si assiste ad una maggior diffusione del sapere, di cui sono testimonianza la nascita delle collane "economiche" e delle collane "popolari", soprattutto di letteratura e di scienza.

Il decollo del sistema industriale, della scienza, della tecnica, degli scambi e dell'estensione della cultura su larga scala, determina, in questo periodo, un "clima" generale di fiducia entusiastica nelle forze dell'uomo e nelle potenzialità della scienza e della tecnica.

La fiducia entusiastica nell'uomo e nella scienza

Questo *ottimismo*, presente soprattutto nelle classi dirigenti e capitalistiche, ma anche nelle classi popolari, che possono vivere in condizioni più agiate o meno grame rispetto al passato, si traduce in un vero e proprio culto per il pensiero scientifico e tecnico. Di conseguenza, se l'Umanesimo aveva celebrato, come ideale o tipo umano, soprattutto il filologo, l'Illuminismo soprattutto il filosofo, il Romanticismo soprattutto il poeta, il Positivismo esalta soprattutto lo scienziato, di cui è incarnazione massima quel Newton della biologia che è Darwin. E accanto allo scienziato glorifica il capitano d'industria, l'ingegnere, il medico e anche il maestro, visto come diffusore di cultura presso la povera gente. Tutte "figure" che dovevano diventare celebri anche in virtù di note rappresentazioni letterarie, da Verne a De Amicis. E di tutto ciò il Positivismo rappresenta la forma e la coscienza filosofica.

Positivismo e società industriale

Complessivamente riguardato, il Positivismo della seconda metà del secolo appare quindi come la filosofia della moderna società industriale e tecnico-scientifica e come l'espressione culturale delle speranze, degli ideali e delle infatuazioni ottimistiche che hanno caratterizzato tutto un tratto della storia moderna.

Non per nulla esso si sviluppa principalmente in quelle nazioni (come l'Inghilterra, la Francia e la Germania) che appaiono all'avanguardia del progresso industriale e tecnico-scientifico, mentre impiega tempo ad affermarsi nei paesi (come ad esempio l'Italia) in ritardo rispetto ad esso. *Dall'altro lato, il Positivismo della seconda metà dell'Ottocento appare anche come l'ideologia tipica della borghesia liberale dell'Occidente.*

Positivismo e liberalismo

Infatti, come ha osservato Geymonat[1], sebbene non si possa sostenere, in modo rigido, l'equazione Positivismo = borghesia, "riducendo" tale complesso movimento di pensiero a determinate matrici sociali (tanto più che esso, da parte della borghesia, ha trovato non solo incoraggiamenti, ma anche opposizioni), è indubbio che il Positivismo, nel suo complesso, esprima *anche*, e in modo accentuato, ideali e punti di vista della borghesia, con la quale condivide la mentalità *ottimistica* circa la moderna società industriale e la tendenza politica *riformistica*, nemica del conservatorismo, ma anche ostile al rivoluzionarismo marxista, che proprio in quegli anni andava elaborando una visione fortemente *critica* dell'esistente, anzi una vera e propria fotografia in negativo dei «costi umani» collegati alle strutture socio-economiche del capitalismo industriale.

Positivismo e borghesia

2. Comte

2.1. Vita e opere

Auguste Comte nacque a Montpellier in Francia nel 1798. Ebbe una vita difficile e tormentata. Aspirò inutilmente ad una cattedra di matematica presso la Scuola Politecnica di Parigi. Dovette accontentarsi di un posto (precario) di ripetitore di matematica e di esaminatore dei candidati presso quella Scuola, vivendo praticamente con gli aiuti e i sussidi degli amici e dei

[1] L. Geymonat, *Storia del pensiero filosofico e scientifico*, Garzanti, Milano, 1970 sgg., p. 455.

discepoli. La sua opera più importante è il monumentale *Corso di filosofia positiva*, in sei volumi pubblicati tra il 1830 e il 1842. Negli ultimi anni della sua vita venne accentuando l'orientamento religioso del suo pensiero, evidente nella sua seconda opera capitale, il *Sistema di politica positiva o Trattato di sociologia che istituisce la religione dell'umanità* (in quattro volumi). Morì a Parigi nel 1857.

Tutta l'attività di scrittore di Comte è finalizzata a portare a termine quella che egli considerava la sua missione: lo sviluppo della civiltà occidentale attraverso la scienza, vista come soluzione di tutti i problemi dell'umanità.

2.2. La legge dei tre stadi e la classificazione delle scienze

Quella che agli occhi di Comte è la sua scoperta fondamentale, e che in realtà è il punto di partenza di tutta la sua filosofia, è la legge dei tre stadi. Secondo questa legge, che Comte dichiara di aver ricavato da considerazioni storiche oltre che dall'osservazione dello sviluppo organico dell'uomo, ciascuna branca della conoscenza umana passa successivamente per tre stadi teorici differenti: lo stadio teologico o fittizio, lo stadio metafisico o astratto, lo stadio scientifico o positivo. Vi sono dunque tre metodi diversi per condurre la ricerca umana e tre sistemi di concezioni generali. Il primo è il punto di partenza necessario dell'intelligenza umana; il terzo il suo stadio fisso e definitivo; il secondo è unicamente destinato a servire da transizione. Nello stadio *teologico*, lo spirito umano, dirigendo essenzialmente le sue ricerche verso la natura intima degli esseri e le cause prime e finali, cioè verso le conoscenze assolute, si rappresenta i fenomeni come prodotti dall'azione diretta e continua di agenti soprannaturali, più o meno numerosi, il cui intervento arbitrario spiega tutte le anomalie apparenti dell'universo. Nello stadio *metafisico*, che è solo una modificazione del primo, gli agenti soprannaturali sono sostituiti da forze astratte (si pensi ad esempio alle «essenze») inerenti ai diversi enti del mondo e concepite come capaci di generare da sé tutti i fenomeni osservati, la cui spiegazione consisterebbe quindi nell'assegnare a ciascuno l'entità corrispondente. Infine, nello stadio *positivo*, lo spirito umano, riconoscendo l'impossibilità di raggiungere nozioni assolute, rinuncia a cercare l'origine e il destino dell'universo e a conoscere le cause intime dei fenomeni e si applica unicamente a scoprire, mediante l'uso ben combinato del ragionamento e dell'osservazione, le loro *leggi* effettive: cioè le loro relazioni invariabili di successione e di somiglianza.

Lo stadio *teologico*

metafisico

e *positivo*

Questa legge dei tre stadi sembra a Comte immediatamente evidente di per se stessa. Essa inoltre è appoggiata dall'esperienza personale. «Chi di noi non ricorda, contemplando la sua propria storia, che è stato successivamente, rispetto alle nozioni più importanti, *teologo* nella sua infanzia, *metafisico* nella sua giovinezza e *fisico* nella sua virilità?».

Ora, sebbene varie branche della conoscenza umana siano entrate nella fase positiva, la totalità della cultura intellettuale umana, e quindi dell'organizzazione sociale che su essa si fonda, non è stata ancora permeata dallo spirito positivo. In primo luogo, Comte nota che accanto alla fisica celeste, alla fisica terrestre, meccanica e chimica, e alla fisica organica, vegetale e animale, manca una *fisica sociale*, cioè lo studio positivo dei fenomeni sociali. In secondo luogo, la mancata penetrazione dello spirito positivo nella totalità della cultura intellettuale produce uno stadio di anarchia intellettuale e quindi la crisi politica e morale della società contemporanea. È evidente che se una delle tre filosofie possibili, la teologia, la metafisica e la positiva, ottenesse in realtà una preponderanza universale completa, ci sarebbe un ordine sociale determinato. Ma poiché invece le tre filosofie opposte continuano a coesistere, ne risulta una situazione incompatibile con un'effettiva organizzazione sociale. Comte si propone perciò il compito di portare a termine l'opera iniziata da Bacone, Cartesio e Galilei e di costruire il sistema delle idee generali che deve definitivamente prevalere nella specie umana, ponendo termine così alla crisi rivoluzionaria che tormenta i popoli civilizzati.

L'anarchia intellettuale e politica della società contemporanea

Tale sistema di idee generali o filosofia positiva presuppone però che sia determinato il compito particolare di ciascuna scienza e l'ordine complessivo di tutte le scienze: presuppone un'*enciclopedia* delle scienze che, muovendo da una classificazione sistematica, fornisca il prospetto generale di tutte le conoscenze scientifiche. Comte comincia per escludere dalla sua considerazione le conoscenze applicate della tecnica e delle arti, limitandosi alle cono-

La filosofia «positiva» e l'*enciclopedia* delle scienze

scenze speculative; e anche di queste considera solo quelle generali e astratte, escludendo quelle particolari e concrete. Posto ciò, egli cerca di determinare una scala enciclopedica delle scienze che corrisponda alla storia delle scienze stesse. Le scienze si possono classificare considerando in primo luogo il loro grado di semplicità o, ciò che è lo stesso, il grado di generalità dei fenomeni che costituiscono il loro oggetto. I fenomeni più semplici sono infatti anche i più generali; e i fenomeni semplici e generali sono anche quelli più facilmente osservabili. Perciò, graduando le scienze secondo l'ordine della complessità crescente e della semplicità decrescente, si viene a riprodurre, nella gerarchia così formata, l'ordine di successione con cui le scienze sono entrate nella fase positiva.

Il principio della complessità crescente e della semplicità decrescente

Le scienze fondamentali

L'enciclopedia delle scienze sarà dunque costituita da cinque scienze fondamentali: astronomia, fisica, chimica, biologia e sociologia. Di questa gerarchia non fanno parte, come si vede, né la matematica, né la logica, né la psicologia. I motivi dell'esclusione sono diversi.

La matematica

La matematica è stata esclusa non perché non sia una scienza, ma perché costituisce la *base* di tutte le altre scienze. Anzi, tenendo presente che essa è stata la prima scienza ad entrare nello stadio positivo, l'enciclopedia comtiana può venir *globalmente* articolata secondo l'ordine seguente: **1)** matematica; **2)** astronomia; **3)** fisica; **4)** chimica; **5)** biologia; **6)** sociologia.

La logica

La logica è stata esclusa poiché Comte ritiene che essa non sussista in generale e in astratto, ma si identifichi con il metodo concreto impiegato da ogni specifica branca del sapere.

La psicologia

Infine, la psicologia deve la sua esclusione dall'enciclopedia al fatto che non è una scienza e non è suscettibile di diventarlo. La cosiddetta «osservazione interiore», destinata allo studio dei fenomeni intellettuali, è impossibile. I fenomeni intellettuali non possono essere osservati nell'atto stesso in cui si verificano. «L'individuo pensante non può dividersi in due, di cui l'uno ragioni, mentre l'altro lo guardi ragionare. L'organo osservato e l'organo osservatore essendo in questo caso identici, come potrebbe l'osservazione aver luogo?». Piuttosto, ciò che vi è di scientifico nella psicologia, da un lato è riconducibile all'esame fisiologico del cervello (cioè alla biologia) e dall'altro all'esame del suo comportamento sociale (cioè alla sociologia).

2.3. La sociologia

La sociologia come scienza positiva

La scienza alla quale tutte le scienze sono subordinate, come al loro ultimo fine, è la sociologia. Compito di questa scienza è quello di «percepire nettamente il sistema generale delle operazioni successive, filosofiche e politiche, che devono liberare la società dalla sua fatale tendenza alla dissoluzione imminente e condurla direttamente ad una nuova organizzazione, più progressiva e più salda di quella che riposava sulla filosofia teologica». A questo scopo la sociologia deve costituirsi nella stessa forma delle altre discipline positive e concepire i fenomeni sociali come soggetti a leggi naturali che ne rendano possibile la previsione sia pure nei limiti compatibili con la loro complessità superiore.

La sociologia, o fisica sociale, è divisa da Comte in *statica* sociale e *dinamica* sociale, corrispondenti ai due concetti fondamentali su cui essa si fonda, quelli dell'ordine e del progresso.

La *statica* sociale

La statica sociale mette in luce la relazione necessaria, il «consenso universale», che hanno tra loro le varie parti del sistema sociale. Così tra il regime politico e lo stadio corrispondente della civiltà umana c'è un rapporto necessario, per il quale un determinato regime, pur essendo in accordo con la fase corrispondente della civiltà, diventa inadeguato ad una fase diversa e successiva.

La *dinamica* sociale

L'idea fondamentale della dinamica sociale è invece quella del progresso, cioè dello sviluppo continuo e graduale dell'umanità. Per la nozione del progresso, ciascuno degli stadi sociali consecutivi è «il risultato necessario del precedente e il motore indispensabile del seguente, secondo il luminoso assioma del grande Leibniz: il presente è gravido dell'avvenire». L'idea del progresso ha per la sociologia un'importanza ancora maggiore di quella che l'idea della serie individuale delle età ha per la biologia. Essa spiega anche il sorgere degli uomini di genio, di quelli che Hegel chiamava «individui della storia cosmica»; e la spiegazione di Comte è analoga a quella di Hegel. Gli uomini di genio non sono che gli organi propri del movimento predeterminato, il quale, nel caso di una loro mancanza, si sarebbe aperto altre vie. Il progresso realizza un perfezionamento incessante, per quanto non illimitato, del genere umano; e questo perfezionamento segna «la preponderanza crescente delle tendenze più nobili della nostra natura». Ma questo perfezionamento non implica che una qualsiasi fase della storia umana sia imperfetta o inferiore alle altre: per Comte, come per Hegel, la storia è sempre, in ogni epoca, compiuta, altrimenti sarebbe incomprensibile.

La necessità della storia

2.4. La dottrina della scienza e la sociocrazia

La dottrina della scienza è la parte dell'opera di Comte che ha avuto più vasta e duratura risonanza nella filosofia e maggiore efficacia sullo sviluppo stesso della scienza. Come già Bacone e Cartesio (ai quali dichiara di collegarsi), Comte concepisce la scienza come essenzialmente diretta a stabilire il dominio dell'uomo sulla natura. Non che la scienza sia essa stessa di natura pratica o abbia esplicitamente di mira l'azione. Comte, al contrario, afferma energicamente il carattere speculativo delle conoscenze scientifiche e le distingue nettamente da quelle tecnico-pratiche, limitando ad esse soltanto il compito di un'enciclopedia delle scienze. Tuttavia, considerato nel suo insieme, lo studio della natura è destinato a fornire «la vera base razionale dell'azione dell'uomo sulla natura»; giacché «solo la conoscenza delle leggi dei fenomeni, il cui risultato costante è di farceli prevedere, può evidentemente condurci nella vita attiva a modificarli a nostro vantaggio». Lo scopo dell'indagine scientifica è la formulazione delle leggi perché la legge permette la previsione; e la previsione dirige e guida l'azione dell'uomo sulla natura. «Insomma — dice Comte — *scienza, donde previsione; previsione, donde azione*: tale è la formula semplicissima che esprime in modo esatto la relazione generale tra la scienza e l'arte, prendendo questi due termini nella loro accezione totale».

Scienza, previsione e azione

L'osservazione dei fatti e la formulazione di leggi esauriscono il compito della scienza. Ma la dottrina di Comte insiste più sulla legge che sull'osservazione dei fatti. Questa ha per scopo di rendere possibile la formulazione delle leggi. La legge permette la previsione perché, una volta accertata la condizione che provoca il verificarsi di un certo fatto, si può prevedere il verificarsi del fatto stesso. E la previsione consente all'uomo di servirsi dei fatti, di volgerli a proprio vantaggio e così di estendere il suo potere su essi.

La «sociocrazia»

L'opera di Comte risulta esplicitamente diretta a favorire l'avvento di una società nuova che egli chiamò *sociocrazia*, cioè un regime fondato sulla sociologia, analogo e corrispondente alla teocrazia fondata sulla teologia. Egli stesso avrebbe voluto essere il capo spirituale di un regime positivo, altrettanto assolutista del regime teologico che esso avrebbe dovuto soppiantare, in quanto avverso alle idee moderne di libertà individuale e di pluralismo, assimilate, da Comte, ad una forma di «disordine». Tant'è vero che il mondo moderno, dal punto di vista di Comte, non è altro che un «interregno anarchico» tra lo stadio *organico* dell'ordine teologico-feudale e lo stadio parimenti *organico* dell'ordine positivo.

2.5. La divinizzazione della storia e la religione della scienza

Il *Sistema di politica positiva* è diretto esplicitamente a trasformare la filosofia positiva in una religione positiva. Esso tende cioè a fondare l'unità dogmatica, culturale e pratica dell'umanità, unità che, infranta dalla decadenza del regime teocratico e dal primo sorgere dello spirito positivo, non è stata ancora ristabilita. Quest'unità non è soltanto perciò l'unità di una dottrina, ma anche quella di un culto, di una morale e di un costume. Comte nell'opera citata ne lumeggia tutti gli aspetti.

Il culto dell'Umanità

Il concetto fondamentale è quello dell'Umanità, che deve prendere il posto di quello di Dio. L'Umanità è il Grande Essere come «l'insieme degli esseri passati, futuri e presenti che concorrono liberamente a perfezionare l'ordine universale». Questa celebrazione dell'umanità dimostra chiaramente l'ultima ispirazione del pensiero di Comte. Il concetto dell'umanità non è un concetto biologico (per quanto sia anche biologico), ma un concetto storico, fondato sull'identificazione romantica di tradizione e storicità. L'Umanità è la tradizione ininterrotta e continua del genere umano, tradizione condizionata dalla continuità biologica del suo sviluppo, ma includente tutti gli elementi della cultura e della civiltà del genere umano.

Comte mette in luce continuamente la saggezza e la provvidenza del Grande Essere, che ha saputo mirabilmente e gradualmente svilupparsi nelle sue età primitive (teologica e metafisica) per giungere all'età positiva, che preannuncia la sua piena maturità. L'Umanità non è quindi che la tradizione divinizzata; una tradizione che comprende tutti gli elementi oggettivi e soggettivi, naturali e spirituali, che costituiscono l'uomo.

Comte delinea, con minuziosi particolari, anche il culto positivistico dell'umanità. Stabilisce un «calendario positivista» in cui i mesi e i giorni sono dedicati alle maggiori figure della religione, dell'arte, della politica e della scienza. Nell'ultimo scritto, dedicato alla *Filosofia della matematica* (1856) che si propone di associare la scienza della natura al sentimento, pretende di stabilire una trinità positivistica. Accanto al *Grande Essere* che è l'Umanità, egli pone come soggetto di adorazione il *Grande Feticcio*, cioè la terra, e il *Grande Mezzo*, cioè lo spazio.

La morale del Positivismo

La morale del Positivismo è l'altruismo. Vivere per gli altri *è la sua massima fondamentale*. Tale massima non è contraria a tutti gli istinti dell'uomo, perché essi non sono esclusivamente egoistici. Accanto agli istinti egoistici, l'uomo possiede istinti simpatici che l'educazione positivista può sviluppare gradualmente sino a renderli predominanti sugli altri.

TESTO 1 LA FILOSOFIA POSITIVA

Secondo questa fondamentale dottrina, tutte le nostre speculazioni, quali che siano, sono inevitabilmente soggette, sia nell'individuo che nella specie, a passare successivamente attraverso tre stati teorici differenti, che le denominazioni attuali di teologico, metafisico e positivo potranno, qui, sufficientemente qualificare, per quelli, almeno, che ne avranno ben compreso il vero senso generale. Sebbene dapprima indispensabile, sotto tutti gli aspetti, il primo stato deve ormai essere concepito come puramente provvisorio e preparatorio; il secondo, che non ne costituisce in realtà che una modifica dissolvente, comporta solo un ruolo transitorio, per condurre gradualmente al terzo; ed è questo, il solo pienamente normale, a costituire, in tutti i modi, il regime definitivo della ragione umana. [...]

Questa lunga successione di preamboli necessari conduce infine la nostra intelligenza, gradualmente emancipata, al suo stato definitivo di positività razionale, che deve essere qui caratterizzato in modo più particolareggiato dei due stati precedenti. Avendo spontaneamente constatato, in questi esercizi preparatori, l'inanità radicale delle spiegazioni vaghe e arbitrarie proprie della filosofia iniziale, sia teologiche che metafisiche, lo spirito umano rinunzia ormai alle ricerche assolute che convenivano solo alla sua infanzia e circoscrive i suoi sforzi nell'ambito, perciò rapidamente progressivo, della vera osservazione, sola base possibile delle conoscenze veramente accessibili, sagacemente adattate ai nostri bisogni reali. La logica speculativa era fino ad allora consistita nel ragionare, in modo più o meno sottile, secondo principi confusi che, non comportando nessuna prova sufficiente, suscitavano sempre dibattito senza esito. Essa riconosce ormai, come regola fondamentale, che ogni proposizione che non è strettamente riducibile alla semplice enunciazione di un fatto, particolare o generale, non può presentare nessun senso reale e intelligibile. [...]

In una parola, la rivoluzione fondamentale che caratterizza la virilità della nostra intelligenza consiste essenzialmente nel sostituire, dappertutto, all'inaccessibile determinazione delle *cause* propriamente dette, la semplice ricerca delle *leggi*, cioè delle relazioni costanti che esistono tra i fenomeni osservati. Che si tratti di minori o di più sublimi effetti, di urto o di gravità come di pensiero e di moralità, noi non possiamo veramente conoscere che le diverse mutue relazioni, proprie del loro modo di compiersi, senza mai penetrare il mistero della loro produzione.

A. Comte, *Discorso sullo spirito positivo* (a cura di A. Negri), Laterza, Roma-Bari, 1985, pp. 4, 15-17

1-10. All'inizio del *Discorso* Comte ribadisce la nota divisione della storia umana negli stadi teologico, metafisico e positivo (rr. **3-4**). Emerge immediatamente da questa constatazione la particolare concezione che ha Comte della conoscenza, che non è, come per Mill, un passaggio dal particolare al particolare, ma comporta una precisa logica e un ordine gerarchico per giungere a leggi determinate e precise. «Il compito di questa conoscenza — scrive Cassirer — non consiste nella determinazione di fatti, ma nella formulazione di leggi. Ora le leggi non si possono mai ottenere con la semplice somma di osservazioni particolari; esse sono l'espressione di certe relazioni che possono essere enunciate e determinate soltanto per mezzo di un'attività specifica, per mezzo del pensiero che connette» (*Storia della filosofia moderna*, Einaudi, Torino, 1978, vol. IV, p. 22). Questa logica, nel suo sviluppo, è più simile alla logica di Hegel che alla logica induttiva di Mill; Comte infatti progredisce «dall'astronomia alla fisica, da questa alla chimica e poi alla biologia, per raggiungere finalmente la sua vera e più alta meta, lo studio del mondo umano, nella fisica sociale. In tutto questo, poi, non si tratta affatto di accumulare soltanto materiale empirico in ogni campo dello scibile; si tratta piuttosto di concatenare nel loro ordine naturale tutte le fasi del sapere, tutti i diversi metodi dei quali dispone e di edificare così l'organismo unico della conoscenza» (*ibidem*, pp. 23-24). È questo il terzo stadio, quello positivo, di cui ora Comte analizza le caratteristiche.

11-30. Lo stadio teologico e lo stadio metafisico sono preamboli necessari (r. **11**) per arrivare allo stadio positivo la cui caratteristica è la positività razionale (r. **12**). Abbiamo già precisato come Comte definisca il termine "positivo" come indagine essenzialmente critica; la positività razionale esprime quindi l'aspetto filosofico che maggiormente caratterizza il Positivismo, cioè la sua indagine critica sulla conoscenza. Il problema, posto per primo da Cartesio con la ricerca di un fondamento certo e indubitabile di essa, era stato continuato dagli empiristi inglesi e viene ripreso anche da Comte come ricerca di idee che hanno come oggetto «la coordinazione dei fatti osservati». Per questo le speculazioni metafisiche (r. **15**), che non possono essere verificate dall'esame dei fatti, sono vaghe e arbitrarie (rr. **14-15**) e non hanno alcun fondamento oggettivo. Anche le spiegazioni teologiche (r. **15**) vengono giudicate da questo punto di vista, per cui il positivismo di Comte, più che essere un movimento areligioso o amorale, è una traduzione della religione trascendente in quella immanente dell'umanità (ultimo Comte).

Lo spirito umano rinuncia quindi alle ricerche assolute che convenivano alla sua infanzia e circoscrive i suoi sforzi nell'ambito di conoscenze accessibili soltanto attraverso l'osservazione (rr. **16-18**); la filosofia positiva «riconosce ormai, come regola fondamentale, che ogni proposizione che non è strettamente riducibile alla semplice enunciazione di un fatto, particolare o generale, non può presentare nessun senso reale e intelligibile» (rr. **21-23**). Ecco delineata con molta semplicità la regola fondamentale del Positivismo, un criterio di significato al quale verrà data la massima importanza nel positivismo logico all'inizio del Novecento da parte di filosofi come M. Schlick e R. Carnap, ma che, come fa osservare Cassirer, è una regola già formulata con la massima precisione da Comte.

Il concetto di fatto generale (rr. **22-23**) richiede qualche precisazione: un fatto generale è «un tipo di fatto che si trova sempre uguale a se stesso negli ambiti più diversi»; così la legge della gravitazione universale è un fatto generale «perché le osservazioni e le leggi astronomiche di Keplero (...), quelle di Galilei sulla gravità, non appaiono che come casi particolari della legge di Newton» (Le Verrier, cit. in *Discorso sullo spirito positivo*, p. 16).

In una parola la rivoluzione che caratterizza lo stato adulto (virilità, r. **24**) della nostra intelligenza non sta nella ricerca delle cause delle cose come avveniva nello stadio metafisico, ma nella determinazione delle leggi reali dei fenomeni; sia i fenomeni semplici (astronomici, fisici), sia quelli più complessi (biologici, sociologici) devono essere ridotti a leggi. In questo modo la filosofia positiva, con la nuova consapevolezza storica della sociologia e con il nuovo modo di studiare i fenomeni umani nella loro globalità, è in grado di spiegare l'evoluzione dell'umanità. È in questo contesto metodologico che Comte elabora le due leggi generali della sua filosofia: la legge dei tre stadi e la legge della classificazione gerarchica delle scienze. È questo uno dei caratteri più importanti della filosofia di Comte, cioè la sua dimensione universale e unitaria. Egli si oppose a qualunque tipo di specializzazione non solo nel campo teorico, ma anche in quello pratico e pedagogico: la riforma dell'educazione che fa parte dell'essenza del Positivismo si ispira proprio alla globalità e alla sistematicità del sapere; proprio in questo Comte vede l'insostituibile funzione sociale della filosofia: «se la filosofia si dedica unicamente allo studio dei fatti, se essa non è più sistematica ed enciclopedica, essa ha rinunciato a se stessa» (Cassirer, *Storia della filosofia moderna*, cit., p. 25). Come Cartesio, Comte «proclama che la filosofia è l'unione del sapere umano, quella *sapientia humana*, alla quale tendono, in ultima analisi, tutte le conoscenze particolari e

nella quale queste ultime si inseriscono come membri ausiliari» (*ibidem*).
Noi non possiamo conoscere che le diverse, mutue relazioni (r. **29**) dei fatti; non riusciremo mai a penetrare nel mistero della loro produzione (r. **30**); la speculazione metafisica che ha tentato di affrontare questo problema ha avuto come esito soltanto dei risultati astratti e fantastici: «come la teologia, la metafisica», infatti, «tenta soprattutto di spiegare la natura intima degli esseri, l'origine e la destinazione di tutte le cose, il modo essenziale di produzione di tutti i fenomeni; ma, invece di servirsi degli agenti soprannaturali propriamente detti, li sostituisce via via con entità o astrazioni personificate, il cui uso, veramente caratteristico, ha spesso consentito di designarla col nome di ontologia» (Comte, *Discorso sullo spirito positivo*, cit., pp. 11-12).

3. Mill

3.1. Vita e opere

John Stuart Mill (Londra 1806 - Avignone 1873), figlio del filosofo utilitarista James Mill, è l'esponente più importante del Positivismo (o meglio *empirismo*) inglese dell'Ottocento. Egli, pur presentando qualche tratto in comune con i filosofi positivisti continentali, si caratterizza per alcuni aspetti rilevanti che sono riconducibili alla tradizione empiristica britannica. Mill, esattamente come Comte, ammira la scienza e i fatti, ma (a differenza del filosofo francese) non giunge a farne una nuova "religione dell'umanità". Inoltre, ben diversamente da Comte, assume posizioni politiche decisamente liberali e democratiche, con l'obiettivo di rinvigorire con opportune riforme la tradizione parlamentare inglese[2].

I suoi scritti fondamentali sono: *Sistema di logica deduttiva e induttiva* (1843); *Princìpi di economia politica* (1848); *Sulla libertà* (1859). La sua *Autobiografia* rende esplicita testimonianza dell'influenza che gli scritti dei socialisti utopici (Saint-Simon e seguaci) ebbero sul suo pensiero. Con molta simpatia Mill considerò anche i primi volumi della *Filosofia positiva* di Comte, ma la sua corrispondenza dimostra il graduale affievolirsi del suo favore verso il filosofo francese. Pur accettando il principio secondo cui l'umanità è il fondamento e il fine di ogni attività umana e ammettendo che i filosofi debbano con il tempo assumere l'ascendente morale e intellettuale una volta esercitato dai preti, Mill rifiutava nettamente la sociologia mitologica di Comte. Ripugnava, infatti, al filosofo londinese, apostolo della libertà individuale, il dispotismo spirituale e temporale di cui Comte si era fatto banditore, e che gli appariva non meno oppressivo di quello di Ignazio di Loyola, il fondatore della Compagnia di Gesù. L'opera intitolata *Augusto Comte e il positivismo*, pubblicata da Mill nel 1865, mentre rende giustizia ai meriti filosofici del Positivismo francese, mette in luce senza pietà gli aspetti ridicoli o ripugnanti della sua dottrina.

3.2. La logica

In realtà, la differenza fondamentale tra il Positivismo di Comte e il Positivismo di Mill è che l'uno è un razionalismo radicale mentre l'altro, nato sul tronco tradizionale della filosofia inglese, è un non meno radicale empirismo. Il Positivismo di Comte intende, sì, partire dai fatti, ma solo per giungere alla legge, la quale, una volta formulata, entra a far parte del sistema totale delle credenze dell'umanità e viene dogmatizzata. Per il Positivismo di Mill, invece, il richiamo ai fatti è continuo e incessante, e non è possibile alcuna dogmatizzazione dei risultati della scienza. La *logica* di Mill ha come suo scopo principale quello di battere in breccia ogni assolutismo della credenza e di riportare ogni verità, principio o dimostrazione alla validità delle sue basi empiriche. Per questa via, la ricerca filosofica non perde quel carattere sociale che aveva acquistato negli scritti di Comte; soltanto, il fine sociale non è

Tendenza empiristica del Positivismo di Mill

[2] Per un approfondimento del tema della libertà in Mill rimandiamo al capitolo 1 di: D. Massaro - G. Fornero, *Fare filosofia. Temi, testi, laboratorio*, vol. III, Paravia, Torino, 2001.

quello di stabilire un unico sistema dottrinariamente e politicamente oppressivo, bensì quello di combattere alle sue basi ogni possibile forma di dogmatismo assolutistico.

Nell'introduzione alla *Logica* Mill si sbarazza subito di tutte le questioni metafisiche che, egli afferma, cadono fuori del dominio di questa scienza in quanto è la scienza della prova e dell'evidenza. «È quasi generalmente ammesso — egli dice — che l'esistenza della materia o dello spirito, dello spazio o del tempo non è per sua natura suscettibile di essere dimostrata, e che se c'è qualche conoscenza di essa dev'essere l'intuizione immediata». Ma una «intuizione immediata» che cada fuori di ogni possibilità di ricerca e di ragionamento è perciò priva di significato filosofico; e la separazione che Mill stabilisce tra logica e metafisica è in realtà la condanna e l'eliminazione di quest'ultima. Accanto all'eliminazione di ogni realtà metafisica, c'è l'eliminazione di ogni fondamento metafisico o trascendente o comunque non empirico delle verità e dei princìpi universali. Tutte le verità sono empiriche: la sola giustificazione del «questo sarà» è il «questo è stato». Le cosiddette proposizioni essenziali (del tipo «l'uomo è razionale») sono puramente verbali: asseriscono di una cosa indicata con un nome solo ciò che è asserito con il fatto di chiamarla con questo nome. Sono cioè il frutto di una pura convenzione linguistica e non dicono assolutamente nulla di reale sulla cosa stessa. I cosiddetti assiomi sono originariamente suggeriti dall'osservazione. Non avremmo mai saputo che due linee rette non possono chiudere uno spazio, se non avessimo mai veduto una linea retta. Tali assiomi non hanno pertanto un'origine differente da tutto il resto della nostra conoscenza: la loro origine è l'esperienza.

Genesi empirica di tutte le verità

Perfino il principio di contraddizione non è che «una delle nostre prime e più familiari generalizzazioni dall'esperienza». Il suo fondamento originario è che il credere e il non credere sono due stadi mentali diversi che si escludono a vicenda. Questo ci è reso noto dalla più semplice osservazione del nostro spirito. E se a tale osservazione si aggiungono quelle che ci rivelano l'opposizione e l'esclusione reciproca di luce e tenebre, suono e silenzio, movimento e quiete, ecc., si vede subito come il principio di contraddizione non è che la generalizzazione di questi fatti.

John Stuart Mill non intende però portare queste premesse alla conclusione scettica cui, da premesse analoghe, era giunto Hume. Egli intende garantire alla conoscenza umana il grado di validità che le compete in conformità con i suoi fondamenti empirici. Ogni proposizione universale è una generalizzazione dei fatti osservati. Ma che cosa giustifica questa generalizzazione, dato che non è mai possibile osservare *tutti* i fatti e che talvolta basta un fatto solo a giustificare una generalizzazione? È questo il problema fondamentale dell'*induzione*, alla quale si riduce in ultima analisi ogni conoscenza vera. Mill vede la soluzione di questo problema nel principio dell'uniformità della natura. Le uniformità della natura sono le leggi naturali: sono rivelate dall'esperienza e si confermano e si correggono reciprocamente. Ma le uniformità naturali rivelate dall'esperienza manifestano tra loro un'uniformità fondamentale, che è a sua volta una legge: la legge di causalità. Questa legge, asserendo che ogni fatto che ha un inizio ha una causa, asserisce che «è una legge che ogni cosa abbia una legge». Come tale è la base di ogni induzione e permette di riconoscere nella natura un ordine costante e necessario di fenomeni.

Il problema dell'induzione

Uniformità della natura e principio di causalità

Ma se le leggi di natura non sono che uniformità attestate dall'osservazione, da che cosa è garantita la legge di causalità, la quale afferma che tali uniformità ci *debbono* essere? John Stuart Mill ritiene che non è difficile concepire che in qualcuno dei molti firmamenti dell'universo siderale gli eventi possano succedersi senza alcuna legge determinata. La legge di causalità non è quindi un istinto infallibile del genere umano o un'intuizione immediata o comunque una verità necessariamente connessa con la natura umana come tale. Non rimane quindi che ammettere che la legge stessa che regola l'induzione è un'induzione. «Noi arriviamo a questa legge generale mediante generalizzazione da molte leggi di generalità inferiore. Non avremmo mai avuto la nozione della causazione (nel significato filosofico del termine) come condizione di tutti i fenomeni, se molti casi di causazione o, in altre parole, molte parziali uniformità di successione non ci fossero diventate precedentemente familiari. La più ovvia delle uniformità particolari suggerisce e rende evidente l'uniformità generale, e l'uniformità generale, una volta stabilita, ci permette di dimostrare le altre uniformità particolari, dalle quali risulta».

La legge che regola l'induzione è, essa stessa, un'induzione

Circolo vizioso?

Far dipendere la validità dell'induzione dalla stessa induzione può sembrare un caso ovvio di circolo vizioso. Ma Mill osserva che tale sarebbe solo se si ammettesse la vecchia dottrina del sillogismo secondo la quale la verità universale (o premessa maggiore) di un ragionamento è la dimostrazione reale delle verità particolari che sarebbero dedotte da essa. Mill invece sostiene la dottrina opposta, cioè che la premessa maggiore non è la prova della conclusione ma è essa stessa provata, insieme con la conclusione, da una medesima evidenza. «"Tutti gli uomini sono mortali" non è la prova che Lord Palmerston è mortale; ma la nostra passata esperienza della mortalità ci autorizza a inferire *insieme* la verità generale e il fatto particolare, con lo stesso grado di sicurezza per l'una e per l'altro».

TESTO 2 LA LOGICA COME «SCIENZA DEL RAGIONAMENTO»[3]

Noi diciamo di un fatto o enunciato che è provato quando lo crediamo vero in ragione di qualche altro fatto o enunciato dal quale esso è detto *seguire*. La maggior parte delle proposizioni, affermative o negative, universali, particolari o singolari, che noi crediamo, non vengono credute in base alla loro propria evidenza, ma a causa di qualcosa precedentemente accettato, da cui quelle son dette essere *inferite*. Inferire una proposizione da una o più proposizioni precedenti, dare credenza ad essa, o chiedere credenza per essa, in quanto conclusione di qualcos'altro, è *ragionare*, nel senso più ampio del termine.

J. S. Mill, *Sistema di logica*, libro II, in *Scritti scelti*, trad. it. di F. Restaino, Principato, Milano, 1969, p. 40

1-7. L'oggetto principale delle ricerche di Mill nel suo *Sistema di logica* è rappresentato dalla domanda: «in che cosa consiste realmente la conoscenza?». Il suo intento è quello di dimostrare che acquisiamo la maggior parte delle nostre conoscenze non per *intuizione* diretta, ma in base ad un *ragionamento*. Infatti, noi conosciamo per coscienza immediata solo le nostre sensazioni corporee e i sentimenti personali che proviamo, come ad esempio che ora ho fame o che ieri ero adirato. Ma tutte le altre cose, ad esempio i teoremi della matematica o gli eventi storici che hanno avuto luogo quando noi eravamo assenti, le conosciamo tramite *ragionamento* o *inferenza*. La logica è, dunque, «scienza del ragionamento». Ma ragionare non è altro che inferire, cioè passare correttamente da ciò che risulta vero relativamente a certi individui di una classe all'intera classe o, in altri termini, da ciò che è noto all'ignoto. Il compito generale della logica è, per Mill, quello di definire i criteri in base ai quali può avvenire correttamente il processo di «generalizzazione dell'esperienza» o *induzione*.

TESTO 3 L'INDUZIONE

Della induzione non diremo altro, ora, se non che è per lo meno, e senza dubbio, un processo di inferenza reale. La conclusione in una induzione contiene più di quanto è contenuto nelle premesse. Il principio o legge ricavati da casi particolari, la proposizione generale nella quale incorporiamo il risultato della nostra esperienza, copre una estensione di terreno molto più ampia delle esperienze individuali che costituiscono la sua base. Un principio accertato tramite l'esperienza è più che una semplice somma di quel che è stato specificamente osservato nei casi individuali che sono stati esaminati; è una generalizzazione basata

[3] I testi di Mill sono stati scelti e commentati da D. Massaro.

su quei casi, ed esprime la nostra credenza che ciò che abbiamo trovato vero in quei casi è vero in un numero indefinito di casi che non abbiamo esaminato, e che probabilmente mai esamineremo. [...] In ogni induzione procediamo da verità che conoscevamo a verità che non conoscevamo, da fatti accertati tramite l'osservazione a fatti che non sono stati osservati, e perfino a fatti non suscettibili di essere osservati ora; a fatti futuri, per esempio, ma che non esitiamo a credere sulla base della sola evidenza della induzione stessa. L'induzione, quindi, è un processo reale di ragionamento o inferenza.

J. S. Mill, *Sistema di logica*, cit., pp. 42-43

1-14. L'induzione è per Mill il metodo universale della conoscenza scientifica: esso consiste propriamente nel passare da verità già note (per esperienza) a verità non ancora note, ma che si possono inferire in quanto *somigliano* alle verità note. L'induzione è, dunque, il metodo con cui si opera una «generalizzazione» dell'esperienza. Secondo Mill, che in tal modo intendeva reagire alle filosofie metafisiche e intuizionistiche dominanti negli ambienti accademici, tale metodo dell'inferenza (o induzione) poteva costituire il criterio di valutazione della correttezza e della validità delle discipline scientifiche, a cominciare da quelle più astratte (come la matematica) per finire a quelle più concrete (come la sociologia). Come si può capire da questo brano, la filosofia milliana può definirsi una forma di empirismo associazionistico, in quanto riconduce la conoscenza all'esperienza (empirismo) e alla connessione di fatti noti con fatti ignoti (associazionismo), secondo le regole dell'induzione. Ma su che cosa si fonda l'induzione? Mill lo dice nel brano seguente (T. 4).

L'UNIFORMITÀ DEL CORSO DELLA NATURA

TESTO 4

L'induzione propriamente detta [...] può essere sommariamente definita come generalizzazione dell'esperienza. Essa consiste nell'inferire, da alcuni casi individuali, nei quali si osserva che ricorre un fenomeno, che quest'ultimo ricorre in tutti i casi di una certa classe, cioè, in tutti quelli che *somigliano* al primo in quelle che sono considerate le circostanze essenziali. [...] Dobbiamo [ora] osservare che vi è un principio implicato proprio nella formulazione di che cosa è l'induzione: si tratta di un'assunzione riguardante il corso della natura e l'ordine dell'universo, cioè, che vi sono nella natura cose quali i casi paralleli, che quel che accade una volta succederà, sotto un grado sufficiente di somiglianza di circostanze, ancora, e non solo ancora, ma tanto spesso quanto ricorrano le stesse circostanze. Questa, affermiamo, è un'assunzione implicata in ogni caso di induzione. E se consideriamo il corso effettivo della natura, troviamo che questa assunzione è garantita. L'universo, nella misura in cui è noto, è costituito in modo tale che qualsiasi cosa è vera in un caso, è vera in tutti i casi di un determinato tipo: l'unica difficoltà consiste nel trovare quale è questo tipo.

Questo fatto universale, che costituisce la nostra garanzia per tutte le inferenze dell'esperienza, è stato descritto in diverse forme linguistiche da diversi filosofi: che il corso della natura è uniforme, che l'universo è governato da leggi generali e simili. [...] Noi non inferiamo dal passato al futuro, in quanto passato e futuro, ma dal conosciuto al non conosciuto, da fatti osservati a fatti non osservati, da quel che abbiamo percepito, o di cui siamo direttamente consci, a quel che non è ancora pervenuto alla nostra esperienza. [...] Quale che sia il modo più appropriato di esprimerlo, la proposizione che il corso della natura è uniforme è il principio fondamentale, o l'assioma generale, della induzione. Eppure sarebbe un grande errore offrire questa ampia generalizzazione come una spiegazione del processo induttivo. Al contrario io sostengo che essa sia un esempio di induzione, e di induzione in qualche modo del tipo più ovvio.

J. S. Mill, *Sistema di logica*, cit., pp. 58-60

1-5. Viene qui ribadito il concetto secondo cui l'induzione consiste nel passaggio da affermazioni particolari ad affermazioni generali, che valgono cioè per tutti i casi analoghi a quelli sperimentati. Ad esempio: dal fatto che ci capita di verificare che gli uomini hanno la testa sul collo si giunge alla proposizione generale che afferma che sempre gli uomini avranno la testa sul collo; o, dalla constatazione che Giovanni, Pietro, Paolo, ecc. sono mortali all'affermazione generale che «tutti gli uomini sono mortali».
L'induzione è, dunque, quel processo logico con cui possiamo procedere alla «generalizzazione» dell'esperienza.

5-13. Ma che cosa ci assicura che ciò che avviene in determinate circostanze si ripeterà sempre in situazioni analoghe? L'uniformità del corso della natura, risponde Mill. Tale uniformità è essa stessa un dato costante di esperienza. L'universo, infatti, ci appare governato da questa uniformità di comportamento, che è una legge: ciò che è vero in un caso particolare è, altresì, vero in tutti i casi analoghi.

14-21. Mill tiene a precisare che il processo di inferenza non ha carattere *temporale* (dal passato... al futuro), ma *metodologico*: partendo da fatti osservati e noti, inferiamo fatti ignoti e non osservati.

21-24. Mill puntualizza, infine, un concetto molto importante del suo sistema logico: l'affermazione secondo cui «il corso della natura è uniforme» è essa stessa frutto di induzione. La suddetta «uniformità» è una grande generalizzazione dell'esperienza stessa, una sorta di induzione sintetica derivante da tutte le induzioni particolari che abbiamo compiuto nel passato. In altri termini, noi abbiamo prima fatto tante inferenze particolari (che ci hanno condotto ad affermare altrettante leggi naturali), e, poi, abbiamo elaborato l'induzione generale che la natura segue la legge dell'uniformità.

LABORATORIO FILOSOFICO

Comte e Mill sono i due esponenti più importanti di quel vasto e multiforme movimento di pensiero che va sotto il nome di Positivismo. Come abbiamo avuto modo di osservare, però, il termine «Positivismo», se è calzante per Comte, non si addice del tutto a Mill, il quale, erede della tradizione inglese, si propone come un filosofo empirista e associazionista. Dobbiamo, dunque, tener conto sia degli aspetti comuni ai due pensatori, sia delle notevoli differenze.
Innanzitutto, sottolineiamo che il Positivismo, nato in Francia nella prima metà dell'Ottocento e impostosi poi in tutta Europa, presenta alcune tesi di fondo che possiamo così sintetizzare:

a) considera la scienza come base del progresso umano e come strumento di riorganizzazione globale della società;
b) riconosce il metodo scientifico come unica via di accesso alla verità, in tutti i campi, dalle scienze naturali (come la fisica) alle scienze umane (come l'etica e la sociologia), sia pure con gradi differenti di prova e di previsione.

*Nell'ambito di questo quadro comune, l'opera di Comte si segnala per due obiettivi particolari: 1) la spiegazione del progresso umano (ritenuto necessario e incontrovertibile) attraverso la definizione delle tre epoche, di cui l'ultima (quella positiva) rappresenterebbe il culmine della civiltà; 2) la presa d'atto del nuovo quadro disciplinare, delineatosi chiaramente nell'Ottocento con l'avvento di nuovi saperi (tra cui la sociologia), che aspirano a divenire scienza, al pari delle altre scienze della natura. Da questo punto di vista, Comte ha il grande merito di aver riorganizzato l'enciclopedia tradizionale del sapere, adattandola alle nuove esigenze. Tale operazione comportava, altresì, un "disciplinamento" delle conoscenze: e Comte puntualmente fa seguire al periodo "critico" e agli sconvolgimenti culturali e sociali del periodo rivoluzionario una fase "organica", in cui, come egli stesso dice, «il potere spirituale sarà nelle mani degli uomini di scienze e il potere temporale apparterrà ai capi delle opere industriali» (*Piano delle opere scientifiche necessarie per riorganizzare la società, *in* Opuscoli di filosofia sociale e discorsi sul positivismo, *trad. it. di A. Negri, Sansoni, Firenze, 1969, p. 97). Non è difficile dedurre da queste premesse gli esiti dogmatici e illiberali del suo sistema, contro cui si schiererà Mill, il quale elabora una visione che, pur incentrata sul modello conoscitivo della scienza, rifugge dal dogmatismo razionalistico del filosofo francese (di cui non accetta in modo particolare l'esito mistico-religioso e l'idea di un modello rigido di scientificità che accomunerebbe le scienze naturali e quelle umane, a cui invece l'Inglese attribuisce un carattere di maggiore problematicità). Il motivo centrale della ricerca logica di Mill, come abbiamo documentato nel capitolo, è costituito dall'analisi del* ragionamento, *visto come processo di* inferenza *(o induzione) da ciò che è noto all'ignoto.*

1

Analizza il brano di Comte (T. 1), con particolare riguardo ai seguenti aspetti:

- ☐ contenutistico: le caratteristiche dei tre stadi in cui l'autore suddivide la storia dell'umanità;
- ☐ metodologico: la funzione che assume la «filosofia positiva».

2

Dopo aver letto i brani di Mill che abbiamo riportato (T. 2, 3, 4), rispondi alle seguenti domande:

- ☐ qual è la funzione della logica?
- ☐ in che cosa consistono la conoscenza per *intuizione* e la conoscenza per *inferenza*?
- ☐ che cos'è l'induzione e su che cosa si fonda?

3

Leggi il seguente brano di Comte, tratto dal *Discorso sullo spirito positivo*, e identifica i cinque significati del termine «positivo».

«Considerata anzi tutto nella sua accezione più antica e più comune, la parola positivo designa il reale, in opposizione al chimerico: da questo punto di vista, essa conviene pienamente al nuovo spirito filosofico, così caratterizzato dalla sua costante consacrazione alle ricerche veramente accessibili alla nostra intelligenza, con l'esclusione permanente degli impenetrabili misteri di cui si occupava soprattutto la sua infanzia. In un secondo senso, molto vicino al precedente, ma tuttavia distinto, questo termine fondamentale indica il contrasto dell'utile con l'inutile: allora ricorda, in filosofia, la destinazione necessaria di tutte le nostre sane speculazioni al miglioramento continuo della nostra vera condizione, individuale e collettiva, invece che alla vana soddisfazione di una sterile curiosità. Secondo un terzo significato in uso, questa felice espressione è frequentemente usata per qualificare l'opposizione tra la *certezza* e l'indecisione: essa indica così l'attitudine caratteristica di una tale filosofia a costituire spontaneamente l'armonia logica nell'individuo e la comunione spirituale nell'intera specie, invece di quei dubbi indefiniti e di quelle discussioni interminabili che doveva suscitare l'antico regime mentale. Una quarta ordinaria accezione, troppo spesso confusa con la precedente, consiste nell'opporre il *preciso* al vago: questo senso richiama la tendenza costante del vero spirito filosofico ad ottenere dappertutto il grado di precisione compatibile con la natura dei fenomeni e conforme all'esigenza dei nostri veri bisogni; mentre l'antico modo di filosofare conduceva necessariamente ad opinioni vaghe, non comportando una indispensabile disciplina che dopo una permanente soffocazione, appoggiata ad una autorità soprannaturale. Bisogna infine notare in particolare un quinto significato, meno usato degli altri, anche se del resto ugualmente universale, quando si usa la parola *positivo* come il contrario di *negativo*. Sotto questo aspetto, indica una delle più eminenti proprietà della vera filosofia moderna, mostrandola destinata, soprattutto, per sua natura, non a distruggere, ma ad *organizzare*» (A. Comte, *Disegno sullo spirito positivo*, in *Opuscoli di filosofia sociale e discorsi sul Positivismo*, cit. p. 343).

SCHEDA DI APPROFONDIMENTO

Il Positivismo sociale in Italia: Cattaneo

Carlo Cattaneo (1801-1869) partecipò al moto del risorgimento italiano come repubblicano federalista e dopo la costituzione del regno d'Italia si esiliò in Svizzera, dove insegnò nel liceo di Lugano e dove morì. A Milano, egli aveva fondato e diretto una rivista, «Politecnico», che già nel titolo mostra quella tendenza alla sintesi scientifica che è propria del Positivismo. Gli scritti di Cattaneo sono saggi brevi e occasionali, fra i quali il più notevole è quello dal titolo *Psicologia delle menti associate*, 1859-1866. Fu anche pubblicato postumo il *Corso di filosofia* che Cattaneo teneva al liceo di Lugano.

L'intenzione polemica di Cattaneo è rivolta contro la teologia, la metafisica, e in generale ogni filosofia che proceda *a priori*, prescindendo dai fatti e dalle loro leggi così come sono accertati dalle singole scienze. In questo senso la filosofia dev'essere «sperimentale», deve cioè attenersi al metodo e all'intento propri delle scienze sperimentali.

Il suo carattere tuttavia, a differenza di quello delle singole scienze, è generale o sintetico. Cattaneo esprime con varie formule questo carattere; ma nelle formule di cui più frequentemente si avvale la filosofia è «lo studio del pensiero» o, più precisamente «lo studio dell'uomo nelle sue relazioni più generali agli altri esseri, come questi appariscano al testimonio concorde di tutte le scienze morali e fisiche». Ciò vuol dire che la filosofia non può studiar l'uomo se non nei suoi rapporti con la natura e con la società; e poiché la natura e la società sono gli oggetti rispettivi delle scienze naturali e morali, non può studiar l'uomo prescindendo dai risultati di queste scienze. Cattaneo non si attende la conoscenza dell'uomo dalla coscienza, cioè dal ripiegamento dell'uomo su se stesso, ma solo dalla considerazione dei rapporti oggettivi che lo legano a quel mondo della natura e della società che è l'oggetto delle scienze. Le scienze offrono infatti nella varietà, nel rigore e nell'efficacia dei loro procedimenti il quadro delle possibilità effettive di cui l'uomo dispone per conoscere e operare nel mondo e trasformarlo in vista dei propri bisogni e dei propri ideali.

GLOSSARIO E RIEPILOGO

Comte

Filosofia positiva. Nel *Corso*, Comte scrive: «uso il termine *filosofia* nell'accezione degli antichi, e in particolare di Aristotele, come quello che designa il sistema generale delle concezioni umane; aggiungendo il termine *positiva*, dichiaro di ritenere questa particolare maniera di filosofare, consistente nell'indagine (...) avente per oggetto la coordinazione dei fatti osservati» (*Avvertenza al lettore*). In tal modo, egli cerca di combinare insieme quelle che ritiene le due maggiori caratteristiche della filosofia e della scienza: l'ideale di una spiegazione complessiva e unitaria delle cose e il richiamo ai fatti osservati. *N.B.* Nel *Discorso sullo spirito positivo*, Comte, delineando una sorta di mappa dei vari significati del termine «positivo», afferma che esso designa: 1) «il *reale* in opposizione al chimerico»; 2) «il contrasto dell'*utile* con l'inutile»; 3) «l'opposizione tra la *certezza* e l'indecisione»; 4) l'antitesi fra il «*preciso*» e il «vago»; 5) il contrario del negativo: «Sotto questo aspetto, indica una delle più eminenti proprietà della vera filosofia moderna, mostrandola destinata, soprattutto, per sua natura, non a distruggere, ma a *organizzare*».

La **legge dei tre stadi**, che Comte considera come la sua «scoperta» maggiore, consiste nel fatto che «ogni nostra fondamentale concezione (...) ogni settore delle nostre conoscenze, passano attraverso tre diversi stadi teorici: lo stadio teologico o fittizio (v.); lo stadio metafisico o astratto (v.); lo stadio scientifico o positivo (v.)» (*Corso*). Questi stadi teorici corrispondono a «tre diversi metodi di filosofare» ovvero a «tre differenti tipi di filosofia, o di sistemi generali di concezioni sull'insieme dei fenomeni, che si escludono reciprocamente».

Nello **stadio teologico** «lo spirito umano mira essenzialmente, mediante la ricerca, allo scoprimento della natura intima degli esseri, delle cause prime e finali dei fenomeni che lo colpiscono; in una parola, tende alle conoscenze assolute. Si rappresenta i fenomeni come prodotti dell'azione diretta e costante di agenti sovrannaturali, più o meno numerosi, il cui intervento arbitrario spiega le apparenti anomalie dell'universo» (*Corso*). Il sistema teologico, prosegue Comte, «ha toccato la sua più alta perfezione quando ha sostituito l'azione provvidenziale d'un essere unico al gioco delle numerose divinità indipendenti, che erano state immaginate in principio», ovvero quando dal feticismo e dal politeismo si è passati al monoteismo.

Nello **stadio metafisico** «gli agenti sovrannaturali sono sostituiti da forze astratte, vere entità (astrazioni personificate) inerenti ai diversi esseri nel mondo, e concepite (si pensi alle "essenze") come capaci di produrre tutti i fenomeni che cadono sotto la nostra osservazione, e la cui spiegazione consiste allora soltanto nell'assegnare a ciascun fenomeno l'entità corrispondente». Il culmine dello stadio metafisico risiede «nel concepire, in luogo di diverse entità particolari, una sola grande entità generale, la *natura*, considerata come unico fondamento di tutti i fenomeni».

Nello **stadio positivo** «lo spirito umano, riconosciuta l'impossibilità di toccare nozioni assolute, rinuncia ad indagare sull'origine e sul destino dell'universo, e tenta unicamente di scoprire, mediante l'uso ben combinato della ragione e dell'esperienza, le loro leggi effettive, ossia le loro relazioni invariabili di successione e di somiglianza. La spiegazione dei fatti, ridotta allora in termini reali, non è altro che il legame stabilito fra i diversi fenomeni particolari e qualche fatto generale, il cui numero tende via via a diminuire in seguito al progresso costante delle scienze».

La **classificazione** o l'**enciclopedia** comtiana delle scienze obbedisce ad un criterio storico e logico al tempo stesso. Infatti, essa ordina le scienze: *a*) secondo la sequenza storica in cui hanno raggiunto lo stadio positivo (criterio *storico*) e *b*) secondo il loro passaggio dalla semplicità alla complessità, ovvero secondo la regola della complessità crescente e della semplicità decrescente (criterio *logico*). Tale enciclopedia risulta costituita da cinque scienze fondamentali: astronomia, fisica, chimica, biologia e sociologia. *N.B.* Di questa gerarchia non fanno parte, come si vede, né la matematica, né la logica, né la psicologia. I motivi dell'esclusione sono diversi. La matematica è stata esclusa non perché non sia una scienza (anzi, essa è stata la prima ad entrare nello stadio positivo), ma perché sta *alla base* di tutte le altre scienze. Tant'è vero che l'enciclopedia comtiana può venir *globalmente* articolata secondo l'ordine seguente: 1) matematica; 2) astronomia; 3) fisica; 4) chimica; 5) biologia; 6) sociologia. La logica è stata esclusa poiché Comte ritiene che essa non sussista in generale e in astratto, ma si identifichi con il metodo concreto impiegato da ogni specifica branca del sapere. La psicologia è stata esclusa poiché Comte, mettendo in discussione la sua scientificità, sostiene che l'individuo non può raggiungere, sopra se stesso, un punto di vista oggettivo (in quanto dovrebbe «dividersi» in due). Ciò che vi è di scientifico nella psicologia, da un lato è riconducibile all'esame fisiologico del cervello (cioè alla biologia) e dall'altro all'esame del suo comportamento sociale (cioè alla sociologia).

La **sociologia** costituisce, per Comte, la scienza suprema, che ha come scopo la determinazione delle *leggi* della società. Per questa sua caratteristica, essa si configura come una «fisica sociale» e si divide in una *statica*, che studia l'*ordine* della società (e il rapporto di interdipendenza delle sue parti) e in una *dinamica*, che ne studia il *progresso*. Comte attribuiva alla sociologia la stessa funzione riconosciuta da Bacone in poi alle altre scienze: quella di dominare, a vantaggio degli uomini, le leggi scoperte. In particolare, egli credeva che la sociologia dovesse portare alla sociocrazia (v.).

Sociocrazia. È uno dei termini creati da Comte per designare la fase della società in cui il Positivismo sarà divenuto regime. In altri termini, Comte intende, per sociocrazia, quella struttura politica fondata sulla sociologia e sulla filosofia positivista, che rappresenta il corrispondente moderno della teocrazia medioevale, fondata sulla teologia. In Comte tale struttura manifesta una fisionomia assolutistica e autoritaria avversa alle idee di libertà individuale e di pluralismo, assimilate, dal filosofo francese, ad una forma di «anarchia».

La **dottrina della scienza** di Comte trova la sua espressione sintetica nella formula: «scienza, donde previsione; previsione, donde azione», con la quale il filosofo intende dire che la scienza ha come scopo lo studio di *leggi*, le quali servono a *prevedere* i fenomeni e quindi ad *agire* su essi.

L'**ultima fase** della filosofia comtiana mette capo ad una vera e propria «religione della scienza» fondata sul culto dell'Umanità e del progresso. *N.B.* Tale fase, che mette a nudo quel «romanticismo della scienza» che è tanta parte del Positivismo, non deve tuttavia essere giudicata in modo esclusivamente negativo, in quanto essa, pur con tutte le sue ingenuità e i suoi estremismi, fa pur sempre parte di una storica battaglia a favore della scienza e della filantropia.

Mill

Logica: per Mill è la «scienza del ragionamento». Che cos'è il ragionamento? Non altro che "inferire", o passare da conoscenze note ad altre ignote. La logica non dipende dalla metafisica che, secondo il filosofo inglese, è priva di interesse filosofico, non essendo scientifica. Parimenti, Mill reputa priva di significato filosofico la conoscenza per «intuizione immediata» (ad esempio la coscienza immediata delle nostre sensazioni corporee o dei sentimenti personali). La logica, dunque, si interessa di quel vastissimo campo che va dai teoremi della matematica agli eventi storici e che possiamo conoscere solo tramite il *ragionamento* o *inferenza*.

Induzione: è il metodo universale della conoscenza scientifica, dalla matematica (scienza più astratta) alla sociologia (scienza più concreta). Essa consiste nel processo di generalizzazione attraverso il quale, partendo da casi individuali in cui si osserva che ricorre un determinato fenomeno, si arriva alla conclusione che quel fenomeno ricorrerà in tutti i casi analoghi.

Uniformità della natura: è il fondamento dell'induzione, ed esprime l'idea che in natura vi è un ordine costante e necessario dei fenomeni.

INDICAZIONI BIBLIOGRAFICHE

Sul Positivismo in generale:

L. Kolakowski, *La filosofia del positivismo*, Laterza, Roma-Bari 1974.
W. M. Simon, *Il positivismo europeo nel XIX secolo*, Il Mulino, Bologna 1980.
A. Santucci (a cura di), *Scienza e filosofia nella cultura positivistica*, Feltrinelli, Milano 1982.
P. Rossi (a cura di), *L'età del positivismo*, Il Mulino, Bologna 1986.
R. Caccia, *L'età del positivismo*, CETIM, Milano 1989.
S. Poggi, *Introduzione a Il positivismo*, Laterza, Roma-Bari 1991[2].
F. Boriani, *Profilo metodologico del positivismo francese da Comte a Durkheim*, Melusina, Roma 1996.

Su Comte:

D. Fisichella, *Il potere nella società industriale. Saint-Simon e Comte*, Morano, Napoli 1965.
A. Negri, *A. Comte e l'umanesimo positivistico*, Armando, Roma 1971.
M. Quaranta, *Che cosa ha veramente detto Comte*, Ubaldini, Roma 1974.
O. Negt, *Hegel e Comte*, Il Mulino, Bologna 1975.
F. Manuel, *I profeti di Parigi*, Il Mulino, Bologna 1979.
A. Negri, *Introduzione a Comte*, Laterza, Roma-Bari 1997[2].

Su Mill:

F. Restaino, *J. Stuart Mill e la cultura filosofica britannica*, La Nuova Italia, Firenze 1968.
G. Frongia, *John Stuart Mill e il metodo scientifico*, E.S.I., Napoli 1984.
C. Cressati, *La libertà e le sue garanzie. Il pensiero politico di J. S. Mill*, Il Mulino, Bologna 1988.
A. Villani, *Gli economisti, la distribuzione, la giustizia. Adam Smith e John Stuart Mill*, Angeli, Milano 1994.
A. Jellamo, *Quale liberalismo? Saggi su John Stuart Mill*, CLUEB, Bologna 1996.
M. T. Pichetto, *Verso un nuovo liberalismo. Le proposte politiche e sociali di John Stuart Mill*, Angeli, Milano 1996.

Su Cattaneo:
N. Bobbio, *Una filosofia militante. Studi su Carlo Cattaneo*, Einaudi, Torino 1971.
AA.VV., *L'opera e l'eredità di C. Cattaneo*, Il Mulino, Bologna 1975.
U. Puccio, *Introduzione a Cattaneo*, Einaudi, Torino 1977.
G. Gazzarri, *Federalismo e filosofia civile*, Loffredo, Napoli 1997.

Capitolo quinto

Spencer e il Positivismo evoluzionistico

Spencer e il Positivismo evoluzionistico

1. Il concetto di evoluzione e il principio romantico dell'infinito

Il Positivismo evoluzionistico è l'indirizzo di pensiero che assume il concetto di evoluzione come il fondamento di una teoria generale della realtà naturale, e che scorge nell'evoluzione stessa la manifestazione di una realtà – soprannaturale o metafisica – infinita e ignota. Il punto di partenza di questo indirizzo, cioè il concetto di evoluzione, è desunto dalla dottrina del trasformismo biologico, quale è stata elaborata da Lamarck e Darwin: esso infatti si presenta come la generalizzazione di tale dottrina. Ma questa generalizzazione è condizionata dal presupposto romantico che il finito sia la manifestazione o rivelazione dell'infinito; giacché, solo in virtù di questo presupposto, i singoli processi evolutivi, frammentariamente accertabili dalla scienza in alcuni aspetti della natura, possono ritenersi saldati in un processo unico, universale, continuo e necessariamente progressivo. Sotto questo rispetto, l'evoluzionismo positivistico è l'estensione al mondo della natura del concetto della storia elaborato dall'idealismo romantico. Come la storia nella dottrina di Fichte o di Schelling, così la natura nella dottrina di Spencer è un processo di sviluppo necessario, la cui legge è il progresso.

La generalizzazione *filosofica* del concetto biologico di evoluzione e l'estensione al mondo della natura del concetto della storia elaborato dall'idealismo romantico

2. La teoria dell'evoluzione: Darwin

Se il principio romantico dell'infinito che si rivela o realizza nel finito è la categoria tacitamente presupposta dalla filosofia positivistica dell'evoluzione, la teoria biologica della trasformazione della specie è il suo punto di partenza di fatto. L'evoluzionismo è infatti una generalizzazione di questa dottrina biologica, generalizzazione tacitamente fondata su quella categoria.

L'evoluzionismo biologico

L'evoluzionismo biologico, cioè la dottrina che le specie animali e vegetali si trasformano l'una nell'altra, fu concepito come semplice ipotesi da Buffon e fu poi difeso, ma senza successo, da Lamarck e Geoffroy Saint-Hilaire. Essa non poté trionfare nella scienza finché non fu eliminata la teoria delle catastrofi, proposta da Cuvier, secondo la quale la terra è stata il teatro di successivi cataclismi che ne hanno cambiato la faccia e periodicamente distrutte le specie viventi. Quando questa teoria fu eliminata da Lyell non si prospettava altra alternativa, per spiegare la sparizione delle specie fossili, se non quella di ammettere che tali specie si fossero trasformate gradualmente in quelle ora viventi. Tuttavia questa dottrina mancava di qualsiasi dimostrazione; Darwin (1809-1882) per primo ne dette la dimostrazione.

Dopo un viaggio per mare durato cinque anni, si dedicò a raccogliere e a riordinare il materiale per la sua grande opera *L'origine della specie* che apparve nel 1859. Il libro ebbe un successo fulmineo e la prima edizione (più di 1000 esemplari) si esaurì il primo giorno di vendita.

Il nucleo della teoria darwiniana

Il merito di Darwin consiste nell'aver dato una compiuta e sistematica teoria scientifica del trasformismo biologico fondandola su un numero enorme di osservazioni e di esperimenti, e di averla presentata proprio nel momento in cui l'idea romantica del progresso, nata sul terreno dell'indagine storica, si affermava nella sua massima universalità e pareva incrollabile. La teoria di Darwin si fonda su due ordini di fatti: **1)** l'esistenza di *piccole variazioni* organiche che si verificano negli esseri viventi lungo il corso del tempo e sotto l'influenza delle condizioni ambientali, variazioni che, in parte, per la legge della probabilità, sono vantaggiose agli individui che le presentano; **2)** la *lotta per la vita* che si verifica necessariamente tra gli individui viventi per la tendenza di ogni specie a moltiplicarsi secondo una progressione geometrica. Quest'ultimo presupposto è evidentemente desunto dalla dottrina di Malthus. *Da questi due ordini di fatti segue che gli individui presso i quali si manifestino mutamenti organici vantaggiosi hanno maggiori probabilità di sopravvivere nella lotta per la vita; e in virtù del principio di eredità vi sarà in essi una tendenza pronunciata a lasciare in eredità ai loro discendenti i caratteri accidentali acquisiti. Tale è la «legge della selezione naturale»*. L'accumularsi delle piccole variazioni e la loro conservazione per mezzo dell'eredità producono la variazione degli organismi animali che, nei suoi termini estremi, è il passaggio da una specie ad un'altra. Ciò che l'uomo fa per le piante e gli animali domestici producendo gradualmente le varietà di essi che sono più utili ai suoi bisogni, la natura può ben farlo su scala immensamente più vasta.

La legge della selezione naturale

Dalla teoria segue che, tra le varie specie, han dovuto esistere innumerevoli varietà intermedie che collegano strettamente tutte le specie di uno stesso gruppo; ma evidentemente la selezione naturale ha sterminato queste forme intermedie di cui tuttavia si possono trovare le tracce nei residui fossili. Accanto allo studio dei fossili, quello degli organi rudimentali, delle specie cosiddette aberranti e dell'embriologia può condurre a determinare l'ordine progressivo degli esseri viventi. «Se, dice Darwin, noi non possediamo né albero genealogico, né libro d'oro, né stemmi ereditari, abbiamo, per scoprire e seguire le tracce delle numerose linee divergenti delle nostre genealogie naturali, l'eredità da lungo tempo conservata dei caratteri di ogni specie». La conclusione di Darwin è nettamente ottimista: egli crede di aver stabilito l'inevitabile progresso biologico allo stesso modo che il romanticismo idealistico e socialistico credeva all'inevitabile progresso spirituale. «Noi possiamo concludere con qualche fiducia che ci è permesso di contare su un avvenire di lunghezza incalcolabile. E come la selezione naturale agisce solamente per il bene di ciascun individuo, ogni dono fisico o intellettuale tenderà a progredire verso la perfezione».

L'uomo e gli animali

L'altra opera fondamentale di Darwin, *La discendenza dell'uomo*, tende in primo luogo a stabilire che «non esiste alcuna differenza fondamentale fra l'uomo e i mammiferi più elevati per ciò che riguarda le loro facoltà mentali». La sola differenza tra l'intelligenza e il linguaggio dell'uomo e quelli degli altri animali è una differenza di grado che si spiega con la legge della selezione naturale ed anche, in parte, con la scelta sessuale alla quale Darwin attribuisce, per l'evoluzione dell'uomo, importanza assai maggiore che per l'evoluzione degli animali. Darwin non crede che il riconoscimento della discendenza dell'uomo da organismi inferiori diminuisca in qualche modo la dignità umana.

«Chi, egli dice, abbia veduto un selvaggio nella sua terra nativa non sentirà molta vergogna se sarà obbligato a riconoscere che il sangue di qualche creatura più umile gli scorre nelle vene. In quanto a me, vorrei tanto essere disceso da quell'eroica scimmietta che affrontò il suo terribile nemico per salvare la vita al suo custode o da quel vecchio babbuino che sceso dal monte strappò trionfante il suo giovane compagno a una muta attonita di cani, quanto da un selvaggio che si compiace di torturare i suoi nemici, offre sacrifici di sangue, pratica l'infanticidio senza rimorsi, tratta le sue mogli come schiave, non conosce che cosa sia la decenza ed è dominato da grossolane superstizioni».

Darwin fu e volle essere esclusivamente uno scienziato. Solo raramente, e, si direbbe, mal volentieri, egli si decise a esprimere le sue convinzioni filosofiche e religiose; e sempre in linea privata, in lettere personali non destinate alla stampa. In una lettera del 1879 egli scrive: «la descrizione più esatta del mio stato di spirito è quella dell'*agnostico*». Il termine *agnosticismo* era stato creato nel 1869 dal naturalista Thomas Huxley (1825-1895) che era riuscito, prima della pubblicazione dell'*Origine della specie*, a giungere già per suo conto alla trasformazione

L'agnosticismo

delle specie biologiche e che divenne in seguito uno dei più entusiasti seguaci di Darwin. «Il termine, dice Huxley, mi venne in mente come antitesi dello "gnostico" della storia della chiesa che pretendeva di saperla lunga sulle cose che io ignoravo». Esso implica, già nella mente dello Huxley, un riferimento a quella inconcepibilità dell'Assoluto e dell'Infinito sul quale avevano insistito Hamilton e Mansel. *Un riferimento meno esplicito esso ha nella mente di Darwin, per il quale significa semplicemente l'impossibilità di trovare nel dominio della scienza conferme o smentite decisive delle credenze religiose tradizionali.*

3. Spencer

3.1. Vita e scritti

L'epoca era dunque propizia per una teoria del progresso che non lo restringesse al destino dell'uomo nel mondo, ma lo estendesse al mondo intero, nella totalità dei suoi aspetti. Elaborare la dottrina del progresso universale e mettere in luce il valore infinito quindi religioso (per quanto solo *misteriosamente* religioso) del progresso, fu il compito che si assunse Spencer, diffondendo nel marzo del 1860 il prospetto di un vastissimo *Sistema di filosofia sintetica*.

Herbert Spencer (1820-1903) nacque nel 1820 a Derby in Inghilterra e divenne ingegnere delle ferrovie a Londra. Pubblicò dapprima solo alcuni articoli politici ed economici; nel 1845, avuta una piccola eredità, obbedì alla sua vocazione filosofica e abbandonò la carriera dell'ingegnere per dedicarsi alla sua attività di scrittore. Appartenne dal 1848 al 1853 alla Redazione dell'«Economist». Il primo risultato della sua attività furono i *Principi di psicologia* pubblicati nel 1855. Nel 1857 pubblicava un saggio sul progresso (*Il progresso, sua legge e sua causa*) che è molto significativo per il suo orientamento fondamentale. E nel 1862 usciva il primo volume del *Sistema di filosofia sintetica* progettato nel 1860, *Primi princìpi*, che è il suo scritto filosofico fondamentale. Seguivano i due volumi dei *Princìpi di biologia* (1864-1867); e in seguito: *Princìpi di psicologia* e *Princìpi di sociologia*. A queste opere vanno aggiunti numerosi altri scritti collaterali.

Il progresso come fatto universale e cosmico

Nell'articolo sul progresso del 1857 (poi raccolto nei Saggi*), che è il primo abbozzo del suo sistema, si può cogliere chiaramente l'ispirazione fondamentale dell'evoluzionismo di Spencer: questo doveva servire a giustificare, nella sua legge e nella sua causa fondamentale, il progresso, inteso come fatto universale e cosmico.* «Sia che si tratti, diceva Spencer, dello sviluppo della terra, dello sviluppo della vita alla sua superficie, dello sviluppo della società, del governo, dell'industria, del commercio, del linguaggio, della letteratura, della scienza, dell'arte, sempre il fondo di ogni progresso è la stessa evoluzione che va dal semplice al complesso attraverso differenziazioni successive. Dai più antichi mutamenti cosmici di cui vi sia traccia, fino agli ultimi risultati della civiltà, noi vedremo che la trasformazione dell'omogeneo in eterogeneo è l'esistenza stessa del progresso». Nello stesso articolo veniva prospettato il carattere divino e perciò religioso della realtà velata, più che rivelata, dal progresso cosmico. Questo carattere è il punto di partenza dei *Primi princìpi*.

3.2. La dottrina dell'Inconoscibile e i rapporti fra scienza e religione

La religione e il mistero

La prima parte del capolavoro di Spencer s'intitola «L'Inconoscibile». Essa tende a dimostrare l'inaccessibilità della realtà ultima e assoluta, ma nello stesso tempo vien fatta servire da Spencer a dimostrare la possibilità di un incontro e di una conciliazione tra la religione e la scienza (v. T. 1). Religione e scienza trovano la loro base comune nella realtà del mistero e non possono essere inconciliabili. Ora la verità ultima inclusa in ogni religione è che «l'esistenza del mondo con tutto ciò che contiene e con tutto ciò che lo circonda è un *mistero* che sempre esige

La scienza e il mistero

di essere interpretato» (*Primi princìpi*, par. 14). Tutte le religioni falliscono nel dare quest'interpretazione: le diverse credenze in cui esse si esprimono non sono logicamente difendibili. Attraverso lo sviluppo della religione perciò il mistero viene sempre meglio riconosciuto come tale; sicché l'essenza della religione si può riconoscere nel convincimento che la forza che si manifesta nell'universo è completamente imperscrutabile. Dall'altro lato, anche la scienza urta contro il mistero che avvolge la natura ultima della realtà di cui essa studia le manifestazioni. Che cosa siano il tempo e lo spazio, la materia e la forza, quale sia la durata della coscienza – se finita o infinita – e che cosa sia il soggetto stesso del pensiero, sono per la scienza enigmi impenetrabili. Le idee scientifiche ultime sono tutte rappresentative di realtà che non possono essere comprese.

La relatività della conoscenza umana e l'Inconoscibile

Ciò accade perché la nostra conoscenza, come Hamilton e Mansel hanno chiarito[1], è chiusa entro i limiti del relativo. Certamente, per mezzo della scienza, essa progredisce e si estende incessantemente. Ma questo progresso consiste nell'includere verità speciali in verità generali e verità generali in verità ancora più generali; sicché ne segue che la verità più generale, la quale non ammette inclusioni in una verità ulteriore, non è comprensibile ed è destinata a rimanere un mistero. Spencer ammette quindi senz'altro la tesi di Hamilton e Mansel, secondo la quale l'assoluto, l'incondizionato, l'infinito (o comunque si chiami il principio supremo della realtà) è inconcepibile per l'uomo, data la relatività costitutiva della sua conoscenza. Egli tuttavia non si ferma al concetto negativo dell'assoluto, qual era stato difeso da quei due pensatori, poiché concepisce l'assoluto come la forza misteriosa che si manifesta in tutti i fenomeni naturali e la cui azione è sentita dall'uomo positivamente. Non è possibile tuttavia definire o conoscere ulteriormente questa forza. Còmpito della religione sarà quello di richiamare l'uomo al mistero della causa ultima; e còmpito della scienza sarà quello di estendere incessantemente la conoscenza dei fenomeni. Religione e scienza sono così necessariamente correlative. Il riconoscimento della forza imperscrutabile è il limite comune che le concilia e le rende solidali.

La conciliazione fra scienza e religione

Il fenomeno e l'Inconoscibile

Che la scienza sia limitata al fenomeno non significa, per Spencer, che essa sia confinata nell'apparenza. Il fenomeno non è l'apparenza: è piuttosto la manifestazione dell'Inconoscibile. Spencer ammette il principio che «le impressioni persistenti, essendo i risultati persistenti in una causa persistente, sono praticamente identiche per noi alla causa stessa e possono essere abitualmente trattate come suoi equivalenti» (*ivi*, par. 46).

TESTO 1 NON C'È ANTAGONISMO TRA SCIENZA E RELIGIONE[2]

Fra tutti gli antagonismi che sorsero tra le varie credenze, il più antico, il più radicato, il più profondo ed importante, è quello tra la religione e la scienza.

Esso cominciò quando la conoscenza delle leggi più semplici intorno alle cose più comuni, pose un limite alla vieta superstizione universale. Lo si trova dappertutto dove si estende il dominio del sapere umano; tanto nell'interpretazione dei fatti meccanici più semplici; quanto nei casi più complicati della storia dei popoli. È profondamente radicato nelle diverse abitudini intellettuali di diversi ordini di menti; e le idee controverse sulla natura e sulla vita, che queste abitudini del pensiero producono separatamente, influenzano in senso buono o cattivo il modo di sentire e di agire.

L'incessante conflitto di opinioni che si mantenne dappertutto e in tutti i tempi sotto le bandiere della religione e della scienza, produsse naturalmente un'animosità fatale al giusto apprezzamento reciproco dei partiti avversi. Su più larga scala e più efficacemente di altre controversie, esso ha dimostrato essere sempre significativa la favola dei cavalieri che disputavano sul colore di uno scudo, di cui l'uno e l'altro non vedevano che una faccia. Ciascun combattente, vedendo chiaro solo il proprio lato della questione, accusava l'altro di stupidità o di mala fede, perché non la vedeva sotto lo stesso aspetto; mentre ad entrambi

[1] William Hamilton (1788-1856) ed Henry Mansel (1820-1871) sono due filosofi inglesi che avevano affermato la relatività della conoscenza umana e l'inconcepibilità dell'Assoluto.

[2] Il testo di Spencer è stato selezionato e commentato da D. Massaro e B. Gianquitto.

mancava il buon senso di andare al posto dell'avversario per convincersi della ragione per cui sosteneva opinioni così diverse.

Fortunatamente il tempo ci conduce ad un'ampiezza sempre maggiore di pensiero, che dobbiamo studiarci di allargare quanto l'indole ce lo permette. Quanto più crescerà in noi l'amor del vero rispetto a quello della vittoria per sé, diverremo più impazienti di sapere in qual modo i nostri avversari erano condotti a pensare in un dato modo. [...]

Si dovrà asserire che le religioni sono prodotte dal sentimento religioso, il quale, per soddisfazione propria, ispira delle chimere che poi proietta nel mondo esterno e che a poco a poco scambia per realtà; il problema, peraltro, non è risolto: non è che portato più in là. Sia che il sentimento religioso sia padre dell'idea o che il sentimento e l'idea abbiano una comune origine, ne sorge la stessa questione. Donde viene il sentimento religioso? [...] Noi dobbiamo concludere che il sentimento religioso è o direttamente creato, o formato dall'azione lenta di cause naturali; e qualunque conclusione adottiamo, non diminuisce in noi il rispetto per il sentimento religioso. [...] Così, per quanto possano essere insostenibili alcune o tutte le credenze religiose, per quanto grossolane le assurdità associate fra loro, per quanto irrazionali gli argomenti posti a loro difesa, non dobbiamo ignorare la verità che, secondo tutta probabilità, in quelle si cela. La probabilità generale che le credenze largamente sparse non sono assolutamente infondate, è avvalorata, in questo caso, da una più remota probabilità dovuta alla onnipresenza delle credenze. Nell'esistenza di un sentimento religioso, qualunque sia la sua origine, abbiamo una seconda prova evidente di grande importanza. E come in questa inscienza, che deve sempre restare antitesi della scienza, c'è una sfera d'azione di questo sentimento, noi troviamo un terzo fatto generale a conferma dei due primi. Noi possiamo pertanto essere sicuri che le religioni, quantunque nessuna sia vera, sono però tutte quante pallide immagini di una verità. [...]

Da entrambe le parti di questa grande controversia, deve dunque esistere la verità. Una considerazione imparziale de' suoi aspetti generali ci forza a concludere che la religione, ovunque si presenta come una trama che attraversa l'ordito della storia dell'umanità, è l'espressione di un fatto eterno; mentre è quasi verità evidente il dire che la scienza è un ammasso organizzato di fatti sempre crescenti e sempre più vagliati dagli errori. E se entrambe hanno basi nella realtà delle cose, allora tra loro ci dev'essere un'armonia fondamentale. È impossibile supporre che ci siano due ordini di verità in assoluta e perpetua opposizione. Non si può concepire tale ipotesi se non con qualche teoria manicheista che nessuno di noi oserebbe confessare, quantunque intacchi la maggior parte delle credenze. Sebbene nelle invettive clericali si dica che la religione è di Dio e la scienza del diavolo, quest'è un'affermazione che il più violento fanatico non si sentirebbe di asserire assolutamente. Allora, chiunque non asserisce questo, deve ammettere che sotto il loro apparente antagonismo stia un riposto e completo accordo.

Ogni partito deve dunque riconoscere nelle pretese degli altri delle verità che non vanno ignorate. Colui che contempla l'universo secondo vedute religiose, deve imparare a vedere che la scienza è un elemento del gran tutto; e come tale dovrebbe essere riguardato con gli stessi sentimenti del resto. Mentre coloro che contemplano l'universo con vedute scientifiche devono imparare a vedere che la religione è similmente un elemento del gran tutto, e quindi deve essere trattata come un soggetto di scienza non con minori pregiudizi di qualunque altra realtà.

Conviene che ogni partito si sforzi di capire l'altro, con la convinzione che l'altro è degno di essere inteso; e con la convinzione che quando sarà mutuamente riconosciuto, questo qualche cosa di comune sarà la base di una completa riconciliazione. [...] Ora, poiché queste due grandi realtà, scienza e religione, sono elementi dello stesso spirito e rispondono a diversi aspetti dello stesso universo, deve esistere tra loro una fondamentale armonia; si ha dunque una buona ragione per concludere che il vero più astratto contenuto della religione e il vero più astratto contenuto della scienza devono essere quelli in cui entrambe si fondono. Il fatto più comprensivo che troviamo nella nostra mente, dev'essere quello che cerchiamo; riunendo esso i poli positivo e negativo del pensiero umano, dev'essere il fatto finale della nostra intelligenza.

H. Spencer, *Primi principi*, a cura di G. Salvadori, Bocca, Milano, 1901, pp. 37-38

1- 18. I rapporti tra scienza e religione sono analizzati da Spencer nella prima parte dell'opera *Primi principi*, che s'intitola, significativamente, «L'Inconoscibile». Il filosofo, infatti, sostiene che la verità ultima e assoluta della realtà è inaccessibile sia alla scienza sia alla religione.

Nel testo riportato, Spencer parte proprio dalla constatazione di quanto forte, intenso e antico sia il contrasto tra scienza e religione. Esso ebbe inizio con i primi ed elementari tentativi di spiegazione razionale e scientifica della realtà, che ostacolarono e limitarono di fatto le già antiquate interpretazioni magico-religiose dei fenomeni (la «vieta superstizione universale», r. **4**). L'antagonismo tra scienza e religione, che investe tutte le forme del sapere umano, divenne nel tempo un contrasto tra differenti visioni del mondo, che si tradussero di fatto in opposte «abitudini intellettuali» nel modo di sentire e concepire la vita e l'azione.

Il conflitto di opinioni che ne è scaturito è stato talmente feroce e categorico da impedire a ciascun partito di valutare serenamente le ragioni dell'avversario (per scoprire, eventualmente, che la distanza tra le prospettive non era poi così abissale), proprio come accadrebbe per due cavalieri che litigassero ostinatamente sul colore di uno scudo, solo perché ognuno ne può vedere un solo lato (rr. **11-12**).

19-22. Dopo aver preso atto del carattere antico e radicato del contrasto scienza-religione e delle sue ragioni di fondo e nel rispetto della migliore tradizione illuministica e positivistica, Spencer si augura che l'«ampiezza sempre maggiore di pensiero» che contraddistingue il suo tempo si estenda sempre di più. In tal modo la tensione conoscitiva per il vero, superando ogni forma di intolleranza per le opinioni avverse, potrà giungere a comprendere le ragioni di fondo che le sostengono.

23-40. Entrando nel vivo della questione, Spencer analizza il fenomeno religioso in modo obiettivo e imparziale, come prescrive l'approccio positivistico.

Non potendo risolvere la questione se il *sentimento religioso* sia all'origine delle *idee religiose* o se il sentimento e le idee abbiano un'origine comune, Spencer fa risalire il sentimento religioso all'«azione lenta di cause naturali», esprimendo per esso il più profondo rispetto. Questo atteggiamento non è dovuto certamente ad una qualche sostenibilità razionale degli argomenti e delle prove con cui le religioni cercano di avvalorare le loro verità (poiché essi non sono mai logicamente difendibili), ma dalla consapevolezza che la verità ultima di ogni religione è il profondo mistero della realtà (più avanti, al r. **44**, dirà che «la religione è espressione di un fatto eterno»). La religione ha infatti il compito di riconoscere il mistero come tale, e accettare che la forza che si manifesta nell'universo è del tutto imperscrutabile, inconoscibile.

La tesi secondo cui le credenze religiose «non sono assolutamente infondate» (rr. **33-34**) e sono tutte «pallide immagini di una verità» (r. **40**) è sostenuta da Spencer sulla base di tre *fatti generali*: a) le credenze religiose sono *onnipresenti* (r. **35**); b) quale che sia la sua origine, esiste un sentimento religioso (r. **36**); c) tale sentimento è "all'opera" nelle credenze, cioè le anima e le vivifica (rr. **36-38**).

41-68. Qui Spencer affronta direttamente il problema del nuovo rapporto che deve instaurarsi tra religione e scienza. Tanto l'una quanto l'altra esprimono *fatti*: la religione esprime un *fatto eterno*, la scienza invece mira a generare conoscenze sempre più generali e certe. Ambedue si poggiano sulla *realtà delle cose* e perciò non possono essere inconciliabili (a meno di assumere posizioni manicheiste, ossia rigidamente e ottusamente contrapposte: rr. **48-51**). Pertanto tra scienza e religione deve essere possibile trovare *un'armonia fondamentale*, al di là di qualsiasi apparente contrasto.

È questa la tesi centrale della prima parte dei *Primi principi*: sia la religione sia la scienza attestano che la realtà assoluta è inconoscibile; tale è la loro base comune. A partire da ciò, la religione dovrà alimentare il senso del mistero e la scienza dovrà ampliare e perfezionare la conoscenza dei fenomeni. Religione e scienza, afferma Spencer, sono «elementi del gran tutto», e così devono essere considerati dagli opposti partiti. Perciò ciascuno dovrà imparare a considerare le posizioni del partito avverso senza pregiudizi e intolleranze, ponendo l'attenzione al vero e comune contenuto di qualunque ricerca e indagine, sia scientifica, sia religiosa: il riconoscimento della natura radicalmente misteriosa del reale.

3.3. La teoria dell'evoluzione

Tra la religione alla quale spetta il riconoscimento dell'Inconoscibile, e la scienza alla quale spetta l'intero dominio del conoscibile, quale posto ha la filosofia? Spencer la definisce come *la conoscenza nel suo più alto grado di generalità*. La scienza è conoscenza parzialmente unificata; la filosofia conoscenza completamente unificata. Le verità della filosofia stanno alle verità scientifiche più alte come queste stanno alle verità scientifiche più basse; sicché le generalizzazioni della filosofia comprendono e consolidano le più vaste generalizzazioni della scienza. La filosofia è il prodotto finale di quel processo che comincia con la raccolta di osservazioni isolate e termina con le proposizioni universali. Essa perciò deve assumere come suo proprio materiale e punto di partenza i princìpi più vasti e più generali ai quali la scienza è giunta.

La filosofia come teoria dell'evoluzione

Tali principi sono: l'indistruttibilità della materia, la continuità del movimento, la persistenza della forza, con tutte le loro conseguenze fra le quali è la legge del *ritmo*, cioè dell'alternarsi dell'elevazione e della caduta nello sviluppo di tutti i fenomeni. La formula sintetica che questi princìpi generali richiedono è una legge che implica la continua ridistribuzione della materia e della forza. Tale è, secondo Spencer, la *legge dell'evoluzione* la quale significa che la materia passa da uno stato di dispersione a uno stato di integrazione (o concentrazione), mentre la forza che ha operato la concentrazione si dissipa. La filosofia è dunque essenzialmente una teoria dell'evoluzione.

I caratteri dell'evoluzione

I *Primi principi* definiscono la natura e i caratteri generali dell'evoluzione: le altre opere di Spencer studiano il processo evolutivo nei diversi domini della realtà naturale. *La prima determinazione dell'evoluzione è che essa è un passaggio da una forma meno coerente a una forma più coerente*. Il sistema solare (che è sorto da una nebulosa), un organismo animale, una nazione, mostrano nel loro sviluppo questo passaggio da uno stato di disgregazione a uno stato di coerenza e di armonia crescenti. *Ma la determinazione fondamentale del processo evolutivo è quello che lo caratterizza come un passaggio dall'omogeneo all'eterogeneo*. Questa caratterizzazione è suggerita a Spencer dai fenomeni biologici. Ogni organismo, pianta o animale, si sviluppa attraverso la differenziazione delle sue parti: che da principio sono, chimicamente o biologicamente, indistinte, poi si differenziano a formare tessuti e organi diversi. Spencer ritiene questo processo proprio di ogni sviluppo in qualsiasi campo della realtà: nel linguaggio, dapprima costituito da semplici esclamazioni e suoni inarticolati e poi differenziantisi in parole diverse; come nell'arte che, a partire dai popoli primitivi, si va sempre più dividendo nelle sue branche (architettura, pittura, scultura, arti pratiche) e nelle sue direzioni. *Infine l'evoluzione implica anche un passaggio dall'indefinito al definito*: indefinita è per esempio la condizione di una tribù selvaggia in cui non c'è specificazione di còmpiti e di funzioni, definita quella di un popolo civile, fondata sulla divisione del lavoro e delle classi sociali. Spencer dà quindi dell'evoluzione questa formula definitiva (*ivi*, par. 145): «L'evoluzione è un'integrazione di materia e una concomitante dissipazione di movimento; durante la quale la materia passa da un'omogeneità indefinita e incoerente ad un'eterogeneità definita e coerente; e durante la quale il movimento conservato soggiace ad una trasformazione parallela».

La definizione globale dell'evoluzione

L'evoluzione è un processo *necessario*. L'omogeneità, che è il suo punto di partenza, è uno stato instabile che non può durare e deve trapassare nell'eterogeneità per raggiungere l'equilibrio. Perciò l'evoluzione *deve* cominciare; una volta cominciata *deve* continuare perché le parti rimaste omogenee tendono, a loro volta, per la loro instabilità, verso l'eterogeneità. Il senso di questo processo necessario e continuo è *ottimistico*. Spencer ammette che, per la legge del ritmo, l'evoluzione e la dissoluzione devono alternarsi. Ma ritiene che la dissoluzione, là dove si verifica, è la premessa di un'evoluzione ulteriore. Per ciò che riguarda l'uomo, l'evoluzione deve determinare una crescente armonia tra la sua natura spirituale e le condizioni di vita. «E questa è, dice Spencer (*ivi*, par. 176), la garanzia per credere che l'evoluzione può terminare solo con lo stabilirsi della più grande perfezione e della più completa felicità».

Il necessitarismo e l'ottimismo

3.4. Biologia, psicologia e teoria della conoscenza

Le opere dedicate da Spencer alla biologia, alla psicologia, alla sociologia e all'etica costituiscono l'applicazione del principio evolutivo al campo di queste scienze. La *biologia* è, per Spencer, lo studio dell'evoluzione dei fenomeni organici e della sua causa. La vita consiste nella combinazione di fenomeni diversi, contemporanei e successivi, la quale si verifica in corrispondenza con mutamenti contemporanei o successivi dell'ambiente esterno. Essa

La vita come *adattamento*

perciò consiste essenzialmente nella funzione dell'*adattamento*; e appunto attraverso questa funzione si formano e si differenziano gli organi, per l'esigenza di sempre meglio rispondere alle sollecitazioni dell'esterno.

La coscienza

La coscienza è uno stadio di questo adattamento, ed anzi la sua fase decisiva. Spencer non ammette la risoluzione integrale della coscienza nelle impressioni o nelle idee, secondo l'insegnamento tradizionale dell'empirismo inglese. La coscienza presuppone un'unità, una forza originaria, quindi una sostanza spirituale che sia la sede di questa forza. Ma, come si verifica per la sostanza e per la forza materiale, anche la sostanza e la forza spirituale sono, nella loro ultima natura, inconoscibili; e la *psicologia* deve limitarsi a studiarne le manifestazioni.

Ciò che è a priori per l'individuo è a posteriori per la specie

Per ciò che riguarda la ragione, Spencer ammette che vi siano nozioni o verità *a priori* nel senso di essere indipendenti dall'esperienza puntuale e temporanea dell'individuo; e in tal senso riconosce la parziale legittimità delle dottrine «aprioristiche», come quelle di Leibniz e Kant. Ma ciò che in questo senso è a priori per l'individuo, non lo è per la specie umana, giacché è prodotto dall'esperienza accumulata dalla specie stessa attraverso un lunghissimo periodo di sviluppo e fissata e resa ereditaria nella struttura organica del sistema nervoso.

3.5. Sociologia e politica

Pur utilizzando alcuni risultati della sociologia di Comte ed accettando il nome della scienza che Comte aveva inventato, Spencer modifica radicalmente il concetto di essa. Per Comte, essa è infatti la disciplina che, accertando le leggi dei fatti sociali, consente di prevederli e guidarli; il fine della sociologia è la sociocrazia, la fase della società in cui il positivismo sarà diventato regime. Per Spencer invece la sociologia deve limitarsi al compito puramente descrittivo dello sviluppo della società umana sino al punto in cui esso è giunto finora. Essa può bensì determinare le condizioni alle quali lo sviluppo ulteriore dovrà soddisfare; ma non le mète e gli ideali di esso. Determinare le mète, cioè stabilire quale debba essere l'uomo ideale in una ideale società, è il còmpito della morale. Sociologia e morale, che facevano tutt'uno nell'opera di Comte, vengono così distinte da Spencer.

Il compito della sociologia

La sociologia determina le leggi dell'evoluzione *super-organica* e considera la stessa società umana come un *organismo*, i cui elementi sono prima le famiglie, poi gli individui singoli. La sociologia di Spencer è nettamente orientata verso l'individualismo e quindi verso la difesa di tutte le libertà individuali, in contrasto con la sociologia di Comte e in generale con l'indirizzo sociale del positivismo. Uno dei temi principali, sia dei *Princìpi di sociologia* sia di altre opere collaterali (*L'uomo contro lo stato*, 1884; *Statica sociale*, 1892), tema che domina da un capo all'altro la sociologia di Spencer, è il principio che lo sviluppo sociale dev'essere abbandonato alla forza spontanea che lo presiede e lo muove verso il progresso e che l'intervento dello Stato nei fatti sociali non fa che disturbare od ostacolare questo sviluppo.

La difesa dell'individuo e della libertà

La *gradualità* dello sviluppo sociale

Il concetto di uno sviluppo sociale lento, graduale e inevitabile, rende Spencer estremamente alieno da quelle idee di riforma sociale che erano state accarezzate dal positivismo sociale, compresi in esso gli utilitaristi e Stuart Mill. «Allo stesso modo che non si può abbreviare la via tra l'infanzia e la maturità, evitando quel noioso processo di accrescimento e di sviluppo che si opera insensibilmente con lievi incrementi, così non è possibile che le forme sociali più basse divengano più elevate, senza attraversare piccole modificazioni successive». Perciò ogni tentativo di bruciare le tappe dell'evoluzione storica, ogni sogno di visionari o di utopisti, ha come unico risultato quello di ritardare o sconvolgere il processo naturale dell'evoluzione sociale. Ciò non implica, secondo Spencer, che l'individuo debba passivamente abbandonarsi al corso naturale degli eventi. Lo stesso sviluppo sociale ha determinato il passaggio da una fase di cooperazione umana costrittiva ed imposta ad una fase di cooperazione più libera e spontanea. È questo il passaggio dal *regime militare* contrassegnato dalla prevalenza del potere statale sugli individui ai quali esso impone còmpiti e funzioni, al *regime industriale* che è fondato invece sull'attività indipendente degli individui, e perciò li determina a rafforzare le loro esigenze e a rispettare le esigenze degli altri, rinvigorendo la coscienza dei diritti personali e deliberandoli a resistere agli eccessi del controllo statale. Spencer tuttavia non ritiene definitivo il regime industriale (nel quale peraltro la

Dal regime *militare* a quello *industriale*

società attuale è appena entrata). È possibile prospettarsi la possibilità di un *terzo* tipo sociale, il quale, pur essendo fondato come quello industriale sulla libera cooperazione degli individui, ponga moventi altruistici al posto dei moventi egoistici che reggono il regime industriale; o, meglio ancora, concili insieme altruismo ed egoismo. Ma questa possibilità non può essere prospettata dalla sociologia, sebbene soltanto dall'etica.

La possibilità di un *terzo* tipo sociale

3.6. L'etica evoluzionistica

L'etica di Spencer è sostanzialmente un'etica biologica, che ha per oggetto la condotta dell'uomo, cioè l'adattamento progressivo dell'uomo stesso alle sue condizioni di vita. Questo adattamento implica non solo un prolungamento della vita stessa ma la sua maggiore intensità e ricchezza. Tra la vita di un selvaggio e quella di un uomo civile non c'è solo una differenza di lunghezza ma anche di estensione: quella dell'uomo civile implica il raggiungimento di fini assai più svariati e ricchi, che la rendono più intensa ed estesa. Questa crescente intensità è ciò che si deve intendere per felicità. Poiché è buono ogni atto che è adatto al suo fine, la vita che si presenta nel suo complesso meglio adatta alle sue condizioni è anche la vita più felice e piacevole. Per questo, il bene si identifica col piacere; e la morale edonistica o utilitaristica è, sotto un certo aspetto, l'unica possibile. Spencer tuttavia non ammette l'utilitarismo nella forma che esso aveva assunto ad opera di Bentham e dei due Mill. Il movente dichiarato e consapevole dell'agire morale dell'uomo non è e non può essere l'utilità. L'evoluzione sociale, accumulando con l'eredità un enorme numero di esperienze morali che rimangono inscritte nella struttura organica dell'individuo, fornisce all'individuo stesso un *a priori* morale, che tale è per lui sebbene tale non sia per la specie.

Sebbene il fine ultimo e indiretto della moralità sia l'utile collettivo, il movente diretto di essa è il dovere

Ma questa stessa considerazione evolutiva dimostra pure che il senso del dovere e dell'educazione morale è transitorio e tende a diminuire col crescere della moralità. Anche ora accade che il lavoro, che dev'essere imposto al ragazzo come un obbligo, è una manifestazione spontanea dell'uomo d'affari immerso nelle sue faccende. Così il mantenimento e la protezione della moglie da parte del marito, l'allevamento dei figli da parte dei genitori, non hanno il più delle volte alcun elemento coattivo, ma sono còmpiti che si eseguono con perfetta spontaneità e piacere. Spencer prevede perciò che «col completo adattamento allo stato sociale, quell'elemento della coscienza morale, che è espresso dalla parola obbligazione, scomparirà del tutto. Le azioni più elevate, richieste per lo svolgimento armonico della vita, saranno fatti così comuni come lo sono ora quelle azioni inferiori a cui ci spinge il semplice desiderio». Questa fase finale dell'evoluzione morale non implica la prevalenza assoluta dell'altruismo a spese dell'egoismo. L'antitesi tra egoismo e altruismo è naturale nella condizione presente che è caratterizzata dal prevalere indebito delle tendenze egoistiche e nella quale perciò l'altruismo assume la forma di un sacrificio di queste tendenze. Ma l'evoluzione morale, facendo sempre più coincidere la soddisfazione del singolo col benessere e la felicità altrui (nel che propriamente consiste la simpatia), provocherà l'accordo finale dell'altruismo e dell'egoismo.

Con il tempo il dovere cesserà di essere qualcosa di coattivo e diventerà qualcosa di spontaneo

Il finale accordo fra altruismo ed egoismo

4. Ardigò

Il Positivismo evoluzionistico trovò in Italia un vigoroso difensore nella persona di Roberto Ardigò (1828-1920), che esercitò notevole influenza sul clima filosofico italiano degli ultimi decenni dell'Ottocento.

La dottrina di Ardigò è analoga a quella di Spencer: come Spencer, Ardigò ritiene che la filosofia si riduca all'organizzazione logica dei dati scientifici; come Spencer, ammette che questa organizzazione si faccia in virtù del principio dell'evoluzione; come Spencer, infine, ritiene che i dati fondamentali della filosofia, il soggetto e l'oggetto, l'io e il mondo esterno, non sono due realtà opposte ma due diverse organizzazioni dello stesso contenuto psichico (secondo la dottrina che Hume aveva fatto prevalere nell'empirismo inglese).

Analogie con Spencer

Differenze da Spencer

Da Spencer, Ardigò si distingue veramente in due punti: nella negazione dell'inconoscibile e nella diversa determinazione del concetto dell'evoluzione; ed entrambi questi punti sono fondati sull'impostazione empirico-psicologica della sua dottrina. Innanzitutto Ardigò rigetta quel ragionamento che risale dalla relatività della conoscenza umana alla necessità dell'incondizionato, che Spencer aveva accettato da Hamilton. Ogni conoscenza particolare è relativa, ma ciò non dice che sia relativa la conoscenza nella sua totalità. Le conoscenze singole si trovano infatti concatenate insieme in modo che l'una è relativa all'altra; ma da questa concatenazione nessuna illazione può scaturire sulla relatività della conoscenza totale che ne risulta. Per conseguenza, l'Inconoscibile non è l'assoluto o l'incondizionato che è al di là della conoscenza umana e la sorregge, ma è piuttosto l'ignoto, vale a dire *ciò che non è ancora diventato conoscenza distinta*. Già queste considerazioni fanno sorgere il concetto di un *indistinto*, cioè di un alcunché avvertito confusamente o genericamente, che tuttavia sollecita il pensiero verso l'analisi e quindi verso una conoscenza articolata e distinta. Ora appunto questo passaggio dall'indistinto al distinto è ciò che costituisce l'evoluzione o, come Ardigò dice, la «formazione naturale» di ogni tipo o forma della realtà. Mentre Spencer aveva desunto dalla biologia il suo concetto dell'evoluzione come passaggio dall'omogeneo all'eterogeneo, Ardigò preferisce definire l'evoluzione in termini psicologici o di coscienza. L'indistinto è tale *relativamente*, cioè rispetto a un distinto che ne deriva; così ogni distinto è a sua volta un indistinto per il distinto successivo perché è ciò che produce, sollecita e spiega tale distinto. Ogni formazione naturale, nel sistema solare come nello spirito umano, è un passaggio dall'indistinto al distinto; questo passaggio avviene necessariamente e incessantemente, secondo un ordine immutabile, regolato da un ritmo costante, cioè da un alternarsi armonico di periodi. Però il distinto non esaurisce mai l'indistinto che permane al di sotto di esso e risorge al di là di esso; e poiché il distinto è il finito, bisogna ammettere, al di là del finito, l'infinito come indistinto. Ogni formazione naturale, compreso il pensiero umano, è una «meteora» che, nata dall'indistinto, finirà di nuovo per tuffarsi nell'indistinto e perdervisi dentro.

L'Inconoscibile è semplicemente il non ancora noto

L'evoluzione come passaggio dall'indistinto al distinto

Gli scritti morali di Ardigò sono essenzialmente una polemica contro ogni forma di etica religiosa, spiritualistica e razionalistica e ripetono il tentativo fatto da Spencer di ricondurre la formazione delle idee morali dell'uomo a fattori naturali e sociali. *Secondo Ardigò, le idealità e le massime della morale nascono dalla reazione della società agli atti che la danneggiano; reazione che colpendo l'individuo finisce per fissarsi nella sua coscienza come norma o imperativo morale*. I caratteri interiori del dovere, la sua obbligatorietà, la sua trascendenza, e la responsabilità che gli è connessa, sono dovuti perciò all'interiorizzazione progressiva, attraverso l'esperienza ripetuta e costante, delle sanzioni esterne che l'atto immorale incontra nella società, in quanto atto antisociale.

L'origine della morale

LABORATORIO FILOSOFICO

Il Positivismo si diffuse in Inghilterra grazie all'opera di personaggi come Mill e Spencer. Qui il movimento filosofico si caratterizzò per l'incontro con i principi dell'evoluzionismo biologico individuati da Charles Darwin.

Nell'opera L'origine della specie *del 1859, sulla base di numerose prove della mutabilità della specie che fondavano scientificamente l'ipotesi evoluzionistica già avanzata da Lamarck, Darwin aveva formulato la teoria secondo la quale: 1) gli esseri viventi, nell'interagire con le varie e differenti condizioni dell'ambiente, subiscono nel tempo «piccole variazioni organiche»; 2) gli individui di ogni specie, per via della loro tendenza a moltiplicarsi, affrontano una vera e propria «lotta per la vita»; 3) riescono a sopravvivere e a moltiplicarsi, resistendo alla legge della «selezione naturale», solo quelli che hanno ereditato caratteri genetici «forti». Quindi le specie viventi, compresa quella umana, si evolvono, o in alcuni casi scompaiono, sotto la spinta di fattori interdipendenti quali l'adattamento all'ambiente, la selezione naturale e l'ereditarietà. Darwin sostiene che il progresso biologico sia inevitabile poiché «...come la selezione naturale agisce solamente per il bene di ciascun individuo, ogni dono fisico o intellettuale tenderà a progredire verso la perfezione».*

Il concetto biologico darwiniano di evoluzione viene assunto dal Positivismo evoluzionistico (a cominciare da Spencer) come il carattere fondamentale di ogni forma della realtà, e quindi come il principio di spiegazione dell'universo nel suo complesso. Tale generalizzazione è resa possibile da un'istanza romantico-idealistica di fondo: la realtà è considerata come un Tutto infinito, dinamico e progressivo. Come le singole determinazioni finite rappresentano manifestazioni parziali dell'unico principio Infinito, analogamente i vari processi evolutivi che la scienza indaga nella natura sono tutti parte integrante e manifestazione di un unico e universale continuum, *il cui tratto fondamentale è il necessario progresso. Il progresso e l'evoluzione concernono tutti gli aspetti della realtà: naturale, sociale, politica, artistica, scientifica, e così via. Nel saggio* Il progresso, sua legge e sua causa, *del 1857, il filosofo afferma che, qualsiasi aspetto della realtà si consideri, «...sempre in fondo ad ogni progresso è la stessa evoluzione che va dal semplice al complesso attraverso differenziazioni successive».*

Nei Primi principi, *l'opera fondamentale del 1862, il filosofo sostiene, coerentemente con il tratto romantico del Positivismo, che la realtà divina e assoluta che si nasconde dietro tale progresso universale e cosmico è inaccessibile (dottrina dell'Inconoscibile). Religione e scienza, lungi dall'essere inconciliabili, trovano la loro base comune nel riconoscimento del mistero ultimo della realtà: la religione ha il compito di riconoscere la sostanziale imperscrutabilità dell'universo, ma anche la scienza deve accettare, come limite invalicabile delle sue indagini, la natura profondamente misteriosa della realtà, e su tale base estendere il più possibile la conoscenza dei fenomeni.*

Se la scienza è conoscenza «parzialmente unificata», la filosofia è invece conoscenza «totalmente unificata»: nel senso che la filosofia, in quanto prende le mosse dai principi più generali a cui è pervenuta la scienza, è in grado di estendere ulteriormente la conoscenza fino al suo più alto grado di generalità. E poiché la legge che comprende e sintetizza i principi basilari della scienza è la legge dell'evoluzione, anche la filosofia si configura essenzialmente come teoria dell'evoluzione.

Mentre nei Primi principi *Spencer definisce i tratti generali dell'evoluzione, dimostrandone il carattere ottimistico di processo "necessario" e continuo (che nell'uomo determinerà una crescente armonia tra la sua natura spirituale e le condizioni di vita), nelle opere successive l'autore applica il principio evolutivo alla biologia, alla psicologia, alla sociologia e all'etica, pervenendo a conclusioni per molti versi originali rispetto a quelle di Auguste Comte.*

1

Analizza il brano di Spencer (T. 1) mettendo in evidenza:

- ☐ la tesi centrale;
- ☐ gli argomenti a sostegno della tesi secondo cui «le religioni, quantunque nessuna sia vera, sono però tutte quante pallide immagini della verità»;
- ☐ il nuovo rapporto che deve instaurarsi tra scienza e religione.

2

Sulla nozione spenceriana della filosofia come teoria dell'evoluzione, costruisci un breve testo nel quale illustrerai:

- ☐ i principi generali a cui è pervenuta la scienza;
- ☐ la legge dell'evoluzione;
- ☐ i caratteri dell'evoluzione;
- ☐ il suo carattere necessario e ottimistico.

3

Stabilisci un confronto tra Spencer e Comte, illustrando le rispettive posizioni riguardo alla psicologia e alla sociologia.

4

Sulla dottrina evoluzionistica di Ardigò, spiega in forma scritta:

- ☐ che cos'è l'Inconoscibile;
- ☐ come si caratterizza l'evoluzione;
- ☐ quali sono le analogie e le differenze tra le dottrine di Ardigò e quelle di Spencer.

GLOSSARIO E RIEPILOGO

Spencer

Per **Inconoscibile** Spencer intende la *Forza misteriosa* che si manifesta in tutti i fenomeni naturali e la cui azione è avvertita dall'uomo positivamente. Il riconoscimento di tale realtà inaccessibile accomuna *religione* e *scienza* (costrette entrambe ad urtare contro il muro dell'ignoto) ed elimina ogni possibile conflitto fra di loro. Infatti, ammesso l'Inconoscibile, il compito della religione sarà quello di richiamare l'uomo al mistero della causa ultima e il compito della scienza sarà quello di estendere incessantemente la conoscenza dei fenomeni.

La **filosofia** è, per Spencer, la conoscenza nel suo più alto grado di generalità e quella che meglio risponde alle esigenze mentali della sintesi e dell'unificazione: «"Filosofia" può essere propriamente il titolo per le cognizioni della più alta generalità» (*Primi princìpi*, par. 37), «la scienza è conoscenza *parzialmente unificata*; la filosofia è conoscenza *completamente unificata*» (*ivi*).

Evoluzione e **involuzione.** Nel par. 145 dei *Primi principi*, Spencer definisce l'evoluzione, intesa come legge *universale* di tutti i fenomeni, «un'integrazione di materia accompagnata da dispersione di moto; in cui la materia passa, da una omogeneità indefinita, incoerente, a una eterogeneità definita, coerente, mentre il moto trattenuto subisce una trasformazione parallela». Opposta all'evoluzione è invece la dissoluzione (o involuzione), nella quale si ha assorbimento di moto e disintegrazione di materia, insieme ad un concomitante passaggio dall'eterogeneo all'omogeneo, dal definito all'indefinito, dal coerente all'incoerente. L'involuzione non è un dato definitivo, poiché là ove si verifica costituisce semplicemente la premessa di una evoluzione ulteriore.

Per Spencer la **biologia** si identifica con lo studio dell'evoluzione dei fenomeni organici e della sua causa. La vita consiste nella combinazione di fenomeni diversi, contemporanei e successivi, la quale si verifica in corrispondenza con mutamenti contemporanei o successivi dell'ambiente esterno. Essa perciò consiste essenzialmente nella funzione dell'*adattamento*; e appunto attraverso questa funzione si formano e si differenziano gli organi, per l'esigenza di sempre meglio rispondere alle sollecitazioni dell'esterno. Spencer dà così il primo posto al principio di Lamarck della funzione che crea l'organo; ma riconosce l'azione del principio darwiniano della selezione naturale, che però non può agire se non attraverso l'adattamento all'ambiente e quindi lo sviluppo funzionale degli organi.

Cercando di conciliare in modo evoluzionistico le opposte verità dell'empirismo e dell'innatismo, Spencer afferma che **«ciò che è a priori per l'individuo è a posteriori per la specie»**, in quanto risulta prodotto dall'esperienza accumulata dalla specie stessa attraverso un lunghissimo periodo di sviluppo e fissata attraverso l'ereditarietà.

Per Spencer il compito della **sociologia** è quello di determinare in modo descrittivo le leggi dell'*evoluzione superorganica*, cioè le leggi che regolano il *progresso* dell'organismo sociale. In altri termini, la sociologia è lo studio dell'ordine progressivo della società come un tutto (*Principi di Sociologia*, 1876, I). La sociologia di Spencer è nettamente orientata verso l'individualismo e quindi verso la difesa di tutte le libertà individuali, in contrasto con la sociologia di Comte e, in generale, con l'indirizzo sociale del positivismo.

Il **riformismo** di Spencer, che si oppone sia al conservatorismo che al rivoluzionarismo, discende dalla sua mentalità evoluzionistica, portata a scorgere, nella storia, non dei *salti* dialettici, ma degli sviluppi lenti e *graduali*: «Allo stesso modo che non si può abbreviare la via tra l'infanzia e la maturità... così non è possibile che le forme sociali più basse divengano più elevate, senza attraversare piccole modificazioni successive».

Sviluppo sociale. Spencer ritiene che nella storia vi sia stato il passaggio da una fase di cooperazione umana costrittiva ed imposta ad una fase di cooperazione più libera e spontanea. Tale è il passaggio dal *regime militare*, contrassegnato dalla prevalenza del potere statale sugli individui ai quali esso impone cómpiti e funzioni, al *regime industriale*, che è fondato invece sull'attività indipendente degli individui, e perciò li determina a rafforzare le loro esigenze e a rispettare le esigenze degli altri, rinvigorendo la coscienza dei diritti personali e deliberandoli a resistere agli eccessi del controllo statale. Spencer tuttavia non ritiene definitivo il regime industriale (nel quale peraltro la società attuale è appena entrata), ma prospetta la possibilità di un *terzo* tipo sociale, il quale, pur essendo fondato anch'esso sulla libera cooperazione degli individui, ponga moventi altruistici al posto dei moventi egoistici che reggono il regime industriale; o, meglio ancora, concili insieme altruismo ed egoismo. Possibilità che per Spencer costituisce la sostanza e l'ideale dell'etica.

L'**etica evoluzionistica** di Spencer vagheggia un accordo *finale* fra altruismo ed egoismo, ovvero una situazione in cui l'uomo (come accade sin d'ora nella famiglia) avverte la premura verso il prossimo non come un obbligo, ma come una manifestazione spontanea della sua persona.

Indicazioni bibliografiche

Su Darwin e l'evoluzionismo:

M. T. Ghiselin, *Il trionfo del metodo darwiniano*, Il Mulino, Bologna 1981.
G. Montalenti, *Charles Darwin*, Editori Riuniti, Roma 1982.
G. Pancaldi, *Darwin in Italia*, Il Mulino, Bologna 1983.
A. La Vergata, *L'equilibrio e la guerra della natura*, Morano, Napoli 1990.
A. Desmond - J. Moore, *Darwin*, Bollati Boringhieri, Torino 1992.
E. Mayr, *Un lungo ragionamento. Genesi e sviluppo del pensiero darwiniano*, Bollati Boringhieri, Torino 1994.
J. Miller - B. Van Loon, *Darwin. Per cominciare*, Feltrinelli, Milano 1995.
J. Bowlby, *Darwin. Una biografia nuova*, Zanichelli, Bologna 1996.
C. Buican, *Charles Darwin*, Armando, Roma 1996.

Su Spencer:

M. Toscano, *Malgrado la storia. Per una lettura critica di H. Spencer*, Feltrinelli, Milano 1980.
G. L. Linguiti, *Spencer e la teoria evoluzionista della conoscenza*, Pacini Fazzi, Pisa 1991.

Su Ardigò:

E. R. Papa, *Il positivismo e la cultura italiana*, Angeli, Milano 1985.
G. Landucci, *L'occhio e la mente. Scienze e filosofia nell'Italia del secondo Ottocento*, Olschki, Firenze 1987.
A. L. Gentile, *La religione civile del positivismo di Roberto Ardigò*, ESI, Napoli 1988.
AA. VV., *Roberto Ardigò nella cultura italiana ed europea tra Otto e Novecento*, «Rivista di storia della filosofia», 46 (1991), n. 1.

Capitolo sesto

NIETZSCHE: DALLA *MORTE DI DIO* ALL'IDEALE DELL'*OLTRE-UOMO*

NIETZSCHE: DALLA *MORTE DI DIO* ALL'IDEALE DELL'*OLTRE-UOMO*

1. VITA E SCRITTI

Friedrich Nietzsche nacque a Röcken presso Lipsia il 15 ottobre 1844. Studiò filologia classica a Bonn e a Lipsia sotto la guida di Friedrich Ritschl, e in questi studi andò formandosi il suo entusiasmo romantico per l'antichità greca. A Lipsia lesse per la prima volta *Il mondo come volontà e rappresentazione* di Schopenhauer e ne fu conquistato. Così egli scriveva in un frammento autobiografico del 1867: «Qui ogni riga gridava la rinuncia, la negazione, la rassegnazione; qui io guardavo come in uno specchio il mondo, la vita e la mia propria anima, grandiosi di orrore; qui, simile al sole, il grande occhio dell'arte mi fissava, staccato da tutto; qui io vedevo malattia e guarigione, esilio e rifugio, inferno e cielo». I lavori del giovane filologo attirarono su di lui l'attenzione degli ambienti scientifici; e nel 1869, a 24 anni, Nietzsche fu chiamato ad una cattedra di filologia classica dell'università svizzera di Basilea. Qui Nietzsche si legò di amicizia con Richard Wagner, che si era ritirato con Cosima Bulow nella villa di Triebschen sul lago dei Quattro Cantoni, e divenne un fervente ammiratore del musicista. Nel 1872 Nietzsche pubblicava il suo primo libro, *La nascita della tragedia*, che incontrava l'ostilità dei filologi e rimaneva ignoto al gran pubblico. Fra il 1873 e il 1876 Nietzsche pubblicava le quattro *Considerazioni inattuali*. Frattanto l'amicizia con Wagner si andava affievolendo: Nietzsche era portato sempre più a vedere in lui l'estremo rappresentante del Romanticismo e a scorgere nell'ultima fase della sua opera, orientata nostalgicamente verso il cristianesimo, un abbandono di quei valori vitali che erano propri dell'antichità classica e uno spirito di rinuncia e di rassegnazione. *Umano, troppo umano* pubblicato nel 1878 segna il suo distacco da Wagner e da Schopenhauer.

L'incontro con Schopenhauer

La cattedra a Basilea e l'amicizia con Wagner

Il distacco da Wagner

La malattia

Frattanto la salute del filosofo si andava indebolendo. Già nel 1876 egli aveva interrotto il suo insegnamento a Basilea e nel 1879 rinunziò definitivamente alla cattedra. Da allora in poi la sua vita fu quella di un malato inquieto e nervoso: visse quasi sempre tra la Svizzera e l'Italia settentrionale, tutto preso dalla composizione dei suoi libri e dalla speranza impaziente e sempre delusa che essi gli suscitassero intorno una schiera di discepoli e di seguaci. Nel 1880 usciva la seconda parte di *Umano, troppo umano*, che porta il titolo *Il viandante e la sua ombra*, ed è un inno d'attesa alla morte. La morte tuttavia non venne; e nel 1881 Nietzsche pubblicava *Aurora*, che è il primo libro in cui si affacciano decisamente le tesi tipiche della dottrina nietzschiana. Ad esso seguiva *La gaia scienza* (1882), nel quale si afferma vittoriosamente la speranza del filosofo di poter condurre l'umanità verso un nuovo destino. Nietzsche ritiene a questo punto di poter uscire dalla solitudine e di poter trovare la comprensione e il successo. Ma un incidente sopravviene a deluderlo. Nel 1882 conosce una giovane russa di 24 anni, Lou Salomé, nella quale crede di aver trovato una discepola e una compagna di eccezione. Ma ella rifiutò di sposarlo, preferendogli l'amico e discepolo Paul Rée. Nietzsche si sentì abbandonato e tradito. Tra il 1883 e il 1885 egli pubblicava il suo poema filosofico *Così parlò Zarathustra*. Nel 1886 usciva *Al di là del bene e del male*, uno dei suoi libri più significativi, che però, come tutti gli

La composizione delle opere maggiori

altri, non ebbe successo immediato. Ad esso seguivano: *Genealogia della morale* (1887); e poi, *Il caso Wagner*, *Crepuscolo degli idoli*, *L'Anticristo*, *Ecce homo*, *Nietzsche contra Wagner*, opuscoli e libelli che Nietzsche compose nel 1888. L'*Ecce homo* è una specie di autobiografia. Nel frattempo Nietzsche si era stabilito a Torino, che egli chiama: «la città che si è rivelata come la *mia* città». Qui egli aveva continuato a lavorare alla sua opera filosofica, rimasta incompiuta. Ma agli inizi del 1889 un accesso di pazzia lo gettava incosciente al collo di un cavallo maltrattato dal padrone davanti all'abitazione torinese del filosofo.

La pazzia

Nietzsche rimase ancora più di undici anni immerso in una blanda pazzia, in cui affioravano di tanto in tanto i ricordi e le delusioni della sua vita tormentata. In un biglietto a Cosima Wagner egli scrisse: «Arianna, io ti amo» e in un'altra lettera parlò di Cosima-Arianna. Si è concluso per un amore infelice di Nietzsche per Cosima Wagner; ma in realtà la vita e le opere del filosofo non mostrano tracce (salvo l'episodio isolato di Lou Salomé) di un autentico amore. Gli amici che ebbe e a cui tenne molto gli furono a poco a poco allontanati dalla sua stessa opera. E la sua fama iniziò proprio quando, chiuso nella pazzia, non poté più rendersene conto. Nietzsche moriva il 25 agosto 1900; i libri che egli aveva pubblicato a sue spese correvano ormai per il mondo.

L'interpretazione nazista

L'interpretazione nazista di Nietzsche, che ha trovato la sua emblematica espressione nel libro di Alfred Bäumler *Nietzsche, il filosofo e il politico* (1931), è stata agevolata da una singolare vicenda filologica, consistente nel fatto che la sorella, Elisabeth Förster-Nietzsche, nel desiderio di fare del fratello il teorico di una palingenesi reazionaria dell'umanità, non esitò, dopo essersi impadronita degli inediti, a manipolare i testi del filosofo, pubblicando nel 1906 la *Volontà di potenza*, nella quale il pensiero di Nietzsche assume quella fisionomia anti-umanitaria e anti-democratica su cui farà leva la lettura nazista, che influenzerà profondamente tutta la cultura del primo Novecento. Soltanto nel secondo dopoguerra si è avviata una profonda *revisione* dell'opera di Nietzsche, che, sul piano filologico, ha avuto la sua tappa decisiva nella benemerita edizione *critica* avviata da Giorgio Colli e Mazzino Montinari. Contemporaneamente, si è avuta quella fioritura di interpretazioni *nuove* del pensiero di Nietzsche, che costituisce tuttora l'orizzonte generale degli studi sul filosofo.

L'edizione critica degli scritti

2. Caratteristiche del pensiero e della scrittura di Nietzsche

La tendenza critico-demistificatrice

In quel vasto processo che è stato definito come «demitizzazione» della cultura e «disincantamento» del mondo, la figura di Nietzsche occupa un posto centrale. Infatti, la filosofia di Nietzsche, per un certo aspetto, è tutta un'incessante distruzione di miti e di credenze codificate, in quanto egli è convinto che gli uomini, per poter *sopportare* l'impatto con il caos della vita, abbiano costruito una serie di certezze (metafisiche, morali, religiose, ecc.), che, ad uno sguardo profondo, si rivelano soltanto come delle necessità di sopravvivenza, che il filosofo, mediante una serie di «itinerari nel *proibito*», ha il gravoso ufficio di mettere a nudo.

Facendosi profeta del suo destino d'eccezione, Nietzsche, in *Ecce homo*, si presenta come «il primo uomo decente» dopo la «falsità che dura da millenni», destinato, come tale, a scatenare, nel prossimo, tracolli e convulsioni: «Conosco la mia sorte. Sarà legato al mio nome il ricordo di qualcosa di enorme — una crisi, quale mai si era vista sulla terra, la più profonda collisione della coscienza, una decisione evocata *contro* tutto ciò che finora è stato creduto, preteso, consacrato. Io non sono un uomo, sono una dinamite». E in *Umano, troppo umano* annota: «I miei scritti sono stati chiamati una scuola di sospetto e ancor più di disprezzo, per fortuna però anche di coraggio, anzi di temerarietà. E in realtà io stesso non credo che alcuno abbia mai scrutato il mondo con un sospetto ugualmente profondo».

Quest'opera di demolizione polemica del passato non si risolve tuttavia in una semplice critica delle idee o dei sistemi, poiché si concretizza anche, secondo la tendenza *storica* del filosofare di Nietzsche, in un'esplicita messa in discussione della *civiltà* occidentale nel suo complesso e del «tipo antropologico» da essa prodotto: l'individuo anti-vitale e sottomesso ad autorità costituite. E poiché il rifiuto dell'uomo del *passato* avviene alla luce di un'intuizione del possibile uomo del *futuro*, il pensiero di Nietzsche non si esaurisce neppure nel momento critico e polemico del «sospetto» verso le teorie e i comportamenti tradizionali, in quanto mette capo alla delineazione di un nuovo *modello* di umanità: «il super-uomo» o «l'oltre-uomo»[1]. Le parole di *Ecce homo*, a questo proposito, sono estremamente eloquenti: «Io vengo a contraddire, come mai si è contraddetto, e nondimeno sono l'opposto di uno spirito negatore. Io sono un *lieto messaggero*, quale mai si è visto, conosco compiti di un'altezza tale che finora è mancato il concetto per definirli; solo a partire da me ci sono nuove speranze».

La messa in discussione della civiltà occidentale e l'idea del «super-uomo»

A questa originalità di contenuti si accompagna la ricerca di nuove modalità espressive e di nuove forme di comunicazione filosofica. Nietzsche è un geniale poligrafo, in cui si alternano generi e stili diversi. Negli scritti giovanili è ancora legato alla forma accademica del saggio e del trattato. A partire da *Umano, troppo umano*, parallelamente alla sfiducia nelle grandi costruzioni sistematiche del passato e all'influenza dei moralisti francesi, opta per la forma breve dell'aforisma, cioè per l'illuminazione istantanea, finalizzata a cogliere le cose al volo. Nietzsche paragona l'aforisma alle figure in rilievo, che, essendo incomplete, esigono dall'osservatore di integrare «col pensiero ciò che gli si staglia davanti». Ne segue che non basta leggere un aforisma per capirlo. Piuttosto, dopo averlo letto, deve cominciare la sua interpretazione. L'aforisma esige quindi «un'arte dell'interpretazione», ovvero una pratica che i moderni hanno disimparato e che Nietzsche chiama «ruminare».

I diversi stili

L'aforisma

Così parlò Zarathustra, che si ispira alla scrittura in versetti propria dei Vangeli, segue il modello della poesia in prosa e dell'annuncio profetico, ricco di simboli, allegorie e parabole. Negli ultimi scritti prevalgono l'esposizione autobiografica e l'invettiva polemica. Questi diversi stili hanno, come attributo comune, un tono personale e coinvolgente, che testimonia l'*esistenzialità* del filosofare nietzscheano: «In tutte le opere che ho scritto, io ho messo dentro anima e corpo: non so che cosa siano problemi puramente intellettuali».

La poesia in prosa e l'invettiva

L'esistenzialità del filosofare

Il pensiero di Nietzsche è programmaticamente asistematico anche quando progetta opere che hanno l'*apparenza* della sistematicità o dell'organicità. Anzi, «Meglio di chiunque altro, Nietzsche ha schernito le illusioni e le presunzioni della filosofia sistematica» (G. Colli). Proprio negli stessi anni in cui progettava *La volontà di potenza*, che avrebbe dovuto raccogliere in modo compiuto le sue riflessioni, egli scrive: «Diffido di tutti i sistemi e i sistematici, e mi allontano da loro»; «Io non sono abbastanza ottuso per un sistema – e tantomeno per il *mio* sistema». *Dietro* il sistema Nietzsche scorge una forma specifica di volontà di potenza, cioè un desiderio di impadronirsi della totalità del reale. Desiderio che egli, in quanto «scriba del caos» (F. Masini), denuncia come illusorio e votato all'insuccesso. Inoltre, la predilezione per gli orizzonti «aperti» lo porta a contestare la forma chiusa del sistema: «*Le verità provvisorie*. È qualcosa di puerile, o addirittura è una specie di impostura, quando oggi un pensatore propone una totalità di conoscenze, un sistema; siamo troppo accorti, per non portare dentro di noi il dubbio più radicale sulla *possibilità* di una tale totalità. È sufficiente, se ci accordiamo su di una totalità di *presupposti di metodo*: su "verità provvisorie", sul filo delle quali vogliamo lavorare; così come il navigatore nell'oceano tiene fermo a una certa direzione» (*Fr. Post.*, 1884).

La tendenza anti-sistematica

In virtù della sua fisionomia asistematica, il pensiero di Nietzsche è ben lontano dal formare una costruzione architettonica conclusa. Anzi, il suo discorso multidimensionale presenta una pluralità di significati e di direzioni di marcia non totalizzabili univocamente. Quindi, in relazione a questo «pensiero selvaggio» (com'è stato chiamato), che si nutre di battute, allusioni, aforismi e profezie, e che ha generato una vera e propria selva di studi, non esistono monopoli interpretativi, ma solo schemi o tracce di lettura, sempre aperte, in modo ancor più accentuato che per gli altri filosofi, a nuovi approfondimenti e riformulazioni.

[1] Il termine «oltre-uomo», traduzione del termine tedesco *Übermensch*, è stato usato soprattutto da Gianni Vattimo (uno dei maggiori studiosi attuali del filosofo), per sottolineare la *nuova* interpretazione del super-uomo, visto come modo d'essere di una possibile umanità *futura*.

3. Fasi o periodi del filosofare nietzscheano

L'opera di Nietzsche viene convenzionalmente suddivisa in alcune fasi, che non vanno intese alla stregua di scansioni rigide, ma come tappe transitorie di un pensiero in divenire, che riunisce, in se stesso, rottura *e* continuità.

La fase giovanile

a) Gli scritti giovanili del periodo wagneriano-schopenhaueriano (1872-1876), che comprendono *La nascita della tragedia* (1872), le quattro *Considerazioni inattuali* (1873-76) e taluni inediti, fra cui *La filosofia nell'epoca tragica dei Greci* (1873) e *Su verità e menzogna in senso extramorale* (1873).

La fase intermedia

b) Gli scritti intermedi del periodo «illuministico» o «genealogico» (1878-1882), che comprendono *Umano, troppo umano* (1878-1880), *Aurora* (1881), *La gaia scienza* (1882), *Gli idilli di Messina* (1882) e una serie coeva di frammenti postumi.

La fase di «Zarathustra»

c) Gli scritti del meriggio o di «Zarathustra» (1883-1885), che comprendono *Così parlò Zarathustra* e i relativi frammenti postumi.

Tre o quattro fasi?

La controversia intorno ai frammenti inediti

È tuttora oggetto di discussione fra gli studiosi se con lo *Zarathustra* si esaurisca o meno l'iter teorico di Nietzsche. Così, accanto a coloro che optano per la tradizionale divisione in tre fasi vi è la schiera, sempre più numerosa, di coloro che optano per una divisione in quattro fasi e che riconoscono all'«ultimo Nietzsche» un'autonoma consistenza. Consistenza avvalorata dalla presenza di una serie imponente di frammenti postumi, che costituiscono una specie di mondo sommerso di cui le opere edite sono le terre affioranti. Anche a proposito di tali frammenti esiste un'annosa divergenza in materia. Infatti, mentre taluni (rappresentati da Karl Schlechta) ritengono che essi non contengano sostanzialmente niente di nuovo rispetto agli scritti editi, altri – in cui si riconosce chi scrive – insistono sui loro elementi di novità, soprattutto in merito a talune problematiche (la volontà di potenza, il nichilismo, il prospettivismo ecc.), ritenendo che essi rappresentino «il punto estremo, e forse anche il più elevato, cui giunse il pensiero teoretico di Nietzsche» (G. Colli - M. Montinari).

La fase finale

d) Gli scritti del tramonto o degli ultimi anni (1886-1889), che comprendono *Al di là del bene e del male* (1886), *Genealogia della morale* (1887), *Il caso Wagner*, *Crepuscolo degli idoli*, *L'Anticristo*, *Ecce homo*, *Nietzsche contra Wagner* (tutti del 1888).

4. La nascita della tragedia

Il «dionisiaco» e l'«apollineo» come coordinate di fondo dello spirito greco e del suo mondo artistico

Il motivo centrale de *La nascita della tragedia* è la distinzione fra il «dionisiaco» e l'«apollineo», che si concretizza nel contrasto fra una serie di opposti: caos-forma; divenire-stasi; infinito-finito; istinto-ragione; oscurità-luce; inquietudine-serenità; ebbrezza-sogno, ecc.

Queste coppie di opposti, che sono presenti anche in Natura (nella quale vige il contrasto fra la Vita e la forma, tra *ápeiron* e *péras*, ovvero tra il Principio infinito e gli esseri finiti che da esso sgorgano e a cui ritornano), rappresentano, secondo Nietzsche, le coordinate di fondo dello spirito greco e del suo mondo artistico. Infatti, mentre il dionisiaco, che scaturisce dalla forza vitale e dal senso caotico del divenire, si esprime nell'esaltazione creatrice della *musica*, l'apollineo, che scaturisce da un atteggiamento di fuga di fronte al flusso imprevedibile degli eventi, si esprime nelle forme limpide e armoniche dell'*arte plastica* e dell'epopea. In antitesi all'immagine tradizionale e cristiana dell'Ellade come mondo della serenità e dell'equilibrio (ossia come regno dell'apollineo), Nietzsche insiste invece sul carattere *originariamente* dionisiaco (o «asiatico») della sensibilità greca, portata a scorgere ovunque il dramma della vita e della morte e gli aspetti orribili e assurdi della vicenda crudele dell'essere. Tant'è vero, continua Nietzsche, che l'apollineo nacque solo sul terreno di una visione dionisiaca dell'esistenza e dal tentativo di sublimare il caos nella forma, ossia dallo sforzo di trasfigurare l'orribile e l'assurdo in un mondo definito e armonico, capace di rendere accettabile la vita. Gli stessi dèi olimpici furono nient'altro che un modo per «sopportare», mediante una trasposizione mitico-ideale, la caducità dolorosa dell'essere-uomini: «il Greco conobbe e sentì i terrori e le atrocità dell'esistenza: per poter comunque vivere, egli dovette porre davanti a tutto ciò la splendida nascita sognata dagli dèi olimpici [...]».

Le varie fasi del rapporto fra dionisiaco e apollineo

In un primo tempo, nella Grecia presocratica, impulso apollineo e impulso dionisiaco convissero separati e opposti. In un secondo tempo, nell'età della tragedia attica (di Sofocle ed Eschilo), apollineo e dionisiaco si armonizzarono fra loro, dando origine a capolavori sublimi. Infatti, sebbene vivificata dallo spirito dionisiaco, la grande tragedia greca manifesta un perfetto "accoppiamento" fra il dionisiaco (rappresentato dalla musica) e l'apollineo (rappresentato dalla vicenda compiuta dell'eroe).

L'origine della tragedia

Per quanto concerne, più specificamente, l'*origine* della tragedia, Nietzsche riprende l'idea secondo cui essa (conformemente all'etimologia τράγος «capro» e ᾠδή «canto») sarebbe nata dal coro tragico, ovvero dal coro dei seguaci di Dioniso, mascherati da capri. Egli ne propone tuttavia una nuova interpretazione, che si lega alle nozioni di dionisiaco e di apollineo. Ecco come si esprime, a questo proposito, Gianni Vattimo:

«È nota la tesi generale di Nietzsche sul modo in cui si sviluppa la tragedia greca: essa ha origine dal coro tragico, come già la tradizione diceva; il coro è in origine una sorta di processione religiosa dei seguaci di Dioniso, che nell'esaltazione mistica si trasforma, ai propri stessi occhi, in coro di Satiri, cioè di esseri naturali che sono insieme l'uomo allo stato originario e qualcosa di sublime e di divino [...]. Nel partecipare alla processione dionisiaca l'uomo della vita quotidiana subisce un primo processo di trasformazione: si vede e si sente vivere come Satiro, come essere umano-divino primigenio. Ma a questa visione ne segue una seconda: il coro dei Satiri, nella sua trasformazione, "vede fuori di sé una nuova visione, come compimento apollineo del proprio stato"; vede cioè il dio, Dioniso, che raffigura in vicende articolate la "storia" stessa del Satiro come essere naturale; è questa nuova visione quella che costituisce la vicenda vera e propria del dramma, e che compie lo sviluppo della tragedia fino alla forma nella quale ci è stata tramandata».

In altri termini, quando Nietzsche afferma che la genesi della tragedia greca risiede in un «coro dionisiaco che sempre di nuovo si scarica in un mondo apollineo di immagini», egli intende dire che il dramma tragico diviene veramente tale allorquando Dioniso è "rappresentato" tramite una serie di "immagini" che trasformano in un mondo di ideale compiutezza e bellezza il vissuto di sofferenza dell'eroe (ovvero l'essenza caotica dell'esistere).

Il prevalere dell'apollineo e l'inizio del processo di «decadenza»

Nell'arte successiva, questa sorta di sintesi fra dionisiaco e apollineo, che per Nietzsche rappresenta un autentico «miracolo metafisico» della civiltà ellenica, viene messa in forse dal prevalere dell'apollineo, che trionfa sul dionisiaco fin quasi a soffocarlo. Questo processo di «decadenza» inizia con la tragedia di Euripide (cioè con colui che porta sulla scena non più l'eroe, ma l'omuncolo nelle sue quotidiane peripezie) e trova la sua espressione paradigmatica nell'insegnamento razionalistico e ottimistico di Socrate, ossia del filosofo con cui si compie l'«uccisione» delle profondità istintuali e tragico-dionisiache della vita, a favore di quel pallido ideale che è la ragione e la sua visione «serena» e «misurata» del mondo.

APOLLINEO E DIONISIACO COME CATEGORIE INTERPRETATIVE DEL MONDO GRECO

TESTO 1

La nascita della tragedia, *pubblicata originariamente nel dicembre del 1871, è la prima opera di Nietzsche importante dal punto di vista filosofico. Egli da qualche anno insegna filologia classica all'università di Basilea, ma non condivide l'indirizzo prevalentemente antiquario-erudito della filologia accademica e, come risulta chiaramente in quest'opera, ricerca nella classicità le categorie alla luce delle quali si possano comprendere non solo l'origine della tragedia attica, ma anche e soprattutto la storia dell'Occidente. L'origine della grande tragedia greca sta in una sorta di sintesi dello spirito dionisiaco e dello spirito apollineo: l'uno è l'istinto, l'altro è la ragione, artisticamente l'uno si esprime nell'esaltazione creatrice della musica, l'altro nelle forme limpide e armoniose delle arti plastiche e dell'epopea. Originariamente dionisiaco e apollineo sono separati, al tempo di Sofocle e di Eschilo essi miracolosamente si congiungono in un mirabile equilibrio, infine nella Grecia di Euripide e di Socrate l'apollineo sopraffà il dionisiaco. Ha così inizio la decadenza, la malattia dell'Occidente, tema che Nietzsche riprende e sviluppa nelle opere successive.*

Avremo giovato molto alla scienza estetica quando saremo giunti non solo al riconoscimento logico, ma anche all'immediata sicurezza dell'intuizione la quale ci dice che lo sviluppo dell'arte è legato al duplice elemento dell'apollineo e del dionisiaco; così come la generazione dipende dalla dualità dei sessi in incessante lotta fra loro e che solo periodicamente si riconciliano. Questi nomi li prendiamo in imprestito dai greci, i quali rendono percepibili all'intelligenza le profonde dottrine della loro visione estetica non già per il mezzo di concetti astratti, ma con raffigurazioni chiare ed incisive della mitologia. Alle loro due divinità che simboleggiavano l'arte, Apollo e Dioniso, si riallaccia la nostra teoria, che nel mondo greco esiste un contrasto, enorme per l'origine e i fini, fra l'arte plastica, cioè l'apollinea, e l'arte non plastica della musica, cioè la dionisiaca; questi due istinti così diversi camminano l'uno accanto all'altro, per lo più in aperto dissidio, stimolandosi reciprocamente a sempre nuove e più gagliarde reazioni per perpetuare in sé incessantemente la lotta di quel contrasto, su cui la comune parola di «arte» getta un ponte che è solo apparente: finché in ultimo, riuniti insieme da un miracolo metafisico prodotto dalla «volontà» ellenica, essi appaiono finalmente in coppia e generano in quest'accoppiamento l'opera d'arte della tragedia attica, che è tanto dionisiaca quanto apollinea. [...]

In contrasto con tutti coloro che si sforzano di derivare le arti da un unico principio, io, come necessaria fonte vitale di ogni opera d'arte, tengo lo sguardo fisso alle due divinità artistiche dei greci, Apollo e Dioniso; e riconosco in esse i rappresentanti vivi e significativi di due mondi artistici profondamente diversi nella loro più intima natura e nei loro più alti scopi. Apollo sta dinanzi a me come il genio trasfiguratore del *principium individuationis*, attraverso il quale unicamente si può conseguire la liberazione nell'apparenza; mentre sotto il mistico grido di giubilo di Dioniso si infrangono le barriere incaute dell'individuazione e viene aperta la via alle madri dell'essere, all'intimo nucleo delle cose. Quest'enorme contrasto che si spalanca fra l'arte plastica come «arte apollinea» e la musica come «arte dionisiaca», si è rivelato ad uno solo dei grandi pensatori, ma a tal punto che egli, sebbene non si valesse della guida fornita dal simbolismo delle divinità elleniche, riconobbe alla musica rispetto alle altri arti, un differente carattere e un'altra origine; perché essa non è, come le altre, un riflesso del fenomeno, bensì un riflesso immediato della stessa volontà; e rappresenta quindi, *rispetto a tutto ciò che nel mondo vi è di fisico, il metafisico, rispetto* ad ogni fenomeno, la cosa in sé (Schopenhauer, *Mondo come volontà e rappresentazione*, I, p. 310).

F. Nietzsche, *La nascita della tragedia*, in *Opere scelte*, trad. it. di L. Scalero, Longanesi, Milano, 1964², pp. 85 e 173

1-5. In questo paragrafo iniziale dell'opera, Nietzsche annuncia il proposito di dimostrare al lettore, o meglio di comunicargli la certezza intuitiva, che l'arte in genere ha la sua matrice nell'elemento apollineo e in quello dionisiaco; analogamente la generazione fisica deriva dal congiungimento dei due sessi che solitamente sono in lotta tra loro.

5-7. Questa terminologia viene ricavata dalla mitologia greca, le cui raffigurazioni «chiare ed incisive» valgono più dei «concetti astratti», secondo Nietzsche.

7-10. Apollo è il simbolo dell'arte plastica in genere, mentre Dioniso è il simbolo della musica (nel corso dell'opera questi due elementi sono paragonati rispettivamente alla forma e al caos, alla stasi e al divenire, alla ragione e all'istinto, ecc.).

10-16. Originariamente apollineo e dionisiaco convivono separati e opposti in un antagonismo fecondo; entrambi generano arte, ma l'uno indipendentemente dall'altro. Ma apollineo e dionisiaco finiscono per essere congiunti e armonizzati dal genio ellenico dando origine ad una nuova forma d'arte, la tragedia attica.

17-21. Nietzsche ribadisce la propria interpretazione dualistica dell'arte, sottolineando nuovamente l'eterogeneità di apollineo e dionisiaco, che separatamente danno vita a forme d'arte diverse.

21-24. Nietzsche riprende da Schopenhauer il concetto di «principio di individuazione», applicandolo ad Apollo. Questi, infatti, è il simbolo di un'arte che tende a produrre immagini definite, armoniose e stabili; mentre Dioniso, il dio dell'ebbrezza orgiastica, infrange i vincoli artificiosi di tale principio, simboleggiando l'impulso ad immergersi nel caos della vita: «Sotto l'incanto del dionisiaco non solo si stringe di nuovo il vincolo fra uomo e uomo; anche la natura fatta estranea, nemica o soggiogata, festeggia di nuovo la sua conciliazione col suo figliol prodigo, l'uomo» (*La nascita della tragedia*, cit., p. 89).

24-31. Nietzsche infine tributa un esplicito plauso proprio a Schopenhauer, al quale dà il merito di aver riconosciuto alla musica un'origine diversa da quella delle altre arti, cioè un'origine metafisica essendo espressione diretta della volontà di vita (Dioniso, per Nietzsche) e dunque della realtà in sé, al di là del mondo fenomenico. A questo proposito va ricordato anche l'entusiasmo suscitato nel giovane Nietzsche dalla musica di Richard Wagner. Già in quest'opera, però, si manifesta il dissenso di Nietzsche dall'ascetismo di Schopenhauer.

5. L'ACCETTAZIONE TOTALE DELLA VITA

Nietzsche vuol essere un discepolo di Dioniso, poiché nell'antica figura greca egli vede il simbolo del suo «sì» totale al mondo. In altri termini, Dioniso è, per Nietzsche, «l'affermazione religiosa della vita totale, non rinnegata né frantumata». È l'esaltazione entusiastica del mondo com'è, senza diminuzione, senza eccezione e senza scelta: *esaltazione infinita dell'infinita vita*. Lo spirito dionisiaco non ha nulla a che fare con l'accettazione rassegnata della vita, con l'atteggiamento di chi vede in essa la condizione negativa di quei valori di bontà, di perfezione, di umiltà, che sono la sua negazione. È la volontà orgiastica della vita nella totalità della sua potenza. Dioniso è il dio dell'ebbrezza e della gioia, il dio che canta, ride e danza: egli bandisce ogni rinunzia, ogni tentativo di fuga di fronte alla vita. Ciò vuol dire, secondo Nietzsche, che l'accettazione integrale della vita trasforma il dolore in gioia, la lotta in armonia, la crudeltà in giustizia, la distruzione in creazione. Essa rinnova profondamente la tavola dei valori morali. Tutti i valori fondati sulla rinunzia e sulla diminuzione della vita, tutte le cosiddette virtù che tendono a mortificare l'energia vitale, a spezzare e a impoverire la vita, appaiono a Nietzsche come un abbassamento dell'uomo al di sotto di sé e quindi come indegne di lui. Per lui sono virtù tutte le passioni che dicono *sì* alla vita e al mondo: «La fierezza, la gioia, la salute, l'amore sessuale, l'inimicizia e la guerra, le belle attitudini, le buone maniere, la volontà forte, la disciplina dell'intellettualità superiore, la volontà di potenza, la riconoscenza verso la terra e verso la vita — tutto ciò che è ricco e vuol dare, e vuol gratificare la vita, dorarla, eternizzarla e divinizzarla [...] tutto ciò che approva, afferma ed agisce per affermazione». Nietzsche pone crudamente il dilemma tra la morale tradizionale e quella che egli difende; ma in realtà questo dilemma è già incluso nell'altro, che è il solo fondamentale, tra l'accettazione della vita e la rinunzia alla vita, tra il *sì* e il *no* di fronte al mondo. Solamente l'atto dell'accettazione, la scelta libera e gioiosa di ciò che la vita è nella sua potenza primitiva, determina la trasfigurazione dei valori e indirizza l'uomo verso l'esaltazione di sé anziché verso l'abbandono e la rinunzia.

Dioniso come metafora del «sì» totale alla vita e al mondo

L'esaltazione dei valori vitali

Ciò non significa che il pensiero di Nietzsche possa venir considerato alla stregua di un ottimismo estetizzante che veda nell'esistenza un baccanale di gioia o un'orgia di piacere. Infatti, come si è visto, Nietzsche, in quanto discepolo di Schopenhauer, è ben consapevole del momento tragico e crudele dell'essere. Criticando il pessimismo come segno di decadenza e l'ottimismo come segno di superficialità, egli mira piuttosto a proporre un accoglimento della vita nell'insieme dei contrari che la caratterizzano.

Al di là del pessimismo e dell'ottimismo

6.
La critica della morale tradizionale e la nuova tavola dei valori

Il tema dell'accettazione della vita — che costituisce il filo conduttore di tutto il pensiero di Nietzsche — porta il filosofo a polemizzare aspramente contro la morale e il cristianesimo, considerati come le tipiche forme di coscienza e di azione attraverso cui l'uomo è giunto a porsi *contro* la vita stessa.

Secondo Nietzsche la morale, attraverso i tempi, è sempre stata considerata come un *fatto* evidente che si auto-impone all'individuo. Tant'è vero che, in ogni scienza della morale esistita sino ad oggi, si puntualizza in *Al di là del bene e del male*, è sempre mancato, per quanto possa riuscire strano, il *problema* stesso della morale: è mancato il sospetto che ci potesse essere, su questo punto, qualcosa di problematico. Di conseguenza, il primo passo da compiere nei confronti della morale, come afferma la prefazione alla *Genealogia della morale*, è di mettere in discussione la morale stessa: «abbiamo bisogno di una critica dei valori morali, di cominciare a porre una buona volta in questione il valore stesso di questi valori». Proprio in vista di ciò, Nietzsche intraprende un'analisi *genealogica* della morale, al fine di scoprirne la genesi *psicologica* effettiva. Nell'ambito di questo "viaggio" alle sorgenti dei comportamenti etici, Nietzsche è guidato da una convinzione che in *Ecce homo* esprime con un aforisma famoso:

La morale come *problema*

La *genealogia* della morale (cfr. il *Glossario*)

«dove *voi* vedete le cose ideali,
io vedo cose umane, ahi troppo umane».

Egli ritiene infatti che i pretesi valori trascendenti della morale e la morale stessa, intesa come specifico modo di essere, siano nient'altro che una proiezione di determinate tendenze umane, che il filosofo, in virtù della psicologia, «signora delle scienze», ha il compito di svelare nei loro meccanismi segreti. Innanzitutto la cosiddetta «voce della coscienza», da cui procederebbe la morale, secondo Nietzsche è nient'altro che la presenza, in noi, delle autorità sociali da cui siamo stati educati. Pertanto, anziché essere «la voce di Dio nel petto dell'uomo», la coscienza risulta piuttosto, scrive testualmente Nietzsche, «la voce di alcuni uomini nell'uomo». In altre parole, la moralità è «l'istinto del gregge nel singolo», ovvero il suo assoggettamento a determinate direttive fissate dagli esponenti delle *élites* dominanti. Anziché rappresentare delle entità ontologiche autonome, i valori etici, considerati dal punto di vista storico-psicologico, sono quindi «il risultato di determinate prospettive di utilità per il mantenimento e il rafforzamento delle forme di dominio umano; e solo falsamente sono proiettati nell'essenza delle cose» (*Frammenti postumi*).

La genesi sociale dei comportamenti etici

Tuttavia, mentre in un primo momento, soprattutto nel mondo classico, la morale, essendo espressione di un'aristocrazia cavalleresca, risulta improntata ai valori *vitali* della forza, della salute, della fierezza, della gioia (= la morale dei signori), in un secondo momento, che giunge al suo apice con il cristianesimo, la morale appare improntata ai valori anti-vitali del disinteresse, dell'abnegazione, del sacrificio di sé, ecc. (= la morale degli schiavi). Ma *come* si spiega la vittoria della morale degli schiavi, ossia l'avvento di una maniera anti-vitale di rapportarsi alla vita? Com'è possibile che, ad un certo punto, l'umanità occidentale abbia imboccato la strada della malattia e della decadenza? Ciò è avvenuto, risponde Nietzsche, perché la morale dei signori originariamente comprende in sé non solo l'etica dei guerrieri, ma anche quella dei sacerdoti. Ora, se il guerriero si rispecchia nelle virtù del «corpo», il sacerdote tende a perseguire le virtù dello «spirito». Ma poiché la natura è irresistibile, il sacerdote non può fare a meno di provare un certo *risentimento* verso i guerrieri, ovvero una segreta invidia e un latente desiderio di rivalsa nei loro confronti. Non potendo dominare la casta dei guerrieri sul loro stesso terreno, la casta sacerdotale cerca quindi di far valere se medesima elaborando una tavola di valori *antitetica* a quella dei cavalieri.

La morale dei signori e la morale degli schiavi

Il fenomeno del «risentimento» (cfr. il *Glossario*)

In tal modo, al «corpo» viene anteposto lo «spirito», all'«orgoglio» l'«umiltà», alla «sessualità» la «castità». Questo «rovesciamento di valori» storicamente è rappresentato soprattutto dagli ebrei, nei quali Nietzsche vede un «popolo sacerdotale» per eccellenza. Infatti, a suo parere, «sono stati gli ebrei ad aver osato, con una terrificante consequenzialità, stringendolo ben saldo con i denti dell'odio più abissale (l'odio dell'impotenza), il rovesciamento dell'aristocratica equazione di valore (buono = nobile = potente = bello = felice = caro agli dèi), owerossia i miserabili soltanto sono i buoni; solo i poveri, gli impotenti, gli umili sono i buoni; i sofferenti, gli indigenti, gli infermi, i deformi sono anche gli unici devoti [...]» (*Genealogia della morale*). Questo tipo di morale, allorché viene partecipata dalle masse, si trasforma in una vera potenza e mette capo al cristianesimo. In tal modo la Giudea, umiliata dai Romani, capovolge i valori del mondo antico e conquista Roma stessa tramite il cristianesimo, ossia mediante una religione che è il frutto di un risentimento dell'uomo *debole* verso la vita. Nel cristianesimo *storico* dell'Occidente Nietzsche scorge infatti il simbolo della vita che si mette *contro* la vita, ovvero «la più sotterranea congiura che sia mai esistita contro salute, bellezza [...] contro la vita stessa».

La morale anti-vitale degli ebrei e dei Cristiani

Ma proprio perché ha inibito gli impulsi primari dell'esistenza e ha corrotto le sorgenti naturali della gioia e del piacere mediante la nozione di «peccato», il cristianesimo *storico*, cioè concreto e non puramente dottrinale, ha prodotto un tipo d'uomo malato e represso, in preda a continui «sensi di colpa», che avvelenano la sua esistenza. Infatti, poiché «tutti gli istinti che non si scaricano all'esterno si rivolgono all'interno», l'uomo cristiano, al di là della maschera di serenità, è psichicamente un *auto-tormentato*, che, nel suo risentimento, nasconde in sé un'aggressività rabbiosa contro la vita e uno spirito di vendetta contro il prossimo. Questo spiega perché dalla religione dell'amore sia potuta scaturire una casta sacerdotale, spesso oppressiva e crudele, che lungo i secoli non ha esitato a bagnarsi del sangue altrui. Si noti come Nietzsche, più che contro la figura del Galileo, verso cui non nasconde simpatia (considerandolo, ne *L'Anticristo*, come «l'uomo più nobile» e come un *heiliger Anarchist*, un «santo anarchico» in opposizione al potere costituito), sia polemico contro i suoi pretesi seguaci: «Già la parola "cristianesimo" è un equivoco; in fondo è esistito un solo cristiano e questi morì sulla croce», «la Chiesa è esattamente ciò contro cui Gesù ha predicato e contro cui egli ha insegnato ai suoi discepoli a combattere».

Il Cristiano come tipo d'uomo risentito e represso

A tutte le negazioni della morale e del cristianesimo, Nietzsche contrappone quindi le più risolute ed entusiastiche affermazioni. Nel prologo di *Così parlò Zarathustra* troviamo il *leit-motiv* di tutta l'opera: «Vi scongiuro, fratelli, *rimanete fedeli alla terra* e non credete a quelli che vi parlano di sovraterrene speranze! Lo sappiano o no: costoro esercitano il veneficio. Dispregiatori della vita essi sono, moribondi e avvelenati essi stessi, hanno stancato la terra: possano scomparire!». Da ciò la proposta nietzscheana di una trasmutazione o *inversione* di valori: «La verità è tremenda: perché fino a oggi si chiamava verità la menzogna. Trasvalutazione di tutti i valori: questa è la mia formula per l'atto con cui l'umanità prende la decisione suprema su se stessa, un atto che in me è diventato carne e genio» (*Ecce homo*). Di conseguenza, quando Nietzsche si proclama il «primo immoralista» non intende alludere all'abolizione di *ogni* criterio o valore, e proporre un tipo d'uomo in preda al gioco sfrenato degli istinti (il che sarebbe indegno del super-uomo), ma contrapporre ai valori anti-vitali della morale tradizionale una nuova *tavola di valori* a misura d'uomo e del suo carattere mondano. Infatti l'esistenza dell'uomo, per Nietzsche, è un'esistenza interamente terrestre: l'uomo è nato per vivere sulla Terra e non c'è altro mondo per lui. L'anima, che dovrebbe essere il soggetto dell'esistenza ultra-mondana, è insussistente: l'uomo è sostanzialmente corpo. «Io sono corpo tutt'intero e nient'altro, dice Zarathustra; l'anima è soltanto una parola che indica una particella del corpo»: questa rivendicazione della natura terrestre dell'uomo è implicita nell'accettazione totale della vita che è propria dello spirito dionisiaco. In virtù di tale accettazione, la Terra e il corpo dell'uomo si trasfigurano: la Terra cessa di essere il deserto in cui l'uomo è in esilio e diventa la sua dimora gioiosa; il corpo cessa di essere prigione o tomba dell'anima e diviene il *concreto* modo di essere dell'uomo *nel* mondo.

La fedeltà alla terra e l'inversione dei valori

L'uomo come creatura terrestre e corporea

TESTO 2 MORALE DEI SIGNORI E MORALE DEGLI SCHIAVI

Al di là del bene e del male, *pubblicata nel 1886, è una delle grandi opere nelle quali Nietzsche affronta il problema morale con quella spregiudicatezza che tanto scandalo ha suscitato e lo ha reso celebre. In quest'opera, tra l'altro, si trova la distinzione tra morale dei signori e morale degli schiavi (a volte definita anche morale del gregge), ognuna delle quali è espressione di un certo tipo d'uomo. La morale dei signori è imperniata sui valori* vitali *della forza, della salute, della fierezza, ecc., praticati originariamente dall'antica nobiltà greca. Viceversa la morale degli schiavi comprende i valori* anti-vitali *della mansuetudine, dell'umiltà, della castità, ecc., praticati originariamente dalla massa degli schiavi e comunque da tutti gli uomini deboli e insicuri. Nietzsche disprezza apertamente la morale degli schiavi che, a suo parere, ha avuto il sopravvento definitivo con la diffusione del cristianesimo e auspica la riscoperta dei valori aristocratici che egli considera i soli* naturali.

Vagabondando tra le molte morali, più raffinate e più rozze, che hanno dominato fino a oggi o dominano ancora sulla terra, ho rinvenuto certi tratti caratteristici, periodicamente ricorrenti e collegati tra loro: cosicché mi si sono finalmente rivelati due tipi fondamentali e ne è balzata fuori una radicale differenza. Esiste una *morale dei signori* e una *morale degli schiavi*. [...]

Le differenziazioni morali di valore sono sorte o in mezzo a una stirpe dominante, che con un senso di benessere acquistava coscienza della propria distinzione da quella dominata — oppure in mezzo ai dominati, gli schiavi e i subordinati di ogni grado. Nel primo caso, quando sono i dominatori a determinare la nozione di «buono», sono gli stati di elevazione e di fierezza dell'anima che vengono avvertiti come il tratto distintivo e qualificante della gerarchia. L'uomo nobile separa da sé quegli individui nei quali si esprime il contrario di tali stati d'elevazione e di fierezza — egli li disprezza. Si noti subito che in questo primo tipo di morale il contrasto «buono» e «cattivo» ha lo stesso significato di «nobile» e «spregevole» — il contrasto di «buono» e «*malvagio*» ha un'altra origine. È disprezzato il vile, il pauroso, il meschino, colui che pensa alla sua angusta utilità; similmente lo sfiduciato, col suo sguardo servile, colui che si rende abbietto, la specie canina di uomini che si lascia maltrattare, l'elemosinante adulatore e soprattutto il mentitore — è una convinzione basilare di tutti gli aristocratici che il popolino sia mendace. «Noi veritieri» — così i nobili chiamavano se stessi nell'antica Grecia. [...]

L'uomo di specie nobile sente *se stesso* come determinante il valore, non ha bisogno di riscuotere approvazione, il suo giudizio è «quel che è dannoso a me, è dannoso in se stesso», conosce se stesso come quel che unicamente conferisce dignità alle cose, egli è *creatore di valori*. Onorano tutto quanto sanno appartenere a sé: una siffatta morale è autoglorificazione. [...]

Nobili e prodi che pensano in questo modo sono quanto mai lontani da quella morale che vede precisamente nella pietà o nell'agire altruistico o nel *desintéressement* l'elemento proprio di ciò che è morale; la fede in se stessi, l'orgoglio di sé, una radicale inimicizia e ironia verso il «disinteresse», sono compresi nella morale aristocratica, esattamente allo stesso modo con cui competono a essa un lieve disprezzo e un senso di riserbo di fronte ai sentimenti di simpatia e al «calore del cuore». [...]

Ma soprattutto una morale dei dominatori è estranea al gusto dei contemporanei e per essi spiacevole nel rigore del suo principio, che si hanno doveri unicamente verso i propri simili; che nei riguardi degli individui di rango inferiore e di tutti gli estranei sia lecito agire a proprio lìbito [piacere] o «come vuole il cuore» e comunque «al di là del bene e del male» —: è sotto quest'ultimo aspetto che possono avere il loro posto la compassione o altre cose del genere. La capacità e l'obbligo di una lunga gratitudine e di una lunga vendetta — le due cose solo entro la sfera dei propri simili — la sottigliezza nella rappresaglia, l'affinamento dell'idea di amicizia, una certa necessità di avere dei nemici (come canale di deflusso, per così dire, per le passioni dell'invidia, della litigiosità, della tracotanza — in fondo per poter essere *buoni* amici): tutti questi sono caratteri tipici della morale aristocratica, la quale, come ho accennato, non è la morale delle «idee moderne», ed è per questo che oggi risulta difficile sentirla ancora come pure disseppellirla o discoprirla. — Diversamente stanno le cose per quanto riguarda il secondo tipo di morale, la *morale degli schiavi*. Posto che gli oppressi, i conculcati, i sofferenti, i non liberi, gli insicuri e stanchi di se stessi, facciano della morale, che cosa sarà l'elemento omogeneo nei loro apprezzamenti di valore? Probabilmente troverà espressione un pessimistico sospetto verso l'intera condizione umana, forse una condanna dell'uomo unitamente alla sua condizione. Lo schiavo non vede di buon occhio le virtù dei potenti: è scettico e diffidente, ha la *raffinatezza* della diffidenza per tutto quanto di «buono» venga tenuto in onore in mezzo a costoro —, vorrebbe persuadersi che tra quelli la stessa felicità non è genuina. All'opposto vengono messe in evidenza e inondate di luce le qualità che servono ad alleviare l'esistenza ai sofferenti: sono in questo caso la pietà, la mano compiacente e soccorrevole, il calore del cuore, la pazienza, l'operosità, l'umiltà, la gentilezza a esser poste in onore — giacché sono queste, ora, le qualità più utili e quasi gli unici mezzi per sopportare il peso dell'esistenza. La morale degli schiavi è essenzialmente morale utilitaria.

F. Nietzsche, *Al di là del bene e del male*, in *Opere complete*,
trad. it. di F. Masini, a cura di G. Colli e M. Montinari,
vol. VI, tomo II, Adelphi, Milano, 1990[11], pp. 186-188

1-8. Attraverso un esame storico-comparato delle dottrine morali Nietzsche è giunto ad individuare due tipi fondamentali di morale: quella dei signori e quella degli schiavi. La prima è detta così perché si è formata nell'ambito di un gruppo dominante che prendeva coscienza con piacere della propria superiorità; la seconda è detta così perché viceversa si è formata tra i dominati, gli schiavi, i sottomessi in genere.
8-14. I signori considerano buoni quegli atteggiamenti e comportamenti elevati che essi avvertono come caratteristiche della propria superiorità sulla massa da loro disprezzata. Nietzsche aggiunge l'osservazione che in questa morale l'antitesi buono-cattivo corrisponde all'antitesi nobile-spregevole, mentre l'antitesi buono-malvagio si trova nella morale degli schiavi i quali provano timore (non disprezzo) di fronte alla potenza del malvagio (il signore).
14-19. I signori disprezzano i vili, i paurosi, gli egoisti, i deboli dallo sguardo servile, i miserabili, coloro che per paura si lasciano maltrattare come cani, i postulanti adulatori, specialmente i bugiardi, come risulta anche dal fatto che i nobili dell'antica Grecia si vantavano della loro sincerità.
20-24. Nietzsche poi sottolinea che i signori si sentono autori dei valori e non subordinati a dei valori già dati, non sentono il bisogno di approvazione per le loro azioni, considerano dannoso in sé ciò che è dannoso a loro, ritengono che le cose ricevano valore dalle loro valutazioni. In questo senso si può dire che la morale dei signori è una forma di orgogliosa auto-glorificazione.
25-30. Pietà, altruismo, disinteresse, non sono mai i moventi dei signori perché sono sentimenti propri di uomini deboli (poco prima Nietzsche ha scritto che «anche l'uomo nobile presta soccorso allo sventurato, ma non o quasi per pietà, bensì piuttosto per un impulso generato dalla sovrabbondanza di potenza» (p. 179). La morale aristocratica nutre un certo disprezzo e diffidenza verso i cosiddetti buoni sentimenti.
31-43. Nietzsche constata che la morale aristocratica è disapprovata dagli uomini del suo tempo (nell'aforisma 202 ha scritto: «La morale è oggi in Europa una morale di gregge»). È disapprovata l'idea che ci siano doveri solo verso i propri pari, ma non verso le persone inferiori verso le quali è lecito decidere «al di là del bene e del male». Gli uomini moderni non sono capaci né di una duratura riconoscenza né di una duratura vendetta, non comprendono la necessità di avere nemici per essere buoni amici, ecc. Dunque Nietzsche ritiene arduo (ma non impossibile) restaurare la morale aristocratica.
43-56. La morale degli schiavi è espressione del pessimismo, del sospetto, della diffidenza degli uomini mediocri verso ciò che i signori hanno stabilito essere buono (nella *Genealogia della morale* Nietzsche aggiungerà che essa è fondata sul *risentimento* di coloro che non sanno vivere). Tale morale è essenzialmente utilitaria perché celebra come valori le qualità (come la pietà, la solidarietà, la pazienza, ecc.) più utili ai deboli per sopravvivere.

7. La «morte di Dio»

La critica della morale tradizionale e del cristianesimo trova il suo apice nel tema della «morte di Dio»[2], che rappresenta uno dei motivi filosoficamente *centrali* e storicamente più importanti della filosofia di Nietzsche.

Che cosa intende Nietzsche per «Dio»

Per comprendere in modo adeguato che cosa significhi la nietzscheana «morte di Dio» occorre tener presente che per questo filosofo Dio è sostanzialmente: **1)** il simbolo di ogni prospettiva oltre-mondana e anti-vitale, che pone il senso dell'essere *fuori* o *al di là* dell'essere, ovvero in uno spazio trascendente, contrapponendo *questo* mondo ad un *altro* mondo, ritenuto l'unico «vero» e «perfetto»; **2)** la personificazione di tutte le *certezze* ultime dell'umanità, ossia di tutte le credenze metafisiche e religiose elaborate attraverso i millenni per dare un «senso» e un ordine «rassicurante» alla vita. Il primo punto è connesso alla convinzione nietzscheana secondo cui Dio e l'oltre-mondo abbiano storicamente rappresentato una fuga dalla vita e una rivolta contro questo mondo: «in Dio è dichiarata inimicizia alla vita, alla natura, alla volontà di vivere! Dio, la formula di ogni calunnia dell'"aldiqua", di ogni menzogna dell'"aldilà"» (*L'Anticristo*).

L'origine della credenza in Dio

Il secondo punto, filosoficamente più complesso e su cui ci soffermeremo particolarmente in questo paragrafo, discende dalla maniera nietzscheana di concepire la realtà. Per questo filosofo, che prende le mosse dall'idea, propria di Schopenhauer, di un «mondo sdivinizzato», la concezione di un cosmo ordinato, razionale, governato da scopi ben precisi e retto da un Dio provvidente è soltanto una *costruzione* della nostra mente, per poter *sopportare* la durezza dell'esistenza. In altre parole, di fronte ad una realtà che, secondo Nietzsche, risulta verificabilmente contraddittoria, caotica, disarmonica, crudele e non-provvidenziale, gli uomini, per poter sopravvivere, hanno dovuto convincere se stessi e i loro figli che il mondo è qualcosa di razionale, di armonico, di buono e di provvidenziale, ecc. Da ciò il proliferare delle metafisiche e delle religioni, tutte protese ad esercitare degli esorcismi protettivi nei confronti di un universo «che danza sui piedi del caso» e che non risulta affatto costruito secondo categorie di ragione: «il carattere complessivo del mondo è il caos per tutta l'eternità, non nel senso di un difetto di necessità, ma di un difetto di ordine, di articolazione, forma, bellezza, sapienza e di tutto quanto sia espressione delle nostre estetiche nature umane» (*La gaia scienza*). Ma ormai, dinanzi allo sguardo disincantato del filosofo moderno, le metafisiche e la religione si sono definitivamente rivelate come prospettive consolatorie, decorazioni della realtà e bugie di sopravvivenza: «C'è un solo mondo, ed è falso, crudele, contraddittorio, corruttore, senza senso [...]. Un mondo così fatto è il vero mondo [...]. *Noi abbiamo bisogno della menzogna* per vincere questa "verità", cioè per vivere [...]. La metafisica, la morale, la religione, la scienza [...] vengono prese in considerazione solo come diverse forme di menzogna: col loro sussidio *si crede* nella vita» (*Frammenti postumi*).

La «menzogna» consolatrice di Dio

Di conseguenza, da questo punto di vista Dio appare a Nietzsche come la più antica delle bugie vitali, come «la nostra più lunga menzogna», ovvero come la quintessenza di tutte le credenze escogitate attraverso i tempi per poter fronteggiare il volto caotico e meduseo dell'esistenza. Come tale essa è l'espressione di una *paura* di fronte alla verità dell'essere. La coscienza di vivere in un «mondo sdivinizzato» per Nietzsche è così radicata da portarlo a ritenere superflua ogni ulteriore contro-dimostrazione della non esistenza di Dio condotta con i metodi della filosofia tradizionale. Per Nietzsche, come per Schopenhauer, per il quale l'ateismo era «qualcosa di dato, di palpabile, d'indiscutibile» (*La gaia scienza*), è la *realtà* stessa, cioè l'essenza caotica e non-provvidenziale del mondo, a confutare l'*idea* di Dio, l'*origine* della quale, come si è visto, è il terrore di fronte all'essere: «Un tempo si cerca-

[2] Talora si confonde la critica al cristianesimo con la teoria della morte di Dio. In realtà le due problematiche, pur essendo strettamente *connesse*, non sono la *medesima* cosa, poiché la seconda riveste un carattere più *generale* e più *radicale*, coinvolgendo *tutte* le metafisiche e le religioni del passato.

va di dimostrare che Dio non esiste, — oggi si mostra come ha potuto *avere origine* la fede nell'esistenza di un Dio, e per quale tramite questa fede ha avuto il suo peso e la sua importanza: in tal modo una controdimostrazione della non esistenza di Dio diventa superflua» (*Aurora*).

Di conseguenza, a Nietzsche, più che gli *antecedenti* dimostrativi del carattere a-finalistico, a-razionale e quindi a-teo dell'universo, premono ormai: **1)** l'*annuncio* dell'evento in corso, anche se non ancora pienamente consapevolizzato, della «morte di Dio»; **2)** la riflessione sulle *conseguenze* esistenziali prodotte da questo fatto *decisivo* della storia dell'uomo.

Ne *La gaia scienza*, in uno dei passi più significativi della sua opera, che rappresenta anche uno dei vertici della letteratura filosofica di tutti i tempi, Nietzsche «drammatizza» il messaggio della «morte di Dio» (*Gott ist tot!*) con il noto racconto dell'«uomo folle».

IL GRANDE ANNUNCIO

TESTO 3

L'uomo folle. Avete sentito di quell'uomo folle che accese una lanterna alla chiara luce del mattino, corse al mercato e si mise a gridare incessantemente: «Cerco Dio! Cerco Dio!»? — E poiché proprio là si trovavano raccolti molti di quelli che non credevano in Dio, suscitò grandi risa. «Si è forse perduto?» disse uno. «Si è smarrito come un bambino?» fece un altro. «Oppure sta ben nascosto? Ha paura di noi? Si è imbarcato? È emigrato?» gridavano e ridevano in una gran confusione. L'uomo folle balzò in mezzo a loro e li trapassò con i suoi sguardi: «Dove se n'è andato Dio?» gridò «ve lo voglio dire! *L'abbiamo ucciso* — voi e io! Siamo noi tutti i suoi assassini! Ma come abbiamo fatto? Come potemmo vuotare il mare bevendolo fino all'ultima goccia? Chi ci dette la spugna per strofinare via l'intero orizzonte? Che mai facemmo per sciogliere questa terra dalla catena del suo sole? Dov'è che si muove ora? Dov'è che ci muoviamo noi? Via da tutti i soli? Non è il nostro un eterno precipitare? E all'indietro, di fianco, in avanti, da tutti i lati? Esiste ancora un alto e un basso? Non stiamo forse vagando come attraverso un infinito nulla? Non alita su di noi lo spazio vuoto? — Non si è fatto più freddo? Non seguita a venire notte, sempre più notte? Non dobbiamo accendere lanterne la mattina? Dello strepito che fanno i becchini mentre seppelliscono Dio, non udiamo ancora nulla? Non fiutiamo ancora il lezzo della divina putrefazione? anche gli dèi si decompongono! Dio è morto! Dio resta morto! E noi lo abbiamo ucciso! Come ci consoleremo noi, gli assassini di tutti gli assassini? Quanto di più sacro e di più possente il mondo possedeva fino a oggi si è dissanguato sotto i nostri coltelli — chi detergerà da noi questo sangue? Con quale acqua potremmo lavarci? Quali riti espiatori, quali sacre rappresentazioni dovremo inventare? Non è troppo grande, per noi, la grandezza di questa azione? Non dobbiamo anche noi diventare dèi, per apparire almeno degni di essa? Non ci fu mai un'azione più grande — e tutti coloro che verranno dopo di noi apparterranno, in virtù di questa azione, a una storia più alta di quanto mai siano state tutte le storie fino ad oggi!». — A questo punto l'uomo folle tacque, e rivolse di nuovo lo sguardo sui suoi ascoltatori: anch'essi tacevano e lo guardavano stupiti. Finalmente gettò a terra la sua lanterna che andò in frantumi e si spense. «Vengo troppo presto», proseguì «non è ancora il mio tempo. Questo enorme evento è ancora per strada e sta facendo il suo cammino — non è ancora arrivato fino alle orecchie degli uomini. Fulmine e tuono vogliono tempo, la luce delle stelle vuole tempo, le azioni vogliono tempo, anche dopo essere state compiute, perché siano viste e ascoltate. Quest'azione è ancor sempre più lontana dagli uomini delle stelle più lontane — *eppure son loro che l'hanno compiuta!*». — Si racconta ancora che l'uomo folle abbia fatto irruzione, quello stesso giorno, in diverse chiese e quivi abbia intonato il suo *Requiem aeternam Deo*. Cacciatone fuori e interrogato, si dice che si fosse limitato a rispondere invariabilmente in questo modo: «Che altro sono ancora queste chiese, se non le fosse e i sepolcri di Dio»?

La gaia scienza, in *Opere*, cit., trad. it. di F. Masini, vol. V, tomo II, Adelphi, Milano, 1991², pp. 150-152

1-35. Come il platonico «mito della caverna», anche questo passo nietzscheano contiene una ricca simbologia filosofica. Infatti, al di là del gioco allusivo delle immagini, emergono precisi "messaggi" di pensiero. Senza pretendere di esaurire tutti i rimandi del testo, risulta possibile metterne in luce taluni concetti di fondo, mediante una serie di identificazioni possibili.

L'uomo folle = il filosofo-profeta; le risa ironiche degli uomini del mercato (rr. **4-6**) = l'ateismo ottimistico e superficiale degli intellettuali dell'Ottocento, insensibili alla portata e agli effetti della morte di Dio; la difficoltà di bere il mare, di strusciare l'orizzonte e di sciogliere la terra dal sole (rr. **8-10**) = allusione al carattere arduo e sovra-umano dell'uccisione di Dio; il precipitare nello spazio vuoto, la mancanza di un alto e di un basso, il freddo e la notte (rr. **11-14**) = il senso di «vertigine» e di «smarrimento» che seguono alla morte di Dio e al venir meno di certezze e di punti di riferimento *assoluti*; la necessità di divenire «dèi» noi stessi per apparire degni della «grandezza» dell'azione più grande (rr. **21-22**) = richiamo al fatto che per "reggere" la morte di Dio l'uomo deve farsi superuomo; il giungere «troppo presto» (r. **27**) = la coscienza del filosofo-veggente che la morte di Dio non si è ancora concretizzata in un fatto di massa, anche se è inevitabile che lo diventi nel futuro; le chiese come sepolcri di Dio (r. **35**) = allusione alla crisi moderna delle religioni, considerate da Nietzsche alla stregua di ormai cadaverici «residui» del passato.

In un luogo di *Umano, troppo umano*, Nietzsche, parlando del cristianesimo come di «un'antichità emergente da epoche remotissime», scrive significativamente: «Quando in una mattina di domenica sentiamo rimbombare le vecchie campane, ci chiediamo: ma è mai possibile! Ciò si fa per un ebreo crocifisso duemila anni fa, che diceva di essere il figlio di Dio». E nella *Gaia scienza* osserva: «Nella vecchia Europa, mi sembra che anche oggi sia pur sempre la maggioranza ad aver necessità del cristianesimo, perciò esso continua sempre a trovare chi gli presta fede. Così infatti è l'uomo: anche se un articolo di fede potesse essere mille volte confutato, — posto che egli lo sentisse necessario, — continuerebbe sempre a tenerlo per "vero"».

8. DALLA «MORTE DI DIO» ALL'AVVENTO DEL «SUPERUOMO»

La descrizione nietzscheana dello smarrimento esistenziale prodotto dal tramonto dell'idea di Dio è così "partecipata" che, almeno in certi passaggi, sembra opera di un credente (tant'è vero che, soprattutto in questi ultimi anni, essa ha avuto una forte presa sui seguaci delle varie fedi del mondo, che hanno scorto in essa l'annuncio più drammatico dell'ateismo moderno e contemporaneo). Tuttavia, nel contesto *globale* del discorso di Nietzsche (quale appare dall'insieme della sua opera) appare evidente che la morte di Dio costituisce sì un "trauma", ma solo in relazione ad un uomo-non-ancora-superuomo, e che, proprio in virtù di essa, può ormai divenirlo. *Infatti la morte di Dio segna, per Nietzsche, l'atto di nascita del superuomo.*

A-teismo e superuomo

Solo chi ha il coraggio di guardare in faccia la vita e di prendere atto della caoticità a-razionale del mondo, al di là di tutte le illusioni metafisiche, è ormai maturo, secondo Nietzsche, per varcare l'abisso che divide l'uomo dall'oltre-uomo. Pertanto, il superuomo ha *dietro* di sé, come condizione necessaria del suo stesso essere, la morte di Dio e la vertigine da essa provocata, ma ha *davanti* a sé il «mare aperto» delle *possibilità* scaturenti da una libera progettazione della propria esistenza al di là di ogni struttura metafisica data: «Noi filosofi e "spiriti liberi" — scrive Nietzsche ne *La gaia scienza* (343) — alla notizia che il vecchio Dio è morto, ci sentiamo come illuminati dai raggi di una nuova aurora; il nostro cuore ne straripa di riconoscenza, di meraviglia, di presentimento, d'attesa, — finalmente l'orizzonte torna ad apparirci libero, anche ammettendo che non è sereno, — finalmente possiamo di nuovo sciogliere le vele alle nostre navi, muovere incontro a ogni pericolo; ogni rischio dell'uomo della conoscenza è di nuovo permesso; il mare, il *nostro* mare, ci sta ancora aperto dinanzi, forse non vi è ancora mai stato un mare così "aperto"».

Qualche studioso di Nietzsche ha sostenuto che la tesi della *morte* di Dio non coincide con la tesi della *non-esistenza* di Dio. Infatti l'ateismo sarebbe ancora una posizione a suo modo «metafisica», inaccettabile per Nietzsche. Quindi, tutto il discorso nietzscheano sulla morte di Dio, anziché assurgere ad espressione di una vera e propria convinzione metafisica, si porrebbe in fondo come semplice voce profetica di un accadimento in corso. A nostro avviso questa lettura riflette più certe sensibilità odierne che la posizione storica effettiva di Nietzsche e non regge «l'urto» con troppi testi del filosofo e con l'esplicita definizione di Dio come «menzogna». Di conseguenza, continuiamo a pensare che la morte di Dio, in Nietzsche, sia, *al tempo stesso*, il frutto di una persuasione filosofica e l'esito di una consapevolizzazione storico-epocale.

Infatti il superuomo, come si è visto, emerge solo *dopo* esser passato sui cadaveri di tutte le divinità: «*Morti son tutti gli dèi: ora vogliamo che il superuomo viva*» esclama Zarathustra. Del resto, delle due l'una: o il mondo è caos dionisiaco e Dio non esiste e il superuomo ha senso; o Dio esiste e il mondo non è più caos dionisiaco e il superuomo cessa di avere senso. Il che è quanto dire che l'universo nietzscheano è tale solo sul *presupposto*, di derivazione schopenhaueriana, di un mondo «sdivinizzato», cioè inequivocabilmente a-teo. Dunque, lasciare in piedi anche la più vaga ipotesi della *possibilità* di Dio o pensare, heideggerianamente, che il nostro tempo possa essere qualificato come «l'epoca degli dèi fuggiti e del Dio venturo [...] degli dèi che non vi sono più e del Dio che non v'è ancora» significa minare alla base tutto il discorso di Nietzsche (si intende del nietzscheanesimo *storico*), che si erge programmaticamente a partire dagli *effetti* della morte di Dio.

Per Nietzsche Dio è *veramente* «morto»

Del resto l'ateismo di Nietzsche è così *radicale* che egli non contesta solo Dio, ma anche ogni suo ipotetico surrogato, ben conscio che gli uomini, abbattute le antiche divinità, tendono inevitabilmente a crearne altre. Tant'è che nelle pagine finali di *Così parlò Zarathustra* Nietzsche racconta di uomini che si mettono ad adorare un asino, con grande ira del filosofo-profeta, il quale constata come il passaggio dall'uomo al superuomo sia lento e difficile. L'«asino» è simbolo di ogni *sostituto idolatrico* di Dio e allude probabilmente alle varie forme dell'ateismo «positivo» dell'Ottocento, nelle quali il vecchio Dio si trova "rimpiazzato" da altrettanti supplenti (lo stato, l'Umanità, la scienza, il socialismo, ecc.), che vengono a riempire il vuoto lasciato dalle precedenti strutture metafisiche: «Dopo che Buddha fu morto, si continuò per secoli ad additare la sua ombra in una caverna — un'immensa orribile ombra. Dio è morto: ma stando alla natura degli uomini, ci saranno forse ancora per millenni caverne nelle quali si additerà la sua ombra. E noi — noi dobbiamo vincere anche la sua ombra!» (*La gaia scienza*).

9. Il problema del nichilismo e del suo superamento

Il problema del nichilismo costituisce uno dei motivi più rilevanti (e «attuali») della riflessione di Nietzsche.

Il concetto nietzscheano di nichilismo

In una prima accezione, Nietzsche intende per nichilismo «la volontà del nulla», ovvero ogni atteggiamento di fuga e di disgusto nei confronti del mondo concreto. Atteggiamento che vede incarnato soprattutto nel platonismo e nel cristianesimo. In una seconda accezione, connessa alla precedente ma più caratterizzante, Nietzsche adopera il termine nichilismo «per indicare il movimento storico da lui riconosciuto per la prima volta, ma che domina già i secoli precedenti e che darà l'impronta al prossimo, e di cui egli compendia l'interpretazione più essenziale nella breve sentenza: "Dio è morto"» (Heidegger). In altri termini, Nietzsche intende per nichilismo la specifica situazione dell'uomo moderno e contemporaneo, che, non credendo più nei «valori supremi» (Dio, la verità, il bene ecc.) e in un «senso» o in uno «scopo metafisico» delle cose, finisce per avvertire, di fronte all'essere, lo sgomento del «vuoto» e del «nulla». Ora, poiché Nietzsche, nei *Frammenti postumi* del 1887-1888, presenta se stesso come «il primo perfetto nichilista d'Europa, che però ha già vissuto in sé fino in fondo il nichilismo stesso – che lo ha dietro di sé, sotto di sé, fuori di sé», nasce il problema di chiarire perché questo filosofo, pur avendo «attraversato» il nichilismo, si senta ormai *sopra* e *dopo* di esso.

La questione è storiograficamente dibattuta. In compenso alcuni testi del filosofo risultano, su questo tema, sufficientemente chiari. Ad esempio, alla domanda che egli stesso si pone: «che cos'è il nichilismo?», Nietzsche, nei *Frammenti postumi* del 1887-1888, risponde: «manca il fine; manca la risposta al "perché?"» e «*i valori supremi si svalorizzano*». Ma per quale motivo, ed in che senso, ad un certo punto della sua storia, l'uomo sostiene che non c'è un fine e che tutto è niente? Ciò è da collegarsi, puntualizza Nietzsche, al fatto che l'uomo, in virtù delle metafisiche, dapprima si è immaginato dei fini *assoluti* e delle realtà *trascendenti* e in seguito, avendo scoperto che tali fini ed oltremondi non esistono e che l'essere non è né «uno» (cioè una totalità razionale ordinata), né «vero» (in quanto non esiste una verità assoluta *scritta* negli enti), né «buono» (poiché la realtà non si conforma alle nostre aspettative etiche), è piombato nell'angoscia nichilistica: «il *nichilismo* come *stato psicologico* subentra di necessità *in primo luogo*, quando abbiamo cercato in tutto l'accadere un "senso" che in esso non c'è, sicché alla fine a chi cerca viene a mancare il coraggio» (*ivi*).

L'origine del nichilismo

Anzi, quanto più l'uomo si è *illuso*, tanto più è rimasto *deluso*, come testimonia ad esempio il caso dell'individuo *post*-cristiano, che avendo smesso di credere nell'aldilà, nel Dio-provvidenza ecc., non può fare a meno di soffrire un terribile senso di vuoto, che non percepirebbe così acutamente se non fosse passato *attraverso* il cristianesimo: «sta venendo il tempo in cui dovremo *pagare* di essere stati *cristiani* per due millenni; perdiamo il *centro di gravità* che ci faceva vivere – per un certo tempo non sapremo come cavarcela» (*ivi*).

L'equivoco del nichilismo

L'equivoco del nichilismo moderno, come mostra il suo meccanismo «genealogico», risiede dunque nel fatto che esso identifica la mancanza di fini e strutture metafisiche «razionali» e «provvidenziali» con la mancanza di senso *tout-court*. In altre parole, l'equivoco del nichilismo consiste nel dire che il mondo, non avendo quella serie di significati «forti» che i metafisici gli attribuivano (unità, verità *assoluta* ecc.), non ha *nessun* senso: «Risultato: il *credere nelle categorie di ragione* è la causa del nichilismo – abbiamo misurato il valore del mondo in base a categorie *che si riferiscono a un mondo puramente fittizio*» (*ivi*).

In realtà i significati, non esistendo come strutture metafisiche *date*, e quindi come degli assoluti, esistono come *prodotti* della volontà di potenza, che affrontando il caos dell'essere *impone* ad esso i *propri* fini: «La domanda del nichilismo "a che scopo?" procede dalla vecchia abitudine di vedere il fine come posto, dato, richiesto dall'esterno – cioè da una qualche *autorità sovrumana*. Anche dopo aver disimparato a credere in quest'ultima, si continua a cercare, secondo la vecchia abitudine, un'*altra autorità in grado di parlare un linguaggio assoluto* e di *imporre* fini e compiti. Viene quindi in primo piano l'autorità della coscienza (quanto più si emancipa dalla teologia, tanto più la morale diventa imperativa), in sostituzione di un'autorità *personale*. O l'autorità della ragione. O l'*istinto sociale* (il gregge). O la storia con uno spirito immanente, che ha il suo fine in sé e a cui ci si *può abbandonare*. Si vorrebbe *aggirare* la necessità di avere una volontà, di *volere* uno scopo, il rischio di dare a se stessi un fine» (*ivi*).

Il nichilismo come stato intermedio

Questo mostra come Nietzsche, pur essendo anch'egli nichilista radicale (in quanto nega la presenza di fini o valori *intrinseci* alle cose stesse), lo sia in modo tale da *superare* il nichilismo stesso. Infatti, poiché «patologica è l'immensa generalizzazione, la conclusione che *non c'è nessun senso*», il nichilismo appare a Nietzsche soltanto uno stadio *intermedio*, ovvero un *No* alla vita che prepara il grande *Sì* ad essa, attraverso l'esercizio della volontà di potenza. Del resto, Nietzsche, sia pure in modo disorganico, abbozza una variegata tipologia del nichilismo. Egli distingue ad esempio fra nichilismo *incompleto* e nichilismo *completo*. Il nichilismo incompleto è quello in cui i vecchi valori vengono distrutti, ma i nuovi che a loro subentrano hanno la medesima fisionomia dei precedenti: «Nel nichilismo incompleto rimane ancora operante una fede; per rovesciare il mondo dei valori si deve ancora credere in qualcosa, in un ideale, si ha ancora un *bisogno di verità*. Come forme di nichilismo incompleto Nietzsche nomina: **a)** in ambito politico il nazionalismo, lo chauvinismo, il socialismo e l'a-

Il nichilismo *incompleto*

narchismo; **b)** in ambito scientifico lo storicismo e il positivismo; **c)** in ambito artistico il naturalismo e l'esteticismo francese»[3].

Il nichilismo completo e le sue forme

Il nichilismo completo è il nichilismo vero e proprio. Tale nichilismo può essere segno di *debolezza* o di *forza*. Nel primo caso, cioè come sinonimo di «declino e regresso della potenza dello spirito», si ha il nichilismo *passivo*, che si limita a prendere atto del declino dei valori e a crogiolarsi nel nulla o in una serie di narcotici posticci. Nel secondo caso, cioè come sinonimo della «cresciuta potenza dello spirito», si ha il nichilismo *attivo*, che si esercita come «forza violenta di distruzione». Nietzsche chiama *estrema* la forma di nichilismo attivo che distrugge ogni residua credenza in qualche verità *in sé* di tipo metafisico: «Che non ci sia una verità; che non ci sia una costituzione assoluta delle cose, una "cosa in sé" – *ciò stesso è un nichilismo, è anzi il nichilismo estremo*»; «La forma estrema del nichilismo sarebbe il sostenere che *ogni* fede, ogni tener per vero sia necessariamente falso: perché non esiste affatto un MONDO VERO» (*ivi*). In riferimento al fatto che in tal modo il nichilismo estremo crea spazio per nuove possibilità e viene fuori allo scoperto, Nietzsche parla anche di nichilismo *estatico*.

Il superamento nietzscheano del nichilismo

Il nichilismo attivo estremo o estatico raggiunge la sua completezza, cioè diviene *classico*, quando, fungendo da premessa per il superamento del nichilismo stesso e per l'esercizio della volontà di potenza, passa dal momento distruttivo (o reattivo) al momento costruttivo (o creativo), ovvero quando si rende conto che il senso, non essendo (ontologicamente) *dato*, deve essere (umanamente) *inventato*: «DARE UN SENSO – questo compito *resta* assolutamente da assolvere, posto che *nessun senso vi sia già*» (*ivi*).

Il rifiuto dei «sostituti» di Dio

In conclusione, dal punto di vista di Nietzsche, progettare di vivere senza certezze metafisiche assolute (cioè senza i «valori supremi») non significa distruggere *ogni* senso o norma, ma *responsabilizzare* l'uomo a porsi come fonte di valori e di significati. *Accettare il rischio e la fatica di dare un senso al caos del mondo dopo la morte delle antiche certezze e delle vecchie fedi: ecco il significato ultimo del superamento nietzscheano del nichilismo*. Ed ecco per quale motivo Nietzsche ha inteso essere «paziente, diagnostico e terapeuta, nella stessa persona, della malattia mortale del nichilismo» (H. Küng).

10. L'ETERNO RITORNO

Nietzsche presenta la teoria dell'Eterno Ritorno dell'Uguale, ovvero della ripetizione eterna di tutte le vicende del mondo, come il pensiero più profondo e decisivo della sua filosofia: «Io Zarathustra, l'avvocato della vita, l'avvocato del dolore, l'avvocato del circolo — io chiamo te, *il più abissale dei miei pensieri*». In una pagina di *Ecce homo* egli racconta di essere stato «folgorato» da questa idea durante una passeggiata a Sils Maria, in Alta Engadina, un giorno dell'agosto 1881, allorquando, «6000 piedi al di là dell'uomo e del tempo», stava percorrendo i viottoli che costeggiano il lago di Silvaplana e che si perdono nei boschi. La prima formulazione di tale pensiero la troviamo nell'aforisma 341 de *La gaia scienza*:

Il più «abissale» dei pensieri

«*Il peso più grande*. Che accadrebbe se, un giorno o una notte, un demone strisciasse furtivo nella più solitaria delle tue solitudini e ti dicesse: "Questa vita, come tu ora la vivi e l'hai vissuta, dovrai viverla ancora una volta e ancora innumerevoli volte, e non ci sarà in essa mai niente di nuovo, ma ogni dolore e ogni piacere e ogni pensiero e sospiro, e ogni indicibilmente piccola e grande cosa della tua vita dovrà fare ritorno a te, e tutte nella stessa sequenza e successione — e così pure questo ragno e questo lume di luna tra i rami e così pure questo attimo e io stesso. L'eterna clessidra dell'esistenza viene sempre di nuovo capovolta e tu con essa, granello della polvere!"? Non ti rovesceresti a terra, digrignando i denti e maledicendo il demone che così ha parlato? Oppure hai forse vissuto una volta un attimo

[3] F. Volpi, voce «nichilismo», in *Dizionario di filosofia* di N. Abbagnano. Terza edizione aggiornata e ampliata da G. Fornero, Utet, Torino, 1998, p. 758.

immenso, in cui questa sarebbe stata la tua risposta: "Tu sei un dio e mai intesi cosa più divina"? Se quel pensiero ti prendesse in suo potere, a te, quale sei ora, farebbe subire una metamorfosi, e forse ti stritolerebbe; la domanda per qualsiasi cosa: "Vuoi tu questo ancora una volta e ancora innumerevoli volte?" graverebbe sul tuo agire come il peso più grande! Oppure, quanto dovresti amare te stesso e la vita, per non *desiderare più* alcun'altra cosa che questa ultima eterna sanzione, questo suggello?».

Eterno ritorno e superuomo

Sin da questo passo, il pensiero dell'eterno ritorno tende, sia pure in forme implicite, a palesare il suo carattere *selettivo*, fungente da spartiacque fra l'uomo e il superuomo. Infatti, la prima reazione di fronte alla prospettiva dell'eterno ripetersi del tutto — il terrore e il senso di «peso» — è propria dell'uomo, mentre la gioia entusiastica per «l'eterna sanzione» dell'essere si manifesta come tipica del superuomo e della sua accettazione *totale* della vita.

«La visione e l'enigma»

La formulazione più eloquente e suggestiva della teoria dell'Eterno Ritorno la troviamo in *Così parlò Zarathustra*, nel discorso su «La visione e l'enigma», in cui Nietzsche parla della «visione del più solitario tra gli uomini» (= il filosofo autentico). Zarathustra narra di una salita su un impervio sentiero di montagna (= simbolo del faticoso innalzarsi del pensiero), durante la quale egli, con il nano che lo segue, si trova di fronte ad una porta carraia, su cui è scritta la parola «attimo» (= il presente) e dinanzi alla quale si uniscono due sentieri che «nessuno ha mai percorso sino alla fine», in quanto si perdono nell'eternità: il primo porta all'indietro (= il passato) e l'altro porta in avanti (= il futuro). Zarathustra chiede al nano se le due vie sono destinate a contraddirsi in eterno oppure no. Alla risposta un po' affrettata del nano, che allude alla *circolarità* del tempo («Tutte le cose diritte mentono, borbottò sprezzante il nano. Ogni verità è ricurva, il tempo stesso è un circolo»), Zarathustra, dopo aver invitato il suo compagno a «non prendere le cose troppo alla leggera», espone un abbozzo di teoria dell'eterno ritorno: «non dobbiamo tutti esserci stati un'altra volta?», «non dobbiamo ritornare in eterno?».

A questo punto abbiamo una trasformazione di scena, una sorta di visione nella visione, entro la quale, sullo sfondo di un desolato paesaggio lunare e di orridi macigni, Zarathustra vede:

«un giovane pastore rotolarsi, soffocato, convulso, stravolto in viso, cui un greve serpente nero penzolava dalla bocca. Avevo mai visto tanto schifo e livido raccapriccio dipinto su di un volto? Forse, mentre dormiva, il serpente gli era strisciato dentro le fauci e — lì si era abbarbicato mordendo. La mia mano tirò con forza il serpente, tirava e tirava — invano! non riusciva a strappare il serpente dalle fauci. Allora un grido mi sfuggì dalla bocca: "Mordi! Mordi! Staccagli il capo!...". Il pastore, poi, morse così come gli consigliava il mio grido; e morse bene! Lontano da sé sputò la testa del serpente —: e balzò in piedi. Non più pastore, non più uomo — un trasformato, un circonfuso di luce, che *rideva*. Mai prima al mondo aveva riso un uomo, come *lui* rise!».

Il significato filosofico del racconto

Parecchi significati specifici di questo racconto rimangono *enigmatici* o polisensi — e Zarathustra stesso li annuncia come tali[4]. Tuttavia, la scena centrale del pastore che morde la testa al serpente trasformandosi in creatura luminosa e «ridente» allude in modo abbastanza chiaro, al di là della complessità sopraccitata del testo, al fatto che l'uomo (= il pastore) può trasformarsi in creatura superiore e ridente (= il superuomo) solo a patto di vincere la ripugnanza soffocante del pensiero dell'eterno ritorno (= il serpente, emblema del circolo), mediante una decisione coraggiosa nei suoi confronti (= il morso alla testa del serpente). Dopo più di duemila anni, Nietzsche torna dunque a recuperare una concezione pre-cristiana del mondo, presente nella Grecia presocratica e nelle più antiche civiltà indiane[5], la quale presuppone, alla lettera, una visione *ciclica* del tempo, in opposizione a quella rettilinea di tipo cristiano-moderno: «Tutto va, tutto torna indietro; eternamente ruota la ruota dell'essere. Tutto muore, tutto torna a fiorire, eternamente corre l'anno dell'essere. Tutto crolla, tutto viene di nuovo connesso; eternamente l'essere si costruisce la medesima abitazione. Tutto si diparte, tutto torna a salutarsi; eternamente fedele a se stesso rimane l'anello dell'essere. In ogni attimo comincia l'essere; attorno ad ogni "qui" ruota la sfera "là". Il centro è dappertutto. Ricurvo è il sentiero dell'eternità» (*Così parlò Zarathustra*, VI, 1, p. 265). Questa dottrina, che

[4] Per un tentativo di decifrazione analitica dei sensi riposti di questo racconto, cfr. G. Vattimo, *Il soggetto e la maschera*, Bompiani, Milano, 1983[2], pp. 189-211.

[5] Cfr. M. Eliade, *Il mito dell'eterno ritorno* (*Archetipi e ripetizione*), Borla, Torino, 1968. A p. 148 l'autore afferma che «La credenza della periodica distruzione e creazione dell'universo si trova già nell'*Atharva veda*. La presenza di idee simili nella tradizione germanica [...] conferma la struttura indo-ariana di questo mito».

a tutta prima sembrerebbe la semplice ripresa di un antico «mito», costituisce in realtà il punto più difficile e criticamente controverso dell'intera filosofia nietzscheana.

Le *difficoltà* interpretative connesse alla teoria dell'eterno ritorno

Che cos'è veramente la teoria dell'eterno ritorno?: **1)** forse una *certezza cosmologica*, come sembra far credere Nietzsche stesso, che in taluni luoghi della sua opera sembra persino inseguire l'obiettivo di una spiegazione «scientifica» di essa (sostenendo che, siccome la quantità di energia dell'universo è *finita*, mentre il tempo in cui essa si esprime è *infinito*, le manifestazioni e le combinazioni di essa dovranno per forza ripetersi)?; **2)** forse un'*ipotesi* sull'essere che funge da schema *etico* o da nuovo imperativo categorico, il quale prescrive di amare la vita e di agire *come se* tutto dovesse ritornare?; **3)** oppure l'enunciazione metaforica di un modo di essere dell'essere che l'uomo può incarnare solo nella misura in cui è felice? E che cosa significa *decidere* l'eterno ritorno? Forse *prendere atto* di una struttura cosmica già *data*, come sostengono le letture tradizionali, oppure *istituirlo* tramite una scelta, come affermano taluni critici odierni? Ognuna di queste interpretazioni rivela delle difficoltà notevoli e conferma come la questione dell'eterno ritorno, al di là degli sforzi degli studiosi, rappresenti il problema oggettivamente più complesso della storiografia nietzscheana.

La *funzione* della teoria dell'eterno ritorno

Le difficoltà relative al concetto di eterno ritorno e ai suoi rapporti con la «decisione» umana non escludono comunque che la *funzione* di questa teoria, all'interno dell'economia complessiva del pensiero di Nietzsche, risulti sufficientemente chiara. Infatti, porsi nella *prospettiva* dell'eterno ritorno, per Nietzsche, significa *escludere* talune cose e *difenderne* altre. Da ciò la doppia portata, *polemica* da un lato e *propositiva* dall'altro, di questa dottrina. Innanzitutto, collocarsi nell'*ottica* dell'eterno ritorno vuol dire rifiutare una concezione lineare del tempo come catena di momenti, in cui ognuno ha senso solo *in funzione* degli altri, quasi che ogni attimo fosse un figlio che divora il padre (= il momento che lo precede), essendo destinato a sua volta ad essere divorato dal proprio figlio (= il momento che lo segue), secondo un processo che Vattimo ha denominato «struttura edipica del tempo». Evidentemente, una dottrina della temporalità di questo tipo ha come presupposto la mancanza di felicità esistenziale, poiché nessun momento vissuto, per essa, ha davvero in se medesimo una pienezza autosufficiente di significato. Viceversa, credere nell'eterno ritorno significa: **1)** ritenere che il senso dell'essere non stia *fuori* dell'essere, in un *oltre* irraggiungibile e frustrante, ma *nell'*essere stesso, ossia in ciò che Nietzsche chiama il divenire «innocente» e «dionisiaco» delle cose; **2)** disporsi a vivere la vita, e ogni *attimo* di essa, come coincidenza di essere e di senso, realizzando in tal modo «la felicità del circolo».

L'eterno ritorno e l'*accettazione* superomistica dell'essere

Ovviamente, il tipo di uomo capace di «decidere» l'eterno ritorno, e quindi di *vivere come se tutto dovesse ritornare*, non può essere l'uomo che conosciamo, cioè l'individuo risentito dell'Occidente, il quale soffre la *scissione* fra senso ed esistenza e concepisce il tempo come una tensione angosciosa verso un compimento sempre di là da venire, ma solo un oltre-uomo in grado di vivere la vita come un gioco creativo e avente in se medesimo il proprio senso appagante. Proprio per questo motivo, l'eterno ritorno incarna al massimo grado l'accettazione superomistica dell'essere, ponendosi, per dirla con Nietzsche, come «la suprema formula dell'affermazione che possa mai essere raggiunta».

SCHEDA DI APPROFONDIMENTO

Così parlò Zarathustra

Così parlò Zarathustra. Un libro per tutti e per nessuno (1883-85) apre la terza fase del pensiero nietzscheano, indicata come la «filosofia del meriggio». I temi di base del testo - l'eterno ritorno, la volontà di potenza, l'oltre-uomo - saranno infatti ripresi e sviluppati nelle opere successive.

La fase precedente si identificava con la «filosofia del mattino». Essa è propria del pensatore-filosofo che, attraverso il disvelamento delle origini «umane, troppo umane» di valori e ideali metafisico-religiosi del passato (operato grazie al «metodo genealogico»), ne ha effettuato la totale demistificazione. Come un «viandante», egli sente e concepisce la vita come transitorietà ed esperimento, ormai del tutto indipendente dal bisogno di certezze precostituite. L'idea di Dio rappresen-

(segue)

ta la *personificazione* stessa delle certezze religiose, morali e metafisiche, identificata come «la nostra più lunga menzogna». Al culmine della filosofia del mattino Nietzsche annuncia l'evento della «morte di Dio», presupposto necessario della trasformazione dell'uomo in oltre-uomo. Questo passaggio coincide con la consapevolezza, propria della «filosofia del meriggio», che con l'eliminazione del mondo "vero" scompare anche il mondo apparente e ogni scissione dualistica della realtà si fa insussistente.
Dopo la morte di Dio, afferma il profeta Zarathustra, si aprono due possibilità: l'ultimo uomo e il superuomo.
Zarathustra non ha dubbi: insegna il superuomo mostrando l'abiezione dell'ultimo uomo. Zarathustra non è il superuomo, ma soltanto il suo profeta: «io sono un messaggero del fulmine e (...) il fulmine si chiama superuomo» (*C.p.Z.*, *Prefazione*). Perché Nietzsche ha eletto la figura arcaica di Zarathustra a portavoce delle proprie idee? La questione è dibattuta. Una cosa certa è che in un passo di *Ecce homo* Zarathustra viene interpretato secondo il modello dell'autosoppressione della morale, ossia come colui che, essendo stato il primo ad aver tradotto la morale in termini metafisici, sarebbe stato anche il primo ad essersi accorto dell'*errore* della morale: «Zarathustra ha *creato* questo errore fatale, la morale: di conseguenza egli deve essere anche il primo a *riconoscere* quell'errore (...) La morale che supera se stessa per veracità, i moralisti che superano se stessi diventando il loro opposto – *me stesso* – questo significa il nome di Zarathustra sulla mia bocca».
Così parlò Zarathustra si accompagna ad un'autentica rivoluzione stilistica. Non è un saggio, né una raccolta di aforismi, bensì una sorta di poema in prosa che mette capo ad una singolare forma di poesia pensante e di pensiero poetante. Il tono profetico che lo caratterizza e il profluvio di immagini e di parabole in cui si articola lo rendono, talora, di difficile lettura e interpretazione. Ciò non toglie che la sua trama di fondo, a cominciare dal racconto che ne costituisce la cornice, sia complessivamente chiara.
A trent'anni (l'età in cui Gesù di Nazareth comincia il suo insegnamento) Zarathustra «si ritira ancora per dieci anni in montagna, nella solitudine, e giunto così vicino all'essenza di tutte le cose, comincia il suo "tramonto", la sua discesa tra gli uomini, per portar loro l'insegnamento, che prima annuncia sul mercato e poi ai singoli. Ma ancora gli orecchi non sono svegli e aperti al suo messaggio; egli ritorna e tiene ai suoi seguaci la seconda serie di parabole, ma esita ad annunciare il suo pensiero più profondo, il pensiero dell'Eterno Ritorno dell'Uguale; ritornerà così una terza volta, per ritrovare se stesso e il nucleo essenziale del suo pensiero; la quarta parte (...) mostra il tentativo di vita degli "uomini superiori", proprio di quelli che rappresentano il "resto di Dio", degli idealisti, ai quali il cielo ideale è sprofondato e ora provano il grande terribile vuoto: "tutti gli uomini della grande brama, della grande nausea, del grande disgusto", i nichilisti. Ma il pensatore supera anche questi "uomini superiori". Con essi egli festeggia, sì, la "cena", sacrilegamente parodiata, ma quando giunge il suo segno, leone e colomba, allegorie della forza e della mitezza, si mette in cammino e abbandona la sua caverna, "ardente e forte come un sole del mattino, che venga da nere montagne"» (E. Fink).

11. Il «superuomo»

Il superuomo e la volontà di potenza sono le due nozioni in cui si risolvono e si sintetizzano le varie tematiche della filosofia nietzscheana; vediamole analiticamente.

Il «superuomo» è senz'altro il motivo più noto e "volgarizzato" del pensiero di Nietzsche, ma anche uno dei più complessi e criticamente controversi. In linea generale possiamo dire che il superuomo è un concetto *filosofico* di cui si serve Nietzsche per esprimere il progetto di un *nuovo* essere qualificato da una serie di caratteristiche che emergono oggettivamente dall'insieme della sua opera. Il superuomo è colui che è in grado di accettare la vita (par. 5); di rifiutare la morale tradizionale e di operare una trasvalutazione di valori (par. 6); di «reggere» la morte di Dio, guardando in faccia il reale al di là delle illusioni metafisiche (par. 7); di superare il nichilismo (par. 9); di collocarsi nella prospettiva dell'eterno ritorno (par. 10) e di porsi come volontà di potenza. Come tale, il superuomo non può che stagliarsi sull'orizzonte del *futuro* (da ciò il carattere «profetico» di tutta l'opera nietzscheana). Tant'è vero che *Über*-mensch può essere tradotto con *oltre*-uomo, proprio per evidenziare meglio la *diversità* fra il superuomo del futuro e l'uomo del presente.

Il concetto *filosofico* di superuomo

Se risulta abbastanza chiaro in quanto concetto *generale*, il superuomo appare piuttosto sfuggente come figura *concreta*. Chi è, ad esempio, il *soggetto* destinato ad *incarnare* la nozione teorica dell'oltre-uomo: forse un'*umanità liberata* (come hanno sostenuto recenti interpretazioni di «sinistra») oppure un'*élite superiore* (come vorrebbero le classiche interpretazioni di «destra» e come sembrano suggerire gli ultimi scritti)? In altre parole, che Nietzsche sia un «filosofo della liberazione» è un fatto. Ma la liberazione da tutte le autorità umane e divine, di cui egli parla, è qualcosa che riguarda *tutta* l'umanità oppure qualcosa che concerne soltanto una *parte* di essa? Obiettivamente, stando ai *testi*, e non alle "preferenze" personali o alle "mode" più o meno passeggere, si deve dire che nell'opera *complessiva* del filosofo si trovano *agganci* possibili sia per l'una che per l'altra interpretazione. Il che equivale ad ammettere che il messaggio di Nietzsche, *politicamente* parlando, risulta segnato da un'*ambiguità* di fondo, che spiega come egli sia contemporaneamente servito a «far valere le ragioni antiliberali del socialismo o le ragioni antisocialiste del liberalismo, le ragioni antifasciste della democrazia e le ragioni antidemocratiche del fascismo»[6].

Ambiguità del concetto di superuomo

Del resto, quest'ambiguità è già evidente dal fatto che Nietzsche, più che farsi «politico», denunzia, nel corso della sua opera, tutti gli idoli politici del suo tempo: dallo statalismo alla democrazia parlamentare, dal nazionalismo militarista al socialismo (di cui contesta gli ideali egualitari). Tutto ciò, se da un lato spiega perché tutti i tentativi di "catturare" Nietzsche in senso politico si siano risolti in manifeste "forzature" del suo pensiero, dall'altro lato mostra chiaramente come il messaggio più *profondo* del suo pensiero non vada cercato sul piano *politico*, ma su quello *filosofico*, ossia nelle varie tematiche *generali* su cui ci siamo soffermati: l'accettazione della vita, la critica della morale, la morte di Dio, il nichilismo, ecc.

Portata filosofica e non politica del pensiero nietzschiano

12. La volontà di potenza

L'altro tema importante dell'ultimo Nietzsche è quello della *volontà di potenza*, che qui di seguito analizziamo secondo tre prospettive.

a) *Vita e potenza*

Nietzsche identifica la volontà di potenza con «l'intima essenza dell'essere» (*Fr. Post.*, 1888-1889), ovvero con il carattere fondamentale di ciò che esiste: «volete un *nome* per questo mondo? Una *soluzione* per i suoi enigmi? Una luce anche per voi [...]? *Questo mondo è la volontà di potenza – e nient'altro!* E anche voi stessi siete questa volontà di potenza – e nient'altro!» (*Fr. Post.*, 1884-1885).

Essere e potenza

Più in particolare, la volontà di potenza si identifica con la *vita* stessa, intesa come forza espansiva e autosuperantesi: «Ogni volta che ho trovato un essere vivente, ho anche trovato la volontà di potenza [...] E la vita stessa mi ha confidato questo segreto: "Vedi, disse, io sono il continuo, necessario superamento di me stessa"» (*C.P.Z.* «Dalla vittoria su se stessi»). La molla fondamentale della vita non sono gli impulsi autoconservativi o la ricerca del piacere, ma la spinta all'*autoaffermazione*: «Volontà di vita? Al suo posto ho sempre soltanto trovato volontà di potenza» (*Fr. Post.*, 1882-1884); «Avere e voler avere di più, in una parola la crescita – ciò è la vita stessa» (*Fr. Post.*, 1884-1885).

Vita e potenza

Questo costitutivo espandersi della vita, di cui troviamo tracce in *ogni* forma di esistenza e di attività –

Onnipresenza della volontà di potenza

> «Volontà di potenza come "legge di natura"
> Volontà di potenza come vita

[6] A. Negri, *La critica dei partiti*, in AA.VV., *Nietzsche e la politica*, Edizioni scientifiche italiane, Napoli, 1982, p. 112.

Volontà di potenza come morale
Volontà di potenza come politica
Volontà di potenza come scienza» (*Fr. Post.*, 1888-1889) –

Il superuomo come incarnazione della volontà di potenza

trova la sua espressione più alta nel superuomo, che non è *über* solo perché è oltre l'uomo del passato, ma anche perché la sua essenza consiste nel continuo *oltrepassamento* di sé. Ma dire che la vita è autopotenziamento significa dire che la vita è *autocreazione*, cioè libera produzione di sé medesima al di là di ogni piano prestabilito: «Mille sentieri vi sono non ancora percorsi, mille salvezze e isole nascoste della vita. Inesaurito e non scoperto è ancora sempre l'uomo e la terra dell'uomo» (*C.p.Z.*, «Della virtù che dona»).

b) *La volontà di potenza come arte*

Arte e potenza

Ma se l'essenza della vita è il potenziamento della vita e se tale potenziamento si identifica con la creazione che la vita fa di se stessa, ne segue che l'arte, intesa nel senso ampio di forza creatrice, non è soltanto *una* forma della vita, ma la sua forma *suprema*. Tant'è vero che Nietzsche arriva a parlare del mondo come di «un'opera d'arte che genera se stessa» (*Fr. Post.*, 1885-1887). Inoltre, poiché la volontà di potenza trova la sua espressione ultima nel superuomo, ne segue che l'artista si configura come «una prima visibile figura dell'oltreuomo» (Vattimo). Inizialmente Nietzsche aveva esaltato l'arte. Nella fase illuministica ne aveva denunciato i limiti. In seguito, soprattutto nell'ultimo periodo, torna a rivalutarla. Tanto più che egli la considera, almeno nella sua forma «sana», come espressione di forza e di pienezza. Analoga rivalutazione subisce la tragedia, intesa come modello di comprensione della realtà.

Valori e potenza

L'essenza creativa della volontà di potenza si manifesta nella produzione di valori, che non sono proprietà delle cose, ma *proiezioni* della vita e *condizioni* del suo esercizio: «Per conservarsi, l'uomo fu il primo a porre dei valori delle cose – per primo egli creò un senso alle cose, un senso umano! Perciò si chiama "uomo", cioè colui che valuta» (*C.p.Z.*, «Dei mille e uno scopo»).

Da ciò l'essenza ermeneutica o interpretativa della volontà di potenza, che, ai suoi livelli più alti, si configura come «la forza con cui nel corso della storia gli uomini progettano e instaurano valutazioni e interpretazioni» (P. De Gennaro). Forza che trova il suo apice nella creazione superomistica di nuovi valori e nel suo tentativo di dare un senso all'insensatezza caotica del mondo.

Eterno ritorno e potenza

Da questo punto di vista, la volontà di potenza trova il proprio culmine nell'accettazione-istituzione dell'eterno ritorno, ovvero nell'atto tramite cui il superuomo si libera dal peso del passato e «redime» il tempo. La volontà di potenza sembra urtare contro un ostacolo insuperabile: l'immodificabilità e l'irrevocabilità del passato, che le si impone e la rende prigioniera. Di questa situazione sono indice le dottrine dettate dallo «spirito di vendetta» (immagine di cui si serve Nietzsche per denotare quella rivolta impotente contro il passato che fa, della sofferenza, l'esito di una punizione o di un castigo). Dottrine secondo cui la vita è un castigo e le cose passano perché *meritano* di passare:

Lo spirito di vendetta

«Lo spirito di vendetta: amici, su nient'altro finora gli uomini hanno meglio riflettuto: e dov'era sofferenza, sempre doveva essere una punizione.

"Punizione", infatti chiama la vendetta se stessa: con una parola bugiarda si dà ipocritamente una buona coscienza.

E poiché in colui che vuole è la sofferenza di non poter volere a ritroso – così il volere stesso e la vita in tutto e per tutto dovrebbe essere – punizione!

Ed ecco che sullo spirito si accumulò nube su nube: e alla fine la demenza si mise a predicare: "Tutto perisce, perciò tutto è degno di perire!"» (*C.p.Z.*, «Della redenzione»).

Zarathustra afferma invece il carattere creativo e redentore della volontà rispetto al tempo, grazie alla quale il macigno del *così fu* si scioglie nel *così volli che fosse* pronunciato dal superuomo: «Ogni "così fu" è un frammento, un enigma, una casualità orrida – fin che la volontà che crea non dica anche: "ma così volli che fosse!". Finché la volontà che crea non dica anche: "ma così voglio! Così vorrò!» (*ivi*).

L'amor fati e l'apoteosi del divenire

Questa redenzione del tempo, che fa tutt'uno con l'accettazione della sua essenza eternamente ritornante (*amor fati!* formula di matrice stoica che in Nietzsche non ha un significato passivo, bensì attivo, in quanto il superuomo non *subisce*, ma *istituisce* l'eterno ritorno), coincide a sua volta con l'apoteosi del divenire, ossia con l'atto tramite cui il divenire, in quanto eternizzato, riceve il sigillo dell'essere: «*Imprimere* al divenire il carattere dell'essere – è questa la suprema *volontà di potenza*» (*Fr. Post.*, 1885-1887).

c) *Potenza e dominio*

La volontà di potenza di cui parla Nietzsche non ha solo queste valenze teoriche – che sono certamente le più decisive sul piano *filosofico*. Essa ne contiene anche altre, ben più «crude» (e storicamente funeste). Sono le valenze connesse al concetto della volontà di potenza come sopraffazione e dominio. Valenze che si trovano non solo nei frammenti postumi, ma anche nelle opere edite (e quindi approvate) da Nietzsche. Anche a prescindere dall'immagine, di triste memoria, della «magnifica *bestia bionda* che vaga bramosa di preda e di vittoria» (*Genealogia della morale*), vi sono taluni passi che manifestano con chiarezza le posizioni di Nietzsche. Eccone alcuni:

L'aristocraticismo antiegualitario di Nietzschze ...

«La vita è *essenzialmente* appropriazione, offesa, sopraffazione di tutto quanto è estraneo e più debole, oppressione, durezza, imposizione di forme proprie...» (*Al di là del bene e del male*).

«Trattenerci reciprocamente dall'offesa, dalla violenza, dallo sfruttamento, stabilire un'eguaglianza tra la propria volontà e quella dell'altro: tutto questo può [...] divenire una buona costumanza tra individui, ove ne siano date le condizioni (vale a dire la loro effettiva somiglianza in quantità di forza e in misura di valore, nonché la loro mutua interdipendenza all'interno di *un unico* corpo). Ma appena questo principio volesse guadagnare ulteriormente terreno, addirittura, se possibile, come *principio basilare della società*, si mostrerebbe immediatamente per quello che è: una volontà di *negazione* della vita, un principio di dissoluzione e di decadenza» (*ivi*).

«Ogni elevazione del tipo "uomo" è stata, fino a oggi, opera di una società aristocratica – e così continuerà sempre a essere: di una società, cioè, che crede in una lunga scala gerarchica e in una differenziazione di valore tra uomo e uomo, e che in un certo senso ha bisogno della schiavitù» (*ivi*).

«La lotta per *uguaglianza* dei diritti è già un sintomo di malattia» (*Ecce homo*).

... e le valenze antidemocratiche del suo concetto di volontà di potenza

Di fronte a testi *inequivocabili* di questo tipo – che avevano già impressionato Lukács e che nessun successivo esorcismo interpretativo è riuscito a minimizzare o a edulcorare – non si può fare a meno di riconoscere che nel concetto nietzscheano di volontà di potenza albergano aspetti antidemocratici e antiegualitari, che fanno parte della componente *reazionaria* del suo pensiero. Componente che spinge Nietzsche a individuare il *soggetto* della volontà di potenza non in un'umanità democratica vivente in modo libero e creativo, ma in una specie aristocratica di «spiriti dominatori e cesarei» (*Fr. Post.*, 1885-1887).

Si deve concludere che anche il concetto di volontà di potenza, come già emerso per quello di «superuomo», presenta alcune ambiguità.

Chi è il soggetto della volontà di potenza: una possibile *umanità* vivente in modo libero e creativo o un'*élite* che esercita la volontà di potenza non solo nei confronti dell'insensatezza caotica del mondo, ma anche nei confronti del prossimo, secondo lo schema, presente nei frammenti postumi, della «casta dei signori»? Ancora una volta, non si può fare a meno di denunciare *l'ambiguità* di Nietzsche, che è poi l'ambiguità stessa del suo destino oggettivo nella cultura e nella storia del Novecento. Ambiguità *socio-politica* che tuttavia non deve far perdere di vista il carattere «abissale» e «dinamitardo» (secondo le parole stesse di Nietzsche) dei pensieri *filosofici* di questo "caso", tuttora "aperto" e "attuale" della storia della cultura.

LABORATORIO FILOSOFICO

Nietzsche è uno dei personaggi più controversi della storia della filosofia occidentale. Nel passato egli è stato considerato come «filosofo e profeta del nazismo», oggi viene visto come il profeta della «liberazione» dell'uomo. Per molto tempo la sua filosofia è stata ritenuta come il risultato della sua malattia (o, anche, la sua malattia come l'effetto del suo pensiero); oggi si tende addirittura a vedere nella malattia *una condizione positiva del suo filosofare. Secondo quest'ultimo punto di vista, infatti, Nietzsche avrebbe raggiunto una visione «abissale» del mondo proprio grazie alla sofferenza e alla solitudine, lasciandosi alle spalle le* illusioni dei sani. *Il seguente pensiero dello stesso filosofo sembra avvalorare questa opinione: «La condizione di certi uomini malati, che a lungo e terribilmente sono tormentati dai loro dolori, senza che per questo il loro intelletto resti offuscato, non è senza valore per la conoscenza, anche prescindendo dai benefici intellettuali che ogni profonda solitudine, ogni subitanea e consentita libertà da ogni dovere e consuetudine portano con sé. Colui che soffre fortemente vede dalla sua condizione, con una terribile freddezza, le cose* al di fuori*: tutte quelle piccole ingannevoli magie in cui di consueto nuotano le cose, quando l'occhio dell'uomo sano vi si affissa, sono invece per lui dileguate; anzi egli si pone innanzi a se stesso privo di orpelli e di colore. Ammesso che sia vissuto fino a quel momento in una qualche pericolosa fantasticheria, questo supremo disincantarsi attraverso il dolore è il mezzo per strapparlo da essa»* (Aurora).

Al di là di queste valutazioni di carattere biografico o "patologico", qual è il senso del pensiero di Nietzsche? Una possibile linea interpretativa, quella che abbiamo seguito nel capitolo, può essere racchiusa nella parabola dalla morte di Dio *all'ideale dell'*oltre-uomo. *I pilastri di questo tormentato e rivoluzionario percorso nietzschiano sono:*

a) la denuncia delle «menzogne millenarie» dell'umanità e dei valori della morale tradizionale (fatta di sottomissione e di risentimento), con la radicale messa in discussione della civiltà occidentale. Quest'aspetto del suo pensiero è stato definito nichilismo *o negazione dei valori; in realtà non si tratta di vero nichilismo, in quanto Nietzsche non si limita a distruggere, ma propone altresì una nuova etica, incentrata sulla fedeltà alla terra e alla vita;*

*b) l'uso delle categorie dell'*apollineo *e del* dionisiaco *per l'interpretazione della classicità greca, che costituisce per Nietzsche un costante punto di riferimento per demolire il presente e costruire la sua filosofia dell'avvenire;*

*c) l'annuncio dell'avvento dell'*oltre-uomo*;*

*d) una nuova concezione del tempo e della vita, espressa attraverso la dottrina dell'*eterno ritorno. *In opposizione alla concezione lineare del tempo (impostasi in particolare con il cristianesimo), secondo cui il presente acquista senso soltanto in rapporto al passato da cui dipende e al futuro verso cui tende, Nietzsche riprende l'idea greca del tempo ciclico, in cui ogni attimo ha significato e valore in sé.*

1

Apollo e Dioniso sono la personificazione di due distinte modalità di espressione artistica, che, però, il genio greco riuscì a fondere nella tragedia. In riferimento a T. 1 (e ai parr. 4-5) esponi le caratteristiche delle due suddette visioni dell'esistenza e la teoria nietzscheana sull'origine della tragedia. Confronta, altresì, la visione generale della vita di Nietzsche con quella di Schopenhauer (cfr. *Scheda dei confronti*).

SCHEDA DEI CONFRONTI

Nietzsche e Schopenhauer

L'incontro di Nietzsche con Schopenhauer non si esaurisce nella prima fase della vita di Nietzsche. In realtà la diagnosi di Schopenhauer sulla natura della vita rimane il *presupposto* costante dell'opera del filosofo, anche quando Nietzsche respinge e condanna l'atteggiamento di rinunzia e di abbandono che da quella diagnosi Schopenhauer aveva dedotto. La vita è dolore, lotta, distruzione, crudeltà, incertezza, errore. Essa non ha ordine nel suo sviluppo, né ha scopo, il caso la domina, i valori umani non trovano in essa garanzie ontologiche pre-costituite. Due atteggiamenti sono allora possibili di fronte alla vita. Il primo è quello della rinunzia e della fuga, che mette capo all'ascetismo; questo è l'atteggiamento che Schopenhauer derivò dalla sua diagnosi ed è l'atteggiamento, secondo Nietzsche, proprio della morale cristiana e della spiritualità comune. Il secondo è quello dell'accettazione della vita come essa è, nei suoi caratteri originari, ed è l'atteggiamento che mette capo all'esaltazione della vita e al superamento dell'uomo. Questo è l'atteggiamento di Nietzsche. Tutta l'opera di Nietzsche è intesa a difendere e a chiarire l'accettazione totale ed entusiastica della vita. *Dioniso* è il simbolo divinizzato di questa accettazione e *Zarathustra* è il suo profeta.

2

Analizza il brano T. 2 e stabilisci un confronto tra la *morale dei signori* e la *morale degli schiavi*, motivando le ragioni della preferenza dell'autore per la prima.

3

Leggi il brano T. 3 in cui «l'uomo folle» annuncia la morte di Dio e metti in luce le implicazioni contenute in tale drammatico annuncio. Soffermati anche a valutare le suggestive metafore contenute nel testo.

4

Individua la funzione centrale del mito dell'*eterno ritorno* nel pensiero di Nietzsche, accennando anche alla differente immagine del *tempo* degli antichi Greci rispetto a quella del cristianesimo.

5

Leggi e analizza il seguente celebre brano, tratto dal saggio di Nietzsche intitolato *Sull'utilità e il danno della storia*:

«Ma che la vita abbia bisogno del servizio della storia, deve essere compreso altrettanto chiaramente quanto la proposizione che sarà più tardi da dimostrare — secondo cui un eccesso di storia danneggia l'essere vivente. In tre riguardi al vivente occorre la storia: essa gli occorre in quanto è attivo e ha aspirazioni, in quanto preserva e venera, in quanto soffre e ha bisogno di liberazione. A questi tre rapporti corrispondono tre specie di storia, in quanto sia permesso distinguere una specie di storia *monumentale*, una specie *antiquaria* e una specie *critica*.

La storia occorre innanzitutto all'attivo e al potente, a colui che combatte una grande battaglia, che ha bisogno di modelli, maestri e consolatori, e che non può trovarli fra i suoi compagni e nel presente. Così essa occorreva a Schiller: il nostro tempo è infatti così cattivo, dice Goethe, che nella vita umana che lo attornia il poeta non incontra più nessuna natura utilizzabile. Con riguardo all'attivo, Polibio chiama per esempio la storia politica la vera preparazione al governo di uno Stato, e l'ottima maestra che col ricordo delle altrui sventure ci ammonisce a sopportare con fermezza i mutamenti di fortuna. [...]

Della storia ha bisogno in secondo luogo colui che custodisce e venera — colui che guarda indietro con fedeltà e amore, verso il luogo onde proviene, dove è divenuto; con questa pietà egli per così dire paga il debito di riconoscenza per la sua esistenza. Coltivando con mano attenta ciò che dura fin dall'antichità, chi vuole preservare le condizioni nelle quali è nato per coloro che verranno dopo di lui — e così serve la vita. In una tale anima il possesso del patrimonio ancestrale muta il suo concetto: giacché è piuttosto l'anima a essere da quello posseduta. Ciò che è piccolo, limitato, decrepito e invecchiato riceve la sua propria dignità e intangibilità dal fatto che l'anima dell'uomo antiquario, la quale custodisce e venera, trapassa in queste cose e vi si prepara un nido familiare. La storia della sua città diventa per lui la storia di se stesso; egli concepisce le mura, la porta turrita, l'ordinanza municipale, la festa popolare come un diario illustrato della sua gioventù, e in tutte queste cose ritrova se stesso, la sua forza, la sua diligenza, il suo piacere, il suo giudizio, la sua follia, e le sue cattive maniere. Qui si poteva vivere, egli si dice, giacché si può vivere; qui si potrà vivere, giacché siamo tenaci e non ci si può spezzare da un giorno all'altro. Così, con questo "noi", egli guarda oltre la caduca e peregrina vita individuale, e sente se stesso come lo spirito della casa, della stirpe e della città. [...]

Ma anche quando non subentra quella degenerazione, quando la storia antiquaria non perde il fondamento su cui soltanto può mettere radici a vantaggio della vita, restano però sempre non pochi pericoli, qualora cioè essa diventi troppo forte e soffochi gli altri modi di considerare il passato. Essa è capace appunto solo di conservare, non di generare vita; perciò sottovaluta sempre ciò che diviene, in quanto non ha per esso alcun istinto divinante — come per esempio lo ha la storia monumentale. Quindi la storia antiquaria ostacola la forte risoluzione per il nuovo, quindi paralizza chi agisce, il quale sempre, come agente, violerà e deve violare qualche pietà. Il fatto che qualcosa sia diventato vecchio genera ora la pretesa che debba essere immortale; giacché se uno calcola tutto ciò che una tale antichità — un antico costume dei padri, una fede religiosa, un privilegio politico ereditario — ha sperimentato durante il tempo della sua esistenza, quale somma di pietà e di venerazione ha ricevuto da parte dell'individuo e delle generazioni, allora appare temerario e persino scellerato sostituire una tale antichità con una novità, e contrapporre a un tal cumulo numerico di pietà e di venerazioni le unità di ciò che diviene ed è presente.

Qui si fa chiaro come l'uomo abbia molto spesso necessariamente bisogno, accanto al modo monumentale e antiquario di considerare il passato, di un terzo modo, quello critico: e anche di questo per servire la vita. Egli deve avere, e di tempo in tempo impiegare, la forza di infrangere e di dissolvere un passato per poter vivere: egli ottiene ciò traendo quel passato innanzi a un tribunale, interrogandolo minuziosamente, e alla fine condannandolo; ogni passato merita invero di essere condannato — giacché così vanno appunto le cose umane: sempre la violenza e la debolezza umane sono state potenti. Non è la giustizia che siede qui a giudizio; ancor meno è la clemenza che pronuncia qui il giudizio: ma soltanto la vita, quella forza oscura, impellente, insaziabilmente avida di se stessa» (*Considerazioni inattuali*, trad. it. di S. Gianetta e M. Montinari, Adelphi, Milano, 1982³, pp. 91-92, 98, 101-102).

Aiutati con questo schema di lettura:

	UTILITÀ	DANNO
Storia monumentale		
Storia antiquaria		
Storia critica		

SCHEDA DI APPROFONDIMENTO

Sull'utilità e il danno della storia

Nel saggio *Sull'utilità e il danno della storia*, Nietzsche attacca anche la cultura storicistica, che, al pari di quella positivistica, favorisce l'«idolatria del fatto» (si pensi ad Hegel) e fa dell'uomo il *risultato* di un processo necessario, riducendolo a passivo epigono del passato, costretto a «chinare la schiena e a piegare il capo» dinanzi alla «potenza della storia» e alla dialettica razionale che la costituisce. In tal modo l'uomo, sentendosi in balìa del passato, prova un senso di impotenza anche verso il presente, perdendo la fiducia nella possibilità di plasmare liberamente il proprio futuro. Questa critica, più che la storia *tout-court*, colpisce lo storicismo e la "saturazione" di storia, in quanto Nietzsche, come sottolinea il titolo dell'opera citata, ammette non solo il «danno», ma anche «l'utilità» della storia, sostenendo che la vita ha bisogno dei servizi della storia, che «appartiene al vivente sotto tre rapporti: gli appartiene perché è attivo e perché aspira; perché conserva e venera; perché soffre e ha bisogno di liberazione. A questi tre rapporti corrispondono tre specie di storia e si possono distinguere nello studio della storia un punto di vista *monumentale*, un punto di vista *archeologico* e un punto di vista *critico*». Che ciò che vi è di più elevato nel passato possa ancora rivivere e grandeggiare, questa è l'idea che è a fondamento della storia monumentale. In virtù di questo tipo di storia, l'uomo attivo, il lottatore, trova nel passato i maestri, gli *esempi*, i consolatori di cui ha bisogno e che il presente gli rifiuta. Attraverso di essa, egli conclude che la grandezza che *è stata* è stata certamente possibile, perciò sarà ancora possibile nel futuro. La storia *archeologica* nasce invece quando l'uomo si attarda a considerare il passato con fedeltà e amore, riconoscendosi come l'erede di una tradizione che lo giustifica. Ma per poter vivere, l'uomo ha pure bisogno di *rompere* con il passato, di annientarlo, per rifarsi daccapo e rinnovarsi. A questo serve la storia *critica*. Essa trascina il passato davanti al tribunale, istituisce severamente un giudizio contro di esso e infine lo condanna. Ogni passato è infatti meritevole della condanna perché sempre nelle cose umane la debolezza e la forza vanno congiunte. Chi condanna non è veramente la giustizia, ma la vita; tuttavia, il più delle volte, la sentenza sarebbe la stessa se la giustizia in persona l'avesse pronunziata.

Di conseguenza, Nietzsche non nega la storia, ma la vuole *subordinata* alla *vita* e funzionale alle sue esigenze. Questo spiega la sua predilezione per la storia *critica* , che nel momento stesso in cui indica i legami dell'uomo con il passato, pone anche l'esigenza di *liberarsi* da essi in nome del presente e del futuro.

6

Il persiano Zarathustra, fondatore dell'antica religione precristiana del mazdeismo, viene assunto da Nietzsche come profeta del superuomo e dell'eterno ritorno. Leggi il seguente brano, tratto da *Così parlò Zarathustra*, e metti in evidenza i caratteri del «superuomo» nietzschiano, l'uomo dionisiaco che sostituisce la fedeltà a Dio con la fedeltà alla terra. Considera anche le ambiguità di tale concetto e stabilisci un confronto con le ideologie letterarie novecentesche che si sono richiamate in qualche modo a Nietzsche (cfr. il caso di D'Annunzio).

«Quando Zarathustra venne nella città più vicina, che sorgeva accanto alla foresta, vide molta gente radunata sul mercato; poiché era stato annunziato che un uomo avrebbe ballato sulla corda. E Zarathustra così parlò al popolo:

"*Io vi insegnerò cos'è il Superuomo*. L'uomo è qualcosa che deve essere superato. Che cosa avete fatto per superarlo?

Tutti gli esseri fino ad oggi hanno creato qualcosa che andava al di là di loro stessi: e voi invece volete essere la bassa marea di questa grande ondata e tornare ad esser bestie piuttosto che superare l'uomo?

Che cos'è la scimmia per l'uomo? Qualcosa che fa ridere, oppure suscita un doloroso senso di vergogna. La stessa cosa sarà quindi l'uomo per il superuomo: un motivo di riso o di dolorosa vergogna.

Avete percorso il cammino dal verme all'uomo, ma in voi c'è ancora molto del verme. Una volta eravate scimmie, e anche adesso l'uomo è più scimmia di qualsiasi scimmia al mondo.

Ma anche il più saggio di voi non è che un essere ibrido, qualcosa di mezzo fra la pianta e lo spettro. È questo forse ch'io vi comando di essere? Fantasmi o piante?

Guardate, io invece vi insegno a diventare Superuomini!

Il Superuomo, ecco il vero senso della terra. La vostra volontà quindi dica: il Superuomo *diventi* il senso della terra.

Vi scongiuro, o fratelli, *siate fedeli alla terra* e non credete a coloro che vi parlano di speranze ultraterrene! Essi sono dei manipolatori di veleni, sia che lo sappiano, o no.

Sono degli spregiatori della vita, dei moribondi, degli intossicati dei quali la terra è stanca: se ne vadano in pace!

Una volta il peccato contro Dio era il peggior sacrilegio; ma Dio è morto, e perciò sono morti anche questi esseri sacrileghi. Peccare contro la terra, ecco la cosa più terribile che si può fare oggi; stimare di più le viscere dell'imperscrutabile che non il senso della terra!

Un tempo l'anima guardava con disprezzo al corpo: e allora questo disprezzo era la cosa più alta: essa voleva che fosse magro, affamato, orribile. Così pensava di sfuggire a lui e alla terra.

Oh, quell'anima era essa stessa orribile, magra, affamata: e la gioia di quell'anima era la crudeltà!

Ma anche voi, fratelli miei, ditemi: che cosa vi dice il corpo a proposito di questa vostra anima? Non è essa povertà, sporcizia e un miserabile benessere?

In verità, l'anima è un sudicio fiume. Bisogna essere un mare per accogliere in sé un sudicio fiume senza diventare impuri.

Ecco, io vi insegnerò a diventare Superuomini; il Superuomo è appunto quel mare, in cui si può perdere il vostro grande disprezzo"» (*Così parlò Zarathustra*, in *Opere scelte*, a cura di L. Scalero, Longanesi, Milano, 1964², pp. 242-243).

7

Proponiamo, a conclusione di questo *Laboratorio*, un pensiero di Nietzsche, tratto dal libro IV di *La gaia scienza*, che ci rivela l'animo poetico dell'autore, sublime anche nella contraddittoria espressione di una felicità malinconica.

«È per me una melanconica felicità vivere in mezzo a questo gomitolo di stradicciuole, di miserie, di voci: quanto piacere, quanta impazienza e brama, quanta vita assetata ed ebbrezza della vita si rivelano qui in ogni istante! Eppure, per tutti questi esseri tumultuosi che vivono e hanno sete di vita, ci sarà presto tanto silenzio! Come alle spalle di ognuno sta la sua ombra, la sua cupa compagna di viaggio! È sempre come nell'ultimo momento, prima della partenza di una nave di emigranti: abbiamo da dirci più cose che mai, l'ora incalza, l'oceano con il suo desolato silenzio attende impaziente dietro tutto quel rumore — così bramoso, così sicuro della propria preda. E tutti, tutti pensano che quanto fino a questo momento è avvenuto, sia poco o niente, che il futuro prossimo sia tutto: per cui questa febbre, questo gridare, questo stordirsi e sopraffarsi! Ognuno vuole essere il primo in questo futuro — eppure è morte e silenzio di morte l'unica cosa sicura e a tutti comune di questo futuro! Come è strano che questa unica sicurezza e comunanza non abbia quasi nessun potere sugli uomini, e che essi siano *ben lontani* dal sentirsi come la confraternita della morte! Mi rende felice vedere che gli uomini non vogliono affatto indugiare nel pensiero della morte! Sarei ben contento di far qualcosa, per rendere loro il pensiero della vita cento volte ancora *più degno di esser pensato*» (*La gaia scienza e Idilli di Messina*, trad. it. di F. Masini, Adelphi, Milano, 1965 e 1977, p. 200).

GLOSSARIO E RIEPILOGO

Menzogne millenarie. Alla base del filosofare critico e demistificatore di Nietzsche, che egli stesso presenta come «una scuola di sospetto», sta la tesi secondo cui la «debolezza» risulta direttamente proporzionale all'ansia di «certezza», ossia alla volontà di verità (v.). In altri termini, secondo Nietzsche, gli uomini, per poter *sopportare* l'impatto con il caos e l'irrazionalità del mondo, hanno costruito una serie di «certezze» (metafisiche, religiose, morali, ecc.), che, ad uno sguardo profondo, si rivelano soltanto come delle necessità di sopravvivenza, ovvero come delle «menzogne vitali». Ad esempio la metafisica «si può definire come la scienza che tratta degli errori fondamentali dell'uomo, però come se fossero verità fondamentali» (*Umano, troppo umano*). Analogamente, ogni religione «è nata dalla paura e dal bisogno e si è insinuata nell'esistenza fondandosi su errori della ragione» (*ivi*). Il rifiuto di queste menzogne, che il filosofo ha il compito di mettere a nudo, rappresenta il banco di prova del passaggio dall'uomo al superuomo: «Quanta verità può *sopportare*, quanta verità può osare un uomo? Questa è diventata la mia vera unità di misura, sempre più» (*Ecce homo*).

Volontà di verità. Espressione polemica con la quale Nietzsche intende la ricerca tradizionale di una verità assoluta e «il desiderio di un mondo permanente» (*Frammenti postumi*). In altri termini, «La presunta "*verità*" (*Wahrheit*) della quale la filosofia si è considerata, di volta in volta, indagatrice, depositaria, profeta, non è altro — dal punto di vista di Nietzsche — che la *volontà* di conferire un significato assoluto, non smentibile, definitivo, ad una realtà che, di per sé, si presenta invece come caoticità inesauribile, irriducibile a qualsivoglia forma per mezzo della quale la ragione pretenda di catturarla» (G. Brianese).

Dionisiaco e apollineo. È la dualità, già presente in Natura, che esprime i due impulsi (*Triebe*) dell'anima greca e, al tempo stesso, i due impulsi che stanno alla base dell'arte (*Kunsttriebe*). Il dionisiaco, che scaturisce dalla forza vitale e dal senso caotico del divenire, si esprime artisticamente nella musica. L'apollineo, che scaturisce da un atteggiamento di fuga di fronte al flusso imprevedibile degli eventi, si esprime artisticamente nelle linee armoniche dell'arte plastica e dell'epopea. Il dionisiaco sta all'apollineo come il caos sta alla forma, il divenire alla stasi, l'infinito al finito, l'istinto alla ragione, l'oscurità alla luce, l'inquietudine alla serenità, l'ebbrezza al sogno, ecc. Tuttavia, mentre in un primo tempo, nella Grecia presocratica, dionisiaco e apollineo convivono separati, in un secondo tempo, nella tragedia attica, si armonizzano fra loro: «Sulle loro due divinità artistiche, Apollo e Dioniso, è fondata la nostra teoria che nel mondo greco esiste un enorme contrasto, enorme per l'origine e per il fine, tra l'arte figurativa, quella di Apollo, e l'arte non figurativa della musica che è propriamente quella di Dioniso. I due istinti, tanto diversi tra loro, vanno l'uno accanto all'altro, per lo più in aperta discordia, ma pure eccitandosi reciprocamente a nuovi parti sempre più gagliardi, al fine di trasmettere e perpetuare lo spirito di quel contrasto, che la comune parola "arte" risolve solo in apparenza; fino a quando, in virtù di un miracolo metafisico della "volontà" ellenica, compaiono in ultimo accoppiati l'uno con l'altro, e in questo accoppiamento finale generano l'opera d'arte, altrettanto dionisiaca che apollinea, che è la tragedia attica» (*La nascita della tragedia*). In un terzo momento, tale equilibrio viene dissolto dal prevalere dell'apollineo, che trionfa sul dionisiaco sin quasi a soffocarlo. Ciò avviene con la tragedia di Euripide e con il razionalismo di Socrate. Contro tale processo di decadenza, che ha finito per travolgere tutto l'Occidente, Nietzsche propone un recupero convinto di Dioniso (v.).

Dioniso o l'accettazione totale della vita. Dioniso, il dio dell'ebbrezza e della gioia, il dio che canta, ride e danza, il dio che bandisce da sé ogni rinunzia e ogni fuga di fronte al mondo, rappresenta, per Nietzsche, il simbolo divinizzato di quella accettazione *totale* della vita nell'insieme dei suoi aspetti, che egli fa valere sia contro l'atteggiamento rinunciatario della morale tradizionale, sia contro il «buddismo» di Schopenhauer. Accettazione che va ben oltre le opposte unilateralità del pessimismo e dell'ottimismo (incapaci di cogliere la vita nell'unità dei contrari che la caratterizzano) e che mette capo ad un programma di fedeltà alla terra: «Vi scongiuro, o fratelli, *rimanete fedeli alla terra* e non credete a coloro che vi parlano di sovraterrene speranze. Lo sappiano o no: costoro esercitano il veneficio» (*Così parlò Zarathustra, Prefazione*).

Genealogia della morale. Espressione usata da Nietzsche per indicare quello specifico modo di accostarsi ai problemi morali che consiste nel mostrare il carattere storico o «divenuto» dei valori etici e le motivazioni umane («troppo umane») che ne stanno alla base. Metodo che ha le caratteristiche di una *chimica delle idee e dei sentimenti* (come suona il titolo del primo paragrafo di *Umano, troppo umano*): «Tutto ciò di cui abbiamo bisogno e che allo stato presente delle singole scienze può esserci veramente dato, è una "chimica" delle idee e dei sentimenti morali, religiosi ed estetici, come pure di tutte quelle emozioni che sperimentiamo in noi stessi nel grande e piccolo commercio della cultura e della società, e persino nella solitudine: ma che avverrebbe, se questa chimica concludesse col risultato che anche in questo campo i colori più magnifici si ottengono dai materiali bassi e persino spregiati?». Ad esempio, dal punto di vista genealogico, la motivazione inconfessata dell'umiltà e dello spirito di sacrificio appare lo spirito di potenza e di sopraffazione; mentre la matrice dell'amore appare la cupidigia e il desiderio di possesso: «Il nostro amore per il prossimo (...) non è un anelito verso una nuova proprietà? (...) Quando vediamo soffrire qualcuno, utilizziamo volentieri l'occasione offerta in quel momento per impossessarci di lui: così fa, per esempio, il benefattore e il compassionevole; anch'egli chiama "amore" la bramosia suscitata in lui di un nuovo possesso, e vi attinge il suo piacere (...)» (*La gaia scienza*). La genealogia conduce quindi, secondo Nietzsche, all'autosoppressione della morale (tradizionale) e alla trasvalutazione dei valori (v.).

La **morale dei signori** è quel *tipo* di morale (storicamente incarnato dalle aristocrazie del mondo classico) che sgorga da un sentimento di pienezza o di potenza e che si esprime nei valori *vitali* della forza, della salute, della fierezza e della gioia.

La **morale degli schiavi** è quel *tipo* di morale che sgorga da un sentimento di debolezza e di risentimento (v.) e che risulta improntata ai valori anti-vitali dell'umiltà, del disinteresse e della pietà. Espressione emblematica di tale morale è il cristianesimo (v.).

Risentimento. È l'odio impotente dei deboli verso i forti, ossia verso ciò che essi *non* sono e che segretamente *vorrebbero* essere. Odio che si traduce in un comportamento teso a *sottomettere* questi ultimi tramite una tavola di valori anti-vitali che rappresentano l'esatto capovolgimento di quelli vitali. In virtù del fenomeno del risentimento, la morale si configura dunque come uno *strumento di dominio*, e ciò non solo nel senso del manifesto annichilamento del «debole» da parte del «forte», ma anche del meno evidente annichilamento del «forte» da parte del «debole».

Trasvalutazione dei valori. È l'espressione famosa con cui Nietzsche sintetizza la sua opera di reinterpretazione-trasformazione dei valori: «La verità è tremenda: perché fino a oggi si chiamava verità la menzogna. Trasvalutazione di tutti i valori: questa è la mia formula per l'atto con cui l'umanità prende la decisione suprema su se stessa, un atto che in me è diventato carne e genio» (*Ecce homo*).

Cristianesimo. L'attacco nietzschiano al cristianesimo avviene sostanzialmente a due livelli. Il primo, di ordine *generale*, si connette al tema della «morte di Dio» (v.). Il secondo, più *specifico*, si concretizza nell'assimilazione del cristianesimo a «negazione istituzionalizzata della volontà di vivere» (T. W. Adorno), ovvero a tipica morale degli schiavi (v.). Particolarmente significative, da questo punto di vista, le invettive de *L'Anticristo*: «Il cristianesimo ha preso le parti di tutto quanto è debole, abietto, malriuscito; della *contraddizione* contro gli istinti di conservazione della vita forte ha fatto un ideale; ha guastato persino la ragione delle nature intellettualmente più forti, insegnando a sentire i supremi valori della intellettualità come peccaminosi, come fonti di traviamento, come *tentazioni*», «Il concetto cristiano di Dio — Dio come divinità degli infermi, Dio come ragno, Dio come spirito — è uno dei più corrotti concetti di Dio, che siano mai stati raggiunti sulla terra; esso rappresenta forse, nello sviluppo discendente dei tipi di divinità, addirittura il grado dell'infimo livello. Dio degenerato fino a *contraddire la vita*, invece di esserne la trasfigurazione e l'eterno *sì*! In Dio è dichiarata l'inimicizia alla vita, alla natura, alla volontà di vivere!».

Scienza e Positivismo. Contro la mentalità scientifica e contro il Positivismo, Nietzsche afferma che la scienza non costituisce un sapere oggettivo privo di presupposti, in quanto sgorga anch'essa da determinati presupposti e atteggiamenti extra-scientifici (per esempio dall'idea dell'assoluta *utilità* della conoscenza o dal vagheggiamento di un mondo di matematica perfezione e semplicità ben *diverso* da quello caotico e pluriforme dell'esperienza quotidiana). Inoltre, contro il culto positivistico del «fatto» — in virtù del quale la scienza stessa non risulta lontana dall'ideale ascetico del cristianesimo per la sua adorazione della verità oggettiva, per il suo stoicismo intellettuale che interdice il *sì* e il *no* di fronte alla realtà — Nietzsche sostiene che la realtà non è una serie di *dati* che ci vincolano necessariamente, ma un insieme di *interpretazioni* in cui ne va di noi stessi: «no, proprio i fatti non ci sono, bensì solo interpretazioni» (*Frammenti postumi*), «il fatto è sempre stupido e in tutti i tempi è apparso più simile a un vitello che a un Dio» (*Considerazioni inattuali*).

Storicismo e storia. Pur criticando lo storicismo e l'*eccesso* di memoria storica — che inchiodano l'uomo al passato e ne paralizzano le iniziative, dimenticando che «per ogni agire ci vuole oblìo» — Nietzsche ammette non solo il «danno», ma anche «l'utilità» della storia. Infatti, la vita ha bisogno dei «servizi» della storia sotto i tre aspetti della storia monumentale (v.), archeologica (v.) e critica (v.).

La **storia monumentale** è il tipo di storia di cui l'uomo ha bisogno «in quanto è attivo e ha aspirazioni», cioè il tipo di memoria che gli fornisce modelli per l'azione: «In che giova dunque all'uomo d'oggi la considerazione monumentale del passato, l'occuparsi delle cose classiche e rare delle epoche precedenti? Egli ne deduce che la grandezza, la quale un giorno esistette, fu comunque una volta *possibile*, e perciò anche sarà possibile un'altra volta; egli percorre più coraggiosamente la sua strada, poiché ora il dubbio che lo assale nelle ore di debolezza, di volere forse l'impossibile, è spazzato via» (*Considerazioni inattuali*, II).

La **storia archeologica** è il tipo di storia di cui l'uomo ha bisogno «in quanto preserva e venera», ossia il tipo di storia che nasce dalla venerazione verso un passato di cui ci si riconosce eredi e da cui ci si sente giustificati: «Della storia ha bisogno (...) colui che guarda indietro con fedeltà e amore, verso il luogo onde proviene, dove è divenuto (...). La felicità di non sapersi totalmente arbitrari e fortuiti, ma di crescere da un passato come eredi, fiori e frutti, e di venire in tal modo scusati, anzi giustificati nella propria esistenza — è questo ciò che oggi si designa di preferenza come il vero e proprio senso storico (...)». Ovviamente, per queste sue caratteristiche, la storia antiquaria contiene in sé un potenziale pericolo, in quanto «ostacola la forte risoluzione per il nuovo, quindi paralizza chi agisce (...)» (*ivi*).

La **storia critica** è il tipo di storia di cui ha bisogno l'uomo «in quanto soffre e ha bisogno di liberazione», ossia il tipo di storia che nasce da un atto di libertà di fronte al passato: «Qui si fa chiaro come l'uomo abbia molto spesso necessariamente bisogno, accanto al modo monumentale e antiquario di considerare il passato, di un terzo modo, quello *critico* (...). Egli deve avere, e di tempo in tempo impiegare, la forza di infrangere e di dissolvere un passato per poter vivere: egli ottiene ciò traendo quel passato innanzi a un tribunale, interrogandolo minuziosamente, e alla fine condannandolo (...)» (*ivi*).

Dio, per Nietzsche, è la più antica delle *bugie vitali* («la nostra più lunga menzogna») ovvero la menzogna che riassume tutte le altre menzogne. Dio rappresenta infatti la *personificazione* delle varie «certezze» metafisiche, morali e religiose elaborate dall'umanità per dare un senso «plausibile» e un ordine «rassicurante» al caos della vita e del mondo. In un'ottica più specifica, Dio si configura come il simbolo di ogni prospettiva oltre-mondana e anti-vitale, che ponga (v. la tradizione platonico-cristiana) il senso dell'essere *fuori* e *in alternativa* all'essere: «Dio, la formula di ogni calunnia dell'"aldiqua", di ogni menzogna dell'"aldilà"! In Dio è divinizzato il nulla, è consacrata la volontà del nulla!».

Morte di Dio. Espressione mediante cui Nietzsche, coerentemente con la sua visione di Dio (v.), allude al venir meno di tutte le certezze *assolute* che hanno sorretto gli uomini attraverso i millenni, a guisa di stabili punti di riferimento, capaci di «esorcizzare» lo sgomento provocato dal flusso irrazionale e caotico delle cose. Tale vicenda viene presentata da Nietzsche come un evento in corso del quale l'uomo-folle (= il filosofo-profeta) scorge lucidamente l'accadere, ma di cui l'umanità non ha ancora preso coscienza (cfr. il testo). L'accettazione della morte di Dio rappresenta il presupposto necessario della transizione dall'uomo al superuomo (v.). *N.B:* 1) Quando Nietzsche parla della morte di Dio allude certamente anche al Dio cristiano, ma non soltanto al Dio cristiano, poiché la sua formula, come si è visto, ha una portata più generale; 2) l'ateismo di Nietzsche è radicale e rappresenta il *presupposto* a partire da cui prende senso e consistenza *tutto* il suo discorso filosofico: «Nessun dubbio infatti sull'ateismo di Nietzsche, nonostante le fondate e suggestive cautele di Heidegger (...). Con Nietzsche non solo Dio, ma tutti gli dei sono morti» (M. Ruggenini).

La teoria dell'**Eterno Ritorno dell'Uguale** è la dottrina secondo cui tutte le realtà e gli eventi del mondo sono destinati a ritornare identicamente infinite volte. Che cosa sia veramente l'eterno ritorno (una realtà cosmologica, un imperativo etico, ecc.) e quali siano i suoi rapporti con l'iniziativa umana, costituisce una delle questioni più complesse della critica nietzschiana (v. il testo). Ciò non toglie che la *funzione* di questa dottrina, all'interno dell'economia complessiva del pensiero di Nietzsche, risulti sufficientemente chiara. Credere nell'eterno ritorno significa infatti ritenere: 1) che il senso dell'essere non stia *fuori* dell'essere, ma *nell'*essere stesso; 2) disporsi a vivere la vita, e ogni *attimo* di essa, come coincidenza di essere e senso, ossia come un gioco creativo avente *in se medesimo* il proprio senso appagante. Proprio per questi motivi, l'eterno ritorno, in quanto apoteosi estrema del divenire, incarna al massimo grado l'*accettazione* superomistica dell'essere, ponendosi, per dirla con Nietzsche, come «la suprema formula dell'affermazione che possa mai essere raggiunta».

Il **superuomo**. In linea generale, quello di superuomo è un concetto *filosofico* di cui si serve Nietzsche per esprimere il progetto di un nuovo essere qualificato da una serie di caratteristiche che emergono oggettivamente dall'insieme della sua opera. Il superuomo è colui che sa accettare la vita (v.), rifiutare la morale tradizionale (v.), operare la trasvalutazione dei valori (v.), «reggere» la morte di Dio (v.), superare il nichilismo (v.), collocarsi nella prospettiva dell'eterno ritorno (v.) e porsi come volontà di potenza (v.). Come tale, il superuomo non può che stagliarsi sull'orizzonte del *futuro*. Tant'è che il prefisso *über*-mensch può essere tradotto con *oltre*-uomo, proprio per evidenziare meglio la *diversità* fra il superuomo del futuro e l'uomo del presente. Sufficientemente chiaro come concetto generale, il superuomo appare piuttosto sfuggente come figura *concreta*. Da ciò la molteplicità delle *interpretazioni* circa il *soggetto* effettivo che dovrebbe *incarnarne* le istanze teoriche (che vanno da quelle di tipo estetizzante e decadente a quelle di tipo radicale o di sinistra) e il fallimento di ogni tentativo di "catturare" *politicamente* il messaggio di Nietzsche, che è — e rimane — di ordine prevalentemente *filosofico*, ossia incentrato su tematiche *generali* quali l'accettazione della vita, la critica della morale, la morte di Dio, il nichilismo, ecc.

La **volontà di potenza** di cui parla Nietzsche si identifica sostanzialmente con il modo d'essere del superuomo, concepito come libertà creatrice, che, ergendosi al di sopra del caos della vita, impone ad essa i *propri* significati e le *proprie* interpretazioni. In altri termini, la volontà di potenza è la dimensione stessa dell'oltreuomo, che può accettare l'essere (*amor fati*) solo a patto di ri-creare l'essere a *propria* misura. In quanto forza ermeneutica o interpretativa, la volontà coincide pure con il continuo superamento che la vita fa di se stessa, nello sforzo di reinventare incessantemente se medesima e il proprio rapporto con il mondo: «E la vita stessa mi ha confidato questo segreto. Vedi, — disse — io sono il continuo, necessario superamento di me stessa», «mille sentieri vi sono non ancora percorsi; mille salvezze e isole della vita. Inesaurito e non scoperto è ancora sempre l'uomo e la terra dell'uomo (...)».

INDICAZIONI BIBLIOGRAFICHE

M. Heidegger, *La sentenza di Nietzsche «Dio è morto»* in Id., *Sentieri interrotti*, trad. it., La Nuova Italia, Firenze 1968 pp. 191-246.
W. Kaufmann, *Nietzsche. Filosofo, psicologo, anticristo*, Sansoni, Firenze 1974.
G. Penzo, *F. Nietzsche. Il divino come polarità*, Pàtron, Bologna 1975.
M. Cacciari, *Krisis. Saggio sulla crisi del pensiero negativo da Nietzsche a Wittgenstein*, Feltrinelli, Milano 1976.
E. Fink, *La filosofia di Nietzsche*, Mondadori, Milano 1977.
F. Masini, *Lo scriba e il caos*, Il Mulino, Bologna 1979.
G. Colli, *Scritti su Nietzsche*, Adelphi, Milano 1980.
C. P. Janz, *Vita di Nietzsche*, Laterza, Roma-Bari 1980-1982, 3 voll.
L. Cortella, *Crisi e razionalità. Da Nietzsche ad Habermas*, Guida, Napoli 1981.
P. Klossowski, *Nietzsche e il circolo vizioso*, Adelphi, Milano 1981.
M. Montinari, *Su Nietzsche*, Editori Riuniti, Roma 1981.
G. Vattimo, *Al di là del soggetto. Nietzsche, Heidegger e l'ermeneutica*, Feltrinelli, Milano 1981.
R. Dionigi, *Il doppio cervello di Nietzsche*, Cappelli, Bologna 1982.
G. Dalmasso, *Il ritorno della tragedia. Essere e inconscio in Nietzsche e Freud*, Angeli, Milano 1983.
A. M. Jacobelli Isoldi, *Nietzsche. La visione e l'enigma*, Studium, Roma 1983.
E. Mazzarella, *Nietzsche e la storia*, Guida, Napoli 1983.
V. Vitiello, *Utopia del nichilismo. Tra Nietzsche e Heidegger*, Guida, Napoli 1983.
A. Negri, *Nietzsche e l'innocenza del divenire*, Liguori, Napoli 1984.
S. Moravia, *Itinerario nietzscheano*, Guida, Napoli 1985.

M. Ruggenini, *Il soggetto del senso. Nietzsche e la fine della metafisica*, in Id., *Verità e interpretazione. Le forme della fine della filosofia*, Angeli, Milano 1985, pp. 121-147.
G. Penzo, *Il superamento di Zarathustra. Nietzsche e il nazionalsocialismo*, Armando, Roma 1987.
G. Pasqualotto, *Saggi su Nietzsche*, F. Angeli, Milano 1988.
V. Regina, *L'uomo complementare. Potenza e valore nella filosofia di Nietzsche*, Morcelliana, Brescia 1988.
G. Penzo, *Invito al pensiero di Nietzsche*, Mursia, Milano 1990.
J. Derrida, *Otobiographies. L'insegnamento di Nietzsche e la politica del nome proprio*, Il Poligrafo, Padova 1993.
M. Heidegger, *Nietzsche*, Adelphi, Milano 1994.
A. Negri, *Interminati spazi ed eterno ritorno. Nietzsche e Leopardi*, Le Lettere, Firenze 1994.
F. Semerari, *Il gioco dei limiti. L'idea di esistenza in Nietzsche*, Dedalo, Bari 1994.
G. Vattimo, *Il soggetto e la maschera*, Bompiani, Milano 1994.
G. Deleuze, *Divenire molteplice. Saggi su Nietzsche e Foucault*, Ombre Corte, Verona 1996.
K. Jaspers, *Nietzsche*, Mursia, Milano 1996.
K. Löwith, *Nietzsche e l'eterno ritorno*, Laterza, Roma-Bari 1996.
M. Montinari, *Nietzsche*, Editori Riuniti, Roma 1996[2].
G. Vattimo, *Introduzione a Nietzsche*, Laterza, Roma-Bari 1996[9].
G. Deleuze, *Nietzsche*, SE, Milano 1997.
M. Ferraris (a cura di), *Guida a Nietzsche*, Laterza, Roma-Bari 1999.

SCHEDA BIBLIOGRAFICA

L'*opera omnia* nella traduzione italiana è pubblicata in 23 volumi a cura di G. Colli e M. Montinari dalla Casa Editrice Adelphi con il titolo *Opere di Friedrich Nietzsche*.
Sono disponibili anche le singole opere pubblicate dalla stessa Adelphi, dalla Mondadori, dalla Mursia, dalla Newton Compton e da altre Case editrici ancora.
Per un'introduzione alla conoscenza dei testi nietzschiani si vedano i volumi antologici seguenti: *La distruzione delle certezze*, a cura di S. Moravia, La Nuova Italia, Firenze, 1984; *La «volontà di potenza» di Nietzsche e il problema filosofico del superuomo*, a cura di G. Brianese, Paravia, Torino, 1989.

Capitolo settimo

Bergson e la reazione al Positivismo

Bergson e la reazione al Positivismo

1. Vita e scritti

L'opera di Bergson si presenta come la massima espressione dello *spiritualismo* francese e come la più acuta reazione al Positivismo, imperante in Europa nella seconda metà dell'Ottocento. Contro il Positivismo — che, in nome della scienza, disconosceva l'originalità e l'autonomia dell'uomo rispetto ai fatti naturali — Bergson elabora una poderosa visione del mondo che esalta la vita spirituale come inesauribile *attività creatrice* di valori e di libertà, capace di subordinare a sé il meccanicismo della natura.

Henri Bergson nacque a Parigi il 18 ottobre 1859 e morì il 4 gennaio 1941. Fu per molti anni professore al Collegio di Francia. Il suo primo scritto è il *Saggio sui dati immediati della coscienza* (1889), che già nel titolo mostra quello che sarà il metodo della filosofia bergsoniana: liberare dalle strutture intellettuali fittizie la vita originale della coscienza per attingerla nella sua purezza. La seconda opera, *Materia e memoria* (1896), è dedicata allo studio dei rapporti tra corpo e spirito. L'essenza dello spirito è riconosciuta nella memoria e al corpo si attribuisce la funzione di limitare e scegliere i ricordi per i fini dell'azione. L'*Evoluzione creatrice* (1907) è l'opera principale, dedicata a illustrare la natura della vita come una corrente di coscienza (*slancio vitale*) che s'insinua nella materia asservendola a sé, ma rimanendone anche limitata e condizionata. Nel 1900 Bergson aveva pubblicato i saggi sul *Riso*, che contengono anche la sua dottrina sull'arte. Ne *Le due sorgenti della morale e della religione* (1932) Bergson ha illustrato il significato etico e religioso della sua dottrina.

2. Tempo, durata e libertà

Una delle teorie più originali di Bergson — che rappresenta anche uno dei fondamenti genetici e teorici del suo sistema — è la distinzione fra il tempo della scienza e il tempo della vita.

Il tempo della scienza e il tempo della vita

Il tempo della meccanica è fatto di istanti differenti solo *quantitativamente*, mentre il tempo vissuto consta di istanti che sono diversi anche qualitativamente (tant'è vero che nel linguaggio comune si dice, ad esempio, che cinque minuti possono sembrare, talora, «una eternità»). Inoltre il tempo della fisica e dell'osservazione scientifica è *reversibile*, poiché un esperimento può essere ripetuto e osservato un numero indefinito di volte, mentre il tempo della psiche è fatto di momenti irripetibili, per cui ogni «ricerca del tempo perduto» (per usare un'espressione di Proust, che si ispira a Bergson) è destinata, in quanto tale, al fallimento, oppure a ri-creare gli avvenimenti stessi. Infine il tempo della fisica è fatto di momenti *distinti* l'uno dall'altro, mentre il tempo dell'esistenza è costituito di momenti che si compenetrano e si sommano fra loro, alla maniera di una valanga. In sintesi, il tempo della scienza è qualcosa di astratto, di esteriore e di spazializzato, e come tale costituisce un «concetto bastardo», in quanto, come scrive Bergson nel *Saggio*, «familiarizzati con l'idea di spazio, noi l'introduciamo a nostra insaputa, nella nostra rappresentazione della successione pura [...] proiettiamo il tempo nello spazio, la durata nell'estensione; la successione prende per noi la forma di una linea continua».

La durata reale

Invece il tempo della vita è qualcosa di concreto e di interiore, e si identifica con la durata. Quindi, mentre il tempo spazializzato della fisica trova la sua immagine in una collana di perle, tutte eguali e distinte fra loro, l'immagine del tempo della durata è il gomitolo di filo (o la valanga), che continuamente muta e cresce su se medesimo. Questa conservazione totale è nello stesso tempo una creazione totale, giacché in essa ogni momento, pur essendo il risultato di tutti i momenti precedenti, è assolutamente nuovo rispetto ad essi. «Per un essere cosciente, — dice Bergson —, esistere significa mutare, mutare significa maturarsi, maturarsi significa creare indefinitamente se stesso».

La vita spirituale è costitutivamente libertà

La vita spirituale è perciò essenzialmente auto-creazione e libertà. Coloro che ritengono che ogni azione spirituale, al pari di ogni altro fenomeno della natura, sia necessariamente determinata dalle sue cause, si fondano su un concetto del tempo che non si può applicare alla vita spirituale. Immaginano cioè il tempo secondo lo schema *spaziale*, come fa la scienza, perciò esteriorizzano l'azione e il motivo dell'azione considerandoli quasi come due cose esterne l'una all'altra e di cui una agisca sull'altra. Questa esteriorizzazione o spazializzazione del tempo vissuto è in contrasto con la testimonianza della coscienza, la quale ci dà soltanto un processo di mutamento unico e continuativo. Non si può perciò dire che l'anima sia "determinata" da una simpatia, da un odio, ecc., come da una forza che dall'esterno agisca su essa. Ognuno di questi sentimenti, se ha attinto una profondità sufficiente, è *tutta* l'anima, si identifica con essa; e dire che l'anima è determinata da uno di essi è lo stesso che dire che si determina da sé ed è quindi *libera*.

3. Spirito e corpo: materia e memoria

In *Materia e memoria* (1896) l'autore studia i rapporti fra spirito e corpo (quest'ultimo visto come un tipo di materia che, nell'uomo, si oppone alla coscienza). Bergson articola il suo discorso distinguendo fra memoria, ricordo e percezione. La memoria pura è la coscienza stessa, che registra automaticamente tutto ciò che accade, anche ciò di cui non abbiamo consapevolezza. In altri termini, la memoria pura si identifica con il nostro passato, che «ci segue, tutt'intero, in ogni momento». Il ricordo-immagine è la materializzazione, operata dal cervello, di un evento del passato. Materializzazione che non sempre avviene e che spiega come la coscienza, pur essendo memoria, non sia necessariamente ricordo. Anzi, quella che noi chiamiamo comunemente memoria (= il ricordo-immagine) è solo una piccola parte della memoria complessiva (= la memoria pura). Tanto più, osserva Bergson, che il cervello trasforma in ricordi-immagini solo ciò che serve all'azione, mantenendo nell'inconscio la massima parte del passato (da ciò il paradosso, evidenziato dal filosofo, secondo cui la memoria è più *oblio* che ricordo). La percezione, a sua volta, agisce come un continuo filtro *selettivo* dei dati, in vista delle esigenze dell'azione.

Con questo tipo di discorso, Bergson, pur avendo posto un ben preciso rapporto fra coscienza e corpo, ha continuato a presupporre il dualismo fra spirito (che è memoria e durata) e materia. A risolvere questo dualismo è diretta la sua opera maggiore.

4.
LO SLANCIO VITALE

L'*Evoluzione creatrice* è tesa a mostrare come la coscienza e l'universo stesso siano interpretabili secondo il concetto di durata reale. In primo luogo, Bergson riporta la vita biologica alla vita della coscienza, alla durata reale. *La vita è sempre creazione, imprevedibilità e nello stesso tempo conservazione integrale e automatica dell'intero passato*. Tale è la vita dell'individuo come quella della natura; ma le sorti dell'una e dell'altra sono diverse. Ciascuno di noi, considerando retrospettivamente la sua storia, constaterà che la sua personalità infantile, per quanto indivisibile, riuniva in sé persone diverse che potevano restare insieme allo stato nascente, ma che sono via via divenute incompatibili, ponendoci più volte di fronte alla necessità di una scelta. «La via che percorriamo nel tempo — dice Bergson — è cosparsa dei frammenti di tutto ciò che cominciavamo ad essere, di tutto ciò che avremmo potuto diventare». Noi non possiamo vivere che una sola vita, perciò dobbiamo scegliere. La vita della natura, invece, non è costretta a simili sacrifici: essa conserva le tendenze che si sono a un certo punto biforcate e crea serie divergenti di specie che si evolvono separatamente. In altri termini, la vita non segue una linea di evoluzione unica e semplice. Si sviluppa «come un fascio di steli» creando, per il solo fatto della sua crescita, direzioni divergenti fra le quali si divide il suo slancio originario. Le biforcazioni del suo sviluppo sono state quindi numerose. Ma molte sono state anche le vie senza uscita, di fronte alle poche grandi strade che essa si è creata.

La durata reale in noi e nella natura

L'unità delle varie direzioni non è un'unità di coordinazione, di convergenza, quasi che la vita realizzasse un disegno preformato. Il finalismo, in questo senso, è escluso; la vita è creazione libera e imprevedibile. Si tratta invece di un'unità che precede la biforcazione, cioè dell'unità della *vis a tergo*, dello *slancio* che la va via via realizzando. Lo slancio della vita, conservandosi lungo le linee di evoluzione tra le quali si divide, è la causa profonda delle variazioni, almeno di quelle che si trasmettono regolarmente con l'eredità, che si addizionano e creano nuove specie. Tutto ciò, se esclude il disegno prestabilito di ogni teoria finalistica, esclude pure che l'evoluzione sia avvenuta per cause puramente meccaniche. Il meccanicismo non può spiegare la formazione di organi complicatissimi che hanno tuttavia una funzione assai semplice, com'è il caso dell'occhio.

Lo slancio vitale come creazione libera e imprevedibile

Rifiuto del finalismo e del meccanicismo

La prima biforcazione fondamentale dello slancio vitale è quella che ha dato origine alla divisione fra la *pianta* e l'*animale*. Il vegetale è caratterizzato dalla capacità di fabbricare le sostanze organiche con sostanze minerali (funzione clorofilliana). Gli animali, obbligati ad andare a cercare il loro nutrimento, si sono evoluti nel senso dell'attività locomotrice e quindi di una coscienza sempre più sveglia. Le due tendenze si sono dissociate crescendo, ma nella forma rudimentale si implicano reciprocamente; e lo stesso slancio, che ha portato l'animale a darsi nervi e centri nervosi, ha dovuto pervenire nella pianta alla funzione clorofilliana.

Le biforcazioni dello slancio vitale

Dall'altro lato, neppure la vita animale si è sviluppata lungo un'unica linea. Gli Artropodi e i Vertebrati sono le linee nelle quali l'evoluzione della vita animale nel senso della mobilità e della coscienza ha avuto maggior successo. Le altre due direzioni della vita animale, quelle indicate dagli Echinodermi e dai Molluschi, sono finite invece in un vicolo cieco. L'evoluzione degli Artropodi ha raggiunto il suo punto culminante negli Insetti e in particolare negli Imenotteri, quella dei Vertebrati nell'uomo. Su queste due linee, il progresso si è verificato tuttavia in forma diversa, giacché nella prima direzione si è indirizzato verso l'istinto, nella seconda verso l'intelligenza.

5. Istinto e intelligenza

Istinto e intelligenza sono tendenze diverse, ma connesse e mai assolutamente separate. Non c'è intelligenza senza traccia d'istinto, né istinto che non sia circondato da un alone di intelligenza. Nella loro forma perfetta, l'intelligenza si può definire come la *facoltà di fabbricare strumenti artificiali* e di variarne indefinitamente la fabbricazione; l'istinto come la *facoltà di utilizzare o costruire strumenti organizzati* (gli organi corporei). Originariamente, l'uomo non è *homo sapiens*, ma *homo faber*. La sua caratteristica è quella di sopperire alla deficienza dei mezzi naturali di cui dispone con strumenti adatti a difenderlo contro i nemici e contro la fame e il freddo. Gli strumenti che l'uomo crea artificialmente corrispondono, nell'altra direzione della vita, agli organi naturali di cui si avvale l'istinto.

Intelligenza e istinto

Ciò stabilisce i caratteri fondamentali dell'intelligenza umana e della scienza che di essa si avvale. Essa è diretta essenzialmente ai fini della vita, serve a costruire strumenti inorganici, perciò si trova a suo agio solo quando si trova a che fare con la materia inorganica. Il funzionamento dell'intelligenza è determinato dalla natura dell'oggetto che le è proprio. Essa si rappresenta chiaramente soltanto ciò che è *solido, discontinuo, immobile*; ed è perciò caratterizzata da una incomprensione naturale per il *movimento*, il *divenire* e la *vita*.

Il funzionamento dell'intelligenza

Bergson definisce il funzionamento dell'intelligenza come un *meccanismo cinematografico*. Essa infatti prende sul divenire delle *istantanee* e cerca di riprodurre il movimento mediante la successione di tali istantanee (che non rappresentano se non cose immobili). Questo meccanismo si lascia sfuggire ciò che vi è di proprio nella vita, cioè la continuità del divenire nel quale non si possono distinguere stati immobili. Ciò spiega perché l'intelligenza, che è perfettamente a suo agio nel mondo della materia, si trova completamente disarmata di fronte alla vita.

L'intuizione e la metafisica

Tuttavia l'intelligenza non si separa mai completamente dall'istinto. È possibile quindi un ritorno consapevole dell'intelligenza all'istinto; e tale ritorno è l'*intuizione*. L'intuizione è un istinto divenuto disinteressato, consapevole di se stesso, capace di riflettere sul suo oggetto e di estenderlo indefinitamente. Che uno sforzo di questo genere sia possibile è dimostrato dalla presenza nell'uomo dell'intuizione estetica, che dà luogo all'*arte*; ma l'intuizione estetica è diretta soltanto a questa o quella realtà particolare e non può essere l'organo di una metafisica della vita. Si può concepire tuttavia una ricerca orientata nello stesso senso dell'arte e che abbia per oggetto la vita in generale. Una ricerca di questo genere sarà propriamente filosofica e costituirà l'organo adatto per la comprensione della vita: la *metafisica*.

6. Società, morale e religione

Nel mondo umano Bergson scorge la stessa alternativa tra l'immobilità e il movimento, tra la solidificazione in forme relativamente fisse e lo slancio creativo che procede in avanti, che già si è presentata nella vita biologica. In esso vi sono infatti *società chiuse*, nelle quali l'individuo agisce unicamente come parte del tutto e che lasciano un margine minimo all'iniziativa e alla libertà; e *società aperte*, nelle quali invece si continua lo sforzo creatore della vita. Nelle società chiuse domina la *morale dell'obbligazione*, fondata su *abitudini sociali* che garantiscono la vita e la solidità del corpo sociale. Nelle società aperte, invece, c'è la *morale assoluta* che è quella dei santi del cristianesimo, dei sapienti della Grecia, dei profeti di Israele, la quale guarda non a un gruppo sociale, ma a tutta

Società chiuse e società aperte. Morale dell'obbligazione e morale assoluta l'umanità. Mentre la morale dell'obbligazione è immutabile e tende alla conservazione, la morale assoluta è in movimento e tende al progresso. La prima consiste nella conformità ad abitudini acquisite; la seconda risponde all'appello di una personalità che può essere quella di un rivelatore della vita morale o di uno dei suoi imitatori o anche quella dell'individuo stesso nella sua singolarità.

La religione statica

A queste due morali diverse corrispondono due tipi diversi di religione. C'è la religione *statica* che mediante miti e superstizioni (dovuti ad un uso speciale della fantasia, che Bergson chiama *funzione fabulatrice*) cerca di dare all'uomo una difesa contro le prospettive di pericolo, di insuccesso e di morte che la vita presenta e che l'intelligenza non manca di prospettargli chiaramente. La religione statica è quindi una reazione difensiva della natura contro l'intelligenza, che fa riconoscere chiaramente all'uomo il carattere estremamente incerto e rischioso della sua esistenza nel mondo. La fede nell'immortalità, nella protezione soprannaturale, è il risultato di questa religione.

La religione dinamica

Al di sopra di essa e dell'intelligenza c'è invece la *religione dinamica*, che Bergson identifica con il *misticismo*. Questo è assai raro e presuppone un uomo privilegiato e geniale. Ma fa appello a qualcosa che è in tutti gli uomini e tende a comunicare a tutti la sua forza creativa. «Il risultato del misticismo, — dice Bergson —, è una presa di contatto, e per conseguenza una coincidenza parziale con lo sforzo creatore che la vita manifesta. Questo sforzo è di Dio, se non è Dio stesso». Attraverso il misticismo l'uomo perciò si inserisce nello slancio creatore della vita o, in altre parole, nella stessa creazione divina, e la continua per suo conto.

La coincidenza dell'esperienza mistica in tutte le forme di religione è, secondo Bergson, l'unica prova possibile dell'esistenza di Dio, giacché non si spiegherebbe che religioni diverse presentino la stessa forma di misticismo se non si ammettesse che il misticismo, a qualsiasi religione appartenga, è l'esperienza diretta di un oggetto reale: di Dio, del suo slancio creatore. Bergson tuttavia ritiene che i mistici cristiani siano superiori a quelli delle altre religioni perché essi insistono sull'amore. L'amore spiega infatti la molteplicità degli esseri viventi, che sono diversi tra loro appunto perché possono ritrovarsi e amarsi nell'unità dello slancio creatore.

Bergson auspica il sorgere di qualche genio mistico come correzione dei mali sociali e morali di cui soffre oggi l'umanità. La tecnica moderna, estendendo la sfera d'azione dell'uomo sulla natura, ha ingrandito smisuratamente il corpo dell'uomo. Questo corpo ingrandito attende un *supplemento d'anima* e la meccanica esige una mistica. I problemi sociali e politici che nascono da questa sproporzione potrebbero essere eliminati, secondo Bergson, da una rinascita del misticismo.

SOCIETÀ CHIUSA E SOCIETÀ APERTA

TESTO 1

Le due fonti della morale e della religione, *apparso nel 1932, può essere considerato in una qualche maniera una risposta ai problemi sollevati da* L'evoluzione creatrice *pubblicata venticinque anni prima. Infatti, come ha osservato P. Serini, nell'introduzione a* L'evoluzione creatrice *(Mondadori, Milano 1956, pp. 45-56), ne* L'evoluzione creatrice *«tanto il concetto di Assoluto, dell'Infinito, di Dio, quanto quello del suo rapporto con il finito, tanto l'origine e l'essenza metafisica dell'*élan vital *quanto la genesi ideale della materia, appaiono concetti tutt'altro che chiari. Una risposta a tali problemi – se risposta si può chiamare – il Bergson ha tentato di darla nella sua ultima opera* Les deux sources de la morale et de la religion. *Ed è la risposta di un mistico», che vede nell'esperienza mistica «un'attività orientata nella direzione stessa dell'*élan vital*». Ebbene, «ciò che la mistica insegna alla filosofia è che Dio è amore, e poiché è "ben difficile concepire un amore attivo che non si indirizzi ad alcun oggetto", che "Dio ha bisogno di noi come noi di Dio", e che, per conseguenza, la creazione si può e si deve considerare come un'opera d'amore». È in questa direzione, indicata dalla mistica, che il Bergson* *crede possibile sviluppare le conclusioni, fondate esclusivamente sui fatti, dell'*Évolution créatrice. *Come scrive lo stesso Bergson ne* Le due fonti, *i mistici sono riusciti, «in virtù di uno sforzo individuale che si è aggiunto al lavoro generale della vita, a trionfare della materia e a ritrovare Dio», e così «essi hanno aperto una via su cui altri uomini potranno incamminarsi. E hanno con ciò stesso indicato al filosofo di dove viene e dove va la vita».*

Uno dei risultati della nostra analisi è stata la distinzione profonda, nel campo sociale, della società chiusa da quella aperta. La società chiusa è quella in cui i membri stanno fra loro, indifferenti al resto degli uomini, sempre pronti ad attaccare o a difendersi, costretti a un atteggiamento combattivo. Tale è la società umana quando esce dalle mani della natura. L'uomo era fatto per essa; come la formica per il formicaio. Non bisognerebbe forzare l'analogia; dobbiamo tuttavia notare che le comunità degli imenotteri sono all'estremità di una delle principali linee dell'evoluzione animale, come le società umane sono all'estremità dell'altra, e che, in questo senso, si fanno riscontro. Senza dubbio le prime hanno una forma stereotipata, mentre le altre variano; quelle obbediscono all'istinto, queste all'intelligenza. Ma se la natura, proprio perché ci ha fatti intelligenti, ci ha lasciato liberi di scegliere, fino a un certo punto, il nostro tipo di organizzazione sociale, ci ha però imposto di vivere in società. Una forza di direzione costante, che è per l'anima ciò che è il peso per il corpo, assicura la coesione del gruppo, inclinando in uno stesso senso la volontà individuale. Essa è l'obbligo morale. Abbiamo mostrato che può estendersi a una società che si apra, ma che era stata creata per una società chiusa. E abbiamo anche mostrato come una società chiusa possa vivere, resistere all'azione dissolvitrice dell'intelligenza, conservare e comunicare a ciascuno dei suoi membri la fiducia indispensabile, soltanto per mezzo di una religione nata dalla funzione fabulatrice. Questa religione che abbiamo chiamato statica e questa obbligazione, che consiste in una pressione sono costitutive della società chiusa.

Dalla società chiusa alla società aperta, dalla città all'umanità non si passerà mai per via di ampliamento. Non sono della stessa essenza. La società chiusa è quella che può abbracciare, fin dalle origini, l'umanità intiera. Sognata, di quando in quando, da anime scelte, essa realizza ogni volta qualche cosa di se stessa in una serie di creazioni, ciascuna delle quali per una trasformazione più o meno profonda dell'uomo, permette di superare delle difficoltà fino a questo punto insormontabili. Ma dopo ciascuna di esse si chiude anche il cerchio momentaneamente aperto.

Una parte del nuovo è scivolata nel modello dell'antico; l'aspirazione individuale è divenuta pressione sociale; l'obbligazione copre ogni cosa. Questi progressi vengono compiuti in una stessa direzione? Resterà inteso che la direzione è la stessa poiché siamo d'accordo nel considerarli progressi. Ciascuno di essi sarà definito effettivamente come un passo avanti. [...]

Andiamo oltre: questi sforzi successivi non erano precisamente la realizzazione progressiva di un ideale, poiché nessuna idea, formata anticipatamente, poteva rappresentare un complesso di elementi acquisiti, ciascuno dei quali, creandosi, creasse una propria idea; e tuttavia la diversità degli sforzi si può riassumere in qualche cosa di unico: uno slancio, che aveva dato delle società chiuse perché non poteva più trascinare la materia, ma che va poi a ricercare e a riprendere, in mancanza della specie, questa o quella individualità privilegiata. Questo slancio si continua anche per opera di alcuni uomini, ciascuno dei quali costituisce una specie composta di un solo individuo. E l'individuo ne ha piena coscienza, se la frangia di intuizione che circonda la sua intelligenza si allarga abbastanza per applicarsi a tutto il suo oggetto, abbiamo la vita mistica. La religione dinamica, che così ha origine, si oppone alla religione statica, uscita dalla funzione fabulatrice, come la società aperta alla società chiusa. Ma come la nuova aspirazione morale non prende corpo, se non imprimendo alla società chiusa la sua forma naturale, che è l'obbligazione, così la religione dinamica si diffonde solo per mezzo di immagini e di simboli, forniti dalla funzione fabulatrice. È inutile ritornare su questi punti diversi. Volevamo semplicemente insistere sulla distinzione fatta tra società aperta e società chiusa.

Se ci si concentra su di essa, si vedono dei grossi problemi scomparire, e subentrarne altri in termini nuovi. Quando si fa la critica o l'apologia della religione si tiene sempre conto di ciò che la religione ha di specificamente religioso?

Si attaccano o ci si attacca a delle esposizioni, di cui essa ha forse bisogno per ottenere uno stato d'animo che possa diffondersi; ma la religione è essenzialmente questo stato stesso. Si discutono le definizioni poste e le teorie che essa espone; e la religione si è in realtà servita di una metafisica per darsi un corpo; ma avrebbe potuto, a rigore, assumerne un altro, e anche non assumerne affatto. L'errore consiste nel credere che si passi, per ingrandimento o perfezionamento, dallo statico al dinamico, dalla dimostrazione o dalla fabulazione, anche veridica, all'intuizione. Si confonde così la cosa con la sua espressione o con il suo simbolo. Questo è il solito errore di un intellettualismo radicale. Lo ritroviamo passando dalla religione alla morale. C'è una morale statica, che esiste effettivamente; a un dato momento, in una data società si è fissata nei costumi, nelle idee, nelle istituzioni; il suo carattere obbligatorio si ricollega, in ultima analisi, all'esistenza, da parte della natura, di una vita in comune. C'è d'altra parte una morale dinamica, che è slancio e che si riattacca alla vita in generale, creatrice della natura, che ha dato origine all'esigenza sociale. La prima obbligazione, in quanto pressione, è infra-razionale; la seconda, in quanto aspirazione, è sopra-razionale. Ma sopravviene l'intelligenza. Essa cerca il motivo di ciascuna delle prescrizioni, cioè il suo contenuto intellettuale; e poiché è sistematica, essa crede che il problema sia di ricondurre tutti i motivi morali a uno solo.

H. Bergson, *Le due fonti della morale e della religione*,
trad. it. di M. Vinciguerra, Comunità, Milano 1962[3], pp. 261-264

1-71. Il passo può essere ripartito in due momenti: il primo (rr. **1-19**) sulla società chiusa, il secondo (rr. **20-66**) sulla società aperta.

1-19. La *società chiusa* (che è la società in natura) è quella società i cui membri sono chiusi in se stessi, indifferenti agli altri uomini; è una società caratterizzata dalla combattività. La società chiusa è cementata da una *morale statica* fondata sull'obbligo come pressione sociale con cui l'intelligenza ha cercato la coesione sociale; insomma la morale chiusa è prodotta dalle pressioni della società, è impersonale, contraddistinta da tabù e automatismi. Non solo: la società chiusa è rafforzata da una *religione statica*, nata dalla funzione fabulatrice con cui l'intelligenza cerca di reagire al mistero del male e della morte: la religione statica è rigida, dogmatica e mitologica.

20-66. Premesso che dalla società chiusa alla società aperta non si passa per ingrandimento o perfezionamento, ma per un salto, per un cambiamento qualitativo, è da dire che la società aperta pur conserva certe forme morali e religiose della società chiusa: infatti la nuova morale si afferma imprimendo alla società chiusa l'obbligazione, e la nuova religione si diffonde grazie a quei simboli formali della funzione fabulatrice. Ma ciò che contraddistingue la società aperta è la novità prodotta da eroi e santi. Infatti la *società aperta* (tale è la società democratica ispirata ai valori del Vangelo) è caratterizzata da una morale aperta e da una religione dinamica. La *morale aperta* non è pressione ma fratellanza: è umana, duttile e personale. La *religione dinamica* è unione mistica con l'evoluzione creatrice, che si configura ora come slancio d'amore, di cui i mistici sono espressione. È seguendo il mistico (aveva affermato Bergson precedentemente) che l'evoluzione creatrice – trasformatasi da moto rettilineo a moto circolare – può riprendere il suo slancio: è dunque grazie all'amore che il modello evoluzionistico bergsoniano rinnova il suo significato.

LABORATORIO FILOSOFICO

Lo spiritualismo *costituisce la prima forma di reazione alla visione del mondo intesa in senso positivistico, dominante in Europa nella seconda metà dell'Ottocento.*
Le tre tesi caratteristiche del Positivismo erano: 1) non esiste altra realtà se non il fatto *naturale; 2) soltanto la scienza può conoscere i fatti; 3) tra i fatti si instaurano soltanto rapporti costanti, che costituiscono leggi immutabili e necessitanti. Questi tre presupposti sembrano escludere che l'uomo e il suo mondo spirituale (arte, religione, moralità) abbiano originalità e autonomia nei confronti del resto della natura: anch'essi devono ridursi ad una collezione di fatti, retti da leggi che in sostanza negano la libertà. Un tratto tipico del Positivismo sembra essere quello di ritenere impossibile la giustificazione dei valori (estetici, morali, religiosi) e della libertà propria dello spirito che li crea. Da tale posizione traggono origine le correnti filosofiche che reagiscono in funzione anti-positivistica e con le quali si suole far iniziare propriamente la filosofia contemporanea.*
Ma negare le tesi del Positivismo significa negare che i fatti naturali siano l'unica realtà *e che, di conseguenza,* la scienza sia l'unica conoscenza possibile. *Ciò implica, altresì, che la filosofia si riappropri della conoscenza della realtà, in una forma che essa stessa definisce come differente dalle modalità della scienza. Di qui la rivalutazione della* vita spirituale *(al posto del fatto naturale) e dell'*intuizione *(al posto dell'intelletto) come organi privilegiati della conoscenza. La filosofia di Bergson, massima espressione dello spiritualismo francese, è tutta finalizzata a riportare l'essenza della realtà all'interno della coscienza, svincolando l'uomo dal determinismo meccanicistico delle scienze della natura. Di qui l'esaltazione della libertà, dello spirito, dello slancio vitale, dell'intuizione e della mistica.*
La nuova visione antipositivistica di Bergson raggiunge la sua massima originalità nella contrapposizione tra il tempo della scienza *e il* tempo della vita *o* durata. *L'invito di Bergson è a non confondere il tempo* spazializzato *e* quantitativo *della scienza con quello* interiore, coscienziale *e* qualitativo *della* durata*: soltanto nel tempo della* durata *si fa l'esperienza della libertà.*

1

Data l'importanza del concetto di *tempo* nella filosofia bergsoniana, proponiamo all'analisi un brano su questo argomento tratto dal *Saggio sui dati immediati della coscienza* (1889), consigliando di fare attenzione:

- ☐ al contrasto tra l'*esterno* e l'*interno*;
- ☐ alla funzione dell'*io* e della *memoria*;
- ☐ al concetto di *tempo* come *durata*.

«Quando seguo con gli occhi sul quadrante di un orologio il movimento della lancetta che corrisponde alle oscillazioni del pendolo, non misuro la durata, come potrebbe sembrare; mi limito invece a contare delle simultaneità, cosa molto diversa. Al di fuori di me, nello spazio, vi è un'unica posizione della lancetta e del pendolo, in quanto non resta nulla delle posizioni passate. Dentro di me, si svolge un processo d'organizzazione o di mutua compenetrazione dei fatti della coscienza, che costituisce la vera durata. Mi rappresento ciò che io chiamo le oscillazioni passate del pendolo, nello stesso tempo in cui percepisco l'oscillazione attuale, proprio perché io duro in questo modo. Sopprimiamo ora, per un istante, l'io che pensa queste cosiddette oscillazioni successive; avremo sempre una sola oscillazione del pendolo, anzi una sola posizione di questo pendolo, e quindi nessuna durata. Sopprimiamo, d'altra parte, il pendolo e le sue oscillazioni; avremo solo la durata eterogenea dell'io, senza momenti esterni gli uni agli altri, senza rapporti con il numero.

Così, nel nostro io, vi è successione senza esteriorità reciproca; al di fuori dell'io, esteriorità reciproca senza successione: esteriorità reciproca, in quanto l'oscillazione presente è radicalmente distinta dalla oscillazione precedente che non è più; ma assenza di successione, in quanto la successione esiste solo per uno spettatore cosciente che ricordi il passato e giustapponga le due oscillazioni o i loro simboli in uno spazio ausiliario» (H. Bergson, *Saggio sui dati immediati della coscienza*, in *Opere 1889-1896*, a cura di P. A. Rovatti, trad. it. di F. Sossi, Mondadori, Milano, 1986, p. 63).

2

Proponiamo alla lettura un brano in cui Bergson definisce la natura del comico: esso può essere utile ai fini del confronto con analoghe posizioni estetiche del primo Novecento (si pensi alla teoria pirandelliana dell'umorismo come «sentimento del contrario»: cfr. di L. Pirandello il saggio *L'umorismo* del 1908).

«*È comico ogni incidente che attira la nostra attenzione sul fisico di una persona quando dovremmo solo badare al morale di essa.* Perché si ride di un oratore che starnuta nel momento più patetico del discorso? Donde il comico di questa frase di orazione funebre, citata da un filosofo tedesco: "Egli era virtuoso e rotondo"? sempre dal fatto che la nostra attenzione è bruscamente ricondotta dall'anima al corpo. Gli esempi abbondano nella vita quotidiana; ma se noi vogliamo darci cura di cercarli, non dobbiamo fare altro che aprire a caso un volume di Labiche [umorista francese, autore di teatro, vissuto tra il 1815 e il 1888] e quasi sicuramente vi incontreremo effetti di simil genere; qui è un oratore i cui più bei periodi sono interrotti dagli acuti dolori d'un dente malato, più in là è un personaggio che non prende mai la parola senza interrompersi per dolersi delle sue scarpe troppo strette o della sua cintura troppo affibbiata, ecc. L'immagine che tutti questi casi ci suggeriscono è quella di una persona il cui corpo le dà fastidio. Se una pinguedine eccessiva è risibile, senza dubbio lo è perché evoca un'immagine dello stesso genere. E io credo che proprio in ciò risieda la causa che rende alcune volte la timidità un po' ridicola. Il timido può darci l'impressione d'una persona il cui corpo le è d'incomodo e che cerca intorno a sé un luogo per lasciarlo.

Il poeta tragico deve aver cura d'evitare tutto ciò che possa richiamare la nostra attenzione sulla "materialità" dei suoi eroi. Appena il lato fisico interviene, bisogna temere un'infiltrazione comica; perciò gli eroi di tragedie non bevono, non mangiano, non si riscaldano. Allo stesso modo, per quanto è possibile, non si siedono; sedersi nel bel mezzo d'una tirata sarebbe lo stesso che ricordarsi di avere un corpo. Napoleone, che era psicologo, aveva notato che si passa dalla tragedia alla commedia col sedersi. Ecco come egli si esprime a tal proposito, nel Giornale inedito del barone Gourdaud [si tratta d'un colloquio con la regina di Prussia dopo la battaglia di Iena]: "Essa mi accolse con un tono tragico come Chimene: Sire, giustizia! Giustizia! Magdeburgo! E si accingeva a continuare su questo tono, ciò che mi imbarazzava fortemente; così, per farle cambiare di tono, la pregai di sedere. Nulla spezza meglio una scena tragica quanto l'essere seduto; si passa subito alla commedia".

Estendiamo ora questa immagine: *Il corpo che prende il sopravvento sull'anima.* Noi vogliamo ottenere qualcosa di più generale: *la forma che vuole sorpassare la sostanza, la lettera che cerca di contrastare con lo spirito*» (H. Bergson, *Il riso. Saggio sul significato del comico*, a cura di A. Cervesate e C. Gallo, Laterza, Roma-Bari, 1982, pp. 33-35).

GLOSSARIO E RIEPILOGO

Spiritualismo. Corrente filosofica che privilegia i dati immediati della coscienza e che insiste sul primato dello *spirito* (inteso come divenire e libertà) rispetto alla materia. La caratteristica della filosofia di Bergson è quella di offrire un'interpretazione dell'evoluzione in chiave spiritualistica (*evoluzionismo spiritualistico*).

Durata reale. È il tempo della vita, inteso come un'unica e fluida corrente, in cui non esistono né tagli netti, né separazioni radicali e in cui tutto è *nuovo* e, nello stesso tempo, *conservato*: «la nostra durata non è costituita da una successione di istanti: in tal caso non vi sarebbe che il presente, non il prolungarsi del passato nel presente, né l'evoluzione né la durata concreta» (*Evoluzione creatrice*). Il concetto di durata costituisce il nucleo del pensiero di Bergson e sta alla base delle nozioni di memoria (v.), slancio vitale (v.) e intuizione (v.).

Memoria. È la coscienza stessa, intesa come conservazione integrale del passato: «La memoria non è la facoltà di classificare ricordi in un cassetto o di iscriverli su un registro. Non c'è registro, non c'è cassetto e, propriamente parlando, non si tratta qui di una facoltà, poiché una facoltà funziona in modo intermittente, quando vuole o quando può, mentre l'accumularsi del passato su se stesso prosegue senza tregua. In realtà, il passato si conserva da sé, automaticamente. Tutto intero ci segue ad ogni istante: ciò che abbiamo sentito, pensato, voluto sin dalla prima infanzia è là, chino sul presente cui va ad aggiungersi (...)». Bergson distingue fra memoria e ricordo. Il ricordo-immagine è la materializzazione, operata dal cervello, di un evento del passato, materializzazione che non sempre avviene e che spiega come la coscienza, pur essendo memoria, non sia necessariamente ricordo. Anzi, quella che si chiama comunemente memoria (= il ricordo-immagine) è solo una frazione della memoria complessiva (= la memoria pura).

Slancio vitale. È la coscienza stessa, intesa come durata reale (v.), cioè come una sorta di grande corrente (libera e imprevedibile) che penetra nella materia e tende a dominarla, riuscendovi meglio in una direzione, peggio in un'altra, e progredendo soprattutto nelle due direzioni fondamentali dell'istinto (v.) e dell'intelligenza (v.).

Istinto. È la facoltà di utilizzare o costruire strumenti organizzati (gli organi corporei).

Intelligenza. È «la facoltà di fabbricare oggetti artificiali, in particolare utensili per fare utensili, e di variarne indefinitamente la fabbricazione». Il possesso dell'intelligenza fa sì che l'uomo, prima di essere homo *sapiens*, sia homo *faber*. Per queste funzioni operative, l'intelligenza si trova a suo agio solo con la materia inorganica, ossia con ciò che è solido, discontinuo e immobile, mentre si trova in imbarazzo di fronte al movimento, al divenire e alla vita. Tuttavia, l'intelligenza non si separa mai completamente dall'istinto. Il suo ritorno consapevole ad esso è costituito dall'intuizione (v.).

Intuizione. È il rapporto immediato o diretto con la realtà assoluta, ossia con la durata della coscienza o con lo slancio creativo della vita. In quanto «visione dello spirito da parte dello spirito», l'intuizione si configura come «l'organo della metafisica».

Società chiuse e aperte. Le prime sono le società *statiche*, nelle quali l'individuo agisce unicamente come parte del tutto e quindi con un margine assai ridotto di libertà e di iniziativa. Le seconde sono le società *dinamiche*, nelle quali si continua lo sforzo creativo della vita. Nelle società chiuse domina la *morale dell'obbligazione*, fondata su abitudini e modi di vita che garantiscono la solidità del gruppo. Nelle società aperte domina invece una *morale assoluta*, che guarda non ad un gruppo determinato, ma all'umanità *intera*.

Religione statica e dinamica. La prima è quella che si fonda sulla funzione *fabulatrice* e mitopoietica (= creatrice di miti), ossia che tenta di fungere da riparo o salvezza nei confronti dei pericoli della vita. La seconda è quella che si basa sul *misticismo* e che si inserisce nello slancio creativo della vita, in vista di un «amore universale e attivo».

INDICAZIONI BIBLIOGRAFICHE

V. Mathieu, *Bergson. Il profondo e la sua espressione*, Guida, Napoli 1971[2].
C. Péguy, *Cartesio e Bergson*, trad. it., Milella, Lecce 1977.
L. Gentile, *Intorno a Bergson*, Pontificia Università Lateranense, Roma 1980.
M. Manganelli, *Il linguaggio nel pensiero di Bergson*, Marzorati, Milano 1981.
G. Deleuze, *Il bergsonismo*, trad. it., Feltrinelli, Milano 1983.
AA.VV., *Bergson*, in «Aut-Aut», vol. CCIV, Milano 1984.
R. Ronchi, *Bergson filosofo dell'interpretazione*, Marietti, Genova 1990.
P. Taroni, *Tempo e intuizione. Alle origini dello slancio vitale nel pensiero di Henri Bergson*, Cooperativa Libraria, Ravenna 1993.
G. Brotti, *Bergson: la coscienza e il tempo*, CEDAM, Milano 1994.
C. Migliaccio, *Invito al pensiero di Henri Bergson*, Mursia, Milano 1994.
A. Pessina, *Introduzione a Bergson*, Laterza, Bari 1995[2].
E. T. Spanio, *Il tempo della scienza e il tempo della coscienza. Bergson e i modelli interpretativi dello spazio-tempo*, Il Cardo, Venezia 1996.
P. Taroni, *Einstein e il suo tempo. La filosofia della durata bergsoniana nel dibattito sulla teoria della relatività*, Quattroventi, Urbino 1998.

Capitolo ottavo

IL NEO-CRITICISMO E LO STORICISMO

Capitolo ottavo

IL NEO-CRITICISMO E LO STORICISMO

1. CARATTERI GENERALI DEL NEO-CRITICISMO

Dal neo-criticismo la filosofia viene intesa ed esercitata come *riflessione critica* sulla scienza (o sulle altre forme dell'esperienza umana) diretta a rintracciare nella scienza (o in generale in quelle forme) le condizioni che ne rendono possibile la validità. La validità della scienza è così senz'altro ammessa dal neo-criticismo, com'è ammessa la validità del mondo morale ed estetico. Ma il criticismo è contrario all'affermazione del carattere assoluto o metafisico della verità scientifica, quale si trovava sostenuto dal positivismo; ed è dall'altro lato contrario a ogni tipo di metafisica o di integrazione metafisico-religiosa del sapere scientifico, secondo l'indirizzo seguito dallo spiritualismo e dall'idealismo. La metafisica della materia e la metafisica dello spirito sono egualmente lontane dagli interessi del neo-criticismo e costituiscono anzi i bersagli del suo schieramento polemico. Dall'altro lato la conquista kantiana che esso intende tener ferma è la distinzione tra la *validità* della scienza (o della morale o dell'arte) e le *condizioni di fatto* empiriche o psicologiche o soggettive con le quali la scienza, la moralità o l'arte sono legate. Le forme del neo-criticismo sono perciò anche contrassegnate dalla polemica contro l'*empirismo* e lo *psicologismo* che riducono la validità del conoscere (o della moralità o dell'arte) alle condizioni in cui queste attività si manifestano nell'uomo. Il «ritorno a Kant» è pertanto il ritorno all'insegnamento fondamentale del filosofo di Königsberg: cioè all'esigenza di non ridurre la filosofia a psicologia o a fisiologia o a metafisica o a teologia ma di restituirla al suo compito di analisi delle *condizioni di validità* del mondo dell'uomo.

Tendenze del neo-criticismo

Il «ritorno a Kant»

Il neo-criticismo si è diffuso in tutti i paesi, anche se le manifestazioni più significative le ha trovate in Germania (centro del movimento) e in Francia.

Le due massime espressioni del criticismo tedesco sono la scuola del Baden e la scuola di Marburgo. Esse hanno in comune l'esigenza schiettamente kantiana di considerare la validità della conoscenza indipendentemente dalle condizioni soggettive o psicologiche in cui la conoscenza si verifica. La scuola di Marburgo risponde a questa esigenza riducendo i processi soggettivi del conoscere a *metodi* oggettivi che garantiscono la validità della conoscenza. La scuola del Baden risponde alla stessa esigenza con una teoria dei *valori* considerati indipendenti dai fatti psichici che li testimoniano.

Le scuole del Baden e di Marburgo

2. LA SCUOLA DI MARBURGO

In un certo senso la scuola di Marburgo rappresenta l'antitesi simmetrica dell'idealismo postkantiano; questo riconosceva nella soggettività pensante l'unica e sola realtà, quella riconosce l'unica realtà nell'*oggettività pensabile*. Ma l'oggettività pensabile non ha nulla a che fare con

L'oggettività pensabile

l'oggettività empirica (cioè con le cose naturali) la quale è solo una sua determinazione particolare. Sicché i filosofi della scuola di Marburgo sono portati a integrare Kant con Platone, che ha riconosciuto nella pura *idea* il significato e il valore oggettivo di ogni conoscenza possibile.

Cohen

Il fondatore di questa scuola fu Hermann Cohen (1842-1918), il cui *Sistema di filosofia* è diviso in tre parti: *Logica della conoscenza pura* (1902); *Etica della volontà pura* (1904); *Estetica del sentimento puro* (1912).

Cohen parte dall'esperienza scientifica, quale appare in atto nelle scienze matematiche della natura; e affida alla filosofia il compito di ricercare le «condizioni logiche immanenti» di questa esperienza. Egli chiama questa ricerca «metodo trascendentale della filosofia». Essa esclude la considerazione dei fatti e degli elementi psicologici, ma muove alla ricerca di «puri» concetti, cioè di contenuti logici, dotati di una loro validità specifica, non considerati come fatti o funzioni psichiche. La «Logica» di Cohen non ha niente a che fare con quella aristotelica: è la teoria della conoscenza alla quale si riduce l'intera filosofia teoretica. Cohen respinge ogni realismo, considera la cosa in sé come un semplice concetto limite, perciò è condotto ad attribuire al conoscere un valore creativo.

Kant aveva visto nell'atto conoscitivo la «sintesi» di un contenuto già dato; il Cohen pone al posto della sintesi (che presuppone il contenuto) un'effettiva *produzione*, e perciò considera come le più alte categorie dei giudizi quelle dei «giudizi di origine», mediante i quali qualcosa viene considerata come «data», cioè effettivamente prodotta dal pensiero. Il Cohen ha esteso la sua indagine trascendentale anche all'etica e all'estetica, ma qui i suoi risultati sono meno significativi.

Natorp

L'altro rappresentante della scuola di Marburgo è Paul Natorp (1854-1924), autore di numerosi studi storici fra i quali particolarmente importante è quello su *Platone* (*La Dottrina delle Idee di Platone*, 1903), e di un'opera sui *Fondamenti logici delle scienze esatte* (1910). Natorp ha iniziato una nuova fase nell'interpretazione della filosofia platonica perché ha visto nelle Idee non più realtà simili alle cose naturali e solo più perfette, ma condizioni della conoscenza e della valutazione, cioè regole o valori ideali.

3. CASSIRER E LA TEORIA DELL'UOMO COME «ANIMALE SIMBOLICO»

La scuola di Marburgo ha influenzato efficacemente la filosofia tedesca dei primi decenni del secolo; le risonanze del suo principio fondamentale (la riduzione della conoscenza all'oggettività pensabile) si avvertono anche in indirizzi filosofici diversi: nella filosofia dei valori, nella fenomenologia e in certe forme di realismo (come la teoria degli oggetti).

Cassirer

Sviluppi notevoli ha trovato la dottrina della scuola di Marburgo nell'opera di Ernst Cassirer (1874-1945), che fu professore a Berlino e ad Amburgo e, negli ultimi anni, nell'Università di Yale in America.

Cassirer è autore di fondamentali studi storici sul Rinascimento e l'Illuminismo nonché di monografie su Leibniz (1902), su Kant (1918) e su Cartesio (1939) e di una vasta opera sul *Problema della conoscenza nella filosofia e nella scienza dell'epoca moderna* (4 voll., 1906, 1908, 1920, postumo). Il pensiero teoretico di Cassirer è esposto negli scritti *Concetto di sostanza e concetto di funzione* (1910); *La teoria della relatività di Einstein* (1921); *La forma del concetto nel pensiero mitico* (1922); *Filosofia delle forme simboliche* (3 voll., 1923-29). Fra gli ultimi scritti di Cassirer vi è un *Saggio sull'uomo* (1944), che riassume i risultati salienti della sua speculazione.

Originalità della sua filosofia

L'originalità di Cassirer nei confronti della scuola di Marburgo sta nel fatto che egli accentua l'importanza dell'espressione simbolica, cioè del linguaggio, nella costituzione dell'intero mondo dell'uomo: cioè non solo del mondo della scienza ma anche di quello del mito, della religione e dell'arte. La sua dottrina pertanto s'inquadra, sia pure sotto un angolo visuale specifico, in quel vasto movimento della filosofia contemporanea che considera come oggetto primario e privilegiato dell'indagine filosofica precisamente il linguaggio. Dall'altro lato, però, la ricerca di Cassirer rimane ancorata all'indirizzo della scuola di Marburgo in quanto è diretta a rintracciare l'*origine* degli oggetti della scienza o delle altre attività umane nelle *strutture* che garantiscono la validità di questi oggetti.

In primo luogo tali strutture sono *funzioni*, non già sostanze. Nello scritto intitolato *Concetto di sostanza e concetto di funzione* Cassirer stabilisce un'opposizione tra i due concetti e fa vedere come la scienza abbia abbandonato, a partire dai *Principi della meccanica* (1894) di Hertz, il concetto di sostanza e con esso la nozione della scienza come immagine o rispecchiamento delle sostanze naturali. Con la prevalenza del concetto di funzione si determina altresì il riconoscimento del valore del *segno*; e con questo riconoscimento appare decisiva la *funzione costitutiva* del linguaggio rispetto agli oggetti di cui la scienza si occupa.

La filosofia delle forme simboliche

L'opera successiva di Cassirer, *Filosofia delle forme simboliche*, estende questa considerazione dal mondo della scienza all'intero mondo dell'uomo. In essa la «critica della ragione scientifica», cioè l'indagine sulla validità della conoscenza scientifica, diventa una «critica della civiltà» ossia un'indagine sulle forme specifiche della civiltà umana: sul mito, sull'arte, sulla religione, oltreché sulla scienza, ma in primo luogo sullo strumento che è all'origine della validità di tali forme, cioè sul linguaggio. Da questo punto di vista, il linguaggio non è soltanto, né in primo luogo, uno strumento di comunicazione. È in primo luogo l'attività che organizza l'esperienza e la porta dal mondo passivo delle pure impressioni all'autentica oggettività razionale. Per giustificare questo passaggio Cohen e Natorp ricorrevano, kantianamente, alle categorie; Cassirer ricorre all'espressione simbolica. «Il simbolo, egli dice, non è il rivestimento meramente accidentale del pensiero ma il suo organo necessario ed essenziale. Esso non serve soltanto allo scopo di comunicare un contenuto concettuale già bello e pronto ma è lo strumento in virtù del quale questo stesso contenuto si costituisce ed acquista la sua compiuta determinatezza. L'atto della determinazione concettuale di un contenuto procede di pari passo con l'atto del suo fissarsi in qualche simbolo caratteristico». Ed entrando a costituire i concetti, il simbolo espressivo entra a costituire anche l'oggetto, l'oggetto reale giacché la distinzione tra il soggettivo e l'oggettivo, sulla quale si fonda ogni conoscenza valida, non può farsi che sulla base dei concetti e della loro espressione simbolica.

L'uomo come «animale simbolico»

Quando Cassirer volle riassumere in una definizione dell'uomo il risultato delle sue ricerche sul mondo umano, affermò che l'uomo è un animale simbolico, cioè parlante. «La ragione, egli disse, è un termine assai inadeguato per comprendere tutte le forme della vita culturale dell'uomo in tutta la loro ricchezza e varietà. Ma tutte queste forme sono forme simboliche. Per conseguenza, invece di definire l'uomo *animal rationale*, possiamo definirlo *animal symbolicum*. Così facendo indichiamo ciò che specificamente lo distingue e possiamo capire la nuova strada che si è aperta all'uomo, la strada verso la civiltà». Il campo specifico dell'attività umana, quel campo in cui l'uomo manifesta in modo evidente la sua libertà d'iniziativa e la sua responsabilità, cioè la storia, è esso stesso, secondo Cassirer, condizionato dall'espressione simbolica. Non è possibile infatti far storia senza interpretare gli eventi; e tutto ciò che si dice sulla «comprensione» dei fatti, delle personalità e delle istituzioni storiche non esprime altro che l'esigenza di riportare fatti, personalità o istituzioni a una *interpretazione* che le riveli nel loro *significato*. Un fatto storico infatti non è tale senza un significato. «Il suicidio di Catone non fu soltanto un atto fisico, fu un fatto simbolico. Fu l'espressione di un grande carattere; fu l'ultima protesta dello spirito repubblicano romano contro un nuovo ordine di cose». Anche la storia è una «forma simbolica».

In Cassirer i simboli finiscono per rivestire la stessa funzione delle categorie kantiane, in quanto rappresentano altrettante forme che organizzano l'esperienza e altrettanti modi di «vedere» la realtà. Tuttavia, a differenza delle categorie di Kant, essi risultano storicamente e culturalmente condizionati, cioè partecipi della storicità complessiva dell'uomo.

4.
LA FILOSOFIA DEI VALORI

Windelband

Il fondatore della filosofia dei valori è Wilhelm Windelband (1848-1915), che ha per primo trattato la storia della filosofia per problemi, considerando i problemi stessi nel loro sviluppo come relativamente indipendenti dai filosofi che li pongono. Il suo scritto più noto è una raccolta di saggi e discorsi intitolata *Preludi* (1884). L'importanza e l'originalità della dottrina di Kant consistono, per Windelband, nel rilievo che essa ha dato al rapporto tra la conoscenza e il suo oggetto. La concezione greca dell'anima come di uno specchio passivo del mondo, e della verità come la copia o l'immagine di una realtà esterna, è stata definitivamente distrutta proprio da Kant. Per Kant, l'*oggetto* della conoscenza, ciò che misura e determina la sua verità, non è una realtà esterna (che come tale sarebbe irraggiungibile e inconfrontabile) ma la *regola* intrinseca della conoscenza stessa. Ogni pensiero che pretende di essere una conoscenza contiene un ordinamento delle rappresentazioni, che non è soltanto il prodotto delle associazioni psicologiche, ma la regola alla quale deve commisurarsi il pensiero vero. Ogni pensiero scientifico, cioè normale e universale, poggia sul riconoscimento di questa regola: compito della filosofia è quello di portarla alla coscienza, rinunciando alla pretesa di essere l'immagine fedele del mondo. Ma se è così, la verità non è soltanto teoretica, ma anche etica ed estetica. Oltre il pensiero normale, v'è anche il sentire normale e il volere normale; perciò le norme teoretiche non sono le sole, ma, accanto ad esse e indipendentemente da esse, vi sono le norme del sentimento estetico e della coscienza morale. La scienza deve riconoscere accanto a sé, come forze determinanti della verità più alta, la coscienza etica ed estetica, ed ammettere che anch'esse concorrono, con la ragione, a costituire quella *coscienza normale* che è al di sopra del fluire accidentale della vita, come la misura e lo scopo unico di essa.

Windelband: scienze nomotetiche e scienze idiografiche

Conformemente alla distinzione, che è il motivo dominante del suo pensiero, tra ciò che risponde a una necessità ideale o normativa, e ciò che risponde a una necessità naturale o di fatto, Windelband distingue le scienze *nomotetiche* e le scienze *idiografiche*. Le prime stabiliscono leggi necessitanti e hanno per oggetto la natura, le seconde considerano la realtà che ha carattere individuale e irripetibile: lo spirito, cioè l'uomo nella sua vita storica (*Storia e scienza naturale*, 1894).

Rickert: scienze naturali e storia

Una distinzione analoga tra scienze dello spirito e scienze della natura è stabilita da Heinrich Rickert (1863-1936), il quale, in *I limiti della formazione dei concetti scientifici* (1896-1902), la fonda non già sulla diversità degli oggetti rispettivi, ma sulla diversità dei metodi. La scienza naturale tende a raggiungere l'universale, la legge; il caso singolo la interessa solo come un mezzo per trovare la legge sotto la quale esso cade. La storia, invece, considera il caso singolo come tale, per es. Napoleone o l'età del rinascimento. Non tutti i casi singoli, tuttavia, hanno significato e importanza storica, ma solo quelli che costituiscono *valori* spirituali oppure stanno comunque in relazione con tali valori. I valori che costituiscono una determinata civiltà sono il criterio con cui si giudicano e si valutano le personalità e gli eventi della storia.

Il valore, il *dover essere* (*Sollen*) è il fondamento di ogni conoscenza vera, secondo il Rickert; esso costituisce il modo d'essere del valore; e Rickert interpreta tutto il mondo della conoscenza e della vita dell'uomo in termini di valore distinguendo, oltre i valori logici, i valori estetici, etici, i valori religiosi, mistici, erotici (cioè attinenti alla felicità) e considerando tutti i valori come assoluti universali ed eterni, indipendenti dalle vicende temporali e storiche e dalla mutevolezza del giudizio umano.

La disputa sui valori

La disputa sui valori assorbì in sé, nella seconda metà dell'800, gran parte delle discussioni metafisiche e morali. Si trattava, in primo luogo, di vedere se effettivamente i valori hanno quei caratteri di assolutezza su cui Rickert insisteva. Nietzsche aveva a questo proposito negato i valori tradizionali e cercato di sostituire ad essi nuovi valori, desunti dall'esaltazione della vita e della potenza. Altri filosofi insistono sulla relatività dei valori, cioè sul fatto che essi mutano coi tempi e le circostanze e che perciò la storia continuamente annulla vecchi valori e ne produce dei nuovi. Questo punto di vista fu per esempio sostenuto da Georg Simmel.

5. Lo storicismo tedesco

Con l'espressione «storicismo tedesco» si intende un movimento filosofico sorto in Germania negli ultimi due decenni dell'Ottocento e sviluppatosi sino alla vigilia della seconda guerra mondiale. Infatti l'arco cronologico dello storicismo tedesco viene solitamente racchiuso nel periodo che va dalla *Introduzione alle scienze dello spirito* (1883) di Dilthey alle *Origini dello storicismo* (1936) di Meinecke. Lo specifico campo di indagine di questa corrente filosofica sono gli *strumenti* della conoscenza storica e i suoi possibili *oggetti*. Le caratteristiche principali di essa possono venir riassunte in questo modo: **Caratteristiche generali**

1) Lo storicismo suppone che gli *oggetti* della conoscenza storica abbiano un carattere specifico che li distingue da quelli della conoscenza naturale. La differenza fra *storia* e *natura* è cosa ovvia per esso, che si sviluppa parallelamente alla fase positivistica delle scienze naturali.

2) Lo storicismo suppone che gli *strumenti* della conoscenza storica siano, nella loro natura o almeno nelle loro modalità, diversi da quelli di cui si avvale la conoscenza naturale. Esso si propone, a proposito della conoscenza storica, lo stesso problema che il criticismo kantiano e il neocriticismo si erano proposti a proposito della conoscenza naturale: cioè quello di risalire dalla conoscenza storica alle *condizioni che la rendono possibile*, cioè che fondano la sua validità. Per quest'ultimo aspetto, lo storicismo si connette alle scuole contemporanee del neo-criticismo, qualcuna delle quali (la scuola del Baden) si proponeva negli stessi termini il problema della storia.

Sulla base di questi due presupposti, lo storicismo si è dedicato da un lato a caratterizzare la natura specifica dell'oggetto della conoscenza storica (o in generale delle scienze culturali), dall'altro a chiarire gli strumenti di essa. La natura dell'oggetto della conoscenza storica è stata riconosciuta da esso nella *individualità*, in quanto opposta al carattere generico, uniforme e ripetibile degli oggetti della conoscenza naturale. E l'operazione fondamentale della conoscenza storica è stata vista dallo storicismo nel *comprendere* (*verstehen*), la cui natura è stata diversamente chiarita dagli storicisti ma al quale in ogni caso è stata riconosciuta la capacità di constatare e descrivere le individualità storiche. Talvolta, lo storicismo si è anche preoccupato di determinare la natura e i cómpiti di una filosofia che si accentri intorno al problema della conoscenza storica. E, nell'ambito di questa filosofia, ha spesso considerato il cosiddetto *problema dei valori*: cioè il problema del rapporto fra il divenire della storia e i fini o gli ideali che gli uomini cercano di realizzare in essa e che costituiscono le costanti di giudizio o di orientamento nella variabilità degli eventi storici. Una teoria dei valori è così spesso parte integrante delle filosofie storicistiche. **Il «comprendere»** **Il problema dei valori**

6. Dilthey

6.1. Le scienze dello spirito e la teoria del «comprendere» storico

Fondatore dello storicismo tedesco fu Wilhelm Dilthey, nato a Biebrich, sul Reno, il 19 novembre 1833, morto a Siusi (Bolzano) il 1° ottobre 1911.

Professore a Berlino, contemporaneo dei grandi storici tedeschi (Mommsen, Burckhardt, Zeller), fu egli stesso uno storico e lavorò per tutta la vita ad una storia universale dello spirito europeo della quale gli studi da lui pubblicati sono parti e frammenti. Tali studi vertono specialmente sulla *Vita di Schleiermacher* (1867-1870); sul Rinascimento e la Riforma (*L'intuizione della vita nel Rinascimento e nella Riforma*, 1891-1900), sugli scritti giovanili di Hegel (1905); sul romanticismo (*Esperienza vissuta e poesia*, 1905), nonché sull'estetica moderna (*Le tre epoche dell'estetica moderna*, 1892). Mentre in questi e in altri saggi minori Dilthey conduceva avanti la ricerca storica, veniva contemporaneamente elaborando il problema del metodo e dei fondamenti di tale ricerca: *Introduzione alle scienze dello spirito* (1883); *Idee per una psicologia descrittiva e analitica* (1894); *Contributo allo studio dell'individualità* (1896); *Studi per la fondazione delle scienze dello spirito* (1905); *L'essenza della filosofia* (1907); *La costruzione del mondo storico nelle scienze e nello spirito* (1910); *I tipi dell'intuizione del mondo* (1911); *Nuovi studi sulla costruzione del mondo storico nelle scienze e nello spirito* (postumi). Gli ultimi scritti, cioè quelli a partire dal 1905, sono i più importanti perché contengono l'espressione più matura del pensiero di Dilthey.

Diversità di oggetto fra scienze dello spirito e scienze della natura

Già nell'*Introduzione alle scienze dello spirito* Dilthey aveva insistito sulla diversità dell'oggetto di queste scienze da quello delle scienze naturali. In primo luogo l'oggetto delle scienze dello spirito è l'uomo nei suoi rapporti sociali, cioè nella sua storia. In secondo luogo, il mondo storico è costituito da individui che come «viventi unità psicofisiche» sono gli elementi fondamentali della società. La storiografia ha quindi un carattere *individualizzante*, tende a prescindere dal «substrato che costituisce in ogni tempo l'elemento comune della natura umana»; mentre la psicologia e l'antropologia, e in generale le scienze sociali, mirano a scoprire le *uniformità* del mondo umano. In terzo luogo – ed è questa per Dilthey la differenza fondamentale – l'oggetto delle scienze dello spirito non è esterno all'uomo ma *interno*: non è colto, come l'oggetto naturale, attraverso l'esperienza esterna, ma attraverso l'esperienza interna che è quella con la quale l'uomo coglie se stesso. Dilthey chiama *Erlebnis* questa «esperienza vivente» o «vissuta».

Questa differenza tra gli oggetti rispettivi dei due gruppi di scienze non è tuttavia fondata, secondo Dilthey, su una loro diversità metafisica o di sostanza. Non è neppure riducibile, come voleva Windelband, a una pura diversità di metodo; ma piuttosto trova la sua radice in una diversità di *atteggiamenti* cioè nella diversità del rapporto che l'uomo viene a stabilire tra sé e l'oggetto nei due gruppi di ricerche. Nelle scienze naturali l'uomo muove da una pluralità di elementi separati per costruire una totalità; mentre nelle scienze dello spirito parte dal rapporto *immediato* che ha con l'oggetto. Perciò l'ideale delle scienze della natura è la *concettualità*, quello delle scienze dello spirito è la *comprensione*. Il *comprendere* è così l'operazione conoscitiva fondamentale nel campo delle scienze dello spirito; e di quest'operazione l'esperienza vissuta è il materiale o il punto di partenza.

La natura del comprendere

Il comprendere è, da questo punto di vista, il *rivivere* e il *riprodurre* l'esperienza altrui: perciò anche un *sentire insieme* con gli altri e *partecipare simpateticamente* alle loro emozioni. Nel comprendere si realizza così quell'unità di soggetto e oggetto che è il contrassegno delle scienze dello spirito. Il comprendere, scrive Dilthey, è «il ritrovamento dell'io nel tu».

Le categorie della ragione storica

Ora il comprendere si realizza secondo Dilthey attraverso vari strumenti che sono le *categorie della ragione storica*. Tali categorie non sono forme *a priori* dell'intelletto; ma costituiscono i *modi di apprendimento* del mondo storico e insieme le *strutture* fondamentali di questo mondo

6.2. Le strutture del mondo storico

La vita e lo spirito oggettivo

La prima determinazione categoriale del mondo storico, quella sulla quale tutte le altre sono fondate, è la *vita*. La vita non è, per Dilthey, né una nozione biologica né un concetto metafisico ma l'esistenza dell'individuo singolo nei suoi rapporti con gli altri individui. Essa è perciò la stessa situazione dell'uomo nel mondo, in quanto è sempre determinata spazialmente e temporalmente: sicché comprende anche tutti i prodotti dell'attività umana associata e il modo in cui gli individui li fanno propri o li giudicano. Se l'esperienza vissuta è la vita nella sua immediatezza, il comprendere la vita è la sua oggettivazione: e l'oggettivazione della vita è designata da Dilthey, con termine hegeliano, *spirito oggettivo*. Ma lo spirito oggettivo, che per Hegel era la ragione stessa divenuta istituzione o sistema sociale, è per Dilthey semplicemente l'insieme delle manifestazioni in cui la vita si è oggettivata nel corso del suo sviluppo.

La seconda categoria fondamentale della ragione storica è quella della *connessione dinamica* (*Wirkungszusammenhang*). La connessione dinamica si distingue dalla *connessione causale* della natura in quanto «produce valori e realizza scopi». Dilthey parla perciò del carattere «teleologico-immanente» della connessione dinamica e considera come connessioni dinamiche o come anche egli dice «strutturali», gli individui, le istituzioni, le comunità, le civiltà, le epoche storiche, e la stessa totalità del mondo storico che è costituita da un infinito numero di connessioni strutturali. Il tratto caratteristico della struttura è l'*autocentralità*: ogni struttura ha il suo centro in se stessa. «Come l'individuo, dice Dilthey, così ogni sistema culturale, ogni comunità, ha in se stesso il suo centro. In esso sono legati in un tutto unico l'interpretazione della realtà, la valutazione, la produzione dei beni». Questa autocentralità stabilisce fra le parti e il tutto di una struttura un rapporto che costituisce il *significato* di essa. Il significato di una struttura qualsiasi può perciò essere attinto soltanto in base ai valori e agli scopi intorno ai quali essa è accentrata. La connessione dinamica

L'*epoca* storica possiede, secondo Dilthey, in grado eminente il carattere di autocentralità. «Ogni epoca è determinata in forma immanente dal nesso della vita, del mondo sentimentale, dell'elaborazione dei valori e delle relative idee di scopo. È storico ogni agire che si inserisce in questa connessione: essa costituisce l'orizzonte dell'epoca e da essa è determinato il significato di ogni parte del suo sistema. Questa è l'autocentralità delle età e delle epoche, in cui si risolve il problema del significato e del senso che si possono trovare nella storia». Non esiste però un determinismo rigoroso dell'epoca storica sulla natura e la condotta degli individui che le appartengono. In ogni epoca, si trovano sempre forze diverse da quelle che costituiscono la struttura dominante dell'epoca stessa. Ogni epoca implica un riferimento all'epoca precedente, di cui risente gli effetti nelle sue forze attive, ed implica pure lo sforzo creativo che prepara l'epoca seguente. «Come essa si è originata dall'insufficienza dell'epoca precedente, così porta in sé i limiti, i disaccordi, i dolori, che preparano quella futura». Il fiorire di un'epoca è breve e da un'epoca all'altra si tramanda «la fame di una soddisfazione totale che non può mai essere saziata». L'epoca

A questa successione delle epoche non presiede, secondo Dilthey, alcun principio infinito o provvidenziale. Dilthey ritiene che «ogni forma della vita storica è finita» e che pertanto non è possibile il ricorso all'assoluto. I valori stessi nascono e muoiono nella storia e, anche quando si presentano come incondizionati, sono in realtà relativi e transeunti. Ciò che dà continuità alla storia è soltanto «la continuità della forza creatrice», cioè dell'attività umana produttrice del mondo della storia. Ma «la coscienza storica della finitudine di ogni fenomeno storico, di ogni situazione umana e sociale, la coscienza della relatività di ogni forma di fede, è l'ultimo passo verso la liberazione dell'uomo». Finitudine della vita storica e storicità dei valori

6.3. Tipologia della filosofia

La storicità e la relatività dei fenomeni storici investono, secondo Dilthey, anche la filosofia. La filosofia è storicamente condizionata come ogni altro prodotto dell'uomo e le sue forme storiche sono pertanto diverse e irriducibili; ma dall'altro lato la stessa considerazione storica mostra che esistono in ogni filosofia «tratti di natura formale» che sono sostanzialmente due. Ogni filosofia infatti si fonda in primo luogo sulla totalità della coscienza e cerca su questa base di affrontare il mistero del mondo e della vita. Ogni filosofia, in secondo luogo, avanza l'esigenza di una validità universale. In virtù del suo primo carattere la filosofia è una *intuizione del mondo* e ha in comune con la religione e con l'arte la sua forma fondamentale. Difatti in ogni singolo momento della nostra esistenza è implicita una relazione della nostra vita singola col mondo che ci circonda come una totalità intuita. L'intuizione filosofica del mondo si distingue da quella religiosa per la sua validità universale e si distingue da quella artistica perché è una forza che vuole riformare la vita. Quando l'intuizione del mondo viene compresa concettualmente, e così fondata e portata a una validità universale, prende il nome di *metafisica*. La metafisica può avere infinite forme che si diversificano tra di loro o per differenze sostanziali o per semplici sfumature. Si possono tuttavia distinguere *tipi* fondamentali, che si radicano nelle differenze decisive delle umane intuizioni del mondo. Questi tipi sono tre.

Caratteri formali della filosofia

La filosofia come *Weltanschauung* (= intuizione del mondo) e metafisica

Tipologia delle metafisiche

Il primo è quello del *naturalismo materialistico* o *positivistico* (Democrito, Lucrezio, Epicuro, Hobbes, gli Enciclopedisti, i materialisti moderni, Comte). Questa intuizione del mondo si fonda sul concetto di causa, quindi della natura come di un insieme di fatti che costituiscono un ordine necessario. Nella natura così intesa non c'è posto per i concetti di valore e di scopo e la vita spirituale deve apparire come «una interpolazione nel testo del mondo fisico».

Il secondo tipo d'intuizione filosofica del mondo è l'*idealismo oggettivo* (Eraclito, Stoici, Spinoza, Leibniz, Shaftesbury, Goethe, Schelling, Schleiermacher, Hegel). Questa intuizione del mondo è fondata sulla vita del *sentimento*. Essa è dominata dal senso del valore e del significato del mondo; l'intera realtà appare come l'espressione di un principio interiore e perciò viene compresa come la scoperta di una connessione spirituale che agisce consapevolmente o inconsapevolmente. Questo punto di vista conduce a vedere nei fenomeni del mondo manifestazioni di una divinità immanente (Panenteismo o Panteismo).

Il terzo tipo d'intuizione del mondo è l'*idealismo della libertà* (Platone, filosofia ellenistico-romana, Cicerone, speculazione cristiana, Kant, Fichte, Maine de Biran ecc.). Esso interpreta il mondo in termini di *volontà*, quindi afferma l'indipendenza dello spirito dalla natura cioè la sua trascendenza. Dalla proiezione dello spirito sull'universo si originano i concetti della personalità divina, della creazione, della sovranità della personalità sul corso del mondo.

Ognuno di questi tipi dà alle diverse produzioni d'una personalità singola un'unità intrinseca; e in ciò sta la sua forza. Ogni tipo utilizza un fatto ultimo della coscienza, una categoria. Il materialismo, la categoria di *causa*; l'idealismo oggettivo, la categoria di *valore*; l'idealismo soggettivo, la categoria di *scopo*. Ognuna di queste categorie fondamentali è una relazione fra l'uomo e il mondo; ma non è possibile una relazione totale che risulti dall'insieme di queste tre categorie. Ciò significa che la metafisica è impossibile: essa dovrà infatti o tentare illusoriamente di connettere insieme quelle categorie o mutilare il nostro vivente rapporto col mondo costringendolo in una sola di esse. Essa è impossibile anche nell'ambito di uno dei tipi fondamentali; giacché non è possibile determinare l'unità ultima dell'ordine causale (positivismo) né il valore incondizionato (idealismo oggettivo) né il fine assoluto (idealismo soggettivo). Tuttavia, l'ultima parola non è la relatività delle intuizioni del mondo ma la sovranità dello spirito nei confronti di ciascuna di esse e insieme la coscienza positiva che nella diversità dei loro tipi si esprime la plurilateralità del mondo e che proprio questa coscienza costituisce la realtà unica del mondo stesso. Il carattere più universale della filosofia consiste nella natura della comprensione oggettiva e del pensiero concettuale, su cui essa si fonda. Il procedimento del pensiero esprime il bisogno della natura umana di stabilire saldamente la posizione dell'uomo di fronte al mondo, lo sforzo di strappare i legami che avvincono la vita alle sue condizioni limitative. Questo sforzo costituisce la funzione universale della filosofia e l'ultima unità di tutte le sue manifestazioni storiche.

Impossibilità della metafisica e funzione universale della filosofia

6.4. Le ambiguità di Dilthey

Valori e connessione dinamica

Poiché Dilthey concepisce la connessione dinamica come produttrice di valori e realizzatrice di scopi, nasce il *problema* del rapporto fra i valori e la connessione dinamica (= il concreto mondo storico) che li produce. Infatti, se il rapporto fra la connessione dinamica e i valori viene inteso alla stregua di un rapporto *immediato* e *necessario*, si sfocia in un relativismo forte o radicale, basato sulla tesi secondo cui i valori hanno senso solo nell'ambito del contesto che li ha prodotti. Viceversa, se il rapporto fra la connessione dinamica e i valori viene inteso alla stregua di un rapporto *mediato* e *problematico*, si sfocia in un relativismo debole o moderato, basato sulla tesi secondo cui i valori, pur trovando la propria matrice genetica e il proprio orizzonte (peculiare) di validità in un *determinato* contesto, possono valere anche per *altri* contesti. Di fronte a questa alternativa, Dilthey si è mantenuto in una fondamentale *ambiguità*, poiché da un lato sembra concepire le connessioni dinamiche alla stregua di orizzonti *chiusi* e *incomunicabili*, dall'altro sembra interpretare le connessioni dinamiche alla stregua di orizzonti *aperti* e *intercomunicanti*; da un lato sembra concepire le connessioni dinamiche alla stregua di orizzonti *determinanti*, dall'altro alla stregua di orizzonti *condizionanti*, che limitano, ma non distruggono, la libertà di scelta dell'uomo: «Tra queste

Ambiguità di Dilthey

due opposte tendenze, Dilthey non ha mai deciso in maniera esplicita, poiché lo stesso problema della modalità del rapporto fra l'uomo e la situazione non è mai stato apertamente formulato [...] tuttavia occorre notare [...] che Dilthey ha sempre più accentuato il secondo termine dell'antitesi, cercando di subordinare ad esso il primo e di evitare quindi un'inclusione relativistica dell'uomo nella storia [...] Egli ha sempre più voluto tenersi lontano da un relativismo storicistico, per il quale la validità di ogni fenomeno storico venga ridotta al mero momento in cui avviene, ed ogni pensiero, ogni sentimento, ogni azione valgano soltanto *in e per quella situazione storica* a cui sono necessariamente vincolati» (Pietro Rossi).

7. SIMMEL: LA FILOSOFIA DELLA VITA

Nell'opera di Dilthey la metodologia delle scienze dello spirito ha trovato determinazioni e chiarimenti che subiranno modificazioni o progressi sostanziali soltanto in quella di Weber. Gli altri storicisti tedeschi, che sviluppano spesso la loro dottrina in polemica o in riferimento a quella di Dilthey, manifestano la tendenza ad accentuare aspetti subordinati o parziali della filosofia di Dilthey o a correggerli con il ricorso a motivi assolutistici e con un parziale ritorno all'hegelismo. Nella prima direzione, Simmel e Spengler sviluppano il relativismo di Dilthey sino a farne una metafisica della vita. Nella seconda direzione Troeltsch e Meinecke cercano di conciliare lo storicismo con l'assolutismo dei valori ed effettuano un parziale ritorno al concetto romantico della storia. **Lo storicismo post-diltheyano**

Georg Simmel (1858-1918) è autore di numerose opere filosofiche e sociologiche: *Il problema della filosofia della storia* (1892); *Introduzione alla scienza morale* (1892); *Filosofia del denaro* (1900); *Sociologia* (1910); *Problemi fondamentali della filosofia* (1910); *Problemi di sociologia* (1917); *L'intuizione della vita* (1918); nonché di lavori storici su Kant (1903), su Schopenhauer e Nietzsche (1916) e sulla situazione spirituale all'epoca della prima guerra mondiale (*La guerra e la decisione spirituale*, 1917; *Il conflitto della cultura moderna*, 1918). **Simmel**

La parte più originale del pensiero di Georg Simmel è una metafisica della *vita*, che vede in quest'ultima il vero ed unico soggetto della storia e l'unica sostanza delle cose: una realtà metafisica. Più che a Dilthey, che aveva considerato la vita soltanto nella situazione dell'uomo nel mondo, questa nozione fa forse riferimento a Bergson. Essa è intesa da Simmel nel senso della *durata reale* di Bergson. La vita è in questo senso lo stesso tempo concreto, mentre il tempo è, preso per sé, la forma astratta della vita. La vita procede limitandosi in forme determinate e oltrepassando queste forme nella continuità del suo processo. Per questa continuità essa è *più-vita* perché è autotrascendimento di se stessa; mentre nelle forme che crea è *più-che-vita* in quanto emerge al di sopra del suo processo temporale. Questo processo include quindi costantemente la morte che è il destino inevitabile di tutte le forme della vita. Il mondo storico, cioè il mondo che è oggetto della conoscenza storica, è una forma della vita in questo senso specifico: è l'emergenza di una struttura ideale dalla continuità del processo vitale: un'emergenza che rivendica una certa autonomia di fronte ad esso ed entra in rapporto ideale con altre forme della vita pur rimanendo sottoposta al corso di essa come tutti gli altri fenomeni. **La vita e le sue forme**

8. SPENGLER: «IL TRAMONTO DELL'OCCIDENTE» E LA REPLICA DI TOYNBEE

Ad un esito apocalittico è condotto il relativismo storicistico, irrigidito in una metafisica della storia, da Oswald Spengler (1880-1936), autore di un'opera che ha avuto molta fortuna e ha suscitato innumerevoli discussioni, *Il tramonto dell'Occidente. Abbozzo di una morfologia della storia del mondo* (2 voll., 1918-22). **Spengler**

Natura e storia

Spengler irrigidisce in una dualità metafisica la differenza oggettiva che Dilthey aveva riconosciuto tra la natura e la storia. Per Dilthey, natura e storia erano due *oggetti* diversi di due diversi ordini di *ricerche*; per Spengler sono due realtà metafisiche incommensurabili. La natura è il mondo del *divenuto*, cioè di ciò che è stato prodotto dalla vita e che si è staccato dalla vita stessa; la storia è il mondo del *divenire*, cioè della vita che crea incessantemente nuove forme. Secondo Spengler l'unità di base della storia sono le varie culture o civiltà. Ogni *cultura* (*Kultur*) è un organismo che come tutti gli organismi nasce, cresce e muore secondo un ritmo immutabile, realizzando progressivamente tutto ciò che le è possibile. Il completamento di questa realizzazione è anche la sua fine, che si raggiunge nello stato «estremo e raffinato» della *civilizzazione* spiegata (*Zivilisation*).

La storicità delle culture

Necessità e destino

Per la connessione organica di tutti gli aspetti di una cultura e per la necessità che presiede al suo sorgere, al suo fiorire e alla sua morte, nessuna cultura offre agli uomini alcuna possibilità di scelta, sia per ciò che riguarda i suoi sviluppi o le sue articolazioni interne sia per ciò che riguarda il suo ciclo vitale. Una necessità inesorabile presiede a tutti i suoi sviluppi e alle sue vicende; e questa necessità è il *destino*. Gli uomini possono certo tentare di opporsi al destino della cultura cui appartengono; ma l'insuccesso inevitabile della loro azione in tal senso ne segna anche la condanna morale e storica. L'unica azione giustificata e giustificabile è quella ispirata dal riconoscimento del destino e diretta nella stessa direzione di esso. Su queste basi Spengler prevede l'inevitabile tramonto della cultura occidentale. Questa è già pervenuta alla fase della «civilizzazione», cioè della piena maturità che inizia la decadenza e precede la morte. La crisi della morale e della religione, e specialmente di quest'ultima giacché «l'essenza di ogni civiltà è la religione»; il prevalere della democrazia e del socialismo che sovvertono i rapporti naturali di potere; l'equiparazione, propria della democrazia, fra denaro e potenza politica che significa il trionfo del denaro sullo spirito; e, in una parola, il «rovesciamento di tutti i valori» di cui Nietzsche è stato il profeta ma che l'Occidente mostra già in atto, sono i prodromi infallibili della morte della civiltà occidentale. L'ultimo atto di questa civiltà sarà un ritorno al cesarismo che preluderà il ritorno allo stato primitivo.

Il tramonto inevitabile della civiltà occidentale

Contro questa profezia della morte necessaria della civiltà occidentale e in generale contro la *necessità* della storia ha rivolto più recentemente le sue considerazioni l'inglese Arnold Toynbee nella sua opera *Studio della storia* (1934-1939). Poiché coloro che ritengono che la storia sia necessaria intendono dire che gli eventi umani sono determinati dall'ambiente fisico e dall'ambiente sociale o da entrambi, Toynbee comincia con l'esporre la sua teoria sul rapporto tra l'ambiente e l'uomo: teoria che egli chiama della *sfida e risposta*. Secondo Toynbee, l'ambiente fisico e l'ambiente sociale in cui un gruppo d'uomini vive non sono le cause determinanti della civiltà che essi arrivano a costruire e della sorte di questa civiltà: difatti, supposto che le condizioni dei due ambienti fossero perfettamente conosciute, non si potrebbe tuttavia prevedere la civiltà che ne nascerebbe, né si potrebbe prevedere nulla circa lo sviluppo, la decadenza e la fine di tale civiltà. Ciò perché nella costituzione di ogni civiltà entrano non soltanto le condizioni ambientali, fisiche e sociali, ma anche un fattore che è in sé indeterminato e libero: l'azione degli uomini che la costruiscono. Le condizioni ambientali pongono a tali uomini una *sfida*: ma il risultato che verrà fuori da tale sfida, cioè la nascita, lo sviluppo e la morte di ogni civiltà, dipenderà in ogni caso dalla *risposta* che gli uomini daranno ad essa. Toynbee ha giustificato questa sua concezione generale con l'esame di numerose civiltà (egli ne enumera 21) che si sono succedute o intrecciate nel corso della storia umana. Da questa veduta egli trae il corollario che nella vita delle civiltà umane, e quindi in generale nella storia, non c'è nulla di «fatale», opponendosi così alla profezia di Spengler che aveva annunciato la fine inevitabile della civiltà occidentale.

Toynbee: l'uomo e l'ambiente

9. Troeltsch e Meinecke

Il rapporto tra lo storicismo e la religione, o meglio tra il divenire storico e i valori eterni che la religione incarna o difende, è il tema delle ricerche condotte, nell'ambito dello storicismo, da Troeltsch e Meinecke.

Ernst Troeltsch (1865-1923) fu innanzitutto uno storico del cristianesimo e un teologo. I suoi scritti principali sono i seguenti: *L'assolutezza del cristianesimo e la storia della religione* (1902); *Psicologia e teoria della conoscenza nella scienza della religione* (1905); *Il significato del protestantesimo per l'origine del mondo moderno* (1906); *Il significato della storicità di Gesù per la fede* (1911); *La dottrina sociale della Chiesa e dei gruppi cristiani* (1908-12); ai quali bisogna aggiungere numerosi saggi e articoli importanti. **Troeltsch**

Lo storicismo è per Troeltsch la storicizzazione di ogni realtà e di ogni valore, il disciogliersi nel flusso eracliteo del divenire di tutte le creazioni umane: Stato, diritto, morale, religione, arte, ecc. Dal punto di vista dello storicismo, la categoria storica fondamentale è quella di *totalità individuale*, nel senso della struttura autocentralizzata di Dilthey. Totalità individuali sono non solo gli individui, ma anche i popoli, gli Stati, le classi, le culture, le correnti spirituali, le religioni, ecc. Ma la comprensione (v. Rickert) di una totalità individuale non è possibile se non in relazione ai valori. L'importante è infatti per lo storico determinare ciò che c'è di essenziale, cioè di unico e di irripetibile, in una singola totalità; e l'essenziale consiste nell'unico *valore* o nell'unico *significato* che è immanente nella coscienza di quella totalità, che è propria di essa e che perciò non può valere come misura o criterio di altre totalità. Ora, proprio nella connessione dell'oggetto storico con il valore che lo individualizza sta, secondo Troeltsch, la connessione di esso con l'Assoluto. Nella stessa relatività dei valori rispetto alla totalità cui essi appartengono, si manifesta la loro assolutezza. **Storicità e assolutezza dei valori**

In altri termini la relatività storica e l'assolutezza dei valori coincidono: i valori pur nella relatività delle loro forme storiche costituiscono la presenza, nella storia stessa, di un principio assoluto che Troeltsch intende con Leibniz come una «coscienza universale» e che, come Leibniz, ritiene si manifesti nelle stesse coscienze individuali. Queste perciò segnano l'identità o l'incontro dell'Infinito e del finito; e per questa identità possono comunicare tra loro. Ogni monade può intendere le altre monadi per il tramite della coscienza universale di cui tutte sono le manifestazioni.

Si ricollega all'opera di Troeltsch e ne ha influenzata l'ultima fase quella di Friedrich Meinecke (1862-1954), storico della Germania moderna e autore dell'opera *La nascita dello storicismo* (1936) destinata a illustrare la formazione storica dello storicismo a partire dalla dissoluzione della filosofia del diritto naturale. Questa filosofia costituiva, secondo Meinecke, «una salda stella polare in mezzo a tutte le tempeste della storia universale» perché considerava la ragione umana come eterna e atemporale e quindi adatta a guidare l'uomo nella varietà delle vicende storiche. Il riconoscimento dell'individualità di ogni fenomeno storico, effettuato dallo storicismo, ha individuato la stessa ragione, cioè l'ha trasformata in una forza storica che assume fisionomie diverse in epoche diverse e ha perciò condotto a una radicale relativizzazione dei valori. A questa relativizzazione Meinecke intende sottrarsi rifacendosi all'eredità di Goethe «che ha concepito il compito individuale e, dal punto di vista umano, relativo, della propria vita, come voluto da Dio e perciò come assoluto» e che ha insegnato quindi a non perdere, nella stessa conoscenza della propria condizionatezza storica, «l'oscura sorgente di forza che deriva dalla fede in valori assoluti e in un'ultima assoluta fonte di ogni vita». **Meinecke**

LABORATORIO FILOSOFICO

Il neocriticismo è l'insieme di posizioni e correnti filosofiche che, sviluppatosi soprattutto in Germania e in Francia tra Ottocento e Novecento, si caratterizza per la ripresa e l'elaborazione di alcuni temi del criticismo kantiano (il cosiddetto «ritorno a Kant). Tale movimento fa propria innanzitutto la distinzione kantiana tra l'aspetto psicologico e quello logico-oggettivo della conoscenza e di altre attività umane, come quella etica ed estetica, e ritiene che la validità di tali esperienze sia del tutto indipendente dalle condizioni psicologico-soggettive in cui queste si verificano. Altri tratti comuni ai vari indirizzi del neocriticismo sono: 1) il considerare la filosofia come una riflessione critica sulla scienza - con il conseguente rifiuto della metafisica, sia di matrice idealistica sia positivistica (della quale è rigettata l'idea che la verità scientifica sia assoluta); 2) l'intento di risalire dalle strutture della scienza, sia della natura che dello spirito, alle strutture del soggetto.

In Germania - sulla scia del «ritorno a Kant» inaugurato da vari pensatori tra cui Fischer e Liebmann, e delle riflessioni teoriche di Hehlmholtz, Lange, Riehl - il neocriticismo si sviluppa essenzialmente attraverso due scuole: quella di Marburgo (Cohen e Natorp e, successivamente, Cassirer), e quella del Baden (Windelband e Rickert). La scuola di Marburgo, con la tesi secondo cui l'unica realtà è l'oggettività pensabile (non empirica), definisce l'oggettività unicamente come normatività intrinseca: la filosofia si configura come ricerca di concetti puri, con una loro validità specifica e indipendente da fattori psicologici.

Rilevanti sviluppi della scuola di Marburgo sono rappresentati dall'opera di Ernst Cassirer, che attribuisce al linguaggio la funzione costitutiva dell'intera esperienza umana. L'indagine sulla validità della conoscenza scientifica (oggetto privilegiato dei filosofi di Marburgo) è estesa da Cassirer, oltre che a tutte le forme della civiltà umana (arte, religione, mito), soprattutto al linguaggio, considerato non solo come strumento per comunicare, ma principalmente come l'attività che organizza l'esperienza.

L'espressione simbolica, afferma Cassirer, è l'organo «necessario ed essenziale» del pensiero, è lo strumento attraverso cui il contenuto «si costituisce ed acquista la sua compiuta determinazione» (Filosofia delle forme simboliche). In quanto utilizza il linguaggio, l'uomo è dunque animal symbolicum, e solo a partire dal linguaggio è possibile comprendere tutte le varie forme della cultura umana. La storia stessa, luogo privilegiato di manifestazione dell'attività dell'uomo, è condizionata dall'espressione simbolica, in quanto soggetta ad un procedimento interpretativo.

Un'altra scuola di pensiero del neocriticismo è la scuola del Baden, che elabora una filosofia dei valori (logici, estetici, etici, religiosi...) considerati come assoluti, perfetti ed eterni. Secondo Windelband, uno dei massimi esponenti di questa corrente, la filosofia ha la specifica funzione di portare alla coscienza la regola intrinseca che presiede non solo alla conoscenza, ma anche all'etica e all'estetica. La scienza deve riconoscere che anche la coscienza etica ed estetica, come la ragione, costituiscono la coscienza normale, posta al di sopra dell'accidentalità e della contingenza. La distinzione tra necessità "normativa" e "di fatto" conduce inoltre ad una nuova impostazione del rapporto tra le scienze della natura, che indagano la natura e stabiliscono leggi necessarie (nomotetiche), e scienze dello spirito, che si occupano dell'uomo nella sua vita storica (idiografiche).

In modo analogo Rickert distingue le scienze naturali (che si occupano del particolare solo in relazione alla legge universale) da quelle storiche. Interessandosi ai casi singoli, la storia attribuisce importanza e significato soprattutto ai fatti che costituiscono valori spirituali della civiltà a cui appartengono. Gli eventi e i protagonisti della storia si giudicheranno, perciò, in base ai valori della civiltà a cui si riferiscono.

Sempre a cavallo tra i due secoli, si afferma in Germania la corrente dello storicismo, il cui atto di nascita è fatto coincidere, generalmente, con l'Introduzione alle scienze dello spirito (1883) di Wilhelm Dilthey.

Il problema filosofico affrontato nell'opera, che è poi quello centrale dello storicismo, è l'elaborazione di una critica della ragione storica *mirata a stabilire le condizioni, le possibilità e i limiti della conoscenza storica secondo un procedimento analogo a quello adottato da Kant per la fondazione delle scienze della natura.*
Dilthey distingue il mondo naturale da quello storico-sociale e le scienze che, rispettivamente, li indagano: scienze della natura e scienze dello spirito. Poiché queste ultime si occupano dell'«uomo storico», la loro comprensione richiede procedimenti diversi da quelli delle scienze naturali (nelle quali è invece netta e radicale la diversità tra soggetto e oggetto nella conoscenza). Per cogliere l'oggetto delle scienze dello spirito si deve infatti ricorrere alla nozione di Erlebnis, *ossia all'esperienza vissuta che rappresenta il punto di partenza per il* comprendere *(la conoscenza propria delle scienze dello spirito). Il comprendere (*verstehen*) si configura come un sentire insieme con gli altri e un condividere secondo un approccio radicalmente differente dall'atteggiamento proprio delle scienze della natura. Il comprendere procede attraverso le «categorie della ragione storica» (ossia le strutture del mondo storico e i modi di apprendimento di esso) e fa proprio il presupposto secondo cui ogni epoca, ogni uomo e ogni civiltà - che in quanto «connessioni dinamiche» sono da pensarsi come strutture centrate su se stesse - hanno in sé i propri valori e significati. Da ciò deriva, come afferma Dilthey, che «ogni forma della vita storica è finita» e che l'unica forma di continuità rinvenibile nella storia è «la continuità della forza creatrice» dell'uomo.*
Il pensiero di Dilthey ha esercitato una notevole influenza sui successivi sviluppi dello storicismo: dalla «filosofia della vita» di Simmel (che fa della categoria diltheyana della vita una realtà metafisica), alla riflessione sulla storia di Spengler (che, trasformando il relativismo storicistico in una metafisica della storia, predice il «tramonto» della civiltà occidentale), allo storicismo "fideistico" di Troeltsch e Meinecke, che, recuperando parzialmente il concetto romantico della storia, cerca di conciliare lo storicismo con l'assolutismo dei valori religiosi.

1

«L'unica realtà è l'oggettività pensabile»: in forma scritta, illustra il significato di questa tesi, e spiega in che senso, per i filosofi di Marburgo, essa rappresenta la base per l'integrazione di Kant con Platone.

2

Cassirer sostiene che le varie espressioni della cultura umana trovano tutte il loro fondamento in un'*attività simbolica* la quale, rendendosi sempre più indipendente dall'immediatezza dei dati naturali e sensibili, determina il formarsi di schemi concettuali autonomi: «Invece di avere a che fare con le cose stesse, in un certo senso l'uomo è continuamente a colloquio con se medesimo. Si è circondato di forme linguistiche, di immagini artistiche, di simboli mitici e di riti religiosi a tal segno da non poter vedere e conoscere più nulla se non per il tramite di questa artificiale mediazione» (Cassirer, *Saggio sull'uomo*).

In forma scritta, indica il valore e la funzione che il filosofo assegna all'espressione simbolica, cioè al *linguaggio,* nel costituirsi dell'intera esperienza umana, e illustra quindi la tesi secondo la quale l'uomo, più che *animal rationale*, va definito come *animal symbolicum*.

3

Nel brano seguente, tratto da un saggio pubblicato postumo, Dilthey illustra i caratteri del *comprendere* quale operazione conoscitiva che caratterizza le scienze dello spirito e che le distingue da quelle della natura:

«Il rivivere è il muoversi sulla linea del divenire. Così noi seguiamo la storia, o un avvenimento in una terra lontana o qualcosa che accade nell'animo di un uomo che ci sia vicino. La sua compiutezza è raggiunta quando l'avvenimento è animato dalla coscienza del poeta, dell'artista o dello storico, ed è presente in forma durevole dinanzi a noi, fissato in un'opera.

Ma su che cosa poggia questo rivivere? Il processo ci interessa qui soltanto nella sua funzione, e non deve esserne data una spiegazione psicologica. Noi guardiamo all'importante funzione di questo rivivere per la nostra possibilità di appropriarci del mondo spirituale. Essa riposa su due momenti. Ogni vivente presentimento di un ambiente e di una situazione esterna suscita in noi il rivivere: e la fantasia può rafforzare o diminuire il peso delle forme di atteggiamento, delle forze, dei sentimenti, delle tendenze, delle direzioni ideali contenute nella nostra connessione di vita, riproducendo così ogni vita psichica altrui.

E in questo rivivere sta una parte importante dell'acquisto di cose spirituali, di cui siamo debitori allo storico e al poeta. Il corso della vita produce in ogni uomo una costante determinazione, in cui vengono limitate le possibilità che vi sono contenute. La formazione del suo essere determina sempre ogni suo sviluppo ulteriore. In breve, egli esperisce sempre, egli può prendere in esame il modo in cui è costituita la sua situazione o la forma della sua connessione acquisita, di modo che l'ambito di nuovi sguardi sulla vita, e sulle modificazioni esterne della sua esistenza personale, è limitato. L'intendere gli apre un ampio campo di possibilità, le quali non esistevano nella determinazione della sua vita reale. La possibilità di vivere immediatamente nella mia esistenza degli stati religiosi, è per me come per la maggior parte degli uomini d'oggi assai ristretta. Ma quando io scorro le lettere e gli scritti di Lutero, i racconti dei suoi contemporanei, gli atti delle conferenze religiose e dei concili come della sua narrazione ufficiale, io vivo un processo religioso di tale forza eruttiva, di tale energia, che nella vita e nella morte esso sta al di là di ogni possibilità di *Erlebnis* per ogni uomo dei nostri giorni. Ma io posso però riviverlo. Io mi trasferisco in tali circostanze: tutto in esse spinge a uno sviluppo così straordinario della vita religiosa dell'animo. Io vedo nei chiostri una tecnica di contatto con il mondo invisibile, che dà alle anime dei monaci un costante orientamento verso le cose trascendenti: le controversie teologiche diventano qui questioni di esistenza interiore.

L'uomo determinato dall'interno può quindi vivere nell'immaginazione varie altre esistenze: dinanzi ai confini imposti dalle circostanze si aprono a lui altre bellezze e altre contrade della vita, che egli non può raggiungere mai. In termini generali, l'uomo legato e determinato dalla realtà della vita viene a liberarsi non solo mediante l'arte - ciò che è accaduto più spesso - ma anche mediante la comprensione di ciò che è storico» (W. Dilthey, *Nuovi studi sulle scienze dello spirito*, in *Critica della ragione storica*, trad. it. di P. Rossi, Einaudi, Torino, 1954, pp. 322-326).

Ricava dal testo le tesi relative alle questioni fondamentali del pensiero di Dilthey e riportale in forma scritta, soffermandoti in modo particolare sul concetto tipico dello storicismo secondo cui il comprendere ha come meta il *rivivere* le esperienze degli altri e del passato.

GLOSSARIO E RIEPILOGO

Neocriticismo. È il movimento di «ritorno a Kant» iniziatosi in Germania verso la metà dell'Ottocento. L'aspetto più rilevante di tale corrente è la negazione della metafisica e la riduzione della filosofia a teoria della conoscenza e della scienza.

Cassirer

L'uomo come animale simbolico. Espressione usata da Cassirer per alludere al fatto che l'uomo «non vive più in un universo soltanto fisico ma in un universo simbolico. Il linguaggio, il mito, l'arte e la religione fanno parte di questo universo, sono i fili che costituiscono il tessuto simbolico, l'aggrovigliata trama della umana esperienza. Ogni progresso nel campo del pensiero e dell'esperienza rafforza e affina questa rete. L'uomo non si trova più direttamente di fronte alla realtà; per così dire, egli non può più vederla faccia a faccia (...) Invece di avere a che fare con le cose stesse, in un certo senso l'uomo è continuamente a colloquio con se medesimo. Si è circondato di forme linguistiche, di immagini artistiche, di simboli mitici e di riti religiosi a tal segno da non poter vedere e conoscere più nulla se non per il tramite di questa artificiale mediazione» (*Saggio sull'uomo*). L'importanza assunta dal simbolo e dal linguaggio fa sì che «Invece di definire l'uomo come un *animal rationale* si dovrebbe (...) definirlo come un *animal symbolicum*. In tal guisa si indicherà ciò che veramente lo caratterizza e che lo differenzia rispetto a tutte le altre specie e si potrà capire la speciale via che l'uomo ha preso: la via verso la civiltà» (*ivi*).

Windelband

Scienze nomotetiche e idiografiche. Espressione usata da Windelband per caratterizzare la diversa fisionomia delle scienze storiche rispetto a quelle naturali: «le scienze empiriche cercano nella conoscenza del reale o il generale nella forma della legge di natura, o il particolare nella sua figura storicamente determinata (...) Le une sono scienze della legge, le altre scienze dell'avvenimento; quelle insegnano ciò che è sempre, queste ciò che fu una volta. Il pensiero scientifico è – se posso comporre un'espressione nuova – nel primo caso *nomotetico*, nel secondo *idiografico*» (*Storia e scienza naturale*, in *Preludi*).

Rickert

Scienze naturali e storia. Secondo Rickert, la distinzione fra scienze naturali e scienze storiche dipende da una scelta di tipo logico-metodologico: «la realtà empirica può essere considerata anche da un punto di vista logico diverso da quello per il quale essa è natura. *Essa diventa natura se la consideriamo in riferimento al generale, e diventa storia se la consideriamo in riferimento al particolare e all'individuale*» (*I limiti della formazione dei concetti scientifici*).

Storicismo tedesco. Movimento filosofico sorto in Germania negli ultimi decenni dell'Ottocento e sviluppatosi sino alla vigilia della seconda guerra mondiale. La sua caratteristica di partenza è di proporre, in riferimento alla conoscenza storica, lo stesso problema che il criticismo kantiano e neokantiano si erano proposti in riferimento alla conoscenza naturale: ossia quello di risalire dalla conoscenza storica alle condizioni che la rendono *possibile* e ne fondano la *validità*.

Dilthey

Erlebnis. È «l'esperienza vissuta» grazie alla quale l'uomo coglie se stesso.

Il comprendere (*Das Verstehen*). L'operazione conoscitiva propria delle scienze dello spirito, avente come punto di partenza l'esperienza vissuta: «L'umanità (...) diventa oggetto delle scienze dello spirito solo in quanto gli stati umani sono immediatamente vissuti, in quanto giungono a espressione nelle manifestazioni della vita e in quanto queste espressioni vengono intese» (*Critica della ragione storica*, trad. it., Einaudi, Torino 1954, p. 154). Il comprendere ha come meta il *rivivere* e il *riprodurre* le esperienze altrui.

Categorie della ragione storica. Sono i *modi di apprendimento* del mondo storico e, insieme, le *strutture* fondamentali di questo mondo. Le principali sono la vita (v.) e la connessione dinamica (v.).

Vita. È l'esistenza dell'individuo singolo nei suoi rapporti con gli altri individui. Comprende tutti i prodotti dell'attività umana associata e il modo in cui gli individui li fanno propri o li giudicano. L'oggettivazione della vita, che Dilthey designa con il termine hegeliano di *spirito oggettivo*, è l'insieme delle manifestazioni in cui la vita si è oggettivata nel corso del suo sviluppo.

Connessione dinamica. Termine che indica una *struttura* o una *totalità* accentrata intorno a *fini* o *valori*, verso cui convergono gli elementi che la costituiscono. Strutture in questo senso sono gli individui, le civiltà, le epoche e, in generale, i sistemi e le istituzioni della cultura. Ogni struttura ha il centro in se stessa: il che vuol dire che essa può venir giudicata soltanto in base ai valori e ai modi di pensare che le sono propri e non in base a quelli che appartengono ad una struttura diversa.

Filosofia. Ogni filosofia è una *intuizione del mondo* (*Weltanschauung*) che ha in comune con la religione e con l'arte la sua forma fondamentale. Difatti, in ogni singolo momento della nostra esistenza è implicita una relazione della nostra vita singola con il mondo che ci circonda come *totalità intuita*. L'intuizione filosofica del mondo si distingue da quella religiosa per la sua validità universale e da quella artistica per la sua tendenza riformatrice: «L'intuizione filosofica del mondo (...) deve per la sua struttura essere sostanzialmente diversa da quella poetica. Essa è, a differenza di quella religiosa, universale e universalmente valida, e a differenza di quella poetica, costituisce una forza che vuol operare in senso riformatore sulla vita» (*ivi*, p. 466).

Metafisica. «Quando l'intuizione del mondo è compresa concettualmente, fondata e così elevata a validità universale, noi la chiamiamo metafisica» (*ivi*, p. 467). I tre tipi fondamentali di metafisica, non armonizzabili fra di loro, sono il naturalismo materialistico o positivistico, l'idealismo oggettivo e l'idealismo della libertà.

Simmel

Vita-forma. È il dualismo di base della realtà e della storia. La vita è un'entità temporale che procede *limitandosi* in forme determinate, *oltrepassandole* continuamente. Ogni produzione storica è l'emergenza *temporanea* di una struttura dalla continuità del processo vitale.

Spengler

Tramonto dell'Occidente. Secondo Spengler, ogni civiltà è paragonabile ad un organismo vivente, che nasce, fiorisce e muore. Su questa base, egli profetizza l'imminente tramonto della civiltà occidentale, affermando che quest'ultima (come attesta la crisi della morale e della religione) sarebbe ormai giunta a quella piena maturità che dà inizio alla decadenza e precede la morte.

Toynbee

Sfida-risposta. Secondo Toynbee il rapporto uomo-ambiente non va pensato in termini deterministici e necessitaristici, bensì in termini di sfida-risposta. Infatti, nella costituzione di ogni civiltà non entrano soltanto le condizioni ambientali (fisiche e sociali), ma anche un fattore che è in sé libero e indeterminato: l'azione degli uomini che la costituiscono.

Troeltsch e Meinecke

Storia e valori. Secondo Troeltsch e Meinecke la storia si costituisce in relazione a valori *assoluti* e si configura quindi come la sede della rivelazione dell'assoluto (il quale rimane trascendente). Tale relazione costituisce «l'antidoto al veleno del relativismo».

INDICAZIONI BIBLIOGRAFICHE

Sul neo-criticismo:
C. Rosso, *Figure e dottrine della filosofia dei valori*, Guida, Napoli 1973.
G. Gigliotti, *Il neocriticismo tedesco*, Loescher, Torino 1983.
A. Poma, *La filosofia di Hermann Cohen*, Mursia, Milano 1988.
G. Gigliotti, *Avventure e disavventure del trascendentale. Studio su Cohen e Natorp*, Guida, Napoli 1989.
R. Bonito Oliva, *Il compito della filosofia. Saggio su Windelband*, Morano, Napoli 1990.
S. Besoli - L. Guidetti, *Conoscenza, valori e cultura. Orizzonti e problemi del neocriticismo*, Vallecchi, Firenze 1997.
M. Ferrari, *Introduzione a Il neocriticismo*, Laterza, Roma-Bari 1997.

Su Cassirer:
M. Lancellotti, *Funzione, simbolo e struttura. Saggio su Ernst Cassirer*, Studium, Roma 1975.
B. Bolognini, *L'oggettività istituzionale. Critica della cultura e critica del filosofare in Ernst Cassirer*, Le Monnier, Firenze 1980.
A. Poma, *Il mito della filosofia nelle forme simboliche di E. Cassirer*, Filosofia, Torino 1980.
L. Lugarini, *Critica della ragione e universo della cultura. Gli orizzonti cassireriani della filosofia trascendentale*, Ateneo, Roma 1983.
I. Kajon, *Il concetto dell'unità della cultura e il problema della trascendenza nella filosofia di Ernst Cassirer*, Bulzoni, Roma 1984.
G. Forni, *Studi di ermeneutica. Schleiermacher, Dilthey, Cassirer*, CLUEB, Bologna 1985.
B. Henry, *Libertà e mito in Cassirer*, ESI, Napoli 1986.
M. Ferrari, *Il giovane Cassirer e la scuola di Marburgo*, Angeli, Milano 1988.
G. Raio, *Introduzione a Cassirer*, Laterza, Roma-Bari 1991.
C. Savi, *Bruno Bauch ed Ernst Cassirer*, Bibliopolis, Napoli 1992.
M. Ferrari, *Ernst Cassirer*, Olschki, Firenze 1996.

Sullo storicismo tedesco:

P. Rossi, *Storia e storicismo nella filosofia contemporanea*, Lerici, Milano 1960.
P. Rossi, *Lo storicismo tedesco contemporaneo*, Einaudi, Torino 1971.
F. Tessitore, *Dimensioni dello storicismo*, Morano, Napoli 1971.
D. Antiseri, *La metodologia della storiografia nello storicismo tedesco contemporaneo*, Bottega di Erasmo, Torino 1972.
C. Antoni, *Dallo storicismo alla sociologia*, Sansoni, Firenze 1973.
F. Bianco, *Storicismo e ermeneutica*, Bulzoni, Roma 1974.
F. Tessitore, *Storicismo e pensiero politico*, Ricciardi, Milano-Napoli 1974.
C. Antoni, *Lo storicismo*, ERI, Torino 1975².
F. Bianco (a cura di), *Il dibattito sullo storicismo*, Il Mulino, Bologna 1978.
M. Pancaldi, *Dilthey, Windelband, Rickert, Weber. I metodi delle scienze storico sociali nella riflessione storicistica*, C. Signorelli, Milano 1987.
C. Menger, *Gli errori dello storicismo*, Rusconi, Milano 1991.
P. Rossi, *Storia e storicismo nella filosofia contemporanea*, Il Saggiatore, Milano 1991.
P. Rossi, *Lo storicismo tedesco contemporaneo*, Edizioni di Comunità, Milano 1994.
F. Tessitore, *Contributi alla storia e alla teoria dello storicismo*, Storia e Letteratura, Roma 1995-1997, 3 volumi.
F. Tessitore, *Introduzione a lo storicismo*, Laterza, Roma-Bari 1996².
G. Cacciatore - G. Cantillo - G. Lissa (a cura di), *Lo storicismo e la sua storia*, Guerini e Associati, Milano 1997.
D. Conte, *Introduzione a Spengler*, Laterza, Roma-Bari 1997.
P. Ferri, *Storicismo tedesco*, Editrice Bibliografica, Milano 1997.

Su Dilthey:

C. Vicentini, *Studio su Dilthey*, Mursia, Milano 1974.
A. Marini, *Alle origini della filosofia contemporanea: Wilhelm Dilthey*, La Nuova Italia, Firenze 1984.
F. Bianco (a cura di), *Dilthey e il pensiero del Novecento*, Angeli, Milano 1988².
M. Paschi, *Dilthey: la mente e le cose*, ETS, Pisa 1988.
A. G. Manno, *Lo storicismo di W. Dilthey*, Loffredo, Napoli 1990.
M. A. Pranteda, *Individualità e autobiografia in Dilthey*, Guerini e Associati, Milano 1991.
M. Failla, *Dilthey e la psicologia del suo tempo*, Angeli, Milano 1992.
L. Bottani, *Wilhelm Dilthey*, Mercurio, Vercelli 1994.
G. Cacciatore, *La lancia di Odino. Teorie e metodi della scienza storica tra Ottocento e Novecento*, Guerini e Associati, Milano 1994.
G. Matteucci, *Anatomie diltheyane*, CLUEB, Bologna 1994.
F. Bianco, *Introduzione a Dilthey*, Laterza, Roma-Bari 1995³.
G. Matteucci, *Immagini della vita. Logica ed estetica a partire da Dilthey*, CLUEB, Bologna 1995.

Capitolo nono

Freud e la psicoanalisi

Capitolo nono

FREUD E LA PSICOANALISI

1. LA RIVOLUZIONE PSICOANALITICA

Tra le correnti della psicologia tradizionale, la psicoanalisi, legata indissolubilmente al nome del suo padre fondatore Freud, è quella che ha più profondamente influito sulla cultura del Novecento, dall'antropologia alla letteratura, dalla sociologia all'arte e alla filosofia. La "rivoluzione psicoanalitica", partita come metodo per curare alcune malattie mentali, ha finito per assumere un ruolo filosofico generale, influenzando fortemente l'intero panorama culturale del secolo. Infatti, la scoperta dell'*inconscio*, con tutto il suo mondo caotico e disordinato di pulsioni istintuali, esito decisivo della ricerca freudiana, ha avuto altresì la funzione di mettere in crisi ancora una volta (dopo Nietzsche) la *verità* della coscienza. In altre parole, Freud, che conosceva bene Nietzsche, si colloca sulla sua stessa linea quando diffonde il "sospetto" circa la coscienza e la sua gerarchia dei valori[1].

Rilievo filosofico della psicoanalisi, intesa come teoria dell'interpretazione

La vita di Freud (1856-1939), che si svolge a cavallo tra Ottocento e Novecento, è segnata dai drammatici avvenimenti del tempo: il crollo dell'impero asburgico, l'avvento della società di massa e dei regimi totalitari, la prima guerra mondiale, le inquietudini esistenziali conseguenti anche allo sviluppo senza precedenti della scienza e della tecnica, a volte tragicamente al servizio della guerra e della distruzione. È in questo contesto che bisogna seguire la vicenda dello sviluppo delle teorie psicoanalitiche, tese alla ricerca di una "verità nascosta" e posta *oltre la sfera della coscienza*, da far venire alla luce attraverso il metodo dell'*interpretazione* e del *dialogo* tra paziente e analista. Consiste in questo approccio il contributo più rilevante della psicoanalisi alla ricerca filosofica del Novecento, al di là degli ovvi meriti terapeutici e psicologici.

Vita e opere di Freud

Sigmund Freud, nato a Freiberg in Moravia da genitori ebrei trasferitisi a Vienna nel 1860, è un medico che all'inizio della sua carriera si imbatte in casi di isteria e si ispira alle ricerche di un altro medico, Joseph Breuer (1842-1925), che aveva curato l'isteria con l'ipnosi. Freud, riflettendo sul fatto che le pazienti, attraverso l'ipnosi, facevano affiorare alla coscienza le loro esperienze dolorose, riuscendo in tal modo a guarire, fu portato a ritenere che esistono in noi ricordi che abbiamo rimosso (dimenticato) e che, tuttavia, agiscono su di noi causando disagio e malattia. È la prima intuizione dell'inconscio, un territorio prima mai esplorato in modo sistematico, che ora Freud tenta di far affiorare attraverso il metodo dell'interpretazione dei sogni, dei lapsus e delle libere associazioni mentali. Nel 1938 Freud è costretto a lasciare Vienna, a causa delle persecuzioni naziste, e a recarsi esule a Londra, ove muore nel 1939. Tra le sue opere ricordiamo: *L'interpretazione dei sogni* (1900), un vero e proprio capolavoro anche sul piano letterario; *Psicopatologia della vita quotidiana* (1901); *Tre saggi sulla sessualità* (1905); *Totem e tabù* (1913); *Introduzione alla psicoanalisi* (1915-1917); *Al di là del principio del piacere* (1920); *Psicologia delle masse e analisi dell'io* (1921); *Il disagio della civiltà* (1929); *Costruzioni in analisi* (1937).

[1] È stato Paul Ricoeur a inscrivere Freud, insieme con Marx e Nietzsche, tra i «maestri del sospetto», per aver messo in dubbio che la realtà sia effettivamente quale i filosofi l'hanno interpretata. Marx ha svelato i *trucchi* di carattere economico, Nietzsche quelli di carattere filosofico e Freud quelli che attengono alla sfera della psicologia del profondo (si veda P. Ricoeur, *Dell'interpretazione. Saggio su Freud*, trad. it., Il Saggiatore, Milano, 1966, p. 47).

2. L'INCONSCIO E I MODI PER ACCEDERE AD ESSO

La medicina ottocentesca e il problema dell'isteria

La medicina "ufficiale" ottocentesca si muoveva in un orizzonte teorico di tipo positivistico-materialistico. Essa tendeva infatti ad interpretare tutti i disturbi della personalità in chiave somatica e quindi a non prendere "sul serio" quegli stati psiconevrotici (ad esempio le isterie) in cui non fossero rintracciabili lesioni organiche corrispondenti. Ciò nonostante, ai tempi di Freud, l'isteria aveva attirato l'attenzione di un gruppo di medici, fra cui spiccano J.-M. Charcot (1825-1893) e J. Breuer (1842-1925). Il primo era giunto ad usare l'ipnosi come metodo terapeutico, ottenendo un certo successo, grazie al controllo dei sintomi isterici mediante la suggestione. Breuer, andando oltre Charcot, utilizzava l'ipnosi non come strumento di inibizione dei sintomi, ma come mezzo per richiamare alla memoria avvenimenti penosi dimenticati, avendo notato che il superamento delle amnesie circa fatti spiacevoli della propria vita personale consentiva una "liquidazione" delle cariche emotive connesse ai fatti stessi. Per fare un esempio, nel caso di Anna O., un'isterica gravemente ammalata, curata da Breuer, fra gli altri sintomi (paralisi motorie, turbe della vista e dell'udito, tosse nervosa, anoressia, afasia, ecc.) vi era pure una caratteristica idrofobia acuta (= paura di bere). Mediante l'ipnosi, Breuer aveva scoperto che la paziente, avendo scorto da bambina il cane della governante (verso la quale nutriva sentimenti di ostilità) bere in un bicchiere, aveva provato un forte senso di repulsione. Pur avendo rimosso quell'episodio, la paziente manifestava sintomi idrofobici, che erano spariti soltanto quando Breuer, in virtù dell'ipnosi, li aveva portati alla coscienza.

L'ipnosi

Il caso di Anna O.

Dal «metodo catartico» alla psicoanalisi

Grazie allo studio di questo caso, Breuer e Freud mettono a punto il cosiddetto «metodo catartico», consistente appunto nel tentativo di provocare una «scarica emotiva» (*abreazione*) capace di «liberare» il malato dai suoi disturbi. Ponendosi il problema dell'*eziologia*, ovvero delle ragioni dell'isteria, Freud, procedendo autonomamente rispetto a Breuer, arriva alla scoperta che la *causa* delle psiconevrosi è da ricercarsi in un *conflitto* tra forze psichiche *inconsce*, ossia operanti al di là della sfera di consapevolezza del soggetto, i cui sintomi risultano quindi *psicogeni*, cioè non derivanti da disturbi organici, bensì dalle traversie della psiche stessa. *La scoperta dell'inconscio segna l'atto di nascita della psicoanalisi, che si configura infatti come psicologia abissale o del profondo.*

L'inconscio come realtà abissale primaria

Prima di Freud si riteneva comunemente che la «psiche» si identificasse con la «coscienza». Il medico viennese afferma invece che la maggior parte della vita mentale si svolge *fuori* della coscienza e che l'inconscio non costituisce il limite inferiore del conscio, ma la realtà abissale *primaria* di cui il conscio (simile alla punta di un iceberg) è solo la manifestazione visibile. Tant'è vero che l'inconscio viene eletto, dalla psicoanalisi, a *punto di vista privilegiato da cui osservare l'uomo.*

Il «preconscio» Il «rimosso»

Freud divide l'inconscio in due zone. La prima comprende l'insieme dei ricordi che, pur essendo *momentaneamente* inconsci, possono, in virtù di uno sforzo dell'attenzione, divenire consci. Tale è il «preconscio». La seconda zona comprende quegli elementi psichici *stabilmente* inconsci che sono mantenuti tali da una forza specifica — la cosiddetta «rimozione» — che può venir superata solo in virtù di tecniche apposite. Ma se l'inconscio, in senso stretto e caratteristicamente freudiano, coincide con il rimosso, quali sono le vie per superare le "resistenze" che ne sbarrano l'accesso alla coscienza? Per un certo periodo, Freud pensò di usare l'ipnosi. Ma la scarsa efficacia di quest'ultima lo indusse ben presto ad elaborare un nuovo metodo: quello delle cosiddette "associazioni libere". Anziché "forzare" il malato, questo metodo mira invece a "rilassarlo" (da ciò l'idea del divano) e consiste nel mettere il paziente in grado di abbandonarsi al corso dei propri pensieri, facendo sì che fra le varie parole da lui pronunciate si instaurino delle catene associative collegate con il materiale rimosso che si vuole portare alla luce, il quale funge da sorta di campo gravitazionale verso cui sono irresistibilmente attratti i pensieri del soggetto analizzato.

Il metodo delle «associazioni libere»

Questo metodo, pur avendo la capacità di "aggirare" più facilmente censure e rimozioni, presenta tuttavia, nella concretezza dell'analisi, notevoli difficoltà, che solo lo sforzo solidale del paziente e dello psicoterapeuta sono in grado di superare. In ogni caso, *tutto* deve essere messo *al servizio* della cura, compreso quel fenomeno tipico (di cui Freud è stato geniale teorizzatore) che è il *transfert* o traslazione, ossia il trasferimento, sulla persona del medico, di stati d'animo *ambivalenti* (di amore e di odio) provati dal paziente durante l'infanzia nei confronti delle figure genitoriali. In particolare, nel suo aspetto *positivo*, il transfert, implicando una sorta di attaccamento amoroso verso il medico — che si traduce in un desiderio di guadagnarne l'approvazione — può fungere da condizione preliminare per il successo dell'analisi. Come scrive Freud:

Il «transfert» e la situazione analitica

«Il paziente scorge nell'analista un ritorno — reincarnazione — di una persona importante della sua infanzia, del suo passato, e perciò trasferisce su di lui sentimenti e reazioni che sicuramente spettavano a questo modello. Il fatto della traslazione si rivela ben presto come un momento di inaspettata importanza, da un lato come mezzo ausiliario d'insostituibile valore, dall'altro come fonte di seri pericoli. Questa traslazione è *ambivalente*; essa comprende impostazioni positive e affettuose come anche negative e ostili nei riguardi dell'analista, il quale di solito viene messo al posto di uno dei genitori, il padre o la madre. Finché è positiva, la traslazione ci rende i migliori servigi. Essa modifica tutta la situazione analitica, lasciando in disparte l'intento razionale di guarire e liberarsi dalle sofferenze. In suo luogo subentra l'intenzione di piacere all'analista, di guadagnare la sua approvazione, il suo affetto. Essa diventa la vera molla della collaborazione del paziente; l'Io indebolito diventa forte, sotto l'influenza della traslazione riesce a far cose che altrimenti gli sarebbero impossibili, fa cessare i suoi sintomi, apparentemente diventa sano, ma solo per amore dell'analista...».

"Scoperto" quel nuovo continente scientifico che è l'inconscio, Freud si propose di decodificarne i messaggi tramite lo studio di quelle sue manifestazioni *privilegiate* che sono i sogni, gli atti mancati e i sintomi nevrotici. Per comprendere adeguatamente questi aspetti del pensiero freudiano occorre tuttavia aver presente la sua teoria generale della psiche.

3. La scomposizione psicoanalitica della personalità

Rifiutando la concezione intellettualistica dell'Io come unità *semplice* riportabile a quell'unico centro unificatore che è l'Io cosciente, Freud afferma che la psiche è un'unità *complessa* costituita da un certo numero di sistemi, dotati di funzioni diverse e disposti in un certo ordine gli uni rispetto agli altri, a guisa di metaforici «luoghi» psichici. La prima topica psicologica (studio dei *topoi* o luoghi della psiche) viene elaborata da Freud nel cap. VII dell'*Interpretazione dei sogni* e distingue, come si è visto, tre sistemi: il conscio (*Cs*), il preconscio (*Pcs*) e l'inconscio (*Ucs*). La seconda topica viene elaborata da Freud a partire dal 1920 e distingue tre «istanze»: l'*Es*, l'*Io* e il *Super-io*.

La psiche come unità complessa

Le due «topiche»

L'*Es*

L'*Es* (termine tedesco che indica il pronome neutro della terza persona singolare) è «il polo pulsionale della personalità» (Laplanche-Pontalis) ovvero la forza impersonale e caotica — Freud ne parla come di «un calderone di impulsi ribollenti» — che costituisce la matrice originaria della nostra psiche. Per queste sue caratteristiche, l'Es non conosce «né il bene, né il male, né la moralità» ma obbedisce unicamente «all'inesorabile principio del piacere». Esso esiste inoltre al di là delle forze spazio-temporali codificate da Kant (in quanto le pulsioni rimosse vivono in una sfera senza luogo e senza tempo) e ignora le leggi della logica, a cominciare dal principio di non-contraddizione (tant'è che in esso «impulsi contraddittori sussistono l'uno accanto all'altro, senza annullarsi a vicenda»).

Il *Super-io*

Il *Super-io* è ciò che comunemente si chiama coscienza morale, ovvero l'insieme delle proibizioni che sono state instillate all'uomo nei primi anni di vita e che poi lo accompagnano sempre, anche in forma inconsapevole: «Il Super-io è il successore e rappresentante dei genitori (ed educatori) che avevano vegliato sulle azioni dell'individuo durante il suo primo periodo di vita; quasi senza modificarle, esso perpetua le loro funzioni».

L'*Io*

L'*Io* è la parte organizzata della personalità, che si trova a dover fare i conti con le esigenze di quei tre «padroni severi» che sono l'Es, il Super-io e il mondo esterno. In altri termini, l'Io è l'istanza che si trova a dover "equilibrare", tramite opportuni "compromessi", pressioni disparate e per lo più in contrasto fra loro: «Spinto così dall'Es, stretto dal Super-io, respinto dalla realtà, l'Io lotta per venire a capo del suo compito economico di stabilire l'armonia tra le forze e gli impulsi che agiscono in lui e su di lui; e noi comprendiamo perché tanto spesso non ci è possibile reprimere l'esclamazione: la vita non è facile!».

Normalità e nevrosi

Si noti come il *tipo* di rapporto fra l'Io e i suoi "padroni" rappresenti un fondamentale criterio di discriminazione fra «normalità» e «nevrosi». Infatti, «nell'individuo normale l'Io riesce abbastanza bene a padroneggiare la situazione. E fornisce, agendo sulla realtà, parziali soddisfazioni all'Es, senza violare in forma clamorosa gli imperativi e le proibizioni che provengono dal Super-io. Ma se da un lato le esigenze dell'Es sono eccessive, o se il Super-io è troppo debole, o invece troppo rigoroso e poco duttile, allora queste soluzioni pacifiche non sono più possibili. Può in tal caso accadere che l'Es abbia il sopravvento e travolga un Super-io troppo debole, e l'Io è condotto allora e comportamenti asociali o proibiti: il soggetto diventa un delinquente, oppure qualche volta un perverso. Oppure può accadere che il Super-io troppo rigido provochi la rimozione, o altri processi di difesa; le istanze dell'Es divenute inconsce si manifestano allora con sintomi nevrotici [...]» (C. Musatti).

La struttura *conflittuale* della psiche

La seconda topica freudiana, che risulta particolarmente adatta a dar ragione della fisionomia composita e *conflittuale* della psiche, obbedisce ad esigenze e finalità diverse da quelle della prima. Di conseguenza, bisogna evitare di confonderle tra loro, oppure di farne corrispondere artificiosamente i termini. Infatti, se l'Es si identifica con l'inconscio, l'Io e il Super-io non coincidono totalmente con il sistema conscio-preconscio, ma partecipano anch'essi, per certi aspetti, del sistema inconscio.

4. I SOGNI, GLI ATTI MANCATI E I SINTOMI NEVROTICI

I sogni come appagamento *camuffato* di un desiderio *rimosso*

In quell'opera fondamentale che è l'*Interpretazione dei sogni* — la quale è stata per la psicologia un contributo tanto rivoluzionario quanto era stata per la biologia, mezzo secolo prima, *L'origine della specie* di Darwin — Freud vede nei fenomeni onirici «la via regia che porta alla conoscenza dell'inconscio nella vita psichica». Egli ritiene infatti che i sogni siano «l'appagamento (camuffato) di un desiderio (rimosso)». Per motivare questa tesi Freud distingue, all'interno dei sogni, un *contenuto manifesto* (la scena onirica, così come viene vissuta dal soggetto) e un *contenuto latente* (l'insieme delle tendenze che danno luogo alla scena onirica). Ma perché questa distinzione? Perché, se i sogni richiamano dei desideri, non lo fanno in forma diretta? A questa prevedibile domanda Freud risponde dicendo che si tratta di desideri inaccettabili dal soggetto, che cadono quindi sotto l'azione della *censura*. In altri termini, il contenuto *manifesto* dei sogni è nient'altro che la forma elaborata e *travestita* — sotto effetto della censura — in cui si presentano i desideri *latenti*. Ma se ogni sogno è la realizzazione di un desiderio (che si cela anche nelle pieghe degli aspetti negativi e spiacevoli della scena onirica), l'*interpretazione* psicoanalitica dei sogni consiste nel ripercorrere *a ritroso* il processo di traslazione del contenuto latente in quello manifesto, al fine di cogliere i messaggi segreti dell'*Es*.

La psicopatologia della vita quotidiana

Nella *Psicopatologia della vita quotidiana* Freud prende in esame quei contrattempi della vita di tutti i giorni (lapsus, errori, dimenticanze, incidenti banali, ecc.) che prima di lui si era soliti attribuire al «caso». Applicando ancora una volta il principio del determinismo psichico — secondo cui, nella nostra mente, nulla avviene in modo fortuito, ma ogni evento è il prodotto necessario di determinate cause — Freud scopre invece come *anche* tali microfenomeni abbiano un ben preciso *significato*. In particolare, egli scorge in essi un'ennesima manifestazione camuffata dell'inconscio, ovvero, in concreto, una sorta di *compromesso* fra l'intenzione *cosciente* del soggetto e determinati pensieri *inconsci* che si agitano nella sua psiche. Questo schema risulta facilmente applicabile ai casi di *lapsus linguae* (come quello del giovane che afferma di aver apprezzato la «spogliatezza», in luogo della «spigliatezza», di un'attrice; oppure come quello di una bambina che, invitata a scegliere fra cioccolata e giocattoli, risponde « cioccolattoli», ecc.). Tuttavia, secondo la psicoanalisi, esso vale per qualsiasi incidente (ad esempio, per Freud, noi tendiamo a dimenticare determinati nomi, o a smarrire determinati oggetti, per il fatto che ad essi sono associati sentimenti *spiacevoli*).

Struttura dei sintomi

Per quanto concerne i sintomi nevrotici, Freud fa un discorso analogo, sostenendo che il sintomo, come il sogno manifesto, rappresenta il punto di incontro fra una o più tendenze rimosse e quelle forze della personalità che si oppongono all'ingresso di tali credenze nel sistema conscio. E poiché Freud scoprì ben presto che gli impulsi rimossi che stanno alla base dei sintomi psiconevrotici sono *sempre* di natura *sessuale*, egli fu portato a porre la sessualità al centro della propria attenzione.

5. La teoria della sessualità e il complesso edipico

La concezione pre-freudiana della sessualità

La teoria della sessualità costituisce l'aspetto storicamente e culturalmente più "dirompente" della psicoanalisi e quello che ha generato, nei suoi confronti, le maggiori opposizioni. Prima di Freud la sessualità era sostanzialmente identificata con la *genitalità*, ossia con il congiungimento con un individuo di sesso opposto, ai fini della procreazione. Di conseguenza, secondo questo schema, come osserva lo stesso Freud, la sessualità «dovrebbe mancare nell'infanzia, subentrare intorno all'epoca della pubertà e in connessione con il suo processo di maturazione, esprimersi in fenomeni di attrazione irresistibile esercitata da un sesso sull'altro; la sua meta dovrebbe essere l'unione sessuale». Ora, se tutto ciò fosse vero, resterebbero *inspiegate* tutte le tendenze psicosessuali differenti dal coito. Ad esempio resterebbero inspiegate la *sessualità infantile* (v. oltre), la *sublimazione* (cioè il trasferimento di una carica originariamente sessuale sopra oggetti non-sessuali, come il lavoro, l'arte, la scienza, ecc.) e le *perversioni* (termine che in Freud non presenta connotazioni valutative, ma semplicemente descrittive, in quanto egli intende, con esse, un'attività sessuale che «ha rinunciato al fine riproduttivo e persegue il conseguimento del piacere come fine indipendente»). Di conseguenza, Freud fu condotto ad *ampliare* il concetto di sessualità, sino a vedervi un'*energia* suscettibile di dirigersi verso le mete più diverse e in grado di investire gli oggetti più disparati. Energia che Freud denominò *libido* e che pensò alla stregua di un flusso migratorio localizzato di volta in volta, in corrispondenza dello sviluppo fisico, su alcune parti del corpo, dette «zone erogene» (ovvero generatrici di piacere erotico).

L'ampliamento del concetto di sessualità. La *libido*

La sessualità infantile e i suoi momenti di sviluppo

Parallelamente a questa rifondazione del concetto di sessualità, Freud elaborò un'originale dottrina della sessualità *infantile*. Infatti, demolendo il pregiudizio secondo cui la sessualità apparterrebbe solo all'età adulta e respingendo la mistificante immagine del bambino come sorta di «angioletto asessuato» (frutto di un processo di rimozione), Freud giunse a definire il piccolo uomo come «un essere perverso polimorfo», ossia come un individuo capace di perseguire il piacere indipendentemente da scopi riproduttivi (donde la «perversione») e mediante i più svariati organi corporei (donde il «polimorfismo»). In particolare, Freud sostiene che lo sviluppo psicosessuale del soggetto avviene attraverso tre fasi, ognuna delle quali appare caratterizzata da una specifica zona erogena: fase *orale*, *anale* e *genitale*.

La fase *orale*

1) La fase orale, che caratterizza i primi mesi di vita e che dura sino ad un anno e mezzo circa, ha come zona erogena la bocca e risulta connessa a quella che, in questo periodo, costituisce la principale attività del bambino: il poppare. **2)** La fase anale, che va da un anno e mezzo circa a tre anni, ha come zona erogena l'ano ed è collegata alle funzioni escrementizie, che per il bambino sono oggetto di particolare interesse e piacere (tant'è che, preso in braccio e accarezzato, egli tende a rispondere con un libero sfogo delle funzioni corporali). **3)** La fase genitale, che inizia alla fine del terzo anno, ha come fattore erogeno la zona genitale. Essa si articola in due sottofasi: quella fallica e quella genitale in senso stretto. La fase *fallica* è così chiamata: *a*) perché la scoperta del pene costituisce oggetto di attrazione sia

La fase *anale*

La fase *genitale*

per il bambino sia per la bambina, che soffrono entrambi di un «complesso di castrazione» (il primo perché vive sotto la minaccia di una possibile evirazione, la seconda perché si sente di fatto evirata e prova «l'invidia del pene»); *b*) perché l'organo di eccitamento sessuale è il pene o quel suo equivalente femminile che è la clitoride. La fase *genitale in senso stretto*, che segue a quella fallica dopo un periodo di latenza (che va dal declino della sessualità infantile — quarto o sesto anno — sino all'inizio della pubertà) è caratterizzata dall'organizzazione delle pulsioni sessuali sotto il primato delle zone genitali.

La struttura del complesso edipico

Connessa alla sessualità infantile è anche una delle più note dottrine freudiane: quella relativa al cosiddetto complesso di Edipo. In generale, il complesso edipico — che prende il nome dalla mitica vicenda del personaggio greco, destinato dal Fato ad uccidere il padre e a sposare la madre — consiste in «un attaccamento "libidico" verso il genitore di sesso opposto e in un atteggiamento ambivalente (con componenti positive di affettuosità e tendenza alla identificazione, e componenti negative di ostilità e di gelosia) verso il genitore di egual sesso» (C. Musatti). Tale complesso si sviluppa fra i tre e i cinque anni, ossia durante la fase fallica, e, a seconda della sua risoluzione o meno, determina la futura strutturazione della personalità. Ecco come ne parla caratteristicamente Freud in *Introduzione alla psicoanalisi*:

L'attaccamento madre-figlio e padre-figlia

«Si vede facilmente che il maschietto vuole avere la madre soltanto per sé, avverte come incomoda la presenza del padre, si adira se questi si permette segni di tenerezza verso la madre e manifesta la sua contentezza quando il padre parte per un viaggio o è assente. Spesso dà diretta espressione verbale ai suoi sentimenti, promette alla madre che la sposerà. Si penserà che ciò è poca cosa in confronto alle imprese di Edipo, ma di fatto è abbastanza, in germe è la stessa cosa [...]. Quando il piccolo mostra la più scoperta curiosità sessuale per la madre, quando pretende di dormirle accanto la notte, insiste per essere presente alla sua toeletta o intraprende addirittura tentativi di seduzione — come spesso la madre può constatare e riferire ridendo — la natura erotica del legame con la madre è garantita contro ogni dubbio [...]. Quanto alla femmina, esso [il complesso edipico] si configura in modo del tutto analogo, con le necessarie varianti. L'attaccamento affettuoso al padre, la necessità di eliminare la madre come superflua e di occuparne il posto, e una civetteria che mette già in opera i mezzi della futura femminilità, contribuiscono a dare della bambinetta un quadro incantevole, che ci fa dimenticare il lato serio e le possibili gravi conseguenze che giacciono dietro questa situazione infantile. Non trascuriamo di aggiungere che spesso gli stessi genitori esercitano un'influenza decisiva sul risveglio dell'atteggiamento edipico del bambino, abbandonandosi anch'essi all'attrazione sessuale e, nel caso che vi sia più di un figlio, anteponendo nel modo più evidente nel proprio affetto il padre la figlioletta e la madre il figlio [...]» (lez. XXI).

6. La religione e la civiltà

La religione come appagamento di desideri *infantili*

Nell'ultimo periodo della sua vita Freud si è anche espresso originalmente su temi più generali quali la religione e la civiltà (v. *Totem e tabù, L'avvenire di un'illusione, Il disagio della civiltà, Mosè e il monoteismo*). Per quanto riguarda le «rappresentazioni religiose», Freud ritiene che esse non siano «precipitati dell'esperienza o risultati finali del pensiero», ma «illusioni, appagamenti dei desideri più antichi, più forti, più pressanti dell'umanità; il segreto della loro forza è la forza di questi desideri» (*L'avvenire di un'illusione*). E tali desideri sarebbero quelli tipicamente infantili di sentirsi protetti contro i pericoli della vita. A sua volta, la figura di Dio, Padre ultraterreno amato e temuto, sarebbe nient'altro che la proiezione dei rapporti psichici ambivalenti con il padre terreno.

Il «costo» della civiltà

Per quanto riguarda la civiltà, Freud afferma che essa implica un «costo» in termini libidici e di felicità, poiché è costretta a porre un argine ad un numero rilevante di desideri e di pulsioni, e a «deviare» l'energia libidica e la ricerca del piacere in prestazioni sociali e lavorative. Inoltre la società, proseguendo l'opera paterna, dà origine a un Super-io sociale, incarnato in una serie di norme e di divieti: «Il Super-io della civiltà, come quello individuale, affaccia severe esigenze ideali, il mancato conformarsi alle quali viene punito con l'angoscia morale» (*Il disagio della civiltà*). Questo non significa che Freud sia *contro* la civiltà o che vagheggi un'umanità felice e buona da recuperarsi *oltre* le imposizioni sociali. Infatti l'antropologia dell'ultimo Freud, che presenta numerosi punti di contatto con Schopenhauer, vuol essere decisamente «realistica» e «pessimistica». Contro coloro i quali pensano che l'uomo possa, in qualche circostanza, essere davvero «felice», Freud ribatte che la sofferenza è componente *strutturale* della vita, poiché siamo costretti a patire nel corpo e nella psiche, a decadere e a morire. E contro coloro che ritengono che l'uomo sia «una creatura gentile che vuol essere amata, e che al massimo può difendere se stessa se viene attaccata», ribatte che egli «è al contrario una creatura tra le cui doti istintive è da annoverare un forte quoziente di aggressività». Di conseguenza, la civiltà è un *male minore* di quello che sarebbe un'umanità-senza-società, che potesse dar sfogo a tutti i suoi desideri. Infatti, in una situazione del genere, non solo l'uomo non sarebbe felice, ma diventerebbe ancor più pericoloso per il prossimo. Questo non significa che Freud, come pure è stato detto, si faccia apologeta del «disagio» della civiltà. Fra i modelli estremi di una società repressiva e una società senza regole e sacrifici (destinata ad auto-annullarsi in quanto società), Freud, cui peraltro non sfuggivano i grandi vantaggi della civiltà, è favorevole ad una società che pur non escludendo regole e sacrifici cerchi, nel limite del *possibile*, di ridurre gli spazi di repressione e di sofferenza, facendo in modo che l'inevitabile e ineliminabile prezzo da pagare alla società risulti meno oneroso.

Il realismo pessimistico di Freud

La civiltà come male minore

Questo discorso si colloca nell'ambito di un ripensamento, da parte di Freud, della sua teoria psicologica generale. In questi ultimi scritti Freud ha diviso le pulsioni in due specie, quelle che tendono a conservare e unire, e sono quindi *erotiche* (nel senso dell'*Eros* del *Simposio* platonico) o genericamente sessuali; e quelle che invece tendono a distruggere e a uccidere, comprese nella denominazione di pulsioni aggressive o distruttive. Nella lotta tra *Eros* e *Thanatos* Freud ha visto condensata l'intera storia del genere umano. Pertanto, quando Einstein, di fronte alla violenza scatenata dal nazifascismo e all'incombente pericolo di una guerra mondiale, ha chiesto a Freud se ci sia una possibilità di dirigere l'evoluzione psichica degli uomini in modo che essi diventino capaci di resistere alla psicosi della distruzione e dell'odio, Freud ha risposto che non c'è speranza di sopprimere totalmente la tendenza aggressiva, ma si può solo cercare di dominarla al punto che non trovi espressione nella guerra.

Eros* e *Thanatos

7. Sviluppi della psicoanalisi

7.1. Gli scissionisti

Parallelamente al suo costituirsi teorico, la psicoanalisi si è organizzata sul piano istituzionale, difendendosi da un lato da dottrine non "ortodosse" e dall'altro da ciò che Freud stesso ha definito «psicanalisi selvaggia», ossia dalle forme dilettantistiche di analisi. Ciò ha stimolato il sorgere di istituti nazionali coordinati, aventi come scopo principale la formazione teorica e clinica degli psicanalisti e la nascita, nel 1910, della Società psicanalitica internazionale, nonché della importante rivista del movimento: la «Internationale Zeitschrift für Psychoanalyse». Nel frattempo, all'interno del movimento, si sono avuti anche i primi gruppi dissidenti, che dopo l'iniziale adesione al freudismo hanno dato luogo a scuole psicoanalitiche autonome e alternative rispetto a quella creata dal maestro.

L'organizzazione istituzionale della psicoanalisi e i dissidenti

a) *Adler*

Il primo dissidente è stato lo psicanalista Alfred Adler (1870-1937), di cui ricordiamo *Il temperamento nervoso* (1912), *Conoscenza dell'uomo* (1917), *Prassi e teoria della psicologia individuale* (1920). Rifiutando la concezione freudiana, per lui troppo sessualistica, della vita psichica, Adler sostiene che la *libido* sessuale è solo una parte di quel più vasto fenomeno esistenziale che egli definisce, con Nietzsche, «volontà di potenza», ossia la tendenza alla propria auto-affermazione, che si concretizza in uno «stile di vita». La nevrosi, secondo Adler, si colloca in questo contesto, e va ricercata in un sentimento di insicurezza o inferiorità, dovuto spesso a deficienze organiche. Tale «complesso d'inferiorità» spinge l'individuo a impiegare tutti i mezzi per camuffare e compensare i propri svantaggi iniziali. Talvolta tale compensazione "riesce" e si traduce persino in successo. Ad esempio, il balbuziente Demostene divenne un grande oratore, il piccolo Napoleone un grande condottiero, lo zoppo Byron un formidabile nuotatore. Nel tentativo di superare i sentimenti di inferiorità l'individuo può invece ritirarsi nella malattia: «Lontano dalla realtà, il nevrotico conduce la propria vita nell'immaginazione e nella stravaganza, servendosi di una serie di astuzie che gli permettono di evitare i problemi reali della vita e di orientare le sue aspirazioni verso una situazione ideale, liberandolo da ogni rendimento sociale e da ogni responsabilità» (*La psicologia individuale*).

La «volontà di potenza»

Il complesso d'inferiorità

Adler, che insiste sulla rilevanza dei fattori sociali e culturali nella struttura della vita psichica, tende a scorgere nell'*educazione*, più che nell'ereditarietà, la causa principale dei problemi della personalità. Ad esempio il bambino troppo vezzeggiato è un tipico caso di soggetto psichicamente fragile e antisociale, poiché in lui vengono meno il senso della cooperazione e del rispetto degli altri. Poiché il futuro «stile di vita» dell'adulto si gioca soprattutto nei primi cinque anni di vita, un autoritarismo esagerato o una condiscendenza estrema possono fabbricare dei nevrotici ribelli ed egoisti che elaborano delle «strategie» esistenziali inevitabilmente a-sociali. Di conseguenza, secondo Adler, psicologia e pedagogia debbono far fronte comune, per impedire che il bimbo mal allevato di oggi si trasformi nel nevrotico di domani, e per far sì che l'uomo in generale, anziché «imbozzolirsi» nei suoi disturbi psichici, si apra agli altri e alla dimensione comunitaria.

Importanza dell'educazione

b) *Jung*

Il più celebre fra gli allievi di Freud, ma anche il più lontano da lui, è lo psicanalista svizzero Carl Gustav Jung (1875-1961), di cui ricordiamo (fra le molte opere): *Trasformazioni e simboli della libido* (1912), *Tipi psicologici* (1921), *Le relazioni fra l'io e l'inconscio* (1928), *Sugli archetipi dell'inconscio collettivo* (1934), *Psicologia e religione* (1940), *Simbolica dello spirito* (1948). Il principale dissenso fra Jung e Freud nasce relativamente all'interpretazione della sessualità. Rifiutando il pansessualismo del maestro, Jung interpreta la *libido* come l'equivalente dell'energia psichica e vitale, ossia come una "spinta" (egli stesso la paragona all'*élan vital* di Bergson) che non si limita al solo ambito sessuale: «La *libido* deve essere il nome dell'energia che si manifesta nel processo della vita e che viene percepita soggettivamente come aspirazione e desiderio», «perciò è più prudente, parlando della *libido*, intendere con questo termine un valore energetico suscettibile di comunicarsi a una sfera qualsiasi di attività — potenza, fame, odio, sessualità, religione ecc. — senza che sia un impulso specifico».

Il concetto junghiano di «libido»

All'interno del ripensamento junghiano della psicoanalisi si evidenzia soprattutto il concetto di «inconscio collettivo» (che è la nozione più celebre del suo sistema). Mentre Freud parlava quasi esclusivamente di un inconscio *personale*, identificantesi per lo più con il rimorso infantile, Jung, riunendo ontogenesi e filogenesi, il processo psichico individuale e quello della specie, ritiene che, al di là dell'inconscio personale, esista un inconscio collettivo, che riunisce quelle immagini primordiali e meta-individuali della psiche che sono il frutto della ripetizione di situazioni identiche: «L'inconscio collettivo è la poderosa massa ereditaria spirituale dello sviluppo dell'umanità, che rinasce in ogni struttura cerebrale individuale». Jung chiama le immagini primordiali dell'inconscio collettivo «archetipi», ossia forme pure e universali, strutture ereditarie uguali per tutti, che vengono riempite da ogni cultura e da ogni individuo: «L'inconscio contiene la sorgente delle forze motrici spirituali e le forme o categorie che le regolano, cioè gli archetipi». La presenza di tali archetipi spiega, secondo Jung, un fatto di per sé singolare: ossia l'esistenza, su tutta la Terra, e in forme identiche, di determinati elementi e motivi leggendari. Tant'è vero che una parte cospicua dell'attività di Jung consisterà proprio nell'analisi dell'immenso materiale di miti, leggende e figure presenti nelle culture più disparate, indipendentemente dalla geografia e dalla storia. Al di sotto di

L'inconscio «collettivo»

Gli «archetipi»

essi, Jung scopre infatti archetipi come la nascita, la morte, il padre, la madre, l'amore, Dio, la pace, la guerra, ecc.

Un'altra importante tematica di Jung, anch'essa molto nota, è la descrizione dei «tipi psicologici» e la distinzione fra il tipo «estroverso» e «introverso». L'estroverso, a livello conscio, tende a privilegiare il mondo esteriore rispetto a quello interiore, sviluppando un atteggiamento di sostanziale accettazione di esso. Viceversa, a livello inconscio, l'estroverso si concentra sull'io, mediante un atteggiamento di «compensazione» necessario all'equilibrio psichico. L'introverso, a livello conscio, tende invece a ripiegarsi su di sé e a sviluppare un atteggiamento più critico verso l'esistente. Viceversa, a livello inconscio, mediante il solito processo di compensazione, egli appare più concentrato sulla realtà esterna. Ovviamente, precisa Jung, ogni individuo possiede entrambi i meccanismi e soltanto la *predominanza* relativa dell'uno e dell'altro determina ciò che definiamo personalità estroversa o introversa.

I «tipi psicologici»: l'estroverso e l'introverso

Un altro punto focale della «psicologia analitica» di Jung (così definì egli stesso il suo sistema psicoanalitico) è la nozione di «complesso», anch'essa molto nota al grande pubblico. Per complesso Jung intende quei gruppi di contenuti psichici, per lo più emozionali, che, pur essendo prevalentemente inconsci, disturbano la condotta e la vita cosciente dell'individuo, condizionando negativamente la sua personalità.

La nozione di «complesso»

c) *Rank: il trauma della nascita*

Il concetto fondamentale del pensiero di Otto Rank (1884-1939) è il cosiddetto «trauma della nascita». Studiando i fenomeni d'angoscia, egli scopre che molti «attacchi» di questo male sono accompagnati da sintomi fisiologici analoghi a quelli osservabili durante il parto. Questa osservazione lo conduce a reinterpretare il fenomeno delle nevrosi, viste come dolorose esperienze di «separazione», riconducibili a quella separazione *originaria* che è la nascita. Infatti qualunque genere di separazione, come lo svezzamento (separazione dal seno materno), la castrazione (separazione dal proprio pene), la fine di un amore, la perdita di una persona cara, ecc., non fa che «riattivare» il trauma iniziale, che funge appunto da prototipo di tutte le possibili situazioni umane di «pericolo».

La nevrosi come «riattivazione» del trauma iniziale della nascita

Il trauma della nascita spiega anche quella «paura della vita» che è propria del nevrotico, il quale soffre terribilmente dello scontro con la realtà e tende a chiudersi in se medesimo, impotente ad affermare la propria personalità, come fa invece l'individuo creativo. Di conseguenza, come terapia anti-nevrotica, Rank finì per adottare quella che egli chiamò «terapia della volontà», tesa ad aiutare il paziente a vincere il trauma della separazione e l'ossessione del «pericolo».

d) *Reich: il profeta della rivoluzione sessuale*

L'opera di Wilhelm Reich (1897-1957) è importante perché rappresenta il primo tentativo sistematico di collegare la psicoanalisi alla critica socio-politica del capitalismo. Di conseguenza, egli si configura come il primo esponente di quella «sinistra freudiana», che ai nostri giorni ha trovato in Marcuse uno dei più noti esponenti. Figura geniale, vulcanica e inquieta, Reich, dopo aver proseguito l'ideale di un riuscito connubio tra Freud e Marx, fu duramente attaccato dal maestro, espulso da tutte le associazioni psicoanalitiche e messo al bando sia dalla socialdemocrazia austriaca che dal partito comunista tedesco (che giudicò borghesi-decadenti, nonché «contro-rivoluzionarie», le sue teorie). Fra le sue opere ricordiamo: *La funzione dell'orgasmo*, 1927; *Analisi del carattere*, 1933; *Psicologia di massa del fascismo*, 1933; *La rivoluzione sessuale*, 1936.

La «sinistra freudiana»

Reich è d'accordo con Freud nel sottolineare la grande importanza della sessualità nella vita umana e nel ritenere che le nevrosi nascano da una «repressione» di tipo sessuale. Tuttavia, a differenza di Freud, ritiene che le loro radici vadano ricercate nelle strutture sociali. Non è la civiltà in quanto tale a richiedere dei sacrifici in termini di piacere, bensì *quel* tipo di società autoritaria e di classe che tutti conosciamo, che ha prodotto una morale sessuofobica e inibente il libero e creativo sviluppo dell'*eros*. Di conseguenza, la rivoluzione sessuale presuppone, come sua condizione, la rivoluzione sociale preconizzata da Marx.

Repressione sessuale e società autoritaria

Sostenitore entusiasta della rivoluzione russa, fu deluso da essa per il trionfo di una nuova morale e di un castigato puritanesimo, forse ancor più repressivo di quello tradizionale. In *Psicologia di massa del fascismo* Reich ha ricondotto alla repressione sessuale della famiglia patriarcale e di quella piccolo-borghese l'origine psichica della mentalità fascista. Infatti l'individuo allevato in essa risulterebbe sessualmente represso e insicuro, nonché inconsciamente dominato dalla figura del padre, per cui sarebbe tendenzialmente portato ad identificarsi con un Capo. Negli ultimi anni, Reich è andato accentuando sempre di più la sua filosofia dell'orgasmo, sino a tratteggiare una sorta di metafisica romantica del sesso, basata sull'idea dell'amplesso universale e sulla infinitizzazione della *libido*, da lui concepita come una sostanza cosmica (il cosiddetto Orgone) che tutto pervade (la materia stessa, per Reich, sarebbe stata creata dall'amplesso sessuale di due raggi d'energia orgonica).

Psicologia del fascismo

La filosofia dell'orgasmo universale

Esaltato da una parte come una specie di Marx della liberazione sessuale e denigrato dall'altra come un maniaco pansessualista, è indubbio che Reich è uno degli intellettuali che ha messo in moto un sistema di idee che ha finito per pesare parecchio, anche tramite gli autori successivi che a lui si sono rifatti, sulla cultura e sul costume stesso del mondo contemporaneo. Infatti la cosiddetta «rivoluzione sessuale» trova in lui il suo profeta e il suo primo rilevante teorico.

7.2. Scuole freudiane, neo-freudiane e dibattito attuale sulla psicoanalisi

La psicoanalisi inglese

Con il trionfo del nazismo, il centro del movimento psicoanalitico si è spostato dall'Austria, dall'Ungheria e dalla Germania alla Gran Bretagna e agli Stati Uniti. In Inghilterra Anna Freud ha posto termine al suo lavoro sui meccanismi di difesa dell'io. Sempre in Gran Bretagna sono fiorite le due scuole di Melanie Klein (1882-1960) e di Donald Fairbain.

La psicoanalisi statunitense e le scuole neo-freudiane

Fromm

Negli Stati Uniti la psicoanalisi ha avuto grande successo e ha trovato una quantità di seguaci "ortodossi". Su posizioni originali si trovano invece le cosiddette scuole psicoanalitiche neo-freudiane, che sono caratterizzate da indipendenza critica nei confronti di Freud (da ciò il loro carattere «revisionistico») nonché da una serie di capisaldi comuni. In primo luogo esse rifiutano la dottrina della *libido* come entità o energia sottostante tutti i fenomeni psichici, ritenendola un'ipotesi non solo inverificabile ma anche superflua. In secondo luogo esse rifiutano di "ridurre" la personalità al gioco istintuale nel quale l'io è tenuto permanentemente "in scacco" dallo strapotere dell'Es. In terzo luogo negano l'importanza primaria della sessualità e la portata universale e decisiva del complesso edipico. In quarto luogo, e questa è forse la caratteristica teoricamente più rilevante di tutte queste scuole, esse danno una grande importanza ai fattori ambientali, sociali e culturali. Fra gli esponenti principali del neo-freudismo americano troviamo Harry Stack Sullivan, Karen Horney e soprattutto Erich Fromm (1900-1980). Uno dei libri più significativi di quest'ultimo è *Avere o essere?* (1976).

La problematica di *Avere o essere?*

In quest'opera Fromm mette sul conto della categoria dell'avere (che nel campo economico è quella della proprietà privata) le repressioni come le ossessioni e i pervertimenti sessuali, il dispotismo del potere politico, il risentimento e l'invidia che sono alla base dei conflitti sociali. La modalità dell'essere ha invece come requisiti l'indipendenza, la libertà e la presenza della ragione critica. Essa si manifesta nel lavoro produttivo, che non è necessariamente quello dell'artista e dello scienziato, ma è caratterizzato dalla soddisfazione che gli è immanente, dalla gioia di una partecipazione attiva e responsabile ad un piano la cui utilità è evidente per tutti. La modalità dell'essere è anche essenzialmente religiosa perché ha la sua base in una visione generale del mondo, ma esclude dogmi e istituzioni. E, a questo proposito, Fromm vede gli annunci profetici di essa nel buddismo e nel Vecchio Testamento, negli Evangeli e in Marx, in Spinoza e in Freud, nei mistici medioevali e nel dottor Schweitzer. Fromm ha poca fiducia nei tentativi e nei progetti che sono stati fatti finora per rinnovare la società: il comunismo sovietico e il socialismo riformistico dell'Occidente sono coinvolti da lui nella stessa condanna, che tuttavia non si estende all'opera originaria di Marx e specialmente all'umanesimo degli scritti giovanili di lui. Fromm è anche contrario a quell'ugualitarismo indiscriminato, che è stato di moda e che egli identifica con il «comunismo rozzo» che fu già condannato da Marx. La società nuova dovrebbe, secondo Fromm, rafforzare il pluralismo delle iniziative e, nello stesso tempo, tendere alla pianificazione, favorire la crescita ordinata e selettiva della produzione e lo sviluppo scientifico, creare condizioni di lavoro soddisfacenti e dare agli individui la sicurezza senza menomarne l'indipendenza. Queste trasformazioni equivarrebbero a un nuovo tipo di sistema economico «diverso — egli dice — sia dal capitalismo moderno, sia dal capitalismo di stato centralizzato di marca sovietica come pure dalla burocrazia assistenziale totale di stampo svedese». Fromm è contrario al totalitarismo e alla burocrazia e vorrebbe invece la creazione di un «Supremo Consiglio Culturale», costituito dai rappresentanti dell'élite intellettuale e artistica di ogni paese, che avesse il compito di consigliare il governo, gli uomini politici e i cittadini su tutte le questioni che richiedono conoscenze precise. E alla base di ogni mutamento ci dovrebbe essere la vittoria sull'egoismo, la preoccupazione nei confronti dei propri simili e anche soprattutto delle generazioni future. Negli ultimi tempi, Fromm si è sentito il profeta di questa nuova *Città dell'Essere* in cui hanno trovato sbocco le esigenze umanistiche della sua filosofia.

La psicoanalisi in Europa

In questi ultimi decenni la psicoanalisi, in particolare quella freudiana, ha visto crescere ulteriormente le sue fortune e ha trovato grande diffusione anche in Europa. Uno dei suoi più illustri rappresentanti è il francese Lacan. In Italia, superate le avverse condizioni politico-culturali (fascismo, neoidealismo, diffidenza della chiesa cattolica e dei marxisti ortodossi), la psicoanalisi ha trovato uno dei suoi più infaticabili promotori e rappresentanti in Cesare Musatti (1897-1989). Ciò nonostante, la psicoanalisi ha subito e continua a subire dei pesanti attacchi, volti a mettere in discussione non solo questa o quella teoria di Freud, ma la sua stessa pretesa alla *scientificità*. È questo certamente uno dei maggiori nodi e paradossi del nostro tempo: l'esistenza di un movimento di pensiero che ha influito come pochi sulla psicologia e sulla cultura del Novecento, ma su cui ferve un annoso dibattito sulla sua validità teorica e terapeutica.

Le discussioni sulla scientificità o meno della psicoanalisi

A conclusione di questo capitolo, proponiamo alla lettura un brano che è esemplare del metodo per *indizi* seguito da Freud, secondo cui dietro un *atto mancato* (ad esempio la dimenticanza di una parola) c'è un processo che l'autore chiama «rimozione», attraverso cui il soggetto ricaccia nell'inconscio (dimentica) rappresentazioni, pensieri, immagini legati a qualche dispiacere o a qualcosa di indesiderato. Il dialogo del "paziente" con l'analista tende a far affiorare alla coscienza (e alla memoria) proprio questa materia rimossa e le condizioni che l'hanno provocata.

UN CASO DI LAPSUS

TESTO 1

«*Exoriare...*», o per meglio dire voleva chiudere così, poiché non riuscì a ricostruire la citazione e cercò di coprire mediante trasposizione di parole una evidente lacuna della sua memoria: «*Exoriar(e) ex nostris ossibus ultor*». Infine disse seccato: «La prego, non mi guardi con quella espressione ironica, come se il mio imbarazzo la divertisse, e mi aiuti piuttosto. In quel verso manca qualcosa. Com'è dunque il verso completo?»

«Volentieri», risposi, e citai correttamente: «*Exoriar(e)* ALIQUIS *nostris ex ossibus ultor*».

«Ma che stupidaggine, dimenticare una parola così. Del resto pare che secondo Lei non si dimentichi nulla senza motivo. Sarei proprio curioso di sapere come mai io abbia potuto dimenticare questo pronome indefinito *aliquis*».

Accettai prontamente la sfida, sperando in un contributo alla mia collezione. Dissi dunque:

— Lo potremo sapere senz'altro. La devo soltanto pregare di comunicarmi *sinceramente* e non *criticamente* tutto quanto le viene in mente fissando la Sua attenzione sulla parola dimenticata, ma senza una determinata intenzione.

— Va bene, ecco che mi viene in mente una cosa ridicola, dividere la parola in due pezzi, così: *a* e *liquis*.

— Che intende dire con questo?

— Non saprei.

— Che altro le viene in mente?

— Ecco, la continuazione è questa: *reliquie, liquidazione, fluidità, fluido*. Lei forse ha già capito?

— No, tutt'altro. Ma continui.

— Io penso — proseguì ridendo sarcasticamente — a *Simonino da Trento*, del quale ho visto le reliquie in una chiesa di Trento circa due anni fa. Penso all'accusa sanguinosa che proprio adesso di nuovo si sta elevando contro gli ebrei, e allo scritto di *Kleinpaul* che in tutte quelle presunte vittime ravvisa incarnazioni o nuove edizioni, per così dire, del Redentore.

— Questo che le viene in mente non è del tutto senza connessione con l'argomento sul quale c'intrattenevamo prima che Lei dimenticasse la parola latina.

— Esatto. Penso inoltre a un articolo di un giornale italiano che ho letto recentemente. Mi pare che il titolo fosse: «Quel che sant'*Agostino* dice alle donne». E di questo cosa se ne fa?

— Aspetto.

— E adesso viene qualcosa che certamente non ha connessione alcuna col nostro argomento.

— Favorisca astenersi da qualsiasi critica e...

— Lo so; lo so. Mi ricordo di un magnifico vecchio signore che ho incontrato in viaggio la settimana scorsa. Un *vero originale*. Aveva l'aspetto di un grande uccello rapace. Il suo nome, se le interessa, è *Benedetto*.

— Perlomeno abbiamo una serie di santi e Padri della Chiesa: san Simonino, sant'Agostino, san Benedetto. Un Padre della Chiesa si chiamava, credo, *Origene*. Tre di questi nomi del resto sono anche nomi di persona, come *Paolo* nel cognome *Kleinpaul*.

— Adesso mi viene in mente san *Gennaro* e il miracolo del suo sangue; mi pare che così si continui meccanicamente.

— Lasci stare; san *Gennaro* e sant'*Agostino* hanno entrambi a che fare col calendario [gennaio e agosto]. Non vuole ricordarmi il miracolo del sangue?

— Ma Lei lo conoscerà certamente! In una chiesa di Napoli si conserva in una fiala il sangue di san Gennaro, che in una determinata festività per un miracolo ridiventa *liquido*. Il popolo attribuisce valore enorme a questo miracolo e si eccita molto se tarda a verificarsi, come accadde una volta durante un'occupazione francese. Il generale occupante (o mi sbaglio? che fosse Garibaldi?) prese da parte il reverendo e, mostrandogli con gesto molto significativo i soldati allineati sulla piazza, gli fece intendere che sperava che il miracolo si sarebbe compiuto molto presto. E infatti si compì...

— Ebbene? Avanti, perché si ferma?

— Adesso per la verità mi è venuta in mente una cosa... troppo intima, però, per essere comunicata... del resto non vedo alcuna connessione e alcuna necessità di raccontarla.

— Alla connessione ci penso io. Non posso costringerla a raccontare cose che le sono sgradevoli; ma allora non mi chieda di spiegarle come sia giunto a dimenticare la parola *aliquis*.

— Davvero? Crede? Dunque, ho improvvisamente pensato a una signora dalla quale facilmente potrei ricevere una notizia che sarebbe assai sgradevole per entrambi.

— Che non ha avuto le mestruazioni?

— Come ha potuto indovinarlo?

— Non è difficile, ormai. Lei stesso mi ha preparato abbastanza. Pensi un po' ai santi del calendario, alla liquefazione del sangue in un giorno determinato, al tumulto quando il fatto non si verifica, alla chiara minaccia che il miracolo deve avvenire, altrimenti... Lei si è servito magnificamente del miracolo di san Gennaro per alludere ai periodi della donna.

— Senza esserne consapevole. E Lei crede davvero che per questa ansiosa attesa io non abbia saputo riprodurre la paroletta *aliquis?*

— A me sembra fuori dubbio. Si ricordi dunque della Sua scomposizione in *a-liquis* e delle associazioni: *reliquie, liquidazione, fluidità*. È proprio necessario che io introduca nella connessione anche san Simonino, che le venne in mente dopo le reliquie e che fu *sacrificato* bambino?

— È meglio che non lo faccia. Spero che Lei non prenda sul serio questi pensieri, posto che io li abbia veramente avuti. In compenso le confesserò che la signora è italiana, in compagnia della quale ho visitato anche Napoli. Ma tutto questo non può essere un puro caso?

— Lascio giudicare a Lei se può spiegare tutte queste connessioni ricorrendo al caso. Io le posso dire, comunque, che tutti i fatti analoghi, se vorrà analizzarli, la porteranno a «casi fortuiti» altrettanto strani.

S. Freud, *Psicopatologia della vita quotidiana*, in *Opere*, trad. it. di C. F. Piazza - M. Ranchetti - E. Sagittario, Bollati-Boringhieri, Torino, 1989, vol. 4, pp. 64-66

Il testo che stiamo esaminando si riferisce ad un incontro tra Freud e un giovane ebreo, che aveva una qualche conoscenza della teoria psicoanalitica. Il discorso verte sulle difficoltà e i problemi che gli ebrei incontrano nella società del tempo, così fortemente segnata dall'antisemitismo. Il giovane conclude il suo intervento citando un verso dell'*Eneide* di Virgilio in cui l'infelice Didone affida a chi vivrà la vendetta contro Enea.

1-6. *Exoriare* è la prima parola della citazione di Virgilio, che si completa alla riga 6: «sorga qualcuno dalle nostra ossa come vendicatore».

7-16. La parola dimenticata dal giovane è il pronome indefinito *aliquis*. Tutto il resto del dialogo sarà occupato dalla ricerca delle cause che hanno fatto dimenticare al giovane quella parola. Si tratta di una piccola cosa, da non sottovalutare: essa nasconde grandi cose. In un'altra opera Freud aveva scritto: «non vi sono cose importantissime che in determinate condizioni e in determinati momenti possono tradirsi solo tramite indizi estremamente lievi? (...) Da quali minuscoli indizi deducete (...) di aver conquistato la simpatia di una signorina? Aspettate per questo un'esplicita dichiarazione d'amore, un abbraccio appassionato, oppure non vi basta forse uno sguardo, che altri difficilmente noterebbe, un movimento fugace, il prolungarsi per un secondo di una stretta di mano? (*Introduzione alla psicoanalisi*, in *Opere*, cit., vol. VIII, p. 210).

17-78. Il testo prosegue con il metodo delle libere associazioni. Il giovane dice ad alta voce tutto quello che gli viene in mente; ad esempio, divide la parola in due parti: *a-liquis* (senza-liquido), da collegare con l'affermazione contenuta alla r. **60**. Tra l'altro il giovane pensa a Simonino da Trento (r. **23**), un bambino che sarebbe stato ucciso dagli ebrei in un sacrificio rituale. Per questa accusa gli ebrei furono espulsi da Trento verso la metà del XV secolo.

R. Kleinpaul (r. **40**) aveva pubblicato a Lipsia nel 1892 un libro intitolato *Sacrifici umani e omicidi rituali.*

La conclusione di Freud è che la medicina ufficiale si è sempre limitata a interpretare i disturbi in chiave somatica, senza mai esplorare altre vie, quali ad esempio l'analisi dell'inconscio e la procedura probabilistica.

LABORATORIO FILOSOFICO

La psicoanalisi rappresenta una delle correnti più importanti della cultura europea del Novecento. Nata sul terreno della medicina, come cura delle malattie nervose e dell'isteria, con Freud si è sviluppata come "scienza delle tracce" di quel fluire di vita nascosta, ma fortemente presente nell'uomo, che egli chiama inconscio. *Le vie di accesso a questo nuovo territorio, fino ad allora sconosciuto alla medicina e alla psicologia, sono rappresentate dall'analisi delle libere associazioni mentali, dei lapsus e del materiale onirico (mirabilmente esposto nel capolavoro freudiano del 1900,* L'interpretazione dei sogni*). Ma l'inconscio non si manifesta direttamente: esso condensa i significati in un mondo simbolico, che va interpretato. Nei sogni ciò è particolarmente evidente: il contenuto latente assume un significato che può anche essere il contrario di quello vero. Freud è convinto che, attraverso la terapia psicoanalitica, si possa aiutare il paziente a prendere coscienza delle condizioni che hanno provocato la rimozione, il disturbo o la malattia, e così guarirlo. La psicoanalisi lavora, dunque, in modo sintomatico: cioè, interpretando i sintomi della malattia, cerca di far affiorare i problemi che l'hanno generata, nella convinzione che quando il soggetto ne prende coscienza si libera dalla loro tirannide. In questo contesto, secondo Freud, riveste un ruolo essenziale la sessualità, intesa in senso lato come* libido, *che è alla base della rimozione.*
Soprattutto nell'ultima parte della sua vita (si veda Costruzioni in analisi *del 1937), Freud si rende conto che non si arriverà mai a scoprire una verità oggettiva del contenuto inconscio. Con accenti decisamente simili a tanta parte della filosofia novecentesca, egli dice che la verità scoperta dalla psicoanalisi non è da intendersi come corrispondenza a fatti oggettivi, ma come «costruzione» realizzata nel dialogo vivente tra due persone (dimensione* soggettiva *della verità). Notevole è, altresì, nella ricerca freudiana, l'analisi della civiltà che, pur essendo fonte di* disagio *per l'individuo, è tuttavia un* male minore *di quello che sarebbe una umanità senza società.*

1

Con particolare riferimento al testo proposto in T. 1, descrivi le modalità di funzionamento dell'inconscio e il metodo terapeutico psicoanalitico.

2

Definisci la struttura del complesso edipico, riportandolo al celebre mito narrato dalla tragedia greca (v. Sofocle, *Edipo re*, trad. it. di M. Valgimigli, in *Il teatro greco. Tutte le tragedie*, Sansoni, Firenze, 1970, pp. 287-313).

3

Dopo aver letto il seguente testo di Freud, tratto da *Il disagio della civiltà* (in *Opere*, cit., vol. X, pp. 602-603), esponi i motivi del contrastato e sofferto rapporto dell'uomo con la società[2].

«Se la civiltà impone sacrifici tanto grandi non solo alla sessualità ma anche all'aggressività dell'uomo, allora intendiamo meglio perché l'uomo stenti a trovare in essa la sua felicità. Di fatto l'uomo primordiale stava meglio, poiché ignorava qualsiasi restrizione pulsionale. In compenso la sua sicurezza di godere a lungo di tale felicità era molto esigua. L'uomo civile ha

[2] Su questo tema consigliamo la lettura di un agile volume a cura di S. Moser: S. Freud, *Il problema della felicità* (Loffredo, Napoli, 1996), che comprende, oltre alla traduzione integrale de *Il disagio della civiltà*, anche un capitolo di *Al di là del principio del piacere* e una lezione di *Introduzione alla psicoanalisi*.

barattato una parte della sua possibilità di felicità per un po' di sicurezza. Non dimentichiamo poi che nella famiglia primigenia solo il capo godeva di questa libertà pulsionale; gli altri vivevano in una repressione schiavistica. Il contrasto tra una minoranza che godeva dei benefici della civiltà e una maggioranza che non ne godeva era dunque, in quei primordi della civiltà, portato agli estremi. Quanto ai primitivi oggi viventi, sappiamo ormai, dopo accurate indagini, che la loro vita pulsionale non è affatto da invidiarsi per la sua libertà; essa soggiace a restrizioni di altra specie, ma forse più rigorose anche di quelle dell'uomo civile moderno.

Quando giustamente protestiamo contro lo stato attuale della nostra civiltà, accusandolo di appagare troppo poco le nostre esigenze di un assetto vitale che ci renda felici, di lasciar sussistere molto dolore che probabilmente potrebbe essere evitato, quando con critica spietata ci sforziamo di mettere a nudo le radici della sua imperfezione, sicuramente esercitiamo un nostro giusto diritto e non ci mostriamo nemici della civiltà. Possiamo aspettarci di ottenere cambiamenti nella nostra civiltà con l'andare del tempo, tali che soddisfino meglio i nostri bisogni e sfuggano a questa critica. Ma forse ci abitueremo anche all'idea che ci sono difficoltà inerenti all'essenza stessa della civiltà e che esse resisteranno di fronte a qualsiasi tentativo di riforma. Oltre agli obblighi, cui siamo preparati, concernenti la restrizione pulsionale, ci sovrasta il pericolo d'una condizione che potremmo definire "la miseria psicologica della massa"».

Pagine critiche

Marx, Nietzsche e Freud: i maestri del sospetto

Riportiamo una celebre pagina di P. Ricoeur, tratta dal libro *Della interpretazione* (1965), in cui Freud, insieme a Marx e a Nietzsche, viene definito «maestro del sospetto». In breve, i tratti comuni alla «scuola del sospetto» sono:

a. la messa in dubbio della verità della coscienza e il sospetto della sua illusorietà (contro tutta la tradizione moderna che, da Cartesio in poi, aveva esaltato la coscienza come l'unico fondamento inconcusso della verità);
b. la ricerca della chiave della menzogna e della falsità;
c. la comprensione come interpretazione sintomatica (si pensi all'interpretazione dei sogni di Freud);
d. la "presa di coscienza" come condizione della guarigione e del potenziamento della coscienza.

L'interpretazione come esercizio del sospetto

«Completeremo la collocazione di Freud assegnandogli non solo una contrapposizione ma anche una compagnia. All'interpretazione come restaurazione del senso opporremo in modo globale l'interpretazione secondo ciò che chiamerò collettivamente la scuola del sospetto. [...]

La dominano tre maestri che in apparenza si escludono a vicenda, Marx, Nietzsche e Freud. [...]

Se risaliamo alla loro intenzione comune, troviamo in essa la decisione di considerare innanzitutto la coscienza nel suo insieme come coscienza "falsa". Con ciò essi riprendono, ognuno in un diverso registro, il problema del dubbio cartesiano, ma lo portano nel cuore stesso della fortezza cartesiana. Il filosofo educato alla scuola di Cartesio sa che le cose sono dubbie, che non sono come appaiono; ma non dubita che la coscienza non sia così come appare a se stessa; in essa, senso e coscienza del senso coincidono; di questo, dopo Marx, Nietzsche e Freud, noi dubitiamo. Dopo il dubbio sulla cosa, è la volta per noi del dubbio sulla coscienza.

Ma questi tre maestri del sospetto non sono altrettanti maestri di scetticismo; indubbiamente sono tre grandi "distruttori"; e tuttavia anche questo fatto non deve ingannarci; la distruzione, afferma Heidegger in *Essere e tempo*, è un momento di ogni nuova fondazione, compresa la distruzione della religione, nella misura in cui essa è, secondo Nietzsche, un "platonismo per il popolo". È oltre la "distruzione" che si pone il problema di sapere ciò che ancora significano pensiero, ragione e perfino fede.

Ora tutti e tre liberano l'orizzonte per una parola più autentica, per un nuovo regno della Verità, non solo per il tramite di una critica "distruggitrice", ma mediante l'invenzione di un'arte di interpretare. Cartesio trionfa del dubbio sulla cosa con l'evidenza della coscienza; del dubbio sulla coscienza essi trionfano per mezzo di una esegesi del senso. A partire da loro, la comprensione è una ermeneutica; cercare il senso non consiste più d'ora in poi nel compitare la coscienza del senso, ma nella *decifrazione delle espressioni*. Il confronto andrebbe dunque fatto non solo fra un triplice sospetto, ma fra una triplice astuzia. Se la coscienza non è quale crede di essere, tra il patente e il latente deve essere istituito un nuovo rapporto, che corrisponderebbe a quello che la coscienza aveva istituito tra l'apparenza e la realtà della cosa. La categoria fondamentale della coscienza, per tutti e tre, è il rapporto nascosto-mostrato o, se si preferisce, simulato-manifestato. I marxisti si intestardiscano pure nella teoria del riflesso, Nietzsche si contraddica dogmatizzando sul prospettivismo della *volontà di potenza*, Freud mitologizzi con la sua "censura", il suo "custode", e i suoi "travestimenti": l'essenziale non sta in queste difficoltà e aporie. L'essenziale è che tutti e tre creano, nel modo che è loro possibile, cioè con e contro i pregiudizi del tempo, una *scienza* mediata del senso, irriducibile alla *coscienza* immediata del senso. Ciò che essi hanno tentato, tutti e tre, per strade differenti, è stato di far coincidere i loro metodi "consci" di decifrazione con il *lavoro* "inconscio" di messa in cifra che essi attribuivano alla volontà di potenza, all'essere sociale, allo psichismo inconscio.

Ciò che distingue quindi Marx, Freud e Nietzsche è l'ipotesi generale riguardante insieme il processo della "falsa" coscienza e il metodo di decifrazione. Le due cose vanno insieme, in quanto l'uomo che sospetta compie in senso inverso il lavoro di falsificazione dell'uomo che giuoca d'astuzia. Freud è penetrato nel problema della falsa coscienza attraverso il doppio atrio del sogno e del sintomo nevrotico; la sua ipotesi di lavoro implica gli stessi limiti dell'angolatura di attacco: si tratterà, come diremo più ampiamente in seguito, di una economica degli istinti. Marx affronta il problema delle ideologie nei limiti dell'alienazione economica, nel senso questa volta dell'economia politica. Nietzsche, il cui interesse è imperniato sul problema del "valore" — della valutazione e della transvalutazione —, cerca nell'aspetto della "forza" e della "debolezza" della Volontà di potenza la chiave delle menzogne e delle maschere.

In fondo, la *Genealogia della morale* nel senso di Nietzsche, la teoria delle ideologie nel senso marxiano, la teoria degli ideali e delle illusioni nel senso di Freud, rappresentano altrettante convergenti procedure della demistificazione.

Questo forse non è ancora la cosa più forte che hanno in comune; la loro parentela sotterranea procede più lontano; tutti e tre iniziano col sospetto sulle illusioni della coscienza e continuano con l'astuzia della decifrazione, e, infine, anziché essere dei detrattori della "coscienza", mirano a una sua estensione. Ciò che Marx vuole è liberare la *praxis* mediante la conoscenza della necessità; ma questa liberazione è inseparabile da una "presa di coscienza" che replichi vittoriosamente alle mistificazioni della falsa coscienza. Ciò che Nietzsche vuole è l'aumento della *potenza* dell'uomo, la restaurazione della sua *forza*; ma quel che vuol dire Volontà di potenza deve essere ricuperato dalla meditazione delle cifre del "superuomo", dell'"eterno ritorno" e di "Dioniso", senza di che quella potenza sarebbe solo la violenza del di qua. Ciò che Freud vuole è che l'analizzato, appropriandosi del senso che gli era estraneo, allarghi il proprio campo di coscienza, viva in migliori condizioni e sia infine un po' più libero e, se possibile, un po' più felice. Uno dei primi omaggi resi alla psicoanalisi parla di "guarigione ad opera della coscienza". L'espressione è esatta. A patto di dire che l'analisi intende sostituire a una coscienza immediata e dissimulante una coscienza mediata e istruita dal principio della realtà. Così, proprio quel "*dubitante*" che raffigura l'Io come un "infelice", sottomesso a tre padroni, l'Es, il super-Io e la realtà o necessità, è anche l'esegeta che ritrova la logica del regno dell'illogico e che, con un pudore e una discrezione impareggiabili, ha l'audacia di concludere il suo saggio sull'*Avvenire di una illusione* con l'invocazione del dio Logos, dalla voce debole ma instancabile, del dio non certo onnipresente, ma efficace solo col tempo» (P. Ricoeur, *Della interpretazione. Saggio su Freud*, trad. it. di E. Renzi, Il Saggiatore, Milano, 1967, pp. 46-49 passim).

GLOSSARIO E RIEPILOGO

Freud

Inconscio. La realtà psichica *profonda* (primaria) di cui il conscio è solo la manifestazione *superficiale* (e derivata). L'inconscio si divide in due zone. La prima, il cosiddetto preconscio, comprende l'insieme dei contenuti psichici che, pur essendo momentaneamente inconsci, *possono* divenire consci. La seconda comprende quegli elementi psichici *stabilmente* inconsci che sono mantenuti tali da una forza specifica — la cosiddetta *rimozione* — che può venir aggirata solo in virtù delle tecniche psicoanalitiche. Inteso in senso stretto e caratteristicamente freudiano, l'inconscio coincide con il *rimosso*.

Associazioni libere. Metodo usato da Freud per eludere le resistenze della rimozione e per accedere all'inconscio. Consiste nel "rilassare" il paziente e nel metterlo in grado di abbandonarsi al corso dei propri pensieri, facendo sì che fra le varie parole da lui pronunciate si instaurino delle catene *associative* collegate con il materiale rimosso che si vuole portare alla luce.

Transfert. Trasferimento, sulla persona del medico, di stati d'animo *ambivalenti* (di amore e di odio) vissuti dall'individuo nei confronti delle figure genitoriali: «Il paziente scorge nell'analista un ritorno — una reincarnazione — di una persona importante della sua infanzia, del suo passato, e perciò trasferisce su di lui sentimenti e reazioni che sicuramente spettavano a questo modello.

Topica. Studio dei *topoi* (= luoghi) della psiche. Freud ha elaborato due topiche. La prima distingue tre sistemi: il conscio (*Cs*), il preconscio (*Pcs*) e l'inconscio (*Ucs*). La seconda distingue tre istanze: l'*Es* (v.), l'*Io* (v.) e il *Super-io* (v.).

Es. È il polo pulsionale e inconscio della nostra psiche, ovvero, come scrive Freud, «la parte oscura, inaccessibile della nostra personalità; il poco che ne sappiamo lo abbiamo appreso dallo studio del lavoro del sogno e della formazione dei sintomi nevrotici, e per la massima parte ha carattere negativo, essendo descrivibile soltanto in quanto contrapposto all'Io. Ci accostiamo all'Es per mezzo di paragoni, lo chiamiamo un caos, un calderone di impulsi ribollenti (...) Per i processi dell'Es le leggi della logica, e innanzitutto il principio di non contraddizione non valgono affatto. Impulsi contraddittori sussistono l'uno accanto all'altro (...) ed è con sorpresa che scorgiamo in esso l'eccezione alla regola dei filosofi, secondo la quale tempo e luogo sono forme necessarie dei nostri atti psichici (...). Ovviamente l'Es ignora i valori, non conosce né il bene, né il male né la moralità (...) cariche oggettuali che tendono alla scarica: ecco tutto ciò che l'Es (...) contiene»; «L'Es obbedisce all'inesorabile principio del piacere».

Super-io. È ciò che comunemente si chiama coscienza morale, ovvero l'insieme delle proibizioni che sono state instillate all'uomo nei primi anni di vita e che poi lo accompagnano sempre, anche in forma inconsapevole. In quanto tale, si configura come «il successore e rappresentante dei genitori (ed educatori)».

Io. È la parte organizzata della personalità, che si trova a dover fare i conti con le esigenze e le pressioni di quei tre «padroni severi» che sono l'Es, il Super-io e il mondo esterno. *N.B.* L'Io e il Super-io non coincidono totalmente con il sistema conscio-preconscio, in quanto partecipano anch'essi, almeno in parte, del sistema inconscio: «grosse porzioni dell'Io e del Super-io possono rimanere inconsce e di fatto normalmente lo sono. Questo significa che la persona ne ignora i contenuti e che occorre un certo sforzo per renderli coscienti».

Sogni. Sono «l'appagamento (camuffato) di un desiderio (rimosso)», in quanto «In ogni sogno un desiderio istintuale viene presentato come appagato». Il contenuto *manifesto* dei sogni è nient'altro che la forma travestita, per effetto della censura, in cui si esprimono i desideri *latenti*.

Atti mancati. Sono quelli nei quali il risultato esplicitamente perseguito non è raggiunto, ma viene sostituito da un altro.

Lapsus. Derivano da una sorta di *compromesso* fra l'intenzione cosciente del soggetto e determinati pensieri *inconsci* che agiscono nella sua psiche.

Nevrosi. Squilibrio della personalità che deriva da «un conflitto fra l'Io e il suo Es».

Sublimazione. Il trasferimento di una carica originariamente sessuale sopra oggetti non sessuali: «La sublimazione è un processo concernente la libido oggettiva e consiste nel dirigersi, da parte dell'istinto, verso una meta diversa e remota da quella dell'appagamento sessuale».

Perversione. Attività sessuale che «ha rinunciato al fine riproduttivo e persegue il conseguimento del piacere come fine indipendente».

Libido. Energia di natura sessuale suscettibile di dirigersi verso le mete più diverse e in grado di investire gli oggetti più disparati. Con questa teoria Freud ha ampliato la nozione di sessualità, evitando di ridurla a semplice genitalità: «È necessario distinguere nettamente tra i concetti "sessuale" e "genitale". Il primo è un concetto più ampio e comprende molte attività che non hanno niente a che fare con i genitali».

Complesso. Insieme di rappresentazioni e di ricordi dotati di forte carica emotiva. Pur essendo prevalentemente inconsci, i complessi *disturbano* la condotta e la vita cosciente degli individui, condizionando negativamente la loro personalità.

Complesso edipico. Attaccamento libidico verso il genitore di sesso opposto accompagnato da una disposizione ambivalente verso il genitore dello stesso sesso. Gioca un ruolo centrale nello sviluppo delle nevrosi.

Jung

Inconscio collettivo. È il patrimonio psichico che è stato acquisito dalla specie e che viene ereditato da ogni individuo: «L'inconscio collettivo è la poderosa massa ereditaria spirituale dello sviluppo dell'umanità, che rinasce in ogni struttura cerebrale individuale». Esso contiene «la sorgente delle forze motrici spirituali e le forme o categorie che le regolano», ossia gli archetipi (v.).

Archetipi. Sono le immagini primordiali dell'inconscio collettivo, ovvero quelle sedimentazioni dell'esperienza millenaria dell'umanità, che fungono da forme a priori dell'esperienza individuale. Tali archetipi, precisa Jung, non sono rappresentazioni ereditate, ma, più precisamente, «possibilità ereditate», cioè «necessità di generare ancora quelle idee che le dominanti dell'inconscio hanno sempre espresso».

INDICAZIONI BIBLIOGRAFICHE

Su Freud e la psicoanalisi:

C. Musatti, *Trattato di psicoanalisi*, Boringhieri, Torino 1949.
E. Jones, *Vita e opere di Freud*, Il Saggiatore, Milano 1962.
Ch. Brenner, *Breve corso di psicoanalisi*, Martinelli Editore, Firenze 1967.
P. Ricoeur, *Dell'interpretazione. Saggio su Freud*, trad. it., Il Saggiatore, Milano 1967.
J. Laplanche - J.-B. Pontalis, *Enciclopedia della psicoanalisi*, trad. it., Laterza, Bari 1968.
A. Grünbaum, *I fondamenti della psicoanalisi. Una critica filosofica*, Il Saggiatore, Milano 1988.
S. Moser, *Freud. Il problema della felicità*, Loffredo, Napoli 1996.
V. Cappelletti, *Introduzione a Freud*, Laterza, Roma-Bari 1997.
R. Dadoun, *Freud*, Spirali/Vel, Milano 1997.

Su Jung:

AA.VV., *Jung e la cultura europea* , Istituto dell'Enciclopedia Italiana, Roma 1974.
A. Carotenuto, *Jung e la cultura italiana*, Ubaldini, Roma 1977.
U. Galimberti, *La terra senza il male. Jung: dall'inconscio al simbolo*, Feltrinelli, Milano 1984.
A. Carotenuto, *Jung e la cultura del XX secolo*, Bompiani, Milano 1995.
G. Rocci, *Jung. Il sacro e l'anima*, EMP, Padova 1996.

Su Adler e Reich:

R. Dreikurs, *Lineamenti della psicologia di Adler*, La Nuova Italia, Firenze 1968.
C. Rycroft, *Che cosa ha veramente detto Reich*, Ubaldini, Roma 1971.

SCHEDA BIBLIOGRAFICA

Opere, 12 voll., Bollati-Boringhieri, Torino, 1989; *Opere. Complementi 1885-1938*, Bollati-Boringhieri, Torino, 1993; *Carteggio Freud-Groddeck*, Adelphi, Milano, 1973; *«L'interpretazione dei sogni» di Freud e la scoperta dell'inconscio come problema filosofico*, a cura di M. L. Martini, Paravia, Torino, 1994; *Lettere alla fidanzata e ad altri corrispondenti, 1873-1939*, Bollati-Boringhieri, Torino, 1990; *Lettere a W. Fliess, 1887-1904*, Bollati-Boringhieri, Torino, 1990; *Lettere tra Freud e Jung, 1906-1913*, Bollati-Boringhieri, Torino, 1990; *Psicoanalisi e fede. Lettere tra Freud e il pastore Pfister, 1909-1939*, Bollati-Boringhieri, Torino, 1990; *«Querido amigo...». Lettere della giovinezza a E. Silberstein, 1871-1881*, Bollati-Boringhieri, Torino, 1991; S. Freud, S. Ferenczi, *Lettere*, vol. primo, 1908-1914, Cortina Editore, Milano, 1993; *S. Freud, filosofia e psicoanalisi*, (antologia) a cura di S. Moravia, La Nuova Italia, Firenze, 1974; S. Freud, L. Andres Salomè, *Eros e conoscenza. Lettere 1912-1936*, Bollati-Boringhieri, Torino, 1990.

Capitolo decimo

WEBER E LA SCUOLA DI FRANCOFORTE

WEBER E LA SCUOLA DI FRANCOFORTE

1. IL MONDO NELL'EPOCA DEL "DISINCANTO"

Uno dei temi più importanti della riflessione del Novecento è costituito dal rapporto tra l'esistenza degli individui e le caratteristiche della società tecnologica nel capitalismo avanzato. Varie sono le domande che la filosofia della prima metà del secolo si è posta a tal riguardo. Tra tutte, le più importanti ci paiono le seguenti:

a) come si presenta il mondo nell'epoca del "disincanto", cioè dopo che la visione scientifica ha distrutto gli dèi e i miti?

b) esiste un'etica del capitalismo moderno e che cosa ha favorito il nascere e lo svilupparsi dell'organizzazione razionale del lavoro industriale?

c) la ragione, infine, dovrà intendersi soltanto e necessariamente come «ragione strumentale», cioè funzionale alla maggiore produttività economica? E quale funzione riveste l'arte in una società dominata dall'industria culturale?

Queste sono, in sintesi, alcune delle questioni teoriche fondamentali affrontate da un cospicuo movimento di pensiero che va da Max Weber agli esponenti della cosiddetta scuola di Francoforte, in particolare Horkheimer, Adorno e Marcuse. Tra questi pensatori circola un'aria di familiarità, dovuta soprattutto alla comune consapevolezza che la *razionalità* moderna successiva all'illuminismo se, da un lato, ha avuto il merito di disancorare il mondo dalle ipoteche teologiche e metafisiche, dall'altro ha portato una nuova forma di oppressione sull'uomo, costituita dall'imporsi delle leggi del grande meccanismo economico con la conseguente rigida divisione e burocratizzazione del lavoro. Anticipando un concetto espresso con grande forza suggestiva da Max Weber, possiamo dire che sorge il forte sospetto che l'uomo sia passato dal «disincanto del mondo» alla grande «gabbia d'acciaio» della razionalizzazione tecno-industriale. La sua felicità, un tempo assoggettata al capriccio degli dèi, appare oggi compressa da forme più sofisticate di dispotismo, rappresentate dall'insensata logica della macchina sociale. In questo contesto, ammette Weber, c'è il rischio che gli uomini si affidino ai capi carismatici, veri e propri despoti moderni. È appena il caso di accennare al fatto che la storia della prima metà del secolo ha confermato la diagnosi weberiana e che la prima fase della scuola di Francoforte coincide con il trionfo del fascismo e del nazismo e l'ascesa al potere in URSS di Stalin.

Una nuova forma di oppressione sociale

2. MAX WEBER E L'ETICA DELLA RESPONSABILITÀ

Iniziamo il nostro percorso da Max Weber[1] (1864-1920), storico, economista e politico, a cui dobbiamo alcuni libri decisivi per la comprensione della società moderna, tra cui ricordiamo: *L'etica protestante e lo spirito del capitalismo* (1904-1905), *La scienza come vocazione* e *La politica come vocazione* (1919).

La riflessione sull'agire sociale

Weber ritiene che la sociologia debba studiare le forme dell'agire sociale, evitando, però, sia le pretese del Positivismo di interpretare i fenomeni sociali secondo il modello quantitativo delle scienze naturali, sia l'approccio riduttivo dell'economicismo marxista. A Weber la società appare caratterizzata dall'interazione tra varie sfere di azioni, da quelle economiche a quelle religiose e artistiche. Di fronte ad esse la teoria deve interrogarsi sui *motivi* dell'agire. Non è ovviamente possibile dare una risposta univoca per tutte le varie forme sociali; occorre, al contrario, calarsi nella realtà e cercare di coglierne la struttura razionale. Allora si scoprirà, come nel caso del capitalismo, che anche la cultura e la mentalità (ad esempio la religione) possono influire sulla struttura economica. La società, infatti, non è costituita da oggetti fisici, ma da un insieme di *soggetti* che nella loro azione si pongono degli scopi e hanno dei valori.

Ma che cosa significa che gli uomini agiscono in vista di scopi? Secondo il nostro autore, significa che il comportamento umano, specialmente nell'epoca della caduta dei miti, si caratterizza come agire *razionale* in vista del raggiungimento di obiettivi definiti; infatti, la *razionalità* non è altro che la corrispondenza tra i mezzi e gli scopi dell'agire sociale.

La razionalizzazione come dominio dell'utile e della ragione strumentale

Secondo Weber, la produzione industriale e la vita stessa dell'Occidente sono caratterizzate da una *razionalità formale*, cioè dal prevalente orientamento degli individui verso i *mezzi* utili, più che verso i valori ultimi. In altre parole, gli uomini, indifferenti ai valori (siano essi di carattere religioso, spirituale o conoscitivo), si preoccupano soltanto dei mezzi in grado di far loro raggiungere determinati scopi pratici. La *razionalizzazione intellettualistica* della società moderna ad opera della scienza e della tecnica è dunque, per Weber, essenzialmente dominio della ragione strumentale, che calcola gli investimenti e i profitti di questa grande azienda che sta diventando il mondo.

Tale processo, che ha indubbiamente favorito l'intrapresa economica, non ha comportato anche un incremento conoscitivo: infatti gli uomini non sono divenuti più consapevoli delle proprie condizioni di vita. Ad esempio, un cittadino, che non sia un tecnico, oggi non conosce quasi nulla del funzionamento del tram che prende tutte le mattine per recarsi al lavoro. Né, d'altronde, ha bisogno di saperlo. Gli basta sapere che c'è e che può «fare assegnamento» su di esso. Un selvaggio conosce senz'altro meglio gli utensili che confeziona con le sue mani. «La progressiva intellettualizzazione e razionalizzazione — ebbe a dire

[1] Max Weber nasce a Erfurt in Germania il 21 aprile 1864, da una famiglia appartenente alla borghesia liberale. Dopo gli studi compiuti a Berlino, occupa le cattedre universitarie di Berlino e Friburgo, interessandosi vivamente agli ambiti economico e politico. Dopo un periodo di malattia causato da un forte esaurimento nervoso, riprende la sua attività intellettuale e i suoi viaggi, visitando anche l'Italia. A partire dal 1908 la sua casa diviene un cenacolo ove si incontrano numerosi studiosi e artisti. Dal 1911 i suoi interessi di sociologia della religione si ampliano, affrontando il mondo orientale (la Cina, il Giappone, l'India, l'Islam e l'ebraismo). Lo scoppio della guerra (1914) lo vede direttore di un ospedale militare di Heidelberg. Il suo giudizio sul conflitto è entusiastico, perché vede un popolo unito: «Questa guerra — dice — malgrado tutto, qualunque ne sia l'esito, è *grande e meravigliosa*». Ma già nel 1915 lascia il servizio militare e torna ai suoi studi. In un pro-memoria che verrà pubblicato postumo scrive che ogni prolungamento della guerra è da ritenersi disastroso per la Germania e invita i responsabili della politica a cogliere ogni occasione di pace senza perdite né annessioni. Nel 1918 si trasferisce a Vienna, ove gli era stata offerta una cattedra di economia politica. Qui svolge i suoi studi di sociologia delle religioni e tiene un corso dedicato alla «critica positiva della concezione materialistica della storia». Le sue lezioni hanno grande successo. Con la fine della guerra, Weber collabora alla ricostruzione politica della Germania. Abbandonato l'ideale monarchico, ora propende per una forma di repubblica di tipo presidenziale, anche per richiamare la borghesia ai suoi doveri. Partecipa alle attività del partito democratico tedesco (che riunisce la borghesia nazional-liberale e progressista), da poco fondato e che vede suo fratello Alfred come uno dei principali protagonisti. Nel 1919 pubblica le sue ultime due conferenze, *La scienza come professione* e *La politica come professione*. Muore il 14 giugno del 1920, dopo una breve malattia.

Weber in una delle ultime sue conferenze — non significa dunque una progressiva conoscenza generale delle condizioni di vita che ci circondano. Essa significa bensì qualcosa di diverso: la coscienza o la fede che basta soltanto *volere* per *potere*; che ogni cosa — in linea di principio — può esser dominata con la *ragione*. Il che significa il disincantamento del mondo. Non occorre più ricorrere alla magia per dominare o per ingraziarsi gli spiriti, come fa il selvaggio per il quale esistono simili potenze. A ciò sopperiscono la *ragione* e i mezzi tecnici. È soprattutto questo il significato dell'intellettualizzazione come tale»[2].

Dopo aver così definito i tratti essenziali del mondo dominato dalla ragione tecnica, Weber si chiede quale sia stata l'origine di questa mentalità capitalistica e se essa sia interessata al problema della felicità degli individui o sia almeno esente da rischi. Affronteremo ora proprio queste due questioni, iniziando dall'ultima.

Due grandi interrogativi

Secondo Weber, il «disincantamento» indotto dalla tecno-scienza ha comportato una maggiore autonomia e libertà dell'uomo rispetto al passato. La medicina ha preso il posto della magia, i mezzi tecnici hanno reso inutili le preghiere agli spiriti. Ma qual è l'immagine che il mondo riserva ai suoi abitanti? «L'odierno ordinamento capitalistico — scrive Weber ne *L'etica protestante e lo spirito del capitalismo* — è un enorme cosmo, in cui il singolo viene immesso nascendo, e che è a lui dato, per lo meno in quanto singolo, come un ambiente praticamente non mutabile, nel quale è obbligato a vivere. Esso impone a ciascuno, in quanto è costretto dalla connessione del mercato, le norme della sua azione economica. Il fabbricante, che costantemente contravviene a queste norme, viene senza fallo eliminato economicamente così come l'operaio, che non può o non vuole ad esse adattarsi, viene gettato in istrada come disoccupato»[3]. Non l'ozio e neppure il piacere sono ammessi in questa specie di «gabbia d'acciaio»[4] in cui vige solo il principio che l'azione deve essere finalizzata al lavoro e «la perdita di tempo è [...] la prima e, per principio, la più grave di tutte le colpe»[5].

Uno stile di vita ascetico

C'è dunque *un'etica della responsabilità* che presiede all'azione razionalmente utile, un'etica che prescrive una sorta di *ascesi intramondana*. Il capitalista non soltanto non deve porsi l'interrogativo sul senso della sua frenetica attività, ma non deve neppure consumare per il proprio godimento le ricchezze che riesce ad accumulare, perché esse vanno reinvestite al fine di intensificare la produzione e il lavoro. Egli non deve badare a finalizzare la ricchezza alla sua personale felicità, ma deve interessarsi soltanto di accrescere i guadagni, deve cioè occuparsi solo dei mezzi. È questo il "volto ascetico" del capitalismo moderno. Da questo punto di vista, sembra dire Weber, non è poi cambiato molto oggi, nell'epoca del «disincantamento», rispetto ai tempi in cui il mondo era sotto l'incanto di dèi e demoni, quando regnavano Afrodite e Apollo. L'uomo ha come destino quello di farsi dominare. Anzi Weber, con occhi profetici, preconizza un futuro denso di pericoli per la civiltà, in quanto l'avanzare della ragione strumentale e la perdita del significato delle cose possono indurre gli uomini ad affidare le proprie sorti a nuovi despoti, mascherati sotto le spoglie di capi carismatici. Al forte senso di responsabilità verso i mezzi può corrispondere, secondo la previsione weberiana, una conseguente de-responsabilizzazione verso i fini dell'agire sociale. L'uomo, sia esso lavoratore o imprenditore, tutto preso dalla *routine* quotidiana della propria attività lavorativa, può essere tentato di lasciare ad altri il compito di provvedere a dare un significato più generale ai propri sacrifici e alla vita: allora sulla scena del mondo si profila l'avvento di una nuova mitologia e di una nuova magia, più pericolose di quelle antiche, perché dotate di un inedito potere tecnologico.

L'origine della mentalità capitalistica

A questo punto possiamo affrontare il problema della *razionalizzazione*, interrogandoci su quale sia l'origine della mentalità calcolante e intraprendente del moderno capitalismo. Weber non ritiene che a questa domanda sia possibile rispondere in modo schematico, ricorrendo a cause di carattere economico, come ha fatto il marxismo. Egli non crede neppure

[2] M. Weber, *La scienza come professione* [1919], in *Il lavoro intellettuale come professione*, Einaudi, Torino, 1977, pp. 19-20.
[3] M. Weber, *L'etica protestante e lo spirito del capitalismo*, in Id., *Sociologia delle religioni*, vol. I (a cura di C. Sebastiani), UTET, Torino, 1976, p. 130.
[4] *Ivi*, p. 321.
[5] *Ivi*, p. 279.

che la nuova etica derivi dalla scienza della natura e dal suo metodo matematico e razionalistico. Infatti, egli afferma nella sua opera fondamentale, *L'etica protestante e lo spirito del capitalismo*, vi sono paesi in cui l'etica del capitalismo è poco sviluppata (ad esempio l'Italia), che però sono stati nell'età moderna caratterizzati dalla forte presenza della scienza e della ragione.

Weber osserva che nella civiltà capitalistica vige una concezione del dovere professionale sentito come obbligo morale. Il singolo, impegnato non importa in che tipo di lavoro, deve sentire e di fatto sente di fronte all'oggetto della sua attività professionale un dovere religioso. Questa "vocazione professionale" deriva, secondo Weber, dalla concezione protestante della vita, nella sua versione di maggior rigore rappresentata dal calvinismo. Dovunque si sia diffusa l'etica calvinista si è avuto un forte sviluppo del capitalismo, a differenza di quanto è avvenuto nei paesi cattolici, come ad esempio l'Italia. A tal proposito, Weber annota che «la deficiente "coscienziosità" dei lavoratori di tali paesi, per esempio l'Italia in contrapposto alla Germania, è stata, e in certa misura è ognora, uno dei principali ostacoli al loro sviluppo capitalistico»[6]. Procedendo ad una accurata analisi filologica, Weber scopre nei paesi di religione protestante l'esistenza di una parola, in tedesco *Beruf* (*calling* in inglese), che riecheggia il concetto religioso di «vocazione» o, più in generale, di «compito imposto da Dio». Al pari del termine, anche il concetto di *Beruf* è nuovo e appare a Weber come un prodotto della Riforma. «Assolutamente nuova — egli scrive — era tuttavia una cosa: il valutare l'adempimento del proprio dovere, nelle professioni mondane, come il più alto contenuto che potesse assumere l'attività etica. Tutto questo, per conseguenza inevitabile, contribuì a dare un significato religioso al lavoro quotidiano e creò, in questo senso, il concetto di professione. Trova dunque espressione nel concetto di *Beruf* quel dogma centrale di tutte le denominazioni protestanti, [...] che riconosce come solo mezzo per vivere in maniera grata a Dio non il superamento tramite l'ascesi monacale della morale di chi vive nel mondo, ma esclusivamente l'adempimento dei propri doveri mondani, quali essi risultano dalla posizione di ciascuno nella vita, funzione che con ciò appunto diventa la sua "vocazione" (*Beruf*)»[7].

Stretta connessione tra etica calvinista e diffusione del capitalismo

Differenze tra l'etica calvinista e quella cattolica

Il calvinismo ha espresso un ideale di vita del tutto dissimile dal cattolicesimo: ciò spiega, altresì, il fondamento dell'avversione cattolica per esso. Per capire il motivo di tale novità occorre rifarsi ai presupposti teologici del calvinismo, che, a differenza delle altre religioni le quali portano l'uomo a disinteressarsi del mondo per preoccuparsi del cielo, vede nell'attività lavorativa quotidiana il segno della predestinazione degli eletti. Per il calvinismo, infatti, l'uomo si salva soltanto grazie alla *fede*, come anche per le altre confessioni protestanti, ma, a differenza di queste ultime, esso ritiene che l'unica base sicura per avere la certezza di esser stati prescelti da Dio per la salvezza (*certitudo salutis*) consista nella condotta di vita. «Se si pone la domanda — dice Weber — a quali frutti il riformato può inequivocabilmente riconoscere la vera fede, ci vien risposto: ad una condotta di vita da parte del cristiano, che serva alla maggior gloria di Dio»[8].

L'etica cattolica viene definita da Weber *un'etica dell'intenzione*, perché per il fedele ciò che più conta è adempiere coscienziosamente ai doveri religiosi tradizionali: l'*intentio* del suo agire decide del valore dell'agire stesso. La singola azione è buona o cattiva a seconda del *cuore* di chi la compie: si ricordi a tal proposito la massima manzoniana, secondo cui ogni atto è puro se compiuto con cuore puro. Inoltre, secondo l'etica cattolica, quando il fedele sbaglia e pecca, può comunque riscattarsi attraverso il sacramento della penitenza amministrato dalla chiesa. Non così per l'etica calvinista, che non ammette consolazioni per colui che cade in fallo. In una significativa pagina de *L'etica protestante e lo spirito del capitalismo*, Weber afferma che nella religiosità cattolica il processo di «disincantamento» del mondo, cioè dell'abolizione della magia come mezzo di salvezza, non è portato alle sue estreme conseguenze: «Per il Cattolico — egli scrive — la grazia sacramentale della Chiesa stava a sua disposizione come un compenso alla propria insufficienza; il prete era il mago,

[6] *Ivi*, p. 136.
[7] *Ivi*, pp. 165-166.
[8] *Ivi*, p. 215.

che compiva il miracolo della transustanziazione e nelle cui mani era riposta la potestà delle chiavi. Ci si poteva rivolgere a lui nel rimorso e con spirito di penitenza, ed egli offriva possibilità di espiazione, speranza di grazia, certezza del perdono e liberava così dal peso di quell'indicibile ansia, nella quale doveva vivere il calvinista per un destino ineluttabile e che niente poteva mitigare. Per costui non esistevano quelle gioiose ed umane consolazioni, e neppure poteva sperare, a differenza del Cattolico e del Luterano, di recuperare le ore di debolezza e di leggerezza con maggior buona volontà in altri momenti. Il Dio del Calvinismo non esigeva, dai suoi, singole "opere buone" ma una santità di opere elevata a sistema. Non v'è traccia del cattolico e perfettamente umano oscillare tra colpa, rimorso, espiazione, liberazione e nuova colpa, o di un "saldo" di tutta la vita da scontarsi con pene temporali e da liquidarsi col mezzo della grazia dispensata dalla Chiesa. La prassi etica dell'uomo medio fu privata così del suo carattere non pianificato e asistematico e fu trasformata in una condotta di vita metodica e conseguente»[9].

L'etica della responsabilità

L'etica del calvinismo, perciò, viene definita da Weber come *un'etica della responsabilità*, in quanto si cura degli effetti concreti e quotidiani delle azioni umane. La vita del calvinista è indirizzata esclusivamente ad un fine trascendente, la beatitudine oltremondana, ma proprio per questo, nel suo svolgimento terreno, essa dev'essere in tutto e per tutto razionalizzata e dominata per accrescere sulla terra la gloria di Dio. Mai nessuno, esclama Weber, ha preso così terribilmente sul serio quanto il calvinista l'adagio latino *omnia in maiorem Dei gloriam*[10]. Si tratta di un'etica che ha trasferito il rigore ascetico dal mondo spirituale delle intenzioni o dell'aldilà a quello mondano della responsabilità e del lavoro, facendo assumere alla santificazione della vita, secondo la potente immagine weberiana, «quasi il carattere di un'azienda commerciale». Nella parte conclusiva del suo capolavoro, che riportiamo qui di seguito (T. 1), Weber delinea con realismo i tratti essenziali di questa *ascesi intramondana*, in cui è bandita la «impulsiva gioia di vivere, che distrae tanto dal lavoro professionale quanto dalla religiosità»[11], e non nasconde la sua preoccupazione per un futuro fatto di un razionalismo pietrificato e meccanico, privo di umanità. Accenti non dissimili da quelli che troveremo nei filosofi della scuola di Francoforte e che possono rinvenirsi anche nella *Crisi delle scienze europee e la fenomenologia trascendentale* (1936) di E. Husserl (v. cap. XVI).

L'ASCESI INTRAMONDANA

TESTO 1

L'ascesi intramondana protestante — così possiamo riassumere ciò che abbiamo detto fin qui — operò con grande violenza contro il godimento spregiudicato della proprietà, e restrinse il consumo, in ispecie il consumo di lusso. D'altra parte essa liberò, nei suoi effetti psicologici, l'acquisizione di beni dagli ostacoli dell'etica tradizionalistica, ruppe i vincoli della tendenza al guadagno, in quanto non solo la legalizzò, ma addirittura, nel senso che esponemmo, la riguardò come voluta da Dio. La lotta contro i piaceri della carne e l'attaccamento ai beni esteriori non era [...] una lotta contro il guadagno razionale, ma sibbene contro l'impiego irrazionale della proprietà. E questo consisteva nell'apprezzamento, da condannarsi come idolatria, delle forme ostensibili di lusso, che erano così vicine al modo di sentire feudale, in luogo dell'impiego voluto da Dio, razionale e utilitario, per i fini della vita del singolo e della collettività. Non si voleva imporre al possidente la macerazione, ma l'uso della sua ricchezza per cose necessarie e di pratica utilità. Il concetto di *comfort* abbraccia in modo caratteristico il cerchio dei fini, moralmente leciti, in cui quella ricchezza si può impiegare e naturalmente non è un caso che si sia osservato appunto fra i seguaci più coerenti di tutta questa concezione, i Quaccheri, uno sviluppo più precoce e più manifesto dello stile di vita, che si riattacca a quel concetto. Di contro alle brillanti apparenze della pompa cavalleresca, che, poggiando su

[9] *Ivi*, p. 219-220.
[10] In italiano: «fare ogni cosa per la maggior gloria di Dio».
[11] *Ivi*, p. 299.

basi economiche poco solide, preferisce una magra eleganza alla semplicità modesta, essi oppongono come ideale la pulita e solida comodità dello *home* borghese.

Nel campo della produzione della ricchezza privata l'ascesi combatteva contro la disonestà e contro l'avidità puramente impulsiva [...] Ma, ancor più importante: la valutazione religiosa del lavoro professionale laico, indefesso, continuo, sistematico, come del più alto mezzo ascetico, e al tempo stesso come della più alta sicura e visibile conferma e prova dell'uomo rigenerato e della sincerità della sua fede, doveva esser la leva più potente che si potesse pensare per l'espansione di quella concezione della vita, che noi abbiamo definito come «spirito del capitalismo». E se connettiamo quella limitazione del consumo con questa liberazione dello sforzo teso al guadagno, il risultato esteriore è evidente: formazione del capitale per mezzo di una costrizione ascetica al risparmio.

[...]

Uno degli elementi costitutivi dello spirito capitalistico moderno, e non soltanto di questo, ma di tutta la civiltà moderna: la condotta razionale della vita sul fondamento dell'idea di professione, è nata [...] dallo spirito dell'ascesi cristiana. [...] Solo come un mantello sottile, che ognuno potrebbe buttar via, secondo la concezione di Baxter, la preoccupazione per i beni esteriori doveva avvolgere le spalle degli «eletti». Ma il destino fece del mantello una gabbia di acciaio. Mentre l'ascesi imprendeva a trasformare il mondo e ad operare nel mondo, i beni esteriori di questo mondo acquistarono una forza sempre più grande nella storia. Oggi lo spirito dell'ascesi è sparito, chissà se per sempre, da questa gabbia.

Il capitalismo vittorioso in ogni caso, da che posa su un fondamento meccanico, non ha più bisogno del suo aiuto. Sembra impallidire per sempre anche il roseo stato d'animo del suo sorridente erede: l'Illuminismo, e come un fantasma di concetti religiosi che furono, si aggira nella nostra vita il pensiero del dovere professionale. [...] Nel paese, dove più fortemente si è sviluppato, negli Stati Uniti, l'attività economica, spogliata del suo senso etico-religioso, tende ad associarsi a passioni puramente agonali, che non di rado le imprimono precisamente il carattere di uno sport.

Nessuno sa ancora chi nell'avvenire vivrà in questa gabbia e se alla fine di questo enorme sviluppo sorgeranno nuovi profeti o una rinascita di antichi pensieri e ideali o, qualora non avvenga né l'una cosa né l'altra, se avrà luogo una specie di impietrimento nella meccanizzazione, che pretenda di ornarsi di un'importanza che essa stessa nella sua febbrilità si attribuisce. Allora in ogni caso per gli ultimi uomini di questa evoluzione potrà essere vera la parola: «Specialisti senza intelligenza, gaudenti senza cuore: questa nullità si immagina di esser salita ad un alto grado di umanità, non mai prima raggiunto».

M. Weber, *L'etica protestante e lo spirito del capitalismo*, in Id., *Sociologia delle religioni*, vol. I (a cura di C. Sebastiani), UTET, Torino, 1976, pp. 306-322 passim

1-18. Secondo Weber, la religione protestante operò in una duplice direzione sui fedeli: da una parte, condannò il consumo spregiudicato dei beni e il lusso; dall'altra, rese lecito il guadagno e l'impiego razionale, cioè produttivo, della proprietà. Questa mentalità favorì lo sviluppo dell'economia capitalistica. L'autore documenta questa tesi attraverso l'analisi delle prescrizioni etiche di una setta, quella dei Quaccheri, particolarmente rigorista. Loro convinzione era, ad esempio, che occorresse assicurare al corpo il necessario per vivere, onde evitare di diventare suoi schiavi. Nel movimento dei Quaccheri, sin dal suo inizio, era presente, secondo Weber, il principio etico supremo in base a cui si doveva evitare la vanità, cioè ogni forma di ostentazione e frivolezza. Le cose andavano usate soltanto per la loro utilità pratica e non per altra forma di valore, come ad esempio la rarità. Inoltre, la proprietà doveva essere impiegata unicamente per i bisogni indispensabili alla vita.

19-27. Il lavoro è considerato dall'etica protestante come il più alto mezzo di elevazione a Dio e, contemporaneamente, come la conferma (l'unica, in verità, dal momento che i misteri della volontà di Dio sono impenetrabili da parte dell'uomo) dello stato di grazia del fedele. Se colleghiamo, argomenta l'autore, questa limitazione del consumo con lo sforzo verso il guadagno, abbiamo gli esiti della formazione del capitalismo moderno. A differenza di Marx, Weber ammette un'influenza della mentalità (in questo caso della religiosità calvinista) sull'economia. Scrive, infatti, il filosofo a questo proposito: «Per coloro, in cui il desiderio di conoscere le cause non si placa senza un'interpretazione economica (materialistica, come purtroppo ancora si dice), si osservi qui: che io ritengo molto rilevante l'influenza dello sviluppo economico sulla formazione dei concetti religiosi, e più tardi cercherò di esporre come si sono conformati nel nostro caso gli adattamenti e le relazioni reciproche. Ma quei contenuti concettuali religiosi non si possono assolutamente dedurre dall'economia; essi sono — e qui non si può cambiar nulla — da parte loro i più potenti elementi formativi del "carattere nazionale" e portano in se stessi la loro legge e la loro forza coercitiva»[12].

29-50. In questa parte conclusiva del testo, l'autore concentra l'attenzione sulla degenerazione del processo capitalistico contemporaneo. Una volta esauritasi la spinta etico-religiosa, osserva Weber, il «sottile mantello» che, nella metafora dello scrittore Baxter (in *Saints' everlasting rest*, cap. XII), rappresentava i «beni esteriori» che dovevano avvolgere le spalle degli «eletti» (che al momento opportuno lo dovevano buttare via con facilità), si è trasformato in una «gabbia». Nel capitalismo vittorioso, e nell'Illuminismo (in quanto movimento di pensiero che meglio rispecchia la sua mentalità), trionfa l'intrapresa economica con i caratteri dell'impegno totale. Scrive in nota Weber: «"Questo vecchio coi suoi 75.000 dollari all'anno non potrebbe riposarsi? No! La facciata del suo negozio deve essere allargata fino a 400 piedi di larghezza. Perché? *That beats everything* (*È il colmo*) — egli dice. La sera, quando la moglie e le figlie fanno una lettura in comune, egli sospira l'ora di andare a dormire; di domenica egli guarda ogni cinque minuti l'orologio, per vedere quando il giorno finirà. Un'esistenza infelice!". Così il genero (immigrato tedesco) del principale, un *dry-good-man* di una città dell'Ohio, riassumeva il giudizio sul suocero. Giudizio che al vecchio a sua volta sarebbe apparso del tutto inconcepibile e sintomo di tedesca mancanza di energia»[13].

3. La teoria critica della società

3.1. La scuola di Francoforte

All'analisi di Max Weber, ma con intenti di critica politica del tutto estranei al modello weberiano di «scienza avalutativa» (che non prende cioè posizione in politica), si collegano i pensatori della cosiddetta *scuola di Francoforte*, costituitasi a partire dal 1922 presso il celebre "Istituto per la ricerca sociale" di quella città. I protagonisti di questa importante corrente di pensiero — che raccolse sociologi, letterati e filosofi — sono Max Horkheimer (1895-1973), Theodor Wiesengrund Adorno (1903-1969), Herbert Marcuse (1898-1979), Walter Benjamin (1892-1940) e, per quanto riguarda la fase più recente, il filosofo vivente Jürgen Habermas, nato nel 1929, l'erede più prestigioso della tradizione francofortese, sia pure con posizioni originali e autonome.

I filosofi più prestigiosi della scuola di Francoforte e la loro avversione al nazismo

Nel 1936 Horkheimer fonda la «Rivista per la ricerca sociale», organo ufficiale della scuola e rassegna di studi di fama internazionale. Con l'avvento del nazismo il gruppo è costretto a emigrare a New York, ove alcuni suoi membri (ad esempio Marcuse) hanno continuato ad operare anche dopo la fine della guerra, mentre altri (tra cui Horkheimer e Adorno) tornavano in patria per riprendere l'attività nell'Istituto di Francoforte.

Alla scuola di Francoforte, che svolge le sue ricerche in una fase cruciale della storia segnata dal nazi-fascismo, dall'affermazione del comunismo staliniano (esempio di «rivoluzione fallita» o, a seconda delle interpretazioni, «altra faccia» del capitalismo) e dal trionfo della società tecnologica e consumistica dell'Occidente, si devono alcune delle opere di maggior rilievo teorico del Novecento. Tra tutte ricordiamo: *Eclisse della ragione*, pubblicato da Horkheimer nel 1947 in America; *Dialettica dell'illuminismo*, scritto da Horkheimer e Adorno nel 1947; *L'opera d'arte nell'epoca della sua riproducibilità tecnica* (1936) di Walter Benjamin; *Eros e civiltà* (1955) e *L'uomo a una dimensione* (1964) di Herbert Marcuse.

[12] *Ivi*, pp. 308-309, nota lett. a.
[13] *Ivi*, pp. 321-322.

Abbiamo ricordato che i francofortesi sviluppano alcune idee di critica sociale già presenti nel pensiero di Max Weber, ma dobbiamo altresì aggiungere che essi hanno anche altri punti di riferimento, in particolare Hegel, Marx e Freud. Da Hegel e da Marx derivano la tendenza a impostare il discorso sulla società in modo *dialettico*, nel senso cioè di andare a cogliere le tendenze contraddittorie insite nel processo storico per sottoporle a critica. Da Freud ereditano gli strumenti per l'analisi dei meccanismi che sono all'origine del comportamento autoritario e della «repressione» del piacere nell'individuo e nelle masse.

I principali punti di riferimento della scuola sono Hegel, Marx, Freud

3.2. Verso un mondo "amministrato"

Il tema centrale della scuola di Francoforte negli anni Trenta e Quaranta è senza dubbio l'esplorazione del concetto di *razionalità,* che sta alla base della moderna civiltà industriale. Horkheimer, nel già citato saggio del 1947 intitolato *Eclisse della ragione,* traccia con grande lucidità il profilo del nuovo tipo di ragione prevalente nella società contemporanea. Si tratta di una *ragione soggettiva o strumentale*, che risolve il sapere nella tecnica, la verità nell'utilità, generando un'umanità che non si pone mai l'interrogativo sui *fini ultimi* dell'agire. Secondo il nostro autore, questa mentalità si coglie bene nelle filosofie dell'età industriale, quali il *pragmatismo* e il *neo-empirismo*, che tendono a risolvere la razionalità nella funzionalità. Al contrario, i grandi sistemi del passato (ad esempio le filosofie di Platone, Aristotele, la Scolastica, l'idealismo tedesco) si interessavano ai fini dell'agire, additando nella ragione, una *ragione oggettiva e universale,* il criterio a cui conformarsi.

Tali concetti vengono ripresi nell'opera più significativa della scuola di Francoforte, *Dialettica dell'illuminismo*, in cui viene messa a fuoco l'incredibile contraddizione contenuta nell'essenza stessa della moderna ragione strumentale: la scienza e la tecnica, nate come mezzi di emancipazione, finiscono per diventare i più terribili fattori di repressione. Sulle orme di Weber, per illuminismo i due autori dell'opera non intendono tanto il pensiero del secolo dei Lumi, quanto quella mentalità operativa e pratica che ha portato l'uomo, sin dal primo apparire del razionalismo greco con Omero e in modo sempre più profondo e drammatico nella civiltà industriale, a confidare unicamente nella forza di padroneggiamento della natura.

Dialettica dell'illuminismo

A differenza di Weber, in Horkheimer e Adorno è prevalente l'interesse per le forme di dominio implicite nell'organizzazione razionale del lavoro capitalistico. Secondo il loro punto di vista, infatti, l'illuminismo (e quindi l'intera civiltà occidentale), partito con l'intento di dominare la natura attraverso il sapere scientifico e l'organizzazione del lavoro sociale, ha messo in campo una paradossale forma di auto-distruzione, traducendosi in un progressivo dominio dell'uomo su se stesso e sugli altri uomini. In altri termini, e come in parte aveva già detto Weber, l'organizzazione scientifica del lavoro e il razionale sfruttamento della natura se, da un lato, hanno moltiplicato le ricchezze materiali, dall'altro hanno accresciuto l'infelicità degli individui, sempre più repressi e sottomessi alle logiche della produzione e del consumo. Il prezzo di questa nuova servitù non è soltanto la perdita di libertà, ma anche la negazione del piacere e della felicità. Sia all'operaio che al capitano dell'industria moderna, infatti, non è consentito pensare a se stessi e ai propri bisogni, immersi come sono totalmente nei ritmi frenetici del lavoro. Con un atteggiamento simile a quello dell'ascetico capitalista weberiano, l'uomo industriale, dominando la natura, domina anche se stesso, frena le sue passioni, rinuncia al godimento immediato, imponendosi un'etica del guadagno e del profitto.

Il mito di Ulisse, metafora della logica repressiva della civiltà borghese occidentale

Questo drammatico rovesciamento degli ideali dell'illuminismo è espresso in uno dei capitoli più suggestivi della *Dialettica dell'illuminismo*, quello (che in parte riportiamo in T. 2) dedicato all'incontro di Ulisse con le sirene (si veda il XII libro dell'*Odissea*). Come è noto, l'Ulisse omerico, per ascoltare il canto delle sirene senza, però, subirne le conseguenze nefaste che l'avrebbero dissuaso dal continuare il suo viaggio di ritorno a Itaca, si fece legare all'albero della nave, dopo aver tappato con la cera le orecchie dei suoi compagni di navigazione: abile stratagemma per consentire all'eroe di udire il canto ammaliatore delle sirene, senza cedere al suo struggente invito. Secondo Horkheimer e Adorno, il mito di Ulisse narrato da Omero costituisce uno dei primi documenti rappresentativi della civiltà borghese occidentale ed è metafora della sua logica di repressione. Infatti, sia Ulisse che i marinai, anche se in modi diversi quasi a rispecchiare le differenze di classe (Ulisse è il signore che fa lavorare gli altri, i compagni di viaggio sono immagine dei moderni operai che «freschi e concentrati, [...] devono guardare in avanti e lasciare stare tutto ciò che è a lato»), devono reprimere il loro impulso al piacere e seguitare dritti sulla strada del dovere.

Esiti pessimistici del pensiero francofortese

Come si vede, rispetto a Marx, a cui pure si ispirano, gli esiti della riflessione dei due pensatori francofortesi sono decisamente pessimistici. Anzi, con la fine della guerra, Horkheimer si allontana progressivamente dal marxismo e, nel suo scritto del 1970 *La nostalgia del totalmente Altro*, riconosce che «Marx si è illuso», perché pensava che la società dovesse fatalmente avanzare sulla via della liberazione attraverso la rivoluzione, mentre la realtà storica ha dimostrato che la rivoluzione, quella russa, ha accresciuto la schiavitù e che tutte le nazioni sembrano avviate verso il regno del "mondo amministrato" dalla tecnica e dalla rigida organizzazione burocratica e sociale. A differenza di quanto pensava Marx, «giustizia e libertà — scrive Horkheimer — sono in realtà concetti dialettici. Quanto più giustizia, tanto meno libertà; quanto più libertà, tanto meno giustizia. Libertà, uguaglianza, fraternità sono parole meravigliose. Ma, se si vuole conservare l'uguaglianza, allora si deve limitare la libertà; se si vuole lasciare agli uomini la libertà, allora non c'è più l'uguaglianza» (*ivi*). Non a caso l'ultima fase del pensiero di Horkheimer è caratterizzata da un'apertura al discorso teologico, in cui Dio è concepito non come una certezza, bensì come un *anelito* (*Sehnsucht*) e una *speranza* affinché, nonostante l'ingiustizia del mondo presente, non avvenga che l'ingiustizia sia l'ultima parola e che l'assassino trionfi sulla vittima innocente.

DIALETTICA DELL'ILLUMINISMO

TESTO 2

L'illuminismo, nel senso più ampio di pensiero in continuo progresso, ha perseguito da sempre l'obiettivo di togliere agli uomini la paura e di renderli padroni. Ma la terra interamente illuminata splende all'insegna di trionfale sventura. Il programma dell'illuminismo era di liberare il mondo dalla magia. Esso si proponeva di dissolvere i miti e di rovesciare l'immaginazione con la scienza.

Bacone, «il padre della filosofia sperimentale», ha già raccolto i vari motivi. [...] Benché alieno dalla matematica, Bacone ha saputo cogliere esattamente l'*animus* della scienza successiva. Il felice connubio, a cui egli pensa, fra l'intelletto umano e la natura delle cose, è di tipo patriarcale: l'intelletto che vince la superstizione deve comandare alla natura disincantata. Il sapere, che è potere, non conosce limiti, né nell'asservimento delle creature, né nella sua docile acquiescenza ai signori del mondo. Esso è a disposizione, come tutti gli scopi dell'economia borghese, nella fabbrica e sul campo di battaglia, così di tutti gli operatori senza riguardo alla loro origine. I re non dispongono della tecnica più direttamente di quanto ne dispongano i mercanti: essa è democratica come sistema economico in cui si sviluppa. La tecnica è l'essenza di questo sapere. Esso non tende, sia nell'Occidente sia nell'Oriente, a concetti e ad immagini, alla felicità della conoscenza, ma al metodo, allo sfruttamento del lavoro, al capitale privato o statale. Tutte le scoperte che riserva ancora secondo Bacone, sono a loro volta solo strumenti: la radio come stampa sublimata, il caccia come artiglieria più efficiente, la teleguida come bussola più sicura. Ciò che gli uomini vogliono apprendere dalla natura, è come utilizzarla ai fini del dominio integrale della natura e degli uomini.

[...]

In un racconto omerico è custodito il nesso di mito, dominio e lavoro. Il dodicesimo canto dell'*Odissea* narra del passaggio davanti alle sirene. La tentazione che esse rappresentano è quella di perdersi nel passato. Ma l'eroe a cui la tentazione si rivolge è diventato adulto nella sofferenza. [...] La sua vita fu quella dell'obbedienza e del lavoro, su cui la soddisfazione brilla eternamente come pura apparenza, come bellezza impotente. Il pensiero di Odisseo, ugualmente ostile alla propria morte e alla propria felicità, sa di tutto questo. Egli conosce due sole possibilità di scampo. Una è quella che prescrive ai compagni. Egli tappa le loro orecchie con la cera, e ordina loro di remare a tutta forza. Chi vuol durare e sussistere, non deve porgere ascolto al richiamo dell'irrevocabile, e può farlo solo in quanto non è in grado di ascoltare. È ciò a cui la società ha provveduto da sempre. Freschi e concentrati, i lavoratori devono guardare in avanti, e lasciar stare tutto ciò che è a lato. L'impulso che li indurrebbe a deviare va sublimato — con rabbiosa amarezza — in ulteriore sforzo. Essi diventano pratici. L'altra possibilità è quella che sceglie Odisseo, il signore terriero, che fa lavorare gli altri per sé. Egli ode, ma impotente, legato all'albero della nave, e più la tentazione diventa forte, e più strettamente si fa legare, così come, più tardi, anche i borghesi si negheranno più tenacemente la felicità quanto più — crescendo la loro potenza — l'avranno a portata di mano. Ciò che ha udito resta per lui senza seguito: egli non può che accennare col capo di slegarlo, ma è ormai troppo tardi: i compagni, che non odono nulla, sanno solo del pericolo del canto, e non della sua bellezza, e lo lasciano legato all'albero, per salvarlo e salvare sé con lui. Essi riproducono, con la propria, la vita dell'oppressore, che non può più uscire dal suo ruolo sociale. Gli stessi vincoli con cui si è legato irrevocabilmente alla prassi, tengono le Sirene lontano dalla prassi: la loro tentazione è neutralizzata a puro oggetto di contemplazione, ad arte. L'incatenato assiste ad un concerto, immobile come i futuri ascoltatori, e il suo grido appassionato, la sua richiesta di liberazione, muore già in un applauso. Così il godimento artistico e il lavoro manuale si separano all'uscita dalla preistoria. L'epos contiene già la teoria giusta. Il patrimonio culturale sta in esatto rapporto col lavoro comandato, e l'uno e l'altro hanno il loro fondamento nell'obbligo ineluttabile del dominio sociale sulla natura.

M. Horkheimer - T. W. Adorno, *Dialettica dell'illuminismo*, trad. it. di L. Vinci, Einaudi, Torino, 1966, pp. 11-43 passim

La *Dialettica dell'illuminismo*, di non facile lettura, è certamente l'opera più rappresentativa della scuola di Francoforte. Uscita nel 1944 sotto forma di *Frammenti filosofici* ciclostilati, fu in seguito rivista e pubblicata in Olanda, nel 1947, con il titolo attuale. I brani che abbiamo riportato sono tratti dal primo saggio, che s'intitola *Concetto di illuminismo*. L'opera costituisce un approfondimento delle ricerche sul concetto di *ragione*, che già nel 1941 Horkheimer, trasferitosi a Los Angeles, stava conducendo e che confluiranno nel volume del 1947 *Eclisse della ragione*. Gli autori distinguono una «ragione oggettiva», equivalente al pensiero pensante che si pone il problema dei fini dell'agire, e una «ragione soggettiva» o «strumentale», intesa come mezzo di dominio sulla natura e, in definitiva, di oppressione dell'uomo. Sulla scia del concetto weberiano di *razionalizzazione* (come esito più significativo della civilizzazione occidentale), i due filosofi intendono mostrare l'ambiguità insita nell'illuminismo. Esso, interpretato nel senso generale di cui abbiamo detto sopra, da una parte ha cercato di allontanare dagli uomini la paura e di renderli padroni (r. **2**), di promuovere cioè quel processo che Weber aveva definito di «disincantamento» del mondo, dissolvendo i miti e sostituendo all'immaginazione la scienza (rr. **4-5**); dall'altra, però, ha ottenuto il risultato di impoverire la Terra del suo senso. Essa, infatti, «illuminata» in tal modo dalla *ragione strumentale e utilitaristica*, si è trasformata in un inferno per gli uomini (r. **3**).

6-20. Francesco Bacone (1561-1626) viene riconosciuto come il padre della modernità. L'espressione «padre della filosofia sperimentale» (r. **6**) è di Voltaire (*Lettere filosofiche*). Non è un caso che i due autori citino proprio Bacone in apertura del loro saggio sull'illuminismo: infatti, il filosofo inglese, sebbene non avesse capito l'importanza della matematica nella costituzione della scienza moderna, aveva, però, colto il nesso inscindibile tra «sapere» e «potere» (r. **10**). Tale potere viene definito «democratico» in quanto è a disposizione di tutti e può essere utilizzato in ogni campo (nell'economia, nelle fabbriche e in guerra) (rr. **11-12**). Incominciano qui a delinearsi i tratti negativi dell'illuminismo: ad esempio la volontà di dominare ad ogni costo la materia, con l'obiettivo di conseguire l'utile (rr. **15-17**). La sconcertante constatazione dei filosofi è che l'umanità, anziché progredire verso uno stadio veramente umano, sia sprofondata nella barbarie.

22-48. Nel mito di Odisseo Horkheimer e Adorno vedono la metafora della civiltà borghese e mercantile dell'Occidente, ligia all'etica del lavoro e dell'obbedienza (r. **25**). Odisseo, nella difficile scelta tra la fedeltà al proprio dovere e la soddisfazione libera e incontrollata, mette in atto due misure: a) tappa le orecchie dei marinai con la cera, perché non odano il canto delle sirene (e neppure le sue parole), ma possano soltanto remare a tutta forza; b) si fa incatenare all'albero della nave, perché possa godere del canto e, contemporaneamente, non cedere alla tentazione delle sirene. Così il lavoro manuale e quello intellettuale vengono distinti, ma entrambi tendono ad imporre il loro dominio sulla natura e, in tal modo, a sacrificare la stessa essenza umana al dio della necessità e dell'utilità. Ecco che si compie il ciclo della ragione che, con la pretesa di sostituire il mito, si converte nel suo contrario, diventando essa stessa mito. Come rileva J. Habermas, «il canto delle sirene richiama alla memoria una felicità un tempo garantita dalla fluttuante unione con la natura» (*Il discorso filosofico della modernità*, Laterza, Roma-Bari, 1988, p. 112), ma che ora, in Odisseo incatenato e immobile, si trasforma in contemplazione: il godimento partecipante è ora divenuto fruizione separata, teoretica, arte.

4. Civiltà e repressione

La polemica contro la repressione sociale dell'individuo ha trovato la sua espressione più alta in Herbert Marcuse, uno dei padri più ascoltati della rivolta giovanile del Sessantotto. *Eros e civiltà*, pubblicato nel 1955, è il libro che meglio esprime le posizioni teoriche dell'autore, il quale, operando una felice sintesi tra Freud e Marx, afferma che la civiltà si è sviluppata attraverso la repressione delle passioni e degli istinti, in particolare della *ricerca del piacere*. A differenza di Freud, che riteneva inevitabile e, quindi, perenne un certo grado di repressione da parte della società, Marcuse osserva che nella nostra civiltà industriale vi è un eccesso di repressione (*una repressione addizionale*) che deriva dal modo di produzione capitalistico. Questa società incentrata sul lavoro e sullo sfruttamento ha ridotto l'uomo a un «essere-per-la produzione»: ciò significa che il fine della vita umana è stato posto nella produzione anziché nel piacere e nel godimento insieme agli altri. L'aspetto più drammatico di questo rovesciamento dei valori, che ha comportato di conseguenza la repressione della sessualità e la sua riduzione a puro fatto procreativo (e, dunque, utilitaristico), è che gli uomini hanno finito per accettare questo stato di cose come naturale. Marcuse qualifica tale processo come «autorepressione da parte dell'individuo represso». L'eroe esemplare di questa condizione dell'Occidente è Prometeo, simbolo della ragione scientifica, della tecnica e della dedizione al lavoro.

Marcuse: l'analisi della repressione e la ricerca della salvezza nell'arte e nella rivoluzione

Che cosa fare, allora? Il filosofo addita due vie di salvezza. La prima è affidata all'arte, che esprime il desiderio umano di liberazione. L'arte, a differenza della ragione che è repressione, è creatività non alienata, metaforicamente espressa nella figura di Orfeo, «la voce che non comanda, ma canta» e intuisce «un ordine senza repressione». La seconda soluzione è ipotizzata da Marcuse in un altro famosissimo libro, *L'uomo a una dimensione* (1968), ove riprende i motivi di critica alla società tecnologica avanzata che ha defraudato l'uomo della sua creatività, ma contemporaneamente individua nuovi *soggetti rivoluzionari* negli esclusi dalla società opulenta. Sta ad essi compiere il grande rifiuto, una volta che gli operai (i tradizionali soggetti rivoluzionari di Marx) si sono integrati nel sistema capitalistico. I nuovi soggetti rivoluzionari di Marcuse sono i reietti e gli immigrati, gli sfruttati delle altre razze, i disoccupati e gli inabili. Essi sono rimasti fuori dal cosiddetto sistema democratico e, dunque, vengono a trovarsi in una condizione *oggettivamente* rivoluzionaria, anche se non lo sanno ancora. Si tratta di far prendere loro coscienza della propria forza rivoluzionaria che, essendo del tutto estranea alle logiche interne al potere, potrà risultare un giorno decisiva. È certamente un'utopia, ma Marcuse ritiene che l'utopia sia necessaria e, al tempo stesso, portatrice di un futuro migliore. Aspetto, questo, che, come ha scritto G. Vattimo, insieme al «mito di una umanità riconciliata anche con la propria sessualità, non è poi da buttar via. Marcuse, probabilmente, merita di essere riscoperto, piuttosto che semplicemente archiviato»[14].

5. Arte, tecnica e industria culturale

Nei paragrafi precedenti abbiamo avuto modo di osservare come la critica alla società repressiva e alla meccanizzazione della vita abbia significato, per un'ampia schiera di intellettuali, il passaggio alla dimensione estetica. Contro una ragione ridotta a mero strumento di giustificazione dell'esistente alcuni filosofi si rivolgono all'arte, assegnandole quella funzione di verità che tradizionalmente era stata riservata alla conoscenza razionale. D'altronde il tema dell'arte, in particolare la poesia, come via privilegiata per la conoscenza profonda del reale è ricorrente, come è noto, nella letteratura della prima metà del XX secolo.

[14] G. Vattimo, *Tecnica ed esistenza. Una mappa filosofica del Novecento*, Paravia, Torino, 1997, p. 62.

La ribellione antiborghese dell'estetica del primo Novecento

L'estetica dell'inizio del Novecento, soprattutto nelle avanguardie artistiche, grazie anche ad una concezione ancora romantica dell'artista come genio e sregolatezza, partecipa del clima sopra descritto di contestazione dell'alienazione della società di massa. Si tratta di una ribellione antiborghese condotta in nome dell'uomo contro la massificazione e la meccanizzazione della vita sociale, che distrugge ogni forma di creatività (si pensi al *Doctor Faustus* di Thomas Mann).

Su un versante di carattere socio-politico si collocano le interessanti osservazioni sull'arte di Adorno e di Benjamin.

Duplicità della funzione dell'arte nella società capitalistica secondo Adorno

Adorno, critico letterario e musicologo oltre che filosofo, ha colto la duplicità della condizione artistica nella società capitalistica avanzata. Secondo il suo pensiero, l'arte è, infatti, da una parte asservita alla moderna «industria culturale» che tratta i soggetti come «consumatori» anche del prodotto artistico, sottomettendoli alla logica dell'economia pianificata, che arriva a programmare il tempo del divertimento e della ricreazione degli individui. Sotto questo profilo, la fruizione estetica non ha nulla di creativo, ma è semplicemente uno strumento nelle mani del potere per imporre i propri valori e i propri modelli di vita e suscitare il consenso attraverso le forme più sottili di persuasione occulta. Dall'altra parte, Adorno scorge altresì nell'arte contemporanea, in particolare nella musica in cui ha un ruolo decisivo la *dissonanza*, una potente valenza critica nei confronti della società. Essa denuncia la «disarmonia del mondo» ed esprime «la soggettività repressa, la sofferenza per la mancanza di libertà e di verità» (*Parva aesthetica*). In questo senso l'arte viene ad assumere anche una funzione positiva, come speranza e anticipazione utopica di una nuova umanità riconciliata con se stessa. L'esperienza dell'arte, dunque, per Adorno è un'esperienza di verità *inquietante*, che spalanca un orizzonte alternativo al mondo alienato e banalizzato del presente.

La valenza positiva della tecnica secondo Benjamin

Una posizione sostanzialmente favorevole alla tecnologia moderna viene espressa, invece, da Benjamin, esponente di rilievo della scuola di Francoforte morto suicida mentre cercava di passare dalla Francia in Spagna per sfuggire ai nazisti, in un breve saggio del 1936, intitolato *L'opera d'arte nell'epoca della sua riproducibilità tecnica*. Di formazione marxista, a Benjamin sta a cuore in particolare la demitizzazione del prodotto artistico, che egli vede caratterizzato da un doppio convergente valore: quello collegato alla sua aura di grandezza e quello venale. Nell'epoca in cui l'opera d'arte non è riproducibile, essa è circondata di un'*aura* di superstiziosa sacralità che l'allontana dalle masse e la rende un bene dal valore economico inestimabile. L'avvento della tecnologia, ad esempio con la fotografia, la fonografia e il cinema, renderà un servizio positivo all'arte, in quanto consentirà alle masse di accedervi e, cosa ancora più importante, di divenire al tempo stesso spettatori e autori di arte, dal momento che tutti potranno disporre di un registratore o di una macchina da presa. Queste posizioni di Benjamin non devono, però, esser fraintese: in altre parole, non si deve commettere l'errore di interpretare il nostro autore come un cantore delle sorti meravigliose e progressive della tecnica moderna. Quello che gli preme è il superamento della tradizionale concezione classicista dell'arte. Infatti, *il peso dei tesori che gravano sull'umanità*, egli dice, non è automaticamente di tutti noi; lo può diventare soltanto se creiamo le condizioni adeguate. La tecnica, a suo avviso, può operare in questa direzione, mettendo a disposizione del vasto pubblico anche i capolavori del passato. Con grande lungimiranza, Benjamin ha denunciato i limiti della visione umanistica tradizionale e ha intuito l'enorme possibilità che la tecnologia reca in sé anche sul terreno artistico. La sua insistenza sul fatto che l'arte sia a disposizione di tutti esprime altresì un modo nuovo di guardare al fenomeno estetico, che pone l'accento sul momento della ricezione come costitutivo dell'esistenza stessa dell'opera d'arte. Secondo Benjamin, la *riproducibilità* amplifica il «valore espositivo» dell'opera, attivandone una valenza nuova, quella politica.

Benjamin coglie la dimensione nuova dell'arte del Novecento, cioè la possibilità di una più ampia fruizione democratica

«Coi vari metodi di riproduzione tecnica dell'opera d'arte, — scrive Benjamin — la sua esponibilità è cresciuta in una misura così poderosa, che la discrepanza quantitativa tra i suoi due poli si è trasformata, analogamente a quanto è avvenuto nelle età primitive, in un cambiamento qualitativo della sua natura. E cioè: così come nelle età primitive, attraverso il peso assoluto del suo valore culturale, l'opera d'arte era diventato uno strumento della magia, che in un certo modo soltanto più tardi venne riconosciuto quale opera d'arte, oggi, attraverso il peso assoluto assunto dal suo valore di esponibilità, l'opera d'arte diventa una formazione con funzioni completamente nuove, delle quali quella di cui siamo consapevoli, cioè quella artistica, si profila come quella che in futuro potrà venir riconosciuta marginale. Certo è che attualmente la fotografia, e poi il cinema, forniscono gli spunti più fecondi per il riconoscimento di questo dato di fatto»[15].

La teoria benjaminiana della perdita dell'aura magica segna la fine del modello ottocentesco di fruizione artistica e prefigura, in una stretta convergenza con le posizioni dell'avanguardia europea dei primi vent'anni del Novecento, quella che sarà la nuova forma dell'arte nell'età della tecnica. È l'annuncio di un evento ineluttabile, destinato a cambiare la natura stessa dell'arte e, per ciò stesso, dall'intrinseco carattere politico: l'arte riproducibile è l'arte del Novecento, strettamente congiunta alla tecnica.

L'ARTE NELL'EPOCA DELLA TECNICA

TESTO 3

L'unicità dell'opera d'arte si identifica con la sua integrazione nel contesto della tradizione. È vero che questa tradizione è a sua volta qualcosa di vivente, qualcosa di straordinariamente mutevole. Un'antica statua di Venere, per esempio presso i greci, che la rendevano oggetto di culto, stava in un contesto tradizionale completamente diverso da quello in cui la ponevano i monaci medievali, che vedevano in essa un idolo maledetto. Ma ciò che si faceva incontro sia ai primi sia ai secondi era la sua unicità, in altre parole: la sua aura. Il modo originario di articolazione dell'opera d'arte dentro il contesto della tradizione trovava la sua espressione nel culto. Le opere d'arte più antiche sono nate, com'è noto, al servizio di un rituale, dapprima magico, poi religioso. Ora, riveste un significato decisivo il fatto che questo modo di esistenza, avvolto da un'aura particolare, non possa mai staccarsi dalla sua funzione rituale. In altre parole: il valore unico dell'opera d'arte *autentica* trova una sua fondazione nel rituale, nell'ambito del quale ha avuto il suo primo e originario valore d'uso. Questo fondarsi, per mediato che sia, è riconoscibile, nella forma di un rituale secolarizzato, anche nelle forme più profane del culto della bellezza. Il culto profano della bellezza, che si configura con il Rinascimento per poi restare valido lungo tre secoli, dà a riconoscere chiaramente quei fondamenti, una volta scaduto questo termine, al momento del primo serio scuotimento da cui sia stato colpito. Vale a dire: quando, con la nascita del primo mezzo di riproduzione veramente rivoluzionario, la fotografia (contemporaneamente al delinearsi del socialismo), l'arte avvertì l'approssimarsi di quella crisi che passati altri cento anni è diventata innegabile, essa reagì con la dottrina dell'arte per l'arte, che costituisce una teologia dell'arte. Successivamente da essa è proceduta addirittura una teologia negativa nella forma dell'idea di un'arte «pura», la quale, non soltanto respinge qualsivoglia funzione sociale, ma anche qualsiasi determinazione da parte di un elemento oggettivo. (Nella poesia, Mallarmé è stato il primo a raggiungere questo stadio).

Tenere conto di queste connessioni è indispensabile per un'analisi che abbia a che fare con l'opera d'arte nell'epoca della riproducibilità tecnica. Perché esse prefigurano una scoperta decisiva per questo ambito: la riproducibilità tecnica dell'opera d'arte emancipa per la prima volta nella storia del mondo quest'ultima dalla sua esistenza parassitaria nell'ambito del rituale. L'opera d'arte riprodotta diventa in misura sempre maggiore la riproduzione di un'opera d'arte predisposta alla riproducibilità. Di una pellicola fotografica per esempio è possibile tutta una serie di stampe; la questione della stampa autentica non ha senso. Ma nell'istante in cui il criterio dell'autenticità nella produzione dell'arte viene meno, si trasforma anche l'intera funzione dell'arte. Al posto della sua fondazione nel rituale s'instaura la fondazione su un'altra prassi: vale a dire il suo fondarsi sulla politica.

N. Benjamin, *L'opera d'arte nell'epoca della sua riproducibilità tecnica. Arte e società di massa*, trad. it. di E. Filippini, Einaudi, Torino, 1966 e 1991, pp. 25-27

[15] W. Benjamin, *L'opera d'arte nell'epoca della sua riproducibilità tecnica. Arte e società di massa*, trad. it. di E. Filippini, Einaudi, Torino, 1966 e 1991, p. 28. Analoghe riflessioni, anche se su un piano diverso, sono quelle esposte da Bertolt Brecht: «Se il concetto di opera d'arte diventa inutilizzabile per definire la cosa che si ha quando l'opera d'arte si è trasformata in merce, allora, con prudenza e cautela ma senza alcun timore, dobbiamo lasciar perdere questo concetto, se insieme non vogliamo liquidare anche la funzione della cosa stessa, poiché attraverso questa fase deve passare, e senza riserve; non si tratta di una deviazione irrilevante dalla retta via; bensì: ciò che avviene la modificherà radicalmente, estinguerà il suo passato, a un punto tale che qualora il vecchio concetto dovesse venir ripreso — e lo sarà, perché no? — non susciterà più alcun ricordo della cosa che un tempo designava» (B. Brecht, *Il processo da tre soldi*, in *Saggi 1-4*, in W. Benjamin, *op. cit.*, p. 51, nota 12).

In questo brano l'autore vuole dimostrare che la nuova tecnica della riproduzione delle opere d'arte modifica l'essenza e l'esistenza dell'arte stessa.

1-10. Benjamin si sofferma sul carattere di culto dell'opera d'arte tradizionale: ad esempio, un'aura di sacralità circondava presso i Greci la statua di Venere. E quest'aura, anche se in chiave negativa, si conserva nella storia, ad esempio presso i monaci medioevali, che consideravano la stessa statua come un idolo maledetto. L'aura deriva dal fatto che quella statua era vista come «unica» e «distante». La distanza, che si riferisce a ciò che è inavvicinabile, definisce il carattere di oggetto di culto dell'opera d'arte tradizionale.

10-16. Questo valore cultuale si conserva, anche se attenuato e più indistinto, nella forma secolarizzata dell'arte, attraverso il feticcio dell'*autenticità* dell'opera d'arte. Che cos'altro è, infatti, l'autenticità se non la riproposizione dell'idea dell'unicità e della irripetibilità dell'opera? Ciò si rivela in modo particolare nella figura del collezionista d'arte: un vero e proprio schiavo di un feticcio, che nel possesso partecipa al rito del culto.

16-23. Quando nell'Ottocento è stata inventata la fotografia, e con essa la prima tecnica veramente rivoluzionaria di riproduzione dell'opera (contemporaneamente alla nascita del socialismo), l'arte tradizionale avvertì i primi segni della sua crisi e reagì in due modi: dapprima con una sorta di autocelebrazione (l'arte per l'arte) e, quindi, con la chiusura in sé (l'arte pura, staccata da ogni interesse sociale).

24-32. Con l'avvento della riproducibilità tecnica muta l'essenza dell'arte: essa non viene più a fondarsi sul rituale, ma sulla prassi politica. Nella fotografia e, ancor più, nel cinema non ha più senso il concetto dell'autenticità dell'opera. Infatti, nel film la diffusività presso le masse s'impone come elemento costitutivo: un film è per definizione un prodotto *per* le masse. A questo punto si pone il problema dell'uso politicamente appropriato della nuova tecnica, che consente per sua natura una visione democratica dell'arte. A tal proposito, nella *Postilla* finale Benjamin, contrapponendosi all'uso propagandistico del binomio arte-tecnica, osserva che il fascismo persegue un ideale di «estetizzazione della vita politica», cioè tende ad impiegare la potenza tecnologica nella guerra, enfatizzandone la bellezza. Scrive Benjamin: «Alla violenza esercitata sulle masse, che vengono schiacciate nel culto di un duce, corrisponde la violenza da parte di un'apparecchiatura, di cui esso si serve per la produzione di valori culturali (...). Nel manifesto di Marinetti per la guerra coloniale d'Etiopia si dice che da ventisette anni i futuristi si oppongono a che la guerra venga definita come antiestetica. Pertanto asseriscono: "...la guerra è bella, perché — grazie alle maschere antigas, ai terrificanti megafoni, ai lanciafiamme e ai piccoli carri armati — fonda il dominio dell'uomo sulla macchina soggiogata. La guerra è bella perché inaugura la sognata metallizzazione del corpo umano. La guerra è bella, perché arricchisce un prato in fiore delle fiammanti orchidee delle mitragliatrici. La guerra è bella perché riunisce in una sinfonia il fuoco di fucili, le cannonate, le pause tra gli spari, i profumi e gli odori della decomposizione. La guerra è bella perché crea nuove architetture, come i grandi carri armati, le geometriche squadriglie aeree, le spirali di fumo elevantisi da villaggi bruciati e molto altro ancora... I poeti e artisti del futurismo... si ricordino di questi principi di un'estetica di guerra, perché da essi venga illuminata... la loro lotta per una nuova poesia e una nuova plastica" (*La Stampa*, Torino)» (*ivi*, p. 47). La conclusione di Benjamin è la seguente: alla «estetizzazione della politica che il fascismo persegue» (che altro non è se non il compimento del precetto della separatezza tra arte e masse, cioè «l'arte per l'arte»), «il comunismo risponde con la politicizzazione dell'arte», cioè con la fine della reciproca estraniazione o alienazione tra popolo e fenomeno artistico (*ivi*, p. 48).

L'estetica marxista di Lukács

György Lukács (Budapest, 1885-1971) è uno dei più importanti filosofi marxisti del Novecento. Tra le sue opere ricordiamo: *Storia e coscienza di classe* (1923), *La teoria del romanzo* (1914-1915), *Saggi sul realismo* (1948-1955), *Il romanzo storico* (1955). Sulle orme di Marx, il filosofo ungherese è convinto che la storia vada pensata secondo l'ottica della totalità e della dialettica. Per lui la storia non è una serie frammentaria di avvenimenti, ma un tessuto organico costituito da un'articolazione di elementi che portano verso uno sbocco oggettivo, che è l'emancipazione umana ad opera dell'uomo stesso. Infatti, il soggetto della storia, il principio o la forza che fa la storia, secondo Lukács, è la *coscienza di classe* del proletariato. Dapprima oscura e non consapevole, essa diventa sempre più conscia della sua missione di trasformare la società capitalistica in una società senza classi. Tale compito è precluso, invece, alla borghesia, sempre più irretita nelle sue contraddizioni di classe e,

(segue)

pertanto, destinata a soccombere e a non avere più una funzione storica. Questo ruolo anti-progressivo (e anti-storico) della borghesia viene rintracciato da Lukács anche nelle forme artistiche proprie della cultura borghese, che sono dominate dall'irrazionalismo. A tal proposito il filosofo marxista si sofferma su Schopenhauer, Nietzsche, Dilthey, Simmel, Weber, Spengler, Heidegger, Jaspers, mostrando come attraverso essi si vada attuando una «distruzione della ragione» (titolo di un altro importante libro di Lukács del 1954), che ha il suo fatale sbocco nel nazi-fascismo.
Notevole è l'apporto di Lukács alla teoria estetica, che egli ha inteso fondare sulla base della sua concezione marxista della realtà. Egli è, infatti, convinto che l'arte, come ogni altra forma di coscienza, sia un *rispecchiamento* della realtà oggettiva. Ciò non significa che essa sia un riflesso immediato della realtà, al pari di una riproduzione fotografica, ma che la vera arte riesce sempre a cogliere le tendenze fondamentali dell'evoluzione sociale. Tale è il caso di Balzac, il grande romanziere francese dell'Ottocento che, pur essendo soggettivamente un reazionario, riesce, in quanto grande artista, a cogliere le pulsioni profonde di un'epoca e ad essere così oggettivamente «progressista».

LABORATORIO FILOSOFICO

La condizione esistenziale dell'uomo nella società capitalistica avanzata, dominata dalla razionalità tecnica: *questo il tema delle riflessioni dei filosofi presentati in questo capitolo, da Weber, Horkheimer e Adorno fino a Marcuse e Benjamin. Il mondo moderno e contemporaneo si presenta loro come caratterizzato dalla prevalenza della* ragione formale *o strumentale, che non si pone cioè il problema dei fini dell'agire. L'esistenza si rivela, pertanto, in preda alla febbre del fare. Max Weber fa risalire tale condizione allo spirito protestante, segnato dall'impegno strenuo per assolvere il proprio dovere, mentre gli autori della* Dialettica dell'illuminismo *la riconducono più in generale alla stessa civiltà dell'Occidente che, a partire dall'Ulisse omerico, nell'illusione di dominare la natura, non ha perseguito altro risultato che quello di reprimere l'uomo. Pur nel quadro di una prospettiva fondamentalmente pessimistica, qualche via di uscita viene indicata nel ritorno all'uomo, inteso come soggetto rivoluzionario (il proletariato di Lukács o gli emarginati di Marcuse), o nella speranza di un Dio di giustizia (Horkheimer e Adorno). In quasi tutti questi autori fa capolino l'utopia, quella forza che può proiettare l'uomo oltre il desolante panorama dell'esistente, che Weber aveva definito come una* gabbia di acciaio. *Originale la posizione di Benjamin che, sottolineando l'inevitabilità della tecnica, ne coglie anche i caratteri positivi, in particolare in relazione alla possibilità di una fruizione e produzione democratica dell'arte.*

1

Attraverso l'analisi del testo di Weber (T. 1), individua il nesso capitalismo-calvinismo-illuminismo.

2

Leggi e commenta il seguente brano di Weber, tratto dalla conferenza del 1919 *La politica come professione*, dedicato alla distinzione tra l'*etica della convinzione* e l'*etica della responsabilità*. Metti in luce, altresì, l'immagine della politica che da esso emerge.

«Dobbiamo renderci chiaramente conto che ogni agire orientato in senso etico può oscillare tra due massime radicalmente diverse e inconciliabilmente opposte: può esser cioè orientato secondo l'"etica della convinzione" (*gesinnungsethisch*) oppure secondo l'"etica della responsabilità" (*verantwortungsethisch*). Non che l'etica della convinzione coincida con la mancanza di responsabilità e l'etica della responsabilità con la mancanza di convinzione. Non si vuol certo dir questo. Ma v'è una differenza incolmabile tra l'agire secondo la massima dell'etica della convinzione, la quale — in termini religiosi — suona: "Il cristiano opera da giusto e rimette l'esito nelle mani di Dio", e l'agire secondo la massima dell'etica della responsabilità, secondo la quale bisogna rispondere delle conseguenze (prevedibili) delle proprie azioni. A un convinto sindacalista il quale si regoli secondo l'etica della convinzione potrete esporre con la massima forza di persuasione che la sua azione avrà per conseguenza di aumentare le speranze della reazione, di aggravare l'oppressione della sua classe e di impedirne l'ascesa: ciò non gli farà la minima impressione. Se le conseguenze di un'azione determinata da una convinzione pura sono cattive, ne sarà responsabile, secondo costui, non l'agente bensì il mondo o la stupidità altrui o la volontà divina che li ha creati tali. Chi invece ragiona secondo l'etica della responsabilità tiene appunto conto di quei difetti presenti nella media degli uomini; egli non ha alcun diritto — come giustamente ha detto Fichte — di presupporre in loro bontà e perfezione, non si sente autorizzato ad attribuire ad altri le conseguenze della propria azione, fin dove poteva prevederla. Costui dirà: "queste conseguenze saranno imputate al mio operato". L'uomo morale secondo l'etica della convinzione si sente "responsabile" solo quanto al dovere di tener accesa la fiamma della convinzione pura, per esempio quella della protesta contro l'ingiustizia dell'ordinamento sociale. Ravvivarla continuamente, è questo lo scopo delle sue azioni assolutamente irrazionali — a giudicarle dal loro possibile risultato — le quali possono e devono avere un valore soltanto di esempio» (Max Weber, «La politica come professione», in *Il lavoro intellettuale come professione*, trad. it. di A. Giolitti, Einaudi, Torino, 1948, pp. 109-110).

3

Stabilisci un confronto documentato circa la considerazione della tecnica e dell'arte in Adorno e Benjamin.

4

Partendo dal brano che abbiamo riportato in T. 2 tratto dalla *Dialettica dell'illuminismo*, componi un testo libero sul tema che reputi più importante.

5

Proponiamo alla riflessione un brano di Marcuse, tratto dal saggio del 1963 intitolato *L'obsolescenza della psicoanalisi*. In esso si affronta il tema della *desublimazione repressiva* (v. il *Glossario*), cioè della falsa libertà (anche sessuale) esistente nelle nostre società. In apparenza, afferma Marcuse, sembra che tutto sia permesso e non esista più la *sublimazione* (quel processo che Freud aveva individuato come deviazione della pulsione sessuale verso altre mete socialmente accettabili, quali il lavoro, l'arte, l'utilità sociale); in realtà, le cose non stanno così. La società, da una parte, liberalizza e incoraggia (de-sublimizza) l'attività sessuale, ma contemporaneamente la commercializza e, dunque, la depotenzia, facendole perdere la sua forza dirompente e critica. Oggi, dice il filosofo, si intensifica l'energia sessuale, ma viene meno l'energia erotica. L'ambiente si de-erotizza, perché la sfera dell'eros si circoscrive e si riduce alla meccanica soddisfazione sessuale. In *L'uomo a una dimensione*, Marcuse afferma che un conto è «far l'amore in un prato» e un conto «in un'automobile in una strada di Manhattan» (Einaudi, Torino, 1967, p. 92). Nel passato il sesso veniva represso, ma conservava una carica di liberazione; nel presente esso è esibito, ma la *libido*, isterilita e amministrata, scompare: la de-sublimazione diventa repressione. Questo spiega il motivo per cui nelle nostre metropoli il permissivismo sessuale coesiste con l'esplosione dell'aggressività e della violenza. Queste considerazioni appaiono attuali ancor oggi.

«Nelle società tecnologiche avanzate dell'Occidente c'è invero un'*effettiva e ampia desublimazione* (in confronto con gli stadi precedenti), che ha luogo nei costumi e nel comportamento sessuali, nelle relazioni sociali, nella cultura resa ormai accessibile (la cultura di massa è cultura superiore desublimata). La morale sessuale è stata liberalizzata in alta misura; inoltre la sessualità viene propagandata come stimolo commerciale, voce attiva negli affari e simbolo di *status*. Ma questa maggiore desublimazione significa forse il prevalere dell'Eros, che conserva ed estende la vita, di fronte al suo funesto rivale? Il concetto freudiano della sessualità può fornire un'indicazione per la risposta.

In questo concetto è centrale il conflitto fra la sessualità (come forza appartenente al principio di piacere) e la società (come istituzione del principio di realtà): quest'ultima è necessariamente repressiva dinanzi alle richieste poste, senza compromessi, dagl'istinti vitali primari. Con la sua forza più intima l'Eros "manifesta la sua opposizione all'istinto gregario" e respinge "l'influenza della massa". Nella desublimazione commerciale di oggi sembra dominare la tendenza esattamente opposta. Il conflitto fra principio di realtà e principio di piacere viene diretto da una liberalizzazione controllata, che incrementa la soddisfazione per quello che la società offre. Ma l'energia libidica, quando la sua liberazione avviene in questa forma, muta la sua funzione sociale: nella misura in cui la sessualità è sanzionata e perfino incoraggiata dalla società (naturalmente non in modo "ufficiale", ma attraverso il comportamento e i costumi considerati "normali"), l'energia libidica perde quella che per Freud è la sua qualità essenzialmente erotica, cioè il momento della liberazione da tutto ciò che riguarda la società. In questa sfera sociale, quel tanto di libertà che era stato carpito e la stessa pericolosa autonomia dell'individuo si collocavano nell'ambito del principio di piacere: la loro restrizione autoritaria testimoniava la profondità del conflitto fra individuo e società, la misura cioè in cui la libertà veniva repressa. Oggi invece, con l'integrazione di tale sfera in quella degli affari e dei divertimenti, è la repressione stessa ad essere repressa: la società ha esteso non la libertà individuale, ma il proprio controllo sull'individuo» (H. Marcuse, *L'obsolescenza della psicoanalisi*, in *Cultura e società*, trad. it. di C. Ascheri, H. A. Osterlow e F. Ceruti, Einaudi, Torino, 1969, pp. 237-238).

GLOSSARIO E RIEPILOGO

Ragione soggettiva o strumentale: è la ragione tipica delle filosofie che riflettono gli ideali della società industriale, ossia un tipo di ragione che, tralasciando ogni discorso sui *fini*, si limita a interessarsi dei *mezzi*. Al contrario, la **ragione oggettiva** è quella che, come nei grandi filosofi del passato, si interessa ai fini dell'agire.

Disincantamento. Il termine ricorre in Weber e sta ad indicare quel processo della storia dell'Occidente, caratterizzato dalla razionalizzazione e dall'intellettualizzazione dell'agire, che ha prodotto la caduta dei miti e degli dèi. Il mondo così secolarizzato si presenta, però, come una immane gabbia di acciaio in cui gli individui non sembrano poi tanto felici.

Beruf. Parola tedesca con cui Weber designa l'idea della professione come compito divino. L'espressione inglese equivalente, che secondo Weber mette meglio in luce il concetto di «vocazione» e di «predestinazione», è **calling.**

Scuola di Francoforte: l'espressione indica il gruppo di intellettuali, legati all'Istituto per la Ricerca Sociale di Francoforte, che hanno analizzato in modo critico la condizione dell'esistenza nella società a capitalismo maturo, ispirandosi all'ideale utopico e rivoluzionario di un'umanità libera e disalienata.

Illuminismo. Nella *Dialettica dell'illuminismo*, Horkheimer e Adorno per *illuminismo* intendono non soltanto il secolo dei Lumi, ma tutta quella mentalità che, dalla manifattura dei primi utensili fino alla sofisticata tecnologia della centrale atomica, ha perseguito l'ideale di una razionalizzazione del mondo, al fine di assoggettarlo all'uomo. Secondo questa visione, «storia universale e illuminismo diventano la stessa cosa», anche se il suo apice è rappresentato dalla moderna società industriale. Questa civiltà risulta, però, caratterizzata da una dialettica interna di tipo autodistruttivo, perché la pretesa di accrescere sempre più il potere sulla natura si traduce in un progressivo dominio dell'uomo sull'uomo e in un generale asservimento degli individui al sistema sociale.

Eros e civiltà. Titolo di un'opera famosissima di Marcuse, in cui il filosofo dice che la civiltà di classe in cui viviamo si sviluppa solamente in virtù della repressione addizionale (v.) degli istinti, cioè della subordinazione del «principio del piacere» al «principio di prestazione».

Repressione addizionale. Seguendo Freud, il quale aveva parlato di un certo livello inevitabile di repressione nelle civiltà, Marcuse mette in rilievo il fatto che la società di classe, a differenza delle altre società, richiede un *surplus* di repressione.

Principio di prestazione. È, secondo Marcuse, la regola che prescrive all'individuo di impiegare tutte le sue energie psico-fisiche per scopi produttivi e lavorativi.

Arte: secondo Adorno e Benjamin essa ha un duplice ruolo: a) denuncia la negatività e la disarmonia del mondo; b) anticipa, nel desiderio e nell'utopia, un futuro fatto a misura d'uomo.

L'uomo a una dimensione. Titolo di un'altra famosissima opera di Marcuse, nonché l'individuo alienato e omologato della società industriale avanzata.

Industria culturale: è quell'enorme apparato economico-propagandistico che suscita e determina i consumi degli individui, rendendoli passivi e schiavi nelle scelte, anche quando credono di essere liberi.

Desublimazione repressiva. Il termine indica la falsa libertà della società industrializzata, che in apparenza affranca la morale e la sessualità da ogni tabù, rendendo tutto lecito (e in tal modo la «sublimazione», di cui aveva parlato Freud, non c'è più), ma in realtà reprime l'eros, inteso come l'espressione più genuina della personalità umana. In Marcuse c'è, dunque, opposizione tra eros (qualità positiva) e sessualità (aspetto delimitante e circoscritto dell'eros e, dunque, negativo).

Grande rifiuto. Espressione desunta dal *Manifesto del surrealismo* di A. Bréton, con cui Marcuse designa l'opposizione totale al Sistema della società tecnologica e capitalistica.

INDICAZIONI BIBLIOGRAFICHE

F. Ferrarotti, *Max Weber e il destino della ragione*, Laterza, Roma-Bari 1968.
M. Jay, *L'immaginazione dialettica. Storia della scuola di Francoforte e dell'istituto per le ricerche sociali 1923-1950* (1973), Einaudi, Torino 1979.
G. Bedeschi, *Introduzione alla scuola di Francoforte*, Laterza, Roma-Bari 1985.
C. Cavazzani, *Interpretazioni di Weber e teorie della società*, Angeli, Milano 1993.
K. Löwith, *Marx, Weber, Schmitt*, Laterza, Roma-Bari 1994.
F. Tuccari, *Weber*, Laterza, Roma-Bari 1995.
L. Capogrossi Colognesi, *Le radici della modernità. Max Weber (1891-1909)*, La Sapienza, Roma 1996.
F. Bianco, *Le basi teoriche dell'opera di Max Weber*, Laterza, Roma-Bari 1997.
N. M. De Feo, *Introduzione a Weber*, Laterza, Roma-Bari 1997[3].
A. De Simone, *Senso e razionalità. Max Weber e il nostro tempo*, Quattroventi, Urbino 1999.

Capitolo undicesimo

GENTILE, CROCE E GRAMSCI

GENTILE, CROCE E GRAMSCI*

TRE FIGURE SIGNIFICATIVE DELLA FILOSOFIA ITALIANA

PREMESSA: IL RITORNO A HEGEL

A partire dalla seconda metà dell'Ottocento si verificò in Italia (in particolare presso l'università di Napoli, ove insegnò il neohegeliano Bertrando Spaventa, 1817-1883) una ripresa degli studi di Hegel. All'idealismo hegeliano aderirono allora numerosi letterati, storici, giuristi, medici, oltre che filosofi. Ma gli esiti più significativi di questa fioritura neo-idealistica si devono, agli inizi del Novecento, a Croce e Gentile, personaggi tra loro molto differenti sia per fede politica che per dottrina: Croce fu antifascista e liberale, mentre Gentile ebbe un ruolo di primo piano nel regime fascista; Croce fu sostenitore di una forma radicale di *storicismo*, mentre Gentile affermò un *soggettivismo assoluto*, più noto come *attualismo*. Entrambi, però, accomunati dal proposito di contrastare il Positivismo mediante il ritorno all'idealismo, esercitarono una vera e propria egemonia sulla cultura italiana del primo Novecento, tanto da influenzare lo stesso dibattito contemporaneo del marxismo italiano. Antonio Gramsci, il maggiore esponente del marxismo in Italia, ad esempio, pur criticando l'imperante storicismo crociano, elaborava, anch'egli in chiave anti-positivistica, una nuova sintesi di marxismo ed hegelismo. Egli, sulle orme di Labriola (v. *Scheda dei confronti*), insisteva sull'idea che il marxismo doveva considerarsi una «riforma e uno sviluppo dell'hegelismo». Infatti, secondo Gramsci il marxismo aveva mutuato dal pensiero di Hegel due concetti fondamentali: **a)** innanzitutto, l'idea che la realtà (anche quella naturale, in quanto trasformata dall'uomo) è riconducibile tutta all'uomo e alla storia; **b)** l'idea, poi, che la storia deve intendersi come processo e sviluppo dialettico.

È per questo motivo che abbiamo scelto di trattare qui, insieme, Gentile, Croce e Gramsci, le tre figure più influenti della scena filosofica italiana del Novecento e della rinascita dell'hegelismo.

1. GENTILE E L'ATTUALISMO

1.1. La vita

Giovanni Gentile nacque a Castelvetrano in Sicilia il 30 maggio 1875. Professore prima a Palermo e a Pisa, poi a Roma, fu nominato ministro della pubblica istruzione all'avvento del governo fascista (1922-1924). Gentile arrivò a scorgere nel nuovo regime l'espressione stessa della razionalità o della spiritualità assoluta e a diventarne il massimo esponente intellettuale. Egli fu l'autore di una vasta e radicale riforma della scuola italiana che però il fascismo stesso modificò negli anni successivi. Per le sue numerose cariche culturali e politiche, nonché come Presidente dell'«Enciclopedia Italiana», esercitò un vasto potere sulla cultura italiana e specialmente sul suo aspetto amministrativo e scolastico. Caduto il fascismo nel luglio del 1943 e occupata, nell'ottobre dello stesso anno, l'Italia centrale e settentrionale dalle truppe tedesche, Gentile fece atto di pubblica adesione al governo fantoccio che esse vi avevano instaurato. Questo fu forse per lui un estremo atto di fedeltà romantica al regime **La fedeltà al fascismo**

* Questo capitolo è frutto della rielaborazione di D. Massaro.

che lo aveva onorato come il suo massimo rappresentante culturale; a molti Italiani parve invece un tradimento. Fu ucciso sulla soglia della sua abitazione a Firenze il 15 aprile 1944, per motivi tuttora oscuri e oggetto di discussione fra gli studiosi.

Tra le opere di Gentile ricordiamo: *La riforma della dialettica hegeliana* (1913); *La teoria generale dello spirito come atto puro* (1916); *Sistema di logica come teoria del conoscere* (2 voll., 1917-1922); *Sistema di pedagogia come scienza filosofica* (1912).

1.2. Tutta la realtà è pensiero in atto

Il torto di Hegel è, secondo Gentile, quello di aver tentato una dialettica del *pensato*, cioè del concetto o della realtà pensabile, mentre può esservi dialettica, cioè sviluppo e divenire, soltanto del *pensante*, cioè del soggetto che pensa, nell'atto in cui pensa. Infatti nessuna realtà è tale se non in quanto, e nell'atto in cui, viene pensata come realtà. La vera e unica realtà è quindi il pensiero in atto, o il soggetto attuale del pensiero (= attualismo). È bensì vero che il soggetto, in quanto pensa, pensa necessariamente qualcosa che è per lui un *oggetto*; ma l'oggetto del pensiero, sia esso la natura o Dio, il proprio io o quello degli altri, non ha realtà fuori dell'*atto del pensiero* che lo pensa e, pensandolo, lo pone. Quest'atto è dunque creatore, e, in quanto creatore, infinito, perché non ha nulla fuori di sé che possa limitarlo. Questo principio realizza la rigorosa e totale *immanenza* di ogni realtà nel soggetto pensante. Né la natura né Dio e neppure il passato e l'avvenire, il male e il bene, l'errore e la verità, sussistono comunque fuori dell'atto del pensiero. Gli sviluppi che Gentile ha dato alla sua dottrina consistono essenzialmente nel mostrare l'immanenza di tutti gli aspetti della realtà nel pensiero che li pensa e nel risolverli in questo.

L'attualismo

Il Soggetto trascendentale come libertà e autoctisi

Il pensiero in atto è il *Soggetto trascendentale*, l'Io universale o assoluto. Il soggetto empirico, cioè l'uomo singolo, è un oggetto dell'Io trascendentale, un oggetto che esso pone (cioè crea) pensandolo, e di cui, nello stesso tempo che lo pone, supera l'individualità, universalizzandolo. Gli altri «io» sono anch'essi oggetti, in quanto altri; ma nell'atto di conoscerli l'Io trascendentale li unifica e li identifica con sé. La natura, come una realtà presupposta al pensiero, è una finzione: essa non sussiste che come particolarità e individualità dell'oggetto pensato e presuppone quindi l'atto del pensiero che la pensa appunto come particolare e individuale.

Di fronte allo spirito che è assoluta *libertà*, perché assoluta creatività, l'oggetto o l'essere è *necessità*. Dio, la natura, l'idea, il fatto sono necessari perché sono già posti dal pensiero e sono quindi diventati, per il pensiero, entità immobili, che non possono essere diverse da quelle che sono. Ma il pensiero che le pone, nell'atto in cui le pone, è libero e incondizionato e non obbedisce che alla propria interna necessità. Per questa libertà appunto esso è creatore: la sua attività non è mai pura teoria (cioè contemplazione) di una realtà già fatta, ma sempre azione, attività creatrice. La legge stessa che lo spirito si pone e a cui si conforma è creazione dello spirito. Lo spirito è auto-creazione, *autoctisi*.

1.3. Arte, religione e scienza

Si è già detto che, per Gentile, non c'è dialettica (cioè divenire, sviluppo, storia) se non di ciò che Hegel chiamava «Spirito assoluto», nelle sue tre forme di arte, religione, filosofia; e la cosa si capisce, dato che, per Gentile, l'unica realtà è il pensiero auto-cosciente. Per Gentile l'arte rappresenta il momento della *soggettività*, la religione e la scienza il momento dell'*oggettività* e la filosofia il *sapere assoluto*, per il quale il soggetto diventa consapevole che è lui e lui solo a porre l'oggetto.

L'arte

L'arte esprime, secondo Gentile, il momento della pura soggettività spirituale; giacché il mondo dell'arte è un mondo fantasticato, che vale solo «soggettivamente» ma non possiede realtà oggettiva. In uno dei suoi ultimi libri, *La filosofia dell'arte* (1921), Gentile ha anche qualificato l'arte come il *sentimento* che l'Io trascendentale ha nella sua propria soggettività.

La religione

La religione è intesa da Gentile come «negazione del soggetto nell'oggetto»: cioè come l'atto con cui il soggetto dimentica se stesso in un oggetto assoluto (Dio) e giunge alla negazione della propria libertà. Esso allora concepisce la creazione non come *autoctisi* (creazione che il soggetto fa di se stesso), ma come *eteroctisi* (creazione che del soggetto fa l'Oggetto, cioè Dio); la conoscenza non come posizione dell'oggetto da parte del soggetto, ma come *rivelazione* che l'oggetto fa di sé al soggetto; e la buona volontà non come creazione che la volontà fa del bene ma come *grazia* che il bene (Dio) fa di sé al soggetto. Lo sbocco della religione è quindi il misticismo, cioè l'annullamento dello spirito nel suo oggetto.

Con la religione ha in comune il suo atteggiamento la *scienza*, che è anch'essa posizione di un oggetto, la natura, che si ritiene presupposto al soggetto. La scienza, secondo Gentile, è necessariamente dogmatismo e naturalismo: *dogmatismo* per il suo presupposto realistico, in quanto afferma che c'è una realtà (la natura) al di fuori e indipendentemente dal soggetto; *naturalismo* perché la realtà naturale così presupposta non può essere che immobilità e meccanismo, quindi negazione dello spirito. La scienza

1.4. La dottrina dello stato

Per Gentile la società e lo stato e, più in generale, tutta la gamma dei rapporti tra gli uomini, si riducono in ultima istanza all'interiorità dell'atto spirituale, ove risiedono la radice e la vera sostanza della socialità. Il vero stato non è quello che empiricamente si mostra con la figura della spada e della forza, ma quello che gli uomini costruiscono interiormente. Analogamente, secondo Gentile non ha senso distinguere tra la sfera *privata* e quella *pubblica*, se si ammette (come egli ammette) quale unico individuo l'Io universale e infinito. Gentile accetta in questo modo il carattere totalitario e autoritario dello stato, in quanto rigetta il principio fondamentale del liberalismo, cioè che gli individui possano costituire un freno al potere dello stato. Però, con un movimento che è caratteristico della sua dialettica, egli giunge anche ad affermare l'opposto, e cioè: «che in questo Stato che è la stessa volontà dell'individuo in quanto universale e assoluto, l'individuo inghiotte lo Stato, e che l'autorità (la legittima autorità), non potendo essere espressa d'altronde che dall'attualità del volere individuale, si risolve essa senza residuo nella libertà». In tal modo la vera democrazia sarebbe non quella che vuole limitare lo stato, ma quella che «non pone limiti allo Stato, che si svolge nell'intimità dell'individuo e gli conferisce la forza e il diritto nella sua assoluta universalità» (*Genesi e struttura della società*, 1946).

1.5. Filosofia, educazione e scuola[1]

La pedagogia di Gentile fa tutt'uno con la sua filosofia. Essa infatti si articola in due principi, cui sono rispettivamente dedicate le due parti del *Sommario*: la realizzazione dell'identità di educatore ed educando nell'atto educativo e il carattere astratto e irreale di ogni contenuto particolare dell'insegnamento e di ogni regola didattica, l'uno e l'altra sempre da superarsi e "dimenticarsi" nel vivo dell'educazione effettiva.

L'identità di educatore ed educando non è che un caso di quel superamento delle distinzioni fra soggetti empirici nell'assolutezza dell'Io trascendentale di cui già s'è detto. Gentile non manca, per altro, di fornire maggior concretezza, sul piano pedagogico, a questo motivo mediante le due considerazioni di origine agostiniana dell'atto educativo come essenzialmente *atto d'amore* con cui l'educatore abbassandosi s'innalza, e anche come atto in cui l'educatore e l'educando pensano o meglio ripensano l'*unica verità* che li supera ambedue. L'identità di educatore ed educando

Gentile critica anche tutte le altre comuni distinzioni pedagogiche, e particolarmente quella fra contenuto e forma dell'insegnamento, fra *materia* da far apprendere e *metodo* con cui fare apprendere. Non esiste un metodo che, nella sua astratta generalità, valga per ogni materia e per ogni insegnante, «quasi veste che si possa togliere di dosso ad uno per vestirne altri». In primo luogo ogni materia, ogni argomento è metodo a se stesso, non è cioè nozione astratta e isolata da memorizzare, ma atto di ricerca, di invenzione, anzi di creazione, e come tale modo specifico di procedere nella scoperta. In secondo luogo è poi sempre l'insegnante che rivive e trasfigura nel vivo fuoco dell'atto di insegnare i contenuti e le indicazioni metodiche particolari, di cui pur può avvalersi in fase preparatoria. Chi sa veramente, sa insegnare; chi è uomo, è anche educatore. Su queste basi la pedagogia gentiliana poneva le premesse di quella negazione degli aspetti tecnico-scientifici dell'educazione che venne attuata nella riforma del 1923 dallo stesso Gentile, in particolare con l'abolizione dell'insegnamento della psicologia e del tirocinio didattico negli Istituti magistrali. Negazione di un metodo astratto e generale

[1] Questo paragrafo è tratto da N. Abbagnano - A. Visalberghi, *Linee di storia della pedagogia*, Paravia, Torino, 1984, pp. 224-225.

Altri aspetti della filosofia di Gentile che ebbero la massima importanza sul piano educativo sono quelli connessi al suo concetto dialettico dello Spirito.

La religione come *filosofia inferiore*

La religione, in quanto necessario momento dello sviluppo spirituale, e precisamente momento dell'oggettivismo ingenuo, rappresenta per il maggior numero una specie di *Philosophia inferior*, che adombra le verità che son colte pienamente solo nella sintesi filosofica cui essi non giungeranno. E per coloro che invece vi giungeranno rappresenta un necessario grado di passaggio. Perciò la religione deve avere un degno posto nell'insegnamento inferiore.

Carattere elitario della cultura storico-filosofica

La superiore visione storico-filosofica della realtà come realtà spirituale è dunque conquista di pochi: perciò Gentile concepisce l'educazione storico-critica delle scuole classiche come necessariamente ristretta a «quei pochi cui l'ingegno destina di fatto, o il censo e le famiglie pretendono destinare, al culto dei più alti ideali umani».

TESTO 1 IL PENSIERO COME ATTO

Spiritualismo assoluto e attualismo

La forma più rigorosa di questo spiritualismo moderno è quella a cui è oggi pervenuto l'idealismo italiano, e che si dice «attualismo», perché lo spirito non concepisce come una sostanza, né il pensiero come attributo di una sostanza; ma lo spirito fa coincidere appunto col pensiero, e il pensiero intende non come quel pensiero che l'uomo possa o debba pensare, ma come quello che pensa attualmente, e che è tutto nello stesso atto di pensare. Atto che realizza il nostro essere spirituale, e il solo essere di cui si possa in concreto parlare. Atto che non ha né passato né futuro, poiché nella sua eterna immanenza esso contiene dentro di sé e perciò supera ogni tempo e ogni parte che nel tempo venga distinta come successiva ad un'altra o precedente. Atto vivo, il cui essere è nel realizzarsi, e che non è mai perciò tutto, né mai nulla; ma tutto diviene annientando ogni nulla. Punto che è centro di tutto, infinita energia in cui si attua ed ha concretezza ogni energia: l'universo naturale, che si specchia nel corpo d'ognuno, e come quel corpo determinato si specchia nella coscienza dell'individuo; il quale è coscienza perciò del tutto, e quindi possiede l'infinita capacità di dire parole che sono immortali come espressione di verità eterne; di sentire sentimenti che brillano in fantasmi d'arte viventi con vigore che trionfa dei secoli e dei millenni; di agire liberamente senza incontrare ostacoli insormontabili.

Il principio della filosofia attualistica

La filosofia attualistica è così denominata dal metodo che propugna: che si potrebbe definire «metodo della immanenza assoluta», profondamente diversa dalla immanenza, di cui si parla in altre filosofie, antiche e moderne, e anche contemporanee. Alle quali tutte manca il concetto della soggettività irriducibile della realtà, a cui si fa immanente il principio o misura della realtà stessa. Immanentista Aristotele rispetto all'idealismo astratto di Platone, la cui idea nella filosofia aristotelica diviene forma della stessa natura: forma inscindibilmente connessa con la materia, nella sintesi del concreto individuo: dal quale l'idea, suo principio e misura, non si può separare se non per astrazione. Ma l'individuo naturale per la filosofia attualistica è esso stesso qualche cosa di trascendente: perché in concreto non è concepibile fuori di quel rapporto, in cui esso, oggetto di esperienza, è indissolubilmente congiunto col soggetto di questa, nell'atto del pensiero mediante il quale l'esperienza si realizza. Tutto il realismo fino al criticismo kantiano, rimane sul terreno di questa trascendenza. Vi rimane ogni filosofia la quale, anche se riduca tutto all'esperienza, questa intenda come qualche cosa di oggettivo, e non come l'atto dell'Io pensante in quanto pensa, realizzando la realtà dello stesso Io: una realtà fuori della quale non è dato pensare nulla di indipendente e per sé stante.

Questo è il punto fermo, a cui si attacca l'idealismo attuale. La sola realtà solida, che mi sia dato affermare, e con la quale deve perciò legarsi ogni realtà che io possa pensare, è quella stessa che pensa; la quale si realizza ed è così una realtà, soltanto nell'atto che si pensa. Quindi l'immanenza di tutto il pensabile all'atto del pensare; o, *tout court*, all'atto; poiché di attuale, per quel che s'è detto, non c'è se non il pensare in atto; e tutto quello che si può pensare come diverso da questo atto, si attua in concreto in quanto è immanente all'atto stesso.

Attualismo e cristianesimo

[...] È questa filosofia così radicalmente immanentistica una filosofia atea? È l'accusa più insistente a cui essa oggi è fatta segno dai pensatori cattolici e tradizionalisti, che non riescono a rendersi conto della distinzione che è nell'unità dell'atto spirituale. E sono essi i veri atei, in sede di filosofia. Perché se realmente fosse da concepire quell'assurda separazione tra l'essere divino e l'umano, ogni rapporto tra i due termini diventerebbe affatto impossibile. E io penso fermamente che quest'atteggiamento dei pensatori sia ateo perché anticristiano. Sono infatti convinto che il cristianesimo col suo domma centrale dell'Uomo-Dio abbia questo significato speculativo: che a fondamento della distinzione necessaria tra Dio e l'uomo si debba porre un'unità, la quale non può essere se non l'unità dello spirito; che sarà spirito umano in quanto spirito divino, e sarà spirito divino in quanto pure spirito umano. Chi trema e s'adombra ad accogliere nell'animo questa coscienza dell'infinita responsabilità onde l'uomo s'aggrava riconoscendo e sentendo Dio in se stesso, non è cristiano, e, — se il cristianesimo non è se non una rivelazione, cioè una più aperta coscienza che l'uomo acquista della propria natura spirituale, — non è neppure uomo. Voglio dire uomo consapevole della sua umanità. E come potrà egli sentirsi libero, e capace perciò di riconoscere e adempiere un dovere, e di apprendere una verità, e di entrare insomma nel regno dello spirito, se egli nel profondo del suo proprio essere non sente raccogliersi e pulsare la storia, l'universo, l'infinito, tutto? Potrebbe egli colle limitate forze, che in qualsiasi momento della sua esistenza egli si trova di fatto a possedere, affrontare, come egli pur fa e deve fare, il problema della vita e della morte, che gli si presenta terribile con la possanza ineluttabile delle leggi di natura? Eppure, se egli deve vivere una vita spirituale, bisogna che trionfi di questa legge, e nel mondo dell'arte come in quello della moralità, con l'azione e col pensiero, partecipi alla vita delle cose immortali, che sono divine ed eterne. E vi partecipi da sé, liberamente; poiché non c'è esterno aiuto che possa soccorrere alla spontanea capacità dello spirito, che non sia un aiuto voluto e apprezzato e perciò liberamente cercato e fatto valere. E niente insomma ci viene dall'esterno che giovi alla salute dell'anima, al vigore dell'intelligenza, alla potenza del volere.

E perciò l'attualista non nega Dio, ma insieme coi mistici e con gli spiriti più religiosi che sono stati al mondo, ripete: *Est Deus in nobis*.

G. Gentile, *Introduzione alla filosofia*, P. I, Sansoni, Firenze, 1958[2], pp. 18-32 passim

1-69. Il passo riportato comprende anzi tutto la definizione di attualismo (rr. **1-16**), poi l'individuazione del suo principio (rr. **17-38**) e infine la messa in luce del suo rapporto con il cristianesimo (rr. **39-69**).

1-16. Gentile definisce l'attualismo come la forma più rigorosa dello spiritualismo moderno perché rigorosamente monistico: lo spirito coincide con il pensiero e il pensiero è tutto nello stesso atto di pensare, dunque il solo essere di cui si possa parlare è l'atto di pensare. Il che vuol dire che l'Io non può essere concepito come oggetto di se stesso, nel senso che «la vera attività pensante non è quella che definiamo, ma lo stesso pensiero che definisce», come scrive nella *Teoria generale* (p. 9).

17-38. Il principio della filosofia attualistica è identificato da Gentile con il metodo della immanenza. Anche in questo caso Gentile ricorda precedenti forme di immanenza, rilevandone nel contempo la inadeguatezza: dal realismo prekantiano all'empirismo che, per quanto riduca tutto all'esperienza, la concepisce come qualcosa di oggettivo, anziché come l'atto del pensare, anzi semplicemente come l'atto, visto che non c'è se non il pensare in atto.

39-69. Ad un tale immanentismo è stata rivolta l'accusa di ateismo che Gentile rifiuta e ribalta nei confronti degli stessi accusatori: l'attualista — egli dice — non nega Dio, ma rifiuta di collocarlo in una separata trascendenza, che lo annulla. Gentile si richiama al riguardo al cristianesimo, che con il dogma dell'Incarnazione ha espresso l'esigenza di fondare la distinzione fra Dio e l'uomo sull'unità: sull'unità dello spirito. Ma proprio la lettura filosofica del cristianesimo mostra che la religione trova il suo superamento e inveramento — secondo Gentile — nella filosofia.

2. Croce: la storia, la dottrina dell'arte e la svalutazione della scienza

2.1. La vita e gli scritti

La vita

Benedetto Croce, nato a Pescasseroli negli Abruzzi il 25 febbraio 1866 e morto a Napoli il 20 novembre 1952, è rimasto sempre lontano dall'insegnamento universitario. Messo al riparo dalle necessità materiali da un ingente patrimonio personale, egli ha svolto come libero scrittore un'ininterrotta e intensa attività nei più svariati campi della filosofia, della storia, della letteratura e dell'erudizione. Legato da amicizia con Giovanni Gentile (che fu per molti anni, e fin dall'inizio nel 1903, collaboratore della sua rivista «La Critica»), Croce ruppe questa amicizia quando si dichiarò ostile al governo fascista (già instaurato da qualche anno) di cui Gentile andava divenendo l'esponente filosofico ufficiale. A questa rottura, seguì da ambo le parti una polemica minuta, durata molti anni. Il regime fascista, per costruirsi un alibi di fronte agli ambienti internazionali della cultura, consentì tacitamente a Croce una certa libertà di critica politica; e Croce si avvalse di questa possibilità nei libri e nelle note che veniva pubblicando sulla «Critica» per una difesa degli ideali della libertà.

Un «faro di libertà» nell'Italia fascista

Negli anni del fascismo e della seconda guerra mondiale la figura di Croce ha assunto perciò, agli occhi degli Italiani, il valore di un simbolo della loro aspirazione alla libertà e ad un mondo in cui lo spirito prevalga sulla violenza. E tale si mantiene a distanza di anni, pur nell'eclissi delle idee filosofiche di Croce nei campi stessi in cui esercitano la maggiore influenza, cioè nell'estetica e nella teoria della storia.

Croce giunse alla formulazione del suo sistema filosofico partendo dalla considerazione dei problemi letterari e storici. In particolare egli si dedicò alla riflessione sull'estetica che, rielaborata in vari saggi, costituisce il suo contributo più importante, notevole ancora oggi per noi. Tra le opere di estetica ricordiamo solo il *Breviario di estetica* (1912) e *La poesia* (1936). Tra le altre opere ricordiamo: *La logica come scienza del concetto puro* (1909); *Teoria e storia della storiografia* (1917); *La storia come pensiero e come azione* (1938). Degno di rilievo per l'interesse mostrato verso la dottrina di Marx è il saggio del 1900, *Materialismo storico ed economia marxista.*

2.2. Tutto è storia

Se vogliamo racchiudere in una formula la filosofia di Croce possiamo dire che essa si caratterizza come "storicismo assoluto". Infatti, per Croce tutta la realtà è spirito (= vita spirituale), e lo spirito è storicità, in quanto si dispiega nella storia. «La vita e la realtà — egli scrive — è storia e nient'altro che storia» (*La storia come pensiero e come azione*). La vita dello spirito si svolge integralmente nella storia, secondo la dottrina di Hegel a cui Croce si ricollega. «Con Hegel — egli scrive — Dio era disceso definitivamente dal cielo in terra, e non era più da cercare fuori del mondo [...]. Con Hegel si era acquistata la coscienza che l'uomo è la sua stessa storia, la storia unica realtà, la storia che si fa come libertà e si pensa come necessità, e non è più la sequela capricciosa degli eventi contro la coerenza della ragione, ma è l'attuazione della ragione, la quale è da dire irragionevole sol quando dispregia e disconosce nella storia se stessa» (*Saggio su Hegel*, 1912).

A Hegel, tuttavia, Croce rimprovera di aver ammesso anche una *natura* come "altro dallo spirito", di aver appesantito il suo sistema con l'abuso della forma triadica (tesi-antitesi-sintesi), e, soprattutto, di aver concepito la vita dello spirito secondo la nota *dialettica degli opposti*. Croce intende riformare la filosofia hegeliana e, perciò, distingue innanzitutto la vita spirituale in due grandi forme o momenti:

a. la forma teoretica (o conoscenza);
b. la forma pratica (o azione).

La forma teoretica si suddivide a sua volta in due gradi:
a.a. conoscenza del particolare o intuizione (arte);
a.b. conoscenza dell'universale o concetto (logica).

Anche la forma pratica si suddivide in due gradi:
b.a. volizione del particolare (l'economia, che riguarda l'utile personale o di gruppo);
b.b. volizione dell'universale (la morale, che riguarda il bene universale).

La vita dello spirito è una circolarità, nel senso che ripercorre incessantemente i suoi momenti o forme fondamentali; ma li ripercorre arricchita ogni volta del contenuto delle precedenti circolazioni e senza mai ripetersi. Inoltre, tra i quattro gradi c'è una connessione (Croce parla di *nesso dei distinti*, perché questi momenti pur essendo distinti non spezzano l'unità dello spirito), in quanto ogni momento condiziona il momento susseguente: la logica è condizionata dall'arte che le fornisce con il linguaggio il mezzo della sua espressione; l'attività pratica è condizionata dalla conoscenza che la illumina; e nella forma pratica il momento economico, cioè la forza e l'efficacia dell'azione, condiziona il momento etico che dirige la volontà efficace e operativa a fini universali. La vita dello spirito è, dunque, un continuo fluire tra *arte*, *logica*, *economia* e *morale*. A ognuna di queste quattro forme corrispondono un valore e un disvalore specifico: *bello-brutto* per l'estetica; *vero-falso* per la logica; *utile-dannoso* per l'economia; *bene-male* per l'etica. Occorre sottolineare un aspetto molto importante nell'analisi crociana, valido ancora oggi: queste opposizioni valgono soltanto per la forma a cui si riferiscono: ad esempio, non ha senso attribuire all'opera d'arte le categorie del bene-male, né all'etica le categorie bello-brutto, perché l'opposizione bene-male si addice soltanto all'etica, mentre quella bello-brutto si addice solo all'arte, ecc.

Passiamo ora ad analizzare più da vicino i vari momenti della vita dello spirito.

2.3. La teoria dell'arte

L'arte come visione o intuizione

L'arte è il primo momento dello spirito universale. Essa è definita da Croce come *visione* o *intuizione* e, considerata come teoria o contemplazione, è assegnata alla forma teoretica dello spirito. «L'artista produce un'immagine o fantasma; e colui che gusta l'arte volge l'occhio al punto che l'artista gli ha additato, guarda per lo spiraglio che colui gli ha aperto e riproduce in sé quell'immagine» (*Nuovi saggi di estetica*, p. 9). Ma intuizione significa l'immagine nel suo valore di mera immagine, la pura idealità dell'immagine; essa esclude quindi la distinzione tra realtà e irrealtà che è propria della conoscenza concettuale e filosofica. Questa è sempre realistica perché mira a stabilire la realtà contro l'irrealtà, o ad abbassare l'irrealtà includendola come momento subordinato nella realtà stessa. L'arte invece si dissipa e muore se si trasforma in riflessione e giudizio. Perciò non è neppure religione o mito, la religione e il mito includendo anch'essi quella pretesa alla realtà che è propria della filosofia. Come forma teoretica, l'arte non è un atto utilitario e non ha nulla a che fare con l'utile e con il piacere o con il dolore; né è un atto morale, e quindi esclude da sé le valutazioni proprie della vita morale. La buona volontà non ha niente a che fare con l'arte. Un'immagine potrà anche ritrarre un atto riprovevole; ma in quanto immagine non è né lodevole né riprovevole. L'artista come tale è sempre moralmente incolpevole. La sua vera moralità è quella intrinseca al suo còmpito o alla sua missione di artista, è il suo dovere verso l'arte. *Di conseguenza, contro ogni forma di estetica intellettualistica (= l'arte è subordinata al vero), edonistica (= l'arte è subordinata al piacere), utilitaristica (= l'arte è subordinata all'utile) e moralistica (= l'arte è subordinata al bene), Croce afferma la piena e totale autonomia dell'arte (= l'unico scopo dell'arte è l'arte stessa, ossia la bellezza).*

L'autonomia dell'arte

L'intuizione artistica non è tuttavia un fantasticare disordinato: essa ha in sé un principio che le dà unità e significato e questo principio è il *sentimento*. «Non l'idea, ma il sentimento, è quel che conferisce all'arte l'aerea leggerezza del simbolo: un'aspirazione chiusa nel giro di una rappresentazione, ecco l'arte» (*Nuovi saggi di estetica*). In questo senso l'arte è sempre *intuizione lirica*: è *sintesi a priori* di sentimento (materia) e di immagine (forma). Di essa si può dire che il sentimento senza l'immagine è cieco e l'immagine senza il sentimento è vuota. L'arte si distingue dunque ugualmente dal vano fantasticare e dalla passionalità tumultuosa del sentimento immediato. Accoglie dal sentimento il suo contenuto, ma lo tra-

L'arte come *intuizione lirica* o *sintesi a priori* di sentimento e immagine

sfigura in pura forma, cioè in immagini che rappresentano la liberazione dall'immediatezza e la catarsi dalla passionalità.

Cosmicità dell'arte

Nell'ultima fase della sua estetica, Croce ha progressivamente insistito sul fatto che l'arte, pur essendo visione o intuizione dell'individuale, manifesta una cosmicità intrinseca, in quanto in ogni singola immagine e in ogni singolo sentimento palpita la vita del Tutto: «ogni schietta rappresentazione artistica è se stessa e l'universo, l'universo in quella forma individuale, e quella forma individuale come l'universo. In ogni accento di poeta, in ogni creatura della sua fantasia, c'è tutto l'umano destino, tutte le speranze, le illusioni, i dolori e le gioie, le grandezze e le miserie umane, il dramma intero del reale; che diviene e cresce in perpetuo su se stesso, soffrendo e gioendo» (*Il carattere di totalità dell'espressione artistica*).

Intuizione ed espressione

Come intuizione, l'arte si identifica con l'*espressione*. Un'intuizione senza espressione non è nulla: una fantasia musicale non è se non quando si concreti nei suoni, una immagine pittorica non è se non quando sia colorita. L'espressione artistica è intrinseca all'intuizione e s'identifica con essa. Ma l'espressione artistica è diversa dall'espressione *tecnica* che è dovuta alla mera necessità pratica di rendere agevole la riproduzione dell'immagine per sé e per gli altri. La tecnica è costituita da atti pratici, guidati, come tutti gli atti pratici, da conoscenze. Essa è come tale diversa dall'intuizione che è pura teoria; e si può essere grande artista e cattivo tecnico. È per la tecnica che «con la parola e con la musica si congiungono le scritture e i fonografi, con la pittura le tele e le tavole e le mura spalmate di colori, con la scultura e l'architettura le pietre tagliate e intagliate, il ferro e il bronzo e gli altri metalli fusi, battuti e variamente foggiati».

L'identificazione di intuizione ed espressione

Il corollario fondamentale, che discende dalla definizione dell'arte come intuizione ed espressione, è l'identificazione di linguaggio e poesia. L'espressione prima e fondamentale è infatti il linguaggio. L'uomo parla a ogni istante come il poeta, perché come il poeta esprime le sue impressioni e i suoi sentimenti nella forma della conversazione familiare, la quale non è separata da nessun abisso dalle forme propriamente estetiche della poesia e dell'arte in generale. Il linguaggio non è il segno convenzionale delle cose, ma l'immagine significante, spontaneamente prodotta dalla fantasia. Il segno mediante il quale l'uomo comunica con l'uomo suppone già l'immagine e quindi il linguaggio, il quale è perciò la creazione originaria dello spirito. L'identità della poesia con il linguaggio spiega il potere della poesia su tutti gli uomini: se la poesia fosse una lingua a parte, un «linguaggio degli Dei», gli uomini neppure la intenderebbero.

L'espressione *poetica*

Negli ultimi scritti e soprattutto nel volume sulla *Poesia* (1936), Croce sempre più insistette sul carattere *espressivo* dell'arte. L'espressione poetica, in quanto placa e trasfigura il sentimento, è «una teoresi, un conoscere» che riannoda il particolare all'universale e perciò ha sempre un'impronta di universalità e totalità. Da essa va distinta l'espressione sentimentale o immediata, quella prosastica, quella oratoria e quella letteraria. L'*espressione sentimentale* o immediata è una pseudo-espressione perché è priva di teoreticità e si determina non in un vero linguaggio, ma in «suoni articolati», che fanno parte integrante del sentimento. Anche quando questa espressione dà luogo a interi libri o serie di libri, non si distingue dal sentimento e non lo supera, ma rimane in esso e non raggiunge la poesia. Infatti, nell'espressione poetica il sentimento non preesiste come contenuto già formato ed espresso, ma viene creato insieme con la forma; sicché il puro sentimento è per la poesia un *nulla*, che è reale come *altra* forma di vita spirituale cioè come forma pratica. La poesia è la morte del sentimento immediato, è «il tramonto dell'amore, se la realtà tutta si consuma in passione d'amore». Essa riporta l'individuale all'universale, il finito all'infinito, innalza «sull'angustia del finito la distesa dell'infinito» (*La poesia*). Come l'espressione del sentimento immediato è «suono articolato» ma non parola, così non è parola l'*espressione prosastica*, giacché «la sola parola è veramente l'espressione poetica». L'espressione prosastica sta a quella poetica come la filosofia sta alla poesia. Essa dà luogo a *simboli* o segni di concetti, che non sono parole perché non sono immagini o intuizioni. Diversa dall'espressione poetica è poi anche l'*espressione oratoria*, che anch'essa dà luogo, perciò, non a parole ma a suoni articolati, dei quali l'attività pratica si avvale per suscitare particolari stati d'animo. Quanto all'*espressione letteraria*, essa è «una delle parti della civiltà e dell'educazione simile alla cortesia e al galateo»; e consiste

L'espressione *sentimentale*

L'espressione *prosastica*

L'espressione *oratoria e letteraria*

nell'armonia tra le espressioni poetiche e quelle non poetiche (passionali, prosastiche, oratorie) in modo che queste ultime nel loro corso, pur senza rinnegare se stesse, non offendano la coscienza poetica e artistica. Ciò che vi è di fondamentale nell'espressione poetica è il *ritmo*, «l'anima dell'espressione poetica, e perciò l'espressione poetica stessa, l'intuizione o ritmazione dell'universo, come il pensiero ne è la sistemazione». E il ritmo è proprio di ogni arte: in ciascuna di esse prende vie proprie, che sono infinite e non classificabili.

Il tema dell'autonomia dell'arte si concretizza, in Croce, in una maniera specifica di intendere il lavoro critico. Mentre la *filologia* ha il compito di fornire tutti i dati storici, linguistici, biografici, ecc., che permettono la ricostruzione di un'opera storica, la *critica* è un'operazione logica che si esprime in un giudizio di valore volto a *distinguere* fra bello e brutto, ovvero fra poesia e non-poesia, fra nuclei lirici ed extra-lirici. Un aspetto significativo di questa impostazione è la nota interpretazione crociana della *Divina Commedia*, considerata come un poema all'interno del quale occorre distinguere fra *struttura* (= l'insieme delle convinzioni filosofiche, religiose, etiche, politiche che fanno di essa un «romanzo teologico») e *poesia* (= i momenti genuinamente lirici).

Il problema della distinzione fra poesia e non-poesia (la «struttura»)

Sebbene Croce abbia cercato di evitare l'irrigidimento della coppia poesia non-poesia, insistendo sulla loro unità dialettica e sul fatto che la struttura non è l'opposto della poesia, ma solo il diverso da essa, è indubbio che la sua impostazione comporti il rischio della cosiddetta «critica delle forbici» e risulti poco adatta alla comprensione e alla valorizzazione di quegli autori (si pensi ad esempio a un Leopardi o a un Pirandello) nei quali il momento artistico è indissolubilmente connesso a quello meditativo e filosofico.

2.4. La teoria della storia

L'identificazione di storia e filosofia posta per la prima volta nella *Logica* (1908) è rimasta il tema fondamentale della filosofia crociana. «Se il giudizio — dice Croce (*La storia come pensiero e come azione*, 1938) — è rapporto di soggetto e predicato, il soggetto, ossia il fatto, quale che esso sia, che si giudica, è sempre un fatto storico, un diveniente, un processo in corso, perché fatti immobili non si ritrovano né si concepiscono nel mondo della realtà». È giudizio storico anche la più ovvia percezione giudicante, per esempio quella di un sasso: «perché il sasso è veramente un processo in corso, che resiste alle forze di disgregazione o cede solo a poco a poco, e il mio giudizio si riferisce a un aspetto della sua storia». Nessuna distinzione è possibile tra fatti storici e fatti non storici. Uno dei più ovvi e difficili problemi della storiografia, quello della distinzione tra fatti storici (cioè significanti) e fatti non storici (insignificanti o banali) e del criterio per distinguerli e sceverarli, è senz'altro abolito e tolto di mezzo da Croce. Ogni storia è storia *contemporanea*, «perché, per remoti e remotissimi che sembrino cronologicamente i fatti che vi entrano, essa è, in realtà, storia sempre riferita al bisogno e alla situazione presente, nella quale quei fatti propagano le loro vibrazioni». Le fonti della storia (documenti o avanzi) non hanno altro ufficio che quello di stimolare e formare nello storico stati d'animo che sono già in lui. «L'uomo è un microcosmo, non in senso naturalistico, ma in senso storico, compendio della storia universale». Il bisogno e lo stato d'animo costituiscono tuttavia soltanto la materia necessaria della storia; la conoscenza storica non può essere la loro riproduzione passiva, ma deve superare la vita vissuta per ripresentarla in forma di conoscenza. Per questa trasfigurazione, la storia perde la sua passionalità e diviene una visione necessaria, *logicamente* necessaria della realtà. In essa non hanno più luogo le antitesi che si fronteggiano nella volontà, e nel sentimento non ci sono più fatti buoni e fatti cattivi, ma fatti sempre buoni quando siano intesi nella loro concretezza, cioè nella loro intima razionalità. «La storia non è mai *giustiziera*, ma sempre *giustificatrice*; e giustiziera non potrebbe farsi se non facendosi ingiusta, ossia confondendo il pensiero con la vita e assumendo come giudizio del pensiero le attrazioni e le repulsioni del sentimento» (*Teoria e storia della storiografia*). Solo per questa sua natura la storia può liberare l'uomo dal peso oppressivo del passato. In un certo senso, l'uomo è il suo stesso passato, che lo circonda e lo preme da tutti i lati. Il pensiero storico converte il rapporto con il passato in conoscenza, lo riduce a problema mentale e a verità che vale come premessa per l'azione futura.

Il giudizio *storico*

Ogni storia è storia *contemporanea*

La storia non è mai *giustiziera*, ma sempre *giustificatrice*

Sembrerebbe con ciò che il sentimento e l'azione cadano fuori della storia, che è conoscenza razionale perfetta. Essi cadono invece, secondo Croce, soltanto fuori della conoscenza, nel dominio della forma pratica dello spirito. Le angosce, le speranze, le lotte, ecc., tutti i moti degli uomini, appartengono alla coscienza morale, sono «storia che si fa». Ma sia come azione vissuta, sia come conoscenza logica, la storia è sempre razionalità piena, *progresso*. Il cosiddetto elemento irrazionale della storia è costituito dalle manifestazioni della vitalità: vitalità che non è certo la civiltà o la moralità, ma è condizione e premessa necessaria dell'una e dell'altra; e come tale pienamente razionale. Quanto alla decadenza, essa si riferisce soltanto a determinate opere o ideali; «ma in senso assoluto e in istoria, non c'è mai decadenza che non sia insieme formazione o preparazione di nuova vita, e, pertanto, progresso». Né potrebbe essere diversamente perché il vero soggetto della storia è sempre in ultima analisi lo spirito infinito.

La storia come razionalità e progresso

Tuttavia, negli ultimi scritti, sotto l'impulso delle vicende storiche contemporanee che mal si prestavano a confermare la perfetta razionalità della storia e la totale giustificazione di essa, Croce introdusse una distinzione che avrebbe dovuto evitare di far servire quella tesi alla cinica accettazione del fatto compiuto o del successo. Egli, cioè, distinse la razionalità della storia dalla razionalità dell'imperativo morale. Tutto nella storia è razionale perché tutto in essa ha «la sua ragione d'essere». Ma razionale è pure l'imperativo morale, vale a dire «ciò che a ciascuno di noi, nelle condizioni determinate in cui è posto, la coscienza morale comanda di fare». Da ciò la distinzione fra la storia come *pensiero* e come *azione*.

La razionalità della storia non esclude la razionalità dell'imperativo morale

L'identità di filosofia e storia conduce alla negazione di ogni filosofia che non si risolva nella considerazione della storia e dei suoi problemi e alla definizione della filosofia come «metodologia della storiografia». Il concetto di una filosofia sopra e fuori della storia o che si occupi di problemi universali eterni è «l'idea antiquata della filosofia». Essa non può dar luogo che a dispute inconcludenti e interminabili, proprie dei filosofi di professione, ma completamente fuori del circolo vitale del pensiero. «Qualsiasi problema filosofico si risolve unicamente quando sia posto e trattato in riferimento ai fatti che lo hanno fatto sorgere e che bisogna intendere per intenderlo». L'unità del problema con la sua soluzione esclude che ci siano problemi insolubili. La soluzione elimina il problema e nuovi problemi sono posti o imposti dalla vita e dall'azione. Alla filosofia non è dato pensare gli universali senza individuarli e così storicizzarli; come non è possibile alla storiografia conoscere l'individualità dei fatti senza universalizzarli. In nessun senso possono distinguersi storiografia e filosofia. *La filosofia come tale è morta, e risorge nella storiografia*.

La filosofia come «metodologia della storiografia»

2.5. La forma pratica e la svalutazione delle scienze

La conoscenza, come abbiamo visto, è legata soltanto alla filosofia intesa come storia. Sulle orme di Vico (1668-1744), anche Croce ritiene che l'uomo possa conoscere solo ciò che egli stesso fa e, dunque, solo la storia, che è frutto dell'agire umano. Le scienze della natura, invece, sono relegate da Croce nel regno della pratica e dell'economico. Esse servono l'interesse pratico di provvedere alla conservazione del patrimonio delle conoscenze acquisite dall'umanità e, perciò, hanno una mera funzione economica. Da questo punto di vista, secondo Croce (che in ciò si riallaccia al pragmatismo americano di fine Ottocento, v. sotto la scheda) le scienze non devono essere considerate come discipline conoscitive, ma come azioni; e i loro concetti non sono realmente tali, ma semplicemente "pseudo-concetti". A tal proposito, G. Vattimo ha scritto che in Croce si delinea «una teoria della superiorità delle scienze dello spirito sulle scienze della natura, che pochi, dopo, sosterranno con tanta esplicitezza, ma che rimane un tema costante di tutta la filosofia del Novecento, e costituisce ancora uno dei punti in discussione oggi, per esempio nell'ermeneutica»[2]. È appena il caso di sottolineare l'influsso negativo che questa dottrina crociana (comune peraltro a tutto il neoidealismo) ha avuto in Italia rispetto alla ricerca e, più in generale, alla cultura scientifica. L'arretratezza scientifico-tecnologica del nostro paese, oltre che a cause di carattere socio-economico, può farsi risalire anche alla lunga stagione di egemonia culturale idealistica.

[2] G. Vattimo, *Tecnica ed esistenza. Una mappa filosofica del Novecento* (a cura di L. Bagetto), Paravia, Torino, 1997, p. 23.

2.6. La teoria del diritto e dello stato

Alla forma economica dello spirito appartengono, oltre che la scienza naturale, l'errore, il male, ecc., anche il diritto e lo stato. Sin dal 1907, in un saggio sulla *Riduzione della filosofia del diritto alla filosofia dell'economia*, Croce aveva sostenuto questa tesi, che veniva poi ribadita e sistematicamente sviluppata nel III volume della filosofia dello spirito (*Filosofia della pratica, economica ed etica*, 1909) e mantenuta e difesa negli scritti posteriori (*Etica e politica*, 1931). Già nel primo di questi scritti Croce identificava risolutamente la categoria del diritto con quella dell'utilità e della forza. Riconosceva pertanto l'esistenza di diritti immorali o di diritti inerenti perfino ad associazioni delittuose. «Il diritto di un'associazione a delinquere — egli diceva (*Riduzione* ecc.) — ha contro di sé il diritto di una società più vasta; soggiacerà a questo secondo, come al più forte; soggiacerà meritatamente, come il non morale al morale; ma vive come diritto e soggiace come diritto». Tuttavia, il diritto non è immorale ma *amorale*, cioè precede la vita morale e ne è indipendente. Esso è *forza* in quanto azione efficace a raggiungere un determinato scopo utile; ed è condizione della stessa morale in quanto questa non può fare a meno di tradursi in azioni e quindi in utilità e forza. Queste tesi fondamentali sono state sempre mantenute ferme da Croce. Pertanto, lo stato è da lui considerato nient'altro che «un processo di azioni utili di un gruppo di individui o tra i componenti di esso gruppo» (*Etica e politica*). Le leggi, le istituzioni e i costumi in cui si concreta la vita dello stato non sono altro che «azioni degli individui, volontà da essi attuate e mantenute salde, concernenti certi indirizzi più o meno generali, che si stima utile promuovere». In questo senso lo stato si attua tutto nel *governo* e non si distingue da esso. La vita dello stato è un rapporto dialettico di forza e consenso, autorità e libertà. «Ogni consenso è forzato, più o meno forzato ma forzato, cioè tale che sorge sulla "forza" di certi fatti e perciò "condizionato": se la condizione di fatto muta, il consenso, com'è naturale, viene ritirato, scoppiano il dibattito e la lotta, e un nuovo consenso si stabilisce sulla condizione nuova. Non c'è formazione politica che si sottragga a questa vicenda: nel più liberale degli Stati come nella più oppressiva delle tirannidi il consenso c'è sempre, e sempre è forzato, condizionato e mutevole. Se così non fosse, mancherebbe insieme e lo Stato e la vita dello Stato». L'errore della concezione etica dello stato, quale, per esempio, si trova in Hegel, consiste nell'aver concepito la vita morale nella forma per essa inadeguata della vita politica e dello stato. La vita morale invece non si lascia contenere dalla vita politica, ma trabocca da essa e contribuisce a disfare e rifare in perpetuo la vita dello stato.

Il diritto come utilità e *forza*

La vita dello stato come rapporto dialettico di forza e consenso

L'errore della concezione etica dello stato

Croce vede l'antecedente storico della sua dottrina nel Machiavelli, il quale ha scoperto «la necessità e l'autonomia della morale, della politica che è al di là, o piuttosto al di qua, dal bene e dal male morale, che ha le sue leggi a cui è vano ribellarsi, che non si può esorcizzare e cacciare dal mondo con l'acqua benedetta». E identifica la sua dottrina politica con lo stesso *liberalismo*, in quanto però non è una speciale dottrina politica ma «una concezione totale del mondo e della realtà». Il liberalismo trova il suo centro nell'idea della dialettica, ossia dello svolgimento che «mercé la diversità e l'opposizione delle forze spirituali accresce e nobilita di continuo la vita e le conferisce il suo unico e intero significato». La superiorità della concezione liberale risulta evidente dal fatto che essa è in grado di giustificare teoricamente e storicamente la concezione opposta. Essa sola, infatti, può rendere giustizia anche agli avversari della libertà e ai periodi storici in cui la libertà viene manomessa o negata.

Il liberalismo come concezione del mondo

La superiorità della concezione liberale

L'ARTE

TESTO 2

La riflessione sull'arte è certamente uno dei temi più interessanti della vasta produzione crociana. Per questo riportiamo un brano tratto dal Breviario di estetica, *in cui Croce, riaffermando la sua opposizione alla concezione positivistica dell'arte come fatto utilitaristico, morale o intellettualistico, definisce l'arte come* intuizione a priori.

L'arte è *visione* o *intuizione*. L'artista produce un'immagine o fantasma; e colui che gusta l'arte volge l'occhio al punto che l'artista gli ha additato, guarda per lo spiraglio che colui gli ha 2 aperto e riproduce in sé quell'immagine. «Intuizione», «visione», «contemplazione», «immaginazione», «fantasia», «figurazione», «rappresentazione», e via dicendo, sono parole che ritornano di continuo quasi sinonimi nel discorrere intorno all'arte, e che tutte sollevano la nostra mente al medesimo concetto o alla medesima sfera di concetti, indizio di universale consenso.

Ma questa mia risposta: Che l'arte sia intuizione, attinge insieme significato e forza da tutto ciò che essa implicitamente nega e da cui distingue l'arte. Quali negazioni vi sono comprese? — Indicherò le principali, o almeno quelle per noi, nel nostro momento di cultura, più importanti. [...]

Essa nega anzitutto che l'arte sia un *fatto fisico*; per esempio, certi determinati colori o rapporti di colori, certe determinate forme di corpi, certi determinati suoni o rapporti di suoni, certi fenomeni di calore o di elettricità, insomma qualsiasi cosa si designi come «fisica». [...]

E, se si domanda per quale ragione l'arte possa essere un fatto fisico, bisogna in primo luogo rispondere che i fatti fisici non hanno realtà, e che l'arte, alla quale tanti consacrano la loro intera vita e che tutti riempie di divina gioia, è *sommamente reale*; sicché essa non può essere un fatto fisico, che è qualcosa d'irreale. [...]

Un'altra negazione è implicita nella definizione dell'arte come intuizione: cioè, che, se essa è intuizione, e se intuizione vale *teoria* nel senso originario di contemplazione, l'arte non può essere un atto utilitario; e, poiché un atto utilitario mira sempre a raggiungere un piacere e perciò ad allontanare un dolore, l'arte, considerata nella propria sua natura, non ha nulla da vedere con l'*utile*, e col *piacere* e col *dolore*, in quanto tali. [...]

Tutt'al più, per sostenere più validamente la definizione dell'arte come il piacevole, si affermerà che essa non è il piacevole in genere, sibbene una *particolare* forma di piacevole. Ma codesta restrizione non è più una difesa ed è anzi un vero abbandono in quella tesi, perché, posto che l'arte sia una particolare forma di piacere, il suo carattere distintivo sarebbe dato, non dal piacevole ma da ciò che distingue quel piacevole dagli altri piacevoli, e a quell'elemento distintivo — più che piacevole o diverso dal piacevole — converrebbe rivolgere l'indagine. [...]

Una terza negazione che si compie mercé la teoria dell'arte come intuizione, è che l'arte sia un *atto morale*; vale a dire quella forma di atto pratico che, pure congiungendosi necessariamente con l'utile e col piacere e dolore, non è immediatamente utilitaria ed edonistica e si muove in una sfera spirituale superiore. Ma l'intuizione, in quanto atto teoretico, è opposta a qualsiasi pratica. E, invero, l'arte, come è osservazione antichissima, non nasce per opera di volontà: la buona volontà, che definisce l'onest'uomo, non definisce l'artista. E, poiché non nasce per opera di volontà, si sottrae altresì a ogni discriminazione morale, non perché le sia accordato un privilegio di esenzione, ma semplicemente perché la discriminazione morale non trova il modo di applicarselì. Un'immagine artistica ritrarrà un atto moralmente lodevole o riprovevole; ma l'immagine stessa, in quanto immagine, non è né lodevole né riprovevole moralmente. [...]

Ancora (e questa è l'ultima, e forse la più importante, delle negazioni generali che mi conviene ricordare di proposito), col definire l'arte come intuizione si nega che essa abbia carattere di *conoscenza concettuale*. La conoscenza concettuale, nella sua forma pura che è quella filosofica, è sempre realistica, mirando a stabilire la realtà contro l'irrealtà o ad abbassare l'irrealtà, includendola nella realtà come momento subordinato della realtà stessa. Ma intuizione vuol dire, per l'appunto, indistinzione di realtà e irrealtà, l'immagine nel suo valore di mera immagine, la pura idealità dell'immagine; e, col contrapporre la conoscenza intuitiva o sensibile alla concettuale o intellegibile, l'estetica alla noetica, si mira a rivendicare l'autonomia di questa più semplice ed elementare forma di conoscenza, che è stata paragonata al sogno (al sogno, e non già al sonno) della vita teoretica, rispetto al quale la filosofia sarebbe la veglia. E, veramente, chiunque, innanzi a un'opera d'arte, domanda se ciò che l'artista ha espresso sia metafisicamente e storicamente vero o falso, muove una domanda senza significato, ed entra nell'errore analogo a quello di chi vuol tradurre innanzi al tribunale della moralità le aeree immagini della fantasia.

B. Croce, *Breviario di estetica*, cap. I, Laterza, Bari, 1963, pp. 12-20

1-55. I passi riportati si possono raggruppare in due parti: nella prima (rr. **1-6**) si definisce l'arte in positivo (che cos'è); nella seconda (rr. **7-55**) in negativo (che cosa non è).

1-6. L'arte, in quanto *visione* o *intuizione*, appartiene alla forma teorica dello spirito. In questo brano Croce usa vari termini (*intuizione*, *visione*, *contemplazione*, ecc.) per esprimere la sua dottrina dell'arte come attività teoretica tesa a cogliere l'individuale fantastico (differenziandola in ciò dalla conoscenza filosofica o concettuale). Inoltre, il filosofo pensa che la qualità artistica dipenda dall'unione inscindibile tra contenuto e forma, nessuno dei quali termini da solo è arte.

7-55. Procedendo ad esporre la sua dottrina, Croce nega che l'arte sia un fatto fisico e quindi afferma la celebre tesi dell'autonomia dell'arte rispetto alle altre attività dello spirito: l'economia, l'etica (rr. **31-41**) e la filosofia (rr. **42-55**).

3. Gramsci e la specificità del marxismo italiano

3.1. Egemonia e rivoluzione

La vita

Antonio Gramsci nasce ad Ales (Cagliari) nel 1891. Nel 1911, grazie ad una borsa di studio, si trasferisce a Torino, ove si iscrive alla facoltà di Lettere, senza tuttavia terminare gli studi, essendo completamente impegnato nella militanza politica nelle file del movimento socialista. Animatore dei Consigli di fabbrica di Torino, nel 1919 fonda la rivista «Ordine nuovo», che diviene ben presto il punto di riferimento dell'ala più rivoluzionaria della classe operaia. Nel 1921, a Livorno, è tra i fondatori del nuovo Partito comunista d'Italia. Tra il 1922 e il 1923 trascorre un anno in Unione Sovietica, ove conosce Lenin. Nel 1924 viene eletto deputato e fonda «L'Unità», organo del partito comunista italiano. Arrestato dalla polizia fascista nel 1926, nel 1928 viene indicato come «il cervello del comunismo italiano» e condannato a venti anni di carcere. Ottenuta una riduzione della pena, viene scarcerato nell'aprile del 1937, ma appena una settimana dopo muore in una clinica romana, a soli quarantasei anni. Le sue opere, comprese nei trentatré *Quaderni del carcere*, stesi tra il 1929 e il 1935, sono state pubblicate postume nel dopoguerra con i seguenti titoli: *Il materialismo storico e la filosofia di Benedetto Croce*; *Gli intellettuali e l'organizzazione della cultura*; *Il Risorgimento*; *Note su Machiavelli, la politica e lo Stato moderno*; *Letteratura e vita nazionale*. Documento importante sono pure le *Lettere dal carcere*.

Gli scritti

Le direttrici di fondo della riflessione gramsciana

La riflessione di Gramsci si svolge lungo due linee direttrici di fondo. La prima è costituita da un *ripensamento* teorico del marxismo, volta a fare di esso una filosofia in grado di contrastare l'egemonia degli altri indirizzi speculativi e di imporsi definitivamente agli intellettuali. La seconda è costituita da un'analisi circa i modi e le forme in cui può avvenire la conquista del potere in Italia. Nell'elaborazione di questi due problemi Gramsci ha raggiunto livelli di originalità e di approfondimento tali che, per un verso, è considerato come uno dei rappresentanti più significativi del marxismo teorico del Novecento e, per l'altro, è reputato come il maggior stratega della via italiana al socialismo.

La difesa della specificità del marxismo

La polemica filosofica contro Croce

Analogamente a Labriola, anche Gramsci cerca di difendere la *specificità* del marxismo, sia in rapporto alle deformazioni positivistiche, economicistiche e deterministiche, sia in relazione all'idealismo e al neo-hegelismo. Tuttavia, poiché Gramsci vive nel periodo dell'egemonia culturale del neoidealismo, il suo sforzo critico appare diretto soprattutto contro il crocianesimo, che era la filosofia prevalente presso gli intellettuali laici e liberali del nostro paese. Se contro i revisionisti e i Positivisti Gramsci fa valere il principio della dialettica e della *irriducibilità* del sapere sociale a quello naturale, contro l'idealismo e il «crocismo» Gramsci fa valere il principio dell'«umanesimo assoluto» e del più rigoroso *immanentismo* storicistico. Infatti, pur riconoscendo a Croce il merito di aver insistito sulla *storicità* del reale e di aver combattuto contro la metafisica e la religione, Gramsci gli rinfaccia di essere ancora «speculativo», ossia: **1)** di non aver condotto sino *in fondo* la lotta contro la teologia e la trascendenza, in quanto il suo Spirito non è che la modernizzazione della vecchia figura di Dio: «è tutta la trascendenza e la teologia appena liberate dalla più grossolana scorza mitologica» (*Il materialismo storico e la filosofia di Benedetto Croce*); **2)** di aver *isolato* il momento sovrastrutturale della storia etico-politico-culturale dalla sua concreta base economica e di classe. In sintesi, come scrive Luciano Gruppi, per Gramsci «la storia del Croce è una storia teologica e il suo immanentismo è un falso immanentismo, il suo storicismo non è un reale storicismo, proprio perché quella storia che egli ci presenta come tutto il reale, in effetti non è la storia della realtà, ma la storia di un suo momento solo: il momento culturale, ideale, che da solo non ci dà il divenire storico nella sua totalità»[3].

La prassi

Il concetto tramite cui Gramsci esprime e riassume il suo «umanesimo assoluto» è quello di *prassi*. Con essa egli intende la *globalità* dell'azione umana nel mondo e l'impegno nella trasformazione rivoluzionaria della realtà. Tant'è vero che il marxismo, agli occhi di Gramsci, si configura sostanzialmente come una «filosofia della praxis». Quest'ottica pratica ha condotto Gramsci a riflettere originalmente sulle dinamiche connesse alla presa rivoluzionaria del potere. Secondo il pensatore sardo la supremazia globale di un gruppo non si manifesta solo mediante il *dominio* e la forza, ma anche tramite la capacità di *direzione* ideale nei confronti delle classi alleate e subalterne. Ora, se il dominio è fatto valere attraverso gli apparati *coercitivi* della società politica, la direzione intellettuale è fatta valere attraverso gli "apparati egemonici" della «società civile»: la scuola, la chiesa, i partiti, i sindacati, la stampa, il cinema, ecc. La scuola, ad esempio, non fa che inculcare nelle menti dei valori che sono tipici della classe al potere, così come la chiesa cattolica italiana si preoccupa di riunire in un unico blocco forze dominanti e forze subalterne, anche a costo di parlare due linguaggi religiosi: uno per i poveri, l'altro per i ricchi.

Il concetto di «egemonia»

Intesa come capacità di direzione intellettuale e morale, l'*egemonia* si configura non solo come una modalità di esercizio del potere, ma anche come il principale obbiettivo strategico di una classe in ascesa. In altri termini, il gruppo rivoluzionario deve sforzarsi di diventare dirigente già *prima* di conquistare il potere governativo e di divenire dominante. E ciò risulta possibile in quanto la classe avversaria (la borghesia), pur essendo ancora dominante, può non essere già più *dirigente*, avendo perso la capacità di risolvere i problemi della collettività e di imporsi sul piano ideale. Gramsci insiste particolarmente su quest'ultimo punto, affermando che l'egemonia tende a formare un «blocco storico» di forze differenti, tenute insieme dalla nuova visione del mondo elaborata dal soggetto rivoluzionario in ascesa. Questa dottrina, valorizzando il momento ideale dell'egemonia di classe, attribuisce notevole importanza agli intellettuali, visti non come un gruppo sociale autonomo e ristretto, bensì, in senso *lato*, come l'insieme dei quadri dirigenti che elaborano o trasmettono delle idee-guida nei vari settori della produzione, dell'educazione, della politica, dei partiti, delle lettere, della filosofia, ecc.

La teoria degli intellettuali «organici»

Ora, se ogni classe tende a produrre i suoi intellettuali «organici», ossia connessi ai suoi bisogni e alla sua mentalità, avremo, inevitabilmente, gli intellettuali «persuasori» o «commessi» della classe dominante, indirizzati, come si direbbe oggi, a «mediare il consenso» in funzione conservatrice, oppure gli intellettuali strettamente legati al partito comunista, tesi ad elaborare e a diffondere presso le masse la nuova visione rivoluzionaria del mondo. L'intellettuale organico per eccellenza, secondo Gramsci, finisce comunque per essere il partito comunista stesso che, rappresentando la totalità degli interessi e delle aspirazioni della classe lavoratrice, si configura anche come la sua *guida* politica, morale e ideale. Per questa sua capacità unificatrice delle istanze popolari e per il suo fermo tendere verso un supremo fine politico, Gramsci denomina il partito comunista il «moderno Principe», con l'avvertenza che, mentre in Machiavelli esso si identifica in un individuo concreto, per i comunisti coincide con un organismo in cui si concreta la volontà collettiva della classe rivoluzionaria.

Il Partito come moderno Principe

Coerentemente con la sua dottrina dell'egemonia, Gramsci è giunto a sintetizzare la sua proposta strategica affermando che in Occidente lo scontro rivoluzionario non è mai *frontale* e limitato alla «trincea», cioè alla *facciata* dello stato, poiché deve piuttosto dirigersi in

La strategia rivoluzionaria

[3] L. Gruppi, *Il concetto di egemonia in Gramsci*, Editori Riuniti, Roma, 1972, pp. 134-135.

profondità, mediante una snervante «guerra di posizione», contro le «fortezze» e le «casematte» del nemico, ossia contro l'insieme delle istituzioni della società civile (scuola, sindacati, stampa, ecc.).

In altri termini, lo scopo del partito comunista è quello di «logorare» progressivamente la supremazia di classe della borghesia, conquistando i punti strategici della società civile e ponendo quindi le premesse inevitabili per la propria candidatura al potere.

Gramsci e la «via italiana al socialismo»

Si noti che la strategia gramsciana fu fatta propria dal Partito Comunista Italiano che, sia pur nelle successive rielaborazioni della «via italiana al socialismo» (da Togliatti a Berlinguer), ha costantemente tenuto presente l'idea di una conquista dello stato borghese *dall'interno* della società civile, cercando di costruire la propria egemonia attraverso una peculiare «battaglia delle idee» e una proposta di «riforma intellettuale e morale» in grado di ottenere il «consenso» delle masse circa una prospettiva socialista.

L'IMPORTANZA DELLA FUNZIONE INTELLETTUALE — TESTO 3

Una delle caratteristiche più rilevanti di ogni gruppo che si sviluppa verso il dominio è la sua lotta per l'assimilazione e la conquista «ideologica» degli intellettuali tradizionali, assimilazione e conquista che è tanto più rapida ed efficace quanto più il gruppo dato elabora simultaneamente i propri intellettuali organici.

L'enorme sviluppo preso dall'attività e dall'organizzazione scolastica (in senso largo) nelle società sorte dal mondo medioevale indica quale importanza abbiano assunto nel mondo moderno le categorie e le funzioni intellettuali: come si è cercato di approfondire e dilatare l'«intellettualità» di ogni individuo, così si è anche cercato di moltiplicare le specializzazioni e di affinarle. Ciò risulta dalle istituzioni scolastiche di diverso grado, fino agli organismi per promuovere la così detta «alta cultura», in ogni campo della scienza e della tecnica.

La scuola è lo strumento per elaborare gli intellettuali di vario grado. La complessità della funzione intellettuale nei diversi stati si può misurare obiettivamente dalla quantità delle scuole specializzate e dalla loro gerarchizzazione: quanto più estesa è l'«area» scolastica e quanto più numerosi i «gradi verticali» della scuola, tanto più è complesso il mondo culturale, la civiltà, di un determinato Stato. Si può avere un termine di paragone nella sfera della tecnica industriale: l'industrializzazione di un paese si misura dalla sua attrezzatura nella costruzione di macchine per costruire macchine e nella fabbricazione di strumenti sempre più precisi per costruire macchine e strumenti per costruire macchine ecc. Il paese che ha la migliore attrezzatura per costruire strumenti per i gabinetti sperimentali degli scienziati e per costruire strumenti per collaudare questi strumenti, si può dire il più complesso nel campo tecnico-industriale, il più civile, ecc. Così è nella preparazione degli intellettuali e nelle scuole dedicate a questa preparazione; scuole e istituti di alta cultura sono assimilabili. Anche in questo campo la quantità non può scindersi dalla qualità. Alla più raffinata specializzazione tecnico-culturale non può non corrispondere la maggiore estensione possibile della diffusione dell'istruzione primaria e la maggiore sollecitudine per favorire i gradi intermedi al più gran numero.

A. Gramsci, *Per una storia degli intellettuali*, in *Quaderni dal carcere: quaderni XXIX, VIII, XXVIII*, in *Gli intellettuali e l'organizzazione della cultura*, Editori Riuniti, Roma, 1971, pp. 18-19

Il testo gramsciano è molto chiaro e richiede soltanto poche delucidazioni. Innanzitutto (rr. **1-4**), per Gramsci la funzione intellettuale riveste grande importanza ai fini del consenso nelle società moderne ed evolute. È per questo che le classi dirigenti, per conservare ed estendere il proprio dominio sulla società, tendono ad integrare a sé gli intellettuali di tipo tradizionale (il letterato, il filosofo, l'artista) e nello stesso tempo provvedono a formare i nuovi intellettuali (a più forte "valenza tecnologica"). In secondo luogo (rr. **5-25**) Gramsci sottolinea l'importanza della scuola ai fini della formazione dei nuovi intellettuali. A tal proposito egli constata che i paesi economicamente e industrialmente più evoluti sono proprio quelli che hanno scuole, in tutti gli ordini e gradi, più qualificate e diffuse. Secondo Gramsci, che in questo si differenzia sia dallo scientismo positivistico che dal neo-idealismo, la formazione cui deve tendere il nuovo modello di intellettuale deve comprendere sia le competenze tecnico-scientifiche che quelle culturali e umanistiche. Il modello di intellettuale gramsciano, in un certo senso di grande attualità anche oggi, è quello che sa coniugare la conoscenza del latino con le indispensabili nozioni tecniche. È, infatti, significativo quello che Gramsci dice a proposito dello studio del latino: «Il latino non si studia per imparare il latino; (...) si studia per abituare i fanciulli a studiare in un determinato modo, ad analizzare un corpo storico che si può trattare come un cadavere che continuamente si ricompone in vita, per abituarli a ragionare, ad astrarre schematicamente pur essendo capaci dall'astrazione a ricalarsi nella vita reale immediata, per vedere in ogni fatto o dato ciò che ha di generale e ciò che di particolare, il concetto e l'individuo» (*Per la ricerca del principio educativo*, in *op. cit.*, p. 143).

3.2. La questione meridionale come questione nazionale

Gramsci ha offerto un'esemplificazione ulteriore dei concetti di egemonia e di blocco storico a proposito della questione meridionale: un problema che è rimasto al centro delle meditazioni del pensatore sardo.

L'importanza delle masse contadine

Gramsci scrive che «Il proletariato può diventare classe dirigente e dominante nella misura in cui riesce a creare un sistema di alleanze di classe che gli permetta di mobilitare contro il capitalismo e lo Stato borghese la maggioranza della popolazione lavoratrice, ciò che significa in Italia, nei reali rapporti di classe esistenti, nella misura in cui riesce ad ottenere il consenso delle masse contadine» (*La quistione meridionale*, in *La costruzione del partito comunista*, 1948, p. 140). Ma in Italia la questione contadina, specifica Gramsci, è connessa da un lato con la questione vaticana (cioè dell'influenza della chiesa sulle masse) e dall'altro con la questione meridionale. Infatti la classe operaia italiana ha la possibilità di farsi classe dirigente solo facendo della questione meridionale una questione «nazionale». E ciò è dovuto alla peculiare situazione socio-politica della penisola, basata su un grande blocco storico fondato sull'alleanza fra i capitalisti del Nord e i proprietari terrieri del Sud. Blocco che è la conseguenza della maniera stessa in cui è stata condotta l'unificazione italiana, la quale è stata diretta ed egemonizzata dai moderati, mentre il Partito d'azione, di impronta mazziniana e garibaldina, non ha saputo farsi "giacobino", cioè legarsi alle masse rurali e porre la questione agraria.

La necessità di superare la divisione fra gli operai del Nord e i contadini del Sud

Ora, se si vuole battere il blocco di potere industriale-agrario, risulta indispensabile, secondo Gramsci, superare la *divisione* fra la classe operaia del Nord e i contadini del Sud. Da ciò la sua opposizione al partito socialista, colpevole di non aver intuito il carattere essenziale e «nazionale» della questione del Sud e di aver *isolato* le rivendicazioni operaie del Settentrione da quelle contadine del Meridione, lasciandosi sfuggire (come già il Partito d'azione) l'enorme potenziale rivoluzionario delle masse sfruttate del Mezzogiorno. Ma il problema della *saldatura* politica e culturale fra salariati del Nord e contadini del Sud, implicando lo sforzo di strappare le masse rurali dall'egemonia esercitata dalla borghesia e dalla chiesa, pone in primo piano la questione degli «intellettuali», ossia di quel ceto che sinora ha rappresentato la *cerniera* di unione fra il grande proprietario e il contadino:

«La società meridionale è un grande blocco agrario costituito di tre strati sociali: la grande massa contadina, amorfa e disgregata, gli intellettuali della piccola e media borghesia rurale, i grandi proprietari terrieri e i grandi intellettuali. I contadini meridionali sono in perpetuo fermento, ma, come massa, essi sono incapaci di dare un'espressione centralizzata alle loro aspirazioni e ai loro bisogni. Lo strato medio degli intellettuali riceve dalla base contadina le impulsioni per la sua attività politica e ideologica. I grandi proprietari nel campo politico e i grandi intellettuali nel campo ideologico centralizzano e dominano in ultima analisi tutto questo complesso di manifestazioni. Com'è naturale, è nel campo ideologico che la centralizzazione si verifica con maggior efficacia e decisione. Giustino Fortunato[4] e Benedetto Croce rappresentano perciò le chiavi di volta del sistema meridionale e in un certo senso sono le due più operose figure della reazione italiana» (*ivi*, p. 150).

SCHEDA DEI CONFRONTI

Labriola e la specificità del marxismo rispetto al Positivismo e all'idealismo

Il marxismo teorico italiano nasce negli ultimi anni dell'Ottocento, nell'ambito di una difficile situazione culturale e politica, poiché da un lato il Positivismo è ancora fiorente, mentre dall'altro lato già si profila la reazione neo-idealistica. Inoltre il giovane stato liberale, timoroso dei partiti e delle forze sindacali di sinistra, si mostra contemporaneamente ostile alle elaborazioni teoriche che si ispirano alla linea marxista. Ciò nonostante, la filosofia marxista riesce ad introdursi negli ambienti universitari grazie all'opera di Antonio Labriola. Nato a Cassino nel 1843, Labriola insegna filosofia morale nell'università di Roma dal 1873. Allievo di Spaventa, aderisce dapprima all'hegelismo. Dopo un periodo di interesse per Herbart, accoglie il marxismo. Fra i suoi scritti ricordiamo: *In memoria del Manifesto dei comunisti* (1895); *Del materialismo storico* (1896); *Discorrendo di socialismo e di filosofia* (1898).
Uno degli aspetti più importanti del ripensamento del materialismo storico da parte di Labriola è il tentativo di coglierne la doppia specificità nei confronti del Positivismo e dell'idealismo. Contro la mentalità riduzionistica del Positivismo e contro il darwinismo sociale, che concepiscono la storia umana come «parte e prolungamento della natura», Labriola sostiene che «la storia è il fatto dell'uomo» (*Del materialismo storico*), in quanto la nostra specie, pur affondando le sue matrici nel mondo animale e biologico, si auto-costituisce nella sua peculiarità tramite il lavoro e le relazioni sociali e culturali. Pertanto, pur accettando dal Positivismo l'esigenza scientifica, il marxismo ne rifiuta il naturalismo e il meccanismo materialistico, ritenendoli modelli inadeguati per pensare correttamente il mondo dell'uomo. Contro l'idealismo, il marxismo rivendica la *concretezza* del processo storico e ricorda polemicamente che «le idee non cascano dal cielo», in quanto sono connesse a determinate situazioni socio-politiche. Questo non significa, puntualizza Labriola con una serie di frasi caratteristiche, che la sovrastruttura sia qualcosa di secondario o di evanescente: «solo l'amore del paradosso, inseparabile sempre dallo zelo degli appassionati divulgatori di una dottrina nuova, può aver indotto alcuni nella credenza che tanto a scriver la storia bastasse di mettere in evidenza il solo *momento economico* (...) per poi buttar giù tutto il resto come inutile fardello (...) come accessorio, insomma, o come semplice bagatella, o addirittura come un non-ente».

[4] Studioso della questione meridionale (1848-1932), da deputato propose un intervento statale per favorire la modernizzazione dell'agricoltura nel Sud.

LABORATORIO FILOSOFICO

Gentile e Croce, due personalità molto diverse tra loro, sono i protagonisti della ripresa in Italia, nei primi decenni del Novecento, dell'idealismo di Hegel. Le loro poderose sintesi, incentrate sull'idea che la filosofia non è altro che filosofia dello Spirito quale si realizza nel concreto processo della storia (donde l'identificazione di filosofia e storia, con l'esclusione di ogni trascendenza), esercitarono vasta e duratura influenza sulla cultura italiana della prima metà del Novecento.
Per Gentile tutta la realtà è pensiero: un pensiero visto come atto *di libertà e di perenne autocreazione, che non ammette nulla di esterno a sé (di qui la definizione di* attualismo *per indicare il suo sistema). Questa attività si svolge attraverso tre momenti dialettici:*

— *la pura soggettività o il sé* pensante
— *la pura oggettività o il sé* pensato
— *la sintesi del* sé pensante *e del* sé pensato, *cioè l'*autocoscienza.

A questi tre momenti corrispondono le tre forme dello spirito:
— *l'arte (il momento della pura soggettività spirituale)*
— *la religione (il momento in cui il soggetto dimentica se stesso in un oggetto assoluto, Dio)*
— *la filosofia (lo spirito che riconduce ad unità l'arte e la religione e che è consapevole dell'attività produttrice dell'Io).*

*Anche per Croce l'unica realtà è lo spirito, ma esso è visto nella sua essenziale dimensione storica (*storicismo assoluto*): «la vita e la realtà non sono altro che storia». Da questa dottrina è, dunque, bandita ogni trascendenza, in quanto la vita si risolve completamente nel processo storico, ed è, altresì, esclusa, come per Hegel, ogni forma di errore o di irrazionalità. La filosofia è concepita come «metodologia della storia» e non ha altro compito che quello di chiarire le categorie che rendono pensabile la storia. La vita spirituale si dispiega attraverso due momenti fondamentali: a) l'attività conoscitiva (arte e logica); b) l'attività pratica (economia e morale). Tra l'arte, la logica, l'economia e la morale c'è, secondo Croce, un* nesso dei distinti, *in quanto esse, pur essendo appunto tra loro distinte, non rompono l'unità della vita dello spirito. Da sottolineare, infine, la svalutazione della scienza e della matematica, considerate dal neo-idealismo come attività con scopo esclusivamente pratico, del tutto destituite di valore teoretico-conoscitivo.*
Anche Gramsci, il maggior rappresentante del marxismo in Italia, si forma in questo clima culturale segnato dalla ripresa hegeliana. Analogamente a Labriola, egli elaborò un'originale versione del marxismo, lontana sia dalle deformazioni positivistiche e deterministiche di chi voleva ridurre Marx a freddo scienziato dell'economia, sia dall'imperante idealismo crociano. Pur tuttavia, Gramsci riconobbe a Croce il merito di aver affermato con forza la storicità *della realtà umana e di aver combattuto contro la metafisica e la religione. Ciononostante, come vedremo nel testo gramsciano riportato in questo* Laboratorio, *non mancò di accusare Croce di far rientrare dalla finestra ciò che aveva cacciato dalla porta, essendo — a giudizio di Gramsci — lo* Spirito *(di cui parla la filosofia crociana) la modernizzazione della vecchia figura di Dio. Tra i temi più interessanti della riflessione gramsciana ricordiamo il concetto dell'egemonia, la teoria degli intellettuali «organici» e la questione meridionale.*

1

Analizza il brano di Gentile sull'attualismo (T. 1), che è una buona sintesi del suo sistema, soffermandoti a illustrare in particolare i seguenti punti:

- ☐ in che senso lo spiritualismo assoluto è da intendersi necessariamente come attualismo;
- ☐ in che cosa consiste il metodo della «immanenza assoluta» e in che cosa si differenzia dalle altre forme di immanentismo;
- ☐ in che senso l'attualismo, pur essendo immanentismo, non nega Dio.

2

Analizza il seguente testo di Gentile sulla dottrina dello stato etico e soffermati a definire i seguenti tre caratteri:

- ☐ l'universalità dello stato;
- ☐ l'interiorità dello stato;
- ☐ il rapporto cittadino-stato.

«Concetto di Stato

Lo Stato è la nazione consapevole della sua unità storica. E lo è in quanto si realizza universalmente; questa sua universalità determinando in una certa forma. Determinazione necessaria, com'è necessario che chi parla usi certe parole. La forma in cui si determina lo spirito d'un popolo è complessa, e non è questo il luogo per fare l'analisi di tutti i suoi elementi. Ma nessuno degli elementi che s'appartengono alla vita d'un popolo, materiali o morali, è estraneo a codesta forma tutta spirituale che si suggella nell'autocoscienza della nazione che è Stato. Pensiero e azione; consapevolezza di quel che si è, volontà di quel che si dev'essere. L'uomo che nella sua singola personalità si senta estraneo a tale forma, è un'astrazione storica: può essere un delinquente che viola la legge della patria, può essere un immorale che non sente nella sua coscienza pulsare la coscienza universale.

Interiorità dello Stato

È evidente che questo Stato ha un'esistenza interiore; e tutte le sue esterne manifestazioni (territorio, forza esecutiva del potere, uomini rappresentativi dei vari poteri dello Stato, ecc.), traggono il loro valore dalla volontà che le riconosce e vuole come elementi necessari e costitutivi della forma storica e attuale dello Stato. E bisogna riferirsi a questa interiorità, e intenderla rigorosamente, per rendersi conto del carattere etico dello Stato, che così spesso dà luogo a fraintendimenti ed equivoci strani. Giacché lo Stato nella sua essenziale interiorità non solo è volontà etica, ma è, in generale, autocoscienza, quindi umanità piena e perfetta. Non di rado invece si scambia lo Stato col Governo anzi con le persone fisiche in cui il Governo s'incarna. E non si vede che queste persone e il Governo stesso non sono lo Stato, bensì solo elementi della forma in cui lo Stato si attua.

Carattere dialettico dello Stato

Ma la principale difficoltà che ostacola l'esatta intelligenza del carattere etico, e in genere, spirituale dello Stato, è la relazione statica e assolutamente meccanica in cui sono concepiti il cittadino e lo Stato: il particolare e l'universale. Onde si pensa che il particolare è particolare e non è universale; e viceversa. E ciascuno dei due termini si oppone all'altro, rigidamente, irriducibilmente. Laddove i due termini così concepiti sono due astrazioni, e il concreto è la loro unità dialettica, cioè il particolare che si fa universale. Si fa, non è immediatamente. Di guisa che l'universale è sempre e non è mai. E quel che il cittadino si può trovare di fronte come suo termine opposto, non è mai lo Stato, ma quello che non è ancora lo Stato: un particolare, a cui infatti ripugna, perché esso limita la sua personalità. Lo Stato vero invece non limita ma slarga, non deprime ma potenzia la personalità del cittadino: non l'opprime ma la libera» (G. Gentile, *Introduzione alla filosofia*, Sansoni, Firenze, 1958[2]).

3

Analizza il brano sull'arte di Croce (T. 2) e sottolinea i due momenti fondamentali dell'argomentazione del filosofo, quello positivo (in cui risponde alla domanda che cos'è l'arte) e quello negativo (in cui esclude ciò che non è arte). Riporta, infine, quanto letto al contesto generale del sistema filosofico crociano.

4

Croce è stato definito il «filosofo della libertà». Nel testo che proponiamo qui di seguito, tratto da *La storia come pensiero e come azione,* opera scritta durante la dittatura fascista nel 1938, egli esalta la libertà contro coloro che, invece, mostravano di credere che essa avesse ormai disertato il mondo. Dopo attenta lettura del brano, svolgi i seguenti punti:

- ☐ individua la tesi dell'autore;
- ☐ metti in luce gli argomenti addotti a sostegno della tesi;
- ☐ delinea il rapporto tra la filosofia e la realtà storica;
- ☐ dà un titolo a tutto il brano.

«Niente di più frequente che udire ai giorni nostri l'annunzio giubilante o l'ammissione rassegnata o la lamentazione disperata che la libertà abbia ormai disertato il mondo, che il suo ideale sia tramontato sull'orizzonte della storia, con un tramonto senza promessa di aurora. Coloro che così parlano scrivono e stampano, meritano il perdono motivato con le parole di Gesù: perché non sanno quel che si dicano. Se lo sapessero, se riflettessero, si accorgerebbero che asserire morta la libertà vale lo stesso che asserire morta la vita, spezzata la sua intima molla. E, per ciò che s'attiene all'ideale proverebbero grande imbarazzo all'invito di enunciare l'ideale che si è sostituito, o potrebbe mai sostituirsi, a quello della libertà; e anche qui si avvedrebbero che non ve n'ha alcun altro che lo pareggi, nessun altro che faccia battere il cuore dell'uomo nella sua qualità di uomo, nessun altro che meglio risponda alla legge stessa della vita, che è storia e le deve perciò corrispondere un ideale nel quale la storicità sia accettata e rispettata e messa in condizione di produrre opere sempre più alte.

Certo, nell'opporre alle legioni dei diversamente pensanti o diversamente favellanti queste proposizioni apodittiche si è ben consapevoli che esse sono proprio di quelle che possono far sorridere o muovere a scherni verso il filosofo, il qual par che caschi sul mondo come un uomo dell'altro mondo, ignaro di ciò che la realtà è, cieco e sordo alle sue dure fattezze e alla sua voce o ai suoi gridi. Anche senza soffermarsi sugli avvenimenti e sulle condizioni contemporanee onde in molti paesi gli ordini liberali, che furono il grande acquisto del secolo decimonono e sembrarono acquisto in perpetuo, sono crollati e in molti altri s'allarga il desiderio di questo crollo, la storia tutta mostra, con brevi intervalli d'inquieta, malsicura e disordinata libertà, con rari lampeggiamenti di una felicità piuttosto intravista che mai posseduta, un accavallarsi di oppressioni, d'invasioni barbariche, di depredazioni, di tirannie profane ed ecclesiastiche, di guerre tra i popoli e nei popoli, di persecuzioni, di esilî e di patiboli. E, con questa vista innanzi agli occhi, il detto che la storia è storia della libertà suona come un'ironia o, asserito sul serio, come una balordaggine.

Senonché la filosofia non sta al mondo per lasciarsi sopraffare dalla realtà quale si configura nelle immaginazioni percosse e smarrite, ma per interpretarla, sgombrando le immaginazioni. Così, indagando e interpretando, essa, la quale ben sa come l'uomo che rende schiavo l'altro uomo sveglia nell'altro la coscienza di sé e lo avviva alla libertà, vede serenamente succedere a periodi di maggiore altri di minore libertà, perché quanto più stabilito e indisputato è un ordinamento liberale, tanto più decade ad abitudine, e, scemando nell'abitudine la vigile coscienza di sé stesso e la prontezza della difesa, si dà luogo ad un vichiano ricorso di ciò che si credeva che non sarebbe mai riapparso al mondo, e che a sua volta aprirà un nuovo corso. Vede, per esempio, le democrazie e le repubbliche, come quelle della Grecia nel IV secolo o di Roma nel I, in cui la libertà rimaneva nelle forme istituzionali ma non più nell'anima e nel costume, perdere anche quelle forme come colui che non ha saputo aiutarsi e che invano si è cercato di raddrizzare con buoni consigli viene abbandonato all'aspra correzione che la vita farà di lui. Vede l'Italia, esausta e disfatta, dai barbari deposta nella tomba con la sua pomposa veste d'imperatrice, risorgere, come dice il poeta, agile marinaia nelle sue repubbliche del Tirreno e dell'Adriatico. Vede i re assoluti, che abbatterono le libertà del baronaggio e del clero, diventate privilegi, e che sovrapposero a tutti il loro governo, esercitato per mezzo di una loro burocrazia e sostenuto da un loro proprio esercito, preparare un'assai più larga e più utile partecipazione dei popoli alla libertà politica; e un Napoleone, distruttore anch'esso di una libertà tale solo d'apparenza e di nome e alla quale egli tolse apparenza e nome, agguagliatore[5] di popoli sotto il suo dominio, lasciar dopo di sé questi stessi popoli avidi di libertà e resi più esperti di quel che veramente fosse ed alacri a impiantarne, come poco dopo fecero in tutta Europa, gl'istituti. [...]

Queste, e tante altre cose simili a queste, vede, e ne conclude che se la storia non è punto un idillio, non è neppure una "tragedia di orrori", ma è un dramma in cui tutte le azioni, tutti i personaggi, tutti i componenti del coro sono, nel senso aristotelico, "mediocri", colpevoli-incolpevoli, misti di bene e di male, e tuttavia il pensiero direttivo è in essa sempre il bene, a cui il male finisce per servire da stimolo, l'opera è della libertà che sempre si sforza di ristabilire, e sempre ristabilisce, le condizioni sociali e politiche di una più intensa libertà. Chi desideri in breve persuadersi che la libertà non può vivere diversamente da come è vissuta e vivrà sempre nella storia, di vita pericolosa e combattente, pensi per un istante a un mondo di libertà senza contrasti, senza minacce e senza oppressioni di nessuna sorta; e subito se ne ritrarrà inorridito come dall'immagine, peggio che della morte, della noia infinita» (B. Croce, *La storia come pensiero e come azione*, Laterza, Bari, 1966, pp. 48-51).

5

Dopo aver letto il seguente brano di Gramsci, tratto da *Il materialismo storico e la filosofia di Benedetto Croce*, componi un breve testo in cui siano chiariti i rapporti di Gramsci (e della sua filosofia della prassi) con Croce (e la sua concezione storicistica della realtà).

«Il Croce coglie ogni occasione per mettere in rilievo come egli, nella sua attività di pensatore, abbia studiosamente cercato di espungere dalla sua filosofia ogni traccia e residuo di trascendenza e di teologia e quindi di metafisica, intesa nel senso tradizionale. Così egli, in confronto del concetto di "sistema", ha messo in valore il concetto di problema filosofico, così egli ha negato che il pensiero produca altro pensiero astrattamente, ed ha affermato che i problemi che il filosofo deve risolvere non sono una filiazione astratta del precedente pensiero filosofico, ma sono proposti dallo svolgimento storico attuale, ecc. Il Croce è giunto fino ad affermare che la sua ulteriore e recente critica della filosofia della prassi è appunto connessa a questa sua preoccupazione antimetafisica e antiteologica, in quanto la filosofia della prassi sarebbe teologizzante e il concetto di "struttura" non sarebbe che la ripresentazione ingenua del concetto di un "dio ascoso". Bisogna riconoscere gli sforzi del Croce per fare aderire alla vita la filosofia idealistica, e tra i suoi contributi positivi allo sviluppo della scienza sarà da annoverare la sua lotta contro la trascendenza e la teologia nelle loro forme peculiari al pensiero religioso-confessionale. Ma che il Croce sia riuscito nel suo intento in modo conseguente non è possibile ammettere: la filosofia del Croce rimane una filosofia "speculativa" e in ciò non è solo una traccia di trascendenza e di teologia, ma è tutta la trascendenza e la teologia, appena liberate dalla più grossolana scorza mitologica. La stessa impossibilità in cui pare si trovi il Croce di comprendere l'assunto della filosofia della prassi [...] mostra come il pregiudizio speculativo lo acciechi e lo devii.

La filosofia della prassi deriva certamente dalla concezione immanentistica della realtà, ma da essa in quanto depurata da ogni aroma speculativo e ridotta a pura storia o storicità o a puro umanesimo. Se il concetto di struttura viene concepito "speculativamente" certo esso

[5] Napoleone è visto come colui che rese eguali tutti i popoli sottomessi al suo dominio.

diventa un “dio ascoso”; ma appunto esso non deve essere concepito speculativamente, ma storicamente, come l'insieme dei rapporti sociali in cui gli uomini reali si muovono e operano, come un insieme di condizioni oggettive che possono e debbono essere studiate coi metodi della “filologia” e non della “speculazione”. Come un “certo” che sarà anche “vero”, ma che deve essere studiato prima di tutto nella sua “certezza” per essere studiato come “verità”.

Non solo la filosofia della prassi è connessa all'immanentismo, ma anche alla concezione soggettiva della realtà, in quanto appunto la capovolge, spiegandola come fatto storico, come “soggettività storica di un gruppo sociale”, come fatto reale, che si presenta come fenomeno di “speculazione” filosofica ed è semplicemente un atto pratico, la forma di un contenuto concreto sociale e il modo di condurre l'insieme delle società a foggiarsi una unità morale. L'affermazione che si tratti di “apparenza” non ha nessun significato trascendente e metafisico, ma è la semplice affermazione della sua “storicità”, del suo essere “morte-vita”, del suo rendersi caduca perché una nuova coscienza sociale e morale si sta sviluppando, più comprensiva, superiore, che si pone come sola “vita”, come sola “realtà” in confronto del passato morto e duro a morire nello stesso tempo. La filosofia della prassi è la concezione storicistica della realtà, che si è liberata da ogni residuo di trascendenza e di teologia anche nella loro ultima incarnazione speculativa; lo storicismo idealistico crociano rimane ancora nella fase teologico-speculativa» (A. Gramsci, *Il materialismo storico e la filosofia di Benedetto Croce*, Editori Riuniti, Roma, 1971, pp. 225-227).

GLOSSARIO E RIEPILOGO

Neoidealismo. Con questo termine si intendono le correnti filosofiche che si rifanno, a vario titolo, all'idealismo tedesco.

Gentile

Attualismo. È la teoria di Gentile, secondo cui la vera e unica realtà è il «pensiero in atto» o il soggetto attuale del pensiero. Quest'ultimo, in quanto pensa, pensa necessariamente qualcosa che è per lui un *oggetto*; ma l'oggetto del pensiero, sia esso la natura o Dio, il proprio io o quello degli altri, non ha realtà fuori dell'*atto del pensiero* che lo pensa e, pensandolo, lo *pone*. Quest'Atto è dunque creatore, e in quanto creatore, infinito, poiché ha tutto *dentro* di sé e nulla *al di fuori* di sé.

Autoctisi. È lo Spirito e il Soggetto, in quanto «autocreazione» e «autoposizione».

Arte. È il momento della pura *soggettività*, considerata nelle sue espressioni fantastiche e sentimentali.

Religione. È il momento in cui il soggetto dimentica se stesso in un Oggetto assoluto (Dio) di fronte al quale si trova in uno stato di dipendenza.

Filosofia. È il momento del sapere assoluto, nel quale il soggetto diviene consapevole che è lui — e solo lui — a porre l'oggetto.

Croce

Storicismo assoluto. È la teoria, propria di Croce, secondo cui «la vita e la realtà è storia e nient'altro che storia».

Nesso dei distinti. Croce rimprovera Hegel di aver confuso il nesso dei distinti con la dialettica degli opposti, ossia di aver scambiato la distinzione e l'unità esistenti tra le forme e i gradi dello Spirito (v.) con l'opposizione dialettica che si trova nell'ambito di ciascun grado (bello e brutto nell'arte, vero e falso in filosofia, utile e inutile nell'economia, bene e male nell'etica).

Gradi e forme dello Spirito. Croce ammette due forme dello Spirito (quella teoretica e quella pratica). La forma teoretica comprende l'arte e la filosofia, quella pratica l'economia e l'etica.

Arte. È la conoscenza *intuitiva* o del *particolare* (in quanto si nutre di stati d'animo e immagini individuali).

Filosofia. È la conoscenza *logica* o dell'*universale* (in quanto opera tramite concetti).

Economia. È la *volizione* del *particolare* (in quanto si riferisce all'utile personale o di gruppo).

Etica. È la *volizione* dell'*universale* (in quanto si riferisce al bene universale).

Intuizione lirica. È l'arte, intesa come sintesi a priori di sentimento (materia) e immagine (forma), della quale si può dire che il sentimento senza l'immagine è cieco (cioè semplice passionalità) e l'immagine senza il sentimento è vuota (cioè vano fantasticare).

Autonomia dell'arte. È l'indipendenza dell'arte da ogni fine o scopo estrinseco (conoscitivo, utilitaristico, morale, ecc.)

Ogni storia è storia contemporanea. Espressione crociana per indicare il fatto che ogni storia è «sempre riferita al bisogno e alla situazione *presente*, nella quale quei fatti propagano le loro vibrazioni».

Concetti puri. Sono i concetti autentici, ossia gli universali concreti che si riferiscono alle forme dello Spirito (e di cui si occupa la filosofia).

Pseudoconcetti. Sono i (falsi) concetti delle scienze. Croce distingue fra pseudoconcetti *empirici*, propri delle scienze della natura, e pseudoconcetti *astratti*, tipici della matematica. Privi di valore teoretico, hanno la funzione puramente pratico-economica di conservare il patrimonio delle conoscenze acquisite e di orientare le nostre azioni.

Gramsci

Prassi. Concetto tramite cui Gramsci intende la globalità dell'azione umana nel mondo e l'impegno nella trasformazione rivoluzionaria della società. Da ciò l'equazione marxismo = filosofia della prassi (che Gramsci interpreta nei termini di un «umanesimo assoluto» di tendenza immanentistica e storicistica).

Egemonia. È la capacità di direzione intellettuale e morale di una classe, la cui supremazia non si manifesta solo mediante il *dominio* e la forza, ma anche tramite la capacità di *direzione* ideale nei confronti delle classi alleate e subalterne. Se il dominio è fatto valere attraverso gli apparati *coercitivi* della società politica, la direzione intellettuale è fatta valere attraverso gli «apparati egemonici» della società civile: la scuola, la chiesa, i partiti, i sindacati, la stampa, ecc.

Labriola

Marxismo, Positivismo e idealismo. Secondo Labriola, il marxismo presenta una sua specificità teorica, sia nei confronti del Positivismo che dell'idealismo. Infatti, contro il Positivismo e il darwinismo sociale, che concepiscono la storia umana come «parte e prolungamento della natura», il marxismo sostiene che «la storia è il fatto dell'uomo». Contro l'idealismo e le sue astrazioni speculative, il marxismo rivendica la *concretezza* del processo storico e il fatto che «le idee non cadono dal cielo», in quanto sono connesse a determinate situazioni socio-politiche.

Indicazioni bibliografiche

Sull'idealismo italiano in generale:

U. Spirito, *L'idealismo italiano e i suoi critici*, Le Monnier, Firenze 1930.
E. Garin, *Cronache di filosofia italiana (1900-1943)*, Laterza, Bari 1966[3].
F. Valentini, *La controriforma della dialettica. Coscienza e storia nel neoidealismo italiano*, Editori Riuniti, Roma 1966.
G. Cotroneo (a cura di), *Itinerari dell'idealismo italiano*, Giannini, Napoli 1989.
P. Di Giovanni, *Kant ed Hegel in Italia. Alle origini del neoidealismo*, Laterza, Bari 1996.
P. Pellegrino, *L'estetica del neoidealismo italiano*, Congedo, Galatina 1996.

Su Gentile e Croce:

A. Lo Schiavo, *Introduzione a Gentile*, Laterza, Roma-Bari 1974.
P. Bonetti, *Introduzione a Croce*, Laterza, Roma-Bari 1984.
G. Calandra, *Gentile e il fascismo*, Laterza, Roma-Bari 1987.
M. Lancellotti, *Croce e Gentile. La distinzione e l'unità dello spirito*, Studium, Roma 1988.
J. Jacobelli, *Croce e Gentile*, Rizzoli, Milano 1989.
S. Natoli, *Giovanni Gentile filosofo europeo*, Bollati-Boringhieri, Torino 1989.
G. Pozzo, *Giovanni Gentile e l'umanesimo del lavoro*, Galleria, Castelfranco Veneto 1989.
A. Del Noce, *Giovanni Gentile. Per una interpretazione filosofica della storia contemporanea*, Il Mulino, Bologna 1990.
G. Galasso, *Croce e il suo tempo storico*, Il Saggiatore, Milano 1990.
G. Sasso, *Per invigilare me stesso. I taccuini di lavoro di Benedetto Croce*, Il Mulino, Bologna 1990.
F. Farotti (a cura di), *Il problema della religione nell'attualismo*, Loffredo, Napoli 1998.

Su Gramsci e Labriola:

F. Sbarberi, *Gramsci: un socialismo armonico*, Angeli, Milano 1986.
F. Sbarberi, *Ordinamento politico e società sul marxismo di Antonio Labriola*, Angeli, Milano 1986.
N. Bobbio, *Saggi su Gramsci*, Feltrinelli, Milano 1990.
J. Joll, *Gramsci*, Mondadori, Milano1992.
E. J. Hobsbawm, *Gramsci in Europa e in America*, Laterza, Roma-Bari 1995.
E. Garin, *Con Gramsci*, Editori Riuniti, Roma 1997.
R. Mordenti, *Introduzione a Gramsci*, Datanews, Roma 1998.

Capitolo dodicesimo

La ragione come strumento. Il pragmatismo

Capitolo dodicesimo

La ragione come strumento. Il pragmatismo

1. Il pragmatismo: caratteri generali

Il pragmatismo rappresenta il primo contributo originale degli Stati Uniti d'America alla filosofia occidentale. Esso nacque nel clima di diffuso interesse per la filosofia e di riconoscimento della sua funzione vitale e portò alla luce una tendenza che era stata presente fin dagl'inizi alla filosofia americana. *Si tratta della tendenza di considerare come fondamentale, per la scelta e l'adozione di una dottrina filosofica, non già la sua astratta o teoretica verità, ma la sua pratica* utilità *per la vita dell'individuo e della società nel suo insieme: intendendosi, per* utilità, *la capacità di una dottrina di valere come guida della condotta pratica dell'uomo nei confronti delle cose, degli altri uomini e di Dio*. La cerchia ristretta dei problemi in cui si era mossa sino allora la filosofia americana era stata appunto delimitata da questo immanente e inespresso criterio pragmatico: che aveva indotto molti pensatori a trascurare o a dichiarare oziosi problemi la cui soluzione in un senso o nell'altro non comportasse un mutamento qualsiasi nell'atteggiamento degli uomini di fronte alla vita.

Il criterio pragmatico

In altri termini, l'ideale classico e medioevale della «vita teoretica», cioè della vita dedita esclusivamente alla contemplazione della verità e aliena da ogni mescolanza con gl'interessi, i bisogni e le esigenze della comune umanità, era rimasto estraneo alla filosofia americana. Il pragmatismo non fa che sanzionare e giustificare tale estraneità. Dall'altro lato, l'interpretazione che i critici europei hanno dato spesso del pragmatismo come di una «filosofia del successo» o «filosofia degli affari» è completamente falsa: perché l'utilità che il pragmatismo esige dalle credenze filosofiche consiste (come vedremo) nella loro fecondità per la vita morale e religiosa o per la scienza o per la costruzione di una società ordinata e solo attraverso questi tramiti concerne la riuscita negli affari o il successo personale degli individui.

Il concetto «ampio di utilità»

La caratteristica fondamentale del pragmatismo è pertanto quella di essere orientato verso il futuro anziché verso il passato o il presente: cioè di fondare la validità di una dottrina non già sulle prove che sono state addotte in suo favore, ma su quelle che si possono addurre; non già sulla sua capacità di interpretare il passato, ma su quella di prevedere, progettare, controllare gli eventi futuri e in particolare il comportamento dell'uomo. Questo orientamento distingue il pragmatismo dal classico empirismo inglese col quale, per molti aspetti, è strettamente imparentato. L'esperienza di cui parlava l'empirismo è un patrimonio concluso che si può inventariare e sistemare in modo esauriente e definitivo. *L'esperienza del pragmatismo è la previsione e l'anticipazione degli sviluppi o dell'utilizzazione possibile di tutte le nostre conoscenze*. Da questo punto di vista la «verità» è tale non perché si accorda con i dati dell'esperienza passata ma perché è suscettibile di un uso qualsiasi nell'esperienza futura. La previsione di quest'uso, la determinazione dei suoi limiti, delle sue condizioni e dei suoi effetti costituisce il significato *pragmatico* di una verità. *In questo senso, la tesi fondamentale del pragmatismo è che ogni verità è una regola d'azione, una norma per la condotta futura: intendendosi per «azione» e per «condotta futura» ogni specie e forma di attività sia conoscitiva che pratica, sia morale che estetica o religiosa.*

Pragmatismo americano ed empirismo inglese

La verità come regola d'azione

Il pragmatismo americano si concretizza in due correnti fondamentali (pragmatismo *metodologico* e pragmatismo *metafisico*) che, pur partendo dal comune presupposto della strumentalità del conoscere, intendono in modo diverso il legame conoscenza-azione. Il pragma-

Pragmatismo *metodologico* e *metafisico* (cfr. il *Glossario*)

tismo metodologico (Peirce, Dewey, Mead ecc.) si presenta come una teoria del *significato*, ovvero come una dottrina della portata pragmatica delle proposizioni e delle credenze. Il pragmatismo metafisico (James, Schiller ecc.) si pone invece come una teoria generale della *verità* e della realtà, ossia come una dottrina secondo cui la verità di un'idea (si pensi ad es. alla religione) risiede nella sua presunta *utilità* personale o sociale, cioè nella sua capacità di esercitare un'azione *benefica* sulla vita dell'uomo. Queste due forme di pragmatismo sono profondamente diverse, poiché la prima mette capo ad un razionalismo sperimentalistico e fallibilistico (vicino ai procedimenti della scienza) mentre il secondo sfocia in un irrazionalismo a sfondo metafisico, religioso e (in taluni casi) politico. Tant'è vero che Peirce, per evitare che il proprio pragmatismo metodologico venisse confuso con quello metafisico di James, preferì parlare di *pragmaticismo* e Dewey, in modo ancor più funzionale, di *strumentalismo*.

La profonda *diversità* fra le due correnti

2. PEIRCE

2.1. Il metodo della ragione

Il vero fondatore del pragmatismo fu Charles Sanders Peirce (1839-1914), cultore di logica simbolica e geniale divulgatore di dottrine scientifiche. Egli non scrisse libri ma saggi e articoli apparsi su vari periodici americani. Una prima raccolta pubblicata dopo la sua morte con il titolo *Caso amore e logica* (1923) richiamò l'attenzione sull'importanza della sua opera: importanza che appare ancora maggiore dopo la pubblicazione della raccolta completa dei suoi scritti.

Già in un saggio del 1878 intitolato *Come rendere chiare le nostre idee* Peirce rispondeva alla domanda contenuta in questo titolo suggerendo il seguente criterio: «Considerate quali effetti, che possono avere un'importanza pratica, abbia l'oggetto della vostra concezione. La vostra concezione di questi effetti costituisce tutta la vostra concezione dell'oggetto». Egli giustificava questo criterio adducendo che la sola funzione del pensiero è quella di produrre *credenze* e che ogni credenza è una regola di azione; sicché lo scopo finale del pensiero è l'esercizio della volizione e la produzione di abitudini d'azione. Peirce ammetteva però che ci sono vari metodi per stabilire una credenza e ognuno con qualche vantaggio. C'è il metodo della *tenacia* di chi si rifiuta di discutere le proprie credenze e può condurre al successo la persona ostinata; il metodo dell'*autorità* che, vietando le opinioni difformi, può condurre all'accordo; il metodo *metafisico* che si appella alla ragione e produce costruzioni e sistemi ideali che però sono incontrollabili. Questi metodi hanno in comune il tratto di escludere la possibilità dell'errore e quindi della correzione eventuale: ognuno di essi si ritiene infallibile. C'è solo il metodo *scientifico*, secondo Peirce, che rinuncia all'infallibilità e perciò ammette la possibilità di correggere continuamente i propri risultati. E questo è precisamente, secondo Peirce, il solo metodo che la scienza e la filosofia devono seguire, professando apertamente ciò che egli chiama il *fallibilismo* della ragione.

Il criterio delle credenze

Il fallibilismo della ragione

Il pragmatismo, come lo intende Peirce, non è altro che l'applicazione di quest'ultimo metodo ai problemi filosofici. Giudicare una credenza qualsiasi, in base alle conseguenze pratiche che essa può portare nel comportamento effettivo degli uomini, significa infatti essere disposti a rettificare la credenza stessa quando è smentita da tali conseguenze.

Caso e uniformità

Questo metodo suppone, però, che nella realtà in cui l'uomo, con le sue credenze, agisce, non ci sia una necessità assoluta che porterebbe come conseguenza l'esistenza di verità o credenze immutabili, cioè non correggibili. E l'esperienza infatti esclude che ci sia in realtà tale necessità. Il mondo è il regno del *caso*: un caso tuttavia nel quale sono riscontrabili *costanze* o *uniformità* di eventi, le quali costituiscono l'oggetto dell'indagine scientifica e sono espresse dalle *leggi* che la scienza scopre.

2.2. L'abduzione e la semiotica[1]

La logica tradizionale aveva individuato le forme del ragionamento scientifico nell'induzione e nella deduzione. In aggiunta, Peirce ritiene che noi spesso facciamo uso di una catena inferenziale che ci consente di passare da alcuni fatti noti alla posizione ipotetica di un principio che li spieghi e che chiama *abduzione*; un semplice esempio è la seguente ipotesi: «Tutti i fagioli di questo sacco sono bianchi – Questi fagioli sono bianchi – Questi fagioli vengono da questo sacco». Oppure immaginiamo che svegliandomi una mattina io trovi la strada bagnata: supporrò che durante la notte abbia piovuto. Non si tratta in questi casi di una forma di induzione, cioè una generalizzazione empirica che ha una valenza soltanto classificatoria, perché l'ipotesi esplicativa si pone a un livello superiore rispetto ai fatti da spiegare, non si limita a registrare delle regolarità, ma ne individua il principio, le ragioni non empiriche. È chiaro che l'ipotesi avanzata non è certa come le conclusioni deduttive e deve superare il vaglio dell'esperienza per poter essere ammessa e allo stesso tempo presentare caratteristiche intrinseche di semplicità e di eleganza.

Induzione, deduzione e abduzione

Oggi Peirce è ricordato soprattutto per aver posto le basi della semiotica contemporanea, la disciplina che si occupa dei segni in quanto essi vengono interpretati e usati. Punto di partenza è la considerazione che non c'è pensiero senza segno, che ogni pensiero è in realtà un segno che rimanda a un pensiero precedente che a sua volta è un segno e così via. Ciò significa che l'universo intero non è un insieme definito e definitivo di cose poi riprodotte con i segni, ma un insieme di segni collegati fra loro in cui non c'è mai un punto di partenza primo e assoluto. Il nostro contatto con la realtà non è mai diretto, ma sempre mediato dal segno: è una continua interpretazione, ovvero una «semiosi infinita» effettuata in base ai valori condivisi della comunità che ne preservano il carattere oggettivo, cioè pubblico, ossia interpersonale.

La semiotica

Secondo una celebre classificazione risalente al 1897, il *segno* viene definito da Peirce come qualcosa che per qualcuno (l'*interpretante*) sta per qualcosa (l'*oggetto*); nel pensiero tutti e tre questi elementi sono sempre in gioco e rinviano l'uno all'altro: non può infatti esservi segno se un qualcosa (il segno stesso) non sta al posto di qualcos'altro (l'oggetto), ma quel qualcosa svolge quella funzione solo se vi è qualcuno (l'interpretante) che lo intende come tale che sta al posto di qualcos'altro. L'interpretante, dal canto suo, è tale perché si muove già da sempre all'interno di un universo segnico.

Il segno

In rapporto all'oggetto i segni sono suddivisibili in tre classi: **a)** *somiglianze* o *icone*, **b)** *indici* e **c)** *segni generali* o *simboli*. **a)** È il caso di un simbolo che presenta una somiglianza con l'oggetto che indica tanto da sostituirlo nel pensiero dell'interpretante; così ci accade, contemplando una natura morta, di pensare solo al quadro e di dimenticare gli oggetti concreti che raffigura. L'icona gode di una sua autonomia, tanto che l'oggetto che raffigura potrebbe anche non esistere; in questo senso un brano musicale può intendersi come icona. **b)** È il caso di un segno che indica un oggetto determinato come un nome proprio o il sintomo di una malattia; al contrario di quanto accade per l'icona, esso perderebbe ogni significato se non esistesse l'oggetto designato, perché di per sé non ne possiede alcuno. Si può pensare al fatto di additare qualcosa per indicarlo a un'altra persona: il gesto ha senso solo perché intenzionato a quel qualcosa, mentre di per sé è una positura della mia mano priva di significato. **c)** È il caso di tutti i segni convenzionalmente associati a qualcosa di diverso da essi; esso indica degli oggetti reali a cui noi attribuiamo specifiche proprietà o che consideriamo da un particolare punto di vista, e può esemplificarsi con i concetti generali e con i discorsi.

Classi del segno

Di per sé il segno presenta tre aspetti: la qualità materiale, cioè il suo *aspetto esteriore* (il fatto che è un insieme di segni grafici, oppure di suoni ecc.), la *denotazione* (ossia il suo rinviare a un altro oggetto), il *significato* (la proprietà posseduta dal segno per il pensiero che lo interpreta). L'oggetto è la cosa a cui il segno rinvia, ma si può ritenere esso stesso un segno perché è un qualcosa che si esibisce nelle stesse modalità dei segni in senso

Aspetti del segno

[1] Questo paragrafo è stato curato da M. Sacchetto.

stretto, in quanto rivela il suo significato nelle conseguenze pratiche che produce. Se nelle formulazioni risalenti al 1897 e agli anni successivi l'interpretante sembra identificarsi con il soggetto umano, nella classificazione del 1907 la sua configurazione si fa più complessa e fondata sui vari tipi di effetto prodotti sul soggetto stesso dal segno. Di conseguenza, l'interpretante può essere: **a)** *emozionale*, cioè il sentimento provocato dal segno; **b)** *energetico*, cioè la nostra reazione fisica o intellettuale di fronte al segno; **c)** *logico*, cioè il significato concettuale e generale del segno. Il risultato ottenuto dall'interpretante non è semplicemente un concetto, ma, in linea con la generale concezione pragmatica di Peirce, una serie di nuove disposizioni ad agire.

3. James

Un carattere più spiccatamente spiritualistico ha il pragmatismo di William James (1842-1910) che tuttavia presentò la sua dottrina come uno sviluppo del criterio suggerito da Peirce.

Secondo James non esistono credenze fondate su basi puramente logiche o razionali: l'attività del pensiero è sempre subordinata ai fini dell'azione.

E se si ammette questo, si deve anche riconoscere che l'influenza che il desiderio e la volontà esercitano sul pensiero non è un'influenza perturbatrice che debba essere eliminata, ma può essere considerata come normale e benefica. Tutte le volte che la scelta di una credenza non può esser fatta su basi razionali, perché non è possibile vagliare esaurientemente il pro e il contro, l'uomo ha non solo il diritto, ma il dovere di scegliere quella che meglio risponde alle esigenze della sua vita pratica. In questi casi, difatti, il non decidere o il rinviare la decisione sino a che non si sia raggiunta l'evidenza razionale equivale a decidere negativamente, cioè a comportarsi come se non si credesse e quindi a rinunciare ai benefici che deriverebbero dalla credenza. James ritiene che queste osservazioni si riferiscano soprattutto alle credenze religiose, le quali da un lato non sono suscettibili di essere dimostrate perfettamente e dall'altro hanno una grande portata pratica perché influiscono potentemente sulla vita dell'uomo.

Le credenze vanno giudicate sulla base dei risultati benefici che arrecano alla nostra vita

La credenza in Dio, nella libertà e nell'immortalità dell'anima rientrano in questa categoria. James ripete a modo suo la «scommessa» di Pascal: bisogna affrontare il rischio della fede e agire come se si credesse. Rinunziare alla fede perché non è sufficientemente dimostrata, e in attesa che venga dimostrata, significa agire come se *non* si credesse: cioè significa pur sempre scegliere e decidere, ma scegliere e decidere l'alternativa contraria.

Questo atteggiamento negativo è tanto meno conveniente, in quanto molte volte l'accettazione di una credenza può produrre la *verificazione* della credenza stessa. Questo è vero soprattutto nei rapporti tra gli uomini: la simpatia, l'amore si conquistano credendo nella loro possibilità. E ogni organismo sociale, piccolo o grande che sia, si regge sulla fiducia che ognuno farà quello che deve ed è quindi una conseguenza di questa fiducia. La stessa cosa vale per ciò che concerne la struttura morale del mondo. Che per esempio la vita sia degna di essere vissuta è cosa che dipende unicamente dalla fede, giacché la vita è tale quale noi la facciamo.

Ma che la fede possa trovare la propria verificazione è cosa che può accadere solo in un mondo che non sia dominato da un fatale determinismo meccanico. James perciò ha rivolto il suo pragmatismo soprattutto alla difesa di una concezione *pluralistica* e *indeterministica* del mondo. Il mondo è per lui una totalità di esseri indipendenti che sono tra loro in rapporto di azione e reazione ma che non sono dominati da un disegno totale.

Il pluralismo e l'indeterminismo

4. Vailati

Al pragmatismo di Peirce si può connettere l'indirizzo seguito in Italia da Giovanni Vailati (1863-1909). Vailati fu un logico e un metodologo della scienza che veniva illustrando in nitidi e succinti scritti il lavoro di critica e di chiarimento che la matematica contemporanea andava facendo rispetto ai suoi princìpi e ai suoi procedimenti. Nelle tesi del pragmatismo, Vailati vide sostanzialmente espressi i procedimenti della matematica stessa, quali venivano chiariti dai logici della matematica; e in ciò può riconoscersi forse l'originalità della sua posizione.

Pragmatismo e scienza

Peirce, infatti, che aveva per primo enunciato il criterio pragmatistico per l'individuazione delle credenze, non credeva che tale criterio valesse anche per la «fissazione» o «determinazione» delle credenze stesse, che rimaneva affidata ai metodi della scienza. Secondo Vailati, la validità del pragmatismo consiste invece nel fatto che il criterio pragmatistico è quello usato dalla scienza stessa, specialmente dalle matematiche. D'altronde questo criterio non ha nulla a che fare con le «conseguenze pratiche» o con l'azione, ma prescrive soltanto di assumere come significato di una nozione, nell'ambito di una scienza, l'*uso* che la scienza stessa fa di questa nozione. Da questo punto di vista, i postulati della matematica, ad esempio, hanno cessato di essere proposizioni privilegiate, per diventare proposizioni come tutte le altre, opportunamente *scelte* in vista degli scopi cui l'insieme della trattazione deve servire. Il pragmatismo e la logica matematica concordano poi anche nell'esigenza di eliminare ogni vaghezza nei termini e di ridurre ogni asserzione ai termini più semplici, che si riferiscono a fatti o a connessione tra fatti.

La posizione di Vailati è al limite tra positivismo e pragmatismo; e ancora più vicina al positivismo è quella del suo scolaro Mario Calderoni (1879-1914) che identificò le «conseguenze pratiche» di cui parlava il pragmatismo con la verifica sperimentale che la scienza esige come prova delle sue proposizioni.

5. De Unamuno: pragmatismo e «sentimento tragico della vita»

Come manifestazione del fideismo pragmatistico può essere intesa l'opera di Miguel de Unamuno (1864-1936).

La tesi fondamentale di Unamuno è quella stessa del pragmatismo e di ogni filosofia dell'azione: la subordinazione della conoscenza, del pensiero, della ragione, alla vita e all'azione. «La vita, egli dice, è il criterio della verità, e non la concordanza logica che lo è solo della ragione. Se la mia fede mi porta a creare o a magnificare la vita, perché volete altre prove della mia fede? Quando le matematiche uccidono, le matematiche sono menzogne. Se camminando, sfinito dalla sete, ti si presenta una visione di quel che si chiama acqua e ti slanci verso di essa e bevi, e calmata la sete stai meglio, quella visione era vera e l'acqua era acqua di verità. Verità è ciò che spingendoci, in un modo o in un altro, ad agire, ci fa conseguire il nostro scopo». *La verità, sia essa dottrina o leggenda, poesia o scienza, mito o concetto, è sempre tale soltanto per l'impulso che dà alla vita, perché aiuta a vivere e ad agire*. La risposta che Don Chisciotte dà al Canonico che mette in dubbio la verità dei libri di cavalleria, e cioè che egli, Don Chisciotte, dacché s'è fatto armare cavaliere, ha acquistato tutte le virtù, appare ad Unamuno come la definizione stessa della verità come tale.

La vita come criterio della verità

Ma accanto a questo elemento pragmatistico, c'è, nella dottrina di Unamuno, un elemento irrazionalistico: l'affermazione del carattere oscuro, arbitrario, inconsapevole e in fondo irrazionale, di ogni dottrina o credenza.

Per questa origine irrazionale, la filosofia non è per Unamuno (come è invece per il pragmatismo americano) una *ricerca* che, per l'appunto fondandosi sul criterio della validità pragmatica, critichi, scelga o costruisca concetti o dottrine; è un'esaltazione della fede per la fede, del credere per il credere, e (poiché la fede e il credere non sono che la vita stessa) della vita per la vita. *Così il confine tra la realtà e il sogno sfuma*; e continuamente Unamuno ripete il tema del famoso dramma di Calderón *La vita è sogno*, riducendo la verificazione pragmatica della fede a un elemento del sogno e così togliendole consistenza e valore.

La realtà e il sogno

C'è indubbiamente un elemento esistenzialistico nella filosofia di Unamuno, ed è l'elemento che egli desume da Kierkegaard, il «fratello Kierkegaard». È la riconosciuta intrinsichezza dalla verità all'uomo, alla sostanza stessa dell'uomo singolo, e il rigetto di ogni verità astratta e oggettiva, ritenuta inoperante e sterile. E dell'esistenzialismo c'è pure in Unamuno il senso del *tragico*, ossia del contrasto lacerante fra realtà e aspirazioni, e dell'incertezza ineliminabile dalla vita e dalla fede stessa, che, appunto perché incerta, lotta e si sforza di testimoniarsi nell'azione. Ma questi elementi sono fatti valere da Unamuno a proposito di un unico e solo problema, quello dell'immortalità, portato sino alla più acuta esasperazione irrazionalistica. Egli vede nell'esigenza dell'immortalità, nella fede nell'immortalità, l'affermazione stessa della vita contro la morte; e nel carattere irrazionale di questa esigenza e di questa fede la condanna stessa della ragione. E tuttavia la sua conclusione è che l'incertezza deve permanere e che la vita umana è possibile solo sulla base di questa incertezza. Il *¿quien sabe?*, egli dice, risuona nella coscienza sia di chi afferma sia di chi nega l'immortalità.

Il senso tragico della vita

6. Dewey

6.1. Vita e scritti

Pragmatismo, Illuminismo e naturalismo costituiscono i tre aspetti fondamentali dell'opera di Dewey. Al pragmatismo lo collega la polemica contro l'idealismo e il mito di un intelletto puro, e l'affermazione del carattere *strumentale* della ragione. All'Illuminismo lo collega il compito, attribuito alla ragione stessa, di dare ordine e stabilità al mondo della natura e della società. E al naturalismo la convinzione che tra l'uomo e la natura c'è non opposizione ma continuità e che questa continuità deve essere assunta come il fondamento della condotta umana. «Il riconoscimento intelligente della continuità tra natura, uomo e società, dice Dewey, è la sola base per lo sviluppo di una morale che sia seria senza essere fanatica, ricca di aspirazioni senza sentimentalità, adattata alla realtà senza convenzionalità, accorta senza prendere la forma del calcolo dei profitti, idealistica senza essere romantica» (*Human Nature and Conduct*).

Pragmatismo, illuminismo e naturalismo

Vita e opere

John Dewey, nato a Burlington, Vermont (Stati Uniti) il 20 ottobre 1859, morto a New York il 2 giugno 1952, ha insegnato nelle Università di Michigan (1884-1888), di Minnesota (1888-1889), Michigan (1889-1894), Chicago (1894-1904); e dal 1904 al 1929 nella Columbia University di New York. Gli *Studi sulla teoria logica* (1903) pubblicati da lui in collaborazione con altri studiosi segnarono la nascita della «scuola di Chicago», la cui influenza sul pensiero filosofico degli Stati Uniti andò sempre più estendendosi negli anni successivi. L'ultima grande opera, *Logica come teoria della ricerca* (1938), conclude e sistematizza i risultati fondamentali delle ricerche logiche e gnoseologiche di Dewey e della sua scuola. Quest'opera e le altre due fondamentali, *Esperienza e natura* (1925), *La ricerca della certezza* (1930), fanno di lui una delle personalità più rappresentative della filosofia novecentesca.

Dei molteplici influssi che operarono sulla formazione di Dewey i più importanti furono quelli di Hegel, Darwin e Peirce. Da quest'ultimo imparò ad analizzare il significato di un'idea in termini di conseguenze pratiche differenziali comportate dalla sua applicazione. Da Darwin mediò il modello biologico che gli permise di assimilare ogni reale «problema» al cattivo aggiustamento fra organismo ed ambiente. Da Hegel derivò i caratteri filosoficamente più importanti della sua impostazione. La realtà è un tutto unitario (*monismo*) le cui articolazioni e opposizioni sono sempre relative, sono momenti di uno sviluppo, e non divisioni statiche. Ma mentre per Hegel il tutto è razionalità assoluta, quindi necessità e certezza, per Dewey il tutto mostra caratteri di incertezza ed errore, di precarietà e rischio, e la ragione è solo un mezzo per raggiungere una situazione di maggiore stabilità e sicurezza.

Hegel, Darwin e Peirce

6.2. Esperienza, esistenza e storia

Il punto di partenza di Dewey è l'esperienza; e in ciò la sua dottrina si collega (come già aveva fatto James per il suo pragmatismo) all'empirismo classico della tradizione inglese. Tuttavia il suo concetto dell'esperienza è diverso da quello tradizionale dell'empirismo. L'esperienza di cui parla l'empirismo è bensì l'intero mondo dell'uomo, ma un mondo semplificato e depurato da tutti gli elementi di disordine, di turbamento e di errore e ridotto a stati di coscienza, cartesianamente concepiti come chiari e distinti. L'esperienza di cui parla Dewey è invece primitiva, indiscriminata e grezza, e include dentro di sé tutte le qualità o i fattori di turbamento, di rischio, di perversità e di errore che agiscono nella vita umana.

L'esperienza negli empiristi classici e in Dewey

L'esperienza non si riduce, come l'empirismo credeva, a coscienza chiara e distinta. E non si riduce a conoscenza. L'*essere* e l'*avere* precedono la conoscenza e la condizionano. «Vi sono due dimensioni delle cose sperimentate, dice Dewey: una è quella di *averle*, l'altra è quella di *conoscerle*, per averle in modo più significativo e sicuro» (*Experience and Nature*).

Né l'esperienza coincide con la soggettività: essa non è soltanto un «esperire», cioè una successione di sensazioni, immagini e impressioni personali. Tutti i processi dello sperimentare sono azioni o atteggiamenti che concernono cose che vanno al di là di essi: non sono quindi soggettivi. Amare e odiare, desiderare e temere, credere e negare, non sono stati dello spirito, ma operazioni attive che concernono *altre cose*. Per la riflessione filosofica, l'esperienza deve essere assunta nel suo significato più vasto e comprende nel suo campo il sole, le nuvole, la pioggia, il seme, il raccolto e insieme l'uomo che lavora, che semina, inventa, usa, soffre e gode. L'esperienza comprende così l'intero mondo degli eventi e delle persone: essa è essenzialmente storia, in quanto comprende insieme «le condizioni oggettive – le forze e gli eventi – e la registrazione e la valutazione di questi eventi fatta dall'uomo». Per quest'ultimo carattere, l'esperienza è sempre esperienza *umana* nel senso che l'appartenenza dell'uomo alla natura è «cosa che qualifica la natura e l'esperienza di essa» (*Problems of Men*). In ogni caso, l'esperienza vale per il filosofo come un *memento*: «un memento di qualcosa che non è esclusivamente ed isolatamente né soggetto né oggetto né materia né spirito e neppure l'una più che l'altra cosa». L'appello all'esperienza vale in altri termini a tener presente che la natura non è senza l'uomo, né l'uomo senza la natura; e che perciò l'uomo non può considerare se stesso né come un angelo caduto per mero caso in un mondo di cose né come un pezzo qualunque di un grosso meccanismo. L'uomo – e questo è il naturalismo di Dewey – deve sentirsi solidamente piantato nella natura e tuttavia destinato a modificarne la struttura e a realizzarne il significato.

Il concetto «globale» di esperienza

TESTO 1 IL CONCETTO GLOBALE DI ESPERIENZA

L'esperienza è [...] qualcosa di completamente diverso dalla «coscienza», che è ciò che appare qualitativamente e focalmente a un particolare momento. L'uomo comune non ha bisogno che gli si ricordi che l'ignoranza è uno dei principali aspetti dell'esperienza; e che tali sono le abitudini alle quali ci abbandoniamo senza coscienza, tanto esse agiscono in modo abile e sicuro. Tuttavia l'ignoranza, l'abitudine, il radicarsi fatale nel passato, sono proprio le cose che il sedicente empirismo, con la sua riduzione dell'esperienza a stati di coscienza, nega all'esperienza. È importante per una teoria dell'esperienza sapere che in certe circostanze l'uomo ha in pregio ciò che è distinto e chiaramente vivente. Ma non è meno importante sapere che in altre circostanze fiorisce ciò che è crepuscolare, vago, oscuro e misterioso. [...]

Quando la malattia o la religione o l'amore o la conoscenza stessa vengono sperimentate, sono coinvolte forze e conseguenze potenziali che non sono direttamente presenti né direttamente implicate. Esse sono «nella» esperienza così veramente come sono presenti malesseri ed esaltazioni. Considerando la parte che l'anticipazione e la memoria della morte ha giocato nella vita umana, dalla religione alle compagnie d'assicurazione, che cosa può dirsi di una teoria che definisce l'esperienza in modo tale da farne logicamente seguire che la morte non è mai materia di esperienza? [...]

Quando diciamo che l'esperienza è un punto di accesso alla spiegazione del mondo nel quale viviamo, intendiamo per esperienza qualcosa che sia vasta, profonda e piena almeno quanto tutta la storia su questa terra; una storia la quale (poiché la storia non accade nel vuoto) include la terra e i correlati fisici dell'uomo. Quando assimiliamo l'esperienza alla storia piuttosto che alla fisiologia delle sensazioni, indichiamo che la storia denota insieme le condizioni oggettive, le forze, gli eventi, e la registrazione e la valutazione di questi eventi fatte dall'uomo. L'esperienza denota tutto ciò che è esperimentato, tutto ciò che si subisce e si prova, ed altri processi dello sperimentare. Com'è proprio della storia aver significati detti soggettivi e oggettivi, così è dell'esperienza. Come ha detto William James, essa è un fatto «a doppia faccia». Senza il sole, la luna, le stelle, le montagne e i fiumi, le foreste e le miniere, il suolo, la pioggia e il vento, la storia non ci sarebbe. Queste cose non sono condizioni esterne della storia dell'esperienza; fanno integralmente parte di essa. Ma dall'altro lato senza gli atteggiamenti e gli interessi umani, senza la registrazione e l'interpretazione, queste cose non sarebbero storia.

J. Dewey, *Esperienza e natura*, Paravia, Torino, 1948, pp. 3-5

1-17. L'empirismo non è coerente con la propria denominazione perché identifica l'esperienza con la coscienza e la conoscenza, mentre in essa sono spesso presenti l'ignoranza, la dipendenza dal passato e le abitudini inconsce in genere. In sostanza si può considerare rivolto non solo all'empirismo, ma anche al razionalismo questo monito di Dewey a non sopravvalutare il ruolo che nell'esperienza ha ciò che è chiaro e distinto a scapito di ciò che è oscuro e vago.

18-31. Dewey assimila l'esperienza alla storia, che è unità inscindibile di uomo e natura, di soggettivo e oggettivo, in un rapporto di interazione permanente. In questo senso Dewey fa propria la definizione di James dell'esperienza come entità a «doppia faccia». Egli respinge tanto la svalutazione della natura (compiuta in genere dagli idealisti) quanto la svalutazione dell'azione dell'uomo sulla natura. Anche poco più avanti egli scrive che l'esperienza comprende «insieme il campo, il sole, le nuvole e la pioggia, i semi, il raccolto, e l'uomo che lavora, che pianta, inventa, usa, soffre e gioisce» (p. 14).

6.3. Problematicità della vita e «fallacia filosofica»

Secondo Dewey, l'instabilità, la precarietà, il rischio e l'incertezza sono i tratti caratteristici dell'esistenza in tutte le sue forme e in tutti i suoi gradi. Non è il timore che fa nascere gli dèi, ma piuttosto la situazione precaria dalla quale nasce il timore. L'appello a forze magiche e soprannaturali è la prima garanzia cui l'uomo si appiglia contro tale precarietà. Quando essa vien meno, altre ne prendono il posto: l'immutabilità dell'essere, le leggi universali e necessarie, l'uniformità della natura, il progresso universale, la razionalità inerente dell'universo. La filosofia prende il posto della superstizione e della magia, ma ne prende anche l'ufficio: quello di cullare l'uomo nell'illusione che le cose che gli stanno a cuore, i valori da cui dipende la sua esistenza, siano garantiti dalla realtà stessa in cui vive e che perciò saranno conservati e preservati in ogni caso.

La «semplificazione» e la «sofisticazione» dell'esperienza

Ogni filosofia di questo genere è frutto di una semplificazione e di una sofisticazione dell'esperienza: semplificazione, perché si considera soltanto uno dei suoi tratti, quello più favorevole, che si manifesta nelle uniformità e nelle ripetizioni approssimative dei suoi caratteri; sofisticazione, perché questo tratto, considerato astrattamente, viene esteso alla totalità dell'esperienza. I sistemi filosofici tradizionali, siano essi realisti o idealisti, materialisti o spiritualisti, non si sono sottratti a questa sofisticazione. Le stesse filosofie come quelle di Eraclito, di Hegel e di Bergson, che insistono sull'incessante mutamento della realtà, finiscono per divinizzare il mutamento o il divenire, per farne un elemento di stabilità e di ordine, quindi una garanzia per i desideri o gli scopi umani.

Caratteristiche della «fallacia filosofica» (cfr. il *Glossario*)

Ora, questa è appunto, secondo Dewey, la *fallacia filosofica* per eccellenza. Far prevalere la stabilità sull'instabilità, garantirsi, per quanto è possibile, l'uso e il godimento dei beni e dei valori che gli sono necessari, è bensì il compito fondamentale di una direzione intelligente della vita umana; ma è un compito che niente può garantire se non appunto l'opera attiva dell'intelligenza umana nei limiti in cui quest'opera ha successo. Trasformare questo compito in una realtà, antecedente ad esso e condizione causale di esso, è ciò che costituisce il sofisma fondamentale della filosofia tradizionale. La quale perciò confina nell'apparenza, nell'errore, nell'illusione, tutto ciò che le pare incompatibile con l'immutabilità, la necessità, la razionalità e la perfezione dell'essere; e così scinde il mondo dell'esperienza in due pezzi o tronconi, facendo nascere il problema del loro rapporto. La persistenza con cui il problema del male, dell'errore, dell'illusione, ricorre nella storia della filosofia è una prova della tendenza inerente della filosofia a considerare reale solo ciò che è perfetto, ordinato, razionale e vero. Quel problema è naturalmente insolubile; ma insolubile solo perché è un falso problema, nato dalla scissione, che non deve farsi, tra l'essere e l'apparenza. L'errore, il male, il disordine, l'irrazionalità non sono apparenze, ma realtà allo stesso titolo e allo stesso diritto dei loro opposti. Dichiararli apparenza e non-essere non serve a nulla. L'uomo deve piuttosto affrontare lo sforzo per ridurre, quanto più è possibile, la loro portata nei suoi confronti.

La fiducia ottimistica

Dewey è tuttavia ottimista sulla riuscita di questo sforzo. La dottrina dell'evoluzione che egli, come molti altri filosofi del suo tempo, ritenne come lo schema generale dell'universo, lo portava ad ammettere la direzione progressiva dell'evoluzione dell'universo, quindi anche di quella parte dell'universo che è l'uomo. Ciò in qualche modo limita o pregiudica il suo riconoscimento del carattere instabile del mondo e dell'incertezza delle faccende umane. Non si può tuttavia dimenticare che di tali caratteri Dewey è stato, soprattutto nelle opere della sua maturità, uno dei più energici ed eloquenti assertori.

6.4. La logica strumentalistica

Se la vita è costitutivamente instabile e «rischiosa», l'uomo ha il compito di apprestare, con la sua ragione, degli strumenti atti a fronteggiarla. A ciò viene incontro la logica strumentalistica di Dewey, che è sostanzialmente una teoria generale dell'indagine, ossia un insieme di procedure formali che prescrivono una serie di tecniche intelligenti per affrontare le situazioni problematiche dell'esistenza. Di conseguenza, la logica di cui parla Dewey non ha tanto per oggetto opera-

Compiti della logica

zioni *linguistiche* o conoscitive (anche se in parte le include), ma soprattutto, come egli dice, delle operazioni *esistenziali*, avendo come compito principale quello «di trasformare una situazione nella quale si abbiano esperienze caratterizzate da oscurità, dubbio, conflitto, insomma comunque disturbate, in una situazione che sia chiara, coerente, ordinata, armoniosa».

La teoria generale della ricerca

Ogni ricerca muove pertanto da una *situazione problematica*, di incertezza e di dubbio. Una situazione problematica è tale non solo soggettivamente, e neppure solo oggettivamente, giacché essa precede la stessa distinzione fra soggetto e oggetto, che sorge funzionalmente *nella* ricerca e *per* la ricerca. D'altronde la situazione problematica non è un puro caos, perché in qualche modo *suggerisce*, sia pur vagamente, una soluzione, un'*idea* del come uscirne. Il *secondo* momento dell'indagine è lo sviluppo di questo suggerimento, di quest'idea, mediante il ragionamento: ciò che Dewey chiama l'*intellettualizzazione del problema*. Il *terzo* momento consiste nell'*osservazione* e nell'*esperimento*: si tratta di saggiare le varie ipotesi prospettate, eventualmente di rilevarne l'inadeguatezza, ed allora il *quarto* momento dell'indagine consisterà in una *rielaborazione intellettuale* delle primitive ipotesi. Si giunge così a formulare nuove idee che trovano nel *quinto* momento dell'indagine la loro *verificazione*, che può consistere senz'altro nell'applicazione pratica oppure in nuove osservazioni o esperimenti probatori. La situazione problematica è comunque in tal modo superata e trasformata in «un tutto unificato».

La «matrice biologica» dell'indagine

Dewey rimase sempre fedele, salvo qualche minore oscillazione, a questo schema generale del modo di procedere di ogni indagine sensata, e lo applicò sia al mondo del senso comune che nel dominio della scienza. Questi cinque momenti dell'indagine non rappresentano altro che un'articolazione ulteriore dello schema fondamentale di ogni comportamento biologico, che sempre: **1)** è stimolato da una situazione di squilibrio; **2)** consiste in una serie di atti che tentano di reintegrare l'armonia fra l'organismo e l'ambiente; **3)** sfocia, se ha successo, in una situazione di ristabilito equilibrio, da cui sono eliminati i conflitti.

Ricerca e soggetto conoscente

Ma la ricerca, se culmina nell'indagine scientifica, si esplica, come s'è visto, anche al livello più modesto del senso comune: dovunque c'è vita cosciente, vita spirituale, c'è ricerca, anzi la ricerca *costituisce* lo stesso soggetto conoscente, che non è nulla senza di essa, e indipendentemente da essa non sussiste. «Una persona, o più genericamente un organismo – dice Dewey – diventa un soggetto conoscente in virtù del suo impegnarsi in operazioni di ricerca controllata».

6.5. Natura, esperienza e valori

Lo spirito, l'individuo e la coscienza

La posizione di Dewey è dunque naturalistica, in quanto egli scorge una piena continuità fra il mondo biologico e il mondo spirituale. Lo *spirito* per Dewey è, più specificamente, il sistema di credenze, nozioni e interessi, accettazioni e rifiuti, che si forma sotto l'influenza dell'abitudine e della tradizione. Lo spirito esiste negli individui, ma non è l'individuo. L'*individuo*, il soggetto, l'io individuale si costituisce invece funzionalmente nell'atto in cui emerge dallo spirito del suo gruppo e del suo tempo, come agente di soluzioni originali di là dalla routine e dall'abitudine. La *coscienza* individuale è come il punto focale di una situazione che esige mutamento, è come il cardine su cui ruota un complesso di circostanze altrimenti bloccate.

Il naturalismo *antiriduzionistico*...

Così nell'infinito corso di eventi concatenati e interagenti che è il mondo della natura, alcuni più sottili processi si traducono in nuovi orientamenti originali del tutto; così lo spirito emerge dal mondo naturale non per negarlo, ma per dargli una qualificazione nuova ed essenziale. La natura senza lo spirito non sarebbe la nuova natura. Il naturalismo di Dewey è pertanto nettamente *antiriduzionistico*, e ben lontano da ogni forma di materialismo. Egli nega cioè che si possa *ridurre* il più alto al più basso, lo spirituale al corporeo, l'umano al biologico, la vita alla materia inanimata.

...e *critico*

Inoltre il naturalismo di Dewey è naturalismo *critico*, che rifiuta le opposte unilateralità del positivismo e dell'idealismo. Se è vero che «l'esperienza è nella natura» è anche vero che «la natura è nell'esperienza». Se è giusto e necessario tentar di interpretare l'umana esperienza come culminazione di processi naturali di natura biologica, sociale ecc., è altrettanto giusto e necessario non dimenticare che il nostro stesso concetto della natura, per quanto scientificamente perfezionato e arricchito, è una costruzione operata all'interno della nostra esperienza e in funzione di essa. Questo «circolo esperienza-natura» non è, precisa Dewey, un «circolo vizioso», è piuttosto un «circolo storico», in quanto l'alternato approfondimento dei due aspetti dà luogo a un progresso effettivo.

Il concetto di «transazione»

Negli ultimi scritti Dewey ha sviluppato, in collaborazione con Mead, il concetto di *transazione*: con tale vocabolo egli denota sia la stretta e vitale interconnessione esistente fra tutti gli aspetti dell'universo, ivi compresa l'esperienza umana, sia il fatto che qualunque atto di conoscenza è funzione ad un tempo di un organismo e di un ambiente, e in esso confluiscono non solo dati sensoriali e schemi razionali, ma aspettazioni, speranze, sentimenti, passioni, inclinazioni intellettuali e pratiche del soggetto conoscente. Il soggetto conoscente, s'è già detto, non preesiste alla ricerca, ma si costituisce in essa e per essa. Perciò appunto Dewey vuole distinguere fra *interazione*, che avviene fra entità definite e stabili, e *transazione*, processo costitutivo degli stessi termini interessati, e in particolare del «conoscente» e di ciò che è «conosciuto».

Lo stesso atto conoscitivo più elementare, la *percezione*, è per Dewey una transazione fra un fascio di aspettazioni, abitudini, speranze e timori da un lato, e certe specifiche stimolazioni sensibili dall'altro: *ogni percezione è infatti una specie di fulminea prognosi di ciò che avverrà compiendo certi atti ulteriori, è cioè sempre interpretazione di dati in funzione di possibilità vitali*. Anzi, la stessa parola «dati» è fuorviante, secondo Dewey: bisognerebbe piuttosto dire «assunti», in quanto noi trascegliamo in ogni particolare situazione come veramente significativi, come costituenti cioè i «fatti del caso», certi stimoli sensibili a preferenza di altri. Con ciò Dewey nega l'esistenza psicologica di «sensazioni» più elementari delle percezioni. In realtà, egli osserva, non c'è nulla di più complesso delle pretese sensazioni semplici che si studiano nei laboratori. Anche da questo punto di vista il concetto deweyano di esperienza è dunque assai lontano da quello empiristico: non aggregato di sensazioni o idee semplici, ma impegno attivo e, in qualche misura, sociale.

Valori *di fatto* e *di diritto*

Il dispiegarsi armonico, ricco di possibilità ulteriori, dei nostri poteri attivi è per Dewey il supremo *valore*. Molte sono le cose che hanno il potere di soddisfarci, che sono valori *di fatto* in un certo momento, ma i valori più propriamente umani, emergenti dall'esperienza sottoposta a critica intelligente, i valori *di diritto* sono quelli che promettono di conferire una qualità sempre più alta e piena alla nostra esperienza, di renderla più operosa, comunicativa, partecipata, feconda.

Fini e mezzi

Perciò non esistono valori o fini *assoluti* ossia indipendenti dal rapporto con *i mezzi. Di là dalle necessità biologiche immediate, i fini propriamente umani che non si riducano a sterili fantasie sono progetti costruiti in termini di mezzi necessari alla loro realizzazione, e che mediano proprio da tali mezzi, cioè dalle attività che permettono di mettere in funzione il loro valore, la loro qualità desiderabile*. I mezzi sono – dice Dewey – «le parti frazionarie del fine». Di conseguenza, ciò che decide sul valore di un fine è il suo rapporto con i mezzi; rapporto che non è definibile una volta per tutte ma varia da situazione a situazione e deve perciò essere considerato in ogni situazione *concreta*. Da questo punto di vista è evidente che la massima del machiavellismo volgare «il fine giustifica i mezzi» è totalmente falsa.

Il rifiuto del machiavellismo volgare

Nessun fine giustifica i mezzi. Un fine che, in una certa situazione, non è conseguibile se non con mezzi ripugnanti, è esso stesso ripugnante, anche se può essere indicato astrattamente come «fine in sé».

6.6. Arte e filosofia

Al carattere strumentale proprio di tutte le attività umane non si sottrae l'arte. Dewey nega ogni differenza di natura tra la scienza e l'arte e tra le arti meccaniche e le arti belle. Vi sono due alternative, Dewey dice. O l'arte non ha niente da fare con altre attività e prodotti, e allora non ha neppure nulla da fare con gli oggetti fisici e sociali sperimentati in altre situazioni. In tal caso ha un'origine occulta e inesprimibile. Oppure essa è una continuazione intelligente di tendenze naturali, di eventi naturali. In tal caso, come tutte le altre tendenze naturali, ha un carattere strumentale, cioè serve a un determinato scopo.

Lo scopo educativo dell'arte

Lo scopo dell'arte è, secondo Dewey, di natura educativa. L'arte è un mezzo per insegnare nuovi modi di percezione, per aprire nuovi oggetti all'osservazione e al godimento. «Questo è un autentico servizio, dice Dewey; ma solo un'età di confusione combinata a boria attribuirà alle opere che realizzano questa speciale utilità il nome esclusivo di arti belle».

La funzione della filosofia si determina invece nei confronti di una critica dei valori. I valori sono cose che hanno immediatamente certe intrinseche qualità. Come valori, tutti si equivalgono, ma evidentemente una teoria dei valori è una critica dei valori stessi al fine di distinguere tra il valore che è tale *di fatto* e il valore che è tale *di diritto*. Nella conoscenza vi sono credenze che si possono giustificare e credenze ingiustificabili; nella morale, beni immediati o desiderati e beni ragionevoli o desiderabili; in estetica vi saranno beni di cattivo gusto e beni di buon gusto. Il compito di discernere gli uni dagli altri è un compito critico e quindi filosofico, in quanto la filosofia si può definire come la *critica delle critiche*. In ogni campo, l'organo della critica sarà l'intelligenza. E su questo punto non c'è differenza tra scienza, morale ed estetica. Ogni volta che si vuol distinguere tra un valore reale e un valore fittizio, bisogna ricorrere alle operazioni della riflessione e far appello all'intelligenza. Come critica dei valori la filosofia risponde al suo vecchio nome che suona «amore della sapienza», di una sapienza che non è conoscenza ma che non può fare a meno della conoscenza.

La filosofia come critica dei valori o «critica delle critiche»

Sembra che in tal modo la filosofia escluda la *metafisica* che è la constatazione dei tratti generici di tutto ciò che esiste, indipendentemente da ogni considerazione di valore. Ma in realtà la metafisica stessa, mostrando come la contingenza e la necessità, il movimento e l'arresto sono tratti comuni dell'esistenza, mostra con ciò l'origine e insieme la precarietà dei valori. E avvia quindi a considerare le condizioni del raggiungimento e della conservazione di essi. Questa è proprio la funzione dell'intelligenza e della ragione nella vita umana. Non v'è nessuna garanzia che i valori cui l'uomo tiene gli siano conservati o accresciuti o che la stessa ragione serva infallibilmente allo scopo. L'uomo deve tentare l'esperimento con la fiducia che i suoi sforzi siano una delle condizioni che portano e mantengono in essere i beni che gli stanno a cuore. Se non si può asserire che l'intelligenza dominerà sempre gli eventi, ciò non vuol dire che la sua azione sarà nulla. In ogni caso essa è un metodo migliore dell'autorità, dell'ignoranza e del pregiudizio.

6.7. Educazione, scienza e democrazia

Educazione e vita sociale

Secondo Dewey l'«educazione è il metodo fondamentale del progresso e dell'azione sociale» e «l'insegnante è impegnato non solo nell'educazione degli individui, ma nella formazione della giusta vita sociale».

La «giusta vita sociale» non può essere peraltro un ideale statico e fisso. Dewey contrappone all'idea di una «società pianificata» l'idea di una «società continuamente pianificantesi». Contro il vecchio liberalismo individualistico Dewey vuole promuovere un nuovo liberalismo che non teme gli interventi anche radicali in campo economico e politico, ma si sforza nello stesso tempo, contro il collettivismo comunista, di lasciare il massimo di iniziativa e di autonomia all'individuo ed alle sue libere e molteplici forme associative. Il controllo sociale sulle strutture economiche e politiche deve comunque venir ampliato e perfezionato: il più urgente e drammatico problema del mondo contemporaneo è di aver messo in mano all'uomo le formidabili armi e tecniche produttive rese possibili dal progresso scientifico verificatosi in certi campi, senza che un pari progresso nel campo delle scienze umane e sociali renda possibile l'applicazione anche qui di una tecnica opportuna (o «ingegneria sociale»), capace di sanare i conflitti, di eliminare le ingiustizie, di far superare i pregiudizi e le ostilità di razza, religione, nazione e classe sociale.

Un nuovo liberalismo

L'estensione del metodo scientifico al campo dei problemi umani è, secondo Dewey, l'unico mezzo di evitare che l'uomo soccomba allo squilibrio verificatosi fra il progresso scientifico che ha rivoluzionato certi campi e la stasi relativa che si verifica nel dominio sociale e politico. Infatti il metodo scientifico non è moralmente indifferente e neutrale; al contrario, in quanto *metodo scientifico* vero e proprio, distinto dalle semplici *tecniche applicative* che si imparano belle e fatte, è metodo della comunicazione, della tolleranza, dell'apertura mentale, della prontezza a riconoscere il proprio errore («fallibilismo» è il termine che aveva usato Peirce e che Dewey riprese), della disposizione a comprendere le idee degli altri senza imporre le proprie.

In altri termini l'*atteggiamento scientifico*, inteso come atteggiamento aperto e comprensivo, scevro da pregiudizi, e pronto a saggiare e a mutare le proprie idee a contatto con l'esperienza, si identifica con la *razionalità democratica*, ossia con un metodo di coesistenza basato sulla libera discussione, sul pluralismo e sull'autocorreggibilità. A sua volta la democrazia, per Dewey, non è soltanto una *tecnica* politica, ma anche un *ideale* umano e sociale, e precisamente l'ideale di una *partecipazione* sempre più vasta degli individui alla vita comunitaria e alla relativa discussione dei «piani di vita» che devono guidare i popoli.

Scienza e democrazia

LABORATORIO FILOSOFICO

Fu Charles Peirce, nel corso degli incontri filosofici tenuti intorno al 1872 presso il Metaphisical Club di Cambridge (Massachusetts), a coniare il termine pragmatism. Con esso Peirce indicava una dottrina secondo la quale «una concezione, cioè il significato razionale di una parola o di altra espressione, consiste esclusivamente nella sua portata concepibile sulla condotta della vita». Si tratta di una teoria logica del significato in base alla quale il concetto di una cosa si identifica totalmente con tutti gli effetti pratici che possiamo concepire di essa. L'unica funzione del pensiero, secondo il filosofo, è infatti quella di produrre comportamenti, ossia «credenze» che valgono come regole d'azione e abitudini nell'esercizio della volontà. Per "fissare" tali credenze è necessario trovare un procedimento che eviti ogni presunzione di infallibilità e che, in quanto metodo sperimentale e scientifico, assuma consapevolmente il principio del fallibilismo della ragione, rendendo così possibile non solo l'analisi degli effetti pratici delle credenze, ma anche la loro eventuale rettifica..

Le tesi di Peirce esprimono il tratto comune fondamentale di ogni interpretazione del pragmatismo americano: la filosofia ha valore in quanto è utile alla vita pratica dell'individuo e della società, fornisce all'uomo gli strumenti per prevedere e controllare gli eventi futuri, e stabilisce il suo stesso valore di verità a partire dalla portata pragmatica dei suoi effetti sulla vita umana. Sulla base di tale nucleo concettuale e metodologico si sviluppano le diverse versioni del movimento: se infatti il «pragmatismo metodologico» (Peirce e Dewey) indica essenzialmente una dottrina del significato, ossia della portata pragmatica delle proposizioni e delle credenze (ricordiamo che le teorie sul segno di Peirce costituiscono la base della semiotica contemporanea), il «pragmatismo metafisico» (James) si propone invece di elaborare una teoria generale della verità e della realtà. Quest'ultimo (soprattutto con James) pur condividendo con il primo il carattere strumentale del conoscere, riprende la teoria del significato di Peirce attribuendole una funzione metafisica. Dato che, da questo punto di vista, è da considerarsi vero tutto ciò che comporta conseguenze pratiche atte a soddisfare le più profonde esigenze degli uomini, ne consegue che i fondamenti di una credenza non devono necessariamente essere razionali: la fede religiosa, la «volontà di credere» e le «ragioni del cuore» assumono un incontestabile valore di verità, superiore a quello dell'intellettualismo scientifico, proprio in ragione del loro valore "pratico", ossia della loro profonda influenza sulla vita e sul pensiero umano.

La dottrina di William James ebbe vastissima risonanza e diffusione, ma fu soprattutto con John Dewey (1859-1952) che il pragmatismo, nella sua originale versione dello «strumentalismo», divenne uno dei movimenti più rappresentativi della filosofia del Novecento. Ciò fu dovuto sia ai rilevanti esiti delle ricerche logiche e gnoseologiche di Dewey e della sua scuola (sintetizzati in Logica come teoria della ricerca, del 1938), sia all'essenziale contributo offerto al dibattito pedagogico contemporaneo, con la fondazione, nel 1896 a Chicago, della «scuola nuova» ispirata ai principi dell'attivismo pedagogico.

Prendendo spunto da tesi illuministiche (la ragione ha il compito di dare stabilità al mondo naturale e sociale), naturalistiche (vi è una piena continuità tra il mondo biologico e quello spirituale), e in modo particolare dal pensiero di Peirce – che per primo aveva formalizzato l'istanza pragmatistica del carattere strumentale della ragione – lo strumentalismo deweyano si caratterizza anzitutto per la polemica contro la ben consolidata tendenza della filosofia a negare il carattere transitorio e instabile dell'esperienza.

La tradizione filosofica ha cercato di depurare i caratteri propri dell'esperienza attraverso una sua "semplificazione" e "sofisticazione". Elaborando teorie dogmatiche e assolute, ha finito col considerare reale solo ciò che è ordinato, razionale e teorico («fallacia filosofica»). L'empirismo inglese, in particolare, è criticato per la riduzione dell'esperienza alla sola conoscenza di un oggetto da parte di un soggetto ad esso staticamente separato e contrapposto. Dewey invece *introduce un concetto globale di esperienza che comprende l'intero mondo dell'uomo, da quello dei sentimenti e delle azioni, a quello della conoscenza e della moralità. Nulla cade fuori dall'esperienza, neppure l'errore, il rischio, il dubbio, la paura; anche tali fattori di instabilità fanno la loro parte nella vita umana, e la filosofia deve tenerne conto (v. T. 1). Tutti i nostri atteggiamenti e azioni sono da intendersi come uno sperimentare, che riguarda sempre qualcosa che va oltre noi stessi: perciò, al di là di ogni rigido dualismo, occorre partire dal riconoscimento che* tutti gli aspetti della realtà sono in una relazione dinamica.

Ispirandosi all'evoluzionismo darwiniano, Dewey fa propria la tesi secondo la quale la natura va vista come un insieme di interazioni vitali tra individui e ambiente, secondo un rapporto sempre nuovo di reciproco scambio («transazione»). Come avviene in natura, anche nel mondo umano gli individui instaurano un rapporto pratico con l'ambiente, al fine di trovare soluzioni efficaci contro l'instabilità e la precarietà costitutive del vivere. La stessa intelligenza umana agisce in modo strumentale: è una sorta di funzione operativa che, sviluppandosi in stretto rapporto con l'esperienza, è spinta costantemente a trovare soluzioni alle situazioni problematiche. Il compito della logica strumentalistica è, per l'appunto, quello di approntare una serie di tecniche intelligenti per «trasformare una situazione nella quale si abbiano esperienze caratterizzate da oscurità, dubbio, conflitto, insomma comunque disturbate, in una situazione che sia chiara, coerente, ordinata, armoniosa». Tale "trasformazione" è possibile applicando ad ogni problema, esistenziale o scientifico che sia, i cinque momenti dell'indagine: 1) riconoscimento della "situazione problematica" e prima ipotesi di risoluzione («previsione operativa»); 2) intellettualizzazione del problema; 3) osservazione ed esperimento; 4) rielaborazione intellettuale dell'ipotesi iniziale; 5) applicazione pratica («verificazione»).

1

A partire dal concetto di esperienza, stabilisci un confronto tra il pragmatismo americano e l'empirismo inglese, individuando analogie e differenze.

2

Riporta sinteticamente le tesi di Peirce riguardo:

- alla funzione della credenza;
- ai metodi: della tenacia, dell'autorità, metafisico;
- alle caratteristiche del *metodo scientifico* e le ragioni della sua superiore efficacia rispetto agli altri.

3

Contro la tesi per la quale un'idea è *vera* se è in grado di rispecchiare fedelmente la realtà, James – come anche Peirce – sostiene che la verità viene *acquisita* dal soggetto grazie ad un processo attivo e dinamico di ricerca.

Dall'opera di James *Pragmatismo* del 1907, che riporta le conferenze tenute al Lowell Institute di Boston, proponiamo un brano nel quale il filosofo affronta il problema della *definizione del concetto di verità*.

«Le idee vere sono quelle che possiamo assimilare, convalidare, confermare e verificare. False sono quelle per cui non possiamo fare altrettanto. Questa è la differenza pratica che ci fa avere delle idee vere, questo è il significato della verità per ciò che se ne sa. Questa è anche la tesi che debbo difendere. La verità di un'idea non è una sua stagnante proprietà. Un'idea diventa vera, è resa vera dagli eventi. La sua verità è di fatto un avvenimento, un processo: il processo, più esattamente, del suo verificarsi, la sua verificazione. La sua validità è

allo stesso modo il processo della sua convalidazione. Ma che significano pragmaticamente le parole verificazione e convalidazione? Esse significano ancora certe conseguenze pratiche dell'idea verificata e convalidata. Ora è difficile trovare un'espressione che caratterizzi queste conseguenze meglio della comune formula dell'accordo, per cui esse sarebbero ciò che abbiamo in mente ogni qualvolta diciamo che le nostre idee "concordano" con la realtà. Esse ci conducono attraverso le azioni e le altre idee messe in movimento nelle o presso le diverse parti dell'esperienza con cui sentiamo – tale sentimento rientrando nelle nostre possibilità – che le idee primitive restano in accordo. Le connessioni e i passaggi ci si svelano da punto a punto come progressive, armoniose e soddisfacenti. L'attività che vi si esprime è ciò che intendiamo con la verificazione di un'idea. Una tale spiegazione è vaga e suona a tutta prima banale, ma comporta dei risultati che occuperanno il resto del mio discorso. Lasciate che io vi ricordi come il possesso di un vero pensiero significhi in ogni caso il possesso di un inestimabile strumento di azione e come il nostro dovere di raggiungere la verità, lungi dall'essere un vuoto comando che viene dall'alto o una prova che ci è imposta dall'intelletto, possa spiegarsi con degli eccellenti motivi pratici. L'importanza per la vita umana di avere delle opinioni vere sulle questioni di fatto è una cosa troppo nota. Viviamo in un mondo di realtà che può esserci infinitamente utile o dannoso. Le idee che ci dicono quali di esse accadranno debbono considerarsi come le idee vere in questa prima sfera di verificazione e il loro acquisto è un compito fondamentale dell'uomo. Il possesso della verità, lungi dall'essere un fine, è soltanto un mezzo per altre soddisfazioni vitali. Se mi sono perduto in un bosco e trovo qualcosa che assomiglia a un sentiero, è della massima importanza che io pensi che esso conduca a un'abitazione umana, in quanto, se penso così e lo seguo, io mi salverò. Il pensiero vero è utile perché l'abitazione che è il suo oggetto è utile. [...]
Voi allora potete dire della stessa (affermazione) che è "utile perché è vera" o che "è vera perché è utile". Queste frasi significano entrambe la stessa cosa, che c'è un'idea che si realizza e può essere verificata. Vera è chiamata qualunque idea metta in moto il processo di verificazione, utile è detta la sua funzione concretatasi nell'esperienza» (W. James, *Il pensiero*, trad. it. di A. Santucci, Loescher, Torino, 1969, pp. 172-173).

Analizza il brano nel modo seguente:

– identifica le macrosequenze relative alle tesi:
  a. la verità non è mero rispecchiamento della realtà
  b. un'idea, una teoria sono convalidate dalle loro conseguenze pratiche
  c. la conoscenza ha una funzione strumentale
  d. è utile ciò che è vero, ed è vero ciò che è utile;

– con parole tue, riporta il contenuto delle quattro macrosequenze al fine di rendere esplicita la *concezione della verità* di James.

4

Sulla base di un concetto "globale" dell'esperienza umana, Dewey muove una ferrea critica alla tradizione metafisica (e non), accusata di «fallacia filosofica». Riporta gli argomenti del filosofo a sostegno di tale critica e illustra il compito della «logica strumentalistica».

5

L'uomo ha la facoltà di sviluppare indefinitamente le sue potenzialità: questo, secondo Dewey, è il supremo valore. Spiega in forma scritta:

☐ la differenza stabilita dal filosofo tra «valori di fatto» e «valori di diritto»;
☐ la funzione della filosofia come «critica dei valori».

GLOSSARIO E RIEPILOGO

Pragmatismo. Corrente filosofica di matrice americana che insiste sulla connessione fra conoscere e agire e sugli effetti *pratici* delle nostre idee. Si divide in due correnti: una di tendenza metodologica e l'altra di tendenza metafisica.

Pragmatismo metodologico. Tipo di pragmatismo (rappresentato da autori come Peirce, Dewey, Mead ecc.) che si presenta come una teoria del *significato*, ovvero come una dottrina che insiste sulla portata *pragmatica* delle nostre proposizioni e credenze, affermando che la funzione del pensiero è quella di generare «abiti di azione» (cioè credenze) da sottoporre al vaglio dell'esperienza. Tale pragmatismo si configura come un razionalismo sperimentalistico e fallibilistico consono ai procedimenti della scienza. Di conseguenza, per differenziarlo dal pragmatismo metafisico (v.), Peirce preferì parlare di *pragmatismo* e Dewey di *strumentalismo*.

Pragmatismo metafisico. Tipo di pragmatismo (rappresentato ad es. da James) che si presenta come una teoria generale della *verità* e della realtà, ossia come una dottrina secondo cui la verità di un'idea o di un sistema di credenze (si pensi ad es. alla religione) risiede nella sua (presunta) *utilità* personale o sociale, cioè nella sua capacità di esercitare una qualche azione *benefica* sulla vita umana. A differenza del pragmatismo metodologico, tale forma di pragmatismo tende a sfociare in un *irrazionalismo* a sfondo metafisico, religioso e (in taluni casi) politico.

Peirce

Credenza. Secondo Peirce, ogni credenza è una regola di azione. Fra i vari metodi per stabilire una credenza (quello della *tenacia*, quello dell'*autorità*, quello *metafisico* e quello *scientifico*), egli privilegia quest'ultimo. Infatti, solo il metodo scientifico rinuncia all'infallibilità e si propone di correggere continuamente i propri risultati (v. Fallibilismo).

Fallibilismo. L'atteggiamento di chi ritiene possibile l'errore ad ogni istante della sua ricerca e perciò si propone di controllare e correggere continuamente i propri risultati.

L'**abduzione** (chiamata da Peirce *ipotesi*) è un ragionamento esplicativo che agisce quando troviamo una circostanza «che sarebbe spiegata dalla supposizione che fosse il caso di una certa regola generale, e perciò adottiamo quella supposizione» (*Collected Papers*, 2.624). Essa pertanto fornisce una spiegazione di un fatto, benché da sola non sia in grado di attribuire alcuna forza o necessità a quella spiegazione, né di suggerirci, tra le diverse spiegazioni possibili, la migliore.

La **semiotica** è lo studio della struttura e della funzione dei segni (v.). Come generale interesse attinente in particolare alla filosofia del linguaggio, questa tematica è presente fin dall'antichità, ad esempio nelle considerazioni sulla convenzionalità del linguaggio sviluppate da Democrito; tuttavia essa sorge come disciplina autonoma nel nostro secolo. In Peirce essa si presenta come studio di ogni pensiero-segno e viene di conseguenza identificata anche con la logica. Essa è una disciplina 1) *normativa*, perché prescrive quali debbano essere i carat-

teri dei segni, 2) *fenomenologica*, perché si basa sull'osservazione dell'uso dei segni, 3) *astrattiva*, perché le sue conclusioni sono generali e necessarie.
Una delle innumerevoli definizioni di **segno** prodotte da Peirce recita: «Intendiamo per segno, nella sua accezione più lata, *qualsiasi cosa* che, determinata da un oggetto, determina un'interpretazione determinata, attraverso il segno stesso, dal medesimo oggetto» (*Collected Papers*, 4.531); il segno è dunque l'elemento mediatore della rappresentazione e sta fra l'oggetto e l'interpretante. Ogni entità, in quanto è oggetto del pensiero ed è dunque soggetta a essere intepretata e compresa, è un segno; la mente stessa è un segno non solo passibile di essere interpretato, ma anche in grado di interpretare perché «si sviluppa secondo le leggi dell'inferenza» (*Collected Papers*, 5.313) e l'inferenza è a sua volta un segno.

James

Credenze. Secondo James vanno giudicate non per la loro ipotetica verità oggettiva, ma sulla base dei risultati positivi che arrecano agli individui che le professano.

Pluralismo e indeterminismo. Secondo James, il mondo è una totalità di esseri indipendenti che sono tra loro in rapporto di azione e reazione, senza essere subordinati ad un disegno totale.

Dewey

Esperienza. È la realtà *globale* della vita e della storia, ossia l'intero mondo degli eventi e delle persone:«Quando diciamo che l'esperienza è un punto di accesso alla spiegazione del mondo nel quale viviamo, intendiamo per esperienza qualcosa che sia vasta, profonda e piena almeno quanto tutta la storia su questa terra (...) essa denota insieme il campo, il sole, le nuvole e la pioggia, i semi, il raccolto, e l'uomo che lavora, che pianta, inventa, usa, soffre e gioisce. L'esperienza denota ciò che è esperimentato, il mondo degli eventi e delle persone; e denota il mondo compreso nello sperimentare, la carriera e il destino del genere umano...» (*Esperienza e natura*, trad. it., Paravia, Torino 1948, pp. 4 e 14).

Problematicità della vita. È l'instabilità, la precarietà e il rischio che caratterizzano ogni forma o aspetto dell'esistenza: «L'uomo si trova a vivere in un mondo aleatorio; la sua esistenza implica, per dirlo crudamente, un azzardo. Il mondo è la scena del rischio; è incerto, instabile, terribilmente instabile (...) La peste, la fame, la rovina dei raccolti, la malattia, la morte, la disfatta, sono sempre all'angolo della strada e così è anche l'abbondanza, la forza, la vittoria, la festa e il canto...» (*ivi*, p. 21).

Fallacia moralistica o filosofica. È quella «artificiale semplificazione dell'esistenza» che consiste nel credere che i valori da cui dipende l'esistenza umana siano ontologicamente *garantiti* – e quindi conservati e preservati – dalla realtà stessa. In altri termini, la fallacia è l'atteggiamento di chi «converte immediatamente i tratti dell'esistenza in qualità morali e trasforma le qualità preferite in proprietà di un essere vero e reale» (*ivi*, p. 16).

Logica. Nell'accezione deweyana, coincide con la teoria generale dell'indagine, ossia con un insieme di procedure formali comprendenti una serie di tecniche atte a «trasformare una situazione nella quale si abbiano esperienze caratterizzate da oscurità, dubbio, conflitto (...) in una situazione che sia chiara, coerente, ordinata, armoniosa». La logica si articola in cinque momenti. Il primo consiste nel riconoscimento di una *situazione problematica* e nell'individuazione di un'*ipotesi di soluzione* del problema. Il secondo consiste nello sviluppo ragionato di tale ipotesi, cioè nella *intellettualizzazione del problema*. Il terzo *nell'osservazione* e *nell'esperimento*. Il quarto nella *rielaborazione intellettuale* delle primitive ipotesi. Il quinto nella loro *verificazione*.

Spirito. Il sistema di credenze, nozioni e interessi, accettazioni e rifiuti, che si forma sotto l'influenza dell'abitudine e della tradizione.

Individuo. Il soggetto, l'io individuale, considerato nel suo emergere dallo spirito del suo gruppo e visto come agente di soluzioni originali.

Coscienza. È il punto focale di una situazione che esige mutamento e che, tramite l'individuo, riesce a procedere oltre la cristallizzazione delle abitudini.

Naturalismo antiriduzionistico e critico. È il naturalismo proprio di Dewey, che, pur sottolineando la stretta connessione dell'uomo con la natura, nega che si possa *ridurre* il più alto al più basso (cioè lo spirituale al corporeo, l'umano al biologico) e rifiuta le opposte unilateralità del Positivismo e dell'idealismo (in base al principio che se è vero che «l'esperienza è nella natura» è altrettanto vero che «la natura è nell'esperienza»).

Fini e mezzi. Secondo Dewey, non esistono fini o valori *assoluti*, cioè indipendenti dal rapporto con i mezzi atti alla loro realizzazione. La massima del machiavellismo volgare «il fine giustifica i mezzi» è falsa, in quanto un fine che, in una certa situazione, non è conseguibile se non con mezzi ripugnanti, è esso stesso ripugnante, anche se può essere indicato astrattamente come «fine in sé».

Arte. Lo scopo dell'arte è di natura educativa, poiché essa si configura come un mezzo per insegnare nuovi modi di percezione e per aprire nuovi oggetti all'osservazione e al godimento.

Filosofia e critica dei valori. Il compito della filosofia è quello di discernere i valori autentici e i valori fittizi. In quanto tale, la filosofia si configura come una *critica delle critiche*, che fa appello all'esperienza e assume la forma di una saggezza capace di influenzare la condotta della vita.

Scienza e democrazia. Secondo Dewey l'atteggiamento scientifico, inteso come atteggiamento aperto e comprensivo, scevro da pregiudizi e pronto a confrontare le proprie idee con l'esperienza, si identifica con la razionalità democratica, ossia con un metodo di coesistenza basato sulla libera discussione, sul pluralismo e sull'autocorreggibilità.

INDICAZIONI BIBLIOGRAFICHE

Sulla filosofia statunitense e sul pragmatismo americano in generale:

E. W. Schneider, *Storia della filosofia americana*, Il Mulino, Bologna 1963.

A. Santucci (a cura di), *Il pragmatismo*, Utet, Torino 1970.

C. Sini, *Il pragmatismo americano*, Laterza, Bari 1972.
E. Riverso, *Il pragmatismo*, Beta, Salerno 1972.
H. Putnam, *Il pragmatismo: una questione aperta*, Laterza, Roma-Bari 1992.
A. Santucci, *Storia del pragmatismo*, Laterza, Roma-Bari 1992.
L. Demartis, *Pragmatismo*, Editrice Bibliografica, Milano 1995.
M. R. Calcaterra, *Introduzione a Il pragmatismo americano*, Laterza, Roma-Bari 1997.
J. P. Murphy, *Il pragmatismo*, Il Mulino, Bologna 1997.
C. West, *La filosofia americana*, Editori Riuniti, Roma 1997.
G. Polizzi, *La ragione come strumento. Il pragmatismo: fatti e linguaggio*, Loffredo, Napoli, 1999.

Su Dewey:

M. Alcaro, *La logica sperimentale di John Dewey*, La Libra, Messina 1972.
A. Visalberghi, *John Dewey*, La Nuova Italia, Firenze 1976.
V. Milanesi, *Logica della valutazione ed etica naturalistica in Dewey*, Liviana, Padova 1977.
J. Bruner, *Dopo Dewey*, Armando, Roma 1978.
I. Verda, *Attualità di John Dewey*, Armando, Roma 1979.
A. Gallitto, *Etica e pedagogia nel pensiero di John Dewey*, EDAS, Messina 1981.
A. Armando, *Filosofia e psicologia nel primo Dewey*, La Nuova Italia, Firenze 1984.
P. De Falco, *La filosofia politica di John Dewey*, Bulzoni, Roma 1985.
M. Alcaro, *Filosofie democratiche*, Dedalo, Bari 1986.
N. Filograsso - C. Nisi, *Dewey ieri e oggi*, Quattroventi, Urbino 1989.
A. De Maria, *Invito al pensiero di Dewey*, Mursia, Milano 1990.
C. Faralli, *John Dewey. Una filosofia del diritto per la democrazia*, CLUEB, Bologna 1990[2].
B. Casalini, *Filosofia, antropologia e politica in John Dewey*, Morano, Napoli 1995.
A. Granese, *Introduzione a Dewey*, Laterza, Roma-Bari 1995[3].
R. Lissoni (a cura di), *"Esperienza e natura" di Dewey e il problema di una nuova teoria del vero nel pragmatismo*, Paravia, Torino 1995.
M. Alcaro - R. Bufalo (a cura di), *John Dewey oggi*, Abramo, Cosenza 1996.
P. Beraldi, *John Dewey. Logica della responsabilità e progetto dell'uomo*, Levante, Bari 1996.
M. Alcaro, *John Dewey. Scienza, prassi, democrazia*, Laterza, Roma-Bari 1997.

Capitolo tredicesimo

WITTGENSTEIN: LA FILOSOFIA COME TERAPIA

WITTGENSTEIN: LA FILOSOFIA COME TERAPIA*

1. LA VITA E GLI SCRITTI

Come abbiamo già osservato, molte correnti filosofiche del primo Novecento si pongono in diretta polemica con il Positivismo e la sua pretesa di fare del metodo scientifico (concepito come oggettivo e rigoroso) *il* modello stesso della ragione. In questa ottica può esser letta, ad esempio, la reazione anti-positivistica (e anti-scientifica) di Bergson, Croce e Gentile. Ma non tutte le filosofie dell'epoca condividono questa posizione. Anzi, negli anni Venti si sviluppò a Vienna una corrente di pensiero, denominata «neopositivismo» (v. oltre *Scheda dei confronti*), che intese rifondare la conoscenza su basi rigorosamente scientifiche e controllate, rigettando ogni discorso metafisico come privo di significato.

Si situa in questo contesto l'opera di Wittgenstein, una personalità di primo piano e fortemente originale (in qualche modo collegata, anche se decisamente autonoma e per taluni aspetti nettamente divergente, ai neopositivisti del Circolo di Vienna), che esercitò una grande influenza sulla filosofia del Novecento. **Wittgenstein e il Circolo di Vienna**

La sua vicenda biografica è strettamente congiunta alla forma singolare e scabra che egli scelse per esprimere i suoi pensieri e che caratterizza la sua breve ed essenziale produzione. Non a caso egli pensava che, per poter scrivere qualcosa di vero, si dovesse avere il coraggio di mettere a nudo se stessi, cancellando tutte le false idealizzazioni rappresentate dalle teorie e dai sistemi filosofici, che non sono altro che «trampoli» (in tedesco: *Stelzen*) sui quali gli uomini si arrampicano per ingannare se stessi. La scrittura richiede sincerità e, dunque, sacrificio e tormento. Colui che non riesce a scendere in se stesso, perché non ha il coraggio di affrontare il dolore che ne deriva, non resta che alla superficie delle cose, anche nello scrivere.

Ludwig Wittgenstein nacque a Vienna nel 1889, ultimo di otto figli, da una famiglia ricca (il padre era un industriale dell'acciaio) e particolarmente sensibile all'arte e alla musica. Ricevette una formazione severa e rigorosa. I suoi genitori erano cristiani (anche se i loro avi erano di origine ebraica) e Ludwig fu battezzato secondo il rito cattolico. Dopo gli studi inferiori compiuti in Austria, si recò a studiare ingegneria a Berlino, presso la scuola tecnica superiore di Charlottenburg. Pur tra gli agi della sua condizione economica, visse «una infanzia infelice» e una «giovinezza tristissima», tanto da pensare più volte al suicidio, come confesserà in seguito alla sua allieva Anscombe. **Un'infanzia infelice; una giovinezza tristissima** Nel 1908 si trasferì in Inghilterra per frequentare la facoltà di ingegneria di Manchester, ove approfondì gli studi di aeronautica e si dedicò alla matematica pura. Consigliato dal celebre matematico e logico Frege, nell'autunno del 1911 passò a Cambridge, per studiare con Russell. **L'incontro con Russell** Negli anni di Cambridge scoprì il "compito" fondamentale della sua vita: la filosofia, intesa come studio della logica e del linguaggio. Russell, intanto, affascinato dal talento del suo giovane allievo, era convinto di aver trovato in Wittgenstein il suo vero successore: «Fra cinque anni — scriveva nel 1912 — credo di dover interrompere l'insegnamento. Wittgenstein può allora occupare il mio posto» (*Lettera a Lady Ottoline*). Ma altre erano le intenzioni del filosofo viennese, che tra il 1913 e il 1914 soggiornò, con qualche interruzione, in Norvegia, ove sviluppò in solitudine le sue riflessioni sulla logica, contenute in un nutrito gruppo di appunti che sono alla base della sua prima e notissima opera, il *Tractatus logico-philosophicus*, pubblicato nel 1922 a Londra con l'introduzione di Russell (l'opera era già stata pubblicata in tedesco l'anno prima). **Il *Tractatus* (1922)**

* La rielaborazione di questo capitolo si deve a D. Massaro, in particolare per quanto riguarda il par. 1, la selezione dei testi (T. 1 e T. 2) e le rispettive note.

Un fatto decisivo della vita di Wittgenstein è la partecipazione alla prima guerra mondiale, come volontario e soldato semplice nell'esercito austriaco. A ciò egli fu spinto non tanto dal desiderio di servire la patria, quanto dal bisogno di mettere alla prova se stesso in un'avventura terribile e drammatica. «Io so per certo — scriverà la sorella Hermine — che lui non era motivato semplicemente dal desiderio di difendere la sua patria. Aveva anche un desiderio molto intenso di assumere su di sé un compito difficile e di fare qualcosa di diverso dal puro lavoro intellettuale». L'esperienza della guerra, come testimoniano i *Diari segreti* composti tra il 1914 e il 1916 sul fronte orientale, doveva servirgli a far chiarezza innanzitutto su se stesso, a rispondere alla questione su che tipo di uomo egli fosse. In una pagina del diario, datata 15 settembre 1914, egli annotava: «Ora avrei la possibilità di essere una persona decente, perché mi trovo faccia a faccia con la morte»[1]. Soltanto la morte dà alla vita il suo significato, in quanto soltanto davanti alla morte l'uomo ha il *coraggio* della sincerità su se stesso. Nel 1918, mentre era sul fronte meridionale della guerra, fu fatto prigioniero dagli Italiani e condotto l'anno successivo a Cassino: recava con sé il manoscritto del *Tractatus*, che venne concluso proprio in quel periodo. Alla fine della guerra rientrò a Vienna (agosto 1919): era, però, un uomo profondamente stanco e trasformato, che non poteva far ritorno alla vita di prima. Dopo aver donato ai fratelli la parte di eredità che il padre gli aveva lasciato, fece il maestro elementare in alcuni villaggi austriaci. Pur continuando gli scambi epistolari con Russell, sembrava che non se la sentisse di riprendere gli studi filosofici. Appariva molto malinconico e sofferente a causa di disturbi psichici. Intanto, nel 1922, come abbiamo detto, era uscito il *Tractatus* e nel 1924 egli ebbe il primo contatto con M. Schlick, il fondatore del Circolo di Vienna. Nel 1926, dopo aver abbandonato definitivamente l'insegnamento elementare, fece per un certo tempo il giardiniere in un convento nei pressi di Vienna, meditando anche di prendere i voti religiosi. Ma, dopo un biennio trascorso a progettare e a seguire i lavori della nuova casa della sorella Margarethe, fece ritorno a Cambridge (1929), tornando nuovamente ad occuparsi di problemi filosofici. Qui egli conseguì il dottorato accademico, discutendo le tesi sostenute nel *Tractatus*.

L'esperienza della Grande Guerra nei *Diari segreti* (1914-1916)

Un periodo duro e travagliato

Gli anni Trenta sono quelli del maggior impegno filosofico, in cui Wittgenstein si allontanò gradualmente dalla sua precedente posizione espressa nel *Tractatus*, che grande successo aveva riscosso presso gli amici del Circolo di Vienna. L'opera, nel suo procedere per *aforismi* e con uno stile secco e non argomentativo, si prestava ad essere interpretata come la più significativa demolizione della metafisica e riduzione della conoscenza al modello delle scienze empirico-sperimentali. Essa, infatti, affermava che «la totalità delle proposizioni vere costituisce la scienza naturale totale o la totalità delle scienze naturali» (4.11); tutte le altre proposizioni che non siano riducibili ai fatti empirici sono da considerarsi prive di senso e indicibili. In realtà, come vedremo, già nel *Tractatus* il filosofo aggiungeva un rilievo molto importante, su cui invece i neopositivisti sorvolavano, e cioè che quel territorio non riducibile ai fatti, di cui non si doveva parlare, il *mistico*, doveva essere considerato tuttavia la cosa più interessante per l'uomo.

Il mistico come la cosa più interessante

Negli anni tra il 1930 e il 1936 egli occupò il posto di *Fellow* presso il Trinity College di Cambridge, ove dettò agli allievi gli appunti che costituiscono il cosiddetto *Libro blu* e il *Libro marrone* (dal colore della copertina dei quaderni), pubblicati postumi nel 1958. Nel 1939 gli venne assegnata la cattedra di Moore, che tenne fino al 1947, quando si dimise dall'insegnamento. In questo periodo, il linguaggio veniva da lui considerato sotto una luce totalmente differente: non più come un "calcolo", riducibile in modo schematico ai fatti, ma come un complesso *gioco linguistico* che dipende dall'uso quotidiano che se ne fa. Era il recupero completo del rapporto tra il linguaggio e la vita ordinaria. Massima espressione di quest'ultima fase delle riflessioni di Wittgenstein sono le *Ricerche filosofiche* (*Philosophical Investigations*), un libro incompiuto e pubblicato postumo nel 1953 che ha enormemente influito sulla *filosofia analitica* inglese e americana.

Le *Ricerche filosofiche*

Wittgenstein morì di tumore nel 1951 a Cambridge, ove fu sepolto nel cimitero di St. Giles.

Seguiremo ora lo sviluppo del suo pensiero distinguendolo in due fasi, riconducibili rispettivamente al *Tractatus* e alle *Ricerche filosofiche;* prima, però, proponiamo alla lettura alcune pagine del *Diario,* significative della straordinaria personalità dell'autore.

[1] L. Wittgenstein, *Diari segreti* (a cura di F. Funtò), Laterza, Roma-Bari, 1987, p. 58.

TESTO 1

PENSIERI *SEGRETI*

29.9.1914
Stamattina ho accompagnato all'ospedale un caporale che si è ammalato di dissenteria. Adesso qui ci sono molti casi di dissenteria. Mi sento un po' strano se penso a tutto ciò che dovrò ancora provare in questa guerra. Ho lavorato, ma senza risultato. Non ci vedo ancora chiaro, e non ho alcuna visione globale. Vedo dettagli senza sapere come si possano riconnettere in un tutto...

2.11.1914
Stamattina presto proseguiamo per Cracovia. Mi sento nuovamente più sensuale. Verso sera ci siamo di nuovo arenati sulla sabbia. Fa un freddo cane. È una vera fortuna che si abbia se stessi, e che in se stessi ci si possa rifugiare.

26.11.1914
Quando si sente che ci si sta impuntando su un problema, non ci si dovrebbe continuare a pensare, altrimenti si rimane insabbiati. Piuttosto, occorre ricominciare a pensare da un'altra parte, dove ci si possa comodamente attestare. Solo non forzare! I problemi più ardui devono risolversi da soli dinanzi a noi.

15.4.1916
Fra otto giorni andiamo in prima linea. Mi si dia la possibilità di giocarmi la vita in una prova difficile!

29.4.1916
Nel pomeriggio sono andato con gli esploratori. Ci hanno sparato addosso. Ho pensato a Dio. Sia fatta la Tua volontà! Dio sia con me.

30.4.1916
Oggi, nel corso di un attacco a fuoco, sto per andare con gli esploratori. L'uomo ha bisogno *soltanto* di Dio.

8.5.1916
Notte tranquilla. Dio con me! Le persone con cui sto, più che volgari sono incredibilmente limitate! Ciò rende il rapporto con loro quasi impossibile, poiché ti fraintendono sempre. Essi non sono stupidi, ma limitati. Nel loro piccolo, sono sufficientemente intelligenti. Ma manca loro il carattere, e con esso l'espansione. «Il cuore che crede tutto comprende». Ora non posso lavorare.

9.5.1916
Solo la morte dà significato alla vita.

L. Wittgenstein, *Diari segreti*, cit., pp. 61-114 passim

2. LA PRIMA FASE DEL PENSIERO DI WITTGENSTEIN: IL *TRACTATUS*

Il *Tractatus* si presenta come un insieme di *sette proposizioni* basilari, da cui si originano altre proposizioni più o meno collegate. In genere, le proposizioni del *Tractatus* sono brevi (in alcuni casi brevissime) e procedono con formulazioni lapidarie e non dimostrative. Scaturisce da ciò una certa difficoltà nella lettura dell'opera, di cui ora analizzeremo le parti più significative[2].

[2] Le citazioni del *Tractatus* sono tratte da L. Wittgenstein, *Tractatus logico-philosophicus e Quaderni 1914-1916*, trad. it. di A. G. Conte, Einaudi, Torino, 1974.

2.1. Il linguaggio come raffigurazione logica del mondo

La filosofia di Wittgenstein è, sostanzialmente, in tutt'e due le sue fasi, una teoria del linguaggio. I termini di cui essa si avvale sono infatti due: il mondo, come totalità di *fatti*, e il linguaggio come totalità di *proposizioni* che significano i fatti stessi. Le proposizioni, a loro volta (in quanto parole, segni, suoni, ecc.), sono fatti; ma, a differenza degli altri fatti che accadono o si mostrano ma sono muti, *significano e significano per l'appunto* fatti. Questi presupposti costituiscono i limiti generali di tutte le ricerche di Wittgenstein. Nel *Trattato logico-filosofico* il rapporto tra i fatti del mondo e quelli costituenti il linguaggio viene espresso dalla tesi che il linguaggio è la *raffigurazione logica del mondo*. Non esiste, secondo Wittgenstein, una sfera del «pensiero» o della «conoscenza» che faccia da mediazione tra il mondo e il linguaggio. Affermazioni come le seguenti: «La raffigurazione logica dei fatti è il pensiero» (*Trattato*, 3); «La totalità dei pensieri veri è una raffigurazione del mondo» (3.01); «Il pensiero è la proposizione significante» (4), equivalgono all'identificazione del pensiero con il linguaggio e all'estensione al pensiero della stessa limitazione che vale per il linguaggio: non è pensabile né esprimibile nulla che non sia un fatto del mondo. Questo è il presupposto empiristico fondamentale della filosofia di Wittgenstein.

L'identificazione di pensiero e linguaggio

Come si è detto, il mondo è, secondo Wittgenstein, «la totalità dei fatti»; più precisamente esso è la totalità dei *fatti atomici* (*Sachverhalte* = stati di cose), cioè dei fatti che accadono indipendentemente l'uno dall'altro (2.04-2.062). Ogni fatto complesso risulta composto di fatti atomici. A sua volta un fatto atomico risulta composto da *oggetti* semplici, cioè indecomponibili, che costituiscono «la sostanza del mondo» (2.021). Si chiama *forma* degli oggetti l'insieme dei modi determinati in cui essi possono combinarsi nei fatti atomici. Perciò la forma degli oggetti è anche la *struttura* del fatto atomico e in questo senso sono forme degli oggetti lo spazio, il tempo, il colore (2.0251-2.034).

I fatti atomici

Gli oggetti così intesi sono gli *analoga* di quelli che Mach (scienziato e filosofo austriaco, 1838-1916) chiamava «elementi» e che identificava con le sensazioni. Secondo Mach, questi elementi entrano a comporre egualmente le cose e i processi psichici diretti alla conoscenza delle cose. Secondo Wittgenstein gli oggetti entrano a comporre egualmente i fatti atomici che sono gli elementi costitutivi del mondo e, sotto forma di *nomi*, le proposizioni atomiche che sono gli elementi costitutivi del linguaggio. Difatti la proposizione è, secondo Wittgenstein, la raffigurazione (*Bild*) di un fatto; ma non nel senso di immagine o copia, bensì in quello di raffigurazione *formale* o *logica* del fatto, cioè di rappresentare una determinata configurazione possibile degli oggetti che costituiscono il fatto. Ogni raffigurazione deve avere qualcosa in comune con la realtà raffigurata. La proposizione ha in comune con il fatto atomico la *forma* degli oggetti, cioè una determinata possibilità di combinazione degli oggetti tra loro. Ciò stabilisce la connessione necessaria tra le proposizioni e i fatti: connessione che da un lato rende raffigurabili cioè esprimibili i fatti nel linguaggio, dall'altro rende valido, cioè *dotato di senso*, il linguaggio stesso, garantendogli l'accordo con il mondo. Da questo punto di vista una proposizione ha senso se esprime la possibilità di un fatto: se cioè i suoi costituenti (segni o parole) sono combinati insieme in una forma che è una delle forme possibili di combinazione degli oggetti che costituiscono il fatto.

In che senso le proposizioni del linguaggio raffigurano i fatti

In quest'ottica, risultano giustificate nella loro validità le scienze empiriche della natura. Ma le scienze sono costituite da leggi, ipotesi e teorie, oltre che da proposizioni elementari; e circa il valore di questi strumenti, Wittgenstein assume un atteggiamento che riproduce quello di Hume. Da una proposizione elementare non si può inferirne un'altra (5.134), perché ogni proposizione elementare concerne un fatto atomico e i fatti atomici sono indipendenti l'uno dall'altro. Non esiste un nesso causale che giustifichi tali inferenze e pertanto è impossibile inferire gli eventi del futuro da quelli presenti. «La fede nel nesso causale è superstizione» (5.1361), dice Wittgenstein. Da questo punto di vista non esistono, propriamente parlando, leggi naturali. Le leggi, cioè le regolarità, appartengono solo alla logica e «fuori della logica tutto è caso» (6.3).

La scienza come totalità delle proposizioni vere

Inesistenza delle leggi

Le teorie che riducono a forma unitaria la descrizione dell'universo, per esempio la meccanica di Newton, sono paragonate da Wittgenstein a un reticolato sufficientemente fitto, per esempio a maglie quadrate, che ricopra una superficie bianca sparsa di macchie nere irregolari. Con il reticolato si può ridurre a forma unitaria la descrizione della superficie perché si può riuscire a dire di ogni quadratino se è nero o è bianco. Ma si tratta di una forma arbitraria, perché

La concezione delle teorie come «reticolati»

uguale successo potrebbe avere una rete a maglia triangolare o esagonale. Allo stesso modo sono arbitrari i vari sistemi che si possono usare per la descrizione dell'universo e tutt'al più si può dire che con un sistema si ottiene una descrizione più semplice che con un altro.

2.2. I giudizi analitici

Queste considerazioni di Wittgenstein equivalgono alla conferma della dottrina, comune a Leibniz e a Hume, del carattere contingente (non necessario) delle proposizioni che concernono fatti. Ma accanto a tali proposizioni Leibniz ammetteva «le verità di ragione» e Hume verità che concernono «relazioni tra idee»; e a quest'altro tipo di proposizioni entrambi attribuivano la «necessità» nel senso che la negazione di esse implica contraddizione. Wittgenstein ammette, accanto alle proposizioni elementari che esprimono le possibilità dei fatti e sono vere quando i fatti le confermano, proposizioni che esprimono la possibilità generale o essenziale dei fatti ma che sono vere indipendentemente dai fatti stessi. Tali proposizioni sono dette *tautologie* e la trattazione di esse costituisce uno dei contributi maggiori di Wittgenstein alla teoria logica. Le tautologie

La proposizione «Piove» esprime la possibilità di un fatto ed è vera se il fatto accade, cioè se in realtà piove. La proposizione «Non piove» esprime anch'essa la possibilità di un fatto ed è vera se in realtà non piove. Ma la proposizione «Piove o non piove» esprime *tutte* le possibilità che si riferiscono al tempo. Essa è vera indipendentemente dal tempo che fa; e il fatto che piova o che non piova non la conferma né la smentisce. Dall'altro lato la proposizione «Questo scapolo è sposato» non esprime un fatto ma una impossibilità (giacché «scapolo» significa «non sposato»): essa è quindi falsa indipendentemente da ogni fatto giacché il fatto che l'uomo cui si riferisce sia scapolo o sposato non aggiunge o toglie nulla alla sua impossibilità. Ora «Piove o non piove» è un esempio di tautologia; «Questo scapolo è sposato» è un esempio di contraddizione. Tautologia e contraddizione sono quindi rispettivamente necessariamente vera e necessariamente falsa, indipendentemente da ogni conferma. Ciò accade, secondo Wittgenstein, perché la tautologia è vera e la contraddizione è falsa per tutte le possibilità di verità delle proposizioni elementari che le costituiscono: o in altri termini la prima è vera e la seconda è falsa *qualunque cosa accada* (4.46-4.461). Ma ciò vuol dire pure che tautologia e contraddizione non sono raffigurazioni della realtà, cioè non rappresentano alcuna situazione possibile. La prima permette *ogni* situazione possibile, la seconda *nessuna* (4.462). Esse pertanto non sono provviste di "senso" come lo sono le proposizioni elementari; non si possono tuttavia dichiarare neppure "non-sensi" perché appartengono al *simbolismo*, cioè costituiscono il campo della logica e della matematica. Tautologia e contraddizione Logica e matematica

2.3. La filosofia come «critica del linguaggio» e «il muro dell'inesprimibile»

Wittgenstein ha così riproposto la dicotomia instaurata da Hume come distinzione tra proposizioni significanti che esprimono fatti possibili, e proposizioni non significanti ma vere che sono tautologie. Come Hume, ammette pure che ci sono proposizioni né significanti né tautologiche: e queste sono *non-sensi*. La maggior parte delle proposizioni filosofiche sono non-sensi: cioè derivano dal fatto che non si comprende la logica del linguaggio. Da un lato, difatti, le proposizioni significanti sono l'appannaggio delle scienze naturali e non consentono alcuna inferenza al di là di ciò che mostrano o manifestano. Dall'altro le tautologie, di cui si occupa la logica, concernono solo la forma delle proposizioni e non consentono di dir nulla sulla realtà o sul mondo. Né le une né le altre consentono pertanto alcuna generalizzazione filosofica, alcuna visione o intuizione del mondo nella sua totalità. L'unico compito positivo che Wittgenstein riconosce alla filosofia è quello di essere una «critica del linguaggio» (4.0031), cioè una «chiarificazione logica del pensiero» (4.112). Ma in questo senso la filosofia non è una dottrina bensì un'*attività* e il suo scopo non è di produrre «proposizioni filosofiche», ma di chiarire il significato delle proposizioni; «la filosofia deve rendere chiare e delimitare con precisione le idee che altrimenti sarebbero, per così dire, torbide e confuse» (4.112). E questo è appunto il compito cui è dedicato il *Trattato logico-filosofico*. I non-sensi La filosofia come attività chiarificatrice del linguaggio

Tutte le tesi di quest'opera sono condizionate dal principio che costituisce l'impegno ontologico fondamentale di Wittgenstein: il mondo è costituito di fatti; e i fatti *accadono* e *si manifesta-*

no in quegli altri fatti che sono le proposizioni significanti. Così i limiti del linguaggio sono i limiti del mondo e i limiti del *mio* linguaggio sono i limiti del *mio* mondo, cioè di tutto ciò che io posso capire, pensare ed esprimere. Da questo punto di vista non si può neppure parlare del mondo nella sua totalità, che non è mai un fatto. Dice Wittgenstein: «Non *come* il mondo sia, è ciò che è mistico, ma *che* esso sia» (6.44). I fatti costituiscono, e le proposizioni manifestano, il *come* del mondo, le sue determinazioni: non il *che*, la sua essenza totale e unica, il suo valore, il suo *perché*. E quanto al valore, che è un dover essere, esso non è mai un fatto o se è un fatto cessa di essere valore, sicché «nel mondo non c'è alcun valore e, se ci fosse, non avrebbe valore» (6.41). Non ci possono quindi neppure essere proposizioni di etica; e l'etica è inesprimibile (6.42). Né si può parlare della morte che non è mai un fatto («Non si vive la morte», 6.4311).

Il settore dell'inesprimibile: ciò di cui non si può parlare, si deve tacere

Pertanto, tutti i problemi relativi al mondo, alla vita, alla morte e ai fini umani non si possono porre neppure: non possono trovare risposta perché non sono domande. Wittgenstein non nega che l'inesprimibile *ci sia*: esso, egli dice, «*si mostra*, è ciò che è mistico» (6.522). Ma che cosa significhi questo *esserci* dell'inesprimibile, egli non dice. E quanto al *mostrarsi* di esso, ciò accade nel silenzio. Quando si è mostrato che tutte le domande metafisiche non hanno senso e che di ciò di cui non si può parlare si deve tacere, non rimane più alcuna domanda. *Ma questa è appunto la risposta: il problema della vita si risolve quando svanisce* (6.52-7).

Proponiamo alla lettura due significativi brani del *Tractatus*: la *Prefazione* (T. 2) in cui, con un linguaggio essenziale, Wittgenstein prospetta il senso generale della sua opera che è al tempo stesso logico, linguistico ed etico, e il brano conclusivo (T. 3), ove ritorna l'invito al silenzio mistico.

TESTO 2 UN LIMITE AL LINGUAGGIO

Questo libro, forse, comprenderà solo colui che già a sua volta abbia pensato i pensieri ivi espressi — o, almeno, pensieri simili. Esso non è, dunque, un manuale. Conseguirebbe il suo fine se piacesse ad uno che lo legga e comprenda.

Il libro tratta i problemi filosofici e mostra — credo — che la formazione di quei problemi si fonda sul fraintendimento della logica del nostro linguaggio. Tutto il senso del libro si potrebbe riassumere nelle parole: Quanto può dirsi, si può dir chiaro; su ciò, di cui non si può parlare, si deve tacere.

Il libro vuole dunque tracciare al pensiero un limite, o piuttosto — non al pensiero, ma all'espressione dei pensieri: ché, per tracciare al pensiero un limite, dovremmo poter pensare ambo i lati di questo limite (dovremmo dunque poter pensare quel che pensare non si può).

Il limite potrà dunque esser tracciato solo nel linguaggio, e ciò che è oltre il limite non sarà che nonsenso.

L. Wittgenstein, *Tractatus logico-philosophicus*, cit., p. 3

1-7. In questa *Prefazione* l'autore delinea con estrema chiarezza la funzione della filosofia, che è per lui radicalmente diversa da quella tradizionalmente assegnatale. «Scopo della filosofia — dirà più avanti nel *Tractatus* — è la chiarificazione logica dei pensieri. La filosofia non è una dottrina, ma un'attività (...) Risultato della filosofia non sono "proposizioni filosofiche", ma il chiarirsi di proposizioni. La filosofia deve chiarire e delimitare nettamente i pensieri (...)» (4.112). Da queste parole emerge che per Wittgenstein la filosofia non può produrre alcuna conoscenza né circa i grandi interrogativi tradizionali (l'anima, Dio, l'esistenza, la morte, ecc.) né circa la realtà naturale: la filosofia, dunque, non è né metafisica né scienza. Essa può semplicemente *mostrare* che la metafisica è una gran confusione e che le uniche proposizioni sensate sono quelle della scienza della natura. Ha sintetizzato bene questo concetto J. Schulte, uno studioso del filosofo austriaco: «Wittgenstein vuole effettivamente sostenere che la filosofia non ha il diritto né la capacità di fare asserzioni universali nel senso in cui le fanno le scienze della natura, altrimenti è essa stessa scienza, oppure dice cose insensate. Ma la filosofia *ha* una funzione: è un'"attività" che — spiegando, chiarendo, discutendo — non può certo produrre teorie relative a una sfera delimitabile di oggetti, può però conseguire "risultati", con la chiarificazione di proposizioni. La filosofia non deve fare affatto la parte dello sbirro delle scienze; con la chiarificazione di proposizioni e la spiegazione sistematica della logica del nostro linguaggio assolve alla mansione sua propria e autonoma» (J. Schulte, *L. Wittgenstein o il tesoro smisurato*, in E. Nordhofen, a cura di, *Filosofi del Novecento*, Einaudi, Torino, 1988, pp. 11-12).

8-12. Il senso dell'impresa filosofica di Wittgenstein, che a molti è apparso incomprensibile ed ermetico, è in fondo chiaro. Come ha scritto A. Gargani, «Lo scopo di tutto il lavoro intellettuale di Wittgenstein consiste nella *terapia di quelle malattie filosofiche* suscitate dall'abuso del linguaggio. (...) L'analisi del linguaggio prodotta dalla grammatica filosofica è una sorta di *terapia psicoanalitica* perché deve rendere esplicita e consapevole l'origine di un fattore inconsapevole che teneva gli uomini prigionieri e generava i loro nonsensi, i falsi problemi e le loro illusioni» (A. G. Gargani, *Introduzione* a Wittgenstein, *Diari segreti*, cit., p. 28). L'invito di Wittgenstein è dunque quello a tacere sui grandi problemi della vita, perché essi sono insolubili in superficie; ad essi si devono riservare le energie più profonde. Si capisce quest'aspetto del pensiero di Wittgenstein soltanto se lo si connette alla sua vicenda biografica, al bisogno che egli sentì di mettere a nudo se stesso e al suo coraggio di diventare un «uomo decente» attraverso l'esperienza della guerra, in cui guardò in faccia la morte. «Il coraggio di essere, la convinzione che nessun uomo possa scrivere qualcosa di più grande o di migliore di quello che egli effettivamente è sono temi profondamente radicati nella cultura austriaca alla quale apparteneva anche Wittgenstein. Un imperativo etico-linguistico è (anche) al centro degli scritti teorici di Karl Kraus (1874-1936). Così una volta aveva scritto Kraus: "Su una cosa io non posso passare sopra: che una riga intera possa essere scritta da un mezzo uomo. Che un'opera sia edificata su un carattere che è sabbia trascinata dal vento"» (A. G. Gargani, *op. cit.*, p. 32). Di qui lo stretto legame in Wittgenstein tra la centralità del linguaggio, la filosofia come cura della malattia della metafisica e l'etica intesa come scoperta (confessione e messa a nudo) del proprio essere autentico. In una lettera all'amico Engelmann dirà che era andato in guerra per diventare un «uomo decente» (*ein anstandiger Mensch*); ne ritorna un *poco più* «decente», perché ha raggiunto *la consapevolezza della sua indecenza*.

IL SILENZIO MISTICO

TESTO 3

[5.6] *I limiti del mio linguaggio* significano i limiti del mio mondo.

[6.44] Non *come* il mondo è, è il mistico, ma *che* esso è.

[6.5] D'una risposta che non si può formulare non può formularsi neppure la domanda.
L'*enigma* non v'è.
Se una domanda può porsi, *può* avere risposta.

[6.52] Noi sentiamo che, anche una volta che tutte le *possibili* domande scientifiche hanno avuto risposta, i nostri problemi vitali non sono ancora neppur toccati. Certo allora non resta più domanda alcuna; e appunto questa è la risposta.

[6.522] V'è davvero dell'ineffabile. Esso *mostra* sé, è il mistico.

[6.53] Il metodo corretto della filosofia sarebbe propriamente questo: Nulla dire se non ciò che può dirsi; dunque, proposizioni della scienza naturale — dunque, qualcosa che con la filosofia nulla ha da fare —, e poi, ogni volta che, a certi segni nelle sue proposizioni, egli non ha dato significato alcuno. Questo metodo sarebbe insoddisfacente per l'altro — egli non avrebbe il senso che gli insegniamo in filosofia —, eppure *esso* sarebbe l'unico rigorosamente corretto.

[6.54] Le mie proposizioni illustrano così: colui che mi comprende, infine le riconosce insensate, se è salito per esse — su esse — oltre esse. (Egli deve, per così dire, gettar via la scala dopo che v'è salito).
Egli deve superare queste proposizioni; allora vede rettamente il mondo.

[7] Su ciò, di cui non si può parlare, si deve tacere.

L. Wittgenstein, *Tractatus logico-philosophicus*, cit.

1-15. In questo brano troviamo una vigorosa sintesi del messaggio fondamentale contenuto nel *Tractatus*: noi possiamo formulare con il linguaggio soltanto proposizioni che concernono i fatti del mondo (dunque, solo le scienze). I limiti del *nostro* linguaggio sono, altresì, i limiti del *nostro* mondo. Ciò posto, si apre all'uomo quel ricco e vasto territorio dell'indicibile (il *mistico*, dal verbo greco *myein* = esser muto, nel senso sostantivale tedesco *das Mystische*, «qualcosa di Mistico»), costituito dalle domande sul *senso* dell'esistenza e del mondo. Si noti: i fatti del mondo sono conoscibili e dicibili (nel linguaggio delle scienze), ma il senso generale del mondo (il suo *perché*), i problemi etico-religiosi ed estetici sono indicibili con le proposizioni del linguaggio scientifico; essi, però, esistono e devono soltanto essere *mostrati* (con il comportamento pratico). In una lettera a Russell del 1919, Wittgenstein scrive: «Ho paura che tu non abbia realmente afferrata la mia tesi principale, rispetto alla quale tutta la faccenda delle proposizioni logiche è soltanto un corollario. Il punto principale è la teoria di quel che si può esprimere (*gesagt*) con le proposizioni, cioè con il linguaggio (e, che viene ad essere lo stesso, quel che si può pensare) e quel che non si può esprimere in proposizioni, ma solo mostrare (*gezeigt*); questo, credo, è il problema cardine della filosofia» (Lettera di L. Wittgenstein a B. Russell, 1919, in G. E. Anscombe, *Introduzione al Tractatus di Wittgenstein*, trad. it. di E. Mistretta, Ubaldini, Roma, 1966, p. 148). Sempre in una lettera a Russell, Wittgenstein esclama: «Ma come posso essere un logico se non sono ancora un uomo!». Queste poche battute bastino a sottolineare l'importanza del tema etico-religioso per il filosofo austriaco[3].

16-20. Una volta che gli strumenti della logica abbiano esaurito il loro compito (di chiarificazione linguistica) — bella la metafora della scala che ci serve per salire in alto, ma che una volta arrivati alla sommità dobbiamo buttar via — l'uomo si trova di fronte al muro dell'indicibile (il mistico, appunto).

3.

Il secondo Wittgenstein: scoperta del linguaggio ordinario nella varietà dei suoi usi

La teoria del linguaggio sostenuta nel *Tractatus* è basata sull'isomorfismo di linguaggio e realtà: gli enunciati dotati di senso sono soltanto quelli confrontabili in ultima analisi con i fatti. Si tratta di una teoria alquanto riduttiva, in quanto prende in considerazione unicamente gli enunciati descrittivi del mondo o, meglio, denominanti gli oggetti. Infatti, secondo il *Tractatus*, i *nomi* sono da considerarsi come tante etichette da apporre sugli oggetti.

La svolta degli anni Trenta

A partire dagli anni Trenta — quando inizia il suo insegnamento al Trinity College di Cambridge — Wittgenstein compie una radicale revisione delle sue tesi, nel quadro di un vasto dibattito che si svolge in Inghilterra tra gli intellettuali successivi alla generazione di Russell, che respingevano l'atomismo logico, e cioè la riduzione del linguaggio a mera denominazione degli oggetti. La migliore espressione di questa seconda fase — che tuttavia conserva alcuni motivi caratteristici del *Tractatus*, quali l'attenzione al linguaggio e l'idea della filosofia come attività terapeutica — sono le *Ricerche filosofiche*, di cui ora esamineremo le principali acquisizioni[4].

3.1. La teoria dei giochi linguistici

Il nuovo punto di partenza è costituito, come abbiamo detto, dall'abbandono della teoria del linguaggio come descrizione (o «denominazione») dei fatti. In un celebre luogo delle *Ricerche*, l'autore scrive: «Si crede che l'apprendimento di una lingua consista nell'imparare a denominare degli oggetti, come uomini, forme, colori, dolori, stati d'animo, numeri, ecc.

[3] Per un approfondimento su questo tema si rimanda allo studio di R. Pititto, *La fede come passione. L. Wittgenstein e la religione*, Edizioni San Paolo, Cinisello Balsamo (MI), 1997.

[4] Tutte le citazioni sono tratte da L. Wittgenstein, *Ricerche filosofiche*, trad. it. di M. Trinchero, Einaudi, Torino, 1967.

L'atto del denominare è visto come qualcosa di simile all'imporre alle cose un'etichetta che le contraddistingua. Si può anche considerare ciò come una preparazione all'uso delle parole. Ma ecco il punto: *per che uso* tutto questo è una preparazione?» (I, 26). L'atto di stabilire dei nomi non ha nulla a che vedere con il loro futuro e sempre cangiante *uso* nella vita quotidiana. In realtà, osserva autocriticamente Wittgenstein, con l'attività linguistica noi non "parliamo" solo delle cose, ma *facciamo* le cose più svariate. Si pensi, ad esempio, alle esclamazioni e alle loro funzioni completamente diverse, come: Acqua! Via! Ohi! Aiuto! No! Con esse non denominiamo alcunché, ma agiamo sugli altri e sul loro comportamento, con un'*invocazione*, un *ordine* o una *preghiera*, un *lamento*, un *divieto*. Il linguaggio «denominativo» di cui aveva parlato il *Tractatus* non è che uno dei mille possibili impieghi della parola (e neppure il più importante). Dal linguaggio formalizzato della scienza dobbiamo tornare a quello ordinario e abituale di tutti i giorni. Sarebbe strano, esclama Wittgenstein, che la logica dovesse occuparsi di un linguaggio «ideale» (con chiaro riferimento a quello formale della logica matematica) e non del nostro! Sarebbe strano che l'umanità avesse parlato fino ad oggi senza riuscire a mettere insieme neppure una frase sensata! La presa di distanza dal *Tractatus* non poteva essere più netta e chiara. A questo punto bisogna interessarsi del linguaggio quotidiano, che è un duttile strumento in vista del raggiungimento di determinati scopi. Tra le varie funzioni del linguaggio, Wittgenstein elenca le seguenti:

Le funzioni del linguaggio

— dare ordini ed eseguirli;
— descrivere un oggetto o misurarlo;
— fare un disegno di un oggetto;
— riportare un evento o far congetture su di esso;
— elaborare un'ipotesi e verificarla;
— rappresentare i risultati di un esperimento mediante tabelle e diagrammi;
— inventare una storia e leggerla;
— recitare in teatro;
— cantare in girotondo;
— sciogliere indovinelli;
— fare una battuta, raccontarla;
— risolvere un problema di aritmetica applicata;
— tradurre da una lingua in un'altra;
— chiedere, ringraziare, imprecare, salutare, pregare.

I giochi linguistici

Wittgenstein denomina «giochi linguistici» queste multiformi attività, intendendo mettere in rilievo il fatto che il parlare è una forma e una manifestazione della vita sociale, che deve sottostare anche a regole ben definite (donde l'espressione «gioco»). Una delle caratteristiche essenziali del linguaggio è la molteplicità delle sue funzioni e l'impossibilità di stabilirle a priori (una volta per tutte): nuovi tipi di linguaggio si formano di continuo, mentre altri cadono in disuso. Il linguaggio segue la vita, con la quale è strettamente intrecciato (si pensi ai nuovi significati assunti da tante parole antiche per effetto delle odierne trasformazioni tecnologiche e delle innovazioni nel campo della telematica). Il linguaggio è come una città, in cui quartieri nuovi e nuove strade, larghe e diritte, circondano i borghi antichi costituiti di case vecchie e stradine strette. Wittgenstein elabora, inoltre, un'altra teoria essenziale che sarà ripresa dagli studiosi del linguaggio del Novecento, e cioè che «il significato di una parola è il suo uso nel linguaggio». Da ciò scaturisce che a volte una proposizione può apparire priva di senso, non perché sia realmente insensata in via di principio (in termini logici), ma perché è stata estrapolata dal suo contesto o è caduta in disuso e non è più in circolazione. Ad esempio, si può comprendere un determinato segnale stradale (e ci si può uniformare ad esso) solo in quanto esiste un uso regolare di detto segnale, cioè una consuetudine al riguardo (*Ricerche filosofiche*, I, 198).

Gli usi linguistici

Wittgenstein ritiene, infine, che non esistano i cosiddetti *concetti universali* (riflessi di una concezione *essenzialistica* della logica), quali le idee di «mondo», di «essere», di «io», di «esperienza», ecc. Se adoperiamo la stessa parola per riferirci a più fenomeni, non è perché essa sia dotata di un intrinseco valore oggettivo e universale, ma semplicemente perché abbiamo riscontrato delle «affinità di famiglia» o delle caratteristiche simili comuni a diffe-

Affinità di famiglia

renti ambiti. Così, ad esempio, usiamo l'espressione *giochi* per gli scacchi, le carte, le gare sportive, ecc., in quanto tutti presentano, pur tra le tante differenze, qualche somiglianza. Tra i giochi di palla e quelli da scacchiera, ad esempio, ci sono affinità: sono divertenti, c'è una competizione tra i giocatori (ma non sempre, perché nel "solitario" quest'ultima caratteristica viene a cadere). E così via. Ne risulta, dice Wittgenstein, che nei vari giochi possiamo osservare una rete complicata di somiglianze che si sovrappongono e si incrociano: A assomiglia a B in una determinata caratteristica, B assomiglia a C in un'altra caratteristica, ecc. Se ne può concludere che i giochi formano una famiglia. E proprio come tra i membri di una famiglia sono riconoscibili, oltre alle differenze, anche alcune significative rassomiglianze (ora nella statura, ora nei tratti del volto, ora nel colore degli occhi, ora nel temperamento, ecc.), analogamente nelle diverse tipologie di linguaggio possiamo riconoscere parentele di vario tipo, senza poter tuttavia dedurre mai che si tratti di concetti universali.

3.2. La filosofia come cura

Quale sarà la funzione della filosofia nei confronti del linguaggio quotidiano e dei suoi usi, quali appaiono descritti nelle *Ricerche filosofiche*? Wittgenstein, in sostanziale continuità con il *Tractatus*, risponde che essa non può rettificare il linguaggio né portarlo alla sua forma compiuta e perfetta. «La filosofia non può modificare in alcun modo l'uso effettivo del linguaggio; fondamentalmente, essa non può che descriverlo. Essa, infatti, non lo può neppure fondare. Essa lascia tutto così com'è» (I, 124). E ancora: «La filosofia si limita a mettere tutto a nudo; essa non spiega e non conclude nulla. Dal momento che tutto è posto in luce, non resta nulla da spiegare. Se, poi, vi è qualcosa di occulto, questo non ci interessa» (I, 126). La filosofia può soltanto paragonare tra loro i vari giochi linguistici e stabilire tra essi un ordine in vista di uno scopo particolare, nella piena consapevolezza, comunque, che questo è solo uno dei molti ordini possibili. La filosofia è, dunque, una terapia delle malattie del linguaggio e del pensiero. Nell'uomo c'è, infatti, una tendenza costante a fraintendere la natura del linguaggio, ad esempio a ridurre la pluralità degli usi linguistici allo schema "parola - oggetto designato". Questo fraintendimento genera i tipici problemi filosofici, quali ad esempio quelli circa l'essenza del tempo, del pensiero, del soggetto, ecc.: si tratta di problemi irresolubili. Rispetto ad essi la filosofia non può avanzare alcuna *tesi*, ma deve limitarsi ad una funzione di *cura* dai «crampi mentali» e dalle distorsioni paralizzanti. In altre parole, la terapia filosofica consiste nel riportare le parole dal loro uso metafisico al loro uso quotidiano (I, 116), cercando di eliminare i non sensi prodotti dalla pratica filosofica nella sua lunga storia. La filosofia, in definitiva, è una sorta di *auto-terapia*.

La filosofia deve riportare le parole al loro uso quotidiano

TESTO 4 LA TEORIA DEI GIOCHI LINGUISTICI

Mando uno a far la spesa. Gli do un biglietto su cui stanno i segni: «cinque mele rosse». Quello porta il biglietto al fruttivendolo; questi apre il cassetto su ciò che c'è il segno «mele»; quindi cerca in una tabella la parola «rosso» e trova, in corrispondenza ad essa, un campione di colore [...] Così, o pressapoco così, si opera con le parole. — «Ma come fa a sapere dove e come deve cercare la parola "rosso", e che cosa deve fare con la parola "cinque"?» — Bene, suppongo che *agisca* nel modo che ho descritto. A un certo punto le spiegazioni hanno termine. — Ma che cos'è il significato della parola «cinque» — Qui non si faceva parola di un tale significato; ma solo del modo in cui si usa la parola «cinque».

Ma quanti tipi di proposizioni ci sono? Per esempio, asserzione, domanda e ordine? — Di tali tipi ne esistono *innumerevoli*: innumerevoli tipi differenti d'impiego di tutto ciò che chiamiamo «segni», «parole», «proposizioni». E questa molteplicità non è qualcosa di fisso, di dato una volta per tutte; ma nuovi tipi di linguaggio, nuovi giochi linguistici, come potremmo dire, sorgono e altri invece invecchiano e vengono dimenticati. [...]

Qui la parola «*giuoco* linguistico» è destinata a mettere in evidenza il fatto che *parlare* un linguaggio fa parte di un'attività, o di una forma di vita.

Considera la molteplicità dei giuochi linguistici contenuti in questi (e in altri) esempi:

Comandare, e agire secondo il comando —
Descrivere un oggetto in base al suo aspetto o alle sue dimensioni —
Costruire un oggetto in base a una descrizione (disegno) —
[...]
Fare una battuta; raccontarla —
Risolvere un problema di aritmetica applicata —
Tradurre da una lingua a un'altra —
Chiedere, ringraziare, imprecare, salutare, pregare.

È interessante confrontare la molteplicità degli strumenti del linguaggio e dei loro modi d'impiego, la molteplicità dei tipi di parole e di proposizioni, con quello che sulla struttura del linguaggio hanno detto i logici. (E anche l'autore del *Tractatus logico-philosophicus*).

Qui ci imbattiamo in una grossa questione, che sta dietro a tutte queste considerazioni. — Infatti mi si potrebbe obiettare: «Te la fai facile! Parli di ogni sorta di giochi linguistici, ma non hai ancora detto che cosa sia l'essenziale del giuoco linguistico, e quindi del linguaggio; che cosa sia comune a tutti questi processi, e ne faccia un linguaggio o parte di un linguaggio. Così ti esoneri proprio da quella parte della ricerca, che a suo tempo ti ha dato i maggiori grattacapi: cioè quella riguardante *la forma generale della proposizione* e del linguaggio».

E questo è vero. — Invece di mostrare quello che è comune a tutto ciò che chiamiamo linguaggio, io dico che questi fenomeni non hanno affatto in comune qualcosa, in base al quale impieghiamo per tutti la stessa parola, — ma che sono *imparentati* l'uno con l'altro in molti modi differenti. E grazie a questa parentela, o a queste parentele, li chiamiamo tutti «linguaggi».

«Denominiamo le cose, e così possiamo parlarne. Riferirci ad esse nel discorso. — Come se con l'atto del denominare fosse già dato ciò che faremo in seguito. Come se invece ci fosse una cosa che si chiama: «parlare delle cose». Invece, con le nostre proposizioni facciamo le cose più diverse. Si pensi soltanto alle esclamazioni. Con le loro funzioni diversissime.

Acqua!
Via!
Ahi!
Aiuto!
Bello!
No!

Adesso sei ancora disposto a chiamare queste parole «denominazioni di oggetti»?

L. Wittgenstein, *Ricerche filosofiche* 1, 23, 27, 65, trad. it. di M. Trinchero, cit.

1-8. In significativo contrasto con la teoria semantica del *Tractatus*, qui Wittgenstein abbraccia la tesi che il significato sia posto semplicemente dall'uso. Non si tratta più di analizzare il linguaggio per identificare le regole logiche a cui obbedisce; non le necessarie norme che lo reggono saranno adesso oggetto della filosofia (sempre intesa come analisi e non come speculazione autonoma), ma l'ambito prelogico su cui si fonda, il quale possiede un'esistenza meramente fattuale. In tale ambito noi siamo già da sempre inseriti e solo perciò possiamo *iniziare* a comprendere: «Si potrebbe dunque dire: La definizione ostensiva spiega l'uso — il significato — della parola, quando sia già chiaro quale funzione la parola debba svolgere, in generale, nel linguaggio. Così, la definizione ostensiva: Questo si chiama "seppia" aiuterà a comprendere la parola se so già che mi si vuol definire il nome di un colore» (30, p. 25). Non si impara un linguaggio attraverso l'apprendimento di regole, ma mediante l'addestramento all'uso. In secondo luogo la concordanza tra linguaggio e realtà non è più un dato assoluto, nel senso che non viene stabilita una volta per tutte (si noti l'autocritica della r. **27**), ma è relativa al gioco linguistico in cui ci stiamo muovendo e c'è una verità diversa all'interno di ciascun gioco. In realtà ritorna, almeno in parte, la vecchia ottica del *Tractatus*: non è negata l'esistenza delle regole, ma adesso ne è ammessa la molteplicità e la variabilità, poiché esse vanno precisate e modificate quando l'uso lo richieda.

9-38. I giochi linguistici sono dei *contesti normativi* all'interno dei quali le parole non conoscono oscillazioni e sono definite univocamente; Wittgenstein cercò e trovò alcuni di questi giochi nel linguaggio quotidiano, anticipando in tal modo i cosiddetti analisti del linguaggio ordinario (qui alle rr. **16-24**). Emergono così i vari usi a cui una parola si presta in relazione alla sua modalità di impiego (il gioco linguistico al quale in quel momento appartiene) e anche gli errori non solo dell'uso linguistico, ma pure dell'indagine filosofica: nessun mezzo conoscitivo ci farà mai provare sensazioni e sentimenti altrui, cioè non si può penetrare l'ambito del privato; con ciò si prolunga l'argomentazione del primo Wittgenstein per cui i limiti del linguaggio sono anche i limiti del mondo. In secondo luogo non sarà possibile neppure stabilire una relazione tra il linguaggio e il comportamento, tra l'intenzione manifestata con le parole e la veridicità o meno del proposito; anche qui possiamo cogliere l'estensione della negazione del rapporto causale leggibile nel *Tractatus*.

Ma quale relazione sussiste fra i diversi giochi linguistici? Il problema è risolto da Wittgenstein ricorrendo al concetto di *parentela* (rr. **28-38**) o *affinità di famiglia*, con cui egli spiega il fatto che spesso adoperiamo le stesse parole per riferirci a oggetti o situazioni differenti, come quando diciamo ad esempio «tagliare la testa al toro» per significare la soluzione radicale di un problema. Usiamo le medesime parole, trasferendole dal senso letterale a quello metaforico, in base ad una analogia.

39-49. Il limite più grave del vecchio intendimento del linguaggio sta nell'individuare la sua funzione nella referenza; per contro esso, secondo Wittgenstein, non è *solo* né *tanto* mezzo per designare, per riferirsi a qualcosa di extralinguistico, ma strumento per fare delle cose. Questo non significa che il denominare non sia più ammesso: solo che diviene uno dei possibili usi, uno dei tanti giochi.

LABORATORIO FILOSOFICO

Wittgenstein è uno dei pensatori di maggior rilievo del Novecento, che ha influito notevolmente sia sulla filosofia dell'Europa continentale che su quella inglese e americana. Il Tractatus *(1922) fu considerato dai membri del Circolo di Vienna come la Bibbia del neopositivismo; mentre le* Ricerche filosofiche, *pubblicate postume nel 1953 (e gli altri scritti del cosiddetto secondo Wittgenstein), furono la principale fonte di ispirazione della* filosofia analitica *anglo-americana. Dalle parole di un allievo di Wittgenstein a Cambridge si coglie bene lo straordinario rispetto di cui godeva: «In una riunione del Circolo di Scienza Morale, dopo la conferenza di quella sera, all'inizio del dibattito un tale si mise a balbettare un'obiezione. Incontrava enormi difficoltà nell'esprimersi e le sue parole mi riuscivano inintelligibili. Bisbigliai al mio vicino: "Chi è quello?". Mi rispose: "Wittgenstein". Rimasi assai stupito perché, oltre tutto, avevo immaginato che il celebre Autore del* Tractatus logico-philosophicus *fosse un uomo piuttosto anziano, mentre quel tale aveva un aspetto* giovanile *— dimostrava forse trentacinque anni. (In realtà ne aveva quarantanove). Il viso era scavato e abbronzato, il profilo aquilino e di sorprendente bellezza, il capo coperto da una massa ricciuta di capelli castani. Notai l'attenzione rispettosa che i presenti gli dedicavano. Dopo l'infelice esordio egli non aprì bocca per qualche tempo, ma appariva chiaro che lottava con i propri pensieri. Aveva un'espressione assorta, gesticolava come se stesse parlando. Tutti gli altri serbavano un silenzio attento e carico di aspettativa. [...] Durante il trimestre di quaresima del 1939 frequentai le lezioni di Wittgenstein sui fondamenti filosofici della matematica. Egli le continuò, sullo stesso argomento, nei successivi trimestri di Pasqua e di San Michele. Credo di non aver capito nulla di quelle lezioni, finché non studiai nuovamente i miei appunti, quasi dieci anni dopo. Tuttavia, mi rendevo conto, al pari degli altri, che Wittgenstein stava facendo qualcosa di importante; si sentiva che egli stava aprendo faticosamente una strada attraverso problemi di enorme difficoltà e che il metodo con il quale li affrontava era affatto originale»*[5].

L'originalità del metodo wittgensteiniano consiste essenzialmente nel nuovo modo di guardare alla filosofia: non come a una dottrina o a una teoria, ma come a un'attività tesa a scoprire i nonsensi causati da uno scorretto uso del linguaggio. Il suo interesse principale si focalizza, dunque, sul linguaggio.

Ricapitolando in una breve sintesi la teoria del linguaggio di Wittgenstein, dobbiamo distinguerla in due fasi. La prima, riconducibile al Tractatus, *concepisce il linguaggio come* raffigurazione logica *dei fatti (i nomi* stanno per *gli oggetti designati). Nei* Diari, *alla data del 29 settembre 1914, Wittgenstein spiega così la sua teoria della raffigurazione: «Nella proposizione è messo insieme un mondo, sperimentalmente. (Come quando al tribunale di Parigi è rappresentato un incidente automobilistico, con pupazzi, ecc.)». Ciò comporta che soltanto la scienza è dotata di senso, mentre la metafisica è in-sensata. La seconda fase, a partire dagli anni Trenta a Cambridge e culminante nelle* Ricerche filosofiche, *supera il modello* scientista *e sposta l'attenzione sul linguaggio ordinario, nella varietà dei suoi usi e delle sue funzioni (*giochi linguistici*). Rimane l'originale considerazione della filosofia come terapia delle malattie del linguaggio: essa è ora vista non più come aspirazione ad un* linguaggio perfetto *(perché* artificiale o simbolico*), bensì come cura della confusione che può derivare dalla mancata distinzione tra i diversi "usi" (il significato dipende dall'uso).*

C'è un ultimo aspetto di grande importanza nel pensiero di Wittgenstein, del tutto sottovalutato dai neopositivisti: il mistico, *cioè tutto ciò che riguarda l'esistenza, l'etica, l'estetica, la religione. Il mistico, che è ciò che più conta nella vita, non può essere espresso con il linguaggio, ma deve solo esser «mostrato».*

[5] N. Malcolm, *Ludwig Wittgenstein*, trad. it. di B. Oddera, Bompiani, Milano, 1964, pp. 39-40.

1

L'analisi linguistica deve far luce sulla confusione imperante nelle tesi filosofiche, originata per lo più dalle ambiguità del linguaggio (che dev'essere ricondotto alle regole della logica formale). In breve, questo è l'assunto del *Tractatus*. Nel brano seguente Wittgenstein dà un esempio eloquente di alcuni fraintendimenti. Dopo aver letto il testo, cerca di identificare, con qualche esempio desunto dalla storia della filosofia, «le confusioni più fondamentali (delle quali la filosofia è piena)», con particolare riferimento alla nozione di «essere», che si presenta estremamente problematica proprio perché fortemente equivoca.

«Nel linguaggio comune avviene molto di frequente che la stessa parola designi in modo diverso — dunque appartenga a simboli diversi —, o che due parole, che designano in modo diverso, esteriormente siano applicate nella proposizione allo stesso modo. Così la parola "è" appare quale copula, quale segno di eguaglianza e quale espressione dell'esistenza [...].

(Nella proposizione "Franco è franco" — ove la prima parola è un nome di persona; l'ultima, un aggettivo — queste parole non hanno semplicemente significato diverso, ma sono *simboli diversi*).

Così nascono facilmente le confusioni più fondamentali (delle quali la filosofia è tutta piena)» (*Tractatus*, 3.323, 3.324, cit., p. 17).

2

Commenta il seguente pensiero di Wittgenstein:

«Non dire: "senza il linguaggio non potremmo comunicare fra noi", bensì, piuttosto: "senza il linguaggio non potremmo influenzare gli altri uomini nel tale e tal modo, allo scopo di costruire strade e macchine, ecc.". E anche: "senza l'uso del linguaggio e della scrittura gli uomini non potrebbero comunicarsi nulla"» (*Ricerche filosofiche*, I, 491).

3

Confronta i due seguenti testi di Wittgenstein, tratti dalle due opere più importanti (che caratterizzano rispettivamente il I e il II Wittgenstein); identifica il relativo titolo del libro, spiegando con un'adeguata argomentazione su quali elementi ti sei basato per individuarlo.

TESTO A:	**TESTO B:**
«[...] potrebbe sembrare che in logica si parli di un linguaggio *ideale*. Come se la nostra logica fosse, per così dire, una logica per lo spazio vuoto. — Invece la logica non tratta del linguaggio — o del pensiero — nel senso in cui una scienza della natura tratta di un fenomeno naturale; e al massimo si può dire che *costruiamo* linguaggi ideali. Ma forse qui la parola "ideale" è fuorviante, perché suona come se questi linguaggi fossero migliori, più completi del nostro linguaggio quotidiano; e come se ci fosse bisogno del logico per rivelare finalmente agli uomini che aspetto ha una proposizione corretta».	«Per sfuggire questi errori dobbiamo impiegare un linguaggio segnico, il quale li escluda non impiegando, in simboli diversi, lo stesso segno, e non impiegando, apparentemente nello stesso modo, segni che designano in modo diverso. Un linguaggio segnico, dunque, che obbedisca alla grammatica *logica* — alla sintassi logica — ».
Tratto da:	Tratto da: ....
Pubblicato nel:	Pubblicato nel: ....
Spiegazione della scelta:	Spiegazione della scelta: ....
....	....
....	....
....	....

4

Indica, a fianco di ogni enunciato, la relativa tipologia logica, usando le espressioni seguenti: «dotato di senso», «non dotato di senso», «vero», «falso», «sempre vero», «sempre falso». Indica, altresì, le espressioni tautologiche e quelle contraddittorie.

Essere quadrato è una proprietà spaziale	....
L'essere quadrato è rosso	....
Il rosso è un colore	....
Qui, ora piove e non piove	....
O piove o non piove	....
Si deve sempre agire in vista del Bene	....

5

Nelle *Ricerche filosofiche,* Wittgenstein (ingegnere e, per due anni, architetto) spiega la *pluralità* dei «giochi linguistici» con la seguente metafora desunta dal campo della tecnica:

«Pensiamo agli oggetti contenuti in una cassetta di arnesi: c'è un martello, un paio di tenaglie, una sega, un cacciavite, un metro, un vaso di colla, una lima, dei chiodi e delle viti. Le funzioni di tutti questi oggetti sono diverse, e altrettanto lo sono le funzioni delle parole. (Anche se vi sono somiglianze in un caso e nell'altro).

Ciò che, ovviamente, ci confonde è l'uniformità del modo in cui le parole appaiono quando le udiamo o le vediamo scritte o stampate. Meno che mai, quando ci mettiamo a filosofare» (I, II).

Leggi, altresì, il seguente commento al testo, che mette bene in luce gli aspetti impliciti nella metafora wittgensteiniana:

«A prima vista questo paragone tra la parola e l'arnese, la scorta verbale e la cassetta di utensili sembra sorprendente, anzi stranissimo, forse. Ma ben presto si vede l'analogia che interessa a Wittgenstein: come gli attrezzi della cassetta assumono una funzione solo se sono utili nell'ambito di determinate attività e vi assolvono a uno scopo, così anche le parole della nostra lingua hanno un senso — possono significare qualcosa — solo in quanto siano inserite in contesti linguistici e di azioni. Ma come martello e sega, colla e metro assolvono a funzioni diverse in maniere differenti, così anche le nostre parole operano e indicano in modo diverso.

La conseguenza positiva di tale analogia è che possiamo spiegare le nostre manifestazioni solo a partire dal contesto, ma non soltanto dal contesto linguistico, bensì dal *gioco linguistico* in cui la parola e il fare sono reciprocamente intessuti, perché l'espressione "*gioco linguistico*" deve sottolineare come "*parlare* un linguaggio" faccia "parte di un'attività, o di una forma di vita". Il giusto procedimento per cogliere il senso delle nostre espressioni sta nel considerarle caratteristiche di "disegni" che ritornano "con differenti variazioni nel tessuto della vita" [*Ricerche filosofiche*, II, I].

La concezione di Wittgenstein è diretta criticamente contro quella per cui le parole devono essere considerate anzitutto in riferimento a ciò che indicano — come se tutte le parole fossero nomi, e come se i nomi avessero solo lo scopo di nominare, appunto, l'oggetto da essi indicato, alla stregua di etichette incollate ciascuna su una singola cosa. Anche contro questo modo di vedere limitato, che è provocato da una "dieta unilaterale", ossia dal fatto di nutrire il proprio "pensiero con un solo tipo di esempi" [*Ricerche filosofiche*, § 593], è diretta l'analogia della cassetta di arnesi: posso usare il martello per infiggere un chiodo in un'asse di legno, ma posso adoperarlo per estrarre nuovamente il chiodo dall'asse, e per molti altri scopi. Così il nome "N. N." non serve solo per nominare qualcuno, ma anche per chiamarlo, per rendergli onore, per maledirlo. Questo pensiero fondamentale dell'ultima filosofia di Wittgenstein è sintetizzato nella tesi secondo cui significato non è ciò che è indicato da un'espressione, ma piuttosto il suo uso: "Per una *grande* classe di casi — anche se non per tutti i casi — in cui ce ne serviamo, la parola "significato" si può definire così: il significato di una parola è il suo uso nel linguaggio" [*Ricerche filosofiche*, § 43]» (J. Schulte, *L. Wittgenstein o il tesoro smisurato*, cit., pp. 20-21).

SCHEDA DEI CONFRONTI

Il Tractatus *e il Circolo di Vienna*

Il *Tractatus* è stato uno dei libri più importanti del Novecento. L'influsso più rilevante lo esercitò sui neopositivisti del cosiddetto Circolo di Vienna (*Wiener Kreis*). Il neopositivismo, infatti, si sviluppò inizialmente a Vienna, ove si formò un cenacolo di filosofi e scienziati che si incontrarono periodicamente tra il 1924 e il 1938. Il manifesto programmatico del Circolo fu redatto nel 1929 con il titolo *La concezione scientifica del mondo*. I neopositivisti hanno in comune con i Positivisti dell'Ottocento l'idea che l'unico metodo capace di fornirci conoscenze valide sia quello delle scienze positive, imperniato sui concetti di «esperimento», «ripetibilità dei controlli», «rigore». L'altro aspetto che congiunge i due movimenti filosofici è l'avversione per la metafisica e l'intento di contribuire al miglioramento delle condizioni di vita degli uomini e della società. Vi sono, pur tuttavia, profonde differenze tra il vecchio Positivismo e il nuovo. La più macroscopica è costituita dalla consapevolezza, presso i neopositivisti, che tra il pensiero e l'esperienza non vi è continuità. Infatti, le novità registrate nelle scienze e nella matematica tra fine Ottocento e inizio Novecento (si pensi alla teoria della relatività e alle geometrie non-euclidee) avevano reso problematico il rapporto tra il pensiero (i suoi strumenti logico-formali) e l'esperienza. Per il matematico francese H. Poincaré (1854-1912), ad esempio, nessun tipo di sapere scientifico può farci conoscere la vera natura delle cose: ciò che possiamo conoscere, egli afferma, «non sono le cose stesse, come credono gli ingenui dogmatici, bensì soltanto i rapporti tra le cose (...)»; perciò i concetti delle teorie scientifiche «sono semplici immagini, sostituite agli oggetti reali che la natura ci nasconderà eternamente» (*La scienza e l'ipotesi*, 1902). Detto in altri termini, i neopositivisti hanno la consapevolezza che non tutto ciò che è vero in teoria è altresì vero nell'esperienza. Uno degli esiti di questa nuova situazione è l'interesse per i problemi del linguaggio e il *convenzionalismo*: la verità di una proposizione scientifica non è il mero riflesso dell'esperienza, ma dipende dall'accordo preliminare sul linguaggio logico e sui postulati iniziali (non dimostrati). Da ciò l'espressione «neo-empirismo» o «empirismo logico» con cui si denominò anche il movimento (espressioni più calzanti di quella più comunemente usata di «neopositivismo»), a significare il rifiuto della metafisica e di ogni conoscenza che andasse *oltre* i limiti dell'esperienza, ma anche la maggiore attenzione agli strumenti logico-linguistici del pensiero.

Tra le personalità di maggior rilievo del Circolo dobbiamo ricordare Rudolf Carnap (1891-1970) e Moritz Schlick (1882-1936). Quest'ultimo, fondatore del Circolo, fu ucciso da uno studente nazista: i membri del *Wiener Kreis*, infatti, professavano idee democratiche ed erano antifascisti. Con la morte di Schlick, il Circolo esaurì praticamente la sua fase europea. Infatti, due anni dopo, nel 1938 (anno dell'annessione dell'Austria alla Germania di Hitler), Carnap e molti altri teorici emigrarono in USA, diffondendovi le idee viennesi.

Una delle tesi centrali del Circolo di Vienna è il *principio della verificazione*, secondo cui il significato di una proposizione consiste nel «metodo della sua verifica». In altri termini, una proposizione non ha alcun significato se non possiamo indicare sotto quali condizioni, realizzabili nell'esperienza, un enunciato potrebbe esser vero. Si noti che i neopositivisti non intendono cancellare come inespressive tutte le proposizioni non riducibili all'esperienza, ma le ritengono prive di significato. Pertanto, la maggior parte dei problemi filosofici tradizionali (ad esempio, il problema dell'esistenza di Dio, dell'immortalità dell'anima, ecc.) non potendo essere né confermata né smentita empiricamente, deve ritenersi priva di senso. Come si vede, queste tesi sono di chiara derivazione wittgensteiniana. Resta, però, il fatto che i neopositivisti respinsero la parte "mistica" del *Tractatus*. Ciò non va inteso come un particolare privo di interesse, ma come l'espressione di una significativa divergenza tra Wittgenstein e la filosofia del Circolo di Vienna. D'altronde Wittgenstein non fu mai membro del Circolo né mai partecipò alle sue riunioni. Per comprendere nel giusto senso i rapporti tra l'autore del *Tractatus* e i neopositivisti viennesi, si ricordi il seguente giudizio dell'amico P. Engelmann: «Tutta una generazione di allievi poté considerare Wittgenstein un positivista, poiché egli aveva qualcosa di enorme importanza in comune con i positivisti: aveva tracciato una linea di separazione tra ciò di cui si può parlare e ciò di cui si deve tacere, cosa che anch'essi avevano fatto. La differenza è soltanto che essi non avevano niente di cui tacere. Il positivismo sostiene — è questa la sua essenza — che ciò di cui possiamo parlare è tutto ciò che conta nella vita. Invece Wittgenstein crede appassionatamente che tutto ciò che conta nella vita umana è proprio ciò di cui, secondo il suo modo di vedere, dobbiamo tacere» (*Le lettere di Ludwig Wittgenstein*, La Nuova Italia, Firenze, 1970)[6].

[6] Sui rapporti di Wittgenstein con il Circolo di Vienna si rimanda ai seguenti libri:
— F. Weismann (a cura di), *L. Wittgenstein e il Circolo di Vienna*, La Nuova Italia, Firenze, 1967.
— J. Hartnack, *Wittgenstein e la filosofia moderna*, Il Saggiatore, Milano, 1967.
— J. O. Urmson, *L'analisi filosofica*, Mursia, Milano, 1966.
— G. E. Anscombe, *Introduzione al Tractatus di Wittgenstein*, Ubaldini, Roma, 1966.
Per una più ampia trattazione del Circolo di Vienna nel contesto della riflessione epistemologica del Novecento si rimanda a D. Massaro - G. Fornero, *Fare filosofia. Temi, testi, laboratorio*, vol. III, Paravia, Torino, 2001, pp. 71 ss.

GLOSSARIO E RIEPILOGO

Mondo. È la totalità dei fatti («Il mondo è tutto ciò che accade», «La realtà tutta è il mondo», «Il mondo si divide in fatti»).

Fatti. Vi sono fatti *complessi* e fatti *atomici*. Ogni fatto complesso risulta composto di fatti atomici, cioè di fatti che accadono indipendentemente l'uno dall'altro. Ogni fatto atomico risulta a sua volta composto da *oggetti* semplici, cioè indecomponibili. *N.B.* L'espressione tedesca adoperata da Wittgenstein (*Sachverhalte*) significa alla lettera «stati di cose», ma si preferisce usare l'espressione *fatto atomico* proposta da Russell.

Forma e struttura. L'insieme dei modi determinati in cui gli oggetti possono combinarsi nei fatti atomici.

Linguaggio. È la totalità delle proposizioni che significano i fatti. Il linguaggio è una raffigurazione (*Bild*) logica del mondo. Infatti, ogni proposizione è la raffigurazione di un fatto, non nel senso di immagine o copia, bensì in quello di raffigurazione *formale* (o logica) del fatto, cioè di rappresentazione di una determinata configurazione *possibile* degli oggetti che costituiscono il fatto. Ne segue che una proposizione ha senso se i suoi costituenti (segni o parole) sono combinati insieme in una forma che è una delle forme possibili di combinazione degli oggetti che costituiscono il fatto.

Scienza. È la totalità delle proposizioni vere.

Leggi e relazioni. Sono regolarità che appartengono solo alla logica, in quanto «fuori della logica tutto è caso».

Tautologie. Proposizioni che esprimono le possibilità generali dei fatti, ma che sono vere indipendentemente dai fatti stessi (ad esempio «piove o non piove»).

Contraddizioni. Proposizioni che sono false a priori, cioè indipendentemente da ogni verifica fattuale (ad esempio «questo scapolo è sposato»).

Non-sensi. La maggior parte delle proposizioni filosofiche e metafisiche, le quali non rientrano né nel dominio delle proposizioni *significanti* della scienza naturale, né nel dominio delle proposizioni *tautologiche* della logica e della matematica.

Filosofia. Ha come compito specifico quello di essere una «critica del linguaggio», ossia una «chiarificazione logica del pensiero» (per Wittgenstein non esiste pensiero indipendentemente dal linguaggio). In quanto tale, la filosofia non è una dottrina, ma un'*attività*. Il suo scopo, secondo il *Tractatus*, non è quello di produrre «proposizioni filosofiche», ma di chiarire il significato delle proposizioni, eliminando dal linguaggio le confusioni e i problemi fittizi.

L'inesprimibile. Wittgenstein ritiene che ciò che è esprimibile è soltanto ciò che è esprimibile chiaramente, cioè con le proposizioni vere, che sono proprie delle scienze naturali. Quando si è limitato il campo dell'esprimibile, si è anche, in qualche modo, mostrato dove risiede l'inesprimibile: «Essa (la filosofia) significherà l'indicibile rappresentando chiaramente il dicibile» (4.115). Quest'ultimo risiede al di là delle proposizioni scientifiche, e quindi in quei problemi — che sono quelli tradizionali della metafisica — che non sono suscettibili di essere posti e risolti nell'ambito delle scienze naturali. Wittgenstein non nega che tali problemi possano essere in qualche modo avvertiti: nega che possano essere chiaramente posti come problemi e quindi risolti. Ne segue che l'unico modo di esprimerli è il non esprimerli, cioè il silenzio: «Di ciò di cui non si può parlare, si deve tacere» (7).

Giochi linguistici. Espressione del secondo Wittgenstein per sottolineare: 1) l'esistenza di una molteplicità di linguaggi aventi, ognuno, regole e scopi propri; 2) il fatto che ogni linguaggio «fa parte di un'attività, e di una *forma di vita*».

La filosofia come malattia e terapia. Anche per il secondo Wittgenstein la filosofia è una «malattia del linguaggio», avente come unico scopo legittimo la cura di se medesima. Cura che si ottiene chiarendo le regole e i contesti d'uso dei vari giochi linguistici (v.), ai fini di evitare le storture che danno origine agli pseudoproblemi della filosofia tradizionale.

INDICAZIONI BIBLIOGRAFICHE

A. G. Gargani, *Introduzione a Wittgenstein*, Laterza, Roma-Bari 1980.
G. Frongia, *Guida alla letteratura su Wittgenstein*, Argalia, Urbino 1981.
D. L. Phillips, *Wittgenstein e la conoscenza scientifica*, Il Mulino, Bologna 1981.
G. Frongia, *Wittgenstein. Regole e sistema*, Angeli, Milano 1983.
A. Gargani - A. G. Conte - R. Egidi, *Wittgenstein. Momenti di una critica del sapere*, Guida, Napoli 1983.
L. Perissinotto, *Wittgenstein. Linguaggio soggetto mondo*, Francisci, Abano Terme 1985.
A. Ayer, *Wittgenstein*, trad. it., Laterza, Roma-Bari 1986.
L. Tarca, *Il linguaggio sub specie aeterni*, Francisci, Abano Terme 1986.
D. Marconi, *L'eredità di Wittgenstein*, Laterza, Roma-Bari 1987.
AA.VV., *Capire Wittgenstein*, Marietti, Genova 1988.
J. Valent, *Invito al pensiero di Wittgenstein*, Mursia, Milano 1989.
B. Hintikka - J. Hintikka, *Indagine su Wittgenstein*, trad. it., Il Mulino, Bologna 1990.
B. McGuiness, *Wittgenstein. Il giovane Ludwig 1889-1921*, trad. it., Il Saggiatore, Milano 1990.
R. Monk, *Wittgenstein. Il dovere del genio*, Bompiani, Milano 1991.
R. Pititto, *La fede come passione. L. Wittgenstein e la religione*, Edizioni San Paolo, Cinisello Balsamo 1997.

SCHEDA BIBLIOGRAFICA

Numerose le opere di Wittgenstein tradotte in italiano. Ricordiamo qui: *Tractatus logico-philosophicus e Quaderni 1914-1916*, Einaudi, Torino, 1983; *Ricerche filosofiche, ibid.*; *Osservazioni filosofiche*, ivi 1981; *Osservazioni sopra i fondamenti della matematica*, ivi 1988; *Libro blu e Libro marrone*, ivi 1983; *Della certezza*, ivi 1978; *Osservazioni sui colori*, ivi 1982; *Zettel*, ivi 1986; *Lezioni e conversazioni sull'etica, l'estetica, la psicologia e la credenza religiosa*, Adelphi, Milano, 1967; *Pensieri diversi*, ivi 1980; *Osservazioni sulla filosofia della psicologia*, ivi 1990; *Diari segreti*, Laterza, Bari, 1987; *Grammatica filosofica*, La Nuova Italia, Firenze, 1990; *Lezioni sui fondamenti della matematica*, Bollati Boringhieri, Torino, 1982. Significative anche alcune raccolte di lettere: *Lettere a Ludwig von Ficker*, Armando, Roma, 1989; *Lettere di Ludwig Wittgenstein*, La Nuova Italia, Firenze, 1970.

Capitolo quattordicesimo

POPPER, FILOSOFO DELLA RAGIONE CRITICA E DELLA LIBERTÀ

Popper, filosofo della ragione critica e della libertà

1. La vita e le opere

Karl Raimund Popper nasce a Vienna nel 1902, ove studia filosofia, matematica e fisica. Nel 1928 si laurea in filosofia. Nel 1929 ottiene l'abilitazione all'insegnamento della matematica e della fisica. Nel 1934, ma con data 1935, pubblica in tedesco la sua opera fondamentale *La logica della ricerca*, edita successivamente in inglese con il titolo *Logica della scoperta scientifica* (1959). Con l'avvento del nazismo, si trasferisce in Nuova Zelanda, dove scrive *La miseria dello storicismo* (1944-1945) e *La società aperta e i suoi nemici* (1944-1945). Alla fine della guerra si stabilisce a Londra, ove insegna presso la London School of Economics. Fra le opere più recenti ricordiamo: *Congetture e confutazioni* (1963); *Conoscenza oggettiva* (1972); *La ricerca non ha fine* (1974, n.e. 1976); *L'io e il suo cervello* (1977, con J. Eccles); *I due problemi fondamentali della conoscenza* (1979); *Poscritto alla logica della scoperta scientifica* (1982-1983). Muore a Londra nel 1994.

Una delle voci più note e influenti della filosofia contemporanea

2. I contatti con il Circolo di Vienna e l'influsso di Einstein

Popper fu in contatto con il circolo di Vienna, senza però entrare a farvi parte. Anzi, egli, più di Wittgenstein, sin dall'inizio si mostrò polemico nei confronti delle tesi del neopositivismo viennese. Proprio per questo, la critica (in particolare fino agli anni Cinquanta) ha dato un'interpretazione che oggi appare riduttiva del suo pensiero, visto semplicemente come una «reazione al Positivismo». In realtà, se da un lato non è possibile ignorare che il rapporto "dialettico" con il neopositivismo è una componente importante della sua epistemologia, dall'altro non si deve dimenticare che quando Popper, nella seconda metà degli anni Venti, venne a conoscenza delle tesi del Circolo di Vienna, aveva già abbozzato i principali problemi e le soluzioni di fondo della sua teoria della conoscenza.

Ma se Popper non ha *geneticamente* formulato i suoi problemi e le sue idee *direttive* in relazione al neopositivismo, qual è dunque l'autentico punto di riferimento in rapporto a cui si è storicamente costituito il suo pensiero? Da una lettura attenta delle sue opere risulta chiaro, come egli stesso scrive in *La ricerca non ha fine*, che «l'influenza dominante» e «a lungo andare, forse, l'influenza più importante di tutte» l'ha esercitata Einstein. Infatti, è in relazione al padre della relatività che Popper «formula i suoi problemi teorici fondamentali — quello della demarcazione tra scienza e pseudoscienza e quello della certezza del sapere scientifico —» ed «elabora il nucleo centrale del suo pensiero epistemologico con le idee di fallibilismo e falsificabilità, e imposta il suo programma di ricerca come il

L'«influenza dominante» di Einstein

tentativo di chiarire "che cosa significasse la rivoluzione einsteiniana per la teoria della conoscenza"»[1].

Di conseguenza, si può dire che la rivoluzione epistemologica di Popper rappresenta il riflesso, in filosofia, della rivoluzione scientifica compiuta da Einstein in fisica. In altre parole, Popper sta ad Einstein come Kant sta a Newton. Infatti, come il kantismo risulta comprensibile solo grazie ad un preliminare riferimento a Newton, così il popperismo risulta comprensibile solo grazie ad un riferimento di base ad Einstein.

Dalle previsioni "rischiose" della teoria della relatività all'epistemologia falsificazionista e fallibilista

Ma quali sono i tratti della rivoluzione einsteiniana che hanno specificamente influito su Popper e che giustificano una tesi storiografica come quella appena enunciata? Innanzitutto, Popper rimase colpito dal fatto che Einstein avesse formulato delle previsioni "rischiose", ossia dal fatto che le sue teorie, a differenza di quelle del marxismo e della psicanalisi, fossero programmaticamente organizzate non in vista di facili conferme (o "verificazioni") ma in vista di possibili smentite (o "falsificazioni"). In secondo luogo, Popper trasse da Einstein la conclusione che le teorie scientifiche non sono delle verità assolute, ma delle semplici ipotesi o congetture destinate a rimanere tali. «Se la teoria di Newton — scrive Popper — che era stata controllata nel modo più rigoroso ed era stata confermata meglio di quanto uno scienziato si sarebbe mai potuto sognare, era poi stata smascherata come ipotesi malsicura e superabile, allora era cosa disperata l'aspettarsi che una qualsiasi altra teoria fisica potesse raggiungere qualcosa di più che non lo stato di un'ipotesi». In altre parole, Popper ha tratto da Einstein alcuni dei princìpi di fondo della sua epistemologia, sui quali ci dobbiamo soffermare ora: il *falsificazionismo* e il *fallibilismo*.

Distinguiamo idealmente la trattazione del pensiero di Popper in due ambiti, l'epistemologia o riflessione sulla scienza, e la politica, avvertendo, però, il lettore della stretta connessione tra esse, in quanto il *razionalismo critico e problematico* costituisce il fondamento della teoria politica del liberalismo, di cui il filosofo fu strenuo sostenitore sin dagli anni in cui l'Europa era caduta sotto la tirannide delle dittature.

3. Il criterio di falsificabilità

3.1. La formulazione

La ricerca di un principio di demarcazione fra scienza e non-scienza e il rifiuto del verificazionismo

Il punto di partenza di Popper è *la ricerca di una linea di demarcazione fra scienza e non-scienza*. A tale proposito egli offre una soluzione *originale*. Vediamo in che senso. Secondo un radicato luogo comune, elevato ad assioma filosofico dal neopositivismo, una teoria risulta scientifica nella misura in cui può essere "verificata" dall'esperienza. In realtà, ribatte criticamente Popper, il verificazionismo è nient'altro che un mito o un'utopia, in quanto per "verificare" *completamente* una teoria o una legge dovremmo aver presenti *tutti* i casi. Ma ciò non è possibile. Infatti, mentre le conseguenze di una teoria sono di numero *infinito*, i controlli effettivi della medesima sono sempre di numero *finito*. Ma se non è il principio di verificazione a definire lo *status* scientifico di una teoria, quale altro principio sarà mai?

Stimolato dai sopraccitati procedimenti di Einstein (creativamente ripensati alla luce dei propri interessi filosofici ed epistemologici), Popper rintraccia tale principio nel criterio di *falsificabilità*.

Il criterio di falsificabilità

Secondo tale criterio una teoria è scientifica nella misura in cui può venir *smentita*, in linea di principio, dall'esperienza; ovvero se i suoi enunciati risultano in potenziale conflitto con eventuali osservazioni. In altre parole ancora, una teoria è classificabile come scientifica nella misura in cui dispone di un sistema di controlli *empirici*, ossia quando esibisce, nella forma delle *asser-*

[1] L. Lentini, *Fallibilismo e razionalismo critico*, in N. Abbagnano, *Storia della filosofia*, vol. IV, *La filosofia contemporanea* (di G. Fornero), UTET, Torino, 1991, cap. VI, pp. 590 sgg.

zioni-base[2], delle possibili esperienze falsificanti: «Un'asserzione o teoria è, secondo il mio criterio, falsificabile se e solo se esiste almeno un falsificatore potenziale, almeno un possibile asserto di base che entri logicamente in conflitto con essa». Ad esempio, l'asserzione «domani pioverà o non pioverà» non è empirica (analogamente alle proposizioni classiche della metafisica) in quanto non può essere confutata, mentre è empirica (analogamente alle proposizioni della scienza) l'asserzione «domani pioverà». Detto altrimenti, una teoria che non possa venir contraddetta da nessuna osservazione e che non *vieti* l'accadimento di alcunché, non ha un contenuto empirico e non dice nulla di scientificamente valido intorno al mondo. Al contrario, più numerose sono le possibili esperienze falsificanti, cioè i cosiddetti «falsificatori potenziali» cui può fare riferimento una teoria, più ricco appare il suo contenuto empirico e scientifico.

Asimmetria **fra verificabilità e falsificabilità**

La differenza *sostanziale* di questo criterio rispetto a quello di verificazione si basa, secondo Popper, sulla *asimmetria fra verificabilità e falsificabilità*, ossia sul fatto che miliardi e miliardi di conferme non rendono certa una teoria, mentre basta *un solo* fatto negativo per confutarla: «un insieme finito di asserti di base, *se veri*, può falsificare una legge universale; mentre, *sotto nessuna condizione*, potrebbe verificare una legge universale».

3.2. Osservazioni

Il falsificazionismo di Popper non va confuso con un falsificazionismo "ingenuo" o "dogmatico"

Il criterio di falsificabilità proposto da Popper è stato variamente discusso. In ogni caso, per non incorrere in fraintendimenti interpretativi, è bene tener presente quanto segue.

In primo luogo, se dal punto di vista *logico* o ideale la smentita di una teoria è un fatto definitivo (se è vero che esiste almeno *un* cigno nero, allora è falso che *tutti* i cigni sono bianchi), dal punto di vista *metodologico* (o concreto), ossia nell'ottica effettiva della ricerca, nessuna smentita può essere considerata certa e definitiva. In altri termini, per essere coerenti con il falsificazionismo, dobbiamo essere pronti a considerare falsificabili le nostre più accreditate falsificazioni (questo atteggiamento prudente è confermato dalla storia della scienza, che ci mostra come teorie, le quali *sembravano* essere state messe fuori gioco per sempre, si siano successivamente rivelate valide).

In secondo luogo, parlare di una teoria confutata dall'esperienza non equivale a parlare di una teoria immediatamente espulsa dal corpo della scienza. Infatti, perché una teoria venga rifiutata occorre che se ne abbia a disposizione una migliore. Tant'è vero che nel nostro autore, com'è stato rilevato, è rinvenibile un passaggio da un iniziale modello "monoteorico" (incentrato sul confronto *bipolare* teoria-esperienza) ad un modello "pluriteorico" (incentrato sul confronto almeno *tripolare* fra due teorie rivali e l'esperienza). In sintesi, il falsificazionismo di Popper (nella sua formulazione più matura) non va confuso con un falsificazionismo "ingenuo" o "dogmatico", poiché presenta i caratteri di un falsificazionismo "metodologico" e "sofisticato".

La falsificabilità non è un criterio di *senso*

Popper e la *metafisica*

In terzo luogo, il criterio di falsificabilità non è un criterio di *senso* che sancisca (alla maniera neopositivistica) la significanza delle teorie scientifiche e l'*insignificanza* di quelle non-scientifiche, ma semplicemente un criterio di *demarcazione* atto a distinguere, *all'interno* delle teorie significanti, quelle scientifiche da quelle non-scientifiche. Di conseguenza, per quanto riguarda la *metafisica*, il discorso di Popper risulta ben diverso da quello neoempiristico. Certo, afferma Popper, la metafisica, non essendo falsificabile, *non* è una scienza. Ma questo non significa che essa, come vorrebbero i neopositivisti (accusati di aver tentato di «uccidere la metafisica lanciandole improperi»), sia *senza senso*. Tant'è che noi "comprendiamo" benissimo che cosa i metafisici vogliono dire, anche se non disponiamo di strumenti

[2] Le "*asserzioni-base*" sono quegli enunciati *elementari*, aventi la forma di asserzioni *singolari* di esistenza (ad esempio «Nel luogo *k* c'è un indice»), che risultano *pubblicamente* controllabili e sulla cui accettazione esiste un *accordo* di fondo tra gli osservatori scientifici. Ovviamente tali asserzioni, che sono il frutto di una "decisione" o "convenzione" intersoggettiva, non sono qualcosa di assoluto e di definitivo, poiché risultano aperte a sempre ulteriori controlli. In ogni caso, *senza* di esse non si avrebbe scienza. Infatti, argomenta Popper, «Se un giorno gli osservatori scientifici non potessero più mettersi d'accordo sulle osservazioni-base, ciò significherebbe un fallimento del linguaggio come mezzo di comunicazione universale. Questo equivarrebbe a una nuova "Babele delle lingue": la ricerca scientifica sarebbe ridotta all'assurdo. In questa nuova Babele il maestoso edificio della scienza sarebbe ben presto ridotto in rovina» (*Logica della scoperta scientifica*).

atti a *controllare* la validità delle loro tesi. Inoltre, ai neopositivisti è sfuggita la serie delle interconnessioni *psicologiche* e *storiche* fra teorie metafisiche e teorie scientifiche, ovvero la funzione *propulsiva* esercitata di fatto dalla metafisica nei confronti della scienza. Infatti, osserva Popper, se dal punto di vista psicologico la ricerca empirica risulta impossibile senza idee metafisiche generali (si pensi all'idea dell'"ordine" dell'universo), dal punto di vista storico è noto a tutti come «idee che prima fluttuavano nelle regioni della metafisica» (si pensi all'atomismo) si sono poi trasformate in importanti dottrine scientifiche. Pertanto «Non favoriremmo certo la chiarezza se decidessimo che queste teorie sono, in una certa fase del loro sviluppo, discorsi inintelligibili e privi di senso e che poi, in un'altra fase, assumono improvvisamente un senso compiuto». Infine, aggiunge il nostro autore, è bene tener presente che le dottrine metafisiche, pur non essendo *empiricamente* "controllabili", sono pur sempre *razionalmente* "criticabili" e discutibili (e quindi sono ben lungi dal ridursi a semplici espressioni emotive e soggettive).

4. Il metodo della scienza

Secondo un diffuso punto di vista, polemicamente utilizzato dagli antipopperiani, Popper sarebbe un tipico filosofo del *Metodo*. In realtà, la posizione di Popper su questo argomento è molto più *articolata* di quanto sembri a prima vista. Infatti, da un lato, egli scrive testualmente che «Non c'è alcun metodo per scoprire una teoria scientifica», sostenendo che le teorie sono l'esito di congetture audaci e di intuizioni *creative* e non l'esito di procedimenti da manuale (tutti sanno che non esiste «una macchina scopritrice che assolva la *funzione generativa* del genio»). Anzi, l'*origine* di molte teorie è palesemente extra-scientifica. Tant'è che Popper, distinguendo fra *contesto della scoperta* e *contesto della giustificazione* (cioè fra la *genesi* e il *valore* delle teorie), osserva che le idee scientifiche non hanno fonti privilegiate, ma possono scaturire dalle fonti più impensate: ad esempio dal mito, dalla metafisica, dal caso, ecc.

«Non c'è alcun metodo per scoprire una teoria scientifica»

Ciò non toglie che le idee, una volta trovate, vadano *provate*. Ed è a *questo* punto che interviene il principio di falsificabilità, il quale ci dice che una teoria è *scientifica* solo nella misura in cui è suscettibile di venir smentita dall'esperienza. Di conseguenza, pur essendo convinto dell'inesistenza di un metodo capace di *trovare* le teorie, Popper crede, dall'altro lato, nell'esistenza di un metodo in grado di *controllare* le teorie, o, più in generale, in una procedura atta a definire lo *specifico* procedimento di quell'impresa *razionale* che è la scienza: «Tutta la mia concezione del metodo scientifico si può riassumere dicendo che esso consiste di questi tre passi: 1) inciampiamo in qualche problema; 2) tentiamo di risolverlo, ad esempio proponendo qualche nuova teoria; 3) impariamo dai nostri sbagli, specialmente da quelli che ci sono resi presenti dalla discussione critica dei nostri tentativi di risoluzione. O, per dirla in tre parole: *problemi-teorie-critiche*». Questo "metodo" non è altro che il procedimento *per congetture e confutazioni* o *per prova ed errore* (*trial and error*), ovvero il metodo problemi-ipotesi-prove, che consiste appunto nel rispondere ad un problema mediante un'ipotesi che deve venir sottoposta al vaglio critico dell'esperienza. In conclusione, come scrive Dario Antiseri articolando il pensiero di Popper, secondo il razionalismo epistemologico «*nella scienza c'è un unico metodo*. Congetture (che poi verranno controllate) formulano il fisico e il chimico, il biologo e il clinico (che cosa sono le diagnosi se non congetture da mettere a prova sui "sintomi", sui risultati delle analisi, sui dati delle radiografie, sugli esiti delle terapie?) Congetture formula lo storico. Ma ipotesi inventa anche l'ermeneuta, il critico testuale e il traduttore [...]»[3].

Esiste tuttavia un metodo atto a definire lo *specifico* procedimento razionale della scienza

Il procedimento per *congetture* e *confutazioni*

[3] Karl R. Popper, *Logica della ricerca e società aperta* (a cura di D. Antiseri), La Scuola, Brescia, 1989, p. 9. Ricordiamo che Antiseri (il quale si auto-definisce oggi «il più vecchio popperiano d'Italia») è stato l'autore della prima monografia su Popper apparsa nel nostro Paese, nel quale il filosofo austro-inglese è stato a lungo «osteggiato», sia per ragioni culturali che politiche (cfr. M. Baudino, *Popper: i nostri rimorsi*, «La Stampa», 29 settembre 1991, p. 15).

5.
La critica al marxismo e alla psicanalisi

L'epistemologia di Popper e la dottrina del *Demarkationskriterium* (= criterio di demarcazione) fra asserzioni scientifiche e asserzioni non-scientifiche risulta ancor più chiara se vista in riferimento alla critica di due fra le più importanti esperienze culturali dell'età contemporanea: il marxismo e la psicanalisi. In *Congetture e confutazioni*, Popper scrive:

«Fu durante l'estate del 1919 che cominciai a sentirmi sempre più insoddisfatto di queste tre teorie [...] e cominciai a dubitare delle loro pretese di scientificità. Il mio problema dapprima assunse, forse, la semplice forma: "che cosa non va nel marxismo, nella psicanalisi e nella psicologia individuale? Perché queste dottrine sono così diverse dalle teorie fisiche, dalla teoria newtoniana, e soprattutto dalla teoria della relatività?"». Meditando sulla questione, continua Popper, «Riscontrai che i miei amici, ammiratori di Marx, Freud e Adler, erano colpiti da alcuni elementi comuni a queste teorie e soprattutto dal loro apparente *potere esplicativo*. Esse sembravano in grado di spiegare praticamente tutto ciò che accadeva nei campi cui si riferivano. Lo studio di una qualunque di esse sembrava avere l'effetto di una conversione o rivelazione intellettuale, che consentiva di levare gli occhi su una nuova verità, preclusa ai non iniziati. Una volta dischiusi in questo modo gli occhi, si scorgevano ovunque delle conferme: il mondo pullulava di *verifiche* della teoria. Qualunque cosa accadesse, la confermava sempre. La sua appariva perciò manifesta; e, quanto agli increduli, si trattava chiaramente di persone che non volevano vedere la verità manifesta, che si rifiutavano di vederla, o perché era contraria ai loro interessi di classe, o a causa delle loro repressioni tuttora "non-analizzate" e reclamanti ad alta voce un trattamento clinico». Per cui, ribatte Popper, «L'elemento più caratteristico di questa situazione mi parve il flusso incessante delle conferme, delle osservazioni, che "verificavano" le teorie in questione [...] Un marxista non poteva aprire un giornale senza trovarvi in ogni pagina una testimonianza in grado di confermare la sua interpretazione della storia; non soltanto per le notizie, ma anche per la loro presentazione — rilevante i pregiudizi classisti del giornale — e soprattutto, naturalmente, per quello che *non* diceva. Quanto ad Adler, restai molto colpito da un'esperienza personale. Una volta, nel 1919, gli riferii di un caso che non mi sembrava particolarmente adleriano, ma che egli non trovò difficoltà ad analizzare nei termini della sua teoria dei sentimenti di inferiorità, pur non avendo nemmeno visto il bambino. Un po' sconcertato, gli chiesi come poteva essere così sicuro. "A causa della mia esperienza di mille casi simili", egli rispose; al che non potei trattenermi dal commentare: "E con questo ultimo, suppongo, la sua esperienza vanta milleuno casi"».

«Che cosa non va nel marxismo, nella psicanalisi e nella psicologia individuale?»

In sintesi, mentre la dottrina einsteiniana della gravitazione si presenta con un potere esplicativo *limitato*, e aperto ad una *possibile smentita* da parte dei dati empirici, marxismo e psicanalisi si presentano entrambi come delle dottrine *onni-esplicative* e «a maglie larghe», ossia *non* suscettibili di sufficiente falsificabilità, oppure dirette a «parare» le prove di falsificabilità con continue «ipotesi di salvataggio». Ad esempio, per quanto riguarda il marxismo, le previsioni implicate da taluni suoi enunciati originari (come l'analisi della «incombente rivoluzione sociale» ad opera di Marx) erano controllabili e di fatto vennero falsificate. Tuttavia, invece di accettare le confutazioni, i seguaci di Marx reinterpretarono sia la teoria, sia le prove empiriche per farle concordare. Così, salvarono la teoria dalla confutazione, ma riuscirono in ciò al prezzo di adottare un espediente destinato a renderla inconfutabile. Analogamente, per quanto riguarda le dottrine psicanalitiche, esse risultano compatibili con i più disparati comportamenti umani, così da rendere praticamente impossibile l'indicazione di un comportamento umano non idoneo a essere addotto come conferma di tali teorie:

Marxismo e psicanalisi sono dottrine *onni-esplicative* non suscettibili di sufficiente falsificabilità

«Posso illustrare tale circostanza con due esempi assai diversi di comportamento umano: quello di un uomo che spinge un fanciullo nell'acqua con l'intenzione di affogarlo; e quello di un uomo che sacrifica la propria vita tentando di salvare il ragazzo. Ciascuno di questi due casi può venir spiegato con pari facilità in termini freudiani e in termini adleriani. Per Freud, il primo uomo soffriva di qualche repressione (poniamo, di qualche componente del complesso di

Edipo), mentre il secondo uomo aveva attinto la sublimazione. Per Adler il primo uomo soffriva di sentimenti d'inferiorità (determinanti, forse, la necessità di provare a se stesso che aveva il coraggio di commettere un simile crimine), e altrettanto succedeva al secondo uomo (la cui esigenza era di provare a se stesso che aveva il coraggio di tentare il salvataggio del ragazzo)» (*ivi*).

6. Il rifiuto dell'induzione e la teoria della mente come «faro» e non come «recipiente»

Secondo una tradizione di pensiero che va da Bacone ai giorni nostri, la scienza si fonderebbe sull'induzione, in quanto procederebbe «da *asserzioni singolari* (qualche volta chiamate anche asserzioni "particolari") quali i resoconti dei risultati di osservazioni o di esperimenti, ad *asserzioni universali*, quali ipotesi o teorie». In verità, sostiene categoricamente Popper, l'induzione *non esiste*. Infatti, per quanto *numerose* possano essere le asserzioni singolari, esse non sono mai capaci di produrre teorie universali («per quanto numerosi siano i casi di cigni bianchi che possiamo aver osservato, ciò non giustifica la conclusione che *tutti* i cigni sono bianchi»). Questa *impotenza* strutturale dell'induzione trova un'emblematica illustrazione (tanto scherzosa, quanto didatticamente efficace) nella vicenda del «tacchino induttivista» raccontata da B. Russell[4].

«L'induzione non esiste»

«Fin dal primo giorno questo tacchino osservò che, nell'allevamento dove era stato portato, gli veniva dato il cibo alle 9 del mattino. E da buon induttivista non fu precipitoso nel trarre conclusioni dalle sue osservazioni e ne eseguì altre in una vasta gamma di circostanze: di mercoledì e di giovedì, nei giorni caldi e nei giorni freddi, sia che piovesse sia che splendesse il sole. Così, arricchiva ogni giorno il suo elenco di una proposizione osservativa in condizioni le più disparate. Finché la sua coscienza induttivista fu soddisfatta ed elaborò un'inferenza induttiva come questa: "Mi danno il cibo alle 9 del mattino". Purtroppo, però, questa conclusione si rivelò incontestabilmente falsa alla vigilia di Natale, quando, invece di venir nutrito, fu sgozzato».

La vicenda del «tacchino induttivista»

Di conseguenza, ispirandosi alle rivoluzioni scientifiche del nostro secolo, Popper afferma che le teorie non vengono ricavate tramite un modello *induttivo-categorico* (procedente dai fatti alle teorie) bensì mediante uno schema *ipotetico-deduttivo* (procedente dalle teorie al loro controllo tramite i fatti). Detto altrimenti, il punto di partenza della ricerca scientifica non sono nudi "fatti", ma "idee", ovvero "ipotesi" da cui vengono *deduttivamente* ricavate delle conclusioni da sottoporre al responso dell'esperienza. Connettendo il motivo deduttivistico con quello empiristico, Popper può quindi presentare la propria dottrina epistemologica come «sintesi di due teorie classiche della conoscenza: una sintesi di elementi di *razionalismo* e di *empirismo*». Infatti, da un lato essa fa proprio l'orientamento logico-deduttivistico del razionalismo e dall'altro accetta l'insegnamento di fondo dell'empirismo moderno, secondo cui è solo l'esperienza che può aiutarci a *decidere* in merito alla validità di un'ipotesi.

Il procedimento *ipotetico-deduttivo* della scienza

Il rigetto dell'induzione si accompagna a sua volta ad un parallelo rigetto dell'*osservatismo*, ossia della teoria secondo cui lo scienziato "osserverebbe" la natura *senza* presupposti o ipotesi precostituite. In realtà, controbatte Popper, la nostra mente non è un «recipiente» vuoto (una *tabula rasa*) ma un «faro» che illumina, ossia un deposito di ipotesi o di aspettative (quelle che l'ermeneutica chiama «pre-comprensioni») *alla luce* di cui recepiamo la realtà. Conseguentemente, nell'accostarci ai presunti "fatti", noi siamo già da sempre "impregnati" di teoria.

La mente come «faro»

Questa dottrina può richiamare la tesi kantiana secondo cui il nostro intelletto non deriva i propri schemi mentali *dalla* natura, ma li *impone* ad essa. Popper stesso sottolinea l'affinità, anche se ne puntualizza immediatamente la *differenza*, affermando che mentre per Kant gli schemi della mente sono necessariamente *veri*, in quanto la natura non può contraddirli, per il falsificazionista essi sono delle semplici *ipotesi* che l'esperienza può smentire sull'istante, ovvero che la natura *può* contraddire ad ogni momento.

Popper e Kant: analogie e differenze

[4] Il brano di Russell si trova in A. F. Chalmers, *Che cos'è questa scienza?*, trad. it., Mondadori, Milano, 1979, p. 24. Cfr. G. Reale - D. Antiseri, *Il pensiero occidentale dalle origini ad oggi*, cit., p. 744.

7. Scienza e verità: il fallibilismo

Secondo Popper la scienza non è *episteme*, ovvero un sapere definitivo e assolutamente certo, in quanto le sue dichiarazioni sono e restano *doxa*, cioè delle pure *ipotesi*. Detto altrimenti, la scienza non ha a che fare con la «Verità», ma con semplici «congetture». Del resto le teorie, come ben sappiamo, non sono mai «veri-ficate», ossia portate nel regno delle verità immutabili, ma semplicemente «corroborate», ossia temporaneamente non-falsificate. Tutto ciò significa: **1)** che il nostro sapere è strutturalmente problematico e che la scienza ha, come tratto costitutivo, la fallibilità e l'auto-correggibilità (= fallibilismo); **2)** che all'uomo non compete il possesso della verità, ma solo la ricerca mai conclusa di essa. Infatti, lo scopo della scienza non è la verità — che rimane una pura *idea regolativa* — ma il raggiungimento di teorie sempre più *verosimili*, ovvero sempre più vicine all'ideale di una descrizione esauriente del mondo. In altri termini, dire che una teoria è *migliore* di un'altra e che realizza un certo *progresso* nei suoi confronti, equivale a dire, per Popper, che «essa appare *più vicina alla verità*».

Fallibilità e auto-correggibilità del sapere scientifico

Verità e verosimiglianza

Di conseguenza, sebbene nell'ambito della scienza non esista una *legge* necessaria di progresso (in quanto la ricerca può regredire), esiste almeno un *criterio* generale di progresso. Infatti, mentre non possiamo mai avere argomenti sufficientemente buoni per pretendere di aver *raggiunto* la verità, possiamo avere argomenti ragionevolmente fondati per *preferire* una teoria all'altra, ossia per pretendere di aver compiuto dei progressi *verso* la verità. In concreto, noi decidiamo di accettare la teoria T_2 in luogo della teoria T_1 nel caso in cui T_2 abbia maggiori capacità esplicative e maggiori capacità di previsione e di controllo: «è preferibile la teoria che asserisce di più, cioè che contiene la maggior quantità di informazione o *contenuto* empirico; che è logicamente più forte, che ha il maggior potere di spiegazione e di previsione e può pertanto essere *controllata più severamente*, mettendo a confronto i fatti previsti con le osservazioni».

Scienza e progresso

Popper ha pure tentato di offrire una *definizione formale* di verosimiglianza, assumendo come criterio *specifico* che una teoria T_2 è più verosimile della teoria T_1 se tutte le conseguenze vere di T_1 sono conseguenze vere di T_2, se tutte le conseguenze false di T_1 sono conseguenze vere di T_2 e se da T_2 sono inoltre estraibili conseguenze non estraibili da T_1. Tale definizione, soprattutto in seguito alle obiezioni logiche di P. Tichy, D. Miller e J. Harris, si è rivelata inesatta. Popper ha francamente riconosciuto la sua insostenibilità («accettai la critica della mia definizione pochi minuti dopo che mi fu presentata, chiedendomi come mai non avessi visto prima l'errore»), giungendo alla conclusione che «una definizione formale di verosimiglianza non sia necessaria per poterne parlare sensatamente» ossia per dire ad esempio che il geocentrismo è più lontano dalla verità dell'eliocentrismo o per dire che «le idee di Gregor Mendel sull'ereditarietà erano più vicine alla verità, pare, di quelle di Charles Darwin» (*Poscritto*).

Fallimento del criterio specifico di verosimiglianza

Nell'ottica popperiana la scienza costituisce quindi un teatro di lotta fra teorie rivali, nel quale hanno il sopravvento le teorie "migliori". Da ciò il carattere "evoluzionistico" o "darwiniano" della sua epistemologia: «lo sviluppo della nostra conoscenza è il risultato di un processo strettamente rassomigliante a quello chiamato da Darwin "selezione naturale"; cioè *la selezione naturale delle ipotesi*: la nostra conoscenza consiste, in ogni momento, di quelle ipotesi che hanno dimostrato il loro (relativo) adattamento sopravvivendo fino ad ora nella lotta per l'esistenza; una lotta concorrenziale che elimina quelle ipotesi che sono inadatte».

L'epistemologia evoluzionistica

La visione fallibilistica della scienza si accompagna, in Popper, al rifiuto di due classiche posizioni filosofico-epistemologiche: l'*essenzialismo* (secondo cui le teorie scientifiche descrivono la «natura essenziale» della realtà) e lo *strumentalismo* (secondo cui le teorie scientifiche sono nient'altro che strumenti utili alla previsione di risultati sperimentali).

Il rifiuto dell'*essenzialismo* e dello *strumentalismo*

Contro l'essenzialismo, Popper afferma che la scienza, come si è visto, non può mai pervenire ad una spiegazione ultima e definitiva dei fenomeni. Contro lo strumentalismo, sostiene che le teorie scientifiche non sono esclusivamente degli strumenti di previsione e di calcolo, ma degli enunciati *descrittivi* che ci informano circa la realtà e che possono essere, in rapporto ad essa, veri o falsi. «Siccome credo che la scienza può fare scoperte reali — scrive Popper — prendo posizione con Galileo contro lo strumentalismo».

Il realismo dell'ultimo Popper...

Il rifiuto dello strumentalismo si è ulteriormente accentuato nelle ultime opere e sta alla base della ripresa popperiana del realismo. Infatti, se in un primo tempo il nostro autore (che aveva respinto la teoria della «raffigurazione» di Wittgenstein) sembrava vicino, almeno per certi aspetti, a tesi di tipo convenzionalistico-costruttivistico, in un secondo tempo è andato esplicitamente elaborando una teoria realistico-obiettivistica basata sulla *definizione* della verità (derivata dal logico polacco Alfred Tarski) come «corrispondenza» fra proposizioni e fatti: «chiamiamo "vera" un'asserzione se coincide con i fatti, se corrisponde ai fatti, o se le cose sono tali quali l'asserzione le presenta. È questo il concetto cosiddetto assoluto o obiettivo di verità». Questo esito realistico ha "stupito" qualche critico. In realtà, esso si connette strettamente ai princìpi *di fondo* della filosofia popperiana e obbedisce al desiderio di evitare il relativismo implicito in quelle posizioni di pensiero che, non *distinguendo* fra teoria e fatti, risultano prive di un *criterio* atto a valutare la *consistenza* delle teorie stesse. In altri termini, l'ipotesi realistica appare l'unica in grado di «rammentarci che le nostre idee possono essere errate». Infatti, in antitesi alle "degenerazioni" dell'epistemologia post-positivistica, l'ultimo Popper sostiene che le teorie scientifiche, pur essendo un *costrutto* della nostra mente, debbono poter "cozzare" contro la realtà. Da ciò la possibilità di dichiararle vere o false. Ecco un passo significativo in proposito, che riassume bene le preoccupazioni del filosofo austro-inglese e che documenta la sua distanza da certi esiti del pensiero post-popperiano: «La teoria della verità come corrispondenza [...] fa la distinzione, che è una distinzione realistica, fra una teoria e i fatti che la teoria descrive; e fa sì che sia possibile dire che una teoria sia vera o falsa [...]. Ci permette di parlare di una realtà diversa dalla teoria. Questa è la cosa principale; è il punto fondamentale per il realista. Il realista vuole avere sia una teoria sia la realtà o i fatti (non chiamatela "realtà", se non vi piace, chiamatela solo "i fatti") che sono diversi dalla teoria *intorno* a questi fatti, e che egli può in un modo o in un altro confrontare con i fatti, per trovare se corrisponde o meno ad essi» (*Conoscenza oggettiva*). Certo, ammette Popper, anche il realismo, rigorosamente parlando, «non è né dimostrabile né confutabile». Ciò non toglie che a favore di esso vi sia una serie di "argomenti" che ne fanno la sola ipotesi credibile, ovvero «una congettura cui non è stata opposta finora alcuna alternativa sensata».

... e il suo significato epistemologico

La teoria dei «tre mondi»

Un aspetto dell'oggettivismo e del realismo dell'ultimo Popper è anche la cosiddetta teoria dei tre mondi. Il *Mondo 1* è quello delle cose, cioè degli oggetti fisici e dei fatti naturali. Il *Mondo 2* è quello delle esperienze soggettive, cioè degli stati di coscienza, dei pensieri, dei sentimenti, ecc. Il *Mondo 3* è costituito dai contenuti del nostro pensiero, ovvero dalle *teorie* (non solo scientifiche, ma anche metafisiche, religiose, mitiche, ecc.) le quali sono *oggettive* (in quanto *non* dipendono dagli stati d'animo e trascendono gli individui) e altrettanto *reali* quanto «i tavoli e le sedie fisiche» (tant'è che le teorie, attraverso il *Mondo 2*, possono *agire* sul *Mondo 1*).

«Platonismo» di Popper?

Come si può notare, il *Mondo 3* presenta qualche parentela con il mondo platonico delle idee, al punto che qualche studioso ha parlato di un «platonismo» dell'ultimo Popper, aggiungendo che il *Mondo 3* risulterebbe «del tutto indipendente sia dall'uomo sia dal tempo». In realtà l'analogia non dev'essere indebitamente amplificata, in quanto le teorie pur essendo *logicamente* autonome sono connesse, *di fatto*, alla *storicità* che è propria del mondo umano: «il Mondo 3 ha una storia. È la storia delle nostre idee: non solo una storia della loro scoperta, ma anche una storia di come le abbiamo inventate: come le abbiamo create, e come esse abbiano reagito su di noi, e come noi abbiamo reagito a questi prodotti della nostra stessa opera. Questo modo di considerare il Mondo 3 ci permette anche di inscriverlo nell'ambito di una teoria evoluzionistica che riguarda l'uomo come animale».

LA FALSIFICABILITÀ COME CRITERIO DI DEMARCAZIONE

TESTO 1

A conclusione della sezione concernente l'epistemologia, proponiamo all'analisi un brano fondamentale della riflessione sulla scienza del Novecento, tratto dalla principale opera popperiana, La logica della scoperta scientifica. *In esso Popper, in polemica con le posizioni del Circolo di Vienna, critica l'assunto centrale del neopositivismo, cioè il «principio di verificazione» come criterio per distinguere gli asserti scientifici (dotati di senso) da quelli metafisici, ritenuti privi di senso. A questo egli sostituisce il «principio di falsificabilità», con l'avvertenza che tale criterio stabilisce soltanto una «demarcazione» tra gli enunciati della scienza e quelli che non appartengono alla scienza, senza avere la pretesa di dichiarare questi ultimi "privi di senso". Dunque, per Popper sia la scienza che la metafisica sono dotate di senso, anche se non devono essere confuse tra loro. Strettamente collegata alla critica del «verificazionismo» è la negazione del valore dell'*inferenza induttiva *quale criterio metodologico affidabile nella conoscenza scientifica. Infatti, se volessimo servirci del criterio dell'induzione per elaborare leggi fisiche universali e necessarie, la nostra impresa sarebbe destinata alla sconfitta. Come potremmo giungere a formulare, ad esempio, la legge universale e necessaria che «tutti i corvi sono neri», assumendo come criterio metodologico l'inferenza induttiva? Dovremmo poter controllare (verificare) tutti i corvi, il che è naturalmente impossibile. L'induzione ci serve nella vita pratica per operare delle* generalizzazioni empiriche *accettabili, non per raggiungere conoscenze scientifiche. La scienza procede in altro modo: gli scienziati elaborano* congetture, ipotesi, *tentativi di soluzione dei problemi. Dette congetture sono soggette al controllo empirico, alla critica e al tentativo di confutazione. L'osservazione sperimentale assume la funzione del controllo critico e negativo, indicando la* falsità *della congettura teorica quando non si accordi con i dati sperimentali.*

Il criterio di demarcazione inerente alla logica induttiva — cioè il dogma positivistico del significato — è equivalente alla richiesta che tutte le asserzioni della scienza empirica (ovvero tutte le asserzioni «significanti») debbano essere passibili di una decisione conclusiva riguardo la loro verità e falsità; diremo che devono essere «*decidibili in modo conclusivo*». Ciò significa che la loro forma dev'essere tale che *sia il verificarle sia il falsificarle* debbano essere logicamente possibili. [...]

Ora, secondo me, non esiste nulla di simile all'induzione. È pertanto logicamente inammissibile l'inferenza da asserzioni singolari «verificate dall'esperienza» (qualunque cosa ciò possa significare) a teorie. Dunque le teorie non sono *mai* verificabili empiricamente. Se vogliamo evitare l'errore positivistico, consistente nell'eliminare per mezzo del nostro criterio di demarcazione i sistemi di teorie delle scienze della natura, dobbiamo scegliere un criterio che ci consenta di ammettere, nel dominio della scienza empirica, anche asserzioni che non possono essere verificate.

Ma io ammetterò certamente come empirico, o scientifico, soltanto un sistema che possa essere *controllato* dall'esperienza. Queste considerazioni suggeriscono che, come criterio di demarcazione, non si deve prendere la *verificabilità*, ma la *falsificabilità* di un sistema. In altre parole: da un sistema scientifico non esigerò che sia capace di esser scelto, in senso positivo, una volta per tutte, ma esigerò che la sua forma logica sia tale che possa essere messo in evidenza, per mezzo di controlli empirici, in senso negativo: un sistema empirico deve poter essere confutato dall'esperienza. [...]

Contro il criterio di demarcazione che ho proposto qui si possono sollevare diverse obiezioni. In primo luogo può sembrare piuttosto sciocco il suggerire che la scienza, la quale dovrebbe darci informazioni positive, si debba caratterizzare dicendo che soddisfa un criterio negativo, come la confutabilità. Ma nei §§ 31-46 mostrerò che quest'obiezione ha poco peso, perché la quantità di informazioni intorno al mondo fornita da un'asserzione scientifica è tanto più grande quanto maggiore è la possibilità che essa entri in conflitto, in virtù del suo carattere logico, con possibili asserzioni singolari. (Non per nulla chiamiamo «leggi» le leggi di natura: quanto più vietano, tanto più dicono). [...]

La mia proposta si basa su un'*asimmetria* tra verificabilità e falsificabilità, asimmetria che risulta dalla forma logica delle asserzioni universali. Queste, infatti, non possono mai essere derivate da asserzioni singolari, ma possono venir contraddette da asserzioni singolari. Di conseguenza è possibile, per mezzo di inferenze puramente deduttive (con l'aiuto del *modus tollens* della logica classica), concludere dalla verità di asserzioni singolari alla falsità di asserzioni universali. [...]

Logica della scoperta scientifica, Einaudi, Torino, 1970, pp. 21-24

1-6. Popper critica il principio di *verificazione*, che può considerarsi uno dei dogmi fondamentali della prima fase del neopositivismo. Più in particolare, egli polemizza con Moritz Schlick (Berlino, 1882 - Vienna, 1936), il fondatore del Circolo di Vienna, che assunse tale principio come criterio di verità e di significanza. Nella sua opera del 1936, *Significato e verificazione*, Schlick così scriveva: «Stabilire il significato di una frase equivale a stabilire le regole secondo cui quella frase deve essere usata, il che equivale a stabilire il modo in cui essa può venir verificata» (in A. Pasquinelli, a cura di, *Il neoempirismo*, UTET, Torino, 1969, p. 326). Una frase è dotata di significato solo se la sua verità (o falsità) è accertabile attraverso osservazioni empiriche (verifiche), altrimenti è priva di senso. La demarcazione, dunque, secondo Schlick passa tra asserti verificabili e dotati di significato e asserti non verificabili e, per conseguenza, privi di senso.

7-20. Contro il *verificazionismo* dei neopositivisti, Popper obietta che, paradossalmente, il loro principio porta a ritenere "prive di significato" anche le leggi scientifiche, che non possono mai esser provate solo sulla base di osservazioni empiriche. Nasce di qui il bisogno di ridefinire il criterio di demarcazione. Popper propone, come nuovo criterio, il principio di *falsificazione*, in quanto se, da una parte, l'esperienza non può confermare una teoria, dall'altra essa potrà almeno "sconfermarla", cioè confutarla (falsificarla). Secondo il nuovo punto di vista, una teoria dovrà ritenersi "scientifica" se ammette la possibilità di essere contraddetta, cioè falsificata empiricamente.

21-28. Popper conviene sul fatto che la sua posizione può sembrare controintuitiva (e in effetti c'è chi lo sostiene ancor oggi), ma rileva che le leggi scientifiche sono tali più per ciò che vietano che per ciò che affermano.

29-34. Il criterio della *falsificabilità* proposto da Popper non deve essere concepito come simmetrico a quello della verificabilità, che va a sostituire. Infatti, un insieme finito di asserti veri può falsificare una teoria, ma non potrà mai confermarla. Ciò deriva dalla particolare struttura delle proposizioni universali, che non sono derivabili da proposizioni singolari.

Spieghiamo in che consiste il *modus tollens* (inferenza falsificante), a cui qui (r. **33**) si richiama l'autore. Esso, che nella logica aristotelica era classificato come sillogismo ipotetico, è una regola di derivazione della logica proposizionale esprimibile nel seguente modo: «se p è derivabile da t e se p è falsa, allora anche t è falsa». Esso è, secondo Popper, un procedimento corretto, perché, ad esempio, permette di affermare che «se io vado tutti i sabati al cinema e oggi non ci vado, certo oggi non è sabato». Al contrario, risulta scorretto il procedimento opposto, detto *modus ponens*, che ha il seguente schema: «se oggi vado al cinema, oggi è sabato»; infatti, se oggi vado al cinema non posso da ciò dedurre che oggi è necessariamente sabato; il fatto che io vada tutti i sabati al cinema non esclude, infatti, che ci possa andare anche un altro giorno.

La teoria popperiana non manca di riferimenti al concreto procedere delle scienze e guarda con interesse all'esperimento di Eddington del 1919 nell'isola Prince che si tradusse in una fondamentale conferma per la relatività; gli parve infatti che lo stesso Einstein avesse formulato delle «previsioni rischiose», tali che, se non si fossero realizzate, avrebbero infirmato la teoria nel suo insieme. Infatti: «1) È facile ottenere delle conferme, o verifiche, per quasi ogni teoria — se quel che cerchiamo sono appunto delle conferme. 2) Le conferme dovrebbero valere solo se sono il risultato di *previsioni rischiose* (...) 3) Ogni teoria scientifica "valida" è una proibizione (...) 4) Una teoria che non può essere confutata da alcun evento concepibile, non è scientifica» (*Congetture e confutazioni*).

8. Epistemologia e filosofia politica

Il contributo di Popper alla filosofia del nostro secolo non riguarda soltanto l'epistemologia, ma anche la filosofia politica. Anzi, la crisi mondiale del comunismo e degli ideali totalitari (di destra e di sinistra) ha ulteriormente evidenziato, proprio negli anni che stiamo vivendo, la sua *importanza* di filosofo della «società aperta» e di critico per eccellenza di ogni forma di assolutismo teorico e pratico.

Importanza del Popper «politico»

Le opere in cui Popper tratta esplicitamente di problemi riguardanti la società e la politica sono *Miseria dello storicismo* (1944-1945) e *La società aperta e i suoi nemici* (come riferisce lo stesso Popper, la «decisione finale» che lo portò a scrivere quest'ultimo libro, apparso nel 1945, fu la notizia dell'invasione nazista dell'Austria). L'originalità di questi lavori (che si inseriscono nel grande filone del pensiero democratico novecentesco, da Russell a Dewey) consiste nel tentativo di difendere le ragioni della libertà e del pluralismo con argomentazioni di natura epistemologica.

9. Storicismo, utopia e violenza

Con il termine «storicismo» Popper non intende quella specifica corrente di idee che va sotto il nome di «storicismo tedesco contemporaneo», e neanche il pensiero di Croce. Il concetto di storicismo, nell'uso popperiano, assume il significato di uno schema polemico di natura tipico-ideale, per alludere a tutte quelle filosofie che hanno preteso di cogliere un *senso globale oggettivo* della storia, ovvero una sorta di «destino» cui gli individui dovrebbero uniformarsi, accettando, con le buone o con le cattive, la direzione di marcia della società, in tal modo «svelata» o «profetizzata». In altri termini, per storicismo Popper intende quella «velenosa malattia intellettuale del nostro tempo» che egli definisce «filosofia oracolare» (*La società aperta*), la quale comprende dottrine che «non sono peculiari del marxismo. Sono, anzi, tra le più antiche dottrine del mondo. All'epoca di Marx, esse erano sostenute [...] non soltanto da questi, che le aveva ereditate da Hegel, ma anche da J. S. Mill, che le aveva tratte da Comte. Così furono sostenute nei tempi antichi da Platone, e, prima di lui, da Eraclito e da Esiodo» (*Congetture e confutazioni*).

Il concetto popperiano di «storicismo»

La critica di Popper a questo storicismo «oracolare» o «totalitario» è teorico-metodologica e pratico-politica al tempo stesso. Per quanto concerne l'aspetto conoscitivo, Popper contesta lo storicismo nella sua stessa pretesa di base di cogliere un senso *oggettivo* o una struttura *necessaria* che formerebbe l'*essenza* della storia e del destino umano. Non esiste, secondo Popper, un senso della storia *pre-costituito* rispetto alle interpretazioni e alle decisioni umane, poiché la storia assume il senso che gli uomini le danno. Dallo studio scientifico dei *fatti* è vano attendersi delle prescrizioni di valore, in quanto «né la natura né la storia possono dirci che cosa dobbiamo fare» essendo noi ad introdurre «finalità e significato nella natura e nella storia» (*La società aperta*). Popper rifiuta anche la pretesa «olistica» dello storicismo, ossia il suo voler parlare ad ogni costo della «totalità» o dell'«intero» della storia (v. Lukács), dimenticando l'avvertenza metodologica, tratta dalla prassi *concreta* delle scienze, che «se desideriamo studiare qualcosa, siamo costretti a sceglierne alcuni aspetti. Non ci è possibile osservare o descrivere un pezzo intero del mondo, o un pezzo intero della natura, anzi nemmeno il minimo pezzo intero, poiché la descrizione è sempre necessariamente selettiva» (*Miseria dello storicismo*).

La critica delle filosofie «oracolari» o «totalitarie»

Ma l'errore metodologico più grave dello storicismo «oracolare», secondo Popper, è quello di far confusione fra *leggi* e *tendenze*. Partendo dalla convinzione che «se è possibile per l'astronomia predire le eclissi, perché la sociologia non dovrebbe poter predire le rivoluzioni?», lo storicismo, fondandosi su talune tendenze della società, crede di poter predire il futuro «inevitabile» delle cose umane. In tal modo, esso dimentica che una previsione, per essere veramente «scientifica», deve basarsi su una legge e non su una tendenza, che può perdurare per centinaia di anni, come ad esempio l'aumento della popolazione, ma può anche cambiare in un decennio o in due anni.

La confusione fra *leggi* e *tendenze*

Questa serie di obiezioni teoriche allo storicismo (che sono strettamente connesse al discorso epistemologico popperiano) sono accompagnate da altrettante contestazioni politiche ad esso, come mostra la dedica di *Miseria dello storicismo*, indirizzata (si tenga presente che siamo nel '57) a tutti «gli innumerevoli uomini, donne e bambini di tutte le credenze, nazioni o razze che caddero vittime della fede fascista e comunista nelle Inesorabili Leggi del Destino Storico». Questo filosofo ritiene infatti che nello storicismo alberghi sempre un'utopia totalitaria che produce asservimento e sofferenza per gli uomini. Del resto, se si ritiene che esista un senso o una direzione oggettiva della storia, gli «interpreti ufficiali» di essa, i «portavoce del suo destino», i «sacerdoti delle sue leggi» si sentiranno autorizzati a «liquidare», anche fisicamente, chiunque si opponga ad esse: «Hegel e Marx sostituirono [...] alla Natura divinizzata la Storia divinizzata [...] I "criminali che si oppongono vanamente al corso della storia" prendono il posto dei peccatori contro Dio; e impariamo che non Dio, ma la Storia (la storia delle "Nazioni" o delle "Classi") sarà il nostro giudice». Tipico il caso di Lenin, il quale ritiene che il marxismo debba essere realizzato a qualunque costo, pronto a rispondere, di fronte alle sofferenze provocate dalla rivoluzione, che «non si può fare una frittata senza rompere le uova» (cfr. *La società aperta*). In sintesi, il credo *filosofico* della visione storicistica, che presume di cogliere la legge oggettiva dello sviluppo sociale, si accompagna ad una forma di fanatismo *politico* che cela in sé una vocazione inevitabilmente intollerante e *violenta*, la quale porta gli utopisti, oltre che a «far fuori» gli altri, anche a scannarsi fra loro:

Utopia e violenza

Presunzione filosofica e intolleranza politica degli utopisti, che finiscono non solo per sopprimere gli altri, ma anche per eliminarsi a vicenda

«Dato che non è possibile determinare i fini ultimi delle azioni politiche scientificamente, o con metodi puramente razionali, le differenze d'opinione circa le caratteristiche dello stato ideale non possono sempre venir appianate col metodo dell'argomentazione. Esse avranno almeno in parte il carattere dei contrasti di natura religiosa, e non può esservi tolleranza fra religioni utopistiche diverse. Le mete utopistiche sono concepite per servire da fondamento all'azione [...] e una tale azione sembra possibile solo se lo scopo è stabilito in modo definitivo. L'utopista deve dunque riuscire vincitore o vinto nei confronti dei rivali suoi simili che non condividono gli stessi ideali, non professando la medesima religione utopistica» (*ivi*).

10. La teoria della democrazia

La critica metodologica e politica allo storicismo si accompagna, in Popper, al discorso sull'antitesi fra «società chiusa» e «società aperta», e all'approfondimento dei concetti di totalitarismo e di democrazia.

Società «chiusa» e «aperta»

La contrapposizione bergsoniana fra società chiusa e società aperta viene utilizzata da Popper per focalizzare l'irriducibile contrasto fra una società organizzata secondo norme *rigide* di comportamento (e basata su un controllo «soffocante» della collettività sull'individuo) e una società fondata sulla salvaguardia delle *libertà* dei suoi membri, mediante *istituzioni* democratiche *autocorreggibili*, aperte alla *critica* razionale e alle proposte di *riforma*. Come si è visto, il progetto totalitario delle società «chiuse» trova nello storicismo un potente alleato ideologico. A cominciare da Eraclito (portavoce della più arrabbiata aristocrazia greca) e da Platone (esponente della reazione alla società aperta incarnata dalla democrazia ateniese e teorico di un modello statale «organicistico») sino a Hegel (rappresentante di uno statalismo antidemocratico) e a Marx (profeta di un collettivismo totalitario), lo storicismo

I filosofi della società chiusa

non ha fatto che accompagnarsi a posizioni politiche autoritarie e foriere di sofferenze e di sventure per l'umanità.

La ri-definizione popperiana del concetto di «democrazia»

L'anti-totalitarismo di Popper mette capo ad una dottrina della democrazia che costituisce una delle parti più interessanti e notevoli dell'opera di questo filosofo. La democrazia è stata tradizionalmente definita in relazione al *soggetto* cui viene attribuito il potere: «il popolo» o la «maggioranza». Tutto ciò, secondo Popper, serve a poco se non si aggiunge che la democrazia si identifica con la possibilità, da parte dei governati, di *controllare* i governanti, mediante una serie di *istituzioni* «strategiche» — fra cui le elezioni — che consentano il mantenimento o il *licenziamento* dei governanti, senza dover ricorrere alla violenza. Di conseguenza, la classica domanda: «*Chi* deve esercitare il potere nello stato?», puntualizza Popper, importa molto di meno rispetto alle domande: «*Come* è esercitato il potere?» e «*Quanto* è il potere esercitato?». Tant'è vero che Popper, dopo aver dichiarato «sciocca» la domanda su chi dovrebbe comandare, se i «capitalisti» o i «lavoratori», sostiene che tale domanda andrebbe sostituita da una questione completamente differente, ossia dall'interrogativo: «*Come possiamo organizzare le istituzioni politiche in modo da impedire che i governanti cattivi o incompetenti facciano troppo danno?*». Volendo tracciare una «linea di demarcazione» fra democrazia e dittatura, Popper, in uno dei passi più rilevanti de *La società aperta e i suoi nemici*, scrive quanto segue.

La «linea di demarcazione» fra democrazia e dittatura

ELOGIO DELLA DEMOCRAZIA

TESTO 2

1. La democrazia non può compiutamente caratterizzarsi solo come governo della maggioranza, benché l'istituzione delle elezioni generali sia della massima importanza. Infatti una maggioranza può governare in maniera tirannica. (La maggioranza di coloro che hanno una statura inferiore a 6 piedi può decidere che sia la minoranza di coloro che hanno statura superiore a 6 piedi a pagare tutte le tasse). In una democrazia, i poteri dei governanti devono essere limitati ed il criterio di una democrazia è questo: in una democrazia i governanti — cioè il governo — possono essere licenziati dai governati senza spargimenti di sangue. Quindi se gli uomini al potere non salvaguardano quelle istituzioni che assicurano alla minoranza la possibilità di lavorare per un cambiamento pacifico, il loro governo è una tirannia.

2. Dobbiamo distinguere soltanto fra due forme di governo, cioè quello che possiede istituzioni di questo genere e tutti gli altri; vale a dire fra democrazia e tirannide.

3. Una costituzione democratica consistente deve escludere soltanto un tipo di cambiamento nel sistema legale, cioè quel tipo di cambiamento che può mettere in pericolo il suo carattere democratico.

4. In una democrazia, l'integrale protezione delle minoranze non deve estendersi a coloro che violano la legge e specialmente a coloro che incitano gli altri al rovesciamento violento della democrazia.

5. Una linea politica volta all'instaurazione di istituzioni intese alla salvaguardia della democrazia deve sempre operare in base al presupposto che ci possano essere tendenze anti-democratiche latenti sia fra i governati che fra i governanti.

6. Se la democrazia è distrutta, tutti i diritti sono distrutti; anche se fossero mantenuti certi vantaggi economici goduti dai governanti, essi lo sarebbero solo sulla base della rassegnazione.

7. La democrazia offre un prezioso campo di battaglia per qualsiasi riforma ragionevole dato che essa permette l'attuazione di riforme senza violenza. Ma se la prevenzione della democrazia non diventa la preoccupazione preminente in ogni battaglia particolare condotta su questo campo di battaglia, le tendenze anti-democratiche latenti che sono sempre presenti (e che fanno appello a coloro che soffrono sotto l'effetto stressante della società [...]) possono provocare il crollo della democrazia. Se la comprensione di questi princìpi non è ancora sufficientemente sviluppata, bisogna promuoverla. La linea politica opposta può riuscire fatale; essa può comportare la perdita della battaglia più importante, che è la battaglia per la stessa democrazia.

11.
Il riformismo gradualista

La difesa popperiana della democrazia si accompagna ad una critica dell'atteggiamento *rivoluzionario* e ad un'esaltazione del metodo *riformista*. Secondo Popper la mentalità radical-rivoluzionaria nasce da una sorta di «estetismo», cioè da un sogno utopistico di perfezione e di armonia, il quale, come si è visto, non può fare a meno di generare *violenza*: «La concezione secondo la quale la società dev'essere bella come un'opera d'arte porta troppo facilmente a misure violente» in quanto «il politico-artista deve sradicare le istituzioni e tradizioni esistenti. Egli deve purificare, purgare, espellere, bandire e uccidere ("liquidare" è il terribile termine moderno che corrisponde a tutto ciò)». Popper invece si dichiara contrario all'uso della violenza, affermando che è lecito ricorrere ad essa *soltanto* per abbattere la tirannide e instaurare la democrazia.

Rivoluzionarismo ed «estetismo»

Al metodo rivoluzionario, da lui definito di «meccanica utopistica» o di «ingegneria olistica», Popper contrappone la cosiddetta «piecemeal social technology», ossia il programma della «tecnologia sociale "a spizzico"», che prescrive interventi limitati e graduali, ed esorta ad avanzare «un passo alla volta, confrontando con cura i risultati previsti con quelli effettivamente raggiunti e stando sempre in guardia per avvistare le inevitabili conseguenze non volute di ogni riforma», cercando di non «intraprendere riforme di una complessità e di una vastità tali che sia impossibile districare le cause e gli effetti, e sapere che cosa veramente stia accadendo». Di conseguenza, Popper ritiene che il metodo riformista e gradualista possegga una netta *superiorità* su quello rivoluzionario perché: **1)** evita di promettere «paradisi» che alla prova dei fatti si rivelano degli «inferni»; **2)** non pone dei fini assoluti che legittimino anche i mezzi più ripugnanti in vista del loro presunto raggiungimento; **3)** procede per via *sperimentale*, essendo disposto a *correggere* mezzi e fini in base alle circostanze concrete e ai risultati ottenuti; **4)** riesce a dominare meglio i mutamenti sociali, senza trovarsi in situazioni impreviste e difficili, tali da facilitare l'avvento di una dittatura traditrice degli ideali stessi della rivoluzione: «così fu nella rivoluzione inglese del XVII secolo, che portò alla dittatura di Cromwell; nella rivoluzione francese, che portò a Robespierre e a Napoleone, e nella rivoluzione russa, che ha portato a Stalin. È dunque chiaro che gli ideali rivoluzionari e i loro sostenitori finiscono quasi sempre con l'essere vittime della rivoluzione»; **5)** è in grado di mantenere quel bene prezioso e irrinunciabile che è la libertà, creando «un'atmosfera in cui l'apertura critica delle condizioni sociali esistenti non è repressa con la violenza e nel cui contesto si rendono possibili ulteriori riforme».

La «tecnologia sociale "a spizzico"»

I punti di superiorità del metodo riformista nei confronti di quello rivoluzionario

Ma l'obiezione forse decisiva che Popper muove al metodo rivoluzionario è quella di essere costretto, esso stesso, a ricorrere ad una forma, sia pure surrettizia e male organizzata, di tecnologia «a spizzico». Infatti, quando il rivoluzionario passa dalla teoria alla pratica è costretto a trasformarsi in un «improvvisato» riformista di qualità piuttosto scadente, poiché finisce sempre «con l'applicare a caso e alquanto grossolanamente (anche se con molta pretesa e poca compassione) un metodo che è essenzialmente a spizzico, senza però averne il carattere di prudente autocritica». «Troppi riformatori si propongono di ripulire la "tela" del mondo sociale (come la chiamò Platone), cancellando tutto e partendo da capo con un mondo razionalizzato assolutamente nuovo. Si tratta di un'idea assurda e irrealizzabile. Se si costruisce da capo un mondo razionale, non c'è ragione di credere che si tratterà di un mondo felice, e neppure che, poiché è progettato, sarà migliore di quello in cui viviamo. Perché dovrebbe esserlo? Un ingegnere non crea un motore direttamente da dei nuovi progetti. Egli, piuttosto, lo sviluppa a partire da modelli precedenti, lo cambia e lo modifica interamente più volte. Se distruggessimo il mondo sociale in cui viviamo, insieme alle sue tradizioni, e creassimo un mondo nuovo in base a dei progetti, dovremmo poi ben presto disporci a modificarlo, apportando piccoli cambiamenti e rettifiche. Ma se questi ultimi si rendono comunque necessari, perché non cominciare a realizzarli qui ed ora, nel mondo sociale in cui ci troviamo?».

Il rivoluzionario come riformista improvvisato

Agli occhi di molti studiosi, soprattutto marxisti, questa metodologia riformistico-gradualistica è apparsa sostanzialmente «conservatrice» ed è stata accusata di: **1)** dare per scontata la bontà dell'esistente; **2)** limitarsi ad interventi «sporadici» sulla società. In verità queste critiche sono abbastanza fragili. In primo luogo perché Popper, essendo un convinto riformista, ritiene che la realtà non vada accettata così com'è, ma incessantemente mutata, anche se, a differenza dei rivoluzionari, non insegue progetti palingenetici di cambiamento *totale*, ma programmi di riforma parziali e graduali. In secondo luogo perché Popper non pone *limiti* all'azione riformatrice, se non quelli che derivano dalla necessità di rimanere fedeli al *metodo* democratico e agli *ideali* della libertà. Di conseguenza, le posizioni riformistiche di Popper, come puntualizza Girolamo Cotroneo, «sono certo più radicali di quanto non intendano i suoi critici, dal momento che all'azione sociale viene posto come limite non il privilegio di gruppi, di caste o di classi, come certa critica sembra lasciare intendere, ma soltanto il rispetto per le libertà individuali e collettive che non debbono mai essere limitate, neppure in vista di una (eventuale) maggior libertà»[5].

Popper conservatore?

Infatti, il vero significato del liberalismo riformista e progressista di Popper emerge proprio là ove egli dice che il problema delle società industriali avanzate è di fare in modo che lo stato, pur *intervenendo* nella vita sociale, non pregiudichi la libertà dei cittadini: «Desidero qui aggiungere che l'intervento economico e anche i metodi gradualistici qui propugnati tendono fatalmente ad accrescere il potere dello Stato [...] Ma ciò deve servire ad ammonirci che, se allentiamo la nostra vigilanza e se non rafforziamo le nostre istituzioni democratiche nel momento stesso in cui confermiamo maggior potere allo stato mediante la "pianificazione" interventista, possiamo perdere la nostra libertà. E se la libertà è perduta, tutto è perduto compresa la "pianificazione"» (*La società aperta*).

Un liberalismo progressista

Di conseguenza, secondo Popper, l'unico valore veramente da «conservare» è il *metodo* della libertà e della democrazia, in cui egli vede l'analogo, in campo politico, del metodo critico della scienza. Anzi, agli occhi di Popper, razionalità e democrazia finiscono per essere realtà interdipendenti. Infatti, ai persuasi che oggi «una qualche forma di totalitarismo è inevitabile», Popper, in uno dei passi più significativi della sua opera, ribatte: «La loro affermazione che la democrazia non è destinata a durare per sempre equivale, in realtà, all'affermazione che la ragione umana non è destinata a durare per sempre, poiché solo la democrazia fornisce una struttura istituzionale che permette non solo l'attuazione di riforme senza violenza, ma anche l'uso della ragione in campo politico».

Ragione e democrazia

[5] G. Cotroneo, *Popper e la società aperta*, Sugar, Milano, 1981, p. 175.

LABORATORIO FILOSOFICO

Sin dall'inizio Popper si pose problemi che erano al centro dell'attenzione dei membri del Circolo di Vienna, a cui diede, però, soluzioni originali, anche perché frutto delle sue riflessioni sulle ricerche di Einstein e della fisica del primo Novecento. Più in particolare, i temi essenziali dell'epistemologia popperiana sono quelli della demarcazione *e dell'*induzione. *«Ero andato in Tirolo — egli scrive, ricordando una vacanza con due importanti esponenti del Circolo di Vienna, Carnap e Feigl — con il manoscritto di un grosso libro, intitolato* I due problemi fondamentali dell'epistemologia. *Esso è tuttora inedito, ma una traduzione inglese apparirà forse un giorno [...]. I* due problemi *erano quelli dell'*induzione *e della* demarcazione tra scienza e metafisica»[6]. *Con il problema della «demarcazione» Popper iniziò a fare i conti fin dal 1919. Come si ricorderà, Wittgenstein aveva dato a tale problema la seguente soluzione, molto seguita nell'ambito del neopositivismo: aveva distinto gli asserti «dotati di significato» (quelli della scienza) da quelli «privi di significato» (quelli della metafisica) e aveva posto la* verificabilità empirica *come criterio di significato. Il* Tractatus, *infatti, pur riconoscendo valore ai problemi etici, riteneva che gli unici enunciati significativi fossero quelli delle scienze naturali e confinava nel silenzio mistico tutto il resto. Popper respinge questa soluzione, affermando che la «demarcazione» non riguarda il significato (anche le proposizioni non scientifiche devono considerarsi dotate di senso), ma la distinzione tra enunciati scientifici e non. Inoltre, egli considerò insufficiente anche il criterio della verifica empirica. Secondo il suo punto di vista le teorie scientifiche non possono mai essere giustificate sulla base della verifica: «Nessuna teoria scientifica — egli dice — può mai esser dedotta da asserzioni osservative, o venire descritta come funzione di verità di asserzioni osservative»[7]. Il tema della demarcazione viene a intersecarsi a questo punto con il problema dell'induzione, a cui Popper si interessò fin dal 1923, accettando nella sostanza la critica che già Hume aveva rivolto all'inferenza induttiva. Ricordiamo quello che aveva sostenuto Hume: «Anche dopo aver osservato il frequente o costante congiungimento degli oggetti, noi non abbiamo nessuna ragione di trarne un'inferenza riguardante un oggetto che è al di là di quelli di cui abbiamo esperienza»[8]. Su questa stessa linea, Popper rileva che, per quanto ci capiti di notare che i corvi di cui abbiamo esperienza siano neri, nulla ci autorizza ad inferirne una legge (universale e necessaria) che affermi che «tutti i corvi sono neri». Le leggi scientifiche non possono essere inferite da asserzioni osservative, né possono venir giustificate razionalmente mediante esse. Al contrario, l'esistenza anche di un solo caso in contrasto con un'ipotesi scientifica ci autorizza a negare tale ipotesi. Popper propone dunque come criterio di demarcazione quello della «falsificabilità». Anzi, egli ritiene che le teorie siano tanto più scientifiche quanto più possano essere sottoposte alla prova della critica e alla falsificazione empirica. Ne scaturisce, senza che per questo si cada nel relativismo scettico, un'immagine ipotetico-congetturale della scienza, che è altresì alla base di quel* razionalismo critico *che motiva l'adesione di Popper alla democrazia e al liberalismo, contro il totalitarismo.*

1

In relazione alla visione congetturale della scienza, proponiamo alla riflessione il seguente brano:

«Ora possiamo forse rispondere alla questione: come e perché accettiamo una teoria a preferenza di altre?

La preferenza non è certo dovuta a nulla che somigli a una giustificazione sperimentale delle asserzioni che compongono la teoria; non è dovuta a una riduzione logica della teoria all'esperienza. Scegliamo la teoria che regge meglio il confronto con altre

[6] K. Popper, *Congetture e confutazioni*, Il Mulino, Bologna, 1972, p. 433.
[7] *Ivi*, p. 73.
[8] D. Hume, *Trattato sull'intelligenza umana*, Laterza, Bari, 1967, p. 141.

teorie: quella che, per selezione naturale, si dimostra la più adatta a sopravvivere. Non soltanto tale teoria sarà l'unica che fino a quel momento avrà superato i controlli più severi: sarà anche l'unica che può essere controllata nel modo più rigoroso. Una teoria è uno strumento che controlliamo applicando, e la cui idoneità giudichiamo in base ai risultati delle sue applicazioni. [...]

Dunque la base empirica delle scienze oggettive non ha in sé nulla di "assoluto". La scienza non posa su un solido strato di roccia. L'ardita struttura delle sue teorie si eleva, per così dire, sopra una palude. È come un edificio costruito su palafitte. Le palafitte vengono conficcate dall'alto, giù nella palude: ma non in una base naturale o "data"; e il fatto che desistiamo dai nostri tentativi di conficcare più a fondo le palafitte non significa che abbiamo trovato un terreno solido. Semplicemente, ci fermiamo quando siamo soddisfatti e riteniamo che almeno per il momento i sostegni siano abbastanza stabili da sorreggere la struttura» (*Logica della scoperta scientifica*, cit., pp. 104, 107-108).

2

Analizza il seguente testo, che costituisce la *Prefazione all'edizione italiana di Congetture e confutazioni* scritta da Popper nel 1985, e metti in rilievo:

- ☐ caratteri e funzione dell'«induzione» e della «deduzione» nella formulazione delle teorie scientifiche;
- ☐ la differenza tra *verità* e *certezza;*
- ☐ la visione popperiana della ricerca scientifica.

Da', infine, una tua personale valutazione circa la dottrina politica di Popper.

«Sono stato invitato a scrivere una nuova prefazione alla traduzione italiana del mio libro *Conjectures and Refutations*, e sono veramente lieto di farlo, perché ciò mi dà l'occasione di esprimere il mio ringraziamento a tutti gli italiani, e in particolare agli studiosi per l'accoglienza tributata alle mie opere. Ho 83 anni, e sono molto grato al destino che mi concede di essere ancora in grado di lavorare e di potere avere addirittura — talvolta — nuove idee. Tra queste, alcune costituiscono semplificazioni considerevoli di mie vecchie idee, e mi riferisco in particolare al cosiddetto *problema dell'induzione*, del quale si parla molto in questo libro.

Per "induzione", nell'uso che qui se ne fa, si intende il poter apprendere — e stabilire — "fatti generali" a proposito della natura. Consideriamo un esempio banale: il sole sorge tutti i giorni. Non è ciò stabilito, e giustificato come vero, da innumerevoli ripetizioni? Oppure consideriamo il successo di una medicina come l'aspirina. Non è stato stabilito mille volte che questa è di giovamento e, se presa in dosi moderate, assolutamente innocua?

Io dico di *No*. Si può mostrare che l'asserto che il sole sorge tutti i giorni era stato originariamente stabilito, e inteso, nel senso che "dove vivo il sole sorge tutti i giorni, e dovunque io sia stato, ed in ogni luogo del quale abbia sentito parlare, il sole sorge tutti i giorni; dunque è ovvio che esso sorga dovunque tutti i giorni" (o "entro un definito periodo di tempo"). Ma questa è una inferenza induttiva, e non vale: come sappiamo, ci sono molti luoghi sulla terra — in Norvegia, in Svezia e in altre nazioni che si estendono oltre il circolo polare — nei quali possiamo recarci facilmente e sperimentare il sole di mezzanotte, o viceversa, giorni in cui il sole non sorge affatto.

Come questo asserto fosse stato originariamente inteso lo si può facilmente capire dal fatto che Pizia di Marsiglia, il primo greco che raccontò di aver visto "il mare ghiacciato e il sole di mezzanotte", divenne per i suoi contemporanei la figura proverbiale del bugiardo.

La tesi fondamentale che voglio sostenere contro la capacità dell'induzione di stabilire la verità, o anche solo la "probabilità", di una generalizzazione o di una teoria, è questa: dobbiamo sempre essere disposti a verificare un asserto, anche se questo è sostenuto da mille e mille esperienze; può sempre risultare necessaria una sua revisione, forse anche radicale, come nel caso dell'asserto "il sole sorge almeno una volta ogni 24 ore in ogni luogo della terra".

Non possiamo prevedere se una revisione sarà o meno di grande rilevanza. Certamente, in questo caso essa è stata della massima importanza per la nostra conoscenza della forma della terra, e per tutte quelle persone che si spinsero fino alle vicinanze inesplorate del polo nord, come il Duca degli Abruzzi e molti altri.

Per quanto riguarda l'esempio dell'aspirina, chi può dire che non sia possibile scoprire un giorno che l'aspirina ha seri effetti collaterali di un tipo che fino ad oggi non è mai nemmeno stato preso in considerazione?

In altri termini, io affermo che *noi non conosciamo*: e, in particolare, non conosciamo dove sbagliamo e come possiamo sbagliare; e che la sola cosa che possiamo fare è continuare a verificare le nostre teorie e a pensare a nuove possibilità per le quali esse possano forse risultare erronee. La mia principale obiezione all'induzione è che una proposizione stabilita induttivamente resta un'ipotesi da considerarsi incerta. *La verità, o anche la probabilità, di un asserto, non si può stabilire per induzione.*

Penso che quasi tutti saranno d'accordo finché si tratta di discutere se l'induzione stabilisca la verità. Tuttavia, il grande filosofo inglese David Hume estese la questione alla probabilità di un asserto, ed io sono riuscito a provare che egli era nel giusto. Un esempio assai semplice di questa prova: possiamo mostrare che, secondo la teoria matematica della probabilità, l'asserto "fuori dalla Toscana tutti i corvi europei sono neri" (o "fuori dalla Toscana tutti i cigni europei sono bianchi") non è più probabile se in tutti questi casi, come risultato di osservazioni, ci si dà la premessa "tutti i corvi della Toscana sono neri" (o "tutti i cigni della Toscana sono bianchi").

Ciò che è in gioco è se possiamo stabilire o meno con asserti d'osservazione una qualche generalizzazione di quell'asserto di osservazione, una qualche estensione oltre il campo che abbiamo esplorato. In altri termini, se l'induzione si possa considerare un genere di inferenza, diverso dalla deduzione ma simile ad essa. Io affermo che le conclusioni non sono in favore dell'induzione.

La deduzione è possibile. Se è valida, la deduzione assicura che da premesse vere possiamo derivare soltanto conclusioni vere. Si è sostenuto spesso che, similmente, l'induzione assicura che da premesse vere (in particolare da premesse osservative vere) possiamo derivare quantomeno la probabilità delle conclusioni induttive. Si tratta di un errore.

Si è anche sostenuto che noi esseri umani, e forse anche gli animali, conseguiamo la conoscenza per induzione. Io sostengo che questo è un problema affatto diverso, poiché "conseguiamo" può riferirsi semplicemente alla nostra storia, e non a problemi quali la validità, la non validità, la verità, la falsità, la probabilità (nel senso del calcolo della probabilità) e l'improbabilità (nello stesso senso). A proposito di tale problema storico, ho detto per lungo tempo che possiamo arrivare alle nostre ipotesi in tutti i modi. Possiamo pervernirvi senz'altro, direttamente, oppure sognandole, o bevendo caffè o whisky (io non faccio così). E possiamo anche arrivare ad esse "per induzione", se con ciò intendiamo il vedere molte ripetizioni di taluni eventi. Non è molto importante come perveniamo alle nostre ipotesi. Per me il problema è se noi le possiamo stabilire in modo positivo, se possiamo renderle certe o anche probabili (si noti che la probabilità dovrebbe almeno superare il cinquanta per cento). È questo che, io sostengo, non possiamo fare: infatti, come ho mostrato, ciò verrebbe a contraddire il calcolo matematico delle probabilità.

Svariate persone credono di essere riuscite a mostrare che la mia stessa concezione metodologica comporta l'induzione. Non mi pare però che qualcuno abbia sostenuto che essa comporti "l'induzione" nel senso in cui io sono contrario ad essa.

Posso riassumere tutto questo dicendo: non possiamo giustificare positivamente alcuna delle nostre teorie sulla base di qualcosa che assomigli ad una prova. La sola cosa che possiamo giustificare è la nostra preferenza per la teoria T_1 al posto di qualche altra teoria T_2, poiché è possibile dire, sulla base della discussione critica di tali teorie, come si è mostrato, che T_1 è obbiettivamente migliore di T_2 in uno dei vari sensi di "migliore": T_2 ad esempio può essere stata dimostrata falsa da prove che non dimostrano invece la falsità di T_1. Certamente una situazione logica siffatta può giustificare la preferenza per T_1.

Una conseguenza di tale concezione è che dobbiamo distinguere chiaramente tra *verità* e *certezza*. Aspiriamo alla verità, e spesso possiamo raggiungerla, anche se accade raramente, o mai, che possiamo essere del tutto certi di averla raggiunta (un uomo può scalare una montagna nella nebbia, e può non essere certo di avere raggiunto la vetta, ma egli può averla effettivamente raggiunta, e raggiungere la vetta può non essere impossibile). La certezza non è un obiettivo degno di essere perseguito dalla scienza. La verità lo è.

La verità oggettiva, vale a dire la corrispondenza tra la nostra asserzione e la realtà, è stata molto calunniata. Negare che esista qualcosa come la verità oggettiva è una forma del malessere del nostro tempo, una delle forme di malessere derivanti dal fatto che gli intellettuali non sono sempre impegnati o motivati da un alto senso di responsabilità intellettuale. Spesso, invece di ricercare la verità, essi vogliono essere alla moda o fare colpo sulle opinioni della gente comune.

E a questo punto vengo ad una di quelle che, nella mia tarda età, mi sembrano questioni della massima importanza. Mi riferisco alla moda di accettare l'idea che viviamo in un mondo terribile, che viviamo in condizioni sociali terribili e in un mondo completamente ostile, e che anche l'evoluzione ed il progresso sono conseguenze (in conformità alle idee di Darwin) di tale ostilità: una lotta di tutti contro tutti.

Penso che questa moda, questo mito, come vorrei chiamarlo, sia una menzogna, e che il vasto consenso che essa riscuote mostri soltanto quanto sia facile per l'uomo — e in particolar modo per gli intellettuali — cadere vittima di una ideologia del tutto menzognera.

Naturalmente, la nostra vita si svolge nel pericolo. Così è sempre stato, ma abbiamo anche riportato incredibili successi nel far fronte a molti di questi pericoli. *In breve, la mia tesi è che noi, che viviamo in Occidente, nell'Europa occidentale ed in America, viviamo nella migliore società della quale si abbia storicamente notizia.* Non ho mai incontrato, né ho sentito qualcuno che potesse ragionevolmente sostenere il contrario.

Perfino la bomba atomica — che, naturalmente, odio — ha i suoi aspetti positivi, sono scomparsi tutti i non pacifisti che prima c'erano in occidente e ora siamo tutti d'accordo nel desiderare la pace (ciò non vuol dire che siamo tutti disposti ad arrenderci ad un potenziale aggressore. Il problema è quale *tipo* di pacifismo renda più improbabile la guerra).

Affermare che la nostra società non è giusta è banale. La giustizia è un ideale. Ma ci siamo avvicinati alla giustizia più di ogni altra società che ci ha preceduto. Concordo pienamente sul fatto che la realtà sociale nella quale viviamo è assai lontana dall'essere ideale e che dobbiamo cercare costantemente di migliorare la nostra legislazione, ma non è mai esistita sino ad oggi una società tanto ansiosa di migliorarsi quanto la nostra. Di fatto, continuare a dire ai giovani che viviamo in un inferno può rovinare la loro vita per sempre, li si può addirittura uccidere. I sovietici non lo fanno (e questa è forse l'unica cosa che possiamo imparare da loro). Quel che dovremmo raccontare ai nostri giovani è la storia della lotta per un mondo migliore di innumerevoli persone che li hanno preceduti; è che ora conosciamo, se solo vogliamo vederla, la verità — la verità fattuale, oggettiva — in modo non del tutto fallimentare.

K. R. POPPER Penn-Buckinghamshire, settembre 1985»
(in *Congetture e confutazioni. Lo sviluppo della conoscenza scientifica*, trad. it. di G. Pancaldi, Il Mulino, Bologna, 1972, pp. VII-XII).

SCHEDA LESSICALE

Metafisica

Popper ha più volte esplicitamente riconosciuto il peso che le convinzioni *metafisiche* hanno nella nostra esistenza e, anche, all'interno della scienza: «in quasi ogni fase dello sviluppo della scienza, soggiaciamo all'influsso di idee metafisiche, cioè non controllabili; idee che determinano non solo quali problemi esplicativi sceglieremo di affrontare, ma anche quali tipi di risposte considereremo idonee, soddisfacenti o accettabili, e come miglioramenti di, o progressi rispetto a, risposte precedenti. (...) Chiamo questi programmi di ricerca "metafisici" anche perché sono il risultato di concezioni generali della struttura del mondo e, al tempo stesso, di concezioni generali della situazione problematica nella cosmologia fisica» (*Poscritto alla Logica della scoperta scientifica*, III, p. 169). In secondo luogo vi sono teorie che in una prima fase della loro esistenza non sono propriamente scientifiche, ma che non tardano a diventarlo e che si svelano in tal modo essenziali al progresso scientifico: «Speculazioni cosmologiche giocano, e hanno sempre giocato, un ruolo di enorme importanza nello sviluppo della scienza. L'esame e l'indagine di queste teorie speculative possono porci in grado di svilupparle moltissimo e forse di portarle infine addirittura al punto in cui è possibile controllarle empiricamente» (*ivi*, p. 46). Infine, tutta la complessiva visione cosmologica che lo stesso Popper professa, il realismo a cui costantemente si rifà, non può essere che il risultato di un'opzione metafisica. E dall'atomismo di Leucippo e Democrito al programma di concepire il mondo in termini di campi continui (come hanno proposto Faraday, Maxwell, Einstein, de Broglie e Schrödinger), gli esempi storici certo non mancano.
Anche le teorie metafisiche fattualmente inconfutabili sono tuttavia a giudizio di Popper criticabili: in caso contrario egli non avrebbe nemmeno potuto scrivere le sue opere politiche, in cui per l'appunto prende posizione nei confronti di Platone, Hegel, Marx, ecc. Infatti anch'esse non sono che tentativi di rispondere a un qualche problema, si collegano e interagiscono non solo con altre idee, ma con situazioni reali, con fatti e con persone: «ogni teoria *razionale*, non importa se scientifica o filosofica, è tale nella misura in cui cerca di *risolvere determinati problemi*» (*Congetture e confutazioni*, p. 341). Ecco perché anche a una teoria metafisica potremo chiedere: «risolve essa il problema? Lo risolve meglio di altre teorie? Si è forse limitata a spostarlo? La soluzione è semplice? È feconda? Contraddice forse altre teorie filosofiche necessarie alla soluzione di altri problemi?» (*ibid.*).
Ma vi è chi, e con ragioni tutt'altro che trascurabili, ha contestato che il criterio di demarcazione ideato da Popper consenta di adeguatamente separare asserzioni scientifiche da asserzioni pseudo-scientifiche. Come l'epistemologo non distingue in misura adeguata fra ipotesi singolarmente prese e sistemi empiricamente autosufficienti, perché le stesse asserzioni-base hanno senso solo se assunte all'interno di un certo sistema teorico, così «senza un criterio che ci metta in grado di distinguere le componenti scientifiche da quelle pseudoscientifiche di un sistema teorico non è possibile parlare appunto di una delimitazione dell'area della scienza dalla sfera della pseudoscienza» (P. Parrini, *Una filosofia senza dogmi*, Il Mulino, Bologna, 1980, p. 118). In base al criterio popperiano noi siamo in grado al massimo di distinguere un intero sistema da un altro, ma non di verificare le singole asserzioni: la collocazione di un'asserzione all'interno di un sistema scientifico non la rende tuttavia affatto scientifica. Il successo o il fallimento della proposta popperiana sul tema della metafisica è dunque strutturalmente connesso con quello della sua epistemologia falsificazionistica.

GLOSSARIO E RIEPILOGO

Falsificabilità. Principio secondo cui una teoria è scientifica nella misura in cui può venir smentita, in linea di principio, dall'esperienza, ossia quando può esibire possibili esperienze falsificanti. Popper insiste sulla *asimmetria* fra verificabilità e falsificabilità, cioè sul fatto che molteplici conferme non rendono certa una teoria, mentre basta un solo fatto negativo per confutarla. *N.B.* Il criterio di falsificabilità non è un criterio di senso che sancisca la significanza delle teorie scientifiche e l'insignificanza di quelle non-scientifiche, ma un criterio di *demarcazione* atto a distinguere, all'interno delle teorie significanti, quelle scientifiche da quelle non-scientifiche.

Procedimento per congetture e confutazioni. È il metodo proprio delle scienze, che consiste nell'affrontare i problemi mediante una serie di ipotesi o congetture che vengono successivamente sottoposte al vaglio critico dell'esperienza.

Induzione. Intesa come un procedimento che dall'osservazione di alcuni casi particolari si eleva ad un principio generale l'induzione non esiste. Infatti, secondo Popper, per quanto numerose possano essere le osservazioni *particolari* (v. l'esempio dei cigni), esse non sono mai capaci di produrre o di giustificare una legge *universale*.

Fallibilismo. Teoria secondo cui la scienza non consiste di «verità immutabili», ma di semplici «congetture» suscettibili di rettifica o di smentita.

Verità e verosimiglianza. Secondo Popper, lo scopo della scienza non è il raggiungimento della Verità, che rimane una pura idea regolativa, ma di teorie sempre più verosimili, cioè sempre più vicine all'ideale di una descrizione esauriente del mondo.

Epistemologia evoluzionistica. Teoria secondo cui la nostra conoscenza si sviluppa in maniera analoga a quella dell'evoluzione biologica e «consiste, in ogni momento, di quelle ipotesi che hanno dimostrato il loro (relativo) adattamento sopravvivendo fino a ora nella lotta dell'esistenza; una lotta concorrenziale che elimina quelle ipotesi che sono inadatte».

Essenzialismo e strumentalismo. Popper rifiuta sia l'*essenzialismo* (secondo cui le teorie scientifiche descriverebbero la natura essenziale della realtà) sia lo *strumentalismo* (secondo cui le teorie scientifiche sarebbero nient'altro che strumenti utili alla previsione). Infatti, se l'essenzialismo dimentica che la scienza non può mai pervenire ad una spiegazione ultima e definitiva dei fenomeni, lo strumentalismo dimentica che le teorie scientifiche non sono soltanto strumenti di previsione e di calcolo, ma enunciati *descrittivi* che ci informano circa la realtà e che quindi possono essere, in rapporto ad essa, veri o falsi.

Realismo. L'ultimo Popper si è mostrato sempre più favorevole al *realismo* (e alla concezione della verità come *corrispondenza* fra proposizioni e fatti), ritenendo che l'ipotesi realistica sia l'unica atta a distinguere adeguatamente fra teoria e fatti e quindi fra teorie valide (cioè in grado di reggere le sfide della falsificazione) e teorie non valide (cioè incapaci di reggere le sfide della falsificazione).

Teoria dei tre mondi. L'ultimo Popper divide la realtà in tre zone. Il *Mondo 1* è quello delle cose, cioè degli oggetti fisici e dei fatti naturali. Il *Mondo 2* è quello delle esperienze soggettive, cioè degli stati di coscienza, dei pensieri, dei sentimenti, ecc. Il *Mondo 3* è costituito dai contenuti del nostro pensiero, ovvero da teorie oggettive altrettanto reali quanto le entità fisiche.

Storicismo. Schema polemico di natura tipico-ideale di cui si serve Popper per alludere a tutte quelle filosofie che hanno preteso di cogliere un *senso globale oggettivo* della storia, inteso come una sorta di «destino» cui gli individui dovrebbero uniformarsi, accettando la (profetizzata) direzione di marcia della società. Popper contesta lo storicismo per una serie di ragioni: 1) perché ipotizza un senso pre-costituito della storia, 2) perché confonde lo studio dei fatti con le prescrizioni di valore, 3) perché non si rende conto che la totalità del mondo storico non è oggetto di esperienza, 4) perché confonde fra leggi e tendenze, 5) perché suole accompagnarsi a forme di utopismo violento (v.).

Utopia e violenza. Secondo Popper, il sogno utopistico e rivoluzionario di una società *perfetta* tende a produrre fanatismo e violenza, cioè a generare dispotismo e sofferenze.

Società chiusa e aperta. Popper utilizza la contrapposizione bergsoniana fra società chiuse e società aperte per focalizzare l'irriducibile contrasto fra una società organizzata secondo norme *rigide* di comportamento (che vengono imposte d'autorità agli individui che la compongono) e una società fondata sulla salvaguardia delle libertà dei suoi membri, mediante istituzioni democratiche autocorreggibili.

Democrazia. La democrazia è stata tradizionalmente definita come «governo del popolo». Tutto ciò, secondo Popper, serve a poco, se non si aggiunge che la democrazia si identifica con la possibilità, da parte dei governati, di *controllare* i governanti mediante una serie di *istituzioni* «strategiche» in grado di permettere il *licenziamento* dei governanti. E ciò senza dover ricorrere alla violenza.

Riformismo gradualista. Al metodo rivoluzionario Popper oppone un metodo riformista e gradualista finalizzato ad evitare la violenza e a salvaguardare le libertà democratiche.

INDICAZIONI BIBLIOGRAFICHE

Su Popper:

D. Antiseri, *Karl R. Popper: epistemologia e società aperta*, Armando, Roma 1972.

F. Nuzzaci, *K. Popper. Un epistemologo fallibilista*, Glaux, Napoli 1975.

G. Giorello, *Il falsificazionismo di Popper*, in L. Geymonat, *Storia del pensiero filosofico e scientifico*, Garzanti, Milano 1976, vol. VII, pp. 127-189 e 771-777.

B. Magee, *Il nuovo radicalismo in politica e nella scienza. Le teorie di K. Popper*, Armando, Roma 1976.

S. Lunghi, *Introduzione al pensiero di K. Popper*, Le Monnier, Firenze 1979.

C. Montaleone, *Filosofia e politica in Popper*, Guida, Napoli 1979.

F. Coniglione, *La scienza impossibile. Dal popperismo alla critica del razionalismo*, Il Mulino, Bologna 1980.

R. Cubeddu, *Storicismo e razionalismo critico*, E.S.I., Napoli 1980.

P. Parrini, *Una filosofia senza dogma*, Il Mulino, Bologna 1980.
G. Cotroneo, *Popper e la società aperta*, Sugar, Milano 1981.
P. Palumbo, *Contro la ragione pigra. Linguaggio, conoscenza e critica in K. Popper*, Flaccovio, Palermo 1981.
AA.VV., *La sfida di Popper*, Armando, Roma 1981.
AA.VV., *Razionalismo critico e socialdemocrazia*, Vita e Pensiero, Milano 1981.
F. Bellino, *Ragione e morale in Karl R. Popper*, Ed. Levante, Bari 1982.
M. Buzzoni, *Conoscenza e realtà in K. Popper*, Angeli, Milano 1982.
F. Focher, *I quattro autori di Popper*, Angeli, Milano 1982.
M. Pera, *Popper e la scienza sulle palafitte*, Laterza, Bari 1982.
L. Geymonat, *Riflessioni critiche su Kuhn e Popper*, Dedalo, Bari 1983.
A. Negri, *Il mondo dell'insicurezza. Dittico su Popper*, Angeli, Milano 1983.
M. Alcaro, *Filosofie democratiche. Scienza e potere nel pensiero di J. Dewey, B. Russell, K. Popper*, Dedalo, Bari 1986.
G. Radnitzky, *L'epistemologia di Popper e la ricerca scientifica*, trad. it., Borla, Roma 1986.
D. Antiseri - R. Dahrendorf, *Il filo della ragione*, Donzelli, Roma 1995.
J. Agassi, *La scienza in divenire. Note a Popper*, Armando, Roma 1997.
R. Porciello, *Scienza e decisione. Saggio sul pensiero politico di K. Popper*, Angeli, Milano 1998.
D. Antiseri, *Karl Popper*, Rubbettino, Soveria Mannelli 1999.

Per una presentazione d'insieme:

N. Abbagnano, *Storia della filosofia*, vol. IV, *La filosofia contemporanea* (di G. Fornero), UTET, Torino 1991, cap. VI, *Fallibilismo e razionalismo critico* (di L. Lentini) pp. 586-639; *Storicismo, totalitarismo e democrazia* (di G. Fornero) pp. 639-675.
AA.VV., *Novecento filosofico e scientifico, Protagonisti* (a cura di A. Negri), Marzorati, Milano 1991.

Come strumenti didattici segnaliamo:

A. Rossi (a cura di), *Popper e la filosofia della scienza*, Sansoni, Firenze 1975.
M. Buzzoni (a cura di), *Popper. La persona tra natura e cultura*, Studium, Roma 1984.
G. Brianese (a cura di), *«Congetture e confutazioni» di Popper e il dibattito epistemologico post-popperiano*, Paravia, Torino 1988.
K. Popper, *Filosofia, scienza e politica* (a cura di M. Baldini), Armando, Roma 1988.
K. Popper, *Logica della ricerca e società aperta* (a cura di D. Antiseri), La Scuola, Brescia 1989.

SCHEDA BIBLIOGRAFICA

Quasi tutti gli scritti di Popper sono stati tradotti in italiano. Si danno qui i testi secondo l'ordine della loro pubblicazione (che in certi casi non coincide affatto con la data della loro stesura): *Logica della scoperta scientifica* (1934, edd. inglesi 1959, 1960 e 1968), Einaudi, Torino, 1970. *Miseria dello storicismo* (1944-45, in vol. 1957), Feltrinelli, Milano, 1975. *La società aperta e i suoi nemici* (1945, 1966[5]), vol. 1: *Platone totalitario*; vol. 2: *Hegel e Marx falsi profeti*, Armando, Roma, 1973. *Congetture e confutazioni* (1963, 1969[3]), Il Mulino, Bologna, 1972. *Conoscenza oggettiva* (1972), Armando, Roma, 1975. *La ricerca non ha fine. Autobiografia intellettuale* (1976), ivi 1978[2]. *L'Io e il Suo Cervello* (con J. C. Eccles), (1977), ivi 1981, 3 voll. *I due problemi fondamentali della teoria della conoscenza* (1979), Il Saggiatore, Milano, 1987. *Poscritto alla logica della scoperta scientifica* (1982-3), vol. 1: *Il realismo e lo scopo della scienza*, vol. 2: *L'Universo aperto*, vol. 3: *La teoria dei quanti e lo scisma nella fisica*, ivi 1984. *Alla ricerca di un mondo migliore* (1984), Armando, Roma, 1989. *Il futuro è aperto* (con K. Lorenz) (1985), Rusconi, Milano, 1989. *Verso una teoria evoluzionistica della conoscenza* (1989 e 1990), Armando, Roma, 1994, pubblicato anche come *Un universo di propensioni*, Vallecchi, Firenze, 1991. *La lezione di questo secolo*, Marsilio, Venezia, 1992. Si vedano inoltre le sillogi *Scienza e filosofia*, Einaudi, Torino, 1981; *Società aperta universo aperto*, Borla, Roma, 1984; *Filosofia, scienza e politica*, Armando, Roma, 1989; *Logica della ricerca e società aperta*, La Scuola, Brescia, 1989; *Tre saggi sulla mente umana*, Vallecchi, Firenze, 1992.

Capitolo quindicesimo

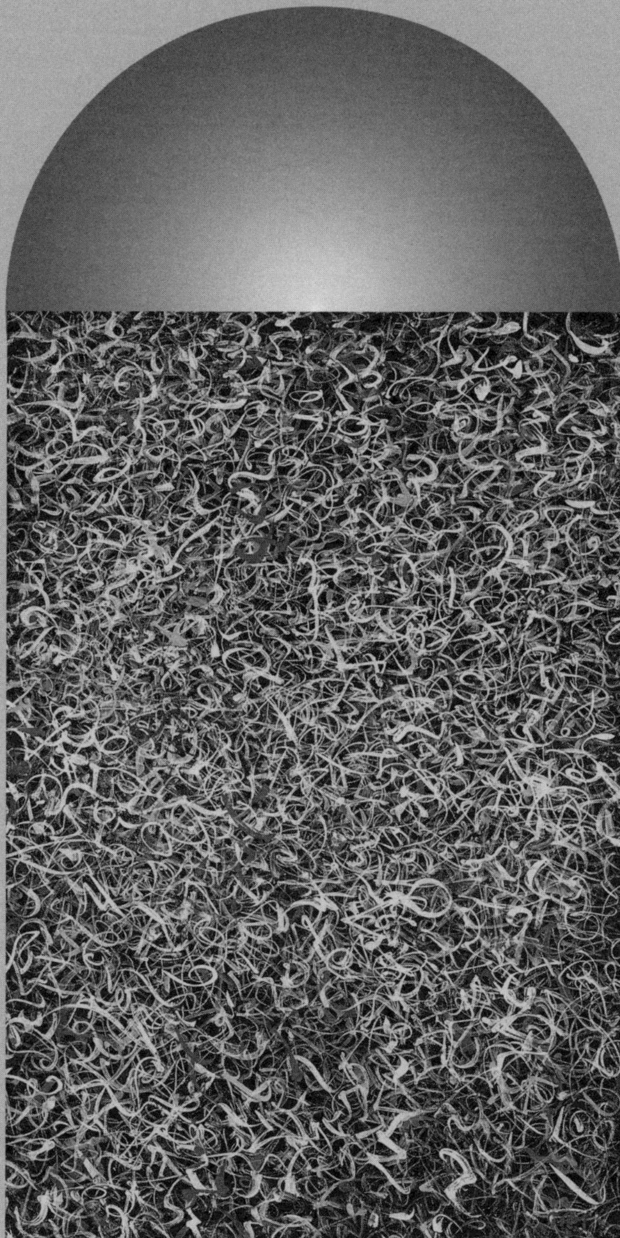

La nuova epistemologia

La nuova epistemologia

1. L'epistemologia post-positivistica

L'epistemologia post-positivistica e post-popperiana

Con l'espressione «epistemologia post-positivistica » (entrata ormai nel vocabolario filosofico internazionale) si intende quel tipo di filosofia della scienza (rappresentata soprattutto da Kuhn, Lakatos e Feyerabend) che ha assunto posizioni radicalmente critiche nei confronti del neopositivismo e, in parte, dello stesso Popper (per questo si parla anche di «epistemologia post-popperiana»).

Tratti salienti

Fra i tratti salienti di tale epistemologia troviamo: **1)** l'*anti-empirismo* e l'*anti-fattualismo*, ossia la convinzione che i "fatti" siano dati solo *all'interno* di determinati quadri teorici o concettuali; **2)** l'attenzione per la configurazione *storico-concreta* del sapere scientifico («la filosofia della scienza senza la storia della scienza è vuota», scrive Lakatos); **3)** la messa in luce dei condizionamenti *extra*-scientifici (sociali, pratici, metafisici, ecc.) cui è sottoposta la scienza, vista come attività "impura", che non vive esclusivamente nei cieli cristallini della "pura" teoria; **4)** la tendenza *relativistico-pragmatistica*, ovvero la propensione a valutare le dottrine scientifiche in termini di "efficacia" più che di "verità"; **5)** il rifiuto del mito della Ragione e il *ridimensionamento* del valore conoscitivo ed esistenziale della scienza; **6)** la contestazione dell'epistemologia *tradizionale* e dei suoi classici interrogativi (Che cos'è la Scienza?, qual è il suo metodo?, quali sono i criteri per valutarne il Progresso?, ecc.). Questi vari punti trovano in Feyerabend — e in certi esiti irrazionalistici e sempre più marcatamente anti-popperiani del suo filosofare — la loro espressione più significativa e "provocatoria".

2. Kuhn: la struttura delle rivoluzioni scientifiche

Lo storico e filosofo statunitense Thomas Kuhn (1922-1996) è autore di parecchie opere, fra cui spicca *La struttura delle rivoluzioni scientifiche* (1962), nella quale, utilizzando le sue ricerche di storico della scienza, egli ha elaborato una concezione epistemologica originale, secondo cui le nuove dottrine non sorgono né dalle verificazioni né dalle falsificazioni, ma dalla sostituzione del modello esplicativo vigente (o «*paradigma*») con uno nuovo. Infatti, secondo Kuhn, lo sviluppo storico della scienza si articola in periodi di «scienza normale» e in periodi di «rotture rivoluzionarie». I primi sono qualificati dal prevalere di determinati paradigmi, ossia di complessi organizzati di teorie, di modelli di ricerca e di pratiche sperimentali «ai quali una particolare comunità scientifica, per un certo periodo di tempo, riconosce la capacità di costituire il fondamento della sua prassi ulteriore». L'astronomia tolemaica e quella copernicana, la dinamica di Aristotele e quella di Newton, l'ottica corpuscolare e quella ondulatoria, ecc., sono altrettanti esempi di paradigmi, che nel loro «normale» periodo di fioritura sono rappresentati da scienziati protesi a consolidare, confermare e sviluppa-

I «paradigmi»

Scienza «normale» e «rivoluzionaria»

re il modello vigente tramite la soluzione «di una quantità di complessi rompicapo strumentali, concettuali e matematici». Kuhn ritiene che la scienza normale entri in crisi per un sommarsi di «anomalie», ossia di eventi nuovi e insospettati, che gli scienziati del periodo ancora normale, portati ad evitare il cambiamento e le novità sensazionali, cercano più o meno faticosamente di incasellare nel vecchio modello esplicativo, «forzando» la natura entro le «caselle prefabbricate e relativamente rigide» fornite dal paradigma vigente. Tant'è vero che anziché "falsificare" quest'ultimo essi cercano piuttosto di riformularlo e di correggerlo. Ma ciò fa sì che le *crepe* all'interno del vecchio sistema aumentino, sino a produrre una vera e propria *crisi rivoluzionaria*. Crisi che comporta l'abbandono del vecchio paradigma e l'accettazione di un nuovo sistema, che obbliga il ricercatore a guardare il mondo in maniera completamente *diversa*: «Quando mutano i paradigmi, il mondo stesso cambia con essi. Guidati da un nuovo paradigma, gli scienziati adottano nuovi strumenti e guardano in nuove direzioni. Ma il fatto ancora più importante è che, durante le rivoluzioni, gli scienziati vedono cose nuove e diverse anche guardando con gli strumenti tradizionali nella stessa direzione in cui avevano guardato prima. È quasi come se la comunità degli specialisti fosse stata improvvisamente trasportata su un altro pianeta dove gli oggetti familiari fossero visti sotto una luce differente e venissero accostati ad oggetti insoliti [...]».

«Quando mutano i paradigmi il mondo cambia con essi»

Di conseguenza, i vari paradigmi che si succedono nella storia della scienza rimandano, secondo Kuhn, a quadri concettuali completamente *diversi*, fra i quali vige una sostanziale *incommensurabilità*: «Paradigmi successivi ci dicono cose differenti sugli oggetti che popolano l'universo e sul comportamento di tali oggetti [...]». Tale incommensurabilità abolisce le condizioni per un confronto critico (nel senso di Popper) fra i vari paradigmi in competizione e quindi elimina ogni criterio di scelta, compresi possibili "esperimenti cruciali" capaci di metterli alla prova. Infatti, ogni osservazione empirica assume un significato diverso a seconda del contesto teorico con cui lo si interpreta (poiché se alla luce di un paradigma P_1 la singola osservazione assume un significato p_1, alla luce di un paradigma P_2 assume un significato p_2). Ma, posta l'incommensurabilità fra i vari paradigmi e l'inesistenza di standard razionali *super*-paradigmatici, in seguito a quali motivi avverrà l'accettazione di un nuovo paradigma? Kuhn risponde accennando ad una «conversione» da parte delle varie comunità scientifiche, precisando che: «I singoli scienziati abbracciano un nuovo paradigma per ogni genere di ragioni, e di solito per parecchie ragioni allo stesso tempo. Alcune di queste ragioni — ad esempio, il culto del sole che contribuì a convertire Keplero al copernicanesimo — si trovano completamente al di fuori della sfera della scienza. Altre ragioni possono dipendere da idiosincrasie autobiografiche e personali. Persino la nazionalità o la precedente reputazione dell'innovatore e dei suoi maestri può talvolta svolgere una funzione importante [...]». Infine, per quanto concerne il *progresso* della scienza, Kuhn afferma che nella storia c'è progresso non perché ci si approssima sempre di più a qualche meta assoluta (= la verità), ma perché ci si allontana sempre di più da stadi primitivi di ricerca. In altri termini, nella scienza non c'è progresso "verso" qualcosa, ma "a partire da" qualcosa.

L'«incommensurabilità» dei paradigmi

I motivi che stanno alla base dell'accettazione di un nuovo paradigma

Scienza e progresso

L'epistemologia di Kuhn è stata accusata da più parti di «irrazionalismo» e di «misticismo». Ad esempio Lakatos scrive che per Kuhn «*la rivoluzione scientifica è irrazionale, è una questione di psicologia di massa*». E Popper, a proposito della supposta *incommensurabilità* dei paradigmi, sostiene che Kuhn «esagera una difficoltà facendola diventare un'impossibilità». Certo, puntualizza Popper, *visioni del mondo* differenti possono essere incommensurabili, ma «teorie che offrono soluzioni agli stessi problemi o a problemi analoghi sono di regola confrontabili». Tant'è che «le discussioni su di esse sono sempre possibili e feconde» e «non solo sono possibili, ma hanno realmente luogo», «per esempio, l'astronomia di Tolomeo è ben lungi dall'essere incommensurabile con quella di Aristarco e di Copernico [...] Non c'è dubbio che la differenza tra queste due concezioni dell'universo e l'abisso che le divide possano farci tremare. Ma non esiste alcuna difficoltà seria a confrontarle».

I rilievi critici di Lakatos e Popper

Negli anni successivi, Kuhn ha cercato di articolare meglio la sua dottrina, attenuando quegli aspetti di essa che potevano dar luogo alle accuse di irrazionalismo e di relativismo. Egli ha parlato ad esempio di taluni «criteri» (non necessariamente vincolanti) che presiederebbero alla scelta di teorie rivali («accuratezza», «coerenza», «prospettiva», «semplicità», «redditività»); ha distinto fra l'incomunicabilità delle teorie scientifiche e la comunicabilità

Le «precisazioni» di Kuhn

dei risultati tecnici che da quelle teorie si ricavano; ha proposto, in luogo del troppo generico concetto di paradigma, quello di *matrice disciplinare* («disciplinare perché è il possesso degli esperti di una disciplina professionale e "matrice" perché è formata da elementi ordinati di vario tipo, ciascuno dei quali richiede una ulteriore specificazione»). Ciò non toglie che egli abbia conservato «nella sostanza» le sue posizioni.

3. Lakatos: i programmi di ricerca

L'influsso di Popper

L'ungherese Imre Lakatos (1922-1974) ha insegnato a Londra accanto a Popper, dal quale ha subito profondi influssi. «Le idee di Popper — scriverà in seguito — rappresentano lo sviluppo più importante nella filosofia del ventesimo secolo, nella tradizione — e al livello — di Hume, Kant [...]». I suoi scritti maggiori sono *La falsificazione e la metodologia dei programmi di ricerca scientifici* (1970) e *La storia della scienza e le sue ricostruzioni razionali* (1972). Il grosso dei suoi scritti è stato raccolto in un volume postumo dal titolo *La metodologia dei programmi di ricerca scientifici* (1978).

Nella storia della scienza non esistono né le rivoluzioni irrazionali di Kuhn né gli esperimenti cruciali di Popper

Alla base del pensiero di Lakatos sta un serrato confronto con Kuhn e Popper. Vicino alle posizioni razionalistiche di Popper, Lakatos, come si è già accennato (cfr. par. 2), contesta Kuhn per avere assimilato le rivoluzioni scientifiche a delle "conversioni" religiose, derivanti da un «irrazionale cambiamento di fede». Per quanto concerne Popper, pur riconoscendo (a differenza di Kuhn) come il suo falsificazionismo non sia rimasto ad uno stadio «dogmatico», ma si sia evoluto in senso «metodologico», Lakatos afferma che una prospettiva scientifica entra in crisi e viene sostituita non a causa di presunti «esperimenti cruciali», ma grazie al presentarsi di una prospettiva rivale: «gli scienziati hanno la pelle dura. Non abbandonano una teoria solo perché alcuni fatti la contraddicono [...] Gli scienziati parlano di anomalie, di casi recalcitranti, mai di confutazioni». Di conseguenza, all'idea popperiana di una storia della scienza che procede per congetture e confutazioni e che si nutre dello scontro fra singole e isolate teorie rivali, oppure all'idea kuhniana di una storia della scienza che procede per improvvise svolte e "conversioni", Lakatos contrappone la concezione della storia della scienza come di una serie di programmi di ricerca in razionale confronto fra loro. In sintesi: «la storia della scienza confuta sia Popper sia Kuhn: a un esame accurato sia gli esperimenti cruciali di Popper sia le rivoluzioni di Kuhn risultano essere dei miti: ciò che di solito accade è che un programma di ricerca progressivo ne rimpiazza un altro».

Il concetto di «programma di ricerca scientifico» e i suoi momenti costitutivi

Per «*programma di ricerca scientifico*» — nozione che sta al centro della riflessione epistemologica di Lakatos — si intende una costellazione di teorie scientifiche coerenti fra loro e obbedienti ad alcune regole metodologiche fissate da una determinata comunità scientifica. In particolare, un programma di ricerca è costituito da un «*nucleo*» ritenuto inconfutabile «in virtù di una decisione metodologica dei suoi sostenitori». Attorno al nucleo troviamo una «*cintura protettiva*» costituita da «ipotesi ausiliarie» aventi la funzione di rappresentare uno «schermo» per la difesa del nucleo. Tale cintura proteggente si specifica a sua volta in una «*euristica negativa*» (che prescrive quali vie di ricerca evitare) e in una «*euristica positiva*» (che prescrive quali vie di ricerca seguire e come cambiare le «varianti confutabili» del programma). Un programma di ricerca è valido finché si mantiene «*progressivo*», ovvero «fin quando continua a predire fatti nuovi con un certo successo ("*slittamento di problema progressivo*")». Viceversa, è «*regressivo*» o «in stagnazione», come accade anche in quei programmi scientifici degeneri che sono il marxismo e la psicoanalisi, se si limita ad inventare teorie «solo al fine di accogliere i fatti noti» o «si limita a dare spiegazioni *post hoc* di scoperte casuali o di fatti anticipati, e scoperti, nell'ambito di un programma rivale ("*slittamento di problema regressivo*")». Di conseguenza, le rivoluzioni scientifiche non accadono in seguito ad *irrazionali* mutamenti di prospettiva da parte degli scienziati ma in seguito a delle *razionali* decisioni, da parte della comunità dei ricercatori, di *sostituire* programmi ormai «regressivi» con programmi all'altezza della situazione.

La dinamica effettiva delle rivoluzioni scientifiche

4. Feyerabend: l'anarchismo metodologico

Il filosofo della scienza Paul K. Feyerabend (1924-1994), di origine tedesca e successivamente professore universitario negli Stati Uniti, è forse il pensatore più noto e discusso del gruppo dei post-positivisti. Fra le sue opere principali ricordiamo: *I problemi dell'empirismo* (1971); *Contro il metodo* (1970, 2ª ed. 1975); *La scienza in una società libera* (1978); *Addio alla ragione. Saggi filosofici* (1981).

L'epistemologia «anarchica» o «dadaista»

Il nucleo teorico di *Contro il metodo*, ripreso e illustrato polemicamente da *La scienza in una società libera*, risiede nella proposta di una «*epistemologia anarchica*» (o «*dadaista*») fondata sulla convinzione secondo cui non esiste alcun «metodo scientifico» o «regola unica» o «criterio di eccellenza» che stia alla base di ogni progetto di ricerca e che lo renda scientifico e perciò fidato: «Nel libro *Contro il metodo* — sostiene Feyerabend — ho tentato di dimostrare che i procedimenti della scienza non si conformano ad alcuno schema comune, che non sono "razionali" in riferimento a nessuno schema del genere. Gli uomini intelligenti non si lasciano limitare da norme, regole, metodi, neppure da metodi "razionali", ma sono opportunisti, ossia utilizzano quei mezzi mentali e materiali che, all'interno di una determinata situazione, si rivelano i più idonei al raggiungimento del proprio fine» (*La scienza in una società libera*). Questa tesi, che implica la distruzione di ogni metodologia precostituita e che mette capo al principio *polemico* «anything goes» (tutto può andar bene), è stata attaccata, sostiene Feyerabend, da critici «benpensanti» preoccupati delle sorti della ricerca umana. In realtà, precisa senza mezzi termini il filosofo, tutti costoro sono degli «illiterates», ossia degli «analfabeti», oppure dei «lettori della domenica». Infatti essi non si sono resi conto che l'epistemologia anarchica non è che la presa di coscienza del fatto *storico* che «non esiste neppure una regola, per quanto plausibile e "logica" possa sembrare, che non sia stata spesso violata durante lo sviluppo delle singole scienze. Tali violazioni non furono eventi accidentali o conseguenze evitabili dell'ignoranza e della disattenzione. Esse erano necessarie perché, nelle condizioni date, si potesse conseguire il progresso [...] o qualsiasi altro risultato desiderabile [...] eventi come l'invenzione della teoria atomica nell'antichità (Leucippo), la rivoluzione copernicana, lo sviluppo dell'atomismo moderno (Dalton; la teoria cinetica dei gas; la teoria della dispersione; la stereochimica; la teoria quantistica), la graduale affermazione della teoria ondulatoria della luce si verificarono solo perché alcuni ricercatori o si *decisero* a non seguire certe regole "ovvie" o perché le *violarono inconsciamente* [...]». Difendere l'epistemologia anarchica e un conseguente pluralismo teorico e metodologico non significa dunque, come hanno inteso gli «illiterates», distruggere regole o criteri nell'ambito della pratica scientifica, ma farsi paladini della libera *inventività* della scienza al di là di qualsiasi metodologia prefissata: «Io non raccomando alcuna "metodologia", ma al contrario affermo che l'invenzione, la verifica, l'applicazione di regole e criteri metodologici sono di competenza della ricerca scientifica concreta [...]». In conclusione, la lotta contro il Metodo vuole essere, di fatto, una lotta per la libertà del metodo.

Carattere «opportunistico» dell'impresa scientifica

Non esiste neppure una «regola» che non sia stata storicamente violata

La libertà della scienza

Altro tema caratteristico di Feyerabend è la tesi (spinta sino al limite) secondo cui i fatti non esistono "nudi", ovvero *al di fuori* delle teorie, ma soltanto *nell'ambito* di determinati "quadri" mentali, in quanto lo scienziato "vede" solo ciò che questi ultimi lo inducono a vedere. Da ciò la pratica impossibilità di distinguere (neopositivisticamente) fra termini di osservazione e termini teorici.

La replica di Popper

Questa dottrina distanzia Feyerabend non solo dai neopositivisti, ma anche da Popper, il quale, pur ammettendo che i fatti sono "carichi di teoria", crede pur sempre, in omaggio ai princìpi del suo razionalismo critico, che le teorie siano semplici congetture obbligate a "cozzare" contro i fatti. Anzi, è proprio per sfuggire alle conseguenze relativistiche implicite in posizioni come quelle di Feyerabend, che Popper, convinto che «il mito del quadro è, nel nostro tempo, il baluardo centrale dell'irrazionalismo», è andato sviluppando il suo pensiero in senso realistico-obiettivistico, sino a far propria la teoria della verità come "corrispondenza". Del resto, dal punto di vista di Popper, se i fatti — come vuole il costruttivismo radicale — esistono solo *all'interno* delle teorie e non possono essere assunti a "banco di prova" dei nostri quadri mentali, non ha più senso parlare di una *falsificazione* delle teorie per mezzo degli asserti-base, ma ogni teoria, in rapporto ai fatti, finisce in qualche modo per "andare bene".

Neppure le nozioni più semplici hanno un valore universale

Un effetto della teoria dei "quadri" è che neppure le nozioni più semplici o apparentemente "neutrali" della scienza possono venir considerate in modo universale e oggettivo, in quanto i loro significati risultano intrinsecamente connessi ai differenti contesti teorici entro i quali sono stati formulati (Feyerabend fa l'esempio del termine «massa», che assume accezioni diverse a seconda che si tratti della fisica di Newton o di Einstein). Da ciò il recupero, in un contesto ancor più radicalizzato, della tesi di Kuhn — respinta da Popper — circa l'*incommensurabilità* delle teorie (come si possono valutare comparativamente delle teorie che sono sorte in momenti diversi; che non usano gli stessi termini o li adoperano con significati diversi; che non parlano degli stessi fatti o ne parlano in modo differente; che non hanno il medesimo fine o scopo, ecc.?) e il parallelo rifiuto della visione della scienza come "accumulazione" progressiva di conoscenze (positivisti e neopositivisti) o come "approssimazione" graduale alla verità (Popper) e l'adesione ad una prospettiva che affida a criteri di tipo *pragmatico* (l'efficacia, il successo, la capacità di persuasione, ecc.) la preferenza fra le teorie in competizione.

La dottrina della incommensurabilità delle teorie e il rifiuto della visione neopositivistica e popperiana del progresso

Ma l'esito forse più caratteristico dell'epistemologia «dadaista» di Feyerabend è che egli, parallelamente alla distruzione del mito della Ragione («la Ragione si unisce infine alla sorte di tutti quegli altri mostri astratti come l'Obbligo, il Dovere, la Morale, la Verità e i loro predecessori più concreti, gli Dèi, che furono usati un tempo per incutere timore nell'uomo e per limitarne il libero e felice sviluppo: svanisce»), perviene ad una distruzione del mito della Scienza («la scienza non è sacrosanta»). Infatti, denunciando lo strapotere della scienza nel mondo d'oggi e battendosi per un ridimensionamento del suo peso teorico e sociale, Feyerabend dichiara che essa «è solo *uno* dei molti strumenti inventati dall'uomo per far fronte al suo ambiente» e che, al di là della scienza, «esistono miti, esistono i dogmi della teologia, esiste la metafisica, e ci sono molti altri modi di costruire una concezione del mondo. È chiaro che uno scambio fecondo fra la scienza e tali concezioni del mondo "non scientifiche" avrà bisogno dell'anarchismo ancora più di quanto ne ha bisogno la scienza. L'anarchismo è quindi non soltanto *possibile*, ma *necessario* tanto per il progresso interno della scienza quanto per lo sviluppo della nostra cultura nel suo complesso».

La distruzione del mito della Ragione e della Scienza

Niente da stupirsi, date queste premesse, che il pluralismo anti-autoritario di Feyerabend metta capo al progetto di una società non solo «aperta» (come voleva Popper), ma anche totalmente «libera», intendendo, con questa espressione, una forma di coesistenza in cui vengano riconosciuti uguali diritti ed eguali possibilità di accesso ai centri di potere sia agli *individui* che alle diverse *tradizioni culturali* cui essi appartengono. Infatti, sinora, anche nelle società democratiche, è accaduto ad esempio che il negro, l'indiano, l'omosessuale o la donna abbiano potuto partecipare alla vita di società e alle decisioni collettive solo a patto di *unificarsi* ai modelli dominanti. Così l'uomo di colore ha dovuto accettare la tradizione dell'uomo bianco e la donna ha potuto contare socialmente solo a patto di «maschilizzarsi». Di conseguenza, il vero problema di una società libera è quello di impedire che *una* o *alcune* tradizioni *particolari* continuino ad avere il sopravvento su tutte le *altre*.

L'ideale di una società totalmente «libera»

SCIENZA NORMALE E RIVOLUZIONE SCIENTIFICA — TESTO 1

In questo saggio, «scienza normale» significa una ricerca stabilmente fondata su uno o più risultati raggiunti dalla scienza del passato, ai quali una particolare comunità scientifica, per un certo periodo di tempo, riconosce la capacità di costituire il fondamento della sua prassi ulteriore. [...] La *Fisica* di Aristotele, l'*Almagesto* di Tolomeo, i *Principia* e l'*Ottica* di Newton, l'*Elettricità* di Franklin, la *Chimica* di Lavoisier e la *Geologia* di Lyell e molte altre opere servirono per un certo periodo di tempo a definire implicitamente i problemi e i metodi legittimi in un determinato campo di ricerca per numerose generazioni di scienziati. Esse furono in grado di fare ciò perché possedevano in comune due caratteristiche: i risultati erano sufficientemente nuovi per attrarre uno stabile gruppo di seguaci, distogliendoli da forme di attività scientifica contrastanti con essi; e nello stesso tempo, erano sufficientemente aperti da lasciare al gruppo di scienziati costituitosi su queste nuove basi la possibilità di risolvere problemi d'ogni genere.

D'ora in avanti, per indicare i risultati che hanno in comune queste due caratteristiche, userò il termine «paradigmi», che ha una precisa relazione col termine «scienza normale». [...] Coloro la cui ricerca si basa sui paradigmi condivisi dalla comunità scientifica si impegnano ad osservare le stesse regole e gli stessi modelli nella loro attività scientifica. Questo impegno e l'evidente consenso che esso produce, sono requisiti indispensabili per una scienza normale, ossia per la genesi e per il mantenimento di una particolare tradizione di ricerca. [...]

Il compito della scienza normale non è affatto quello di scoprire nuovi generi di fenomeni; anzi, spesso sfuggono completamente quelli che non si potrebbero adattare all'incasellamento. Gli scienziati non mirano neanche, di norma, ad inventare nuove teorie, e anzi si mostrano spesso intolleranti verso quelle inventate da altri. La ricerca nell'ambito della scienza normale è invece rivolta all'articolazione di quei fenomeni e di quelle teorie che sono già fornite dal paradigma. [...]

La scienza normale non ha per scopo quello di trovare novità di fatto o teoriche e, quando ha successo, non ne trova nessuna. Tuttavia, la ricerca scientifica mette in luce ripetutamente fenomeni nuovi e insospettati, e continuamente teorie radicalmente nuove sono state escogitate dagli scienziati. [...] Le novità fondamentali di fatto e teoriche infatti portano proprio a questo. Prodotte inavvertitamente da un gioco che procede secondo un certo insieme di regole, la loro assimilazione richiede la elaborazione di un altro insieme di regole. Una volta che queste sono diventate parte della scienza, l'impresa scientifica non è mai esattamente la stessa di prima, almeno per quanto riguarda quegli specialisti nel cui particolare campo di ricerca sono state scoperte le novità. [...]

Se la presa di coscienza di un'anomalia ha una funzione nell'emergere di un nuovo genere di fenomeni, non dovrebbe sorprendere nessuno il fatto che una presa di coscienza analoga, ma ancor più profonda, debba precedere ogni mutamento accettabile della teoria. [...] Poiché richiede una distruzione su larga scala dei paradigmi e modificazioni fondamentali nei problemi e nelle tecniche della scienza normale, l'emergere di nuove teorie è generalmente preceduta da un periodo di profonda incertezza nel campo della specializzazione interessata. Come ci si può aspettare, tale incertezza è generata dalla persistente incapacità dei rompicapi della scienza normale a risolvere problemi che le si presentano. Il fallimento delle regole esistenti è una necessaria preparazione per la ricerca di regole nuove.

[...] Una volta raggiunto lo *status* di paradigma, una teoria scientifica è dichiarata invalida soltanto se esiste un'alternativa disponibile per prenderne il posto. [...] La decisione di abbandonare un paradigma è sempre al tempo stesso la decisione di accettarne un altro, ed il giudizio che porta a quella decisione implica un confronto sia dei paradigmi con la natura, *sia* di un paradigma con l'altro.

Quando [...] una anomalia viene a presentarsi come qualcosa di più che semplicemente un nuovo rompicapo della scienza normale, allora la transizione alla crisi ed alla scienza straordinaria è iniziata. [...]

La transizione da un paradigma in crisi ad uno nuovo, dal quale possa emergere una nuova tradizione di scienza normale, è tutt'altro che un processo cumulativo, che si attui attraverso un'articolazione o un'estensione del vecchio paradigma. È piuttosto una ricostruzione del campo su nuove basi, una ricostruzione che modifica alcune delle più elementari generalizzazioni teoriche del campo, così come molti metodi ed applicazioni del paradigma. [...] Uno storico acuto, esaminando un caso classico di riorientamento della scienza dovuto ad un mutamento di paradigma, lo ha descritto recentemente come un «afferrare l'altra estremità del bastone», e cioè come un processo che implica che «si maneggi lo stesso insieme di dati di prima, ma ponendoli in un nuovo insieme di relazioni reciproche e dando quindi di loro una diversa struttura».

T. S. Kuhn, *La struttura delle rivoluzioni scientifiche*,
Einaudi, Torino, 1978, pp. 29-30, 44, 75, 91-92, 103-104

1-12. Con l'espressione «scienza normale» Kuhn intende la scienza come sistema del sapere condiviso in un determinato momento storico, quale ad esempio fu l'insieme delle conoscenze raccolte nelle opere di *Fisica* di Aristotele, nell'*Almagesto* di Tolomeo, ecc. La «scienza normale» è dogmatica, perché rifiuta giustamente di accogliere i *fatti* nuovi che non riesce a inquadrare nel proprio sistema («anomalie»). Tale resistenza al nuovo, lungi dall'essere un male, è garanzia di sviluppo della scienza: infatti, quanto più le regole scientifiche sono rigide e severe, tanto più ne deriveranno «anomalie». Quando queste ultime saranno sufficientemente numerose e significative da mettere in crisi l'assetto delle conoscenze di un dato momento storico, allora la scienza entrerà in una fase di rottura che potrà condurre ad abbandonare il vecchio «paradigma» per assumerne uno migliore.

13-25. Per «paradigma» Kuhn intende quella "costellazione" di leggi e applicazioni che costituisce la *lente* attraverso cui una determinata teoria filtra i dati dell'esperienza. Dunque, per Kuhn, il dato osservativo non è mai neutro, ma è sin dall'inizio carico di teoria, in quanto dipende da una determinata prospettiva concettuale.

26-49. Il compito della «scienza normale» non è quello di fare nuove scoperte, ma di presidiare le conoscenze consolidate in un dato settore dello scibile (la fisica, l'astronomia, la geografia, ecc.). Tuttavia, la «scienza normale» deve fare i conti con problemi che mettono in discussione di continuo il suo *paradigma*. Questi problemi, che Kuhn chiama «rompicapi», entro certi limiti possono esser tollerati dal «paradigma» e, dunque, accettati; ma se diventano talmente significativi da mettere in forse le basi stesse della scienza, generano delle crisi. Dalla situazione di crisi della «scienza normale» si può uscire con l'abbandono del vecchio paradigma, soltanto, però, se si sia in possesso di una teoria alternativa migliore (in grado di affrontare meglio i rompicapi). Dunque, per abbandonare una teoria scientifica consolidata non basta registrare tante "sconferme" empiriche: bisogna disporre anche di un nuovo paradigma.

50-62. Il passaggio ad un nuovo paradigma segna il momento propriamente *rivoluzionario* della scienza (le rivoluzioni scientifiche sono comunque rare: la rivoluzione copernicana, le scoperte di Lavoisier, la relatività e poche altre). Questo passaggio non avviene per accumulo quantitativo di nuove conoscenze, ma per una riorganizzazione dell'intero quadro teorico, per cui durante la fase rivoluzionaria gli scienziati vedono cose nuove e diverse anche se guardano con gli stessi strumenti e nella stessa direzione di prima. Una volta che il nuovo paradigma si sia affermato, si crea una situazione di incomprensione tra i sostenitori di quest'ultimo e quelli del precedente. Secondo Kuhn, i due paradigmi sono *incommensurabili* e tra i rispettivi sostenitori non può esserci dialogo né intesa. Queste ultime considerazioni hanno portato i critici di Kuhn ad accusarlo di aver concepito il progresso della scienza come un affare che riguarda la psicologia o la sociologia: vince la teoria che riesce in un dato tempo storico a persuadere più sostenitori. Posizione confermata dalle seguenti parole dello stesso Kuhn, che scrive: «Tanto nelle rivoluzioni politiche come nella scelta dei paradigmi, non v'è nessun criterio superiore al consenso della popolazione interessata. Per scoprire in che modo vengono effettuate le rivoluzioni scientifiche, dovremmo perciò esaminare non solo la corrispondenza con la natura e con la logica, ma anche le tecniche di persuasione che hanno efficacia entro i gruppi abbastanza specifici che costituiscono la comunità scientifica» (*La struttura delle rivoluzioni scientifiche*, cit., p. 122). Queste affermazioni – che sembrano affidare l'impresa scientifica più alla fede che alla razionalità — saranno riviste poi nel saggio *Oggettività, giudizio di valore e scelta della teoria* del 1975 (ristampato in *La tensione essenziale*), in cui Kuhn indica cinque criteri oggettivi che dovrebbero orientare la scelta tra teorie rivali: la *accuratezza*, la *coerenza*, la *prospettiva*, la *semplicità*, la *redditività*.

CONTRO IL METODO

TESTO 2

L'idea di un metodo che contenga principi fermi, immutabili e assolutamente vincolanti come guida nell'attività scientifica si imbatte in difficoltà considerevoli quando viene messa a confronto con i risultati della ricerca storica. Troviamo infatti che non c'è una singola norma, per quanto plausibile e per quanto saldamente radicata nell'epistemologia, che non sia stata violata in qualche circostanza. Diviene evidente anche che tali violazioni non sono eventi accidentali, che non sono il risultato di un sapere insufficiente o di disattenzioni che avrebbero potuto essere evitate. Al contrario, vediamo che tali violazioni sono necessarie per il progresso scientifico. In effetti, uno dei caratteri che più colpiscono delle recenti discussioni sulla storia e la filosofia della scienza come l'invenzione dell'atomismo nell'Antichità, la rivoluzione copernicana, l'avvento della teoria atomica moderna [...], il graduale emergere della teoria ondulatoria della luce si verificarono solo perché alcuni pensatori o *decisero* di non lasciarsi vincolare da certe norme metodologiche "ovvie" o perché *involontariamente le violarono.* [...]

È chiaro, quindi, che l'idea di un metodo fisso, o di una teoria fissa della razionalità, poggia su una visione troppo ingenua dell'uomo e del suo ambiente sociale. Per coloro che non vogliono ignorare il ricco materiale fornito dalla storia, e che non si propongono di impoverirlo per compiacere ai loro istinti più bassi, alla loro brama di sicurezza intellettuale nella forma della chiarezza, della precisione, dell'"obiettività", della "verità", diventerà chiaro che c'è *un* solo principio che possa essere difeso in *tutte* le circostanze e in *tutte* le fasi dello sviluppo umano. È il principio: *qualsiasi cosa può andar bene.* [...]

La conoscenza così concepita non è una serie di teorie in sé coerenti che convergono verso una concezione ideale, non è un approccio ideale, non è un approccio graduale alla verità. È piuttosto un *oceano* sempre crescente, *di alternative reciprocamente incompatibili (e forse anche incommensurabili)* [...]

Il lettore potrebbe avere l'impressione che io raccomandi una nuova metodologia, la quale sostituisca l'induzione con la controinduzione [...] Quest'impressione sarebbe certamente sbagliata. Il mio intento non è quello di sostituire un insieme di norme generali con un altro insieme di norme, bensì piuttosto quello di convincere il lettore del fatto che *tutte le metodologie, anche quelle più ovvie, hanno i loro limiti.* [...] Il lettore dovrebbe ricordare sempre che le dimostrazioni e la retorica usate non esprimono alcuna mia "profonda convinzione". Esse si propongono solo di dimostrare quanto sia facile menare per il naso la gente in un modo razionale. Un anarchico è come un agente segreto che giochi la partita della Ragione allo scopo di minare l'autorità della Ragione (della Verità, dell'Onestà, della Giustizia ecc.). [...]

P. K. Feyerabend, *Contro il metodo*, Feltrinelli, Milano, 1979, pp. 21-29

1-13. Feyerabend critica l'idea che la ricerca scientifica possa svolgersi nel rispetto dei principi «fermi, immutabili e vincolanti», che costituiscono quello che l'epistemologia ha chiamato *metodo.* Al contrario, egli sostiene che la scienza è un'impresa essenzialmente anarchica. Come la storia politica e civile è più ricca, viva e varia di quanto possano immaginare «i migliori partiti o le più coscienti avanguardie» — dice Feyerabend citando un pensiero di Lenin[1] — così la storia della scienza mostra che la ricerca non si fa ingabbiare negli schemi dei metodologi. La scienza, infatti, non è un processo compiuto e, dunque, non può essere compressa da rigide regole, quali ad esempio l'eleganza, la coerenza, la semplicità. La scienza consiste nella sua pratica. E la pratica ci mostra come tutte le grandi invenzioni, dall'antichità all'età moderna, siano avvenute non seguendo il metodo consolidato, ma prescindendo da esso o persino procedendo contro di esso.

14-34. Dopo aver messo in discussione l'idea del metodo, Feyerabend estende il suo discorso, mettendo in crisi l'idea stessa della *razionalità* dell'impresa scientifica e negando che esista una conoscenza oggettiva del mondo fisico. Il compito della scienza è quello di produrre teorie *efficaci*, non *vere* (dal momento che non possiamo conoscere come stia realmente il mondo). Da questa prospettiva, ogni metodo può andar bene, purché sia utile. Ne consegue che l'impresa conoscitiva non può essere vista come un graduale avvicinamento alla verità e che non ha senso distinguere tra scienza e pseudo-scienza, come faceva il neo-positivismo. Anzi, l'impresa scientifica non si differenzia dalle altre forme di conoscenza, quali l'arte e il mito. L'esito estremo di questo discorso è la negazione dell'esistenza stessa della scienza e la sua dissoluzione nell'indistinto fare umano.

[1] V. I. Lenin, *L'estremismo malattia infantile del comunismo*, in Id., *Opere scelte*, Editori Riuniti, Roma, 1970, p. 1445.

LABORATORIO FILOSOFICO

La struttura delle rivoluzioni scientifiche *dello statunitense Thomas Kuhn è l'opera che segna l'inizio di una nuova fase nel dibattito epistemologico degli ultimi decenni. Il libro, apparso nel 1962, decreta la fine dell'orientamento neo-positivistico e del* falsificazionismo *di Popper. Per far capire meglio la rottura tra le due vedute epistemologiche, riportiamo quanto ha scritto efficacemente F. Restaino: «Al di là delle divisioni [all'interno del neopositivismo logico], una matrice teorica comune era sempre sussistita: la valutazione della scienza quale attività conoscitiva per eccellenza. Proseguendo il filone illuministico settecentesco e quello positivistico ottocentesco, il movimento neopositivistico o neoempiristico del nostro secolo rivendicava alla scienza — e soltanto ad essa — il compito essenziale di dirci come è fatto il mondo, come funziona, quali leggi ci consentono di prevedere i fatti futuri. Questa era la convinzione di base di tutto il movimento neopositivistico, la sua filosofia generale insieme empiristica e razionalistica (la scienza muovendo dall'esperienza, a questa ritorna con strumentazioni, procedure e tecniche razionali). Da Carnap a Popper, da Reichenbach a Nagel (che proprio nel 1961 pubblicava* La struttura della scienza, *un'opera che presentava le tesi fondamentali dell'epistemologia neopositivistica in forma organica), a tanti altri esponenti della tradizione neoempiristica, al di là di divergenze spesso notevoli, tutti condividevano questa concezione filosofica di fondo. Ebbene l'opera di Kuhn del 1962 è fuori da questa concezione filosofica. La scienza, come viene presentata da Kuhn, non ha il compito di spiegare o conoscere il mondo, di fornirci le leggi del suo funzionamento. Attraverso un documentato esame di notissimi episodi della storia della scienza quest'ultima viene caratterizzata da Kuhn come un'attività, svolgentesi nell'ambito di tradizioni e comunità, diretta a risolvere "rompicapi". Le stesse rivoluzioni scientifiche, lo studio della cui struttura dà il titolo all'opera, non vengono analizzate da Kuhn dal punto di vista della maggiore o minore conoscenza fornita dalle teorie scientifiche vincenti o perdenti, ma dal punto di vista della maggiore o minore efficacia nella offerta di strumenti per risolvere rompicapi. Appare evidente il distacco radicale tra queste posizioni e quelle del movimento neopositivistico; un distacco analogo a quello tra le posizioni dell'ultimo Wittgenstein (uno dei pochissimi filosofi citati da Kuhn) e quelle — almeno quelle più care ai positivisti logici — del Wittgenstein del* Tractatus logico-philosophicus. *Appare evidente, anche, una vicinanza alle posizioni della tradizione pragmatistica, che considerava le teorie scientifiche non come rispecchiatrici della realtà, ma come elaboratrici di strumenti per risolvere problemi»*[2]. *Di qui alcuni tratti comuni della nuova epistemologia, in particolare rinvenibili in Lakatos e Feyerabend, quali: l'attenzione per la storia della scienza, l'enfasi posta sull'*efficacia *dell'impresa scientifica (più che sulla* verità*), la tendenza anti-metodica e il rifiuto del mito della ragione, che raggiunge esiti irrazionalistici e provocatori in Feyerabend.*

Commenta il seguente testo di Kuhn, mettendo in risalto le caratteristiche delle rivoluzioni scientifiche, che segnano dei veri e propri mutamenti della concezione del mondo.

«Esaminando la documentazione della ricerca passata dal punto di vista avvantaggiato della storiografia contemporanea, lo storico della scienza può essere tentato di esclamare che quando mutano i paradigmi, il mondo stesso cambia con essi. Guidati da un nuovo paradigma, gli scienziati adottano nuovi strumenti e guardano in nuove direzioni. Ma il fatto ancora più importante è che, durante le rivoluzioni, gli scienziati vedono cose nuove e diverse anche quando guardano con gli strumenti tradizionali nelle direzioni in cui avevano già guardato prima. È quasi come se la comunità degli specialisti fosse stata improvvisamente trasportata su un altro pianeta dove gli oggetti familiari fossero visti sotto una luce differente e venissero accostati ad oggetti insoliti. Naturalmente, non succede niente di simile: non si

[2] F. Restaino, *L'epistemologia post-positivistica*, in N. Abbagnano, *Storia della filosofia, IV: La filosofia contemporanea* (di G. Fornero), UTET, Torino, 1991, pp. 790-791.

tratta di uno spostamento geografico; al di fuori del laboratorio la vita d'ogni giorno continua a scorrere come prima. Tuttavia, dopo un mutamento di paradigma, gli scienziati non possono non vedere in maniera diversa il mondo in cui sono impegnate le loro ricerche. Nei limiti in cui i loro rapporti con quel mondo hanno luogo attraverso ciò che essi vedono e fanno, possiamo dire che, dopo una rivoluzione, gli scienziati reagiscono a un mondo differente.

Le dimostrazioni familiari del riordinamento della Gestalt [vedi oltre la scheda] visiva sono molto utili nel fornire un modello elementare di queste trasformazioni del mondo dello scienziato. Quelle che nel mondo dello scienziato prima della rivoluzione erano anatre, appaiono dopo conigli. Colui che in un primo momento aveva visto la parte esterna di una scatola dall'alto, più tardi ne vede la parte interna dal basso. Trasformazioni di questo genere, ma di solito più graduali e quasi sempre irreversibili, si verificano abitualmente e ripetutamente nel corso dell'educazione scientifica. Guardando una carta topografica con curve di livello, lo studente non vede che linee, mentre il cartografo individua la rappresentazione di un terreno. Guardando la fotografia di una camera a bolle, lo studente vede soltanto linee confuse e interrotte, mentre il fisico vi legge la registrazione di eventi subnucleari a lui familiari. Soltanto quando il suo modo di vedere le cose ha subito trasformazioni di questo genere lo studente entra a far parte del mondo dello scienziato, riesce a vedere le cose che lui vede e a reagire come lui. Il mondo in cui lo studente entra in quel momento, però, non è un mondo stabilito una volta per tutte dalla natura dell'ambiente, da un lato, e dalla natura della scienza, dall'altro. Esso, piuttosto, è determinato unitamente dall'ambiente e dalla particolare tradizione di scienza normale che lo studente ha imparato a seguire. Perciò, in periodi di rivoluzione, quando la tradizione della scienza normale muta, la percezione che lo scienziato ha del suo ambiente deve venire rieducata: in alcune situazioni che gli erano familiari deve imparare a vedere una nuova Gestalt. Dopo di che, il mondo della sua ricerca gli sembrerà, in varie parti incommensurabile con quello in cui era vissuto prima. È questa un'altra ragione per cui tra scuole guidate da paradigmi differenti sorgono sempre incomprensioni» (Th. Kuhn, *La struttura delle rivoluzioni scientifiche. Come mutano le idee della scienza*, cit., pp. 139-140).

Usa il seguente schema di analisi del brano:

a) spiega il significato di «paradigma», facendo anche qualche esempio desunto dalla storia delle scienze;
b) spiega quello che avviene durante le rivoluzioni scientifiche;
c) individua l'analogia a cui Kuhn fa ricorso nella parte centrale della sua argomentazione e spiega il significato della *incommensurabilità* dei paradigmi.

Gestalt

La *Gestalt Theorie* (dalla parola tedesca *Gestalt*, che significa «forma») è una corrente della psicologia del Novecento, fondata da Wertheimer, Köhler e Koffka. Essa si è occupata soprattutto della percezione, concepita come una «forma totale» della coscienza, non riducibile ad una somma o combinazione di elementi. È stato l'epistemologo Norwood Russell Hanson (autore del saggio *I modelli della scoperta scientifica* del 1958) a stabilire un paragone tra l'osservazione scientifica e il riordinamento della percezione visiva descritto dalla Gestalt. Hanson ritiene che l'osservazione scientifica non sia mera osservazione di fatti, ma sempre anche interpretazione teorica, per cui con il mutare dei punti di vista teorici dell'osservatore, mutano anche le cose che egli vede. Donde l'analogia con la Teoria della Gestalt, che anch'essa ritiene che la percezione non dipenda da una somma di elementi esterni al soggetto, ma dal punto di vista che si sceglie per guardare alle cose. In altre parole, l'osservazione non consiste solo nel «vedere-che» cosa avviene fuori di noi ma anche nel «vedere-come» (Hanson). Gli stessi segni tracciati sulla carta, a seconda del punto di osservazione, possono esser visti come un'anatra o un coniglio (ciò vale, nella percezione, per tutti i segni che si prestano ad una lettura ambivalente).

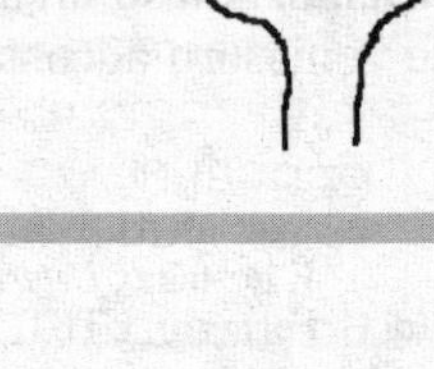

GLOSSARIO E RIEPILOGO

Epistemologia postpositivistica. Tipo di filosofia della scienza (*emblematicamente* rappresentata da Kuhn, Lakatos e Feyerabend) che ha assunto atteggiamenti radicalmente critici nei confronti del neopositivismo e del popperismo.

Kuhn

Paradigma. Termine kuhniano che riveste molteplici significati. Nella sua accezione principale coincide con quei complessi organizzati di teorie, di modelli di ricerca e di pratiche sperimentali a cui una particolare comunità scientifica, nei periodi di scienza normale (v.), riconosce una funzione *esemplare*.

Scienza normale. Momento della ricerca in cui prevale la «normalità», in quanto gli scienziati appaiono sostanzialmente protesi a consolidare, confermare e sviluppare il modello vigente, tramite la soluzione di una quantità di rompicapi (*puzzles*).

Scienza rivoluzionaria. Kuhn ritiene che la scienza normale entri in crisi in seguito al sommarsi di una serie di «anomalie», ossia di eventi nuovi e insospettati, che i ricercatori tentano più o meno faticosamente di incasellare nel vecchio modello esplicativo. Ciò fa sì che le *crepe* all'interno del vecchio sistema aumentino, sino a produrre una vera e propria *crisi* rivoluzionaria. Crisi che comporta l'abbandono del vecchio paradigma e l'accettazione di un *nuovo* sistema, che obbliga il ricercatore a guardare il mondo in maniera completamente *diversa*.

Incommensurabilità. L'inesistenza di criteri *meta*-paradigmatici, tramite cui confrontare paradigmi successivi, ossia orizzonti concettuali completamente *diversi*.

Lakatos

Programmi di ricerca. Una costellazione di teorie scientifiche coerenti fra loro e obbedienti a talune regole metodologiche fissate da una determinata comunità scientifica. Ogni programma è costituito da un «nucleo» (ritenuto inconfutabile dai suoi sostenitori) e da una «cintura protettiva» di ipotesi ausiliarie. Un programma è valido finché si mantiene *progressivo*, cioè «fino a quando continua a predire fatti nuovi con un certo successo».

Feyerabend

Anarchismo metodologico. Teoria secondo cui, nella scienza, non esistono norme, regole o metodi assolutamente e rigidamente *vincolanti*, ma ogni ricercatore, come mostra la storia della scienza, utilizza, *in libertà*, i metodi che ritiene più opportuni. Da ciò il principio polemico secondo cui, nella scienza, *anything goes* (ossia «tutto può andare bene»).

INDICAZIONI BIBLIOGRAFICHE

Sull'epistemologia post-positivistica:

G. Giorello, *Filosofia della scienza e storia della scienza nella cultura di lingua inglese*, in L. Geymonat, *Storia del pensiero filosofico e scientifico*, Garzanti, Milano 1976, vol. VII, pp. 190-298 e 777-783.

G. Giorello (a cura di), *L'immagine della scienza. Il dibattito sul significato dell'impresa scientifica nella cultura italiana*, Il Saggiatore, Milano 1977.

P. Parrini, *Una filosofia senza dogmi*, Il Mulino, Bologna 1980.

M. Pera, *Popper e la scienza su palafitte*, Laterza, Roma-Bari 1981.

F. Barone, *Immagini filosofiche della scienza*, Laterza, Roma-Bari 1983.

L. Geymonat, *Riflessioni critiche su Kuhn e Popper*, Dedalo, Bari 1983.

I. Hacking (a cura di), *Rivoluzioni scientifiche*, Laterza, Roma-Bari 1984.

L. Lentini, «Epistemologia», in AA.VV., *Gli strumenti del sapere contemporaneo*, UTET, Torino 1985, vol. I, pp. 225-261.

M. Baldini, *Congetture sull'epistemologia e sulla storia della scienza*, Armando, Roma 1986.

G. Gava (a cura di), *Un'introduzione all'epistemologia contemporanea,* CLEUP, Padova 1987.

G. Brianese (a cura di), *«Congetture e confutazioni» di Popper e il dibattito epistemologico post-popperiano*, Paravia, Torino 1988.

R. Egidi (a cura di), *La svolta relativistica nell'epistemologia contemporanea*, Angeli, Milano 1988.

L. Lentini, *Il Paradigma del Sapere. Conoscenza e teoria della conoscenza nella epistemologia contemporanea*, Angeli, Milano 1990.

AA.VV., *Novecento filosofico e scientifico. Protagonisti*, (a cura di A. Negri), Marzorati, Milano 1991.

F. Restaino, *L'epistemologia post-positivistica*, in N. Abbagnano, *Storia della filosofia*, vol. IV, *La filosofia contemporanea* (di G. Fornero), UTET, Torino 1991, cap. VIII, pp. 789-830.

E. Prodi, *Quale metodo per la scienza*, Angeli, Milano 1993.

R. Egidi (a cura di), *La svolta relativistica*, Angeli, Milano 1994.

Su Kuhn, Lakatos e Feyerabend:

A. Capacci, *La scienza tra fede e anarchia. L'epistemologia di Paul K. Feyerabend*, La Goliardica, Roma 1977.

G. L. Linguiti, *I. Lakatos e la «filosofia della scoperta»*, Pacini Fazzi, Lucca 1981.

A. Crescini (a cura di), *Th. Kuhn - P. Feyerabend, L'irrazionalismo in filosofia e nella scienza*, La Scuola, Brescia 1989.

R. Corvi, *I fraintendimenti della ragione. Saggio su P. K. Feyerabend*, Vita e Pensiero, Milano 1992.

G. Giordano, *Tra paradigmi e rivoluzioni. Thomas Kuhn*, Rubbettino, Soveria Mannelli 1997.

Capitolo sedicesimo

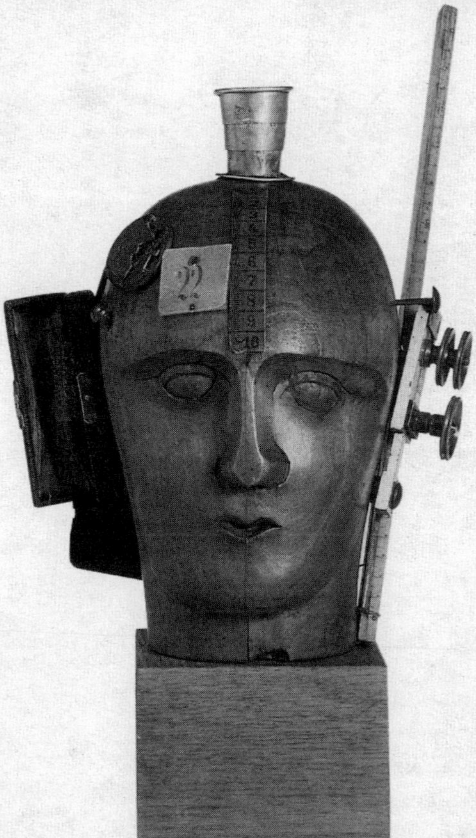

HUSSERL E LA FENOMENOLOGIA

Capitolo sedicesimo

HUSSERL E LA FENOMENOLOGIA

1. CARATTERI DELLA FENOMENOLOGIA

La fenomenologia — nel senso specifico in cui questa parola è intesa a designare una corrente della filosofia novecentesca — concepisce ed esercita la filosofia come *analisi della coscienza nella sua intenzionalità*. Poiché la coscienza è intenzionalità in quanto è sempre coscienza *di* qualcosa, l'analisi di essa è l'analisi di tutti i modi possibili in cui qualcosa può essere *dato* alla coscienza (come percepito, pensato, ricordato, simboleggiato, amato, voluto, ecc.), perciò di ogni tipo di *senso* o di *validità* che può essere riconosciuto agli oggetti di coscienza. L'analisi fenomenologica della coscienza si può quindi effettuare soltanto se, in primo luogo, la coscienza stessa non viene assunta come una «realtà» allo stesso titolo delle altre realtà del mondo, sia pure come fonte o principio delle altre, giacché la realtà è solo uno dei modi in cui l'oggetto può esser dato alla coscienza; in secondo luogo, e conseguentemente, se la coscienza assume nei confronti del mondo l'atteggiamento di uno *spettatore disinteressato*, al quale gli oggetti sono presenti come *fenomeni* (cioè nei modi specifici in cui essi stessi si danno), ma che non è praticamente coinvolto nelle loro vicende. Ogni indagine autenticamente razionale è, da questo punto di vista, una via che consente agli oggetti di coscienza di rivelarsi nel loro «vero essere» o nella loro *essenza*. Da qui discende che il carattere *apofantico* della ragione, cioè della ragione come manifestazione o rivelazione dell'essere, è essenziale alla fenomenologia.

Il concetto novecentesco di «fenomenologia»

Nell'opera di Husserl, massimo esponente della corrente, la filosofia come indagine fenomenologica si presenta dotata dei seguenti caratteri:

La visione fenomenologica

1) È scienza *teoretica* (contemplativa) e *rigorosa*, cioè «fondata» nel senso di «fornita di fondamenti assoluti».
2) È scienza *intuitiva*, perché mira a cogliere *essenze* che si danno alla ragione in modo analogo a quello in cui le cose si danno alla percezione sensibile. Questo tratto della filosofia riflette il carattere apofantico della ragione (cioè «rivelativo dell'essere»).
3) È scienza *non-oggettiva*, perciò completamente diversa dalle altre scienze particolari che sono scienze di fatti o di realtà (fisiche o psichiche) mentre essa prescinde da ogni fatto o realtà e si rivolge alle essenze.
4) È scienza delle *origini* e dei *primi princìpi*, perché la coscienza contiene il *senso* di tutti i modi possibili in cui le cose possono essere date o costituite.
5) È scienza della *soggettività*, perché l'analisi della coscienza mette capo all'*io* come soggetto o polo unificante di tutte le intenzionalità costitutive.
6) È scienza *impersonale*, perché «i suoi collaboratori non hanno bisogno di saggezza ma di doti teoretiche».

Questi tratti definiscono la filosofia così com'è stata intesa da Husserl, non il complesso del movimento fenomenologico, le cui varie manifestazioni assumono di solito, ciascuna, uno o più di questi aspetti. Il tratto più comunemente partecipato è il secondo, il quale esprime il concetto che i fenomenologi in generale hanno della *ragione* come autorivelazione evidente dell'essere e perciò della filosofia (che è l'attività razionale per eccellenza) come esplicitazione di tutti i modi possibili delle manifestazioni dell'essere.

2. Husserl: vita e scritti

Edmund Husserl nacque a Prossnitz (Moravia) l'8 aprile 1859, morì a Freiburgim Breisgau il 26 aprile 1938. Studiò matematica con Weierstrass e fu scolaro di Brentano. Fu professore di filosofia prima all'università di Gottinga poi in quella di Freiburg sino al 1929.

Le opere pubblicate

Gli scritti che furono pubblicati da lui sono i seguenti: *Sul concetto del numero* (1887); *Calcolo delle conseguenze e logica del contenuto* (1891); *Filosofia dell'aritmetica* (1891); *Studi psicologici sulla logica elementare* (1894); *Ricerche logiche I, Prolegomeni alla logica pura* (1900); *Ricerche logiche II, Ricerche sulla teoria e la fenomenologia della conoscenza* (1901); *Rapporto sugli scritti tedeschi di logica negli anni 1895-1899* (in «Archiv für systematische Philosophie» del 1903); *La filosofia come scienza rigorosa* (in «Logos», 1910); *Idee per una fenomenologia pura e una filosofia fenomenologica* (1913); *Lezioni sulla fenomenologia della coscienza interna del tempo* (1928); *Logica formale e trascendentale, saggio di una critica della ragione logica* (1929); *Meditazioni cartesiane* (in francese, 1931); *La crisi delle scienze europee e la fenomenologia trascendentale*, parte I e II (in «Philosophia», Belgrado 1936).

Gli inediti

Husserl fu per tutta la vita un estensore instancabile di schizzi, abbozzi, progetti, note e commenti e un non meno instancabile ripetitore di se stesso. Alla sua morte lasciava 45.000 pagine stenografate che furono salvate a stento durante la guerra dal belga padre Van Breda e costituiscono ora il patrimonio degli Archivi Husserl presso l'università di Lovanio. Del materiale inedito finora pubblicato la parte che aggiunge qualcosa di veramente nuovo all'immagine che già le opere pubblicate lasciavano vedere di Husserl è quella contenuta nell'opera *La crisi delle scienze europee*. Chiarimenti e sviluppi si possono tuttavia riscontrare in ogni parte di esso, assieme a innumerevoli ripetizioni.

3. L'atteggiamento fenomenologico

Le *Ricerche logiche* costituiscono in primo luogo l'abbandono e la critica del punto di vista empiristico che Husserl aveva assunto nella *Filosofia dell'aritmetica* (1891). Al tentativo di ricondurre le nozioni della logica ad operazioni psichiche effettuate su un contenuto empiricamente dato, Husserl contrapponeva in quell'opera una «logica pura» intesa a ottenere «la visione evidente dell'essenza dei modi di conoscenza» che entrano in gioco in tutte le operazioni logiche e conoscitive. Ma conoscere l'essenza dei «modi di conoscenza» significa pur sempre rivolgersi al mondo della coscienza che è l'oggetto della psicologia; e Husserl aveva contrapposto, a questo proposito, alla psicologia «empirica» la psicologia *descrittiva* che egli chiamava anche «fenomenologia pura». Soltanto nelle *Lezioni sull'Idea di fenomenologia* (1907) e, in modo più succinto, nello scritto *La filosofia come scienza rigorosa* (1910), Husserl raggiunge una caratterizzazione più precisa della natura dell'indagine sulla «essenza dei modi di conoscenza», che egli aveva suggerito nelle *Ricerche*. Quest'indagine viene distinta nettamente dalla psicologia, alla quale viene riconosciuto il carattere di scienza naturale. La psicologia considera gli eventi psichici come appartenenti a certe coscienze d'uomini o d'animali che a loro volta sono legate a corpi umani o animali e perciò attribuisce agli eventi psichici il carattere di fatti naturali che avvengono nel tempo. La psicologia non può dunque cogliere l'*essenza* della coscienza e dei modi in cui alla coscienza stessa sono dati i suoi oggetti reali o possibili. A differenza della psicologia, la fenomenologia pura non è una scienza di fatti ma di essenze (è una scienza *eidetica*) e i fenomeni di cui essa si occupa non sono reali ma irreali. Per raggiungere il piano della fenomenologia è quindi indispensabile un mutamento radicale di atteggiamento, un mutamento che consiste essenzialmente nel sospendere l'affermazione o il riconoscimento della realtà, che è implicito in ogni atteggia-

Il progetto di una «fenomenologia pura», ovvero di una scienza *eidetica*

mento naturale, con tutto il suo accompagnamento di interessi pratici, e nell'assumere l'atteggiamento dello *spettatore*, interessato solo a cogliere l'essenza degli atti mediante i quali la coscienza si rapporta alla realtà o la significa. Questo mutamento di atteggiamento è l'*epochè* fenomenologica.

L'*epochè* degli antichi Scettici era la sospensione totale del giudizio. Il dubbio cartesiano è anch'esso la sospensione totale di tutta la conoscenza. L'*epochè* fenomenologica è soltanto la sospensione di quell'affermazione di realtà (*tesi*) che è implicita in tutti gli atteggiamenti naturali e in tutte le scienze naturali. «Noi mettiamo fuori azione — dice Husserl — la *tesi* generale che appartiene all'essenza dell'atteggiamento naturale, mettiamo in parentesi tutto quanto essa abbraccia sotto l'aspetto ontico: dunque l'intero mondo naturale che è costantemente *qui per noi, alla mano* e che continuerà a permanere come realtà per la coscienza anche se noi lo mettiamo tra parentesi. Facendo questo, io non nego questo mondo, come fossi un sofista, non metto in dubbio la sua esistenza come fossi uno scettico, ma esercito l'*epochè* fenomenologica che mi vieta di considerare come esistente il mondo che mi sta dinanzi come invece faccio nella vita pratica e nelle stesse scienze positiviste» (*Idee*, I, par. 32). Sospendendo l'affermazione della realtà del mondo, il mondo stesso diventa un puro *fenomeno* di coscienza ma non si annulla, anzi rimane presente nello sfondo dell'indagine con tutte le sue determinazioni e le sue verità (che rimangono tali); ma nello stesso tempo l'attenzione del ricercatore si sposta dal mondo stesso (dalla sua realtà) ai fenomeni con cui esso si annunzia e si presenta alla coscienza. In questo senso la coscienza costituisce il *residuo fenomenologico*, vale a dire ciò che rimane dopo l'*epochè*: il suo essere non viene toccato dalla messa in parentesi del mondo e diventa così il campo specifico della ricerca fenomenologica. Se l'atteggiamento dell'*epochè* viene considerato dal punto di vista dell'io che la pratica, si può esprimere nel modo seguente: «Se diciamo dell'io che percepisce il mondo e che ci vive naturalmente, che è *interessato al mondo*, noi avremo allora, nell'atteggiamento fenomenologicamente modificato, una scissione dell'io: al di sopra dell'io ingenuamente interessato al mondo si stabilirà l'io fenomenologico come *spettatore disinteressato*» (*Meditazioni cartesiane*, par. 15).

L'*epochè* fenomenologica

La coscienza come «residuo fenomenologico»

L'atteggiamento fenomenologico così descritto ha dunque due condizioni fondamentali: la *riduzione eidetica* che sostituisce alla considerazione dei fatti o delle cose naturali l'intuizione delle essenze; e l'*epochè* che sospende o mette in parentesi la tesi dell'esistenza del mondo in generale. Ma talvolta Husserl si avvale dell'*epochè* anche per isolare domini specifici di indagine fenomenologica.

4. L'intenzionalità e l'io

L'intenzionalità della coscienza

Poiché la coscienza è sempre coscienza *di* qualcosa (ogni *cogito* ha il suo *cogitatum*), l'analisi della coscienza è analisi degli atti con cui la coscienza stessa *si rapporta* ai suoi oggetti; o, il che è lo stesso, dei modi in cui questi oggetti *si danno* alla coscienza. Gli atti della coscienza o (che è lo stesso) i modi di datità degli oggetti di coscienza costituiscono l'*intenzionalità* della coscienza.

Intenzione è termine scolastico con il quale s'intendeva il riferimento di una rappresentazione, di un concetto o di un atto di volontà (per il quale ultimo il termine è passato anche nell'uso comune) all'oggetto rappresentato o pensato o voluto.

Per Husserl l'intenzionalità non costituisce il contrassegno di un gruppo di fenomeni, ma la natura stessa della coscienza. La coscienza è intenzionalità nel senso che ogni sua manifestazione, per esempio ogni pensiero, ogni fantasia, ogni emozione, ogni volizione, ecc., si riferisce a qualche cosa di diverso da sé, cioè a un *oggetto* pensato, fantasticato, sentito, voluto, ecc. Come intenzionalità, la coscienza non è che l'atto di *trascendere* se stessa e di mettersi *in rapporto* con un oggetto. L'oggetto pertanto non si riduce ad una semplice idea che per esistere dev'essere pensata, come vuole Berkeley e con lui ogni idealismo.

L'oggetto è precisamente un *oggetto*, cioè una realtà trascendente (= fuori dalla coscienza) che si annuncia e si presenta alla coscienza attraverso i fenomeni soggettivi della percezione, i quali servono ad orientare la coscienza stessa verso l'unità dell'oggetto trascendente.

Noesis e *noema*

Nei fenomeni soggettivi (o *esperienze vissute*) bisogna distinguere la direzione verso l'oggetto (per esempio il percepire, il ricordare, l'immaginare) che è detta da Husserl *noesis*, e l'oggetto considerato dalla riflessione nei suoi vari modi di esser *dato* (ad esempio il percepito, il ricordato, l'immaginato) che è detto da Husserl *noema*. Il noema è l'elemento oggettivo dell'esperienza vissuta, ma non è l'oggetto stesso, che è la cosa. L'oggetto della percezione per esempio è l'albero, ma il noema di questa percezione è il complesso dei predicati e dei modi d'essere nell'esperienza soggettiva: l'albero verde, illuminato, non illuminato, percepito, ricordato, ecc. L'oggetto costituisce un *polo* intorno a cui vengono a orientarsi e a raggrupparsi i noemi dell'esperienza vissuta; e per quanto vari e diversi tali noemi possano essere, il polo-oggetto rimane unico.

La prima conseguenza di questo punto di vista è la differenza radicale tra il modo d'essere della coscienza e il modo d'essere della cosa. La cosa si dà alla coscienza attraverso i fenomeni soggettivi (del percepire, ricordare, ecc.); la coscienza si dà invece a se stessa direttamente, senza alcun intermediario. La percezione della coscienza è, nella terminologia husserliana, una percezione *immanente*, di fronte alla percezione *trascendente* dell'oggetto esterno. Apparire ed essere non coincidono per l'oggetto esterno, ma *coincidono per la coscienza*. In tal senso la coscienza è la sfera della «posizione assoluta». Un'esperienza vissuta non può *non* esistere: se è un'esperienza, esiste come tale. Invece l'esperienza di un oggetto non garantisce infallibilmente la realtà dell'oggetto. Husserl riprende qui la tesi cartesiana, per la quale la realtà dell'oggetto è problematica, mentre è fuori dubbio la realtà dell'atto di coscienza con il quale si pensa l'oggetto stesso. Se l'intenzionalità è il rapporto effettivo della coscienza con l'oggetto trascendente, questo rapporto è, dal lato della coscienza, una *intuizione* dell'oggetto; e, dal lato dell'oggetto, è il rivelarsi alla coscienza, la sua *evidenza* alla coscienza stessa. Intuizione, evidenza e verità coincidono per Husserl. Ma per *oggetto* non devono intendersi soltanto le cose o gli oggetti materiali. Vi sono oggetti *ideali* che hanno un'esistenza diversa da quella degli oggetti materiali, ma che si comportano allo stesso modo nei confronti della coscienza. Tra gli oggetti ideali vi sono le *essenze*, cioè i concetti universali di tutte le cose reali, materiali o spirituali che siano. Queste essenze sono date alla coscienza, cioè sono intuite da essa; e tale intuizione è detta da Husserl *intuizione eidetica* (*eidos* = essenza).

Intuizione, evidenza e verità

Nelle opere posteriori, a partire dalle *Meditazioni cartesiane* del 1931, il metodo della riduzione fenomenologica è applicato da Husserl alla costituzione dell'io e ai suoi rapporti con gli altri. La riduzione fenomenologica mette immediatamente in luce un *io trascendentale* che non ha niente a che fare con l'io empirico e naturale dell'uomo. Difatti l'io empirico e naturale è già parte del mondo, e di fronte a lui esiste già il mondo come esistono gli altri io. Soltanto l'io trascendentale si può proporre il problema della costituzione dell'io empirico, del mondo in cui esso vive e degli altri io. Considerare la struttura dell'io trascendentale significa cercare la *possibilità* di tutto ciò che nell'io trova origine, in quanto possibilità dell'io: la natura, la cultura, il mondo in generale. Con ciò l'io trascendentale diventa, in qualche modo, tutta la realtà, giacché in esso è racchiusa la possibilità di tutto ciò che esiste. Esso è quindi una coscienza che non ha vera e propria intenzionalità, in quanto l'intenzionalità, come abbiamo visto, è sempre il rapporto con un oggetto trascendente; e non c'è alcun oggetto che sia trascendente rispetto all'io trascendentale.

L'io trascendentale

Il pensiero di Husserl in tal modo sembra passare da una forma di *realismo* (dottrina dell'intenzionalità) a un radicale *idealismo* spiritualistico per il quale nulla c'è fuori della coscienza trascendentale. Ma su questo punto i testi del filosofo sono piuttosto oscuri e quindi oggetto di controversie critiche. Innegabile è comunque una certa tendenza idealistica impressa dall'ultimo Husserl alla fenomenologia.

Realismo e idealismo

5.

LA CRISI DELLE SCIENZE EUROPEE

La crisi delle scienze europee e la fenomenologia trascendentale è l'ultima opera, alla quale Husserl lavorò sino alla fine dei suoi giorni. Essa, che apparve postuma nel 1954, ha suscitato, negli ultimi trenta anni, un vasto interesse fra gli studiosi, ad alcuni dei quali è sembrata l'opera più «attuale» e stimolante del filosofo. Nella *Crisi* Husserl denuncia la decadenza che la cultura europea ha subìto per il prevalere del punto di vista oggettivistico proprio delle scienze naturali. Infatti il mondo della scienza è un mondo *simbolico*, costruito secondo parametri fisico-matematici. Un mondo, insomma, che cela ciò che Husserl (non senza tener presente Simmel) chiama «mondo della vita» (*Lebenswelt*), ossia la dimensione del vissuto e del concreto. Questo carattere della scienza, evidente sin dalla fondazione galileiana della fisica, si è andato sempre più realizzando nel mondo contemporaneo. In realtà, sostiene Husserl nel par. 33, la scienza «è una realizzazione dello spirito umano», che presuppone il mondo intuitivo e pre-riflessivo della vita. Lo stesso scienziato, è, prima di tutto, uomo fra gli uomini.

Mondo della scienza e mondo della vita

Le matrici umane della scienza

Di conseguenza, la «crisi» delle scienze europee di cui parla Husserl non consiste tanto in una crisi della loro scientificità, ossia della loro capacità di conoscere con successo il mondo, quanto nell'aver perso i contatti con la dimensione dei bisogni, delle emozioni, degli scopi, dimenticando che l'origine, il significato e il fine di tutte le attività umane è l'uomo stesso: «questa scienza non ha niente da dirci. Essa esclude di principio proprio quei problemi che sono i più scottanti per l'uomo, il quale, nei nostri tempi tormentati, si sente in balìa del destino; i problemi del senso o del non-senso dell'esistenza umana nel suo complesso [...]. Essi concernono l'uomo nel suo comportamento di fronte al mondo circostante umano ed extra-umano, l'uomo che deve liberamente scegliere, l'uomo che è libero di plasmare liberamente se stesso e il mondo che lo circonda. Che cosa ha da dire questa scienza sulla ragione e la non-ragione, che cos'ha da dire su noi uomini in quanto soggetti di questa libertà? Ovviamente, la mera scienza dei fatti non ha nulla da dirci a questo proposito: essa astrae appunto da qualsiasi soggetto [...]» (*La crisi* ecc., I, 2).

In che senso si può parlare di «crisi» delle scienze

Il mondo della vita, che per un pregiudizio secolare è rimasto ai margini della riflessione occidentale, rappresenta quindi il mondo al quale la scienza deve *ritornare*, dopo esserne necessariamente *partita*. In altri termini, il progetto fenomenologico vuol essere, in Husserl, «un ritorno all'uomo concreto, cioè alle operazioni reali del soggetto vivente [...] non è un rifiuto della tecnica o delle scienze particolari, ma esige che le tecniche e le scienze non perdano il significato e il fine delle loro operazioni, inventate dall'uomo per l'uomo [...]. La fenomenologia lotta per il trionfo delle scienze, delle scienze guidate dalla ragione, e in ciò è ravvisabile la sua profonda vocazione storica: della storia intesa come realizzazione infinita dell'uomo» (G. Sini). Husserl vede in questa «vocazione» il destino dell'umanità e in particolare dell'umanità *europea*, che è quella nella quale si esprime o realizza l'essenza dell'umanità intera. I filosofi, in questa prospettiva, diventano allora *funzionari dell'umanità*, responsabili non solo di fronte a se stessi ma anche di fronte al destino della specie.

Il ritorno al mondo della vita, ovvero il ritorno dell'uomo a se stesso

I filosofi come funzionari dell'umanità

Riportiamo tre brani tratti da *La crisi delle scienze europee e la fenomenologia trascendentale*, opera dell'ultimo Husserl, in cui si denuncia la crisi di un'intera civiltà, quella occidentale, fondata sulla prevalenza del pensiero «oggettivo», tipico delle scienze, e sulla dimenticanza dell'uomo e di quel «mondo della vita» che deve costituire il vero nodo focale della scienza.

TESTO 1 UNA CRISI DI SENSO

Si può seriamente parlare di una crisi delle nostre scienze in generale? Questo discorso, oggi consueto, non costituisce forse un'esagerazione? La crisi di una scienza comporta nientemeno che la sua peculiare scientificità, il modo in cui si è proposta i suoi compiti e perciò in cui ha elaborato la propria metodica, siano diventati dubbi. Ciò potrà valere per la filosofia, che attualmente minaccia di soccombere alla scepsi, all'irrazionalismo, al misticismo. Fintanto che la psicologia avanza ancora pretese filosofiche e non vuol essere una mera scienza positiva tra le altre, ciò potrà valere anche per essa. Ma come è possibile parlare in generale e seriamente di una crisi delle scienze, quindi anche delle scienze positive, della matematica pura, delle scienze naturali esatte, che noi non cesseremo mai di ammirare quali esempi di una scientificità rigorosa e destinata a continui successi? Certo esse, nello stile complessivo della loro teoresi sistematica e della loro metodica, si sono dimostrate passibili di evoluzione. [...] Sia che la fisica sia rappresentata da un Newton da un Planck o da un Einstein o da qualsiasi altro scienziato del futuro, essa è sempre stata e continua ad essere una scienza esatta. E lo rimane anche se hanno ragione coloro i quali ritengono che non sia possibile aspettarsi né perseguire una forma ultima dello stile secondo cui la teoresi è venuta costruendosi nel suo complesso.

Qualcosa di analogo vale evidentemente anche per altri grandi gruppi di scienze che noi usiamo annoverare tra le scienze positive, cioè per le scienze concrete dello spirito — qualunque sia il nostro atteggiamento di fronte alla loro controversa adozione dell'ideale di esattezza delle scienze naturali —, una problematicità che del resto investe anche il rapporto che corre tra le discipline biofisiche («concretamente» scientifiche) e quelle delle scienze naturali matematiche esatte. Il rigore scientifico di tutte queste discipline, l'evidenza delle loro operazioni teoretiche e dei loro successi, che ormai si sono imposti in modo vincolante e per sempre, resta fuori discussione. Soltanto riguardo alla psicologia, che pure pretende di essere la scienza fondamentale, astratta, definitivamente esplicativa rispetto alle scienze concrete dello spirito, non saremo, forse, tanto sicuri. Ma considerando che l'evidente scarto nel metodo e nelle operazioni deriva da uno sviluppo per natura più lento, si sarà generalmente disposti a riconoscere anche ad essa la sua validità. In ogni modo il contrasto tra la «scientificità» di questo gruppo di scienze e la «non-scientificità» della filosofia è indiscutibile. Perciò noi riconosciamo le buone ragioni dell'interiore protesta degli scienziati, sicuri del loro metodo, contro il titolo di queste conferenze.

Tuttavia può darsi che, procedendo da un altro ordine di considerazioni, cioè dalle diffuse lamentele sulla crisi della nostra cultura e sul ruolo che in questa crisi viene attribuito alle scienze, ci vengano incontro motivi che ci inducano a sottoporre a una *critica seria e peraltro estremamente necessaria* la scientificità di tutte le scienze, senza pertanto rinunciare al primo senso della loro scientificità, quel senso che è inattaccabile data la legittimità delle sue operazioni metodiche.

In effetti ci proponiamo di porci sulla via di quel mutamento, a cui già abbiamo alluso, di tutte le nostre considerazioni. Attuando questo mutamento ci renderemo conto ben presto che alla problematicità che è propria della psicologia, — non soltanto ai giorni nostri ma da secoli, alla «crisi» che le è peculiare — occorre riconoscere un significato centrale; essa rivela le enigmatiche e a prima vista inestricabili oscurità delle scienze moderne, persino di quelle matematiche, essa rivela un enigma del mondo di un genere che era completamente estraneo alle epoche passate. Tutti questi enigmi riconducono all'*enigma della soggettività* e sono quindi inseparabilmente connessi all'*enigma della tematica e del metodo della psicologia*. Tutto ciò non costituisce che una prima indicazione nel senso profondo di ciò che queste conferenze si propongono. Adottiamo come punto di partenza il rivolgimento, avvenuto allo scadere del secolo scorso, nella valutazione generale delle scienze. Esso non investe la loro scientificità bensì ciò che esse, le scienze in generale, hanno significato e possono significare per l'esistenza umana. L'esclusività con cui, nella seconda metà del XIX secolo, la visione del mondo complessiva dell'uomo moderno accettò di venir determinata dalle scienze positive e con cui si lasciò abbagliare dalla «prosperity» che ne derivava, significò un allontanamento da quei problemi che sono decisivi per un'umanità autentica. Le mere scienze di fatti creano meri uomini di fatto. Il rivolgimento dell'atteggiamento generale del pubblico fu inevitabile, specialmente dopo la guerra, e sappiamo che nella più recente generazione esso si è trasformato addirittura in uno stato d'animo ostile. Nella miseria della nostra vita — si sente dire — questa scienza non ha niente da dirci. Essa esclude di principio proprio quei problemi che sono i più scottanti dell'uomo, il quale, nei nostri tempi tormentati, si sente in balìa del destino: i problemi del senso o del non-senso dell'esistenza umana nel suo complesso. Questi problemi, nella loro generalità e nella loro necessità, non esigono forse, per tutti gli uomini, anche considerazioni generali e una soluzione razionalmente fondata? In definitiva essi concernono l'uomo nel suo comportamento di fronte al mondo circostante umano ed extra-umano, l'uomo che deve liberamente scegliere, l'uomo che è libero di plasmare razionalmente se stesso e il mondo che lo circonda. Che cos'ha da dire questa scienza sulla ragione e sulla non-ragione, che cos'ha da dire su noi uomini in quanto soggetti di questa libertà? Ovviamente, la mera scienza di fatti non ha nulla da dirci a questo proposito: essa astrae appunto da qualsiasi soggetto. Per quanto riguarda, d'altra parte, le scienze dello spirito, che pure, in tutte le loro discipline particolari e generali, considerano l'uomo nella sua esistenza spirituale, cioè nell'orizzonte della sua storicità, la loro rigorosa scientificità, si dice, esige che lo studioso eviti accuratamente qualsiasi presa di posizione valutativa, tutti i problemi concernenti la ragione e la non-ragione dell'umanità tematizzata e delle sue formazioni culturali. La verità scientifica obiettiva è esclusivamente una costatazione di ciò che il mondo, sia il mondo psichico sia il mondo spirituale, di fatto è. Ma in realtà, il mondo e l'esistenza umana possono avere un senso se le scienze ammettono come valido e come vero soltanto ciò che è obiettivamente constatabile, se la storia non ha altro da insegnare se non che tutte le forme del mondo spirituale, tutti i legami di vita, gli ideali, le norme che volta per volta hanno fornito una direzione agli uomini, si formano e poi si dissolvono come onde fuggenti, che così è sempre stato e sempre sarà, che la ragione è destinata a trasformarsi sempre di nuovo in non-senso, gli atti provvidi in flagelli? Possiamo accontentarci di ciò, possiamo vivere in questo mondo in cui il divenire storico non è altro che una catena incessante di slanci illusori e di amare delusioni?

E. Husserl, *La crisi delle scienze europee e la fenomenologia trascendentale*, trad. it. di E. Filippini, Il Saggiatore, Milano, 1968[3], pp. 33-36

1-84. Il passo si può ripartire in tre momenti, attraverso i quali Husserl chiarisce il titolo delle sue conferenze: «la crisi delle scienze europee».

1-32. Anzitutto Husserl si chiede se sia legittimo parlare di crisi delle scienze, dal momento che tutte le scienze (da quelle matematiche a quelle naturali e, finanche, a quelle umane) sono sicure del loro metodo e sono riconosciute valide. Ebbene, è legittimo, se ci si pone — afferma Husserl — da un altro punto di vista che non sia quello della scientificità obbiettiva.

33-62. Occorre dunque riconoscere, oltre al significato di scientificità proprio della scienza oggettiva, che è «inattaccabile data la legittimità delle sue operazioni metodiche», un altro significato relativo al senso che la scienza ha in riferimento all'«enigma della soggettività».

62-84. Da questo punto di vista è legittimo parlare di crisi delle scienze, perché la scienza esclude di principio proprio i problemi per cui si avverte la crisi: i problemi dell'uomo in quanto soggetto dotato di libertà. È da dire che nemmeno le scienze umane si occupano dell'uomo e del suo significato. Si potrebbe pertanto affermare sinteticamente che la crisi delle scienze è una crisi di senso, a cui pertanto si può rispondere non con un ulteriore sviluppo delle scienze, ma con l'avvento di un nuovo sapere, di una nuova scientificità capace di collegarci con quel mondo-della-vita che le scienze ignorano, anche se rappresenta il loro presupposto.

TESTO 2 IL MONDO DELLA VITA

Se noi teniamo presente tutto ciò, ci accorgiamo che un esplicito chiarimento della validità obiettiva e del compito complessivo della scienza esige innanzitutto una riconsiderazione del mondo già dato. Esso è già dato del tutto naturalmente a tutti noi, a noi in quanto persone nell'orizzonte dell'umanità, in qualsiasi connessione attuale con gli altri; è «il» mondo comune a tutti. Per questo, come abbiamo esaurientemente mostrato, il mondo è un terreno costante di validità, una sorgente costantemente disponibile di ovvietà, e noi, sia in quanto uomini pratici sia in quanto scienziati, ci occupiamo sempre di esso.

Ora, se questo mondo già dato deve diventare un tema autonomo, un tema di constatazioni scientificamente garantite, sono necessarie alcune precauzioni e accurate considerazioni preliminari. In quest'ambito non è facile attingere la chiarezza, stabilire chiaramente quali siano i compiti propriamente scientifici, e quindi universali, che vanno posti sotto il titolo di mondo-della-vita, e in quale misura possa sorgere in questo modo qualcosa di filosoficamente significativo. Già il primo tentativo di comprendere il suo peculiare senso d'essere, il quale risulta ora troppo angusto e ora troppo ampio, suscita parecchie difficoltà.

Il modo stesso con cui noi abbordiamo qui il mondo-della-vita in quanto tema scientifico lo fa apparire un tema accessorio e parziale nell'ambito del tema complessivo della scienza obiettiva. Quest'ultima, in generale e quindi anche in tutte le sue forme particolari (nelle singole scienze positive), è diventata incomprensibile proprio riguardo alla possibilità delle sue operazioni obiettive. Se essa, sotto questo aspetto, diventa un problema, noi dobbiamo sottrarci al suo interno movimento e dobbiamo raggiungere un punto di osservazione che sia al di sopra di essa, dobbiamo abbracciare con lo sguardo, in generale, le sue teorie e i suoi risultati nel nesso sistematico del pensiero predicativo e delle sue formulazioni, ma, d'altra parte, anche la vita, gli atti compiuti dagli scienziati nel loro operare in comune, le finalità, i termini finali e l'evidenza finale.

Tra l'altro vien posto in questione anche il costante ricorso, che avviene per mille vie, dello scienziato al mondo-della-vita e ai dati intuitivi che esso mette costantemente a disposizione; in questo ricorso dobbiamo far rientrare anche gli enunciati, che sono adeguati immediatamente ad esso, e sono definiti in via descrittiva allo stesso modo del giudizio pre-scientifico che è proprio delle formulazioni occasionali nell'ambito della vita pratica quotidiana. Perciò il problema del mondo-della-vita, oppure del modo in cui esso giunge e deve fungere per lo scienziato, è soltanto un tema parziale nell'ambito della totalità della scienza obiettiva. (E cioè al servizio di una sua compiuta fondazione).

Tuttavia è chiaro che, prima del problema generale della sua funzione per una fondazione evidente della scienza obiettiva, il problema del senso d'essere peculiare e costante di questo mondo-della-vita per gli uomini che vivono in esso ha buone ragioni per essere posto. Non sempre questi uomini nutrono interessi scientifici, e gli scienziati stessi non sono sempre occupati nel lavoro scientifico; inoltre, come mostra la storia, non sempre c'è stata nel mondo un'umanità che vivesse abitualmente nella dimensione di un interesse scientifico da molto tempo costituito. Il mondo-della-vita invece c'è sempre stato, prima di qualsiasi scienza, qualunque sia il modo d'essere che esso ha nell'epoca della scienza.

Si può quindi porre il problema del modo d'essere del mondo-della-vita in sé e per sé; ci si può porre completamente sul terreno di questo mondo direttamente intuitivo, mettendo fuori gioco tutte le opinioni e le nozioni della scienza obiettiva; si può considerare in generale quali siano i compiti «scientifici», e quindi da risolvere nella prospettiva di una validità generale, che si pongono riguardo al suo proprio modo d'essere. Tutto ciò non costituisce forse un grande tema di lavoro?

Quello che dapprima si presenta come un tema parziale compreso nel sapere teoretico, non si rivela forse alla fine come quella «terza dimensione» che è chiamata ad assorbire il tema «scienza obiettiva» (come tutti gli altri temi che rientrano nella «superficie»)? [...]

Il mondo-della-vita come tale non è forse l'universalmente noto, l'ovvietà che inerisce a qualsiasi vita umana, ciò che nella sua tipicità ci è già sempre familiare attraverso l'esperienza? I suoi orizzonti ignoti non sono forse semplicemente orizzonti di una conoscenza semplicemente imperfetta, e cioè già noti almeno nella loro tipicità più generale? Certo alla vita pre-scientifica questa conoscenza basta, come le basta il suo modo di trasformare la non-conoscenza in conoscenza e di attingere occasionalmente una conoscenza sulla base dell'esperienza e dell'induzione (di un'esperienza che continuamente viene verificata e che esclude costantemente le apparenze). Ciò basta alla prassi quotidiana.

Ma se si vuol compiere un passo in avanti, per pervenire a una conoscenza «scientifica», che cosa può essere messo in discussione se non gli scopi e le operazioni della scienza obiettiva? Ma la conoscenza scientifica non è forse, come tale, conoscenza «obiettiva» — orientata verso un substrato della conoscenza valido per chiunque in una generalità incondizionata? Eppure, paradossalmente, noi teniamo fermo alle nostre precedenti affermazioni ed esigiamo che non ci si lasci ingannare da una tradizione di secoli, dalla tradizione in cui siamo stati educati, e che non si sovrapponga il concetto tradizionale di scienza obiettiva a quello di scienza in generale.

Ibidem, pp. 151-153

1-64. In questo secondo passo Husserl si sofferma sulla necessità di una riconsiderazione del mondo già dato, di cui si tratta di comprendere il peculiare senso d'essere. Il passo si può ripartire in tre momenti: il mondo della vita visto nella prospettiva della scienza (rr. **1-32**) e nella prospettiva intuitiva (rr. **33-48**), da cui nasce l'esigenza di una nuova scientificità (rr. **49-64**).

1-32. Se affrontiamo il mondo della vita come tema scientifico, esso ci appare come un tema parziale nell'ambito della totalità della scienza obbiettiva.

33-48. Ma al mondo della vita (che c'è sempre stato, prima di qualsiasi scienza) possiamo guardare non in funzione della scienza e nell'ottica della scienza, bensì in una prospettiva direttamente intuitiva, mettendo fuori gioco tutte le opinioni e le nozioni della scienza obbiettiva. In tal modo ciò che appariva un tema parziale compreso nel sapere teoretico risulta un tema totale, in cui rientra il tema della stessa scienza obbiettiva.

49-64. Per affrontare scientificamente il mondo della vita occorre mettere in discussione il concetto di scientificità, nel senso che non si può più identificare con quello della conoscenza oggettiva. Occorre una nuova idea autentica e completa della scientificità che riconosca come la scientificità — richiesta per comprendere il mondo della vita — sia una scientificità peculiare.

UNA NUOVA SCIENTIFICITÀ

TESTO 3

Il titolo «mondo-della-vita» rende possibile e probabilmente esige tutta una serie di compiti scientifici diversi anche se, per essenza, reciprocamente connessi; e probabilmente appunto un'autentica e piana scientificità esige che questi compiti vengano trattati tutti insieme anche se secondo l'ordine essenziale della loro fondazione, e che non si proceda a trattarne scientificamente uno solo, per es. quello logico-obiettivo, trascurando completamente gli altri. Perciò non si è mai indagato scientificamente il modo in cui il mondo-della-vita funge da fondamento, il modo in cui sono fondate le sue molteplici validità pre-logiche rispetto alle verità logiche teoretiche. E probabilmente la scientificità, richiesta dal mondo-della-vita come tale e nella sua universalità, è una scientificità peculiare, non di ordine logico-obiettivo, una scientificità che, per essere definitivamente fondante, è la più alta nella scala dei valori.

Ma come realizzare questa diversa scientificità, a cui finora s'è sempre sovrapposta quella obiettiva? L'idea di verità obiettiva, nel suo stesso senso, è sempre stata determinata dal contrasto con l'idea di verità propria della vita pre- ed extra-scientifica. Quest'ultima ha una fonte ultima e profonda di verificazione nell'esperienza «pura» intesa nel senso che abbiamo indicato sopra, in tutti i modi della percezione, del ricordo, ecc. Ma questi termini devono essere intesi veramente nel senso in cui sono usati nella vita pre-scientifica; non devono cioè subire interpretazioni psico-fisiche, ecc. derivanti dalla scienza obiettiva. Per anticipare un punto importante: occorre innanzitutto evitare di ricorrere ai «dati della sensibilità», che si suppongono immediati, come se *essi* fossero effettivamente ciò che caratterizza immediatamente le datità puramente intuitive del mondo-della-vita. Il primum reale è l'intuizione «meramente soggettivo-relativa» della vita pre-scientifica nel mondo. Certo, per noi, il «meramente» ha una sfumatura di spregio che esprime la diffidenza tradizionale per la [*doxa*]. [...] Comunque stiano le cose riguardo all'attuazione o all'attuabilità dell'idea di una scienza obiettiva del mondo spirituale (e quindi non soltanto della natura) quest'idea di obiettività domina l'Universitas delle scienze positive dell'epoca moderna e il senso della parola «scienza» nell'uso comune. Già in questo si nasconde un tipo di naturalismo, in quanto questo concetto è attinto alla scienza naturale galileiana, per cui il mondo scientificamente «vero», il mondo obiettivo è sempre preliminarmente pensato come natura in un senso leggermente più vasto del solito. Il contrasto tra l'elemento soggettivo del mondo-della-vita e il mondo «obiettivo» e «vero» sta semplicemente in questo: che quest'ultimo è una costruzione teoretico-logica, la sustruzione di qualche cosa che di principio non è percettibile, di principio non esperibile nel suo essere proprio, mentre l'elemento soggettivo del mondo-della-vita si distingue ovunque e in qualsiasi cosa proprio per la sua esperibilità.

Il mondo-della-vita è un regno di evidenze originarie. Ciò che è dato in modo evidente è, a seconda dei casi, «esso stesso» dato nella percezione, e cioè esperito nella sua presenza immediata, oppure è ricordato nella memoria. Tutti gli altri modi di intuizione sono presentificazioni di questo «esso stesso». Qualsiasi conoscenza mediata che rientri in questa sfera, o, per parlare più in generale, qualsiasi modo di induzione ha il senso di un'induzione di qualcosa che è intuibile, di qualcosa che è possibile percepire «in persona» o ricordare in quanto già-stato-percepito, ecc. Qualsiasi verifica pensabile riconduce a questi modi dell'evidenza, perché l'«esso stesso» (dei singoli modi) sta in queste intuizioni come un elemento realmente esperibile e verificabile in modo intersoggettivo, e non è una sustruzione concettuale; mentre dall'altra parte, qualsiasi sustruzione concettuale, almeno in quanto pretende di essere vera, può attingere la sua reale verità soltanto riportandosi a queste evidenze.

Certo uno dei compiti più importanti della penetrazione scientifica del mondo-della-vita è quello di valorizzare il diritto originario di queste evidenze, la loro dignità di evidenze capaci di fondare la conoscenza rispetto a quella delle evidenze logico-obiettive. Occorre chiarire, occorre cioè mostrare in un'evidenza definitiva, come qualsiasi evidenza delle operazioni logico-obiettive su cui si fonda, sia per la forma sia per il contenuto, qualsiasi teoria obiettiva (la teoria matematica, la teoria delle scienze naturali), abbia le sue occulte fonti di fondazione nella vita ultima operante in cui la datità evidente del mondo-della-vita ha attinto e sempre di nuovo attinge il suo senso d'essere pre-scientifico. Dall'evidenza logico-obiettiva matematica, delle scienze naturali, delle scienze positive, così come le pratica il matematico nell'atto di perseguire e di fondare i suoi risultati, ecc., la strada riconduce all'evidenza originaria, in cui il mondo-della-vita è costantemente già dato.

Ibidem, pp. 153-157 passim

1-59. Il passo può essere suddiviso in tre parti: nella prima (rr. **1-24**) si pone il problema di come realizzare la nuova scientificità; nella seconda (rr. **24-47**) si presenta il contrasto mondo-della-vita e mondo scientifico; nella terza (rr. **48-59**) si insiste sulla peculiarità del mondo-della-vita e sulla necessità di studiarlo scientificamente.

1-24. Il mondo-della-vita va studiato scientificamente in modo da coglierlo come fondamento: questo reclama una scientificità che non è quella logico-obiettiva: «è una scientificità peculiare» (r. **9**).

24-47. La differenza tra mondo-della-vita e scienze positive sta nel fatto che quello è soggettivo e queste sono oggettive: tuttavia proprio la loro caratterizzazione oggettiva, frutto di una costruzione logico-teoretica, colloca le scienze al di sotto del percettibile, dell'esperibile, mentre la peculiarità del mondo della vita sta proprio nella sua costante esperibilità. Husserl per indicare il carattere specifico della costruzione scientifica parla di «sustruzione», cioè di substruzione, di sottocostruzione, appunto perché rimane al di sotto dell'esperibile (per esempio l'atomo, i quanti, la personalità, l'inconscio...).

48-59. Dunque, se «il mondo-della-vita è un regno di evidenze originarie» (r. **36**), il compito di una scienza di tale mondo è quello di evidenziare il valore di queste evidenze «capaci di fondare la conoscenza rispetto a quella delle evidenze logico-obiettive» (r. **50**). Si tratta, insomma, di disoccultare le fonti di fondazione della scienza obiettiva, rintracciandole appunto nel mondo delle evidenze originarie.

LABORATORIO FILOSOFICO

La fenomenologia *rappresenta uno degli indirizzi più importanti della cultura del Novecento. Il suo massimo esponente, E. Husserl, ha esercitato, infatti, una vasta influenza non solo sulla filosofia (in particolare su Heidegger), ma anche sui più disparati ambiti di indagine dell'esperienza umana, dalla psicologia, alla psichiatria, al fenomeno religioso (si veda la* Scheda di approfondimento*). Originale in Italia il "ritorno ad Husserl" operato da Enzo Paci (1911-1976), che ha tentato una sintesi tra le istanze della fenomenologia e quelle del marxismo, alla luce del comune interesse per il «mondo della vita» e i temi del lavoro, e vista la comune battaglia contro quella degradazione dell'uomo da "soggetto" ad "oggetto" che caratterizza sia il capitalismo che le moderne scienze europee*[1].
Ritornando a Husserl, ricordiamo che alla base delle sue molteplici indagini c'è la domanda sul senso *e il* valore della scienza, *problema comune a tanti altri pensatori contemporanei che sentirono tutta l'estraneità delle "scienze oggettive" rispetto alla vita e nutrirono la convinzione che le scienze, con il loro rigore matematico, non avessero da dire niente sulle questioni veramente importanti dell'esistenza (si pensi ad esempio a Wittgenstein). In ciò Husserl identificava la «crisi» delle scienze europee: «crisi» nel senso letterale del termine, ossia* frattura *che le separa e allontana dalla vita soggettiva dell'uomo. Assolutizzando il dato oggettivo, la scienza (dai Greci, all'età moderna, in particolare con G. Galilei, e progressivamente fino al Novecento) ha dimenticato la dimensione soggettiva dell'attività conoscitiva umana, che è alla base della stessa impresa scientifica. Per questo Husserl propone di mettere tra parentesi (*epochè*) la «realtà oggettiva» per sottolineare che gli oggetti hanno senso soltanto in rapporto alla coscienza del soggetto. La coscienza, però, a differenza di quello che propugnava l'idealismo, non è mai assoluta, ma è sempre «coscienza di qualche cosa», è intenzionalità. È sulla base di questi presupposti che Husserl concentra la sua attenzione su una forma più matura di scientificità, quella che riconosce nel soggetto e nel «mondo della vita» il fondamento di ogni cosa.*

1

Analizza il brano *Una crisi di senso* (T. 1), sottolineando con la matita i passi che ritieni più importanti in ordine ai seguenti punti:

a) la definizione di «scienza»;
b) il carattere della psicologia;
c) la crisi delle scienze (intesa come frattura o distanza rispetto ai problemi che veramente contano per l'uomo).
Stabilisci, altresì, un confronto con il pensiero di Wittgenstein sul «mistico» (cfr. cap. VIII).

2

Dopo aver letto i brani *Il mondo della vita* (T. 2) e *Una nuova scientificità* (T. 3),

- ☐ delinea i termini dell'opposizione tra scienze oggettive e «mondo della vita»;
- ☐ definisci i caratteri del «mondo della vita»;
- ☐ individua i tratti caratteristici del nuovo paradigma di scientificità che Husserl propone.

[1] A tal proposito citiamo le seguenti opere di E. Paci: *Funzione delle scienze e significato dell'uomo* (1963); *Idee per una enciclopedia fenomenologica* (1973); *Fenomenologia e dialettica* (1974).

SCHEDA DI APPROFONDIMENTO

Max Scheler e la fenomenologia della vita emotiva

L'analisi fenomenologica degli aspetti emotivi e pratici della coscienza si deve alle ricerche del filosofo tedesco Max Scheler (1874-1928). La sua opera più nota, intitolata *Il formalismo nell'etica e l'etica materiale del valore*, comparve per la prima volta nello «Jahrbuch» di Husserl tra il 1913 e il 1916. Ma l'opera che costituisce il suo maggiore contributo alla filosofia contemporanea è quella intitolata *Essenza e forme della simpatia* (1923).
L'etica di Scheler è un'analisi fenomenologica dell'esperienza emotiva, diretta allo scopo di mettere in luce gli oggetti specifici di quest'esperienza, cioè appunto i valori. Ma, come oggetti dell'esperienza fenomenologica, i valori non sono né beni né fini. Il bene è la cosa che incorpora un valore; il fine è il termine di un'aspirazione e di una tendenza che può aver valore come può non averlo; ma l'essere incorporato in una cosa o l'essere il termine di una tendenza non modifica in alcun modo l'essere del valore, che è dato in modo diretto e immediato all'esperienza emotiva. Tuttavia l'esperienza emotiva alla quale il valore si rivela non è la semplice emozione, per esempio un dolore o un piacere sensibile, ma è l'esperienza *intenzionale*, che Scheler chiama anche *intuizione emotiva*: in essa il valore è dato direttamente ed essa ha perciò con il valore la stessa relazione che una rappresentazione o un concetto hanno con il loro oggetto. Il mondo dei valori si presenta all'intuizione emotiva come un mondo oggettivo, cioè indipendente dal fatto o dall'atto dell'apprendimento dei valori; e come mondo oggettivo ha proprie leggi *a priori*. Queste leggi determinano in primo luogo la gerarchia dei valori, anch'essa indipendente dai valori realizzati o dalle attività che li realizzano. La prima modalità del valore è la serie del *gradevole o sgradevole*, ai quali corrisponde la funzione del sentire sensibile con i suoi modi del godere e del soffrire. La seconda modalità è l'insieme dei valori *vitali*: essa abbraccia tutte le qualità comprese tra il nobile e il volgare, che corrispondono ai modi del sentimento vitale (salute, malattia, vecchiaia e morte, ascesa e decadenza, esaurimento ed esuberanza, ecc.). Appartengono a questa modalità anche il buono o il cattivo, nel senso dell'abilità o dell'efficienza (per esempio, nella frase «buon artigiano»). La terza modalità dei valori comprende il campo dei *valori spirituali* che sono appresi dal sentire spirituale. Appartengono a questa categoria i valori estetici (bello e brutto), i valori giuridici che costituiscono il fondamento di ogni ordinamento giuridico, in quanto è indipendente da ogni legge positiva dello stato o della comunità; i valori della conoscenza pura, quali tenta di realizzarli la filosofia che, a differenza della scienza, non è guidata dallo scopo di dominare i fatti naturali. Approvare e disapprovare, stimare e disistimare, simpatizzare spiritualmente sono alcuni degli atti soggettivi in cui si apprendono questi valori. La quarta e ultima modalità dei valori è quella dei valori *religiosi* che si muovono tra il sacro e il profano. Corrispondono a questi valori i sentimenti della beatitudine e della disperazione, che non vanno confusi con quelli della felicità e dell'infelicità e sono determinati dalla vicinanza o dalla lontananza del sacro nella vita vissuta. L'atto con cui si apprendono i valori del sacro è una determinata maniera di amore, cui è essenziale rivolgersi a persone. Nella sfera del sacro il valore genuino è essenzialmente un valore personale. Queste quattro modalità del valore sono ordinate gerarchicamente: i valori nobile-volgare sono più alti dei valori gradevole e sgradevole; i valori spirituali sono più alti di quelli vitali e i valori del sacro più alti di quelli spirituali.
In quanto fondata sui valori, l'etica è un'etica materiale, che Scheler contrappone all'etica formale di Kant.
L'obiezione di Kant contro l'etica materiale, e cioè che questa non è possibile perché il bene, che dovrebbe essere assunto a suo fondamento, sarebbe soltanto un fine desiderato e perciò le norme dell'etica assumerebbero la forma di imperativi ipotetici (se desideri questo, fa' quest'altro), dipende secondo Scheler dalla confusione che Kant ha fatto tra valori e fini. I valori non sono dati come fini, ma come oggetti assoluti che tutti intuiscono nel loro ordine preferenziale con l'intuizione emotiva. L'universalità e l'autonomia dell'etica sono garantite dai valori in questo senso mentre non lo sarebbero da valori intesi semplicemente come fini.

(*segue*)

La fenomenologia come metodo di analisi dalla psichiatria al fenomeno religioso

Più che come un «sistema», la fenomenologia ha voluto porsi, sin dall'inizio, come un metodo di indagine obiettiva della realtà, avente come scopo la penetrazione delle «cose stesse» nelle loro strutture invarianti. Infatti, uno degli obiettivi di Husserl era quello di cogliere le cose «in carne ed ossa», al di là dei pre-giudizi con cui esse ci sono date comunemente e per lo più.

Ciò ha fatto sì che la fenomenologia si sia incarnata in una *tecnica di analisi* che si è diretta ai settori più svariati o alle «regioni» più diverse dell'esperienza umana, lasciando tracce rilevanti nella psicologia, nella psichiatria, nell'antropologia, nell'analisi della religione, nella cibernetica, nella linguistica, ecc. Non potendoci soffermare su questo insieme di ricerche, che segnano uno dei contributi più decisivi della fenomenologia alla cultura del nostro secolo, ci limitiamo ad accennare, come esempio, all'applicazione del metodo fenomenologico in psicologia e nello studio della religione.

L'utilizzazione della fenomenologia in sede psicologico-psichiatrica prende origine da Ludwig Binswanger, secondo il quale il terapeuta deve sforzarsi di penetrare fenomenologicamente nel mondo del malato di mente, in modo da intenderne in modo adeguato il vissuto patologico e la visione a-normale dell'esistenza, colmando in tal modo l'abisso che nel passato separava medico e paziente. Per quanto concerne la religione, i fenomenologi hanno dedicato ad essa delle analisi raffinate, cercando di enucleare le dimensioni strutturali e "universali" del fatto religioso. In questo settore si è distinto soprattutto Rudolf Otto (1896-1937), autore dell'opera *Il sacro* (1917). Secondo Otto la religione va indagata come forma autonoma e specifica, irriducibile ad altre esperienze, che lo studioso ha il compito di chiarire nelle sue forme strutturali-essenziali. Per Otto il «sacro» rappresenta la categoria propria dell'esperienza religiosa, in quanto l'individuo, nell'atto religioso, si rapporta ad un «qualcosa» che viene vissuto come «sacro» e «numinoso». Il contatto con esso dapprima è caratterizzato dal timore, poiché il numinoso è avvertito come *misterium tremendum*, ossia come una realtà onnipotente che incute timore e rispetto. Il Sacro si presenta infatti come ciò che sta *oltre* l'ordinario, il familiare e il comprensibile, nei confronti del quale l'individuo avverte il senso della propria nullità creaturale. In un secondo momento il Sacro è sentito come *fascinans*, ossia come realtà che affascina, richiama e stordisce.

Di conseguenza, l'esperienza religiosa si nutre di un'*ambivalenza* di fondo, che coincide con i suoi momenti fenomenologicamente rilevabili: senso di una realtà onnipotente, smarrimento e timore nei suoi confronti, fascino e attrazione per essa. Un altro contributo notevole all'analisi fenomenologica della religione proviene dallo scritto di Max Scheler intitolato *Vom Ewigen im Menschen* (*L'eterno nell'uomo*) del 1921, in cui viene accentuata la tesi della irriducibilità del fenomeno religioso alla metafisica, all'etica e alla politica, e in cui viene difesa la sua *autonomia*, nella convinzione, su base fenomenologica, che l'uomo, consapevolmente o inconsapevolmente, compie sempre «l'atto religioso» (= lo slancio verso l'Assoluto), per cui o si cerca Dio o un sostituto idolatrico di Dio (la scienza, la politica, il piacere, la ricchezza, ecc.).

GLOSSARIO E RIEPILOGO

Fenomenologia. In generale, è la descrizione o la scienza di ciò che appare (= i *fenomeni*). Nello specifico senso husserliano è la scienza *eidetica*, ossia quel tipo di pensiero che non studia i *dati di fatto*, bensì le essenze (= le strutture invarianti e universali delle cose).

Epochè. Termine di origine greca che significa «sospensione di giudizio». Husserl lo usa per indicare l'atteggiamento proprio del fenomenologo, il quale si sforza di mettere tra parentesi la realtà del mondo (e le teorie o i giudizi comuni intorno ad esso) per dirigere la sua attenzione esclusivamente sulle essenze (e sulla loro «descrizione disinteressata»). Ad esempio, una casa, dal punto di vista pratico-naturale, è un oggetto alla cui realtà siamo interessati: si può progettarla, costruirla, venderla, abitarla, ecc. In tutto ciò, è la sua realtà presente, futura o passata che ci interessa. Ma se esercitiamo l'*epochè*, cioè mettiamo tra parentesi la «realtà della casa», quello che ci rimane da considerare è l'essenza della casa stessa: che cosa è una casa, a che cosa serve, quali sono le sue caratteristiche o modalità, ecc. Fa parte di quest'essenza anche il fatto che, nell'esperienza pratica, la casa è considerata come realtà; tuttavia, nel considerare l'essenza noi non partecipiamo all'affermazione della realtà della casa: abbiamo messo tra parentesi l'affermazione della sua realtà, abbiamo esercitato l'epochè. Con essa abbiamo messo tra parentesi anche la realtà del mondo al quale la casa appartiene. In altri termini, il mondo non ci interessa più come posto in cui vivere e in cui avere o non avere una casa è molto importante, ma soltanto come oggetto di contemplazione di cui vogliamo conoscere i caratteri essenziali. Il passaggio dall'atteggiamento naturale, cioè della vita pratica, all'atteggiamento fenomenologico fondato sull'epochè (che il filosofo chiama anche *atteggiamento modificato* o *coscienza modificata*) coincide quindi con il passaggio ad un punto di vista contemplativo: «Se diciamo che l'io percepisce il mondo e ci vive dentro naturalmente, che è interessato al mondo, avremo allora, nell'atteggiamento modificato fenomenologicamente, un raddoppiamento dell'io: al di sopra dell'io ingenuamente interessato al mondo si stabilirà come spettatore disinteressato l'io fenomenologico» (*Meditazioni cartesiane*, § 15).

Riduzione eidetica. È l'atteggiamento che alla considerazione dei fatti o delle cose naturali sostituisce l'intuizione delle essenze.

Residuo fenomenologico. È il «residuo» che resiste all'*epochè* (v.). Infatti, per quanto possa essere messa tra parentesi la realtà trascendente di tutte le cose «costituite» dall'attività formativa della coscienza, non può essere neutralizzata la realtà trascendente della coscienza stessa (questo significa, cartesianamente, che mentre il mondo extracoscienziale potrebbe anche essere un'illusione, il *cogito* non può mai essere tale).

Intenzionalità. Intenzione è il termine scolastico con il quale si indicava il riferimento di una rappresentazione, di un concetto o di un atto di volontà all'oggetto rappresentato, pensato o voluto. Per Husserl l'intenzionalità non costituisce il contrassegno di un gruppo di fenomeni, ma la natura stessa della coscienza, che in ogni sua manifestazione (pensiero, fantasia, volizione, ecc.) si riferisce a qualche cosa di diverso da sé, cioè ad un oggetto pensato, fantasticato, voluto, ecc.

Oggetto. Come intenzionalità, la coscienza non è che l'atto di *trascendere* se stessa e di mettersi in *rapporto* con un oggetto. Quest'ultimo, pertanto, non si riduce ad una semplice idea che per esistere deve essere pensata. L'oggetto è precisamente un *oggetto*, ossia una realtà trascendente.

Noesis e noema. Nei fenomeni soggettivi (o *esperienze vissute*) bisogna distinguere la direzione verso l'oggetto (per esempio, il percepire, il ricordare, l'immaginare) che è detta da Husserl *noesis* e l'oggetto considerato dalla riflessione nei suoi vari modi di essere *dato* (per esempio, il percepito, il ricordato, l'immaginato) che è detto *noema*. Il noema è pertanto l'elemento oggettivo dell'esperienza vissuta, ma non è l'oggetto stesso, che è la cosa, intesa come *polo* intorno a cui vengono ad orientarsi e a raggrupparsi i noemi dell'esperienza vissuta.

Io trascendentale. Husserl distingue fra l'io *empirico* o *naturale* (che risulta in rapporto con il mondo e gli altri io) e l'io trascendentale o fenomenologico, che si pone il *problema* della *costituzione* dell'io empirico, del mondo in cui esso vive e degli altri io.

Realismo-idealismo. Da una iniziale forma di realismo (v. la dottrina dell'intenzionalità e dell'oggetto) l'ultimo Husserl sembra pervenire ad una forma di idealismo indirizzato a cercare nell'io, come scrive Abbagnano, la possibilità di tutto ciò che nell'io trova origine: la natura, la cultura, il mondo in generale. Altri studiosi contestano ogni interpretazione «idealistica» del filosofo, affermando che la fenomenologia si pone, sin dall'inizio, come movimento che va *al di là* del realismo e dell'idealismo. Al di là di queste diatribe critiche, una cosa è comunque certa, ossia che nel primo come nell'ultimo Husserl «possiamo avere davanti agli occhi l'essere solo correlatum di coscienza, come un che di coscienzialmente inteso» (*La filosofia come scienza rigorosa*).

Mondo della vita. È il mondo precategoriale del vissuto e del concreto, in cui gli uomini vivono, agiscono e comunicano da sempre. Husserl contrappone tale mondo a quello *simbolico* della scienza, che pur «rappresentando» il mondo della vita sgorga comunque sempre da esso.

Crisi delle scienze europee. Non consiste tanto in una crisi della loro scientificità peculiare, quanto nell'aver dimenticato che l'origine, il significato e lo scopo di tutte le attività umane è l'*uomo* stesso (di cui la filosofia rappresenta la coscienza riflessa).

INDICAZIONI BIBLIOGRAFICHE

Su Husserl:

R. Raggiunti, *Introduzione a Husserl*, Laterza, Bari 1970.
E. Beccarini, *La fenomenologia. Filosofia come vocazione*, Studium, Roma 1981.
AA.VV., *Husserl. La «Crisi delle scienze europee» e la responsabilità storica dell'Europa* (a cura di M. Signore), Angeli, Milano 1985.
E. Melandri, *Le «Ricerche logiche» di Husserl. Introduzione e commento alla prima ricerca*, Il Mulino, Bologna 1990.
R. Bernet - I. Kern - E. Marbach, *Edmund Husserl*, trad. it. di C. La Rocca, Il Mulino, Bologna 1992.
R. Lanfredini, *Husserl. La teoria dell'intenzionalità*, Laterza, Roma-Bari 1994.
S. Catucci, *La filosofia critica di Husserl*, Guerini Scientifica, Milano 1995.
R. Raggiunti, *Introduzione a Husserl*, Laterza, Roma-Bari 1995.
F.-W. von Herrmann, *Il concetto di fenomenologia in Heidegger e Husserl*, Il Nuovo Melangolo, Genova 1997.

Su Scheler:

F. Bosio, *L'idea dell'uomo e la filosofia nel pensiero di Max Scheler*, Abete, Roma 1976.
G. Morra, *Max Scheler, Una introduzione*, Armando, Roma 1987.
F. Bosio, *Invito al pensiero di Scheler*, Mursia, Milano 1995.
A. Lambertino, *Max Scheler*, La Nuova Italia, Firenze 1996.

Capitolo diciassettesimo

HEIDEGGER, JASPERS E SARTRE.
LA RIFLESSIONE SULL'ESISTENZA

HEIDEGGER, JASPERS E SARTRE. LA RIFLESSIONE SULL'ESISTENZA

1. CARATTERI GENERALI DELL'ESISTENZIALISMO

1.1. L'esistenzialismo come "atmosfera"

L'"atmosfera" esistenzialistica

L'esistenzialismo, oltre ad essere una filosofia in senso stretto, è un'"atmosfera" o un clima culturale che ha caratterizzato il periodo fra le due guerre mondiali e che ha trovato la sua maggior espressione nel secondo dopoguerra.

Tant'è vero che, se si sfogliano i giornali degli anni immediatamente successivi al secondo conflitto bellico, si trovano espressioni quali «romanzo esistenzialista», «moda esistenzialista», «canzone esistenzialista», «ballo esistenzialista» e persino, nella sezione della cronaca nera, «suicidio esistenzialista».

L'attenzione per gli aspetti *limitativi* o negativi della condizione umana

Ora, se si approfondiscono le modalità d'uso e le costanti di significato di questo termine, è agevole accorgersi che il sostantivo «esistenzialismo» e l'aggettivo «esistenzialista» figurano in tutti quei contesti di discorso in cui si vuole attirare l'attenzione sugli aspetti *limitanti* o esplicitamente *negativi* della condizione umana nel mondo, che l'esperienza tragica delle due guerre, con tutti i loro orrori e le loro distruzioni, ha contribuito a rendere ancora più evidenti. In altre parole, l'esistenzialismo, inteso come situazione storico-intellettuale, risulta definito da una accentuata sensibilità nei confronti della *finitudine* umana e dei dati che la caratterizzano, ossia di ciò che Jaspers chiama situazioni-limite: la nascita, la lotta, il patimento, il passare del tempo, la morte, ecc.

Matrici storico-culturali

Sulla formazione della "sensibilità" esistenzialistica, parallelamente alla delusione *storica* della guerra, ha pure contribuito la delusione *culturale* nei confronti degli ideali e delle correnti di pensiero di tipo ottocentesco. Come scrive Pietro Chiodi: «Bisognava dunque che il romanticismo esaurisse tutte le sue risorse (così nella forma idealistica come in quella positivistica); bisognava che la prima guerra mondiale facesse crollare tutto il mondo di illusioni nella necessità oggettiva d'un ordine di determinazioni progressivamente sottratte alla "negatività" individuale; bisognava che l'arte, attraverso il contatto con tipiche manifestazioni extraeuropee, vedesse dileguare l'assolutezza delle sue determinazioni strutturali (forma, spazio, figura, colore ecc.); bisognava che la scienza vedesse dissolversi nell'insensatezza la sua pretesa di offrire un sapere teologizzante; bisognava che la religione stessa si trovasse una volta ancora dinanzi al prevalere delle forze del male e della distruzione — perché rinascesse in tutta la sua tensione una situazione esistenzialistica e con essa l'istanza kierkegaardiana d'una filosofia esistenziale. La guerra, l'odio, la distruzione, il tradimento, la sconfitta, l'amara vittoria, facevano emergere gli scogli perennemente frapposti fra il mare dell'esistere ed il porto dell'assoluto: la morte, l'errore, la colpa, il nulla, l'impotenza, il tempo»[1].

[1] P. Chiodi, *L'esistenzialismo* (antologia), Loescher, Torino, 1965, pp. XXII-XXIII.

Per questi motivi, l'esistenzialismo si è collegato, sin dall'inizio, con certe manifestazioni letterarie in cui era più vivo il senso della problematicità della vita umana. L'opera di Dostoevskij e di Kafka sono due di queste manifestazioni. In Dostoevskij infatti si può scorgere sempre presente e operante il problema dell'uomo: dell'uomo che continuamente sceglie le possibilità della sua vita, le realizza e le conduce a termine portando il peso e la responsabilità di questa realizzazione; e continuamente si trova al di là di essa di fronte al proprio enigma risorgente, di fronte ad altre possibilità da scegliere e da realizzare. Nei *Fratelli Karamazov*, il progetto grandioso del Grande Inquisitore, che vuole rendere gli uomini schiavi e felici, cede di fronte al silenzio e allo sguardo del Cristo, simbolo di quella libertà costitutiva dell'uomo da cui discende ogni bene e ogni male possibile. Quanto a Kafka, egli ha realizzato nella sua opera il senso negativo e paralizzante delle possibilità umane, che Kierkegaard aveva già messo in luce. L'intera esistenza umana appare a Kafka sotto il peso di una condanna imminente: sotto la minaccia inafferrabile e inconcretabile, e tuttavia certa e ineliminabile, dell'insignificanza e del nulla, minaccia che s'interrompe e si conclude con la morte (*Processo*). Il tema dell'insicurezza fondamentale della vita, contro la quale non valgono né ripari né rifugi (come per l'animale della *Tana*); l'altro del richiamo incessante a una realtà stabile, sicura, luminosa che continuamente si promette e si annunzia all'uomo e continuamente lo elude e gli sfugge (*Messaggio dell'imperatore*, *Castello*); il tema della caduta nell'insignificanza e nella banalità quotidiana che toglie all'uomo perfino il suo carattere umano (*Metamorfosi*): questi temi sono l'espressione letteraria di ciò che l'esistenzialismo cerca di chiarire concettualmente nelle sue analisi.

Dostoevskij e Kafka

Dopo la seconda guerra mondiale, nell'ambito della situazione d'incertezza della società europea, dominata dalle distruzioni materiali e spirituali della guerra e lentamente avviata ad una ricostruzione difficile, la cosiddetta *letteratura* esistenzialistica, e in primo luogo l'opera letteraria di Sartre, costituisce l'anello di congiunzione tra la situazione di quel momento e le forme concettuali dell'esistenzialismo, che erano state elaborate in data anteriore. Infatti questa letteratura si è fermata soprattutto a descrivere le situazioni umane che recano in sé più fortemente impressa la traccia della problematicità radicale dell'uomo; e perciò ha sottolineato le vicende meno rispettabili e più tristi, peccaminose o dolorose, nonché l'incertezza delle intraprese, sia buone che cattive, e l'ambiguità del bene stesso che talora mette capo al suo contrario. Questi temi ricorrono anche nell'opera di Simone de Beauvoir, la quale, oltre che nella sua opera letteraria, ha illustrato l'ultimo di essi in uno scritto intitolato *Per una morale dell'ambiguità* (1947). E sono tratteggiati con molta originalità e forza negli scritti di Albert Camus (1913-1960), il quale nel *Mito di Sisifo* (1943) ha visto nell'eroe mitologico il simbolo dell'assurdità dell'esistenza umana sbilanciata tra l'infinità delle aspirazioni e la finitezza delle possibilità e culminante nella vanità di tutti i suoi sforzi. Nell'*Uomo in rivolta* (1951) Camus ha descritto nei suoi vari aspetti la «rivolta metafisica», intesa come «il movimento per il quale un uomo si erge contro la propria condizione e contro l'intera creazione». L'uomo in rivolta è il simbolo di un nuovo individualismo per il quale «*noi siamo* davanti alla storia e la storia deve fare i conti con questo *noi siamo* che a sua volta deve mantenersi nella storia». Il *noi siamo* significa la difesa della comune dignità umana, che «non posso lasciare avvilire in me stesso e neppure negli altri». Ma questa difesa non ha bisogno, anzi respinge, qualsiasi forma di assolutismo. Infine il *costume* esistenzialistico, proprio di talune avanguardie giovanili, riconoscibili per determinati modi di vestire o di portare i capelli, nonostante le sue forme superficiali e talora grottesche, ha rappresentato, nel dopoguerra, un altro anello di congiunzione ed è valso soprattutto come protesta contro i conformismi ipocriti e le false sicurezze.

La letteratura esistenzialistica

Camus

Il costume esistenzialistico

La letteratura esistenzialistica trova un corrispondente più generale nel *decadentismo* europeo.

Esistenzialismo e decandentismo

La relazione esistenzialismo-decadentismo è stata spesso sottolineata[2]. Più recentemente, Elio Gioanola, studioso del decadentismo aperto al discorso interdisciplinare, ha visto nell'esistenzialismo la più tipica «forma filosofica del Decadentismo», sottolineando in particolare il

[2] Si veda ad esempio lo studio di N. Bobbio, *La filosofia del decadentismo*, Chiantore, Torino, 1944.

comune tema della *morte*: «Col Decadentismo e con la insurrezione dell'inconscio, subentra la sensibilità di una presenza della morte dentro alla vita stessa [...]. Autenticità e morte diventano sinonimi: la morte, come più propria possibilità dell'esserci, sottrae alle tentazioni alienanti, assicurando all'artista l'originalità nella misura in cui lo affranca dal "si", cioè dal generico, dal già-detto, dal convenzionale, dall'equivoco, dalle "spiegazioni", dalla "chiacchiera". L'artista si mette nelle condizioni vere della libertà, che consiste appunto nell'essere, e nel diventare, ciò che si è»[3].

Ermetismo e tematiche esistenziali

Significativo è il caso dell'*ermetismo* italiano che, parallelamente alla nascita e all'affermarsi delle filosofie esistenzialistiche, insiste, per suo conto, su temi come la solitudine, l'illusione del vivere, la morte, il mistero, l'oblio, l'irrevocabilità del tempo, ecc. Ad esempio, già nel 1919 (riteniamo utile rilevarlo), Ungaretti scrive una raccolta di liriche intitolata *Allegria di naufragi*, in cui, parlando della vita come di un «naufragio» di speranze e di illusioni, e di un continuo disperato attaccarsi ad esse, usa un termine — quello di naufragio — che ricorrerà frequentemente, sia pure con significati tecnici specifici, anche in Jaspers e nella successiva produzione esistenzialistica. E la nota lirica *Soldati*:

Si sta / come d'autunno / sugli alberi / le foglie

è di per sé un "documento" di quel senso della *precarietà* umana che, vissuta drammaticamente negli anni della trincea, costituirà in seguito un motivo di buona parte della cultura compresa fra le due guerre. Tipico è anche il caso di Montale, che nelle sue poesie manifesta una forte sensibilità nei confronti della *sofferenza* che tormenta le creature («spesso il male di vivere ho incontrato») e dei *limiti* invalicabili dell'esistenza, nonché del mistero ultimo dell'essere e del tempo:

E andando nel sole che abbaglia / sentire con triste meraviglia / com'è tutta la vita e il suo travaglio / in questo seguitare una muraglia / che ha in cima cocci aguzzi di bottiglia (*Meriggiare pallido e assorto*, 13-17).

Tematiche analoghe ricorrono anche nelle liriche di Quasimodo e di Saba. Per quanto riguarda il primo, basti ricordare i versi profondamente «esistenziali» di *Ed è subito sera*:

Ognuno sta solo sul cuore della terra / trafitto da un raggio di sole: / ed è subito sera.

Del secondo sono emblematici i versi di *La capra* («... il dolore è eterno, / ha una voce e non varia...»). Tutte voci che riflettono eloquentemente quella *medesima* atmosfera storica e culturale entro cui si inscrive l'esistenzialismo.

1.2. L'esistenzialismo come filosofia

Caratteri *comuni* delle filosofie esistenzialistiche

Inteso in senso stretto e tecnico, l'esistenzialismo è un insieme di filosofie che pur nella loro peculiarità irriducibile risultano oggettivamente caratterizzate da taluni tratti *comuni*, che denunciano l'appartenenza ad un medesimo clima speculativo e che spiegano ad esempio perché *Essere e Tempo* di Heidegger o *L'Essere e il Nulla* di Sartre siano stati ritenuti entrambi, al di là dei diversi esiti, capolavori «esistenzialisti».

1) Nelle filosofie cosiddette esistenzialistiche assume un rilievo *centrale* la riflessione circa l'esistenza (foss'anche, come avviene in Heidegger, per raggiungere *altri* scopi da quelli di una pura analitica esistenziale).

2) L'«esistenza» viene intesa dagli esistenzialisti come modo d'essere *proprio* dell'uomo: un modo *specifico*, diverso da quello di tutti gli altri enti del mondo, perché segnato da talune caratteristiche peculiari.

3) Tale modo d'essere specifico viene descritto innanzitutto come un *rapporto* (o un insieme di rapporti) con l'essere. Sebbene ogni esistenzialista abbia una *sua* maniera di concepire «l'essere» con cui l'esistenza risulta in rapporto, in generale si possono distinguere gli esistenzialisti (come Sartre o Abbagnano) per i quali l'essere è soprattutto l'*essere esperienziale* (l'io, gli altri e il mondo), gli esistenzialisti (come Heidegger) per i quali l'essere è soprattutto una *realtà ontologica* e gli esistenzialisti (come Jaspers e Marcel) per i quali l'essere è soprattutto un *Assoluto divino*.

[3] E. Gioanola, *Il Decadentismo*, Studium, Roma, 1972, pp. 177 e 179.

4) Il rapporto esistenziale con l'essere — comunque inteso: l'io, gli altri, le cose, il Mondo, la Trascendenza, la Verità, ecc. — viene interpretato da tutti gli esistenzialisti come qualcosa in cui "ne va" dell'uomo e che richiede da lui una qualche *scelta* o *progetto* aperti al "rischio".

5) Di conseguenza, gli esistenzialisti ritengono che l'uomo non sia una realtà sostanziale e già data, ma un ente che si trova di fronte a determinate *possibilità* di realizzazione, che impegnano la sua *libertà* e che si collocano ai due estremi dell'*autenticità* e dell'*inautenticità*.

6) L'appello alla scelta e all'autenticità implicano che l'uomo, per gli esistenzialisti, viva come «*singolo*», ossia come un ente individuato, concreto e irripetibile, che ha una sua personale prospettiva sull'essere e che risulta direttamente chiamato in causa come tale («nessuno può decidere per un altro» come «nessuno può morire per un altro»).

7) Come rapporto individuato e concreto con l'essere, l'esistenza si trova sempre in una *situazione* altrettanto individuata e concreta, racchiusa dalla nascita e dalla morte.

8) In quanto struttura relazionale caratterizzata dalla singolarità, dal possibile, dalla scelta, dalla situazione, ecc. (e quindi da stati affettivi corrispondenti quali la paura, l'angoscia, la nausea, l'attesa...), l'esistenza risulta costitutivamente segnata dalla *finitudine* e dal limite.

Concetto tipico-ideale di esistenzialismo

In sintesi, l'esistenzialismo filosofico è un concetto storiografico che sta ad indicare tutte quelle forme di pensiero che, in un certo contesto cronologico e culturale, si sono trovate a condividere la visione dell'esistenza come modo d'essere proprio dell'uomo in quanto rapporto con l'essere (l'io, gli altri, il Mondo, Dio). Modo d'essere in relazione a cui l'individuo, nella sua singolarità finita e irripetibile, cioè situata nell'ambito di una determinata condizione storico-temporale, compresa fra la nascita e la morte, è chiamato a decidere, in vista della propria autenticità e realizzazione. Questo schema tipico-ideale, nella sua progettata *formalità*, ha il vantaggio di puntualizzare alcuni atteggiamenti di fondo che *accomunano* gli esistenzialisti, poiché nessuno di tali autori nega ad esempio che l'esistenza sia una peculiarità dell'uomo, che essa sia rapporto con l'essere o che risulti definita dalla singolarità, dalla scelta, dalla situazionalità o dalla finitudine, ecc., anche se tutti questi termini assumono ovviamente dei significati concreti specifici all'interno dell'universo di discorso di ciascun autore. Inoltre questo schema, pur essendo sufficientemente comprensivo, ha il vantaggio di essere neutrale e di non privilegiare a priori nessuna forma di esistenzialismo, e di includere in esso l'esistenzialismo «ontologico» come quello «umanistico», l'esistenzialismo «ateo» come quello «religioso». Per di più esso permette di comprendere come mai taluni filosofi risultino «esistenzialisti» in determinate opere, mentre lo siano di meno o cessino in parte di esserlo in altre (come avviene per il «secondo» Heidegger e il «secondo» Sartre).

L'influsso di Kierkegaard e della fenomenologia

Ciò che si è detto spiega anche perché l'esistenzialismo, all'inizio, abbia assunto il carattere di una *Kierkegaard-Renaissance*, rifacendosi alle dottrine del solitario pensatore danese, che per primo ha insistito con forza su concetti quali la singolarità, la possibilità, la scelta, l'angoscia, ecc. L'esistenzialismo, almeno in taluni autori, come Heidegger e Sartre, risulta anche influenzato dalla fenomenologia, sia a livello metodologico (per l'idea di una descrizione obiettiva delle strutture costitutive e invariabili dell'esistenza), sia a livello di contenuti (ad esempio per il concetto di intenzionalità della coscienza, ossia per il carattere di «apertura al mondo» dell'esistenza). Infine, i punti sopracitati spiegano perché l'esistenzialismo, nel momento stesso in cui si collega a Kierkegaard, prenda le distanze da tutte quelle filosofie ottocentesche e novecentesche che: **1)** misconoscono la finitudine esistenziale, identificando l'uomo con l'Assoluto; **2)** risolvono la singolarità dell'individuo in un processo impersonale (lo Spirito, la dialettica della storia) ove il problema del singolo *in quanto tale* cessa di avere importanza; **3)** mettono in ombra la rilevanza delle situazioni-limite dell'esistenza (nascita, morte, solitudine...) e degli stati d'animo che le accompagnano (angoscia, paura, speranza, ecc.); **4)** negano l'*iniziativa* e la *scelta*, ritenendo l'esistenza un «fatto» deterministicamente ricostruibile, oppure un veicolo di impulsi e di strutture in cui l'uomo più che agire è agito (come avviene nello strutturalismo, che infatti si è presentato subito, sin dall'inizio, in aperta polemica con l'esistenzialismo).

La polemica con filosofie che misconoscono la finitudine esistenziale

Le figure principali dell'esistenzialismo europeo sono Heidegger, Jaspers, Sartre e Marcel (quest'ultimo, che rientra piuttosto nel filone del cosiddetto «spiritualismo esistenzialistico», da taluni storici viene presentato come «spiritualista», più che come esistenzialista). Nel nostro paese l'esistenzialismo ha trovato i suoi esponenti più noti in N. Abbagnano (cfr. sotto *Scheda di approfondimento*) e in L. Pareyson (cfr. cap. XII, la scheda *Altre linee di tendenza dell'ermeneutica*). **Le figure principali dell'esistenzialismo europeo**

2. Heidegger

2.1. Essere ed esistenza

La prima grande figura dell'esistenzialismo contemporaneo è quella di Martin Heidegger (Messkirch 1889-1976).

Heidegger è stato scolaro di Rickert, ma ha subito principalmente l'influenza di Husserl al quale ha dedicato la sua opera *Essere e tempo* (1927). Professore prima a Marburgo, poi a Friburgo e per breve tempo rettore di questa università, Heidegger si tenne appartato dalla cultura ufficiale nel periodo del nazismo, per quanto in un discorso pronunciato da lui come rettore nel 1933, *L'autoaffermazione dell'università tedesca*, traspaiano i suoi legami con il regime (che non sono tuttora chiari e che in questi ultimi anni hanno dato luogo ad accese polemiche, sulle quali è ancora prematuro fare il punto). Prima di *Essere e tempo* Heidegger aveva pubblicato tre studi: *La dottrina del giudizio nello psicologismo* (1914); *La dottrina delle categorie e del significato in Duns Scoto* (fondato però sulla *Grammatica speculativa* che non è autentica); *Il concetto del tempo nella scienza storica* (1916). *Essere e tempo* si presenta come un'opera incompiuta: essa avrebbe dovuto essere completata da una terza sezione, «Tempo ed essere», dedicata al problema del *senso* dell'essere in generale; e seguita da una seconda parte storica che avrebbe dovuto esaminare la dottrina di Kant dello schematismo e del tempo, il fondamento ontologico del cogito cartesiano e la trattazione aristotelica del tempo (*Sein und Zeit*, 1935^4, pp. 39-40). Questi completamenti sono stati dati, per ciò che riguarda la dottrina kantiana, nel volume *Kant e il problema della metafisica* (1929) al quale seguirono due altri scritti importanti: *L'essenza del fondamento* (1929); *Che cos'è la metafisica* (1929). **I legami con il nazismo e le polemiche recenti** ***Essere e tempo***

Negli anni che seguirono a questi scritti, cioè a partire dal 1930, l'indagine di Heidegger subisce una svolta decisiva, nel senso che cessa di rivolgersi all'analisi esistenziale per la determinazione del senso dell'essere in generale e si trasforma in una ricerca che riconosce all'essere stesso l'iniziativa dello svelamento dell'essere. Questa seconda fase dell'indagine di Heidegger si è espressa negli scritti seguenti: *Hölderlin e l'essenza della poesia* (1937); *La dottrina platonica della verità* (1942); *L'essenza della verità* (1943); *Lettera sull'«umanismo»* (1947); *Holzwege* (*Sentieri interrotti*, 1950); *Introduzione alla metafisica* (1953); *Che cosa significa pensare?* (1954); *Conferenze e saggi* (1954); *Che cos'è questo — La filosofia?* (1956); *Sulla questione dell'essere* (1956); *Identità e differenza* (1957); *Il principio del fondamento* (1957); *La rassegnazione* (1959); *In cammino verso il linguaggio* (1959); *Nietzsche* (2 voll., 1961); *Il problema della cosa* (1962); *La questione del pensiero* (1969) – questi ultimi due pubblicati postumi. **La «svolta» del pensiero heideggeriano**

Lo scopo dichiarato della filosofia di Heidegger è quello di costituire un'ontologia che, partendo da quella vaga comprensione dell'essere che permetta almeno d'intendere e di porre la domanda intorno all'essere, giunga ad una determinazione piena e completa del senso (*Sinn*) dell'essere. Poiché in ogni domanda si possono distinguere tre cose: 1° ciò che si domanda; 2° ciò a cui si domanda o che è interrogato; 3° ciò che si trova domandando, nella domanda *Che cosa è l'essere?* ciò che si domanda è l'essere stesso, ciò che si trova è il *senso dell'essere*, ma ciò che si interroga non può essere che un *ente* giacché l'essere è sempre proprio di un ente. Stando ciò, il primo problema dell'ontologia è quello di determinare qual è l'ente che dev'essere interrogato, cioè al quale la domanda sull'essere è specificamente rivolta. Ora, questa stessa domanda con tutto ciò che essa implica (intendere, comprendere, ecc.) **I momenti strutturali della domanda intorno all'essere**

è il modo d'essere di un ente determinato che è l'uomo, che perciò possiede un *primato* ontologico sugli altri enti in quanto su lui deve cadere la scelta dell'interrogato. «Questo esistente che noi stessi sempre siamo — dice Heidegger — e che, fra l'altro, ha quella possibilità d'essere che consiste nel porre il problema, lo designiamo con il termine *Esserci* (*Dasein*)» (*Essere e tempo*, par. 2). In sintesi, nel problema dell'essere abbiamo un *cercato* (= l'essere), un *ricercato* (= il senso dell'essere) e un *interrogato* (= l'uomo o l'Esserci).

Il primato ontologico dell'ente-uomo (= il *Dasein* o l'*Esserci*)

L'analisi del modo d'essere dell'Esserci è dunque essenziale e preliminare per l'ontologia, giacché solo interrogando l'Esserci si può cercare che cos'è l'essere e trovarne il senso. Ma *il modo d'essere dell'Esserci è l'esistenza*: l'analisi di questo modo d'essere sarà quindi un'*analitica esistenziale* e tale analitica sarà l'unica strada per giungere alla determinazione di quel senso dell'essere che è il termine finale dell'ontologia.

L'esistenza come comprensione e *rapporto* con l'essere

L'esistenza come *possibilità* e *progetto*

La prima caratteristica dell'esistenza, evidenziata dalla sua capacità di porre il problema dell'essere, è la possibilità di «comprendere» l'essere, ovvero di *rapportarsi* in qualche modo all'essere (al proprio essere e all'essere in generale). La seconda caratteristica dell'esistenza risiede nel fatto che essa è essenzialmente *possibilità d'essere*: «L'Esserci — scrive Heidegger — *è* sempre la sua possibilità» (*ivi*, par. 9). In altri termini, l'esistenza non è una «realtà» fissa e predeterminata, ma un insieme di *possibilità* fra cui l'uomo deve *scegliere*. Questo significa che mentre le cose sono ciò che sono, ossia delle *semplici-presenze*, l'uomo è ciò che «ha da essere» ciò che è, in quanto, come possibilità, è ciò che lui stesso sceglie o *progetta* di essere.

***Ex-sistere* significa *trascendere* la realtà in vista della possibilità**

Quindi, il termine esistenza, riferito all'uomo, va inteso nel senso etimologico di *ex-sistere*, cioè (in questo caso specifico) di uno stare al di fuori o al di là di sé, nella dimensione della possibilità o del progetto. Per questo suo *trascendere* la realtà in vista della possibilità, l'Esserci appare conclusivamente come «l'ente a cui nel suo essere *ne va* di questo essere stesso», ossia come un ente il cui essere risulta permanentemente *in gioco*, a cominciare, come vedremo, dall'alternativa fra *autenticità* e *inautenticità*: «Appunto perché l'Esserci è essenzialmente la sua possibilità, questo ente può, nel suo essere, o "scegliersi", conquistarsi, oppure perdersi e non conquistarsi affatto o conquistarsi solo "apparentemente"» (*ivi*).

Comprensione *esistentiva* (od *ontica*) e comprensione *esistenziale* (od *ontologica*)

La scelta, ogni scelta, è un problema che si pone di fronte al *singolo* uomo e che dà luogo a quella che Heidegger chiama comprensione *esistentiva* od *ontica*, la quale concerne l'esistenza concreta di ognuno. La comprensione *esistenziale* od *ontologica* è invece quella che si propone di indagare *teoreticamente* le *strutture* fondamentali dell'esistenza (i cosiddetti "esistenziali"). Ma poiché l'esistenza è sempre individuata e singola, cioè non è mai l'esistenza di un uomo in generale o della specie uomo, ma sempre la *mia*, *tua*, *sua* esistenza, è evidente che la stessa analitica esistenziale si radica nella condizione esistentiva od ontica dell'uomo.

Il metodo fenomenologico

La comprensione esistenziale deve assumere, come suo *metodo*, quello *fenomenologico*, che ha come scopo quello di puntare direttamente sulle cose, ossia di *descrivere* (noi diremmo: fotografare), in modo *obiettivo* e *imparziale*, le strutture *essenziali* (ossia le dimensioni invarianti) del proprio campo di indagine. In altri termini, l'ideale della fenomenologia consiste, secondo Heidegger, «nel far vedere da sé ciò che si manifesta, così come da se stesso si manifesta» (*ivi*, par. 7), senza aggiunte o alterazioni.

L'analisi della quotidianità

Nell'analisi di quel *poter-essere* che è l'uomo, Heidegger, conformemente ai presupposti fenomenologici dell'«imparzialità», comincia ad esaminare l'uomo in quella che egli chiama «quotidianità» e «medietà», ossia nelle situazioni in cui l'Esserci si trova «innanzitutto e per lo più».

2.2. L'essere-nel-mondo e l'esistenza inautentica

L'essere-nel-mondo dell'Esserci ha la forma del *prendersi cura*, ovvero della *trascendenza* e del *progetto*

Visto nel suo concreto e quotidiano esistere, l'uomo è in primo luogo un essere-nel-mondo[4], ossia un *prendersi cura* delle cose che gli occorrono: mutarle, manipolarle, ripararle, costruirle, ecc. Tale prendersi cura ha le caratteristiche della *trascendenza* e del *progetto*. Infatti, l'Esserci, oltrepassando (= trascendendo) la realtà di fatto come si presenta a prima vista, costituisce (= progetta) la realtà secondo una totalità di significati facenti capo a lui stesso, ossia come un insieme di *strumenti* utilizzabili (la casa *per* abitare, il sentiero *per* camminare, la stella *per* orientarsi nella navigazione e così via). Poiché per l'Esserci trovarsi nel mondo significa prendersi cura delle

[4] I trattini indicano che si tratta di un *esistenziale*, ovvero di una determinazione *strutturale* dell'Esserci.

cose, l'*essere* di queste ultime, in relazione all'uomo, coincide dunque con il loro poter essere *utilizzate*. In altre parole, dire che l'uomo è essere-nel-mondo, trascendenza e progetto (che sono termini equivalenti) significa affermare che *l'uomo è nel mondo in modo tale da progettare il mondo stesso secondo un piano globale di utilizzabilità, che subordina le cose ai suoi bisogni e ai suoi scopi.*

Ma come l'esistenza è sempre un essere nel mondo, così è anche un essere fra gli altri. Heidegger non ammette né «un soggetto senza mondo», né «un io isolato senza gli altri». Ciò accade perché la «sostanza» dell'uomo non è «lo spirito come sintesi di anima e corpo» a partire dal quale si debba giungere all'essere delle cose e degli altri, ma è l'esistenza, che è fin da principio, e costitutivamente, *apertura* verso il *mondo* e verso gli *altri*. Come il rapporto tra l'uomo e le cose è un *prendersi cura* delle cose, così il rapporto tra l'uomo e gli altri è un *aver cura* degli altri. L'aver cura costituisce la struttura fondamentale di tutti i possibili rapporti tra gli uomini. Esso può assumere due forme diverse: può significare, in primo luogo, sottrarre agli altri le loro cure; in secondo luogo, aiutarli ad essere liberi di assumersi le proprie cure. Nella prima forma, l'uomo non si cura tanto degli altri quanto delle cose da procurar loro; la seconda forma apre agli altri la possibilità di trovare se stessi e di realizzare il loro proprio essere. Perciò la prima è la forma *inautentica* della coesistenza, è un puro «essere insieme»; mentre la seconda è la forma *autentica*, è il vero «coesistere» (*ivi*, par. 26).

Esistenza e coesistenza: l'*aver cura* degli altri

La trascendenza esistenziale, fondandosi sulle possibilità di essere dell'uomo, è nello stesso tempo un atto di *comprensione* esistenziale. Ma per comprendersi, l'uomo può assumere come punto di partenza o se stesso o il mondo e gli altri uomini. Nel primo caso, si ha una comprensione autentica, di cui vedremo in seguito la portata; nel secondo caso si ha la comprensione inautentica, che è il fondamento dell'esistenza anonima. L'*esistenza anonima* è quella di tutti e di nessuno; è l'esistenza del *Si*, cioè quella in cui il «si dice» o il «si fa» domina incontrastato. In essa tutto è livellato, reso «ufficiale», convenzionale e insignificante. L 'uomo è, in essa, tutti e nessuno, perché è ciò che sono tutti; ciò che sono tutti, non nel loro essere autentico, ma in un modo d'essere fittizio e convenzionale che vela l'essere proprio. Il linguaggio, che è per sua natura lo *svelamento* dell'essere, ciò in cui l'essere stesso si esprime e prende corpo, diventa nell'esistenza anonima *chiacchiera* inconsistente. Si fonda esclusivamente sul «si dice» e obbedisce all'assioma: «la cosa sta così perché così si dice». Un'esistenza così vuota cerca naturalmente di riempirsi e perciò è morbosamente protesa verso il nuovo: la *curiosità* è quindi l'altro suo carattere dominante: curiosità non per l'essere delle cose ma per la loro apparenza visibile, che perciò reca con sé l'equivoco. L'*equivoco* è il terzo contrassegno dell'esistenza anonima che, in preda alle chiacchiere e alla curiosità, finisce per non sapere neppure di che si parla o a che si riferisce il «si dice».

La *comprensione* autentica e inautentica

L'esistenza *anonima* e le modalità della *chiacchiera*, della *curiosità* e dell'*equivoco*

Queste determinazioni non implicano nel pensiero di Heidegger una condanna dell'esistenza anonima, giacché l'analisi esistenziale non pronuncia giudizi di valore. Essa si limita a riconoscere che l'esistenza anonima fa parte della struttura esistenziale dell'uomo, è un suo costitutivo *poter essere*. Alla base di questo poter essere c'è quella che Heidegger chiama la *deiezione*, cioè la caduta dell'essere dell'uomo al livello delle cose del mondo. La deiezione non è un peccato originale né un accidente che il progresso dell'umanità possa eliminare; fa parte essenziale dell'essere dell'uomo. È un processo interno, per cui quest'essere, nei suoi commerci quotidiani con le cose, scende al livello di un *fatto* e diventa effettivamente un fatto. La fattualità o l'effettività dell'Esserci è il suo *essere gettato* nel mondo in mezzo agli altri esistenti, al loro stesso livello. Questa condizione diventa evidente o meglio viene vissuta direttamente nella *situazione emotiva* in cui l'uomo si sente *abbandonato* ad essere ciò che è di fatto. La situazione emotiva si differenzia dalla comprensione esistenziale in quanto mentre questa è un continuo progettare in avanti, a partire dalle possibilità dell'esistenza, quella è piuttosto orientata all'indietro e fa perno sul fatto che l'uomo *c'è* ed è un esistente *fra* gli altri. Come vedremo (cfr. par. 2.3) le situazioni emotive fondamentali sono la paura e l'angoscia, corrispondenti all'inautenticità e all'autenticità.

La *deiezione*

L'*esser-gettato* e la *situazione emotiva* che lo rivela

La totalità di queste determinazioni dell'essere dell'uomo viene compresa nell'unica determinazione della *Cura*. La Cura (nel senso latino del termine) è la struttura fondamentale dell'esistenza.

La Cura è l'essere dell'Esserci, ovvero la struttura fondamentale dell'esistenza

Cura enim quia prima finxit, teneat quamdiu vixerit

«Poiché infatti fu la Cura che per prima diede forma all'uomo, la Cura lo possieda finché esso viva», ripete Heidegger con il poeta latino Igino, cui egli attribuisce un'intuizione prefilosofica della struttura profonda dell'esistenza. Si è visto che essere nel mondo significa

per l'uomo «prendersi *cura* delle cose» e «aver *cura* degli altri». La Cura esprime così la condizione fondamentale di un essere che, gettato nel mondo, progetta in avanti le sue possibilità; ma queste possibilità lo riconducono incessantemente alla sua situazione di fatto originaria, al suo essere gettato nel mondo. L'esistenza è in primo luogo un essere *possibile*, cioè un progettarsi in avanti; ma questo progettarsi in avanti non fa che cadere all'indietro, su ciò che già l'esistenza è *di fatto*. Tale è la struttura *circolare* e perciò conclusa e compiuta della Cura, in quanto costituisce l'essere stesso dell'uomo. È evidente che la Cura è la struttura dell'essere dell'uomo, in quanto tale essere è un essere nel mondo e in quanto, per ciò, esso decade nell'esistenza anonima quotidiana. A questa esistenza anonima, che come tale è inautentica, Heidegger assegna buona parte dell'esistenza umana.

L'Esserci è una *possibilità*, un progettare *in avanti* che non fa che cadere *all'indietro*, su ciò che l'esistenza è *di fatto* (= deiezione e inautenticità)

Non solo lo spazio e la parola, ma anche il conoscere scientifico e il conoscere mondano in genere appartengono all'esistenza quotidiana inautentica. E appartengono ad essa perfino le leggi morali e le teorie che ne cercano il fondamento. Per Heidegger, l'intero campo della normatività e dei valori, non essendo possibile né comprensibile fuori del rapporto dell'uomo con il mondo, appartiene all'esistenza quotidiana anonima e rimane fuori della soglia dell'esistenza autentica.

2.3. L'esistenza autentica

a) *La morte*

L'analisi esistenziale sinora condotta si è mossa nel campo della *quotidianità* e dell'*inautenticità*. Di conseguenza, è venuto il momento di considerare l'Esserci nella sua *totalità* e *autenticità*.

Nell'Esserci, osserva Heidegger, manca sempre ancora qualcosa che esso può essere e sarà. Ora, di questo qualcosa che manca fa parte la stessa «fine». La «fine» dell'Esserci è la *morte*. Bisogna quindi occuparsi di questo fenomeno, cercando di chiarirne la peculiarità *esistenziale*. La morte, chiarisce Heidegger, non è per l'uomo un termine finale, la conclusione, la fine della sua esistenza; non è neppure un fatto perché in quanto tale non è mai la propria morte. Essa è «come fine dell'Esserci, la possibilità dell'Esserci più propria, incondizionata, certa e, come tale, indeterminata e insuperabile». È la possibilità assolutamente *propria* perché concerne l'essere stesso dell'uomo. È una possibilità *incondizionata* perché appartiene all'uomo in quanto individualmente *isolato*. Tutte le altre possibilità pongono l'uomo in mezzo alle cose o fra gli altri uomini; la possibilità della morte isola l'uomo con se stesso. È una possibilità *insormontabile*, in quanto l'estrema possibilità dell'esistenza è la sua rinuncia a se stessa. È infine una possibilità *certa*: di una certezza che non ha l'evidenza apodittica delle verità in cui si rivela l'essere delle cose del mondo, ma che si connette in maniera essenziale all'aspetto autentico dell'esistenza umana. Soltanto nel riconoscere la possibilità della morte, nell'assumerla su di sé con una scelta anticipatrice, l'uomo ritrova il suo essere autentico e *comprende* veramente se stesso.

La morte come la *possibilità* «più propria» dell'Esserci, scegliendo la quale l'uomo ritrova il suo essere *autentico*

Ma poiché ad ogni comprensione si accompagna una situazione emotiva (cfr. par. 2.2) che ci pone immediatamente di fronte al nostro essere di fatto, così anche la comprensione di noi stessi alla luce della morte è accompagnata da quella specifica tonalità emotiva che è l'*angoscia*. L'angoscia, che Heidegger distingue kierkegaardianamente dalla *paura* (la quale ha sempre un oggetto *determinato* e riguarda la dimensione inautentica dei nostri commerci con il mondo), è quella situazione capace di «tenere aperta la costante e radicale minaccia» che proviene dalla morte, ovvero lo stato emotivo in virtù del quale «l'Esserci si trova di fronte al nulla della possibile impossibilità della propria esistenza» (*ivi*, par. 53). Di conseguenza, l'angoscia colloca l'uomo davanti al nulla. E in virtù di essa la totalità dell'esistenza diventa qualcosa di labile, di accidentale e di sfuggente, in cui il nulla stesso si presenta nella sua potenza di annullamento. Ma così l'angoscia rivela anche il significato autentico della presenza dell'uomo nel mondo, la quale, come vedremo, significa tenersi fermi nell'interno del nulla.

L'angoscia

L'esistenza quotidiana anonima è una *fuga* di fronte alla morte. L'individuo la considera come un caso fra i tanti della vita di ogni giorno, nasconde il suo carattere di possibilità immanente, la sua natura incondizionata e insormontabile, e cerca di dimenticarla, di non

La fuga inautentica di fronte alla morte

pensarci nelle cure quotidiane del vivere. La *decisione anticipatrice* progetta invece l'esistenza autentica come un *essere-per-la-morte*. Tale essere-per-la-morte non è affatto un tentativo di realizzarla (suicidio). Poiché la morte, esistenzialmente parlando, è una *possibilità*, essa non può venire intesa e realizzata che come pura minaccia sospesa sull'uomo. Non è neppure un'*attesa*, perché anche l'attesa non mira che alla realizzazione, e la realizzazione nega o distrugge la possibilità come tale. Essere-per-la-morte significa procedere al di là delle illusioni del *Si*, cioè dell'esistenza anonima, e, tramite un atto di libertà, accettare la possibilità più *propria* del nostro destino (Heidegger gioca sul fatto che «proprio» e «autentico» hanno in tedesco la medesima radice, ossia *eigen-*): «Ciò che caratterizza l'essere-per-la morte autenticamente progettato sul piano esistenziale può essere riassunto così: L'anticipazione svela all'Esserci la dispersione nel Si-stesso e [...] lo pone innanzi alla possibilità di essere se stesso, in una libertà appassionata, affrancata dalle illusioni del Si, effettiva, certa di se stessa e piena d'angoscia: la libertà per la morte» (*ivi*). Appurata la necessità di passare dall'esistenza inautentica (o impropria) a quella autentica (o propria) tramite l'essere-per-la-morte, nasce il problema di vedere se nell'Esserci vi sia qualcosa che *attesti* perentoriamente l'esigenza dell'autenticità, in modo tale che quest'ultima «non sia semplicemente bandita come esistentivamente possibile, ma risulti *richiesta* dall'Esserci stesso» (*ivi*).

L'essere-per-la-morte e la liberazione dalle illusioni dell'esistenza anonima

Il problema di vedere se nell'Esserci vi sia qualcosa che *richiami* l'Esserci all'autenticità

b) *La «voce della coscienza»*

Ciò che richiama l'uomo alla sua esistenza autentica è quel fenomeno che Heidegger denomina «voce della coscienza». Con questa espressione, adoperata al di là delle connotazioni moralistiche tradizionali, Heidegger intende il richiamo dell'esistenza a se stessa. Infatti, questa «voce» si rivolge all'uomo in quanto è immerso nel mondo e dominato dalla cura e lo richiama a se stesso, a ciò che egli autenticamente è e non può non essere. Qual è dunque questo nucleo solido, certo, intrascendibile, al quale la coscienza richiama l'uomo e sul quale deve fondarsi la sua esistenza autentica? Nella risposta a questa domanda è la parte centrale e decisiva dell'analitica esistenziale.

La «voce della coscienza» come ponte ideale gettato fra l'inautentico e l'autentico

Si è già visto che l'esistenza umana è costituita da *possibilità* e che su queste possibilità si fonda il suo progettare o trascendere. Tuttavia, pur trovandosi ad essere il fondamento di se stesso (in quanto scelta fra le varie possibilità), l'uomo, essendo un progetto-gettato, *non* risulta il fondamento del proprio fondamento. Da ciò la *nullità* (*Nichtigkeit*) di base che lo costituisce: «Esser-fondamento significa, quindi, non esser mai signore dell'essere più proprio [...] L'Esserci, essendo fondamento, *è*, come tale, una nullità di se stesso» (par. 58). Non solo: anche in quanto progetto concreto in atto, l'Esserci incontra il nulla, in quanto il progettarsi su delle possibilità è possibile solo mediante l'*esclusione* di altre possibilità, cioè tramite il «non» (*nicht*, da cui deriva il sostantivo *Nichtigkeit*) progettarsi su altre possibilità. L'Esserci risulta quindi *doppiamente* attraversato dalla negatività: «Il progetto, in quanto gettato, non è soltanto determinato dalla nullità dell'esser-fondamento, ma è essenzialmente nullo proprio in quanto progetto» (*ivi*). In altri termini, «La Cura, nella sua stessa essenza, è totalmente permeata dalla nullità. Perciò la Cura, cioè l'essere dell'Esserci in quanto progetto gettato, significa: il (nullo) esser-fondamento di una nullità» (*ivi*). Tale «nullità esistenziale», osserva Heidegger, non ha affatto il carattere della privazione, della manchevolezza rispetto a un ideale proclamato e non raggiunto, in quanto «È l'essere di quest'ente ad esser nullo precedentemente a tutto ciò che può progettare e solitamente raggiungere, ad esser nullo già come progettare» (*ivi*). Tutto ciò, conclude Heidegger, vuol dire che «l'Esserci è, come tale, colpevole» (tenendo presente che tale colpevolezza non deriva da una mancanza effettivamente compiuta, ma coincide con quanto di negativo l'Esserci porta con sé nella sua esistenza finita).

L'Esserci come fondamento infondato e «nullità di se stesso»

La scelta e il nulla

La «colpevolezza» dell'Esserci e il suo significato

Il richiamo che la «voce della coscienza» fa risuonare, all'essere autentico dell'Esserci, è per l'appunto il richiamo a questo *nulla*. Da ciò la necessità di una «decisione» maturata all'interno della situazione emotiva dell'angoscia: «il tacito ed angoscioso autoprogettarsi nel più proprio esser-colpevole è ciò che chiamiamo decisione» (par. 60). Ma decidersi per il nulla equivale di fatto, secondo Heidegger, a decidersi per l'anticipazione della morte (sebbene i critici divergano non poco circa l'interpretazione di tale collegamento). Detto altri-

La necessità di una «decisione» circa il proprio esser-colpevole

La «decisione» esistenziale coincide con la *decisione anticipatrice della morte*

menti, la «decisione» in merito al nostro esser-colpevoli, cioè alla nostra negatività originaria, si può costituire nella sua autenticità solo come *decisione anticipatrice* della morte: «La nullità, che domina originariamente l'essere dell'Esserci, gli si svela nell'essere-per-la morte autentico» (par. 62).

L'esistenza autentica è così, secondo Heidegger, quella che comprende chiaramente e realizza emotivamente (tramite l'angoscia) la radicale nullità dell'esistenza. In altri termini, se l'uomo in quanto progetto-gettato è costituito da una «nullità essenziale», non rimane che anticipare e progettare questo nulla, sotto forma di una decisione anticipatrice della morte, intesa come la possibilità propria ed estrema del nulla di sé: «Noi concepiamo esistenzialmente la morte come la possibilità già chiarita dell'impossibilità dell'esistenza, cioè come la pura e semplice nullità dell'Esserci» (*ivi*). Solo in tal modo l'Esserci entra in possesso della propria finitudine e si trova «in cospetto della nudità del suo destino». Solo in tal modo l'Esserci ratifica quella situazione per la quale egli, nello stesso momento in cui si apre all'essere, si installa e si mantiene fermamente nel nulla («di se stesso»).

Morte e negatività dell'esistenza

Da quanto si è detto risulta che la morte, in Heidegger, non ha solo la funzione (debole) di ricordarci «la non definitività di ognuna delle possibilità concrete che la vita ci presenta» (Vattimo), ma anche, e soprattutto, il compito di farci assumere la negatività strutturale dell'esistenza attestata dalla «voce della coscienza». E il fatto che il secondo Heidegger abbia cercato di procedere oltre tale negatività o di re-interpretarla alla luce della «svolta» ontologica del suo pensiero e del concetto dell'esistenza come evento eventualizzato dell'essere, non esclude che in *Essere e tempo* la negatività domini, testualmente, da un capo all'altro dell'analisi esistenziale, sino alle centrali e inequivocabili equazioni Cura = nulla, Esserci = nullo fondamento di una nullità.

2.4. Il tempo e la storia

Appurato che l'essere dell'Esserci è la Cura (cfr. par. 2.2), nasce il problema: qual è il *senso* della Cura? Intendendo per senso ciò che rende possibile e comprensibile qualcosa, Heidegger risponde che il senso della Cura è la temporalità. Infatti sono le stesse strutture dell'Esserci a rimandare ad altrettante dimensioni del tempo. Ad esempio, il *progetto* proietta l'Esserci verso il *futuro* (che si configura quindi come la dimensione fondamentale del tempo); l'*esser-gettato* inchioda l'Esserci al *passato*; la *deiezione* radica l'uomo nel presente inautentico del prendersi cura delle cose, cui si contrappone il presente autentico dell'*attimo* (ovvero della decisione anticipatrice della morte). In altri termini, la temporalità rappresenta il senso unitario della struttura della Cura, in quanto questa è «essere-avanti-a-sé» (progetto), «esser-già-in» (gettatezza) ed «essere-presso» (deiezione). Di conseguenza, il tempo non si aggiunge all'esistenza, cioè all'essere dell'uomo, sia pure come determinazione basilare. L'Esserci *è* tempo, o meglio, la temporalità è ciò che rende possibile l'Esserci nella totalità strutturale delle sue determinazioni.

La temporalità è il *senso* della Cura

La storicità come «ripetizione» e «destino», ossia come assunzione consapevole dell'eredità del passato e come fedeltà alle possibilità tramandate

Per quanto riguarda la *storicità*, il fondamento della teoria heideggeriana è che l'esistenza autentica, pur progettandosi come nullità radicale del mondo e di se stessa, non elimina il mondo, anzi lo presuppone nella sua realtà di fatto. In altri termini la comprensione dell'impossibilità radicale dell'esistenza, della sua nullità essenziale, non impedisce di *esistere come* questa impossibilità e nullità, anzi rende liberi di accettare l'esistenza così come essa è. E poiché l'esistenza è un coesistere con gli altri uomini e fra le cose del mondo, l'esistenza autentica conferisce all'uomo la possibilità di rimanere *fedele* al destino della comunità o del popolo a cui si appartiene. In altri termini, la storicità non è altro che l'assunzione dell'eredità del passato, ossia la ripresa deliberata e consapevole (la «ripetizione») delle possibilità tramandate (senza che ciò significhi una pura e semplice "restaurazione" del passato). Ripresa che coincide con il «destino», intendendo, con questo termine, «lo storicizzarsi originario dell'Esserci», ovvero l'atto con cui l'uomo «si tramanda in una possibilità ereditata e tuttavia scelta» (*ivi*, par. 74).

L'incompiutezza di *Essere e tempo*

Stabilito che il senso dell'Esserci è la temporalità e che il tempo (essendo l'Esserci l'«interrogato» di base dell'ontologia) rappresenta «l'orizzonte di ogni comprensione e di ogni interpretazione dell'essere» (come suggerisce il titolo del suo capolavoro), Heidegger avrebbe dovuto passare alla sezione intitolata «Tempo ed essere», relativa al «problema del senso dell'essere in generale». Ma tale sezione non è mai stata scritta, poiché nel frattempo il pensiero del filosofo tedesco è andato incontro ad un'autentica «svolta» (*Kehre*).

Heidegger stesso spiegherà più tardi che *Essere e tempo* è rimasto incompiuto per il venir meno del linguaggio, ossia per l'impossibilità di proseguire la ricerca e di dare un contenuto alla svolta sulla base del patrimonio terminologico della metafisica tradizionale.

I CARATTERI DELL'ESSERCI

TESTO 1

L'ente che ci siamo proposti di esaminare è il medesimo che noi stessi siamo. L'essere di questo ente è *sempre mio*. Nell'essere che è proprio di esso, questo ente si rapporta sempre al proprio essere. Come ente di questo essere, esso è rimesso al suo aver-da-essere. *L'essere* è ciò di cui ne va sempre per questo ente. Da questa caratterizzazione dell'esserci derivano due ordini di conseguenze:

1. L'«essenza» di questo ente consiste nel suo aver-da-essere. L'essenza (*essentia*) di questo ente, per quanto in generale si può parlare di essa, dev'essere intesa a partire dal suo essere (*existentia*). Ecco perché l'ontologia ha il compito di mostrare che, se noi scegliamo per l'essere di questo ente la designazione di esistenza, questo termine non ha e non può avere il significato ontologico del termine tradizionale *existentia*. Esistenza significa, per l'ontologia tradizionale, qualcosa come la *semplice-presenza*, modo di essere, questo, essenzialmente estraneo a un ente che ha il carattere dell'Esserci. A scanso di equivoci: per dire *existentia* useremo sempre l'espressione interpretativa *semplice-presenza*, mentre attribuiremo l'esistenza, come determinazione d'essere, esclusivamente all'Esserci.
   L'essenza dell'Esserci consiste nella sua esistenza. I caratteri che risulteranno propri di questo ente non hanno quindi nulla a che fare con le «proprietà» semplicemente-presenti di un ente semplicemente-presente, «avente l'aspetto» di essere così o così, ma sono sempre e solo possibili maniere di essere dell'esserci, e null'altro. Ogni esser-così, proprio di questo ente, è primariamente essere. Perciò il termine «Esserci», con cui indichiamo tale ente, esprime l'essere e non il che-cosa, come accade invece quando si dice pane, casa, albero.
2. L'Essere *di cui* ne va per questo ente nel suo essere, è sempre mio. L'Esserci non è perciò da intendersi ontologicamente come un caso o un esemplare di un genere dell'ente inteso come semplice-presenza. Per l'ente così inteso il suo essere è «indifferente» o, meglio ancora, «è» tale che ad esso, nel suo essere, non può risultare né indifferente né non indifferente. Il discorso rivolto all'Esserci deve, in conformità alla struttura dell'esser-sempre-mio, propria di questo ente, far ricorso costantemente al pronome *personale*: «io sono», «tu sei».

E di nuovo l'Esserci è sempre mio in questa o quella maniera di essere. L'Esserci ha già sempre in qualche modo deciso in quale maniera sia sempre mio. L'ente a cui nel suo essere ne va di questo essere stesso, si rapporta al suo essere come alla sua possibilità più propria. L'Esserci *è* sempre la sua possibilità, ed esso non la «ha» semplicemente a titolo di proprietà posseduta da parte di una semplice-presenza. Appunto perché l'Esserci è essenzialmente la sua possibilità, questo ente *può*, nel suo essere, o «scegliersi», conquistarsi, oppure perdersi e non conquistarsi affatto o conquistarsi solo «apparentemente». Ma esso può aver perso se stesso o non essersi ancora conquistato solo perché la sua essenza comporta la possibilità dell'*autenticità*, cioè dell'appropriazione di sé. *Autenticità* e *inautenticità* (queste espressioni sono state scelte nel loro senso terminologico stretto) sono modi di essere che si fondano nell'esser l'Esserci determinato, in linea generale, dall'esser-sempre-mio. L'inautenticità dell'Esserci non importa però un «minor» essere o un grado «inferiore» di essere. L'inautenticità può invece determinare l'Esserci, con concretezza più piena, nella operosità e nella vivacità, nella capacità di interessarsi e di godere.

Questi due caratteri dell'Esserci, il primato dell'*existentia* sull'*essentia* e l'esser-sempre-mio, bastano a far vedere che un'analitica di questo ente si trova innanzi a un campo fenomenico del tutto particolare.

M. Heidegger, *Essere e tempo*, trad. it. di P. Chiodi, Longanesi, Milano, 1976, pp. 64-65

1-44. Il passo, dopo una breve premessa (rr. **1-5**), si articola in due momenti (rr. **6-20** e rr. **21-41**) che vengono sintetizzati al termine (rr. **42-44**).

1-5. Anzitutto Heidegger caratterizza l'uomo come «esserci», cioè come essere che è sempre in situazione; da qui l'affermazione che l'essenza dell'esserci è l'esistenza. Ma — occorre aggiungere — si tratta di un'esistenza non come semplice presenza, bensì come progetto, nel senso che l'uomo tende a riorganizzare continuamente la realtà.

6-20. La prima conseguenza che scaturisce da questa impostazione è che l'uomo è essenzialmente possibilità di essere, cioè è «aver-da-essere», che vuol dire primato dell'esistenza sull'essenza. Si potrebbe affermare che l'essenza dell'uomo deve essere intesa a partire dalla sua esistenza, ma precisando che l'esistenza non è come per l'ontologia tradizionale modo d'essere (proprietà di una natura), bensì determinazione dell'essere (possibili maniere d'essere dell'esserci): pertanto l'Esserci esprime l'essere: ciò per cui gli enti sono (e non il che cosa sono). Dunque, l'analitica esistenziale porta ad una ontologia fondamentale, nuova rispetto all'ontologia tradizionale; infatti, per l'uomo il proprio essere non è una semplice presenza (*essentia*), ma possibilità e progettualità (*existentia*).

21-41. Ma proprio per questo (ecco la seconda conseguenza: dopo l'aver-da essere, l'«essere-sempre-mio»), l'uomo può scegliersi o perdersi. Si trova, cioè, di fronte all'alternativa fra autenticità e inautenticità, da intendere etimologicamente come conquista (autenticità quale appropriazione) o come non conquista o conquista solo apparente (inautenticità, che peraltro non comporta un minor grado d'essere, anzi può addirittura essere caratterizzata da una maggiore vitalità).

Più avanti Heidegger chiarirà il problema in riferimento alla morte: modo inautentico è considerarla come la fine dell'esistenza degli altri; modo autentico è considerarla condizione di possibilità dell'esistenza mia; infatti, nel primo caso, la morte è banalizzata come fatto, mentre nel secondo caso è assunta nei caratteri di possibilità e di fondamento della possibilità. Ebbene, è nella (libera) decisione anticipatrice della morte che l'esistenza diventa autentica: i caratteri che definiscono la morte (l'essere propria, incondizionata e insuperabile) definiscono anche l'esistenza autentica.

3. Il secondo Heidegger

3.1. La «svolta» (*Kehre*) e il superamento dell'esistenzialismo

Dal «primo» al «secondo» Heidegger: la «svolta»

Il compito dell'analitica esistenziale era quello di condurre ad un'ontologia, ossia alla determinazione del senso dell'essere. Essa ha proceduto interrogando quell'ente che per l'appunto si pone il problema dell'essere, cioè l'Esserci o l'uomo; e a quest'interrogazione l'Esserci ha risposto manifestando il nulla del suo essere, cioè *non* ha risposto. L'insegnamento che si deve trarre dalle conclusioni dell'analitica esistenziale è perciò che il senso dell'essere non si può ottenere interrogando un ente, sia pure l'ente primario o privilegiato; o, per meglio dire, che da questa interrogazione quel senso risulta chiarito in modo esclusivamente *negativo*: l'essere di cui si cerca il senso *non* è l'essere di un ente. Questo significato che le conclusioni dell'analitica esistenziale hanno per l'ontologia autentica è chiaramente illustrato da Heidegger nella *Introduzione alla metafisica*.

La «differenza» fra essere ed ente

La storia della *metafisica* occidentale è la storia dell'*oblio* dell'essere, cioè del *nichilismo*

Ma quest'opera è anche, nello stesso tempo, una critica e una dissoluzione della metafisica classica perché questa ha fatto, secondo Heidegger, proprio ciò che l'analitica esistenziale ha dimostrato non potersi fare: ha indagato il senso dell'essere a partire dall'essere degli enti. La metafisica è perciò in ultima analisi soltanto una «fisica». Essa si perde fra gli enti e dimentica l'essere (= nichilismo), è un oblio dell'essere che porta all'oblio di quest'oblio. Al piano della fisica soltanto appartengono, secondo Heidegger, la dottrina di Aristotele dell'essere come atto puro, quella di Hegel del concetto assoluto, quella di Nietzsche dell'eterno ritorno (*Introduzione alla metafisica*). Quanto a Platone, egli è stato il primo responsabile di questa degradazione della metafisica in fisica, perché, mentre i primi filosofi avevano concepito la verità come rivelazione dell'essere (secondo il senso etimologico della parola greca *a-lètheia* che significa svelamento), egli per primo ha capovolto il rapporto tra verità ed essere, fondando l'essere sulla verità. La verità in tal modo cessa di essere il disvelarsi dell'essere e diventa la normatività o l'oggettività (il *valore*) del pensiero umano. L'*idea* di cui parla Platone è uno sguardo sull'ente: la verità è la giustezza di questo sguardo (*La dottrina platonica della verità*). Da questa dottrina platonica all'affermazione di Nietzsche che la verità è «una specie di errore» c'è un passaggio graduale e necessario che è la storia stessa del nichilismo, di cui Nietzsche, con la sua riduzione dell'essere alla «volontà di potenza», rappresenta l'estrema propaggine, ovvero il compimento stesso della metafisica occidentale.

La sostituzione del pensiero dell'essere con il pensiero del valore in Platone

Nietzsche e il compimento della metafisica

Stando ciò, l'ontologia, il disvelamento dell'essenza dell'essere, non può essere il risultato dell'analisi dell'essere di un ente qualsiasi né in generale il prodotto dell'iniziativa di un ente. Può essere soltanto il prodotto dell'iniziativa dell'essere; e l'uomo può soltanto porsi nelle condizioni di accogliere questa iniziativa. Heidegger assume perciò come concetto fondamentale del suo filosofare quello della verità come non celarsi o disvelarsi dell'essere che già aveva illustrato nelle prime pagine di *Essere e tempo*. Il disvelarsi dell'essere suppone che l'uomo si apra all'essere e si renda disponibile per esso. L'uomo può misurare la verità della sua conoscenza mediante la conformità di essa alle cose (secondo il concetto tradizionale della *adaequatio intellectus et rei*) solo perché l'essere gli si svela attraverso le cose esistenti. Ma questo disvelamento implica che egli si renda libero per esso; presuppone la *libertà*, ed è anzi il significato originario della libertà e della verità. «La libertà di fronte a ciò che si rivela nel seno dell'apertura lascia che l'ente sia ciò che è. La libertà si scopre così come ciò che *lascia essere* l'ente» (*L'essenza della verità*). Verità e libertà s'identificano in quanto per l'uomo esser libero significa «abbandonarsi allo svelamento dell'ente come tale». Grazie a questo svelamento, l'uomo stesso è quell'ente che è; cioè si trova a sua volta ricompreso nella verità dell'essere. Ma la libertà in questo senso non ha nulla a che fare con l'iniziativa umana; è un dono, anzi il *dono preliminare* dell'essere all'uomo.

La verità coincide con il disvelarsi dell'essere stesso

Verità e libertà

Lo svelamento dell'essere — che Heidegger pensa come un accadere (*ereignen*) o un evento (*Ereignis*) — non è tuttavia mai *totale* e non è mai *diretto*. Che non sia totale significa che l'essere si nasconde nello stesso tempo che si rivela; e cioè che, mentre illumina l'ente, nel contempo lo svia e lo fa errare. Gli erramenti dell'ente costituiscono la *storia*, che è determinata da *epoche*, cioè da parziali svelamenti (o parziali nascondimenti) dell'essere. «L'epoca dell'essere appartiene all'essere stesso — dice Heidegger — essa è concepita in base alla concezione dell'oblio dell'essere. Dall'epoca dell'essere deriva l'essenza epocale del suo *destino*, in cui rientra l'autentica storia universale» (*Sentieri interrotti*). La rivelazione dell'essere non è diretta, perché avviene attraverso le cose e le cose non sono, da questo punto di vista, gli *utilizzabili* di cui si parlava in *Essere e tempo*, ma le unità in cui si manifestano i quattro aspetti dell'essere, la terra, il cielo, il divino e il mortale: per cui «abitare presso le cose» significa «incontrare l'annunzio della divinità», cioè dell'essere (*In cammino verso il linguaggio*).

L'essere come «evento» che si rivela e si nasconde al tempo stesso. Le *epoche* della storia

La numerosa serie di scritti che Heidegger è venuto pubblicando negli ultimi anni e che nel loro complesso costituiscono la seconda fase della sua filosofia in cui non c'è più traccia di esistenzialismo (se non nel senso dell'insegnamento negativo che l'esistenzialismo ha fornito per la costituzione di un'ontologia), illustra i concetti fondamentali della filosofia dal punto di vista che si è ora delineato. L'*esistenza* è da questo punto di vista «lo stare alla luce dell'essere». «L'uomo è gettato dall'essere stesso nella verità dell'essere, sicché, esistendo, custodisce la verità dell'essere e con ciò, nella luce dell'essere, l'ente appare come quell'ente che è». L'uomo non è il padrone dell'ente ma il *pastore dell'essere*. «Egli raggiunge in tal modo la totale povertà del pastore, la cui dignità consiste nell'esser chiamato dall'essere stesso a far la guardia alla sua verità». Il *pensiero* è sempre pensiero dell'essere, nel senso oggettivo e soggettivo di questo genitivo, cioè nel senso che è l'essere che pensa e che il pensiero non può pensare che l'essere. Pertanto esso non conduce ad alcun sapere come invece fanno le scienze, non apporta alcuna saggezza o alcun impulso all'azione né risolve enigmi. Appartiene all'essere, non all'uomo; e in quanto l'uomo pensa non può far altro che «lasciare che l'essere sia». L'abbandono (*Gelassenheit*) all'essere è pertanto il solo atteggia-

L'uomo non è il padrone dell'ente, ma il «pastore dell'essere»: la *Gelassenheit*

mento al quale il pensiero può condurre. È l'atteggiamento che si deve assumere di fronte allo stesso mondo della tecnica, che Heidegger interpreta come un tipico prodotto dell'epoca della metafisica. Infatti, riflettendo sull'*essenza* della tecnica, Heidegger arriva alla conclusione che essa, implicando un padroneggiamento conoscitivo e pratico dell'ente da parte dell'uomo, si connette strettamente all'oblio metafisico dell'essere a favore della soggettività umana e della sua «volontà di potenza». Di conseguenza, la tecnica non è il frutto di una semplice «macchinazione» umana, ma fa parte (nella sua nascita, nel suo sviluppo e nel suo eventuale superamento) della storia dell'essere.

L'essenza della tecnica

L'unica autentica e diretta manifestazione dell'essere è, secondo Heidegger, il linguaggio (v. par. 3.2, b). Già nella conferenza su Hölderlin e l'essenza della poesia (1937) e soprattutto nella *Lettera sull'«umanismo»*, Heidegger riconosceva nel linguaggio, e in particolare nel linguaggio poetico, la «casa dell'essere». La poesia è la lingua primitiva, che, dando nome alle cose, fonda l'essere. Tale fondazione non è una creazione, ma un dono: è un dono libero e, tuttavia, non capriccioso ma obbediente a una necessità superiore che i poeti fanno derivare dagli dèi ma che in realtà viene dall'essere (v. par. 3.2, c e d). Questi concetti sono rimasti a fondamento della speculazione successiva di Heidegger e della forma caratteristica che questa speculazione ha assunto, come ricerca incessante di nuovi significati delle parole o di nuove parole o di etimologie che dovrebbero svelare nuovi significati. In questa forma la filosofia, secondo Heidegger, si avvicina alla poesia giacché l'una e l'altra non fanno che svelare, attraverso le parole, il significato dell'essere. In questo svelamento tuttavia l'opera dell'uomo non è primaria. Non è l'uomo che parla ma il linguaggio stesso e, nel linguaggio, l'essere. L'uomo può parlare solo in quanto ascolta: la sua essenza consiste appunto nell'"ascoltare" il linguaggio dell'essere e nell'affidarsi ad esso.

Il linguaggio come «casa dell'essere»

Uomo e linguaggio

TESTO 2 L'UOMO È IL PASTORE DELL'ESSERE

Ma l'essenza dell'uomo consiste nel fatto che egli è qualcosa di più che un semplice uomo inteso come essere vivente fornito di ragione. Il «più» non deve esser qui pensato nel senso di una aggiunta quantitativa, come se la tradizionale definizione dell'uomo dovesse restare la determinazione fondamentale, e subire quindi un ampliamento mediante l'aggiunta della nozione di esistenza. Il «più» significa: più originario e quindi più essenziale nella sua essenza. Ma proprio qui compare l'enigma; l'uomo è nell'essere-gettato; cioè: l'uomo come risposta ek-sistente all'Essere è più che *l'animal rationale,* proprio in quanto è meno rispetto all'uomo che si concepisce, a partire dalla soggettività. L'uomo non è il signore dell'essente. L'uomo è il pastore dell'Essere. In questo «meno» l'uomo non ci rimette nulla, anzi ci guadagna, in quanto perviene nella verità dell'Essere. Guadagna l'essenziale povertà del pastore, la cui dignità consiste nell'esser chiamato dallo stesso Essere a guardia della sua verità. Questa chiamata viene con il gettare da cui si origina l'essere-gettato dell'Esserci. L'uomo nella sua essenza storico-ontologica è quell'essente, il cui essere in quanto ek-sistenza consiste nell'abitare nella vicinanza dell'Essere. L'uomo è il vicino dell'Essere.

Ma — mi vorrete obiettare già da tempo — tale pensiero non pensa appunto *l'humanitas dell'homo humanus?* Non pensa questa *humanitas* in un significato così decisivo, come nessuna metafisica ha pensato e mai poteva pensare? Non è esso umanismo nel senso più radicale? Certo. Esso è l'umanismo che pensa l'umanità dell'uomo a partire dalla prossimità dell'Essere. Ma è nello stesso tempo l'«umanismo» in cui è in gioco non l'uomo, ma l'essenza storica dell'uomo nella sua provenienza dalla verità dell'Essere.

M. Heidegger, *Lettera sull'«umanismo»* (a cura di G. Vattimo e A. Bixio), SEI, Torino, 1975, p. 120

1-21. Questo brano, tratto dalla *Lettera sull'«umanismo»* (1947), esprime il pensiero del cosiddetto secondo Heidegger (quello successivo alla «svolta»), che coglie l'essenza dell'uomo non nel possesso della ragione (l'*animal rationale* del r. **7**), ma nella sua vicinanza all'Essere. Questa nuova ottica fa scorgere l'uomo come «qualcosa che è più» e «meno» (rr. **1-10**) rispetto al semplice uomo quale veniva inteso tradizionalmente. L'uomo ha, infatti, la *povertà* e la *dignità* del pastore (r. **11**). Egli, da una parte, non è più concepibile come il padrone degli enti, ma dall'altra viene a trovarsi nella luce dell'Essere, a far la guardia alla verità dell'Essere (r. **12**). Con queste parole Heidegger sottopone a critica tutto il pensiero occidentale che, a suo avviso, ha sempre analizzato l'uomo a partire dalla sua *animalitas* (come essere biologico) e non in direzione della sua vera *humanitas*. In un altro passo della *Lettera* il filosofo osserva: «Il corpo dell'uomo è qualcosa di essenzialmente altro che un organismo animale. L'errore del biologismo non è ancora superato, in quanto si aggiunge al di sopra della corporeità dell'uomo, l'anima, lo spirito all'anima, (...) e si predica più forte che mai l'alto pregio dello spirito». La critica all'umanesimo della filosofia occidentale non deve, però, trarre in inganno: Heidegger non intende farsi paladino dell'*inumano* o della barbarie; al contrario, egli vuole mostrare che l'essenza storica dell'uomo consiste proprio nella sua prossimità all'Essere (rr. **19-20**) o, più precisamente, come dice in un altro luogo della *Lettera*, nell'ascoltare la voce dell'Essere, che parla attraverso la poesia. Di qui l'importanza della poesia nella riflessione del secondo Heidegger che, si ricordi, affidò la «svolta» del suo pensiero alla celebre conferenza romana su *Hölderlin e l'essenza della poesia*. Nel tempo della povertà, in cui gli Dei sono fuggiti dal mondo, quando «la notte del mondo distende le sue tenebre» e gli uomini si sentono senza fondamento – afferma Heidegger in *Perché i poeti?* della raccolta *Sentieri interrotti* (1950) — soltanto la poesia ci addita una *traccia* dell'Essere. «Le tracce — scrive Heidegger — sovente sono ben poco visibili, e sono sempre il retaggio di un'indicazione appena presentita. Esser poeta nel tempo della povertà significa: cantando, ispirarsi alla traccia degli Dei fuggiti. Ecco perché nel tempo della notte del mondo il poeta canta il Sacro. Ecco perché, nel linguaggio di Hölderlin, la notte del mondo è la notte sacra. (...) Noi dobbiamo imparare a udire ciò che dicono *questi* poeti, se non vogliamo vivere superficialmente e inconsapevolmente nell'età che nasconde l'essere mentre lo custodisce, calcolando il tempo semplicemente sulla scorta dell'ente e del suo smembramento» (*Perché i poeti?*, in *Sentieri interrotti*, trad. it. di P. Chiodi, La Nuova Italia, Firenze, 1991[6], p. 250). Nell'età che «calcola» il tempo avendo cura soltanto degli enti non è difficile scorgere l'allusione all'epoca della storia dell'Occidente che, dominato dalla tecnica e dalla ragione oggettiva, ha smarrito il senso dell'Essere e la verità. (Per un approfondimento di questo tema e del rapporto tra Heidegger e la poesia si rimanda al cap. 2 di D. Massaro - G. Fornero, *Fare filosofia. Temi, testi, laboratorio*, Paravia, Torino, 1999, vol. III).

3.2. Arte, poesia e linguaggio

a) *L'opera d'arte*

L'importanza *ontologica* delle riflessioni heideggeriane sull'arte

La dottrina dell'essere in termini di *Ereignis* o *evento* trova il suo *background* preparatorio – e il suo specifico terreno di elaborazione – nella teoria dell'opera d'arte. Infatti, è proprio nel corso delle riflessioni su quest'ultima che Heidegger, dalla concezione dell'essere come *nulla* dell'ente, perviene alla dottrina dell'essere come *evento*: «dal 1936, annota il filosofo, "evento" è la parola chiave del mio pensiero» (*Lettera sull'«umanismo»*). Questo spiega la centralità non solo cronologica, ma anche speculativa di due scritti della metà degli anni Trenta: *L'origine dell'opera d'arte* (conferenza del 1935, pubblicata nel 1936 e successivamente ricompresa in *Sentieri interrotti*, 1950) e *Hölderlin e l'essenza della poesia* (conferenza del 1936, pubblicata nel 1937 e successivamente ricompresa in *Delucidazioni sulla poesia di Hölderlin*, 1944).

Lo scopo e l'argomento di questi scritti non sono di tipo *estetico*, ma *ontologico*: «Il saggio su *L'origine dell'opera d'arte* si muove consapevolmente, e tuttavia inespressamente, nella direzione del problema dell'essenza dell'essere. La riflessione intorno all'essenza dell'arte è interamente e rigorosamente determinata dal solo problema dell'essere» (*Sentieri interrotti*).

Non è la *cosa* o il *mezzo* che serve a capire l'*opera* d'arte, ma l'opera d'arte che serve a capire la cosa e il mezzo

Arte e verità

Che cos'è un'opera d'arte? Dopo aver distinto fra semplice *cosa*, *mezzo* e *opera* e dopo aver mostrato l'insufficienza delle definizioni tradizionali della «cosa» (la cosa come portatrice di qualità, come ciò che è percepito dai sensi, come materia formata), Heidegger mostra come per comprendere l'essere-cosa della cosa e l'essere-strumento del mezzo sia indispensabile muovere dall'opera, intesa come opera d'arte. Secondo Heidegger, l'arte si configura come «il porsi-in opera della verità» (*Die Kunst ist das Sich-ins-Werk-Setzen der Wahreit*).

Vediamo in che senso.

Poiché la verità coincide con «il non-esser-nascosto dell'ente», dire che l'arte è la messa in opera della verità significa che il nucleo dell'opera d'arte è quello di mostrare la verità dell'ente e quindi, in prima battuta, il significato autentico delle cose e dei mezzi.

Questo non significa che Heidegger intenda rifarsi al tradizionale concetto dell'arte come *imitazione*. Infatti, a suo giudizio, più che *riprodurre* la verità, l'opera d'arte *istituisce* la verità.

Nell'arte è la verità stessa (e quindi l'essere in quanto *radura* dell'ente) che si mette in opera

Nell'arte è la verità stessa – e quindi l'essere – che si mette in opera. E poiché l'essere coincide con la «radura» al cui interno gli enti diventano visibili, ossia con l'aprirsi delle varie aperture storiche e dei vari orizzonti di senso, dire che l'arte è messa in opera della verità significa dire che l'arte è l'automanifestazione stessa dell'essere in quanto radura dell'ente e accadere di aperture storiche (cioè di mondi culturali: v. par. c).

La «lotta» fra Terra e Mondo

L'illuminarsi di un mondo per mezzo della verità fatta opera non corrisponde ad una illuminazione *totale*. Infatti la verità, come sappiamo, si configura sempre come un'apertura che è, nello stesso tempo, chiusura. In sede artistica, il gioco tra disvelamento e occultamento assume la forma di una «lotta» fra Terra (*Die Erde*) e Mondo (*Die Welt*). La Terra allude, per sommi capi, a quella zona *naturale* e *oscura* su cui l'uomo fonda il suo abitare. Zona che si costituisce come «permanente riserva di significati, sempre ulteriormente, e mai definitivamente, esplicitabili» (Vattimo). Il Mondo allude all'aspetto *culturale* dell'opera e coincide con il suo tratto pubblico e *manifesto*. Terra e Mondo si implicano a vicenda e risultano indissolubilmente connessi fra di loro. Il Mondo abbisogna della Terra come suo fondamento o terreno. La Terra abbisogna del Mondo perché attraverso di esso può indirettamente mostrarsi.

Reciproca implicanza di Terra e Mondo

Ogni arte è, nella sua essenza, Poesia

Giocando sul duplice significato del termine tedesco *Dichtung* (poesia, ma anche, come il greco *póiesis*, creazione, produzione) Heidegger, verso la fine di *L'origine dell'opera d'arte*, scrive che ogni arte è, nella sua essenza, Poesia, ossia un produrre che fa tutt'uno con il porsi in opera della verità. *N.B.* Heidegger, nello scritto citato, adopera due termini distinti per indicare la poesia: *Dichtung* e *Poesie*. La prima è la Poesia in senso *lato*, cioè la Poesia come storicizzarsi della verità ed essenza di ogni arte. La seconda è la poesia in senso *stretto*, cioè la poesia come specifica arte della parola. Pur affermando che le varie arti non rappresentano una sottospecie della poesia come arte della parola (*Poesie*), Heidegger finisce per assegnare, a quest'ultima, una sorta di primato rispetto a tutte le altre. Ciò accade perché egli scorge, nella *Poesie*, la forma *propria* del linguaggio, e, nella *Dichtung*, la *Poesie* nella sua essenza ultima. A questo punto, dal tema dell'arte siamo rimandati al (fondamentale) tema del linguaggio. Tema che già si annuncia negli scritti degli anni Trenta e che trova la sua espressione più compiuta nei saggi di *In cammino verso il linguaggio* (1959).

Dichtung e *Poesie*

La poesia come forma propria del linguaggio

b) *Il linguaggio*

L'uomo è tale in virtù del linguaggio

L'analisi heideggeriana del linguaggio muove da un rilievo fenomenologico: «L'uomo parla. Noi parliamo nella veglia e nel sonno. Parliamo sempre, anche quando non proferiamo parola [...] In un modo o nell'altro parliamo ininterrottamente. Parliamo, poiché il parlare ci è connaturato [...] Si dice che l'uomo è per natura parlante, e vale per acquisito che l'uomo, a differenza della pianta e dell'animale, è l'essere vivente capace di parola. Dicendo questo, non s'intende affermare soltanto che l'uomo possiede, accanto ad altre capacità, anche quella del parlare. S'intende dire che proprio il linguaggio fa dell'uomo quell'essere vivente che egli è in quanto uomo. L'uomo è uomo in quanto parla» (*In cammino verso il linguaggio*). Il fatto che l'uomo esista già da sempre *nel* linguaggio e *come* linguaggio non implica che il parlare intorno al linguaggio sia un'impresa facile: «In verità, avverte il filosofo, parlare sul linguaggio è forse anche peggio che scrivere sul silenzio» (*ivi*). Il linguaggio, a differenza di quanto sembrano ritenere la scienza del linguaggio e la filosofia del linguaggio, non può mai essere ridotto a distaccato *oggetto* di indagine. Ogni discorso *sul* linguaggio, compreso il metalinguaggio postulato dalla filosofia scientifica del nostro secolo, cade *all'interno* del linguaggio stesso e presuppone che esso si sia *già* rivolto a noi[5].

Inoggettivabilità e intrascendibilità del linguaggio

L'inoggettivabilità e intrascendibilità del linguaggio sono connessi alla *linguisticità originaria della nostra esperienza del mondo*, cioè al fatto che non esiste apertura di mondi – e dunque possibilità di incontro con gli enti – che non sia, in qualche modo, un evento *linguistico*: «Là dove non ha luogo linguaggio di sorta, come nell'essere della pietra, della pianta e dell'animale, non ha neppure luogo alcun aprimento dell'ente» (*Sentieri interrotti*). Infatti, è soltanto in virtù del linguaggio che gli enti possono apparire ed essere: «Il linguaggio, nominando l'ente, per la prima volta lo fa accedere alla parola e all'apparizione» (*ivi*). Come attesta, secondo Heidegger, un verso di Stefan George, a lui particolarmente caro:

La linguisticità originaria della nostra esperienza del mondo

«Nessuna cosa è (sia) dove la parola manca».

E tutto ciò non nel senso causale, ontico-metafisico, di una *creazione* delle cose da parte delle parole, ma nel senso che il linguaggio delinea l'ambito o l'orizzonte entro cui le cose vengono all'essere – e acquistano significato – per una determinata umanità storica.

A differenza di quanto ritengono le definizioni tradizionali, il linguaggio non è né la semplice estrinsecazione fonica dell'interiorità, né un semplice segno o strumento di comunicazione (concezione strumentalistica del linguaggio). Esso è piuttosto «la casa dell'essere», ovvero il *luogo* in cui si eventualizza l'evento dell'essere: «l'essere apre dei mondi [...] in quanto eventualizza dei vocabolari [...] delle "culture", in quanto istituisce dei linguaggi» (G. Vattimo). Casa o luogo di cui l'uomo non è il proprietario, ma l'ospite. In ogni caso, essendo gli esseri umani *die zum sprechen der Sprache gebraucht* (gli *usati* dal linguaggio per parlare), non sono tanto gli uomini a possedere il linguaggio, quanto il linguaggio a possedere gli uomini.

Il linguaggio come «casa dell'essere»

Il primato del linguaggio sull'uomo

Coincidendo con il manifestarsi[6] dell'essere e con l'illuminarsi del mondo, il linguaggio si identifica con quel *Dire originario* (*Sage*) che fa tutt'uno con l'*Ereignis*: «Dimora dell'Essere è il linguaggio, perché il linguaggio, come Dire originario, è il "modo" dell'*Ereignis*» (*In cammino verso il linguaggio*). L'*Ereignis* implica a sua volta una coappartenenza fra essere e uomo. Coappartenenza che, linguisticamente parlando, assume la forma dell'*appello* e della *risposta*. Infatti, poiché il linguaggio è annuncio o appello, l'uomo parla solo in quanto ascolta, cioè solo in quanto *risponde* ad esso. In sintesi, se il linguaggio è il modo di essere dell'*Ereignis* e se l'*Ereignis* implica una coappartenenza fra essere e uomo – che nel linguaggio si manifesta come unità di chiamata e ascolto – ne segue che l'evento dell'essere non consiste solo nell'appello, ma nell'*unità* indiscindibile di appello e risposta: «Questa cosa che ognora si annuncia come la stessa, questa coappartenenza di chiamata e ascolto, sarebbe allora "l'essere"?» (*La questione dell'essere*).

Il Dire originario

L'*Ereignis*, cioè l'evento dell'essere, si manifesta nel linguaggio, inteso come unità di chiamata e ascolto

c) *Poesia e civiltà*

Il linguaggio che meglio rivela l'*essenza* del linguaggio e che più di ogni altro si contrappone alla concezione strumentalistica di esso è il linguaggio poetico. Solo in quest'ultimo, e non in qualsiasi linguaggio (ad es. nel linguaggio logico-matematico), avviene l'automanifestazione dell'essere: «Il destino del mondo si annuncia nella poesia» (*Lettera sull'«umanismo»*), «La poesia è istituzione in parola dell'essere» (*Hölderlin e l'essenza della poesia*).

L'essere si dis-vela nel linguaggio poetico

La parola poetica coincide quindi con l'area del Dire primordiale e, instaurando il contesto linguistico entro cui le cose vengono all'essere, si configura, per definizione, come creatrice di civiltà e cultura. I poeti forniscono a un popolo la sua identità e istituiscono usanze e

La parola poetica come creatrice di civiltà e cultura

[5] Da ciò il «circolo ermeneutico» che è proprio del linguaggio. Anzi, il linguaggio è la forma tipica e concreta in cui esiste il circolo ermeneutico.

[6] Manifestarsi che, come sappiamo, è anche sempre un occultarsi: «Il linguaggio è avvento diradante-velante [*lichtend-verbegende*] dell'essere» (*Lettera sull'«umanismo»*, cit., p. 279).

costumi, presentandosi come gli autentici inventori della cultura di un popolo (e del complesso dei significati civili, etici, religiosi ecc. in cui essa si incarna). In altri termini, essendo «il nominare che istituisce l'essere e l'essenza di tutte le cose», la poesia non è un dire qualsiasi, ma «quello grazie al quale soltanto si mostra all'aperto tutto ciò che noi poi discutiamo e trattiamo nel linguaggio di tutti i giorni [...] La poesia è il linguaggio originario di un popolo» (*ivi*). Richiamandosi a un noto verso di Hölderlin:

«Ma ciò che resta, lo istituiscono i poeti».

e puntualizzando come la poesia non sia solo un ornamento o un entusiasmo momentaneo, Heidegger dichiara che:

Poesia e storia

«La poesia è il fondamento che regge la storia» (*ivi*).

Come chiarisce Vattimo: «È l'opera d'arte [...] che nel pensiero maturo di Heidegger apre e fonda i mondi storici, i quali esistono in definitiva proprio come sforzo di viverla, interpretarla, imitarla. Si pensi per questo al significato epocale di certe grandi opere d'arte di cui si è nutrita la tradizione dell'Occidente [...] Permanere nel mondo fondato dall'opera significa per così dire, vivere nella sua luce. La storia di un'epoca non è altro, in fondo, che esegesi di una o più opere d'arte in cui una certa "epoca" dell'essere si è istituita e aperta». Da ciò il rifiuto heideggeriano del modello storicistico. L'arte non esprime o rispecchia un'epoca, ma la *plasma*. Pertanto, non è attraverso una determinata epoca che si può comprendere il senso di un'opera, ma, all'opposto, è attraverso un'opera – e la costellazione di valori di cui essa è portatrice – che si può comprendere il senso di una determinata epoca.

L'arte non «rispecchia» un'epoca, ma la *plasma*

d) *Poesia e pensiero*

La tesi della vicinanza fra pensare e poetare

La valorizzazione heideggeriana della poesia e dell'arte si accompagna alla tesi della *vicinanza* fra pensare e poetare. È solo nel *dialogo* con la poesia, sostiene il filosofo, che il pensiero si avvicina all'essenza del linguaggio, e quindi all'essere: «Il linguaggio è la casa dell'essere. Nella sua dimora abita l'uomo. I pensatori e i poeti sono i custodi di tale dimora» (*Lettera sull'«umanismo»*). Convinzione che Heidegger esprime anche in una delle sue composizioni poetiche:

«Il poetare pensante è, in verità,
la topologia dell'essere.
Essa gli indica il villaggio
ove dimora la sua essenza»[7].

E ciò non nel senso che la poesia istruisca il pensiero, o viceversa, ma nel senso che l'*Ereignis* stesso implica il linguaggio come prossimità di pensare e poetare: «Ogni meditante pensare è poetare, ogni poetare è un pensare. Pensiero e poesia si coappartengono» (*In cammino verso il linguaggio*).

Il colloquio con gli antichi filosofi greci e con i poeti

Hölderlin come interprete privilegiato della modernità

Tutto ciò fa sì che il pensiero del secondo Heidegger si concretizzi in un assiduo colloquio con gli antichi filosofi greci e con la voce dei poeti. Nei frammenti di Anassimandro e Parmenide, negli aforismi di Eraclito, nella lirica di Hölderlin, Rilke e Trakl Heidegger cerca – ed è convinto di trovare – spunti preziosi per pensare l'enigma dell'essere. Hölderlin, in particolare, viene eletto a interprete privilegiato della modernità e dei problemi del presente. Infatti, nel tempo della «povertà estrema» di cui egli parla – nel tempo caratterizzato dal «non più» degli dèi fuggiti e dal «non ancora» del dio che viene – Heidegger scorge una sorta di metafora del nichilismo in atto e del suo prossimo superamento: «Il tempo della povertà estrema è il tempo in cui l'uomo, rotto il rapporto autentico con l'essere, si abbandona al proprio volere soggettivo, alla strumentalizzazione tecnica della natura, si fa mercante da angelo che è chiamato ad essere, si crede padrone dell'ente anziché il pastore dell'essere, filosofa anziché pensare, considera il linguaggio come strumento di baratto e di dominio,

[7] *Aus der Erfahrung des Denkens*, trad. it. in M. Heidegger, *Pensiero e poesia*, Armando, Roma 1977, p. 55.

dimentica gli Dei che fuggono dal mondo. È la notte del mondo, notte che raggiunge la sua estrema povertà a mezzanotte quando l'uomo, obliatosi, oblia l'oblio» (P. Chiodi).

Nichilismo e modernità: ovvero Nietzsche e Hölderlin. Con una essenziale differenza. Mentre Nietzsche rimane completamente all'*interno* del nichilismo, di cui rappresenta l'estremo compimento, Hölderlin va *oltre* il nichilismo e *anticipa*, per primo, un'età *nuova*: «Il poeta pensa nella regione delimitata da quella illuminazione dell'essere che, in quanto dominio della metafisica occidentale autocompientesi, è giunta alla sua configurazione conclusiva. La poesia pensante (*denkende Dichtung*) di Hölderlin ha contribuito a determinare questo dominio del pensare poetante (*dichtendes Denken*). Il suo poetare abita questa regione più familiarmente di qualsiasi altra poesia del suo tempo. La regione in cui Hölderlin è giunto è una rivelazione dell'essere che rientra nella struttura dell'essere stesso...» (*Perché i poeti?*). Da ciò la tesi, tipica del secondo Heidegger, secondo cui «La destinazione storica della filosofia culmina nella conoscenza della necessità [filosofica] di procurare udienza alla parola di Hölderlin» (*HGA* [Opere complete] LXV).

Nietzsche e Hölderlin

Di matrice hölderliniana è anche la dottrina poetico-filosofica del *Geviert* (quadratura), con cui Heidegger allude allo squadernarsi del mondo nelle quattro direzioni del *cielo* e della *terra*, dei *mortali* e dei *divini*. Direzioni su cui il filosofo non si sofferma in modo dettagliato (donde l'oscurità della dottrina), limitandosi a sottolinearne la *connessione unitaria*, ovvero il complesso *gioco di rimandi* attraverso cui ogni lato del quadrato è se stesso solo nell'atto di rinviare agli altri (cfr. *Saggi e discorsi*, trad. it., Mursia, Milano 1976, pp. 99 sgg. e pp. 118 sgg.). La teoria delle varie «direzioni» del mondo, dentro cui la parola poetica, nominando le cose, le fa apparire, viene ripresa in un passo di *La questione dell'essere*, dove Heidegger spiega come la cancellatura cruciforme del termine essere non alluda solo (in negativo) alla necessità di difendersi dal modo di pensare metafisico – e dalla sua tendenza a *separare* uomo ed essere – ma anche (in positivo) alle quattro contrade dell'eventualizzarsi dell'essere (*ivi*).

La dottrina del *Geviert*

e) *Ontologia ed ermeneutica*

Con l'accentuazione del nesso tra essere e linguaggio, l'ontologia diventa ermeneutica, «cioè esercizio di interpretazione di enunciati verbali, di parole e di discorsi» (G. Vattimo). Infatti, se le cose sono *nel* linguaggio e *come* linguaggio, il compito del pensiero diventa quello di *ascoltare* il linguaggio (come si è visto, per l'uomo *sprechen*, è *ent-sprechen*, corrispondere a ciò che il linguaggio dice, stare in ascolto: *hören*). Ascolto che assume la forma concreta dell'*interpretazione* del linguaggio. Ma se l'interpretazione rappresenta l'unica via per pensare l'essere e se la storia dei significati di una parola coincide con la storia dell'essere, ne segue che l'etimologia rappresenta una componente imprescindibile dell'ontologia, ovvero del tentativo di portarsi nelle vicinanze dell'essere. Da ciò l'etimologismo heideggeriano, operante soprattutto su parole greche e tedesche, di cui si esplorano i significati originari e le successive stratificazioni di senso. Etimologismo che non rappresenta un aspetto secondario (o «degenere») della filosofia di Heidegger, ma un suo aspetto primario e costitutivo.

L'ontologia come ermeneutica

L'«ascolto» del linguaggio

Etimologia e ontologia

L'ermeneutica dell'ascolto di Heidegger si configura come una ermeneutica *unterwegs*, un'ermeneutica *in cammino*. Rifiutando l'ideale metafisico della esplicitazione *completa*, Heidegger scorge, nell'essere, un appello *inesauribile* e mai totalmente *esplicitabile*. Egli pensa l'interpretazione come *Erörterung*. Termine che, alla lettera, significa discussione, ma che Heidegger, facendo leva sull'etimo (*Ort* = luogo), identifica con l'esercizio della «localizzazione» ermeneutica, ossia con quel procedimento che, invece di limitarsi a prendere atto di ciò che è detto esplicitamente in un discorso, colloca il detto nell'ambito del *non-detto* che lo nutre e lo regge, ossia in quel «luogo» (la verità chiaroscurale dell'essere) da cui ogni ente e ogni parola proviene. Il fatto che Heidegger discorra dell'essere in termini di «non-detto» (o di «mistero» e di «silenzio») non significa che la sua filosofia sia identificabile con una forma di misticismo dell'ineffabile. Essa tende piuttosto a configurarsi come quella che potremmo chiamare *una teoria della Differenza inesauribile*, cioè come un'ontologia ermeneutica che scorge, nell'essere, un *Altro* mai totalmente esplicitabile (o fagocitabile).

Un'ermeneutica «in cammino»

L'*Erörterung*

L'essere come *Differenza* inesauribile

3.3. La tecnica

Metafisica e tecnica

La metafisica trova il proprio compimento nella tecnica, che è la metafisica realizzata a livello planetario. A partire dagli anni Trenta, anche per influsso di Scheler e di Ernst Jünger, Heidegger comincia a scorgere, nella tecnica, la figura epocale tipica del nostro tempo, ossia il fenomeno che qualifica, in tutti i suoi aspetti, la civiltà contemporanea. Fenomeno che egli analizza in una serie di conferenze del 1949, la più importante delle quali è *L'imposizione* o *L'impianto* (*Das Gestell*), successivamente riedita con il titolo *La questione della tecnica* (*Die Frage nach der Technik*).

L'«essenza» della tecnica

L'indagine di Heidegger non verte sulle *manifestazioni* della tecnica, ma sull'*essenza* della tecnica. Essenza che, per il filosofo, «non è affatto qualcosa di tecnico». Da ciò la caratteristica della sua meditazione, che tende a configurarsi come un *pensiero non-tecnico sulla tecnica, avente per oggetto l'essenza non-tecnica della tecnica*. Heidegger dichiara che la tecnica è «un modo del disvelamento« (*La questione della tecnica*). Vediamo in che senso.

Tecnica e disvelamento

Tecnica *antica* e tecnica *moderna*

A suo giudizio, la tecnica era pensata dai Greci in termini di pro-duzione, ossia come un rendere manifesto (o dis-velato) ciò che prima non era tale (ad es. chi costruisce una cosa o modella un calice manifesta, o porta alla presenza, qualcosa che prima risultava assente). Anche la tecnica moderna, prosegue Heidegger, è un modo del disvelamento, che tuttavia non si dispiega nella forma della semplice produzione, ma in quella della *pro-vocazione* (*Herausforden*), ossia del *trarre fuori dalla natura energia da accumulare e da impiegare*. In altri termini, a differenza della tecnica degli antichi, che si limitava a *favorire* l'opera della *natura* e a seguirla nei suoi autonomi meccanismi, la tecnica dei moderni si configura come un'*accumulazione* di energia naturale messa a disposizione dell'uomo.

La tecnica come *pro-vocazione*

La tecnica come *fondo*

La pro-vocazione tecnica consiste quindi nel fatto che l'energia *nascosta* dalla natura viene messa allo *scoperto*, ossia immagazzinata, trasformata, ripartita ecc. L'energia accumulata assume la forma di un «fondo» (*Bestand*) in cui ogni cosa trova la sua precisa collocazione[8], cessando di essere un semplice «oggetto» per divenire una «riserva di energia» (obbediente alla logica della «ordinabilità» e dell'«impiego dell'impiegabile»). Ad esempio, l'aria cessa di essere vento in poppa per divenire fornitura di ossigeno; il suolo cessa di essere ciclica fecondità naturale per divenire agricoltura programmata ecc. «Ci sono ormai soltanto risorse: depositi, riserve, mezzi» (*Seminari*).

Il concetto di *Gestell*

Per descrivere «l'essenza» della tecnica moderna Heidegger usa il termine *Gestell*. In tedesco questa parola indica abitualmente una suppellettile, come un piedistallo o uno scaffale. Sulla falsariga di altre parole (*Ge-birg* = massiccio di montagne), Heidegger la scompone nel prefisso *Ge* («insieme») e nel verbo *stellen* («porre»), attribuendole il significato di *totalità del porre tecnico*. Totalità che assume la forma di una gigantesca macchina al servizio della volontà di potenza, nell'ambito della quale l'uomo, ponendo le cose come oggetto di manipolazione, risulta a sua volta sollecitato a nuove prestazioni, in una sorta di circolo senza fine.

Tecnica e volontà di potenza

Gestell, uomo ed essere

In quanto modo del disvelamento, il *Gestell* (che Volpi traduce con «impianto» e Vattimo con «im-posizione», termine che unisce la realtà del porre con quella del costringere) non dipende da un'iniziativa (o da una «macchinazione») umana, ma dall'essere e dal suo destino. Rifiutando la rappresentazione antropologico-strumentale della tecnica, ossia quella prospettiva che fa, di essa, un mezzo e un'attività dell'uomo, Heidegger dichiara che «L'im-posizione è un invio del destino come ogni modo di disvelamento» (*La questione della tecnica*). In altri termini, l'uomo provoca la realtà, cioè la riduce a «fondo», perché, da un certo punto di vista, è lui stesso pro-vocato in tal senso, ossia perché si trova ad esistere in quello storico e specifico modo del disvelamento che è il *Gestell* stesso: «Chi compie il richiedere provocante mediante il quale ciò che si chiama il reale viene disvelato come "fondo"? Evidentemente l'uomo [...] Ma sulla disvelatezza entro la quale di volta in volta il reale si mostra o si sottrae, l'uomo non ha alcun potere [...] Solo nella misura in cui l'uomo è già, da parte sua, provocato a mettere allo scoperto le energie della natura, questo disvelamento impiegante può verificarsi» (*ivi*).

[8] Cfr. U. Galimberti, *Invito al pensiero di Heidegger*, Mursia, Milano 1986.

Passando dall'analisi alla diagnosi, Heidegger sostiene che nel mondo della tecnica alberga un «pericolo» che non proviene, innanzitutto, dagli effetti mortali che possono avere le macchine, ma dal fatto che, a causa della tecnica, può andare smarrita: **1)** l'essenza dell'uomo; **2)** l'essenza della verità. Per quanto concerne il primo punto, quando il disvelato non si presenta neanche più come «oggetto», ma solo come «fondo» e l'uomo stesso, nell'assenza di oggetti, appare solo più colui che impiega e amministra il fondo, allora l'uomo cammina sull'orlo estremo del precipizio, ossia là dove egli stesso può essere preso solo più come fondo: «E tuttavia proprio quando è sotto questa minaccia l'uomo si veste orgogliosamente della figura di signore della terra. Così si viene diffondendo l'apparenza che tutto ciò che si incontra sussista solo in quanto è un prodotto dell'uomo. Questa apparenza fa maturare un'ulteriore ingannevole illusione [...] per la quale sembra che l'uomo, dovunque, non incontri più altri che se stesso [...] *In realtà, tuttavia, proprio se stesso l'uomo di oggi non incontra più in alcun luogo; non incontra più, cioè, la propria essenza*» (*ivi*).

Il «pericolo» della tecnica

Per quanto concerne il secondo punto, quando quella *peculiare* forma di disvelamento che è l'im-posizione viene vissuta come *unica* forma di disvelamento, ossia quando l'uomo, dando per scontata l'equazione essere = *Gestell*, non si accorge che il *Gestell* è soltanto *una* modalità del disvelamento e precisamente la sua modalità *nichilistica*, cioè quella in cui dell'essere come tale «non ne è più nulla», allora egli abdica di fatto alla sua essenza di pastore dell'essere e di custode della verità. In altri termini, in quanto metafisica realizzata, la tecnica coincide con il nichilismo compiuto, ovvero con quell'estremo oblio dell'essere che si manifesta sotto forma di un dominio incontrastato della volontà di potenza: «Nella configurazione del *Ge-Stell* si compie per Heidegger la decisione metafisica iniziatasi col pensiero di Platone, nel senso che si arriva alla realizzazione essenziale del padroneggiamento conoscitivo ed operativo dell'ente da parte dell'uomo pensato come soggetto-padrone, e quindi alla piena dimenticanza dell'essere» (F. Volpi). Al punto che se la tecnica è la metafisica realizzata, la metafisica è la tecnica prefigurata.

Tecnica, metafisica e nichilismo

> «Ma là dove c'è il pericolo, cresce
> anche ciò che salva»

Pericolo e salvezza

ripete Heidegger con Hölderlin, intendendo dire che la tecnica, in quanto pericolo supremo, contiene, in se stessa, anche una *chance* di salvezza suprema. La tecnica è quindi un «Giano bifronte», poiché se da un lato il *Gestell* produce un sempre più frenetico installarsi dell'uomo nella dimensione nichilistica della tecnica, dall'altro contiene la possibilità di un disvelamento più originario, in grado di fare spazio alla verità dell'essere. Tant'è che, nell'oscurità del *Gestell*, Heidegger scorge «un primo incalzante lampeggiare dell'*Ereignis*», ossia della luce post-metafisica dell'essere (*Identità e differenza*), arrivando a sostenere che «l'impianto è, per così dire, il negativo fotografico dell'evento» (*Seminari*).

La tecnica come «Giano bifronte»

Gestell* ed *Ereignis

In virtù di questo costitutivo rimandare all'essere-evento, di cui la parola poetica è manifestazione privilegiata, la tecnica non rappresenta una contingenza storica da fuggire romanticamente, ma un evento destinale da approfondire filosoficamente, cioè da assumere nella sua ambivalenza originaria di possibile annuncio, nel pericolo, della salvezza. In ogni caso, l'uomo non ha nessun «potere» sulla tecnica. Infatti, poiché la tecnica non è uno strumento (dell'uomo) ma un modo del disvelamento (dell'essere), essa costituisce un evento che sfugge alla nostra progettualità.

L'atteggiamento filosofico di fronte alla tecnica non è la fuga, ma l'approfondimento

La tecnica come evento *ontologico*

Di fatto, per Heidegger, di fronte alla tecnica non rimane che «l'attesa», in quella modalità *pensante* che è il domandare ontologico, cioè la riflessione *sull'*essere: «quanto più ci avviciniamo al pericolo, tanto più chiaramente cominciano a illuminarsi le vie verso ciò che salva, e tanto più noi domandiamo. Perché il domandare è la pietà del pensiero» (*La questione della tecnica*).

Tecnica e «attesa»

Nelle grandi dottrine politiche del Novecento – «comunismo», «fascismo» e «democrazia mondiale» – Heidegger scorge soltanto nomi diversi dell'«universale dominio della volontà di potenza», ossia manifestazioni concomitanti di quella organizzazione tecnica del mondo che manipola le cose e sfrutta la terra, all'insegna del più sfrenato consumismo: «Gli slogan del maggio 1968 contro la società dei consumi giunsero tanto in profondità da riconoscere nel consumo il volto *attuale* dell'essere?» (*Seminari*, cit., p. 142). Per cui, lungi dal gio-

Heidegger e i movimenti politici del Novecento

care *una* figura della modernità contro le altre, Heidegger ha finito per equiparare *tutte* le manifestazioni della modernità. Infatti, se negli anni Trenta egli aveva visto nell'hitlerismo una forma di «grande politica» in grado di cambiare totalmente la Germania e il mondo, in seguito ha finito per scorgere, nel nazismo, un'espressione conseguente della logica «nichilistica» e «tecnica» della modernità, pervenendo ad una sfiducia complessiva nella politica – ribadita anche nelle dichiarazioni del dopoguerra.

3.4. Il «superamento» della metafisica e «l'altro pensiero»

a) *La «fine» della filosofia*

Fine della metafisica e fine della filosofia

Heidegger fa coincidere la fine della metafisica con la fine della filosofia: «Il pensiero a venire non è più filosofia, perché esso pensa in modo più originario della metafisica, termine che indica la stessa identica cosa» (*Lettera sull'«umanismo»*, cit., p. 314).

Più in particolare, Heidegger dichiara che la filosofia è giunta alla fine (*in ihr Ende eingegangen ist*) poiché essa, nata come domanda sulle diverse regioni dell'essere, ha poi specificato il suo interrogare, sino a *smembrarsi* nelle singole scienze, lasciando alla cibernetica il compito di unificare i diversi ambiti del sapere: «La filosofia si dissolve in scienze autonome: la logistica, la semantica, la psicologia, la sociologia, l'antropologia culturale, la politologia, la poetologia, la tecnologia [...] La nuova scienza che unifica [...] tutte le varie scienze si chiama cibernetica» (*La questione della determinazione della "cosa" del pensiero*, trad. it. *Filosofia e cibernetica*, ETS, Pisa 1988, p. 31)[9].

Pensiero *essenziale* e pensiero *calcolante*

La fine della filosofia implica l'avvento di un *pensiero essenziale* antitetico al *pensiero calcolante* della scienza-tecnica: «Il pensare i cui pensieri non solo non calcolano, ma in generale sono determinati dall'altro rispetto all'ente, lo si chiami pensiero essenziale. Esso, invece di fare i conti con l'ente contando sull'ente, si prodiga nell'essere per la verità dell'essere» (*Poscritto* a *Che cos'è metafisica?* in *Segnavia*). Tale pensiero essenziale, che non ha nulla a che vedere con la scienza (in quanto «la scienza non pensa»)[10], si concretizza in un «pensiero memorante» (*Andenken*) avente lo scopo di mantenere vivo il problema dell'essere, al di là del lungo oblio che ha caratterizzato la metafisica lungo i secoli: «Memoria è il raccogliersi della rimemorazione (*Andeken*) presso ciò che è prima di ogni altra cosa da considerare» (*Che cosa significa pensare?* in *Saggi e discorsi*). E questo, come si è visto, all'insegna di un pensiero in grado di attuare un «salto» (*Sprung*) al di là della concettualità logica della filosofia e di coniugare pensare e poetare. Pensare-poetare e poetare-pensare di cui i primi filosofi greci, per quanto concerne l'antichità, e Hölderlin, per quanto concerne la modernità, sono i più alti modelli. Da ciò l'idea di un pensiero *post*-metafisico e *post*-filosofico capace di incarnare quella nuova ontologia di cui Heidegger si è fatto banditore.

L'*Andenken* e il pensiero postmetafisico e postfilosofico

Il superamento della metafisica non è opera dell'uomo, ma dell'essere

Il superamento della metafisica (e quindi della tecnica del nichilismo) non è opera *dell'uomo*. Se mai è possibile un pensiero postmetafisico, esso non può che scaturire da un diverso accadere dell'essere. Le affermazioni di Heidegger a questo riguardo sono esplicite. Poiché l'*essenza* del nichilismo non è una questione (*Sache*) dell'uomo, bensì dell'essere, in quanto «l'essere stesso si è recato nella storia in cui di se medesimo non ne è niente» (*Nietzsche*), ne segue che l'oblio dell'essere si configura, più profondamente, come un essere-abbandonati *dall'*essere stesso: «l'ente è abbandonato dall'essere [...] L'essere stesso si sottrae» (*ivi*). Ma se la metafisica non si identifica con un «errore» dell'uomo, bensì con la storia o il *destino* dell'essere nel suo darsi e sottrarsi epocale, ne segue che l'evento onto-storico del superamento della metafisica non è il risultato di un progetto umano, ma qualcosa che accade *a partire* dall'essere stesso: «Come e quando sia destino che accada, nessuno lo sa (*weiß niemand*)» (*La svolta*); «Superare e voler superare il nichilismo [...] significherebbe che l'uomo va da sé contro l'essere stesso nel suo rimanere assente. Ma chi, o che cosa, sarebbe mai abbastanza potente da andare contro l'essere stesso [...] e da portarlo a sottomettersi all'uomo?» (*Nietzsche*).

[9] Cfr. *La fine della filosofia e il compito del pensiero*, trad. it. in *Tempo ed essere*, Guida, Napoli 1980.
[10] In senso filosofico e ontologico.

In conclusione, se tutto è *nell'*essere e *dall'*essere e il pensiero stesso è *dell'*essere, nel doppio senso del genitivo («Il pensiero è dell'essere in quanto, fatto avvenire dall'essere, all'essere appartiene. Il pensiero è nello stesso tempo pensiero dell'essere in quanto, appartenendo all'essere, è all'ascolto dell'essere»), ne segue che l'uomo non può esercitare alcuna forma di padronanza nei confronti dell'essere. L'unica cosa che rimane all'uomo, in quanto tramite attivo (e non solo passivo) della storia dell'essere (v. il concetto di *Ereignis*), è l'*attesa* nutrita di pensiero. Infatti la sua essenza, come sappiamo, «consiste nell'essere l'attendente, che attende l'essere custodendolo in modo pensante» (*La svolta*).

L'uomo come «attendente» e «custode» dell'essere

b) *L'essere e Dio*

Da quanto si è detto deriva quel tipico atteggiamento di *abbandono* alle cose e all'essere (*Gelassenheit*) che, in quanto fidente *lassen* (lasciar essere), si contrappone al protervio *wollen* (volere) della soggettività moderna. Atteggiamento che fa tutt'uno con il tenersi aperti *per il mistero* (*für den Geheimnis*) e che il filosofo, sulla base della sua concezione dell'essere come *Abgrund* (assenza di fondamento), ossia come profondità o *abisso* che non è fondato da alcunché, distingue dalla tradizionale ricerca di procedimenti dimostrativi (procedimenti ai quali oppone il detto di Silesius: «la rosa fiorisce perché fiorisce»).

L'«abbandono» all'essere

«Denken ist Danken»

«Pensare è ringraziare», sostiene Heidegger, connettendo fra di loro *Denken* (pensare), *Danken* (ringraziare) e *Gedächtnis* (memoria, nel senso dell'*Andenken*).

Questa concezione del pensare come affidamento e ringraziamento (per il dono dell'essere) spiega la vicinanza di Heidegger alla problematica religiosa. Vicinanza che egli, ad un certo punto, ha espresso in maniera sibillina, dichiarando che ormai solo un Dio ci può salvare: «la filosofia non potrà produrre nessuna immediata modificazione dello stato attuale del mondo. E questo non vale soltanto per la filosofia, ma anche per tutto ciò che è mera intrapresa umana. Ormai solo un Dio ci può salvare» (*Ormai solo un Dio ci può salvare*). La portata filosofica di tale espressione, come quella di *Contributi alla filosofia* circa *der letze Gott* («l'ultimo Dio»), non è chiara. Come non è del tutto chiara la posizione *complessiva* di Heidegger circa il *problema* di Dio.

Ormai solo un Dio ci può salvare

Al di là delle perduranti ambiguità e reticenze, possiamo comunque affermare che Heidegger: **1)** oppone il Dio vivente della fede al Dio astratto dei filosofi, denunciando la sostanza irreligiosa della metafisica ontoteologica (alla cui divinità «l'uomo non può rivolgere preghiere, né offrire sacrifici») al punto di ritenere che un pensiero privo del Dio «filosofico» risulti più vicino al Dio «divino» (*Identità e differenza*); **2)** si rifiuti di *identificare* l'essere con Dio: «che cos'è l'essere? Esso "è" se stesso [...] L'"essere" non è né Dio né un fondamento del mondo» (*Lettera sull'«umanismo»*). L'essere non è né il Dio dei filosofi (Dio come *Causa sui* e Valore sommo) né il Dio delle religioni (il Tu a cui l'uomo si rivolge con le preghiere). L'essere non crea il mondo (in senso biblico) né lo plasma (in senso platonico).

Heidegger e il problema di Dio

L'essere *non* è Dio...

Certo, l'essere non è Dio. Tuttavia, puntualizza Heidegger, il manifestarsi di Dio può avvenire solo *nella* dimensione dell'essere (o dell'*Ereignis*), poiché soltanto nella *vicinanza* dell'essere «si compie [...] la decisione se e come [...] nell'albeggiare del sacro possano cominciare di nuovo ad apparire Dio e gli dèi» (*ivi*). Infatti, il sacro, che è lo spazio della divinità – la quale è a sua volta lo spazio di Dio e degli dèi – giunge ad apparire «solo se prima, dopo lunga preparazione, l'essere stesso viene a diradarsi ed è esperito nella sua verità» (*ivi*). In altri termini, se l'assenza di Dio si accompagna all'assenza dell'essere, l'avvento dell'essere si accompagna ad un nuovo (possibile) avvento di Dio. Niente da stupirsi, poste queste premesse, se la riflessione heideggeriana su Dio finisce per risolversi «nel vago di un'indeterminata attesa» (W. Weischedel). Nell'ambito di questa vaghezza, anche l'espressione «ormai solo un Dio ci può salvare» – suggestiva metafora per dire che l'uomo non può salvarsi *da solo* – non può che risultare indeterminata. Al di là delle supposizioni dei critici, l'unica cosa certa è che, per Heidegger, il possibile avvento di Dio non può attuarsi né nelle forme tradizionali dell'ontoteologia metafisica né nelle forme consuete delle religioni positive, «confessionalmente intese» (A. Caracciolo).

... anche se il manifestarsi di Dio può avvenire solo nella dimensione dell'essere o dell'*Ereignis*

Il possibile avvento di Dio non può attuarsi nelle forme *tradizionali*

4. Jaspers

4.1. Esistenza e situazione

Heidegger deriva dalla fenomenologia l'esigenza ontologica che finisce poi per prevalere nella seconda fase della sua filosofia. Si collega invece più strettamente a Kierkegaard l'opera di Jaspers, nella quale il singolo uomo è l'unico tema della filosofia, il cui compito diventa la chiarificazione razionale dell'esistenza singola.

Il collegamento con Kierkegaard

Karl Jaspers (Oldenburg, 23-11-1883, Basilea, 26-11-1969) si laureò in medicina e studiò Spinoza e Husserl. Nel 1909 conobbe Max Weber che considerò suo maestro e al quale dedicò in seguito un libro. Nel 1916 iniziò il suo insegnamento di filosofia nell'università di Heidelberg dove nel 1921 divenne professore. Tenne la cattedra sino al 1937, anno in cui la perdette per la sua opposizione al nazismo. Questa opposizione, con tutto ciò che essa implica sul piano filosofico, è stata sempre una delle direttive del suo pensiero.

Vita e scritti

Jaspers ha cominciato la sua attività scientifica nel campo della psicologia, pubblicando nel 1913 la *Psicopatologia generale*. Il passaggio da questi studi alla filosofia vera e propria si può vedere nell'opera *Psicologia delle intuizioni del mondo* (1919), la quale si può considerare come il primo scritto di filosofia esistenzialistica (anteriore anche ad *Essere e tempo* di Heidegger che è del 1927) perché in realtà contiene tutti i temi principali che Jaspers ha sviluppato nelle opere successive. Tra queste opere la più importante rimane quella intitolata *Filosofia* (1932), che comprende tre volumi rispettivamente intitolati: *Orientamento filosofico nel mondo*; *Chiarificazione dell'esistenza*; *Metafisica*.

Come per Heidegger, anche per Jaspers il tratto saliente e caratteristico dell'esistenza è che essa è sempre esistenza *nel mondo*: cioè legata ad una *situazione* di fatto che la delimita e caratterizza in modo specifico. L'esistenza è ricerca dell'essere; e il *primo* modo di questa ricerca è quello di considerare se stesso come un *Esserci* (*Dasein*), come un elemento o cosa del mondo insieme ad altri elementi o cose innumerevoli. Da questo punto di vista, la ricerca dell'essere è *orientamento nel mondo*. È una ricerca mai conclusa che passa da cosa a cosa, da termine a termine, all'infinito, ma che non trova né può trovare altro se non cose nel mondo. Una ricerca oggettiva di questo genere è quella propria di tutte le scienze naturali, le quali, scoprendo leggi universalmente valide, superano i confini dell'individuo empirico e si rivolgono a un intelletto *anonimo*, cioè comune a tutti. L'orientamento nel mondo è un atteggiamento legittimo, ma non può essere ritenuto conoscenza definitiva. Esso non è e non può valere come conoscenza *del* mondo. Ciò che in ogni caso raggiunge è un essere determinato, questo o quell'oggetto *nel* mondo: il mondo stesso rimane come l'orizzonte trascendente e irraggiungibile di questa specie di ricerca. Certamente, io posso costruirmi l'immagine totale del mondo e ritenerla come il mondo stesso. Ma in verità questa immagine non sarà il mondo: sarà piuttosto un *cosmo*, un singolo e particolare punto di vista fra i tanti che sussistono *nel* mondo; e il mondo rimarrà come l'*orizzonte trascendente* di questo cosmo stesso e del punto di vista che lo ha suggerito. Jaspers identifica questo orizzonte con il *periécon* di cui parlava Anassimandro: un orizzonte conglobante che si estende a misura che si estende la nostra conoscenza, ma che con ciò si sposta e rimane irraggiungibile.

L'orientamento nel mondo e il pensiero oggettivo della scienza

L'orizzonte conglobante

L'orizzonte conglobante determina lo scacco dell'orientazione del mondo. Quello che io cerco è il mondo, come totalità assoluta e onnicomprensiva; quello che raggiungo è un cosmo, legato a un particolare punto di vista, che ricade nell'interno dell'orizzonte conglobante. Questo scacco segna nello stesso tempo la *rottura* del mondo come unità e totalità. Il mondo si *rompe* nella molteplicità delle prospettive, ognuna delle quali ha la pretesa di valere assolutamente, ma che tutte sono relative al loro punto di vista.

Dalla considerazione oggettivante a quella *esistenziale*

Da questa strettoia non è possibile uscire se non svincolandosi dalla considerazione oggettivante, per la quale io stesso sono una realtà oggettiva nel mondo, e ponendosi sul piano della considerazione *esistenziale*, per la quale io non sono mai *oggetto* a me stesso. Su questo nuovo piano, l'immagine che io mi formo del mondo non è casuale o accidentale, non posso mutarla d'arbitrio: io *sono* la mia stessa intuizione del mondo. In questo senso la mia intuizione del mondo non è più un possibile oggetto d'indagine in mezzo a tanti altri; è la mia stessa situazione nel mondo in quanto è l'origine del mio filosofare. Come parte di me stesso, la mia situazione non può essere oggettivata o considerata dall'esterno: è identica con me stesso. Quest'identità è il punto centrale della filosofia di Jaspers.

Libertà e situazione

A prima vista, questa filosofia è una filosofia della libertà. L'uomo *è* ciò che *sceglie* di essere: la sua scelta è costitutiva del suo essere ed egli non è se non in quanto sceglie. La scelta di me stesso è la libertà originaria, quella libertà senza la quale io non sono io stesso. Jaspers parla del *rischio* che è inerente alla scelta di se stesso, della decisione esistenziale che non scaturisce dall'io come da una sorgente nascosta, ma costituisce l'io stesso; e scorge nella volontà la chiarezza della scelta originaria. Ma (è questo il punto decisivo) l'io che sceglie *è* la sua stessa situazione nel mondo, situazione storicamente determinata, oggettiva, particolare; e la sua scelta autocostitutiva non è che l'autocostituirsi di questa situazione. Ciò significa che la scelta, radicandosi in una situazione determinata, non *può* scegliere se non ciò che *è già stato* scelto e costituito in una situazione di fatto. «Io — dice Jaspers — non posso rifarmi da capo e scegliere tra l'essere me stesso e il non essere me stesso, come se la libertà fosse davanti a me solo come uno *strumento*. Ma in quanto scelgo sono, se non sono non scelgo».

Il che vuol dire che davanti alla scelta non si aprono mai alternative diverse, che essa non è mai un confrontare, un trascegliere, un cernere, ma sempre e soltanto il riconoscimento e l'accettazione di quell'*unica* possibilità che è implicita nella situazione di fatto che costituisce il mio io. «Io sono in una situazione storica se mi identifico con una realtà e col suo compito immenso [...] Io posso appartenere soltanto ad un unico popolo, posso avere soltanto questi genitori e non altri, posso amare soltanto un'unica donna; ma io posso in ogni caso tradire». Riconoscere che si possa appartenere a un altro popolo, se quello a cui si appartiene di fatto ci appare estraneo, che si possano disconoscere i propri genitori in quanto non si ha colpa di ciò che essi sono, che si possa amare un'altra donna; e che si possa in generale appigliarsi a quelle possibilità sempre nuove di cui la vita è ricca, significa, secondo Jaspers, tradire se stessi. L'unico modo di essere se stesso, l'unica scelta autentica è quella che accetta incondizionatamente la situazione di fatto a cui si appartiene. «Il mio io è identico con il *luogo della realtà* in cui mi trovo».

4.2. Trascendenza, scacco e fede

La trascendenza dell'Essere

Radicata nella necessità della situazione di fatto, lanciata alla ricerca dell'essere, che è sempre afferrabile nella forma di questo o quell'essere, ma sempre sfuggente nella forma della totalità comprensiva e dell'orizzonte intrascendibile, l'esistenza appare a Jaspers come una radicale impossibilità di esistenza. Nel terzo volume della *Filosofia*: *La metafisica*, questa impossibilità radicale diventa il tema dominante. L'esistenza è ricerca dell'essere; ma l'essere non è una *possibilità* dell'esistenza. Quegli aspetti o quelle parti dell'essere che l'esistenza raggiunge o rinchiude in sé non sono più l'essere, che rimane come l'orizzonte trascendente di tutto ciò che può essere, ed è, raggiunto. Questo implica che l'essere come trascendenza non può ottenere nella ricerca umana altra manifestazione o contrassegno se non appunto l'impossibilità di raggiungerlo. Non essendo mai compreso nei suoi limiti, l'essere non si rivela all'esistenza se non come radicale, assoluta impossibilità di essere: quindi (poiché ogni impossibilità è necessità) come necessità assoluta e radicale.

Le cifre

C'è veramente un modo in cui la trascendenza può essere sperimentata nella sua presenza all'esistenza umana; ed è la *cifra*, il simbolo. Una cosa, una persona, una dottrina, una poesia, possono valere come simboli o cifre della trascendenza; ma poiché non valgono come tali se io non li interpreto e poiché non posso interpretarli se non sul fondamento di ciò che io stesso sono, ogni cifra o simbolo, interpretato dall'esistenza, è una conferma che l'esistenza non può essere se non quella che è. Ma soprattutto la trascendenza si rivela in quelle che Jaspers chiama *situazioni-limite*, cioè in situazioni immutabili, definitive, incomprensibili, nelle quali l'uomo si trova come di fronte a un muro, contro il quale non può che urtare senza

Le situazioni-limite

speranza. Di fronte a tali situazioni ogni ribellione è insensata: non si può che aprire gli occhi di fronte ad esse. La necessità che in esse si manifesta e che è incomprensibile, in quanto non è riducibile a motivi o elementi che cadono nel nostro sapere, mostra appunto che in esse si sperimenta, sia pure nella forma negativa dell'urto, la necessità stessa dell'essere. Trovarsi in una situazione-limite significa *non poter non*: non poter non subire, non poter non morire, non poter non peccare. La situazione-limite rivela nella maniera più chiara l'impossibilità costitutiva dell'esistenza. L'essere sempre in una situazione determinata, il non poter vivere senza lotta e dolore, il dover prendere su di sé la colpa, l'essere destinato alla morte, sono situazioni-limite nelle quali indubbiamente la trascendenza è presente sotto la forma dell'impossibilità in cui l'uomo si trova di superarle.

Lo «scacco» o il «naufragio»

Il segno più certo della trascendenza è lo *scacco* che l'uomo subisce nel tentativo di superarle o di comprenderle in qualche modo: in questo scacco la trascendenza stessa fa sentire la sua presenza. Esso è la cifra suprema, quella che meglio simboleggia e descrive la necessità dell'essere. Certamente, nel naufragio totale di tutte le sue possibilità, l'uomo non può trovare che rassegnazione e silenzio; ma rassegnazione e silenzio costituiscono una *pace* che non è più illusoria, perché si fonda sulla certezza dell'essere che si è rivelato nella sua necessità.

Il «silenzio» di fronte all'Essere

Certo, il nostro sapere della divinità appare allora come superstizione; ma la verità è là dove l'esistenza, nel suo naufragio, può tradurre il linguaggio equivoco della trascendenza nella più semplice certezza nei riguardi dell'essere. È la certezza di una necessità incomprensibile, di fronte a cui non si può che chinare silenziosamente il capo e rassegnarsi.

La fede filosofica

Negli ultimi scritti, Jaspers ha insistito sul valore della *fede* come via d'accesso all'Essere trascendente. Si tratta di una fede che non si identifica con nessuna delle religioni positive, per quanto tutte le religioni costituiscano tentativi di mettersi in rapporto con il trascendente. Anche Jaspers, come Heidegger, profetizza una nuova epoca storica il cui avvento però ritiene lontano e non immaginabile. Nel frattempo, l'umanità dovrebbe tendere a realizzare la sua *unità* attraverso la comunicazione e lo scambio delle verità diverse in cui crede, comunicazione a sua volta fondata sul dialogo e sulla competizione amichevole.

TESTO 3 IL NAUFRAGIO

[...] *Da ultimo c'è il naufragio*; lo dimostra l'orientazione nel mondo che inesorabilmente si attiene ai fatti. E ancora, il naufragio attende la fine di tutto ciò che in generale viene chiamato alla presenza dal pensiero; ciò che era valido nell'orizzonte del relativo, inserito nel *mondo logico*, naufraga; il sapere, condotto ai suoi limiti, si trova in situazioni antinomiche che affondano ogni tentativo di pensare senza contraddizioni; oltre i limiti del sapere si annuncia sovrastante la verità non-razionale. Per l'*orientazione nel mondo* il mondo in quanto esserci naufraga, perché in sé e da sé non si lascia comprendere; il mondo, infatti, non è un essere assoluto e in sé concluso che si lascia scrutare sino al suo ultimo fondamento, né d'altro lato il processo conoscitivo è in grado di percorrere compiutamente una totalità organica. Nella *chiarificazione dell'esistenza* naufraga l'inseità dell'esistenza: infatti là dove sono propriamente me stesso, non sono solamente me stesso. Nella *Trascendenza* naufraga il pensiero che si affida alla passione per la notte.

Questi accertamenti sul divenire e sul perire, sulla possibilità e sulla certezza della distruzione, sul fallimento e sullo scacco, ci confondono a motivo dei *molteplici significati*, non ancora distinti, che il *naufragio* può avere.

[...] *Ciò che* naufraga non è soltanto l'*esserci* che vien meno, non è soltanto la *conoscenza* che si infrange da sé nel tentativo di comprendere l'essere nel suo significato autentico, non è soltanto l'*azione* che fallisce nel tentativo di raggiungere uno scopo finale capace di mantenersi stabile e duraturo. Nelle situazioni-limite diventa manifesto che tutto ciò che per noi è positivo è legato al negativo che, pur opponendosi, gli appartiene. Non c'è alcun bene che non sia anche un male possibile e reale, non c'è verità senza falsità, non c'è vita senza morte; ogni felicità è congiunta al dolore, ogni realizzazione al rischio e alla perdita. La profondità dell'animo umano, in cui la Trascendenza fa sentire la sua parola, è connessa di fatto al disordine, alla patologia, alla stravaganza; questa connessione, poi, nella molteplicità insospettata delle sue manifestazioni, non si lascia interpretare univocamente. In ogni esserci io posso scorgere una struttura antinomica.

Mentre i diversi modi del naufragio che si presentano o come realtà oggettiva, o come destino inevitabile del pensabile, significano sempre, chi in un modo e chi in un altro, un naufragio nell'esserci in quanto esserci, il *naufragio dell'esistenza* si colloca su un altro piano. Quando nella mia libertà, partendo dall'esserci, giungo alla coscienza dell'essere, allora, proprio nella decisione più chiara che il mio essere personale assume in ordine all'azione, devo sperimentare, oltre alla sua realizzazione, anche il suo naufragio. Infatti l'impossibilità di porre in se stessi il proprio fondamento ultimo non nasce solo dai legami che ci vincolano all'esserci, che effettivamente va in rovina, ma dalla stessa libertà. Per essa io in ogni caso divento colpevole perché non posso diventare tutto. La verità, nel senso rigoroso della parola, la verità che io abbraccio perché la vivo e perché mi identifico con essa, non può essere riconosciuta da tutti come universalmente valida; una verità valida per tutti potrebbe sussistere eterna nel campo dell'esserci che per sua natura continuamente diviene, ma la verità autentica è proprio quella che soccombendo va perduta.

L'autentico esser se stesso non può avere in sé il proprio fondamento ultimo; esso può venir meno e non può ricostituirsi facendo forza su se stesso. Quanto più decisi sono i suoi successi, tanto più chiaro gli appare il limite, davanti al quale dovrà naufragare. Quando naufraga nel tentativo di voler essere sufficiente a se stesso, è pronto per ciò che è altro rispetto a lui, per la Trascendenza. Che poi la Trascendenza mi sfugga, che la mia fiducia di trovare finalmente me stesso nel rapporto trascendente vada delusa, è un fatto che io non so a quale mia colpa imputare, e che cosa dovrò sopportare per ciò che mi è capitato; *io posso naufragare in quanto sono me stesso*, senza che la fiducia nella filosofia, senza che la parola di Dio e la garanzia religiosa possano aiutarmi, anche se in apparenza non mancavano sincerità e buona disposizione in questo senso.

Di fronte ai molti modi in cui si può naufragare rimane ancora aperta la questione: se il naufragio sia un annichilimento puro e semplice, dal momento che ciò che naufraga va realmente in rovina, o se invece nel naufragio viene a manifestarsi un essere; in questo caso il naufragare non sarebbe soltanto un naufragare ma anche un eternare.

[...] Al contrario l'esistenza deve prender parte al naufragio, innanzitutto nell'attività che esige il proprio rischio, quindi nell'abbandonarsi al naufragio di se stessa. Il segno cifrato non si lascia spiegare chiaramente dalla contemplazione che si limita a cogliere ciò che viene presentato, ma dall'esistenza che, perdendosi come esserci, fa scaturire la spiegazione della cifra dalla libertà, nel senso che, infrangendosi come esistenza, trova in ciò il proprio fondamento che la rinvia all'essere della Trascendenza.

La contraddizione del naufragio rimane come apparizione fenomenica. La soluzione non è nota. È nell'essere che rimane nascosto e che può essere incontrato da chi percorre realmente, seguendo il proprio destino, i gradi esistenziali. Questo essere non può essere presupposto. Nessuna autorità può disporne o servirsene. Esso tiene lo sguardo fisso su colui che, osando, gli si avvicina.

[...] *Volere senz'altro il naufragio* sarebbe un pervertimento che condurrebbe di nuovo l'essere nell'oscurità del nulla. Non ogni trapasso, non ogni annientamento, o abbandono di sé, o rinunzia, o rinnegamento esprimono l'autentico naufragio che rivela. La cifra dell'eternare nel naufragare diventa chiara solo quando io *non* voglio il naufragio, ma, rischiando, affronto il naufragio. Io non posso fare dei piani in base alla lettura della cifra del naufragio, perché i piani li posso fare solo con ciò che mi garantisce durata e stabilità. La cifra non si manifesta quando io lo voglio, ma quando faccio di tutto per evitare la sua attuazione. Essa si manifesta nell'*amor fati*; ma sarebbe un falso fatalismo quello di chi si arrendesse prima del tempo, precludendosi così la possibilità di giungere al naufragio.

Se dunque il naufragio, a cui io mi abbandono a piacere, è solo il nulla vuoto, allora il naufragio che mi coglie, quando ho fatto veramente di tutto per evitarlo, bisogna che non sia solo naufragio. Allo stesso modo, io sperimento l'essere quando nella sfera dell'esserci ho fatto quello che potevo per difendermi; e analogamente, quando, come esistenza, rispondo completamente di me, e da me tutto esigo, ma non posso sperimentare l'essere quando, nella coscienza della mia nullità di creatura di fronte alla Trascendenza, mi abbandono alla caducità propria dell'essere creatura.

K. Jaspers, *Metafisica*, trad. e cura di U. Galimberti, Mursia, Milano, 1972, pp. 348-350, 352-353

1-80. Il passo si può articolare in tre parti: nella prima (rr. **1-26**) si presenta il naufragio dell'esserci; nella seconda (rr. **27-64**) il naufragio dell'esistenza; e nella terza (rr. **65-80**) si prende in considerazione il naufragio volontario.

1-26. Vengono presentati diversi modi del naufragio come realtà oggettiva o come inevitabili ipotesi mentali: tutti in diversa maniera significano sempre un naufragio nell'esserci in quanto esserci. Il naufragio è anzi tutto attestato dai fatti, ai quali la conoscenza scientifica — «l'orientamento del mondo» — fa riferimento. Oltre i fatti, lo stesso piano del pensiero presenta principi logici che mancano di assolutezza; il sapere si mostra contraddittorio se spinto a fondo; la verità mantiene una porzione di irrazionalità; anche l'azione non riesce a trovare un valore imperituro al quale consegnarsi. Ma è soprattutto nelle situazioni-limite che il naufragio si evidenzia.

27-64. Su un altro piano si colloca il naufragio dell'esistenza. Il naufragio che tocca all'essere nel mondo esprime solo parzialmente la complessa esperienza del naufragio che permea l'esistere. Nel caso dell'esistenza, infatti, sono in gioco la libertà dell'uomo e il rapporto con l'essere, e il mancato approdo dell'esistenza all'essere si ripropone sul terreno della verità. Quando il naufragio si accompagna alla coscienza di non essere autosufficienti (l'esistenza umana non ha in sé il proprio fondamento), si configura una disposizione alla trascendenza.

La condizione fondamentale per rendere significante il naufragio consiste nel non subirlo, parteciparndovi invece attivamente. Questa partecipazione si svolge in due fasi: prima consiste nel prendere delle iniziative, correndone tutti i rischi; poi culmina nell'accettare consapevolmente il proprio destino di naufraghi, senza però rassegnarvisi prima del necessario. In questo senso la cifra dell'essere non si rivela nell'atteggiamento contemplativo e nell'accettazione passiva; essa si mostra piuttosto all'esistere, che con l'esercizio della propria libertà può riconoscere nell'impossibilità di autofondarsi la via d'accesso all'essere, alla trascendenza.

65-80. Il naufragio per essere autentico non deve essere volontario: quando è tale non conduce all'essere ma al nulla. In questo senso Jaspers afferma che il naufragio autentico non è solo naufragio. Riepilogando, possiamo affermare che il vero naufragio è lo scacco completo dei progetti dell'uomo: naufragare rende allora possibile fuoruscire dall'esistenza banale dell'esserci e aprirsi all'esistenza autentica dell'essere possibile, cioè abbandonare la dimensione dell'immanenza (per cui l'orizzonte dell'essere è identificato con quello del mondo) per aprirsi alla trascendenza, cioè alla alterità assoluta (percepibile nell'esperienza del limite, quando questo è appunto vissuto all'insegna della libertà, della scelta, ossia è compreso come limite radicale non semplicemente situazionale).

In altre parole, possiamo dire che il naufragio può restituire l'immagine del nulla come può rivelare la cifra dell'essere. Tutto sembra dipendere dal modo di porsi dell'esistenza dinanzi al suo destino. L'essere premia solo chi non si è concesso facilmente al naufragio, mostrandogli la sua cifra. L'essere si manifesta solo nel naufragio, ma dal modo con cui l'esistenza affronta il naufragio dipende l'emergenza dell'essere. Infatti, se l'uomo si abbandona al proprio nulla, il naufragio riflette il nulla; se invece l'uomo realizza il proprio essere, il naufragio riflette l'essere.

5. Sartre

5.1. Esistenza e libertà

L'esistenzialismo di Heidegger e Jaspers è un fenomeno che appartiene al periodo fra le due guerre. Né l'ontologia di Heidegger né la filosofia della fede di Jaspers, quali appaiono negli scritti pubblicati dopo la seconda guerra mondiale, possono essere ricondotte nei quadri dell'esistenzialismo. Il fenomeno tipico del periodo posteriore alla seconda guerra mondiale è l'esistenzialismo di Sartre. Si deve, però, aggiungere che anche il filosofo francese, a sua volta, si è negli ultimi tempi orientato verso l'esigenza di un sapere aperto alla storia e al marxismo.

Vita e scritti

Jean-Paul Sartre (Parigi, 1905-1980) è stato un geniale poligrafo che si è trovato a suo agio nei più diversi generi letterari: dal saggio psicologico a quello letterario, dal romanzo (*La nausea*, 1938; *L'età della ragione*, 1945; *Il rinvio*, 1945; *La morte nell'anima*, 1949) al teatro (*Le mosche*, 1943; *A porte chiuse*, 1945; *La sgualdrina timorata*, 1946; *Le mani sporche*, 1948; *Il diavolo e il buon Dio*, 1951; *Nekrassov*, 1956; *I sequestrati di Altona*, 1960) al *pamphlet* politico (*L'antisemitismo*, 1946; *I comunisti e la pace*, 1952) alle grandi opere di impianto schiettamente filosofico. Il contenuto filosofico non manca in nessuno di questi scritti, che spesso hanno il compito di presentarlo in figure e vicende in cui esso trova corpo e parola. Ma gli scritti principali ai quali deve riferirsi un'esposizione della sua filosofia sono i seguenti: *La trascendenza dell'Ego, abbozzo di descrizione fenomenologica*, 1936; *L'immaginazione*, 1936; *Saggio di una teoria delle emozioni*, 1939; *L'immaginario. Psicologia fenomenologica dell'immaginazione*, 1940; *L'essere e il nulla. Saggio di ontologia fenomenologica*, 1943; *L'esistenzialismo è un umanismo*, 1946; *Critica della ragione dialettica* (preceduta da *Questioni di metodo*), tomo I, *Teoria degli insiemi pratici*, 1960.

L'interpretazione esistenzialistica dell'intenzionalità della coscienza

Sartre ha cominciato la sua attività di scrittore con ricerche di psicologia «fenomenologica» che hanno per oggetto l'io, l'immaginazione e le emozioni. Il punto di partenza di queste ricerche era già la nozione dell'intenzionalità della coscienza, ma fin da principio Sartre si oppone ad Husserl per la sua interpretazione esistenzialistica di questa nozione. Il saggio su *La trascendenza dell'Ego* si apre con l'affermazione che «l'io non è un abitante della coscienza», intendendo dire, con questa espressione, che l'io non costituisce una sostanza chiusa in se stessa, ma una struttura relazionale costitutivamente *aperta* al mondo e agli altri. Nel saggio sulla teoria delle emozioni la coscienza viene appunto intesa come «essere-nel-mondo» e l'atteggiamento specificamente emotivo viene interpretato come una maniera possibile di vivere i rapporti con la realtà, consistente in una modificazione *magica* del mondo, ossia una modificazione diretta a «difendersi» da ostacoli concreti: ad esempio lo svenimento davanti ad un pericolo imminente non è che la negazione del pericolo, la volontà di annientarlo, non già con utensili o strumenti, ma con una fuga nei suoi confronti. Particolare importanza riveste l'analisi sartriana della funzione immaginativa, poiché egli tende a legare l'immaginario ad un concetto che diverrà fondamentale nella sua filosofia: quello della *libertà*. Infatti l'immaginazione è un modo attraverso cui la coscienza *trascende* la realtà alla luce di un *possibile*. Come tale essa esprime la capacità umana di negare liberamente il mondo, in qualsiasi momento e in qualsiasi situazione.

Le emozioni

L'immaginazione

Questi concetti ritornano in parte ne *L'essere e il nulla* (1943), il capolavoro dell'esistenzialismo sartriano. Come Heidegger, anche Sartre si interroga sulle strutture dell'essere. Procedendo fenomenologicamente, egli afferma che l'essere ci è dato in due maniere fondamentali: come *essere in sé* e come *essere per sé*. Il primo tipo di essere si identifica con tutto ciò che non è coscienza ma con cui la coscienza entra in rapporto: ossia, in definitiva, con le cose del mondo. Il secondo tipo di essere si identifica con la coscienza stessa, la quale ha la prerogativa di essere *presente* a se stessa e alle cose. Di conseguenza, l'in sé è il *dato* che la coscienza trova davanti a se medesima, come qualcosa di opaco, che «è ciò che è». Invece il per sé è la coscienza che, essendo *presenza* alle cose, ha la capacità di attribuire loro dei *significati*. Per questa sua doppia prerogativa di *non* essere il dato, ma di dare ad esso dei significati, Sartre chiama il per sé «nulla», intendendo con questo termine non il contrario dell'essere, ma la coscienza stessa, che sorge come potenza nullificatrice del puro dato e come fonte di significati rispetto all'in sé.

L'essere in sé e *l'essere per sé*

Il *per sé* è la coscienza, intesa come potenza *nullificatrice* del dato, cioè come *libertà*

Affermare che l'uomo è coscienza o per sé equivale dunque a dire che l'uomo è libero, poiché *nega* la realtà alla luce di *significati* che in qualche modo la padroneggiano (ad esempio, appena entro in una stanza dove vi sono delle persone, la mia libertà entra concretamente in azione, poiché proietto su uomini e cose una rete di significati e di valori: bello, brutto, simpatico, antipatico, noioso, divertente, ecc.). La libertà, intesa come nullificazione coscienziale del mondo mediante dei significati, coincide dunque, per Sartre, con la struttura stessa dell'esistenza, che risulta *condannata* per costituzione ontologica ad essere libera: «Un esistente che, come coscienza, è necessariamente separato da tutti gli altri, giacché essi sono in rapporto con lui solo nella misura in cui sono *per lui*, un esistente che decide del suo passato, sotto forma di tradizione, alla luce del suo futuro, in luogo di lasciarlo puramente e semplicemente determinare il suo presente, un esistente che si fa annunciare da ciò che è altro da lui, cioè da un fine che non è e che esso proietta dall'altro lato del mondo, ecco ciò che chiamiamo un esistente libero».

La «condanna» ad essere liberi

Di conseguenza, per Sartre l'uomo è responsabile del mondo e di se stesso in quanto *maniera* d'essere. Tutto ciò che accade nel mondo risale alla libertà e alla responsabilità della scelta originaria, perciò nulla di ciò che accade all'uomo può esser detto inumano. «Le più atroci situazioni della guerra, le peggiori torture, non creano affatto uno stato di cose inumano. Non c'è una situazione inumana: soltanto per paura, per la fuga e per il ricorso ai comportamenti magici, io deciderò su ciò che è inumano; ma questa decisione è umana e ne porterò l'intera responsabilità» (*ivi*, p. 639). Sono io che decido del coefficiente di avversità delle cose e perfino della loro imprevedibilità, decidendo di me stesso. Non vi sono casi accidentali: un avvenimento sociale che erompe subitaneo e mi trascina non viene dal di fuori; se io sono mobilitato in una guerra, questa guerra è la *mia* guerra, è a mia propria immagine, e io la merito: «Io la merito in primo luogo perché potevo sottrarmi ad essa col suicidio e la diserzione: queste possibilità ultime devono sempre esserci presenti quando si tratta di affrontare una situazione. Se non mi ci sono sottratto, io l'ho scelta: forse solo per mollezza, per debolezza davanti all'opinione pubblica, perché preferisco certi valori a quelli del rifiuto stesso di far la guerra. Ma in ogni caso, si tratta di una scelta».

La responsabilità

Tuttavia, questa libertà fa sì che l'individuo risulti in uno stato di endemico e permanente *conflitto* con gli altri. Infatti, nello stesso momento in cui "pietrifico" l'altro mediante i *miei* significati, la stessa operazione la compie il mio vicino. Nell'universo sartriano risulta quindi inevitabile lo scontro delle libertà e la guerra dei significati: «l'inferno sono gli altri», sentenzia uno dei personaggi di *A porte chiuse*, intendendo dire che il conflitto con gli altri, più o meno velato, risulta un dato strutturale della condizione umana.

Il conflitto come legge della coesistenza: «l'inferno sono gli altri»

L'*amore* stesso, che costituisce il tentativo principale di realizzare l'unità o l'assimilazione tra l'io e l'altro, risulta, per Sartre, inevitabilmente votato allo scacco. Infatti ognuno, nell'amore, vuol essere per l'altro l'oggetto assoluto, il mondo, la totalità infinita; ma per questo occorre che l'altro rimanga soggettività libera e altrettanto assoluta. Ma poiché entrambi vogliono esattamente la stessa cosa, l'unico risultato dell'amore è un conflitto aperto o strisciante.

Lo scacco dell'amore

5.2. Dalla teoria dell'«assurdo» alla dottrina dell'«impegno»

Il *fatto* di esistere è qualcosa di *assurdo*: ragioni e significati esistono solo in virtù della libertà umana

Nella condizione umana, per Sartre, vi è qualcosa di paradossale. Infatti, pur essendo libero di fronte al mondo, l'individuo non è libero di essere libero. In altre parole, pur scegliendo il *senso* del suo essere, l'individuo non sceglie il suo *essere* stesso, ossia il fatto di essere "gettato" nel mondo e di esistere come libertà. Ma il fatto di essere al mondo, per l'uomo come per tutti gli altri enti, è qualcosa di *assurdo*, ossia che non ha spiegazioni al di là del *fatto* medesimo di esistere. Gli scopi o i fini nascono soltanto *con* l'uomo, che dà un senso a ciò che in-sé non ha senso.

L'esperienza della *nausea*

L'esperienza emotiva di tale assurdità di fondo dell'esistenza è la *nausea*, che Sartre descrive nel noto romanzo del 1938, raccontando le vicende di Roquentin, un professore di storia che scopre progressivamente la *gratuità* e la mancanza di senso dell'esistenza, che gli si rivela mediante un nauseabondo sentirsi di *troppo* rispetto al mondo e agli altri:

«Eravamo un mucchio di esistenti impacciati, imbarazzati da noi stessi, non avevamo la minima ragione d'essere lì, né gli uni né gli altri, ciascun esistente, confuso, vagamente inquieto, si sentiva di troppo in rapporto agli altri»; «Esistere è *esser lì*, semplicemente; gli esistenti appaiono, si lasciano incontrare, ma non li si può mai *dedurre*. C'è qualcuno, credo, che ha compreso questo. Soltanto ha cercato di sormontare questa contingenza inventando un essere necessario e causa di sé. Orbene, non c'è alcun essere necessario che può spiegare l'esistenza: la contingenza non è una falsa sembianza, un'apparenza che si può dissipare; è l'assoluto, e per conseguenza la perfetta gratuità» (*La nausea*).

Sebbene gli uomini abbiano cercato di sormontare questa consapevolezza con le metafisiche e le religioni, essa rimane al fondo di ogni uomo come inespressa ma inequivocabile intuizione e verità: «La nausea: ecco quello che i Porcaccioni [i borghesi e i soddisfatti di sé]... tentano di nascondersi con il loro concetto di diritto. Ma che meschina menzogna: nessuno ha diritto: essi sono completamente gratuiti, come gli altri uomini, non arrivano a non sentirsi di troppo. E nel loro intimo, segretamente, *sono di troppo*, cioè amorfi e vacui; tristi» (*ivi*). Da ciò il progetto dell'uomo di farsi Dio, ossia di divenire un essere che è ragione e *fondamento* di se medesimo, attuando la sintesi fra *in sé* e *per sé*. Ma questo è impossibile: la coscienza può sorgere soltanto *dopo* l'essere e come *nulla* dell'essere stesso, non come fondamento dell'essere. L'ideale di una coscienza-che-fonda-se-stessa è solo una chimera della nostra mente. Le «ragioni» e gli «scopi» dell'esistenza sono qualcosa che noi *inventiamo* solo *dopo* che siamo già venuti al mondo. *Prima* dell'uomo c'è solo materia bruta esistente *al di là* di ogni senso o significato. Nel suo sforzo di farsi Dio l'uomo è dunque destinato allo *scacco*, tant'è vero che Sartre presenta l'uomo come un *Dio mancato* o una «passione inutile».

L'uomo come Dio *mancato* o *passione inutile*

Dalla teoria dell'*equivalenza* dei comportamenti alla dottrina post-bellica dell'*impegno* sociale

Dal punto di vista di questa ontologia negativa, tutti i comportamenti umani sono quindi sullo stesso piano ed egualmente fallimentari. Tant'è vero che Sartre chiudeva l'*Essere e il nulla* con la tesi assurdista secondo cui «è la stessa cosa, in fondo, ubriacarsi in solitudine o condurre i popoli». Eppure, il capolavoro di Sartre da un altro lato è tutto fondato sul concetto di libertà e responsabilità. Questo spiega perché egli, in concomitanza con l'atmosfera di «impegno» rappresentata dalla Resistenza e dalla ricostruzione post-bellica, sia venuto sempre più insistendo sulla teoria della libertà e della *responsabilità* individuale e *sociale* dell'uomo (*L'esistenzialismo è un umanismo*, 1946), abbandonando il negativismo e l'assurdismo iniziale e reinterpretando l'esistenzialismo nei termini di una teoria dell'azione e della storia.

5.3. La critica della ragione dialettica

Dall'esistenzialismo al marxismo

L'approfondimento dei temi dell'azione e dell'impegno sociale ha finito per condurre Sartre all'accettazione del marxismo, visto come «la filosofia insuperabile del nostro tempo». Il punto di arrivo di tale processo è la *Critica della ragione dialettica* che, pur conservando alcuni schemi esistenzialistici, si pone ormai come una reinterpretazione originale del marxismo, la quale intende distanziarsi criticamente dalla filosofia «sclerotica» e «scolastica» del materialismo dialettico di stampo sovietico.

La struttura dialettica della storia e l'uomo

La tesi fondamentale di quest'opera, che si propone di «determinare le condizioni formali della storia», è la struttura *dialettica* del corso storico, considerato come un processo o una totalità in divenire, che si caratterizza come una *totalizzazione* mai conclusa e sempre in via di farsi. Ciò accade perché la dialettica, secondo Sartre, non costituisce una realtà naturale, codificabile secondo le leggi di Engels, ma come un processo il cui soggetto è l'*uomo* con i suoi *bisogni*. Come tale, la dialettica deve essere concepita all'*interno* dell'esperienza vissuta, in base al principio secondo cui l'uomo *subisce* la dialettica in quanto la *fa* e la fa in quanto la subisce. Proprio in virtù di questa struttura dialettica, la storia contiene in sé la possibilità dell'*alienazione*, ossia il *rischio* che l'uomo risulti succubo dei prodotti stessi della sua attività. Infatti, l'uomo, se da un lato risulta il *soggetto* «costituente» della dialettica, dall'altro lato si configura come il possibile *oggetto*, alienato dalla dialettica «costituita». Ciò accade innanzitutto nei rapporti dell'uomo con la natura. Infatti, in un primo tempo gli individui, costretti dal bisogno e dalla «penuria», si oggettivavano nel lavoro, ma in un secondo tempo tale oggettivazione diventa, soprattutto nella società industriale e capitalistica, una vera e propria «alienazione» rispetto ai prodotti e al senso umano del lavoro.

Il rischio dell'*alienazione*

La possibilità dell'alienazione risiede anche nei rapporti fra gli uomini. E qui lo sguardo di Sartre si rivela particolarmente acuto e decisamente interessante dal punto di vista storico-politico e di ciò che si potrebbe definire «fenomenologia della dinamica rivoluzionaria».

La fenomenologia della dinamica rivoluzionaria: la *serie* e il *gruppo*

Egli distingue innanzitutto fra il concetto di «serie» e quello di «gruppo». Il primo allude al mero «collettivo», ad una «molteplicità discreta» di individui, formata da una «pluralità di solitudini» latentemente ostili fra loro (*Critica della ragione dialettica*). La nozione di serie allude a dei rapporti intersoggettivi in cui l'individuo non vive un'autentica esperienza di unione con gli altri (l'attesa dell'autobus, la spesa del mercato, ecc.). Il gruppo, che si costituisce come negazione della «serialità», è un'organizzazione di individui caratterizzata da un'unità di intenti, in cui ognuno si sente «immedesimato» con gli altri e simultaneamente capo e gregario:

«Il mio essere-nel-gruppo diventa immanenza, sono *in mezzo* a terzi e senza statuto privilegiato [...] Io corro della corsa di tutti, grido "Fermatevi!" e tutti si fermano, qualcuno grida "Muovetevi!" oppure "A sinistra! A destra! Alla Bastiglia!" e tutti ripartono [...]».

L'istituzionalizzazione del gruppo e il pericolo di una nuova serialità alienata

Come si può notare dal passo citato, il gruppo tende a costituirsi di fronte a un pericolo o ad un avversario comune, e trova il suo tipico momento aggregante nella fase centrale di una rivoluzione. Tuttavia, passato il momento «eroico» della «fusione» rivoluzionaria e giustiziera, il gruppo deve lottare per restare tale e non polverizzarsi di nuovo nella serie. Ma la «fratellanza» del gruppo riesce a mantenersi in vita solo mercè una situazione di crescente «terrore», che si concretizza nella «disciplina», nell'«obbedienza» e nel «controllo dispotico» (ad esempio nelle «epurazioni»), che si accompagnano a loro volta al corso «burocratico» e «gerarchico» assunto dalla rivoluzione e culminante nell'attribuzione di tutto il potere ad un'unica «sovranità», ossia ad un *capo* carismatico. Attraverso il momento dell'«organizzazione» e dell'«istituzione», il gruppo, in tal modo, è pervenuto ad una situazione di alienazione. Costituitosi come superamento della «serie», il gruppo rischia quindi, alla fine, di sfociare in una nuova serialità alienata, nella quale gli individui, spogliati della loro individualità e della «libera mediazione» con gli altri, si sentono di nuovo «estranei» l'uno all'altro e alla comunità reale. Di conseguenza, anche le forze rivoluzionarie sono sempre esposte al rischio dello scacco e dell'alienazione.

TESTO 4 L'ESISTENZIALISMO ATEO

L'esistenzialismo non è altro che uno sforzo per dedurre tutte le conseguenze da una posizione atea coerente. Tale posizione non cerca per nulla di sprofondare l'uomo nella disperazione. Ma se — come i cristiani — si definisce disperazione ogni atteggiamento di incredulità, esso muove dalla disperazione originaria. L'esistenzialismo non è ateismo nel senso che si esaurisca nel dimostrare che Dio non esiste; ma preferisce affermare: anche se Dio esistesse, nulla cambierebbe; ecco il nostro pensiero. Non che noi crediamo che Dio esista; ma noi pensiamo che il problema non sia quello della sua esistenza; bisogna che l'uomo ritrovi se stesso e si persuada che nulla può salvarlo da se stesso, fosse pure una prova valida dell'esistenza di Dio. In questo senso l'esistenzialismo è un ottimismo, una dottrina d'azione, e solo per malafede, — confondendo la loro disperazione con la nostra, — i cristiani possono chiamarci disperati. [...]

L'esistenzialismo si oppone energicamente ad un certo tipo di morale laica che vorrebbe togliere di mezzo Dio con il minimo danno possibile. Allorché, verso il 1880, alcuni professori francesi tentarono di costituire una morale laica, ragionarono press'a poco così: Dio è un'ipotesi inutile e costosa: eliminiamola; ma è necessario tuttavia, perché ci siano una morale, una società, un mondo civile, che certi valori siano presi sul serio e considerati come esistenti a priori; bisogna che sia obbligatorio a priori essere onesti, non mentire, non battere la propria donna, fare figli, ecc. ecc. Dobbiamo fare quindi un piccolo lavoro che permetterà di mostrare che quei valori esistono ugualmente, in un cielo intelligibile, anche se Dio non esiste. In altre parole — ed è la tendenza di tutto quel movimento che in Francia si chiama radicalismo — niente muterà se Dio non esiste; ritroveremo le stesse norme di onestà, di progresso, di umanismo e avremo fatto di Dio un'ipotesi scaduta, che morirà tranquillamente da sola. L'esistenzialismo al contrario pensa che è molto scomodo che Dio non esista, poiché con Dio svanisce ogni possibilità di ritrovare dei valori in un cielo intelligibile; non può più esserci un bene a priori poiché non c'è nessuna coscienza infinita e perfetta per pensarlo; non sta scritto da nessuna parte che il bene esiste, che bisogna essere onesti, che non si deve mentire, e per questa precisa ragione: che siamo su di un piano dove ci sono solamente degli uomini.

Dostoevskij ha scritto: «Se Dio non esiste tutto è permesso». Ecco il punto di partenza dell'esistenzialismo. Effettivamente tutto è lecito se Dio non esiste, e di conseguenza l'uomo è «abbandonato» perché non trova, né in sé né fuori di sé, possibilità d'ancorarsi. E non trova anzitutto neppure delle scuse. Se davvero l'esistenza precede l'essenza, non si potrà mai giungere ad una spiegazione riferendosi ad una natura umana data e determinata; ovverossia non vi è determinismo: l'uomo è libero, l'uomo è libertà.

Se, d'altro canto, Dio non esiste, non troviamo davanti a noi dei valori o degli ordini che diano il segno della legittimità della nostra condotta. Così non abbiamo né davanti a noi né dietro di noi, nel luminoso regno dei valori, giustificazioni o scuse. Siamo soli, senza scuse. Situazione che mi pare di poter caratterizzare dicendo che l'uomo è condannato a essere libero. Condannato perché non si è creato da solo, e ciò non di meno libero perché, una volta gettato nel mondo, è responsabile di tutto quanto fa.

J.-P. Sartre, *L'esistenzialismo è un umanismo*, trad. it. di G. Mursia Re, Mursia, Milano, 1970

1-39. Il passo si può distinguere in tre parti: nella prima (rr. **1-11**) si afferma che l'esistenzialismo si oppone a qualsiasi forma di deismo e di teismo; nella seconda (rr. **12-22**) che si oppone anche al cosiddetto radicalismo; nella terza (rr. **23-39**) si chiarisce il senso dell'esistenzialismo ateo.

1-11. Da quanto detto nel passo precedente scaturisce l'affermazione sartriana che l'umanismo esistenzialista è ateo. Si tratta di un ateismo che non si esaurisce nel dimostrare che Dio non esiste, ma che sostiene che, se Dio esistesse, nulla cambierebbe, perché il problema è che l'uomo ritrovi se stesso e si persuada che nulla può salvarlo da se stesso. In questo senso l'esistenzialismo, lungi dal cadere nella disperazione, risulta secondo Sartre all'insegna dell'ottimismo.

12-22. La negazione di Dio da parte dell'esistenzialismo sartriano va distinta da quella del cosiddetto radicalismo francese che nega Dio conservando però i valori che gli erano connessi: è proprio quell'universo di valori ad essere considerato privo di significato: negare Dio è negare quei valori, è restituire all'uomo il senso della sua condizione di «condannato alla libertà».

23-39. Dunque, l'esistenzialismo nega Dio e nega i valori ad esso collegati. In tal modo l'uomo si trova «abbandonato», senza possibilità di ancorarsi a nulla: è libero, anzi è «condannato ad essere libero» (rr. **37-38**). Siamo di fronte ad una delle forme del cosiddetto ateismo postulatorio, che cioè postula la non esistenza di Dio, ritenendo che solo in tal modo l'uomo sia messo in grado di realizzarsi come umano.

LABORATORIO FILOSOFICO

Il termine esistenzialismo *si riferisce, oltre che a un corrente filosofica, più in generale a quel "clima" culturale che ha caratterizzato il periodo tra le due guerre mondiali e che ha avuto la sua maggiore fortuna subito dopo la seconda. Tale espressione rivela il senso di una filosofia che, pur tra notevoli differenze da pensatore a pensatore, ha come denominatore comune la centralità dell'*esistenza. *L'uomo, cioè, non viene più considerato in base alla sua essenza o sostanza, ad esempio come «animale razionale», ma a partire dall'analisi della sua condizione storica. Heidegger, ritenuto il principale esponente dell'esistenzialismo (almeno fino alla «svolta» degli anni Trenta), nel capolavoro incompiuto* Essere e tempo *(1927) porta la sua riflessione sul* senso dell'essere. *Il metodo che l'autore adotta in questa ricerca è del tutto originale: egli non segue le linee di una trattazione impersonale e metafisica, ma interroga l'uomo stesso. Per scoprire il senso dell'essere, dice Heidegger, dobbiamo rivolgerci direttamente all'uomo; così si scopre che l'uomo è esistenza, «Esserci» (in tedesco* Dasein*). L'uomo non è mai una "cosa" tra le altre, ma è progetto: egli viene sì a trovarsi* gettato *nel mondo, ma si proietta altresì verso situazioni sempre nuove (è trascendenza). Se l'uomo si confonde con le cose (prendendosi «cura» soltanto di esse), la sua esistenza diventa banale e inautentica, anche se vissuta con tutte le comodità fornite dalla moderna tecnologia. Anzi, secondo il filosofo, l'Occidente ha smarrito il vero senso dell'essere proprio perché si è fatto irretire dalla manipolazione tecnica delle cose. La conclusione a cui arriva* Essere e tempo *è che l'uomo è un «essere storico», caratterizzato dalla temporalità, cioè, in definitiva, dalla morte: egli è un essere-per-la-morte. A questo punto il capolavoro heideggeriano si arresta, incompiuto, senza aver risposto alla domanda sul senso dell'essere; l'insegnamento che se ne ricava è che Heidegger si convince che è impossibile rispondere a tale domanda interrogando un ente (sia pure un ente privilegiato, quale è l'uomo). In questa fase si colloca la «svolta» (*Kehre*) nel pensiero dell'autore, che si è reso conto che tutta la filosofia occidentale (da Platone ai nostri giorni) ha trattato l'essere come una cosa (anche quando lo ha chiamato «dio»). La storia dell'Occidente è, secondo Heidegger, la storia dell'oblio dell'essere: tutta la metafisica non è altro che un nascondimento dell'essere. Dunque, non si deve più cercare l'essere attraverso gli enti (uomo compreso): tra l'essere e gli enti c'è una distanza incolmabile. Per questi motivi, l'ultimo Heidegger arriva a sostenere che l'uomo, lungi dal pretendere di «dire» l'essere, deve porsi all'ascolto della voce dell'essere, che si esprime attraverso quella forma privilegiata di linguaggio che è la poesia. Come si vede, Heidegger, partito dall'indagine sull'esistenza, è approdato ad una nuova ontologia (= visione dell'essere), in cui diviene prevalente l'influsso della poesia e la polemica contro l'u-*manismo *e il soggettivismo (cfr. punto 4 del* Laboratorio*).*

Heidegger è uno dei filosofi che maggiormente hanno influito sulla cultura del Novecento. Segni della sua presenza si riscontrano ad esempio in Sartre, che rappresenta la traduzione in chiave radicalmente umanistica delle sue tesi, e in Jaspers, per il quale l'essere non può mai cogliersi nel sapere oggettivo della scienza. Jaspers, in particolare, ricollegandosi anche a Kierkegaard, giunge a sostenere che l'essere è da intendersi come un orizzonte che si sposta sempre più in là; esso ci abbraccia tutti, per cui non possiamo mai porcelo davanti come un oggetto da analizzare. L'unico modo per riconoscere l'essere, di cui siamo parte, è quello di approfondire la nostra specifica individualità. Ciò ci porta, altresì, a metterci in comunicazione con gli altri e a individuare i segni della nostra comune appartenenza.

1

Rintraccia nel brano heideggeriano di *Essere e tempo* (T. 1) i caratteri essenziali del pensiero esistenzialistico e stabilisci un confronto con il secondo Heidegger (vedi T. 2).

2

Dopo aver letto il brano *Il naufragio* (T. 3), identifica i tratti peculiari dell'esistenzialismo di Jaspers, che può considerarsi «il pensatore che è rimasto più fedele ai temi e ai problemi di Kierkegaard» (G. Vattimo). Metti in evidenza, inoltre, le linee di continuità rispetto all'esistenzialismo del pensatore danese (cfr. cap. II).

3

Dopo aver letto e analizzato il seguente testo di Sartre, individua i caratteri comuni e le notevoli differenze all'interno del variegato panorama dell'esistenzialismo europeo. Da', quindi, una breve definizione dell'esistenzialismo sartriano.

«Che cos'è l'esistenzialismo?

La maggior parte di coloro che adoperano questo termine sarebbero gravemente imbarazzati nel darne giustificazione, poiché oggi, che è divenuto di moda, si dice volentieri che un musicista o un pittore è esistenzialista. Un cronista mondano di *Clartés* si firma *l'Esistenzialista*; e in fondo la parola ha preso oggigiorno una tale risonanza e una tale estensione che non significa più niente. Sembra che, in mancanza di dottrine d'avanguardia simili al surrealismo, la gente avida di scandali e di varietà si rivolga a questa filosofia che, peraltro, nulla può apportare alle loro esigenze; in realtà è la dottrina meno scandalosa, la più austera; essa è unicamente destinata agli specialisti e ai filosofi. Pure la si può definire facilmente.

Ciò che rende complesse le cose è il fatto che vi sono due specie di esistenzialisti: gli uni, che sono cristiani, e fra questi metterei Jaspers e Gabriel Marcel, di confessione cattolica; e gli altri, gli esistenzialisti atei, fra i quali bisogna mettere Heidegger, gli esistenzialisti francesi e me stesso. Essi hanno di comune soltanto questo: credono che l'esistenza preceda l'essenza, o, se volete, che bisogna partire dalla Soggettività. In che modo bisogna intendere la cosa? Quando si osserva un oggetto fabbricato, come, ad esempio, un libro o un tagliacarte, si sa che tale oggetto è opera di un artigiano che si è ispirato ad un concetto. L'artigiano si è riferito al concetto di tagliacarte e, allo stesso modo, alla tecnica di produzione, che fa parte del concetto stesso e che è in fondo una "ricetta". Quindi il tagliacarte è da un lato un oggetto che si fabbrica in una determinata maniera e dall'altro qualcosa che ha un'utilità ben definita, tanto che non si può immaginare un uomo che faccia un tagliacarte senza sapere a che cosa debba servire. Diremo dunque, per quanto riguarda il tagliacarte, che l'essenza — cioè l'insieme delle conoscenze tecniche e delle qualità che ne permettono la fabbricazione e la definizione — precede l'esistenza; quindi la presenza davanti a me di un certo tagliacarte o di un certo libro è determinata. Ci troviamo così in presenza di una visuale tecnica del mondo, per cui si può dire che la produzione precede l'esistenza. Allorché noi concepiamo un Dio creatore, questo Dio è per lo più paragonato ad un artigiano supremo; e qualsiasi dottrina noi consideriamo — si tratti di dottrina simile a quella di Descartes o a quella di Leibniz — ammettiamo sempre la volontà come conseguenza di una intenzione o per lo meno come compagna di questa, e che Dio, quando crea, sa con precisione che cosa crea. Così il concetto di uomo, nella mente di Dio, è come l'idea del tagliacarte nella mente dell'artigiano e Dio "fabbrica" l'uomo servendosi di una tecnica determinata e ispirandosi ad una determinata concezione, così come l'artigiano che "fabbrica" il tagliacarte. In tal modo l'uomo individuale realizza un certo concetto che è nell'intelletto di Dio. Nel secolo XVIII, con i filosofi atei, la nozione di Dio viene eliminata, non così però l'idea che l'essenza preceda l'esistenza.

Questa idea noi la ritroviamo un po' dappertutto: in Diderot, in Voltaire e nello stesso Kant. L'uomo possiede una natura umana: questa natura, cioè il concetto di uomo, si trova presso tutti gli uomini, il che significa che ogni uomo è un esempio particolare di un concetto universale: l'uomo; in Kant da questa universalità risulta che l'uomo delle foreste, l'uomo della natura, come l'uomo comune, sono soggetti alla stessa definizione e possiedono le stesse qualità fondamentali. Così anche nel pensiero di Kant l'essenza di uomo precede questa esistenza storica che incontriamo nella natura.

L'esistenzialismo ateo, che io rappresento, è più coerente. Se Dio non esiste, afferma, c'è almeno un essere in cui l'esistenza precede l'essenza, un essere che esiste prima di poter essere definito da alcun concetto: quest'essere è l'uomo, o, come dice Heidegger, la realtà umana. Che significa in questo caso che l'esistenza precede l'essenza? Significa che l'uomo esiste innanzi tutto, si trova, sorge nel mondo, e che si definisce dopo.

L'uomo, secondo la concezione esistenzialistica, non può essere definito per il fatto che all'inizio non è niente. *Sarà* in seguito, e *sarà* quale si sarà fatto. Così non c'è una natura umana, poiché non c'è un Dio che la concepisca. L'uomo è soltanto, non solo quale si concepisce, ma quale si vuole, e precisamente quale si concepisce dopo l'esistenza e quale si vuole dopo questo slancio verso l'esistenza: l'uomo non è altro che ciò che si *fa*. Questo è il principio dell'esistenzialismo. Ed è anche quello che si chiama la soggettività e che ci vien rimproverata con questo nome. Ma che vogliamo dire noi, in questo modo, se non che l'uomo ha una dignità più grande che non la pietra o il tavolo? Perché noi vogliamo dire che l'uomo in primo luogo esiste, cioè che egli è in primo luogo in quanto si slancia verso l'avvenire e in quanto ha coscienza di progettarsi verso l'avvenire. L'uomo è, dapprima, un progetto che vive per se stesso soggettivamente, invece di essere muschio, putridume o cavolfiore; niente esiste prima di questo progetto; niente esiste nel cielo intelligibile; l'uomo sarà anzitutto quello che avrà progettato di essere. Non quello che vorrà essere. Poiché quello che intendiamo di solito con il verbo "volere" è una decisione cosciente, posteriore, per la maggior parte di noi, al fatto d'esserci fatti da noi. Io posso voler aderire a un partito, scrivere un libro, sposarmi: tutto ciò non è che la manifestazione di una scelta più originaria, più spontanea di ciò che si chiama volontà. Ma, se veramente l'esistenza precede l'essenza, l'uomo è responsabile di quello che è. Così il primo passo dell'esistenzialismo è di mettere ogni uomo in possesso di quello che egli è, di far cadere su di lui la responsabilità totale della sua esistenza. E, quando diciamo che l'uomo è responsabile di se stesso, non intendiamo che l'uomo sia responsabile della sua stretta individualità, ma che egli è responsabile di tutti gli uomini. La parola "soggettivismo" ha due significati sui quali giocano i nostri avversari. Soggettivismo vuol dire, da una parte, scelta del soggetto individuale per se stesso e, dall'altra, impossibilità dell'uomo di oltrepassare la soggettività umana. Questo secondo è il senso profondo dell'esistenzialismo. Quando diciamo che l'uomo si sceglie intendiamo che ciascuno di noi si sceglie, ma, con questo, vogliamo anche dire che ciascuno di noi, scegliendosi, sceglie per tutti gli uomini. Infatti, non c'è uno dei nostri atti che, creando l'uomo che vogliamo essere, non crei nello stesso tempo una immagine dell'uomo come noi crediamo debba essere. Scegliere d'essere questo piuttosto che quello è affermare, nello stesso tempo, il valore della nostra scelta, giacché non possiamo mai scegliere il male; ciò che scegliamo è sempre il bene e nulla può essere bene per noi senza esserlo per tutti. Se l'esistenza, d'altra parte, precede l'essenza e noi vogliamo esistere nello stesso tempo in cui formiamo la nostra immagine, questa immagine è valida per tutti e per tutta intera la nostra epoca. Così la nostra responsabilità è molto più grande di quello che potremmo supporre, poiché essa obbliga l'umanità intera [...]» (J.-P. Sartre, *L'esistenzialismo è un umanismo*, trad. it. di G. Mursia Re, Mursia, Milano, 1970, p. 130).

4

Dopo aver letto e analizzato i due brani seguenti, stabilisci un confronto tra la posizione di Sartre e quella di Heidegger sul tema dell'umanesimo. Tieni presente, altresì, che la *Lettera sull'«umanismo»* di Heidegger rappresenta la risposta polemica al breve saggio *L'esistenzialismo è un umanismo*, in cui Sartre esaltava l'*uomo* come unico legislatore e fonte di libertà assoluta.

1. Da *L'esistenzialismo è un umanismo* (1946) di Sartre:

«La parola umanismo ha due sensi molto differenti. Per umanismo si può intendere una dottrina che considera l'uomo come fine e come valore superiore. C'è umanismo in questo senso, per esempio, in Cocteau, quando, nel racconto *Il giro del mondo in ottanta ore*, un personaggio, perché sorvola le montagne in aeroplano, dice: l'uomo è stupendo. Questo vuol dire che io, personalmente, che non ho costruito gli aeroplani, trarrò beneficio da queste speciali invenzioni e che potrò personalmente — in quanto sono uomo — considerarmi responsabile ed onorato per certi atti particolari ad alcuni uomini. Il che presuppone che noi possiamo attribuire un valore all'uomo, grazie agli atti più elevati di alcuni uomini. Questo umanismo è assurdo, perché soltanto il cane o il cavallo potrebbero dare un giudizio complessivo dell'uomo ed affermare che l'uomo è stupendo, e questo essi non si curano di fare, per quanto io ne sappia, almeno. Ma non si può ammettere che l'uomo possa dare un giudizio sull'uomo. L'esistenzialismo lo dispensa da ogni giudizio di questo genere; l'esistenzialista non prenderà mai l'uomo come fine, perché l'uomo è sempre da fare. E non dobbiamo credere che ci sia un'umanità alla quale possiamo rendere un culto, al modo di Auguste Comte. Il culto dell'umanità mette capo all'umanismo chiuso in se stesso di Comte e, bisogna dirlo, al fascismo. È un umanismo che noi non vogliamo.

Ma l'umanismo ha un altro senso ed è, in sostanza, questo: l'uomo è costantemente fuori di se stesso; solo proiettandosi e perdendosi fuori di sé, egli fa esistere l'uomo e, d'altra parte, solo perseguendo fini trascendenti, egli può esistere; l'uomo, essendo questo superamento e non cogliendo gli oggetti che in relazione a questo superamento, è al cuore, al centro di questo superamento. Non c'è altro universo che un universo umano, l'universo della soggettività umana. Questa connessione fra la trascendenza come costitutiva dell'uomo, — non nel senso che si dà alla parola quando si dice che Dio è trascendente, ma nel senso di superamento, — e la soggettività, — nel senso che l'uomo non è chiuso in se stesso, ma sempre presente in un universo umano, — è quello che noi chiamiamo umanismo esistenzialista. Umanismo, perché noi ricordiamo all'uomo che non c'è altro legislatore fuori di lui e che proprio nell'abbandono egli deciderà di se stesso; e perché noi mostriamo che, non nel rivolgersi verso se stesso, ma sempre cercando fuori di sé uno scopo, — che è quella liberazione, quell'attuazione particolare, — l'uomo si realizzerà precisamente come umano».

2. Dalla *Lettera sull'«umanismo»* (1947) di Heidegger:

«Voi mi domandate: Come ridare un senso alla parola Umanismo? La vostra domanda, dunque, non soltanto presuppone che voi volete conservare questa parola "umanismo", ma contiene anche il riconoscimento che essa ha perduto di significato.

Essa l'ha perduto, infatti, dacché si è compreso che l'essenza dell'umanismo ha un carattere metafisico: e ciò vuol dire che la Metafisica, non solo non pone la questione della verità dell'Essere, ma, anzi, la impedisce in quanto persevera nell'oblio dell'Essere. [...]

Per cui ridare a essa un senso non può significare altro che questo: determinarne di nuovo il significato. Ma a ciò si esige, anzitutto, che venga fatta un'esperienza più originaria dell'essenza dell'uomo; e, d'altra parte, venga mostrato come questa essenza diviene propriamente tale in tal modo. L'essenza, infatti, dell'uomo si fonda su l'ex-sistenza, e però a questa ex-sistenza appartiene essa essenzialmente, cioè dal punto di vista dell'Essere stesso, in quanto è dall'Essere che l'uomo, quale ex-sistente per la custodia della verità dell'Essere, si trova ad essere costituito dentro di questa stessa. "Umanismo", allora, se decidiamo di mantenere questa parola, significherà che l'essenza dell'uomo è essenziale per la verità dell'Essere. Ma si badi: qui non si tratta precisamente dell'uomo preso semplicemente come tale! Per cui il nostro "umanismo" viene ad assumere un significato ben singolare: esso diventa un titolo che va inteso, letteralmente, come "lucus a non lucendo"![11]

Val la pena, allora, questo "umanismo", che polemizza contro ogni umanismo precedente, senza per questo farsi per nulla sostenitore dell'"inumano", — val la pena di chiamarlo ancora "umanismo"? L'unico vantaggio sarebbe, forse, questo: di partecipare, con l'uso di questa parola, alle correnti che oggi predominano, e di affogare e annegare, insieme a esse, in un soggettivismo metafisico e nell'oblio dell'Essere. O non converrebbe piuttosto osare, con una aperta resistenza contro l'"umanismo", di provocare un urto capace di forzare l'attenzione, affinché una buona volta si faccia pensosa sul problema della *humanitas* dell'*homo humanus* e sul suo fondamento? Anche se il momento attuale della storia mondiale non spingesse già in questa direzione, si potrebbe, così, risvegliare una riflessione che si orienterebbe, non soltanto su l'uomo, ma sulla "natura" dell'uomo, e non soltanto su questa natura, ma più originariamente ancora sulla dimensione in cui l'essenza dell'uomo, determinata dal punto di vista dell'essere stesso, si trova come in casa sua».

[11] L'espressione (etimologia per antifrasi di Varrone) va intesa come la «radura» sacra (*lucus*, connesso a *lux*, luce) che si apre (e si illumina) in mezzo al «buio del bosco». Come nel bosco la luce e l'ombra si confondono, così nell'essenza dell'uomo l'Essere si rivela e si nasconde al tempo stesso. Secondo Heidegger «umanismo», nella sua accezione positiva, significa che l'uomo in quanto trascendenza o ex-sistenza (cioè «star fuori di sé») è «il vicino dell'Essere». Nella sua essenza, dunque, l'uomo non è mai solo un *soggetto*, un «io», che si correla ad un *oggetto*, ma è colui che si apre all'Essere, è il «pastore» dell'Essere che mostra e custodisce il rivelarsi incompiuto dell'Essere.

SCHEDA DI APPROFONDIMENTO

L'esistenzialismo spiritualistico di G. Marcel

A partire dalla terza decade del nostro secolo lo spiritualismo, pur mantenendosi fedele al suo testo fondamentale che è la «coscienza» e i suoi «dati immediati», comincia a far propri, in alcune delle sue forme, alcuni temi esistenzialistici desunti prima da Kierkegaard e poi da Heidegger e Jaspers. La critica della conoscenza razionale od «oggettiva», la distinzione tra essere ed esistenza, l'instabilità (o rischiosità) del rapporto tra l'uomo e il mondo, quindi l'angoscia (o l'inquietudine) che caratterizza questo rapporto, sono i maggiori di questi temi; ai quali talora si aggiunge l'uso della nozione caratteristica dell'esistenzialismo, quella di possibilità. Questi temi sono integrati nel quadro classico dello spiritualismo e tesi, il più delle volte, a illustrarne gli aspetti più specificamente religiosi.
In Francia questo tipo di spiritualismo ha trovato il suo primo documento nel *Journal Métaphysique* (1927) di Marcel e ha assunto il nome significativo di «filosofia dello spirito».
Gabriel Marcel (nato nel 1889), drammaturgo e critico letterario, è autore dei seguenti scritti filosofici: *Giornale metafisico* (1927); *Essere e avere* (1935); *Dal rifiuto all'invocazione* (1939); *Homo viator* (1944); *Il mistero dell'essere* (1952); *L'uomo problematico* (1955). La tendenza intimistica della filosofia di Marcel traspare già dalla preferenza che egli dà al genere del diario nell'esposizione del suo pensiero (*Giornale metafisico* e prima parte di *Essere e avere*); ed è poi evidente in tutti i suoi scritti che assumono spesso la forma di una confessione intima del loro autore. Il tono esistenzialistico del *Giornale metafisico* consiste esclusivamente nel fatto che in esso Marcel si rifiuta di considerare il problema dell'io e il problema di Dio come risolvibili sul piano oggettivo, cioè in virtù di analisi o di dimostrazioni razionali. Ma egli arriva fino al punto di non considerarli neppure come problemi: l'essere, sia l'essere dell'io umano sia l'essere di Dio, non è problema ma *mistero*. In *Essere e avere*, egli così definisce la distinzione tra problema e mistero: «Un mistero è un problema che usurpa i propri dati, che li invade e perciò li supera come problema». Così, ad esempio, l'unione di anima e corpo (costitutiva dell'io) è un mistero perché rimane al di là dell'analisi e non può essere ricostruita sinteticamente a partire da elementi logicamente anteriori: essa non solo è *data*, ma è anche *dante*, nel senso di una continua presenza dell'io a se stesso. In altri termini, per Marcel, un problema è un insieme di dati che si tratta di mettere insieme e di conciliare sinteticamente. Stante una nozione cosiffatta di problema, non c'è da meravigliarsi che Marcel neghi che l'esistenza sia un problema. Il problema domina la categoria dell'avere, propria della considerazione oggettivizzante. In questa, infatti, i termini considerati sono oggettivi ed estranei al soggetto che li considera e il metterli assieme e scoprirne il legame sintetico è appunto il problema. L'esteriorità dei termini condiziona l'*avere* in quanto suppone l'esteriorità della cosa posseduta e il dominio su essa. Ma la categoria dell'avere è in realtà la categoria della servitù dell'uomo rispetto al mondo, giacché il dominio sulla cosa posseduta tende a capovolgersi e a diventare quello della cosa posseduta sul possessore. L'uomo che vive nella categoria dell'avere è l'uomo schematizzato nella sua funzione sociale o vitale, legato alla vuotaggine del mondo e dei suoi problemi.
Ma al di là dell'avere e dei problemi che gli sono connessi, l'essere si rivela nel *mistero* di cui si circonda; e l'unico atteggiamento possibile di fronte ad esso è non più quello dell'analisi e della problematizzazione, ma quello dell'amore e della fedeltà, per cui l'uomo si apre alla sua azione e diventa disponibile per esso. Nell'amore e nella fedeltà, infatti, il mistero si presenta nella forma di un *Tu* al quale l'io appartiene e al quale non può rifiutarsi se non a patto di annullare se stesso (*Du refus à l'invocation*, 1940[5], p. 135). Il riconoscimento del mistero è la condizione dell'amore tra gli uomini. «Gli esseri non possono accordarsi che nella verità, ma questa è inseparabile dal riconoscimento del grande mistero da cui siamo circondati e in cui abbiamo il nostro essere» (*ivi*, p. 197). La fedeltà e l'amore impegnano l'uomo in una realtà non problematizzabile, che perciò lo fonda nella sua soggettività. La filosofia deve condurre l'uomo fino al punto di rendergli possibile «l'irradiazione fecondante della rivelazione»; ma non trae l'uomo stesso ad aderire ad una religione determinata. Gli ultimi scritti di Marcel sono dedicati prevalentemente alla critica della società contemporanea e ad esaltare i valori della spiritualità religiosa come rimedi ai mali di essa.

L'esistenzialismo positivo di N. Abbagnano

Nel nostro Paese l'esistenzialismo si è indirizzato verso un esito caratteristicamente «positivo», cioè proteso ad evitare «la negazione della possibilità dell'esistenza e della sua libertà finita». Tale esito,

(*segue*)

analogo, per certi versi, a quello del francese Merleau-Ponty (1908-1961), è stato incarnato soprattutto da Nicola Abbagnano (1901-1990). Scolaro di Aliotta, Abbagnano è stato professore di Storia della filosofia all'università di Torino. Fra le sue opere ricordiamo: *La struttura dell'esistenza* (1939); *Introduzione all'esistenzialismo* (1942); *Storia della filosofia* (1946-1950); *Filosofia, religione e scienza* (1947); *Esistenzialismo positivo* (1948); *Possibilità e libertà* (1956); *Problemi di sociologia* (1959); *Dizionario di filosofia* (1961); *Per o contro l'uomo* (1968); *Fra il tutto e il nulla* (1973); *Questa pazza filosofia* (1979); *L'uomo progetto 2000* (1980); *La saggezza della vita* (1985); *La saggezza della filosofia* (1987); *Ricordi di un filosofo* (1990). Ecco una sintesi del suo pensiero, tratta da un testo di Pietro Chiodi, che ne è stato discepolo e seguace:
«Tre sono le componenti fondamentali che caratterizzano il pensiero di Abbagnano e che nel loro sviluppo ne costituiscono la ragione profonda di continuità: la polemica antiromantica, la riflessione sulla scienza, l'interpretazione della filosofia come "tentativo di esplorare con occhio umano il mondo umano". Attraverso un lavoro incessante, in cui il dibattito dei problemi del tempo si è costantemente intrecciato col ripensamento, sempre più largo e approfondito, dell'intera storia della filosofia, Abbagnano è venuto via via chiarendo e motivando quell'esigenza di fondo del suo pensiero secondo cui atteggiamento antiromantico e riflessione sulla scienza sono le condizioni essenziali di una filosofia che intenda costituirsi come chiarificazione umana del mondo umano.
Questa esigenza dà ragione dell'incontro di Abbagnano con l'esistenzialismo e nello stesso tempo dell'atteggiamento critico che, sin dall'inizio, egli assunse verso l'esistenzialismo tedesco e francese. Se l'esistenzialismo costituiva il più energico richiamo della filosofia contemporanea alla dimensione umana della ricerca filosofica, esso rivelava la propria insufficienza nella misura in cui finiva per confinare l'esistenza nella *negatività* dell'essere-per-la-morte (Heidegger), dello scacco (Jaspers), della nausea (Sartre). Il fallimento dell'esistenzialismo negativo nella fondazione dell'esistenza umana e dei suoi rapporti essenziali con la natura e la società dipendeva, per Abbagnano, dal fatto che questo esistenzialismo, nonostante le sue polemiche anti-idealistiche, continuava a muoversi nell'orizzonte categoriale tipico dell'idealismo romantico, l'orizzonte della necessità, dal quale traeva anche la svalutazione delle scienze e del loro apporto oggettivo e metodologico alla costruzione filosofica di un mondo umano. Di qui le due direzioni in cui Abbagnano ha proceduto all'elaborazione di un *esistenzialismo positivo*: il chiarimento sempre più approfondito dell'orizzonte categoriale della possibilità e l'analisi metodologica delle procedure della ragione scientifica quale unico strumento capace di istituire rapporti soddisfacenti fra l'uomo e il mondo. Nella prima direzione Abbagnano ha polemizzato tanto con l'Idealismo quanto con il Positivismo di stampo ottocentesco per la comune assunzione della categoria di necessità a fondamento di un sapere assoluto. A questo ideale assolutistico e necessitaristico Abbagnano ha contrapposto le filosofie del possibile, impersonate da Kant e da Kierkegaard, dalle quali risulta un concetto di esistenza e di ragione possibili nel senso in cui possibilità significa alternativa fondamentale: possibilità che sì o possibilità che no, senza cioè alcuna predeterminazione necessaria al fallimento (esistenzialismo negativo) o al successo (idealismo romantico). Ma un concetto di ragione così inteso risulta perfettamente corrispondente a quello a cui, nella seconda direzione, mette capo l'analisi metodologica dei procedimenti della scienza moderna, che ha fatto dell'ipoteticità dell'apparato concettuale e della rettificabilità dei risultati la base metodologica dei suoi grandiosi successi.
In tal modo, mentre la sempre più accentuata involuzione romantica dell'esistenzialismo negativo tagliava fuori questa corrente dalla ricostruzione filosofica e politica del dopoguerra, confinandola nel limbo delle sterili lamentazioni antitecniche e antirazionalistiche e nel vagheggiamento di un essere primordiale o di una interiorità mitologica, l'esistenzialismo positivo italiano, coniugandosi felicemente con le esigenze analoghe della filosofia di Dewey e della rinnovata filosofia della scienza, costituì in Italia il punto di convergenza e il terreno di incontro di esigenze e di indirizzi analogamente orientati verso un *programma neoilluministico*. È di questo periodo lo scritto di Abbagnano intitolato *L'appello alla ragione e le tecniche della ragione* (ora in *Possibilità e libertà*) in cui lo slancio in avanti dell'esistenza in quanto possibilità vi è inteso come appello alla ragione, la quale, proprio per soddisfare questa sua funzione costitutiva, non può che tradursi di volta in volta in una tecnica razionale specifica, cioè in un procedimento che include fra le proprie condizioni di validità il limite dei fatti e il suo possibile riordinamento in un ulteriore appello alla ragione. Una ragione così intesa risulta tanto più efficace quanto più consapevole dei propri limiti: da un lato essa non è infatti che una possibilità offerta all'uomo di fondare i rapporti intersoggettivi e mondani sul sempre rinnovato appello a nuove tecniche razionali; e, dall'altro, essa trova nell'esperienza il campo indispensabile del proprio promuovimento, ma anche il banco di prova e di rettifica delle proprie tecniche. In questo senso Abbagnano ha definito il proprio pensiero come *neoempirismo metodologico*.

(*segue*)

La rivalutazione delle scienze (particolarmente delle scienze umane, dalla sociologia all'antropologia), la rottura del monolitismo metafisico, il rinnovamento della metodologia storiografica sono fra i risultati più apprezzabili del clima neoilluministico ed empiristico largamente diffuso nella filosofia contemporanea italiana, al cui promuovimento il pensiero di Abbagnano ha dato un contributo fondamentale. Ed un pari contributo Abbagnano ha dato, soprattutto negli ultimi anni, al chiarimento dei problemi morali, sociali e politici che sono portati in primo piano dalla crisi della società contemporanea. Facendo valere, in svelti articoli di giornali quotidiani e di riviste, gli insegnamenti e le implicazioni della sua filosofia, ha cercato di mostrare le conseguenze tragiche che derivano dal concepire l'uomo come una divinità romantica in esilio o un animale immerso nel disordine dell'istinto o della causalità cosmica. Ha difeso in tutti i modi quella libertà di scelta, finita ma efficace, in cui consiste l'autentica dignità umana. Su questa linea, Abbagnano ha cercato anche di scorgere in quale direzione la società attuale potrebbe e dovrebbe muoversi per sfuggire ai maggiori pericoli che la minacciano e salvare l'integrità della persona umana»[12].

SCHEDA LESSICALE

Esistentivo - Esistenziale - Ontico - Ontologico

Nel vocabolario heideggeriano questi quattro aggettivi sono ben presenti; pertanto torna utile ricordarne sinteticamente il significato, così come è stato puntualizzato da G. Vattimo (*Introduzione a Heidegger*, cit., pp. 12-13): «Gli aggettivi *esistentivo* ed *esistenziale* alludono alla distinzione tra il problema dell'esistenza come si pone nell'interno dell'esistenza stessa (sono esistentivi i concreti problemi che ci troviamo a risolvere giorno per giorno, a qualunque livello; anche (...) la decisione anticipatrice della morte) e il problema dell'esistenza che si pone a livello riflesso, potremmo dire il problema *sull'esistenza*. (...) Il termine *ontico* costituisce, con *ontologico*, una coppia di concetti paralleli a quella esistentivo-esistenziale, anche se i significati non si sovrappongono completamente. *Ontica* è ogni considerazione, teorica o pratica, dell'ente che si ferma ai caratteri dell'ente come tale, senza mettere in questione il suo essere; *ontologica* invece è la considerazione dell'ente che mira all'essere dell'ente. La "descrizione dell'ente intramondano" è ontica; "l'interpretazione dell'essere di questo ente" è ontologica. (...) La conoscenza dell'ente presuppone una certa preliminare comprensione dell'essere dell'ente: alla base di ogni verità ontica sta la verità ontologica».

[12] Dal *Grande dizionario enciclopedico*, UTET, Torino, 1988, voce «Abbagnano».

GLOSSARIO E RIEPILOGO

Esistenzialismo. L'esistenzialismo è, al tempo stesso, un'atmosfera culturale e una filosofia (o un insieme di filosofie). Come "clima culturale" l'esistenzialismo risulta caratterizzato da una spiccata sensibilità nei confronti degli aspetti *limitanti* o *negativi* della condizione umana nel mondo. Come filosofia (o insieme di filosofie) l'esistenzialismo risulta caratterizzato dal fatto di assumere, a proprio tema di ricerca, l'*esistenza*, intesa come lo specifico modo di essere dell'uomo nel mondo. E poiché l'esistenza, per gli esistenzialisti, risulta definita dal proprio rapporto problematico con l'*essere* (comunque inteso o prospettato), l'analisi dell'esistenza, in tale corrente filosofica, risulta strettamente connessa con l'indagine intorno all'essere. Indagine che, in un autore come Heidegger, assume un rilievo centrale (al punto da ridurre l'analitica esistenziale a semplice momento preparatorio di una rinnovata filosofia dell'essere).

Heidegger di Essere e tempo

Ente. Tutto ciò che è.

Essere. Ciò che entifica l'ente, ossia lo rende tale. Nel pensiero di Heidegger, l'essere si configura come una *x* enigmatica che si sottrae ad ogni «definizione» tradizionale.

Esserci. L'ente-uomo, ossia quell'ente che ha, come modo di essere *specifico*, l'esistenza (v.).

Esistenza. Modo di essere dell'Esserci caratterizzato: 1) dal *rapporto* con l'essere (con il *proprio* essere e con l'essere *in generale*; 2) dalla *possibilità*, in quanto l'esistenza non è una realtà fissa e predeterminata, ma un insieme di possibilità fra cui l'uomo deve *scegliere*. Per queste sue caratteristiche, l'esistenza è costitutivamente progetto (v.) e trascendenza (v.).

Progetto. Modo di essere dell'uomo, che, in quanto e-sistenza, pro-getta o anticipa le proprie possibilità. Infatti, mentre le cose sono ciò che sono (ossia delle *semplici-presenze*), l'uomo è ciò che «ha da essere», ovvero «l'ente a cui nel suo essere *ne va* di questo essere stesso».

Trascendenza. È il modo di essere proprio dell'uomo che, in quanto e-sistenza, trascende l'ente in vista dell'essere e la realtà in vista della possibilità.

Esistentivo. Designa la comprensione che ogni singolo uomo ha della propria esistenza e dei problemi concreti che si trova a risolvere giorno per giorno.

Esistenziale. Designa una determinazione *costitutiva* (o strutturale) dell'esistenza e la conseguente comprensione *filosofica* che possiamo averne.

Ontico. Tipo di comprensione che si riferisce a qualche carattere (o proprietà empirica) dell'ente.

Essere-nel-mondo. È il modo di essere dell'uomo, che è nel mondo in modo tale da progettare il mondo stesso, ossia da piegarlo alle proprie esigenze e ai propri scopi, mediante un piano globale di utilizzabilità (v.) delle cose.

Utilizzabilità. È il modo di essere delle cose che, in rapporto all'uomo, assumono le caratteristiche di *mezzi* o *strumenti* del suo agire.

Con-essere. È il modo di essere dell'Esserci in quanto *con*-esserci, ossia come esistenza fra le altre esistenze.

Autenticità, inautenticità. Sono le due possibilità fondamentali dell'esistenza. L'esistenza *autentica* è quella che si comprende a partire dalla possibilità più *propria* (= la morte). L'esistenza inautentica è quella che si comprende a partire dal mondo e dagli altri (v. esistenza anonima).

Esistenza anonima. È l'esistenza inautentica del *Si* (*Man*), cioè quella in cui il «si dice» o il «si fa» domina incontrastato e in cui campeggiano la chiacchiera, la curiosità e l'equivoco.

Deiezione. È la caduta dell'Esserci nella quotidianità banale e inautentica che caratterizza i suoi commerci con il mondo.

Situazione emotiva. È lo stato in cui l'Esserci esperimenta, a livello *emotivo*, il proprio esser-gettato (v.) nel mondo.

Esser-gettato. È il carattere per cui l'esistenza risulta *gettata* nel mondo (a titolo di *progetto gettato*).

Cura. È la totalità delle strutture (autentiche e inautentiche) dell'Esserci, il cui essere-nel-mondo assume la forma di un *prendersi cura* delle cose e di un *aver cura* degli altri.

Morte. La possibilità «più propria», incondizionata e certa dell'Esserci, scegliendo la quale l'uomo si appropria del suo essere autentico.

Angoscia. La situazione emotiva in virtù della quale l'uomo «si trova di fronte al nulla», ovvero a quella «possibile impossibilità» della propria esistenza che è rappresentata dalla morte.

L'essere-per-la-morte. È l'esistenza autentica, in quanto decisione anticipatrice della morte.

Voce della coscienza. Il richiamo dell'esistenza a se stessa, cioè al proprio *nulla* di fondo. Nulla consistente: 1) nel fatto che l'uomo, pur trovandosi ad essere il fondamento di se stesso (cioè l'autore delle proprie scelte), in quanto progetto-gettato, *non* risulta il fondamento del proprio fondamento, ossia del proprio essere; 2) nel fatto che l'uomo, nella sua finitudine, può *progettare* determinate possibilità soltanto escludendo o *negando* altre possibilità. Tale richiamo, che coincide con un sentimento di «colpevolezza», si concretizza in una *decisione* per il *nulla*, che fa tutt'uno con la decisione anticipatrice della morte.

Temporalità. Rappresenta il senso unitario della struttura della Cura, in quanto è «essere-avanti-a-sé» (progetto), «essere-già-in» (gettatezza) ed «essere-presso» (deiezione).

Storicità autentica. È la scelta, per l'avvenire, delle possibilità che sono *già state*, ovvero un *tramandarsi* di tali possibilità, una loro *ripetizione* decisa, che Heidegger chiama anche *destino*.

Il secondo Heidegger

Differenza ontologica. È la differenza di base fra essere ed ente. La dimenticanza di tale differenza ha prodotto la metafisica (v.) e il nichilismo (v.).

Metafisica. Termine che Heidegger usa in un'accezione *negativa*, intendendo, con esso, l'intera filosofia occidentale, la quale ha pensato all'insegna dell'oblio dell'essere.

Nichilismo. È la metafisica stessa, che, per concentrarsi sull'ente, ha finito per perdere di vista l'essere (ossia per ridurlo a «niente»).

Verità. Il non celarsi o il disvelarsi dell'essere.

Evento (*Ereignis*). È l'essere, inteso non come statica presenza, ma come accadere.

Gelassenheit. L'atteggiamento di *abbandono* all'essere.

Arte. Heidegger la considera come «il porsi-in-opera della verità» intendendo dire, con questa affermazione, che il nucleo dell'opera d'arte è il mostrare la verità dell'ente e quindi, in prima battuta, il significato *autentico* delle cose e dei mezzi. Questo non significa che Heidegger intenda rifarsi al tradizionale concetto dell'arte come imitazione. Infatti, a suo giudizio, più che riprodurre la verità, l'opera d'arte *istituisce* la verità.

Arte e poesia. Secondo Heidegger, ogni arte è, nella sua essenza, Poesia, ossia un produrre che fa tutt'uno con il porsi in opera della verità. In *L'origine dell'opera d'arte* Heidegger adopera due termini distinti per indicare la poesia: *Dichtung* e *Poesie*. La prima è la poesia in senso lato, cioè la poesia come storicizzarsi della verità ed essenza di ogni arte. La seconda è la poesia in senso stretto, cioè la poesia come *specifica* arte della parola.

Linguaggio. Heidegger insiste sulla linguisticità originaria della nostra esperienza del mondo, cioè sul fatto che non esiste apertura di mondi che non sia, in qualche modo, un evento linguistico. Infatti, è soltanto in virtù del linguaggio che gli enti possono apparire ed essere. Il linguaggio si configura dunque come «la casa dell'essere» (*Lettera sull'«umanismo»*), ovvero come il luogo in cui si eventualizza l'evento dell'essere. Casa o luogo di cui l'uomo non è il proprietario, ma l'ospite, poiché non è tanto l'uomo a possedere il linguaggio, quanto il linguaggio a possedere l'uomo.

Poesia e civiltà. Il linguaggio che meglio rivela l'*essenza* del linguaggio è il linguaggio poetico. Solo in quest'ultimo avviene l'automanifestazione dell'essere: «La poesia è istituzione in parola dell'essere» (*Hölderlin e l'essenza della poesia*). La parola poetica coincide quindi con l'area del *Dire primordiale* e si configura, per definizione, come creatrice di civiltà e cultura. I poeti forniscono a un popolo la sua identità e istituiscono usanze e costumi.

Poesia e pensiero. La valorizzazione della poesia e dell'arte si accompagna alla tesi della vicinanza fra pensare e poetare. È solo nel dialogo con la poesia che il pensiero si avvicina all'essenza del linguaggio, e quindi all'essere: «Il linguaggio è la casa dell'essere. Nella sua dimora abita l'uomo. I pensatori e i poeti sono i custodi di tale dimora» (*Lettera sull'«umanismo»*). Tutto ciò fa sì che il pensiero del secondo Heidegger si concretizzi in un assiduo colloquio con gli antichi filosofi greci e con la voce dei poeti. In particolare con Hölderlin, che egli eleva a interprete privilegiato della modernità.

Geviert. Termine heideggeriano – traducibile con «quadrato» o «quadratura», oppure, con accentuazione del prefisso collettivo *Ge*, «riunione dei quattro» – con cui si allude all'aprirsi del mondo nelle quattro direzioni del *cielo* e della *terra*, dei *mortali* e dei *divini*. Direzioni su cui il filosofo non si sofferma in modo dettagliato (donde l'oscurità della dottrina), limitandosi a sottolinearne la *connessione unitaria*, ovvero il complesso gioco di rimandi attraverso cui ciascuna è se stessa solo nell'atto di *rinviare* alle altre: «Nessuno dei Quattro si irrigidisce in ciò che ha di specificamente proprio. Invece, ognuno dei quattro, all'interno della loro trasposizione, è espropriato in modo da divenire qualcosa di proprio. Questo espropriante espropriare è il gioco di specchi della Quadratura» (*Saggi e discorsi*).

Ontologia ed ermeneutica. Con l'accentuazione del nesso tra essere e linguaggio, l'ontologia diventa ermeneutica, cioè esercizio di *interpretazione* di enunciati verbali. Ma se l'interpretazione rappresenta l'unica via per pensare l'essere – e se la storia dei significati di una parola coincide con la storia dell'essere – ne segue che l'etimologia rappresenta una componente imprescindibile dell'ontologia. Da ciò l'etimologismo heideggeriano, operante soprattutto su parole greche e tedesche. L'ermeneutica dell'ascolto di Heidegger si configura come un'ermeneutica «in cammino», che scorge, nell'essere, un appello *inesauribile* e mai totalmente esplicitabile.

Tecnica. Heidegger definisce la tecnica come «un modo del disvelamento» (*La questione della tecnica*), ossia come un rendere manifesto o *dis*-velato ciò che prima non era tale (ad es. una casa, uno strumento ecc.). Tuttavia, a differenza di quella degli antichi, che si limitava a favorire l'opera della natura (v. il mulino a vento), la tecnica moderna non si dispiega nella forma della semplice pro-duzione, ma in quella della *pro-vocazione*, ossia del trarre fuori dalla natura energia da accumulare e da impiegare. L'energia accumulata assume la forma di un fondo (*Bestand*) in cui ogni cosa trova la sua precisa collocazione, cessando d'essere un semplice *oggetto*. Per descrivere «l'essenza» della tecnica moderna Heidegger usa il termine *Gestell*. In tedesco questa parola indica abitualmente una suppellettile. Sulla falsariga di altre parole (*Ge-birg* = massiccio di montagne), Heidegger la scompone nel prefisso *Ge* («insieme») e nel verbo *stellen* («porre»), attribuendole il significato di *totalità del porre tecnico*. Nel *Gestell* (che Volpi traduce con «impianto» e Vattimo con «im-posizione», termine che unisce la realtà del porre con quella del costringere) alberga un «pericolo», che non proviene, innanzitutto, dagli effetti mortali che possono avere le macchine, ma dal fatto che, per causa della tecnica e della sua essenza nichilistica, può andare smarrita l'essenza dell'uomo e della verità. Tuttavia la tecnica è un «Giano bifronte», poiché se da un lato il *Gestell* sprofonda l'uomo nella notte del nichilismo, dall'altro rappresenta «un primo incalzante lampeggiare dell'*Ereignis*» (*Identità e differenza*), ossia della luce postmetafisica dell'essere. Ne segue che la tecnica non rappresenta una contingenza storica da fuggire romanticamente, ma un evento destinale da approfondire filosoficamente. In ogni caso, l'uomo non ha nessun «potere» sulla tecnica. Infatti, poiché la tecnica non dipende dall'uomo, ma dal destino dell'essere, di fronte ad essa all'uomo non rimane che «l'attesa», in quella modalità *pensante* che è la meditazione sull'essere.

Fine della filosofia e superamento della metafisica. Heidegger fa coincidere la fine della metafisica con la fine della filosofia. La fine della filosofia implica l'avvento di un pensiero essenziale antitetico al pensiero calcolante della scienza-tecnica. Tale pensiero essenziale si concretizza in un «pensiero memorante» (*Andenken*) avente lo scopo di mantenere vivo il problema dell'essere, al di là del lungo oblio che ha caratterizzato la metafisica attraverso i secoli. Da ciò l'idea di un pensiero post-metafisico e post-filosofico capace di incarnare quella nuova ontologia di cui Heidegger si è fatto banditore.

L'essere e Dio. Heidegger afferma che l'essere *non* è Dio, anche se aggiunge che il manifestarsi di Dio può avvenire solo *nella* dimensione dell'essere (o dell'*Ereignis*), poiché soltanto nella vicinanza dell'essere «si compie (...) la decisione se e come (...) nell'albeggiare del sacro possano cominciare di nuovo ad apparire Dio e gli dèi» (*Lettera sull'«umanismo»*). Concetti sostanzialmente ribaditi nei *Seminari*: «Io credo che l'essere non possa mai essere pensato come fondamento ed essenza di Dio, ma che tuttavia l'esperienza di Dio e della sua rivelazione (in quanto essa incontra l'uomo) avviene nella dimensione dell'essere».

Jaspers

Trascendenza. È l'essere inafferrabile e inoggettivabile verso cui tende l'esistenza, la quale *non* è l'essere, ma la ricerca o il problema dell'essere.

Cifra. È il modo allusivo e indiretto con cui viene sperimentata la trascendenza (v.).

Situazioni-limite. Le situazioni immutabili, definitive, incomprensibili (nascita, colpa, morte, ecc.) nelle quali l'uomo si trova come di fronte a un muro, contro il quale non può che urtare senza speranza.

Scacco e naufragio. La cifra (v.) suprema, ossia quella che esprime nel modo più radicale la *trascendenza* dell'essere e la *finitudine* dell'esistenza.

Sartre

Essere in sé. Tutto ciò che non è coscienza (v.), ma con cui la coscienza entra in rapporto, ossia quella massa opaca (= le cose del mondo) su cui la coscienza proietta i propri significati e i propri valori.

Essere per sé. La coscienza, intesa come essere la cui prerogativa è quella di essere *presente* a se stessa e alle cose e di fungere da fonte dei significati e dei valori.

Nulla. Termine con cui Sartre intende non il contrario dell'essere, ma la coscienza stessa (= l'essere per sé), intesa come potenza nullificatrice del puro dato (= l'essere in sé) e come sorgente di significati.

Libertà. La coscienza, considerata nella sua prerogativa di *negare* l'esistente alla luce di un progetto.

Assurdo. È la *fatticità* dell'essere, che è originariamente privo di ragioni e scopi (infatti, ragioni e scopi vengono sempre *dopo*, cioè nascono soltanto *con* l'uomo e la sua libertà).

Nausea. La rivelazione emotiva dell'assurdità e gratuità dell'esistenza.

Responsabilità e impegno. Mettendo tra parentesi gli aspetti assurdistici e negativi del proprio esistenzialismo originario, Sartre è andato sempre più insistendo sui concetti di responsabilità e impegno, sino a reinterpretare la filosofia dell'esistenza nei termini di una teoria dell'azione e della storia di impronta marxista.

Marcel

Problema e mistero. Secondo Marcel l'essere non è un *problema* da risolvere a tavolino, ossia qualcosa che si trova «davanti» a noi, ma un mistero che ci coinvolge in prima persona: «Il problema è qualcosa che si incontra, che ci ostruisce la strada. È davanti a me nella sua totalità. Invece il mistero è qualcosa in cui mi trovo impegnato e quindi non viene a trovarsi davanti a me nella sua totalità» (*Essere e avere*).

Abbagnano

Esistenzialismo positivo. La specifica forma di esistenzialismo teorizzata da Abbagnano, il quale ritiene che le possibilità esistenziali debbano essere assunte e mantenute *come tali*, cioè senza trasformarle in *impossibilità* (esistenzialismo tedesco e francese) o in *potenzialità* (esistenzialismo teologico e spiritualistico).

INDICAZIONI BIBLIOGRAFICHE

Sull'esistenzialismo in generale:

P. Prini, *Storia dell'esistenzialismo*, Studium, Roma 1989.
G. Invitto, *Esistenzialismo e dintorni*, Angeli, Milano 1992.
N. Abbagnano, *Introduzione all'esistenzialismo*, Mondadori, Milano 1995[3].
E. De Caro, *Esistenzialismo*, Editrice Bibliografica, Milano 1997.

Su Heidegger:

P. Chiodi, *L'esistenzialismo di Heidegger*, Taylor, Torino 1947.
P. Chiodi, *L'ultimo Heidegger*, Taylor, Torino 1952.
K. Löwith, *Saggi su Heidegger*, Einaudi, Torino 1974.
U. Ugazio, *Il problema della morte nella filosofia di Heidegger*, Mursia, Milano 1976.
V. Vitiello, *Heidegger: il nulla e la fondazione della storicità*, Argalia, Urbino 1976.
H. G. Gadamer, *I sentieri di Heidegger*, Marietti, Genova 1987.
AA.VV., *Eredità di Heidegger* (a cura di L. Martini), Transeuropa, Ancona-Bologna 1988.
P. Bordieu, *Führer della filosofia? L'ontologia politica di Martin Heidegger* (1988), Il Mulino, Bologna, 1989.
G. Vattimo, *Essere, storia e linguaggio in Heidegger*, Marietti, Genova 1989.
U. Galimberti, *Invito al pensiero di Martin Heidegger*, Mursia, Milano 1989[2].
M. Marassi, *Ermeneutica della differenza. Saggio su Heidegger*, Vita e Pensiero, Milano 1990.
O. Pöggeler, *Il cammino di pensiero di Martin Heidegger*, Guida, Napoli 1991.
G. Vattimo, *Al di là del soggetto. Nietzsche, Heidegger e l'ermeneutica*, Feltrinelli, Milano 1991[4].
E. Severino, *Heidegger e la metafisica*, Adelphi, Milano 1994.
U. Regina, *Servire l'essere con Heidegger*, Morcelliana, Brescia 1995.
U. Ugazio, *Il ritorno del possibile. Studi su Heidegger e la storia della metafisica*, Zamorani, Torino 1996.

E. Mazzarella, *Tecnica e metafisica. Saggio su Heidegger*, Guida, Napoli 1998.
B. Moroncini, *Mondo e senso: Heidegger e Celan*, Cronopio, Napoli 1998.
W. Müller Lauter, *Volontà di potenza e nichilismo. Nietzsche e Heidegger*, Parnaso, Trieste 1998.
F. Polidori, *L'ultima parola: Heidegger Nietzsche*, La Nuova Italia, Firenze 1998.
D. Vicari, *Lettura di «Essere e tempo» di Heidegger*, Utet Libreria, Torino 1998.
G. Berto, *Freud, Heidegger, lo spaesamento*, Bompiani, Milano 1999.
R. Sega, *Sulle tracce del senso: Heidegger e la questione ermeneutica*, Sapere, Padova 1999.
G. Zaccaria, *L'inizio del pensiero greco: Heidegger e l'essenza della filosofia*, Marinotti, Milano 1999.

Su Jaspers:

L. Pareyson, *La filosofia dell'esistenza e Carlo Jaspers*, Loffredo, Napoli 1940.
U. Galimberti, *Linguaggio e civiltà. Analisi del linguaggio occidentale in Heidegger e Jaspers*, Mursia, Milano 1977.
AA.VV., *Karl Jaspers. Filosofia, scienza, teologia*, Morcelliana, Brescia 1983.
G. Penzo, *Esistenza e trascendenza*, Studium, Roma 1985.
G. Penzo (a cura di), *La «Metafisica» di Jaspers e l'ermeneutica scientifico-filosofica in rapporto al problema della libertà*, Paravia, Torino 1992.
A. M. Licciardi, *Karl Jaspers. Il naufragio dell'esistenza*, Firenze Libri Atheneum, Firenze 1994.
C. Sansone, *La fede filosofica in Karl Jaspers*, Firenze Libri Atheneum, Firenze 1994.
U. Galimberti, *Heidegger, Jaspers e il tramonto dell'Occidente*, Il Saggiatore, Milano 1996.

Su Sartre:

P. Chiodi, *Sartre e il marxismo*, Feltrinelli, Milano 1965.
G. Cera, *Sartre tra ideologia e storia*, Laterza, Bari 1972.
S. Briosi, *Il pensiero di Sartre*, Longo, Ravenna 1978.
F. Fergnani, *La cosa umana. Esistenza e dialettica nella filosofia di Sartre*, Feltrinelli, Milano 1978.
G. Invitto, *Sartre. Dal «gioco dell'essere» al lavoro ermeneutico*, Angeli, Milano 1988.
G. Farina - C. Tognonato, *Sartre contro Sartre*, Cosmopoli, Roma 1996.
S. Moravia, *Introduzione a Sartre*, Laterza, Roma-Bari 1997[7].

Su Marcel:

P. Prini, *G. Marcel e la metodologia dell'inverificabile*, Studium, Roma 1977.
F. Riva, *Corpo e metafora in Gabriel Marcel*, Vita e Pensiero, Milano 1985.
F. Riva (a cura di), *«Essere e avere» di Marcel e il dibattito su esistenza ed essere nell'esistenzialismo*, Paravia, Torino 1990.
R. Celada Ballanti, *Libertà e mistero dell'essere. Saggio su Gabriel Marcel*, Tilgher, Genova 1991.
L. Calvani, *Problema e mistero. Nell'ontologia di Gabriel Marcel*, Battei, Parma 1992.

Sull'esistenzialismo in Italia e Abbagnano:

A. Santucci, *Esistenzialismo e filosofia italiana*, Il Mulino, Bologna 1959.
B. Maiorca, *Introduzione* a N. Abbagnano, *Scritti scelti*, UTET, Torino 1988, pp. 11-39.
B. Maiorca (a cura di), *L'esistenzialismo in Italia* (con un'appendice di G. Fornero su Abbagnano e Gentile), Paravia, Torino 1993.

Capitolo diciottesimo

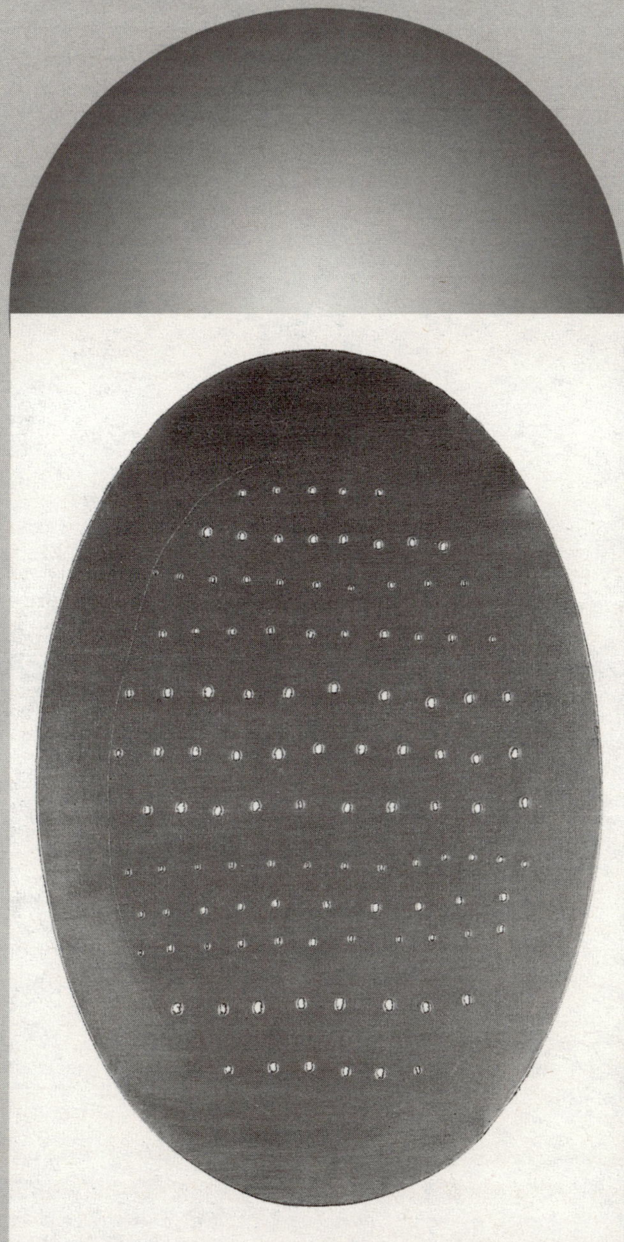

Gadamer e l'ermeneutica filosofica

GADAMER E L'ERMENEUTICA FILOSOFICA

1. L'ERMENEUTICA: DA TECNICA DELL'INTERPRETAZIONE A FILOSOFIA GENERALE

Intesa nel senso disciplinare del termine, l'ermeneutica è un prodotto tipicamente *moderno*

Sebbene l'umanità sia *sempre* stata alle prese con problemi di tipo interpretativo, ossia con la necessità di risalire da determinati segni al loro significato, rendendo chiaro ciò che a prima vista risulta oscuro (un'iscrizione, una legge, un testo religioso o poetico, ecc.), l'ermeneutica[1], intesa nel senso disciplinare del termine, cioè come metodologia o teoria elaborata e *consapevole* dell'interpretazione, è un prodotto tipicamente *moderno*. Del resto, è proprio negli ultimi secoli (a partire dal Rinascimento e dalla Riforma protestante) che l'ermeneutica, inizialmente ristretta al campo specifico dell'esegesi dotta (tarda antichità) o dell'esegesi biblica (con il cristianesimo) si è aperta a questioni riguardanti *ogni* tipo di testo. Ciò è accaduto soprattutto con F. Schleiermacher, in cui l'interpretazione viene a significare la comprensione di ogni testo il cui senso non sia immediatamente evidente per causa di una qualche *distanza* (linguistica, storica, psicologica, ecc.)[2].

Dall'universalizzazione dell'ermeneutica alla sua radicalizzazione *filosofica* per opera di Heidegger e di Gadamer

Questo processo di "universalizzazione" dell'ermeneutica, che con Dilthey risulta estesa alla totalità della conoscenza storico-spirituale, ha trovato un ulteriore momento di radicalizzazione con Heidegger, nel quale il comprendere si configura come una delle strutture costitutive dell'Esserci, il cui essere-nel-mondo si accompagna da sempre ad una comprensione o *pre*-comprensione del mondo, incarnata dal linguaggio di cui ognuno si trova a predisporre. In particolare, nel par. 32 di *Essere e tempo*, che costituisce uno dei capisaldi del pensiero ermeneutico, Heidegger afferma che l'interpretazione è l'articolazione o lo sviluppo interno della comprensione, attraverso cui «la comprensione, comprendendo, si appropria di ciò che ha compreso». Ad Heidegger si rifà esplicitamente Gadamer, la maggior figura dell'ermeneutica contemporanea e il pensatore che più di ogni altro ha contribuito a fare dell'ermeneutica non solo un discorso tecnico circa le modalità del comprendere, ma anche una teoria filosofica generale circa l'uomo e l'essere.

2. GADAMER

2.1. Il «circolo ermeneutico»

Hans Georg Gadamer è nato nel 1900 a Marburgo. Di formazione umanistica, ha studiato filosofia a contatto con i neokantiani. Laureato con Natorp nel 1922, ha conseguito la libera docenza con Heidegger nel 1929. Ha insegnato a Marburgo, Lipsia, Francoforte e, dal 1949,

[1] Il nome ermeneutica (che deriva da *herméneia*, un termine greco affine al latino *sermo*) contiene in sé una famiglia di significati, che alludono ad attività intercollegate quali «l'esprimere», «il portare messaggi», «il tradurre», «l'interpretare», ecc. Heidegger, con una connessione forzata, lo fa derivare da Hermes, il nunzio degli dèi.

[2] Cfr. G. Vattimo, *Schleiermacher filosofo dell'interpretazione*, Mursia, Milano, 1968.

ad Heidelberg, ove è succeduto a Jaspers. Il suo scritto teorico fondamentale è *Verità e metodo. Lineamenti di un'ermeneutica filosofica* (1960), che egli ha approfondito in numerosi saggi, raccolti nei 10 volumi delle *Opere complete* che si pubblicano in Germania. Gadamer è stato anche un assiduo lettore di Platone ed Hegel, ai quali ha dedicato studi specifici. È morto nel 2002.

L'inadeguatezza del moderno concetto di "metodo" a spiegare il procedimento *proprio* delle scienze dello spirito e la loro specifica esperienza di *verità*

Lo scopo dichiarato dell'ermeneutica filosofica di Gadamer è di mettere in luce le strutture trascendentali del comprendere. Egli ritiene infatti che la moderna nozione di scienza — e il relativo concetto di "metodo" — siano inadatti a spiegare il procedimento *proprio* delle scienze dello spirito e la specifica esperienza di *verità* che ne sta alla base (da ciò il titolo del suo capolavoro, che allude all'esistenza di una tendenziale frizione fra verità e metodo). Dopo aver preso in esame quella tipica esperienza extra-metodica di verità che è l'*arte*, contestandone l'immagine "esteticistica" (ossia la propensione moderna a "segregare" il fatto artistico in una zona che non ha più nulla a che vedere con la realtà della vita e con le questioni del vero e del falso) e mettendone in luce la natura di «gioco» che «vive» nelle sue infinite interpretazioni, Gadamer, nella seconda sezione di *Verità e metodo*, passa ad affrontare direttamente il tema della comprensione, elaborando la sua peculiare teoria ermeneutica.

L'interpretante può accostarsi all'interpretato solo sulla base di «pre-comprensioni» o di «pre-giudizi»

Il punto-chiave della dottrina di Gadamer sostiene che l'interpretante accede all'interpretato solo tramite una serie di «pre-comprensioni» o di «pre-giudizi» che, nel loro insieme, costituiscono delle preliminari ipotesi di decodificazione dell'interpretato stesso. Lungi dall'essere una *tabula rasa*, la mente dell'interprete è dunque abitata da una serie di attese o di schemi di senso, ovvero da una molteplicità di «linee orientative provvisorie». Questa situazione circolare, per cui ciò che si deve comprendere è già in parte compreso, costituisce il cosiddetto «circolo ermeneutico», che Heidegger, secondo Gadamer, avrebbe avuto il merito di non degradare a circolo *vitiosus*, considerandolo non solo come qualcosa di ineliminabile, ma anche come una condizione *positiva* del conoscere, ovvero come l'unica maniera per *accedere* all'*interpretandum*. Anzi, Heidegger ci avrebbe fatto capire come il problema non sia quello di sbarazzarsi del circolo, ma di acquistarne *coscienza*, mettendo "alla prova" i pregiudizi che lo costituiscono e mostrandosi eventualmente disposti — di fronte all'"urto" con i testi — a rinnovare le proprie presupposizioni. Tanto più che i primi "urti" del soggetto interpretante con l'oggetto interpretato rivelano di solito l'inadeguatezza delle pre-comprensioni iniziali, obbligando l'*interpretans* a ritornare su di esse, a rivederle e a correggerle, tramite un reiterato confronto con l'*interpretandum*. Confronto che assume la forma, come scrive Sergio Moravia, di un «andirivieni soggetto ⇆ oggetto, *interpretans* ⇆ *interpretandum*», ovvero di un «movimento di reciproca e progressiva sintonizzazione, correzione e approfondimento comprensivo tra soggetto e oggetto». In conclusione, puntualizza Gadamer, «chi cerca di comprendere è esposto agli errori derivati da pre-supposizioni che non trovano conferma nell'oggetto. Compito permanente della comprensione è l'elaborazione e l'articolazione dei progetti corretti, adeguati, i quali come progetti sono anticipazioni che possono convalidarsi solo in rapporto all'oggetto [...] Che cos'è che contraddistingue le pre-supposizioni inadeguate se non il fatto che, sviluppandosi, esse si rivelano insussistenti?».

La necessità di assumere consapevolmente il «circolo ermeneutico»

2.2. Pregiudizi, autorità e tradizione

La teoria del circolo ermeneutico si accompagna, in Gadamer, ad una delle dottrine più caratteristiche del suo pensiero, ossia alla riabilitazione dei pregiudizi, dell'autorità e della tradizione.

Il «pregiudizio contro il pregiudizio»

Innanzitutto, Gadamer chiarisce come i pregiudizi non siano qualcosa di necessariamente *negativo* (secondo uno schema *illuministico* che ha influenzato tutta la cultura moderna, sotto forma di un vero e proprio «pregiudizio contro il pregiudizio»), poiché accanto a pregiudizi falsi e illegittimi esistono pregiudizi veri e legittimi: «Un'analisi sulla storia dei concetti dimostra che solo nell'illuminismo il concetto di pregiudizio acquista l'accentuazione negativa che ora gli è abitualmente connessa. Di per sé, pregiudizio significa solo un giudizio che viene pronunciato prima di un esame completo e definitivo di tutti gli elementi, obbiettivamente rilevanti [...]. "Pregiudizio" non significa quindi affatto giudizio falso; il concetto implica che esso può essere valutato sia positivamente sia negativamente [...]. Ci sono dei *préjugés légitimes*. Ciò è molto lontano dall'uso comune che il termine ha oggi». In secondo luogo, Gadamer mette in luce come i pregiudizi facciano parte *integrante* della nostra realtà di esseri *sociali* e *storici* (in quanto «molto prima di arrivare ad una autocomprensione attraverso la riflessione esplicita noi ci comprendiamo secondo schemi irriflessi nella famiglia, nella società e nello Stato») al punto che una loro ipotetica eliminazione coinciderebbe, di fatto, con l'annullamento del nostro io concreto.

I pregiudizi e la nostra realtà di esseri storici e sociali

Parallelamente a questa rivisitazione dei pregiudizi, Gadamer puntualizza come il rispetto per l'autorità non implichi necessariamente, secondo un'altra credenza di tipo illuministico, obbedienza cieca e abbandono della ragione, in quanto nel suo aspetto positivo e *razionale*, cioè autenticamente umano, essa risiede «nell'atto in cui si riconosce che l'altro ci è superiore in giudizio e in intelligenza». Tant'è vero che «L'essenza dell'autorità che rivendica l'educatore, il superiore, lo specialista, consiste proprio in questo».

Autorità e ragione

Analogamente, per quanto concerne la tradizione, Gadamer chiarisce come «sia la critica illuministica alla tradizione, sia la sua riabilitazione romantica non colgono la verità della sua essenza storica». Infatti, di fronte all'ingenua pretesa illuministica di sbarazzarsi della tradizione si erge la pretesa romantica di stabilire delle «"tradizioni radicate" davanti alle quali la ragione dovrebbe solo tacere», dimenticando che la tradizione, per essere umanamente tale, ha bisogno di essere *razionalmente* e liberamente *accettata*: «Anche la più autentica e solida delle tradizioni non si sviluppa naturalmente in virtù della forza di persistenza di ciò che una volta si è verificato, ma ha bisogno di essere accettata, di essere adottata e coltivata [...]». In ogni caso, l'uomo non può collocarsi *fuori* della tradizione, poiché quest'ultima fa parte della sostanza storica del suo essere.

L'inadeguatezza del concetto illuministico e romantico di tradizione

2.3. Le condizioni del comprendere

Secondo Gadamer, il lavoro ermeneutico implica una "tensione" fra estraneità e familiarità. Infatti, se l'*interpretandum* ci fosse completamente estraneo, l'impresa ermeneutica sarebbe condannata allo scacco, mentre se ci fosse completamente familiare, non avrebbe senso lo *sforzo* interpretativo. Di conseguenza, si deve ammettere che l'*interpretandum*, rispetto all'*interpretans*, risulta *estraneo e familiare nello stesso tempo*. Ora, se l'estraneità, sottolineata dalla distanza temporale, è dovuta al carattere di *alterità* dell'oggetto interpretato, la familiarità è dovuta al fatto che interpretante e interpretato appartengono entrambi ad un *medesimo* processo storico, grazie a cui figurano *in rapporto* fra loro. Detto altrimenti, la «lontananza temporale» fra interpretante e interpretato non è un abisso vuoto, ma uno spazio riempito dalla tradizione, la quale funge appunto da *trait-d'union* fra i due poli dell'avventura ermeneutica.

Il lavoro ermeneutico implica una "tensione" fra estraneità e familiarità

La «lontananza temporale» non è un abisso vuoto

Questa circostanza trova un'illustrazione nell'importante (e complesso) concetto di «storia degli effetti» (*Wirkungsgeschichte*), il quale, in una delle sue valenze di fondo, allude al fatto che l'interprete può accingersi al compito interpretativo solo sulla base di una serie di interpretazioni già date, ovvero (parlando in termini ancor più generali) sulla scorta della "fortuna" o degli "effetti" prodotti da un determinato evento. Per fare un esempio (nostro): io posso rapportarmi alla filosofia di Kant solo sulla base delle interpretazioni che di essa sono state date, ovvero sulla scorta della fortuna o degli effetti in cui si è concretizzata la sua presenza nella storia. Come si può notare, del concetto di «storia degli effetti» a Gadamer non interessa tanto l'aspetto *metodologico-normativo*, ovvero la prescrizione di integrare l'intendimento di un testo con l'analisi della sua "fortuna" presso i posteri, quanto l'aspetto *teoretico-trascendentale*, cioè la constatazione di una condizione a priori del conoscere: «Non si vuol dire, infatti, che la ricerca debba sviluppare una tale storia degli effetti *accanto* allo studio dell'opera come tale. Il precetto ha invece un significato teoretico. La coscienza storica deve prender consapevolezza del fatto che nella pretesa immediatezza con la quale essa si mette davanti all'opera o al dato storico, agisce anche sempre, sebbene inconsapevole e quindi non controllata, questa struttura della storia degli effetti».

La «storia degli effetti»

Al principio della storia degli effetti corrisponde «la coscienza della determinazione storica» (altro concetto decisivo dell'ermeneutica gadameriana), ossia la consapevolezza della nostra storicità costitutiva o del nostro essere esposti agli *effetti* della storia. Coscienza che

«La coscienza della determinazione storica»

ci impedisce di studiare la storia (come in fondo voleva lo storicismo ottocentesco) da un preteso punto di vista "neutrale" e quindi, di fatto, meta-storico.

Appurata la storicità invalicabile del nostro essere e del nostro comprendere, l'incontro ermeneutico non potrà più consistere, secondo Gadamer, in un "ingenuo" tentativo di mettere tra parentesi se stessi e il proprio presente, ma in una «fusione di orizzonti» dove il *proprio* tempo non è annullato ma posto al servizio della comprensione del tempo *altrui*. Fusione resa possibile non in virtù di qualche artificio "metodico" ma, come ben sappiamo, di quel nesso vivente fra passato e presente che è la tradizione storica. Nesso che fonda appunto la specifica "verità" (extra-metodica) delle scienze dello spirito.

La «fusione di orizzonti»

I concetti di «coscienza della determinazione storica» e di «fusione degli orizzonti» escludono programmaticamente la possibilità di un sapere assoluto. Infatti, prendendo posizione contro Hegel (che si qualifica come il costante e decisivo termine di confronto dell'ermeneutica), Gadamer dichiara che l'uomo non può mai trascendere i propri limiti e la propria storicità in direzione di un sapere totale e concluso, in quanto il nostro sapere storico-ermeneutico è (e rimane) strutturalmente *parziale* e costitutivamente *aperto*, cioè inevitabilmente *finito*. Pertanto, pur essendo d'accordo con Hegel nel sottolineare la *storicità* del nostro essere, Gadamer è d'accordo con Kant nel rivendicare la *finitudine* del nostro sapere.

L'impossibilità di un sapere *assoluto*

Gadamer, Hegel e Kant

2.4. Essere e linguaggio

Nella terza sezione di *Verità e metodo* Gadamer prende in considerazione il linguaggio, mostrando come tutti i caratteri dell'esperienza ermeneutica esistano solo in virtù del linguaggio e come linguaggio. Anzi, respingendo la concezione *strumentalistica* del linguaggio, cioè la dottrina (prevalente nella cultura occidentale) secondo cui esso sarebbe un insieme di "immagini" (della realtà) oppure di "segni" (convenzionali) per esprimere un mondo già *pre*-linguisticamente noto, Gadamer sostiene che il linguaggio fa tutt'uno con la nostra esperienza concreta delle cose, al punto che «non c'è cosa dove vien meno il linguaggio», poiché «la parola "appartiene" in qualche modo alla cosa stessa, e non è qualcosa come un segno accidentale legato esteriormente alla cosa».

Il carattere linguistico della nostra esperienza della realtà

Questa riconosciuta assolutezza e intrascendibilità del linguaggio, motivata dal fatto che ogni incontro con le cose si risolve in un incontro linguistico, porta Gadamer alla tesi-chiave della sua ontologia ermeneutica, cioè all'affermazione secondo cui «L'essere, che può venir compreso, è linguaggio». Con questa formula apodittica Gadamer intende appunto evidenziare la configurazione sostanzialmente linguistica dell'essere, ossia il fatto che tutto ciò che risulta oggetto di enunciazione e di comprensione ha la forma del linguaggio (e quindi dell'interpretazione, che è la maniera concreta in cui il linguaggio vive). Per l'ontologia ermeneutica di Gadamer il linguaggio finisce quindi per coincidere con l'infinito processo di auto-rappresentazione o di auto-manifestazione dell'essere. Processo che l'autore di *Verità e metodo*, conformemente all'impostazione anti-soggettivistica del suo pensiero, pensa come un «gioco» di cui l'uomo non è il «soggetto» o il «signore», ma il partecipante.

«L'essere, che può venir compreso, è linguaggio»

TESTO 1 LA COSCIENZA STORICA E LA COMPRENSIONE[3]

Proponiamo un ampio brano tratto dalla seconda parte di Verità e metodo *(1960), in cui Gadamer, sulle orme di Heidegger, affronta uno dei temi più significativi della sua ermeneutica: la comprensione storica come* dialogo *tra presente e passato. La distanza storica, egli sottolinea, lungi dall'essere un ostacolo per la conoscenza, ne costituisce la condizione essenziale. In ogni conoscenza si verifica, infatti, l'esperienza della «familiarità» e della «estraneità» tra il soggetto e l'oggetto. Un testo, un'opera d'arte o un avvenimento del passato sono, contemporaneamente, oggetti "estranei" al soggetto conoscente (perché passati) e "familiari", perché appartenenti alla storia come lui. L'essenziale dimensione storica costituisce l'orizzonte comune ai*

[3] La scelta del testo di Gadamer, le note e l'introduzione ad esso sono di D. Massaro.

fatti e alle interpretazioni dei fatti e fonda la possibilità dell'ermeneutica (o della riuscita dell'interpretazione). Ma il compito interpretativo, a differenza di quanto pensava Hegel, non ha mai termine: il soggetto (o interprete) non potrà mai esaurire completamente l'oggetto. La storia della conoscenza è pertanto storia delle interpretazioni che si sono susseguite nella tradizione. L'ermeneutica, dunque, non si pone tanto il problema di svelare l'intenzione dell'autore di un testo o di metterci in contatto con la sua psicologia, quanto di operare la "fusione" tra il mondo rappresentato nell'evento passato (testo, opera d'arte, fatto) e quello di colui che interpreta. Da queste premesse si evince che per Gadamer l'ermeneutica non è una mera tecnica di lettura, ma l'espressione della stessa struttura ontologica dell'uomo, che è caratterizzata dalla "storicità" e dal "linguaggio" (il dialogo avviene nel linguaggio).

Il circolo non ha dunque un carattere formale, non è né soggettivo né oggettivo, ma caratterizza la comprensione come un'interazione del movimento della trasmissione storica e del movimento dell'interprete. L'anticipazione di senso che guida la nostra comprensione di un testo non è un atto della soggettività, ma si determina in base alla comunanza che ci lega alla tradizione. Questa comunanza, però, nel nostro rapporto con la tradizione è in continuo atto di farsi. Non è semplicemente un presupposto già sempre dato; siamo noi che la istituiamo in quanto comprendiamo, in quanto partecipiamo attivamente al sussistere e allo svolgersi della tradizione e in tal modo la portiamo noi stessi avanti. Il circolo della comprensione non è dunque affatto un circolo «metodico», ma indica una struttura ontologica della comprensione.

Il senso di questo circolo che sta alla base di ogni comprensione ha però un'ulteriore conseguenza ermeneutica, che io chiamerei il «presupposto della perfezione». È chiaro che anche questo è un presupposto formale che guida ogni comprensione. Esso dice che è comprensibile solo ciò che costituisce veramente una compiuta unità di senso. Quando leggiamo un testo, noi operiamo sempre questa anticipazione della perfezione, e solo quando questo presupposto si rivela inadeguato, cioè quando il testo non si lascia capire, dubitiamo della trasmissione attraverso cui il testo ci è giunto e cerchiamo di escogitare un mezzo per migliorarla. Le regole che si pongono in opera in un tale accertamento critico del testo possono ora esser lasciate da parte, giacché ciò che importa è anche qui che la loro corretta applicazione non è distinguibile dalla comprensione del contenuto del testo stesso.

Il presupposto della perfezione, che guida ogni comprendere, si rivela dunque esso stesso come contenutisticamente determinato. Non viene solo presupposta una immanente unità di senso che fornisce una guida al lettore; la comprensione del lettore è anche sempre guidata da trascendenti aspettative di senso che nascono dal rapporto con la verità del contenuto del testo. Come il destinatario di una lettera capisce le notizie che riceve e inizialmente vede le cose con gli occhi del corrispondente, cioè assume per vero ciò che questi scrive — e non bada invece specificamente a capire, poniamo, le particolari opinioni dell'autore della lettera — così in generale noi comprendiamo anche testi trasmessici dalla tradizione scritta sulla base di aspettative di senso che derivano dal nostro precedente rapporto con le cose che sono in questione. E come crediamo alle notizie che ci dà un corrispondente perché, per esempio, sappiamo che era presente ai fatti o comunque perché, per qualche altra ragione, ne sa più di noi, così siamo fondamentalmente aperti alla possibilità che un testo scritto che ci viene trasmesso ne sappia più di quanto non voglia ammettere la nostra precostituita opinione sulle cose. Solo quando fallisce il tentativo di assumere per vero ciò ch'è scritto, ci si pone nell'atteggiamento di capire — psicologicamente o storicamente — il testo come opinione di altri. Il presupposto della perfezione non ha dunque solo un aspetto formale, per cui si suppone che un testo dica pienamente una certa opinione, ma implica anche che ciò che il testo dice sia la piena verità.

Si conferma anche qui che comprendere significa anzitutto comprendersi sulla cosa, e solo in secondo luogo significa capire e distinguere le opinioni altrui in quanto tali. La prima fra tutte le condizioni ermeneutiche rimane dunque la precomprensione, che si radica nell'aver da fare con la medesima questione. Su questa base si determina quello che diventa realizzabile come senso unitario, e quindi anche l'applicazione del presupposto della perfezione.

Il senso dell'appartenenza, cioè il momento della tradizione, si concreta così, nel rapporto storico-ermeneutico, nella forma del comune possesso di determinati pregiudizi fondamentali e costitutivi. L'ermeneutica deve muovere dal fatto che colui che si pone a interpretare ha un legame con la cosa che è oggetto di trasmissione storica e ha o acquista un rapporto con la tradizione che in tale trasmissione si esprime. D'altra parte, la coscienza ermeneutica sa che non vi può essere, nei confronti dell'oggetto, un legame immediatamente valido e indiscusso, come quello che si realizza all'interno di una tradizione non interrotta e sempre accettata. In realtà, si verifica invece una polarità di familiarità ed estraneità, ed è su di essa che si fonda il compito dell'ermeneutica; ma tale polarità non va intesa, come voleva Schleiermacher, come quella che si apre tra le diverse individualità psicologicamente intese, ma in senso veramente ermeneutico, cioè in riferimento a qualcosa di detto: il linguaggio in cui la tradizione ci parla, la parola che essa ci rivolge. Anche qui sussiste una polarità. La posizione tra familiarità ed estraneità, che il contenuto della trasmissione storica ha per noi, è il medio tra l'oggettività del dato storiografico e l'appartenenza a una tradizione. *Questa medietà è l'autentico luogo dell'ermeneutica.*

Da questa posizione media che l'ermeneutica deve assumere consegue che il suo compito non è quello di elaborare il modo di procedere del comprendere, ma piuttosto di chiarire le condizioni entro le quali il comprendere si verifica. E queste condizioni non sono riconducibili tutte nell'ambito di un «procedimento» o di un metodo, come regole che si possano o no applicare nel concreto processo della comprensione; esse sono invece necessariamente qualcosa di dato. I pregiudizi e le tendenze che occupano la coscienza dell'interprete non sono qualcosa di cui egli possa liberamente disporre. Egli non è in grado, di per sé, di separare preliminarmente i pregiudizi produttivi che rendono positivamente possibile la comprensione da quelli che invece la intralciano e portano al fraintendimento.

Questa distinzione non può che accadere nel processo interpretativo stesso, e l'ermeneutica deve chiedersi come ciò sia possibile. Ciò vuol dire però porre in primo piano quello che nell'ermeneutica del passato è sempre rimasto un problema marginale, e cioè il problema della lontananza temporale e del suo significato per la comprensione.

Chiariamo questo, anzitutto, in contrasto con la teoria ermeneutica romantica. Ci si ricorderà che, in quella prospettiva, la comprensione era intesa come riproduzione di un originario atto produttivo. Lo scopo di quel tipo di ermeneutica si poteva anche riassumere nel motto: capire l'autore meglio di quanto egli stesso si sia capito. Si è visto quale sia l'origine di questo principio e come esso sia legato all'estetica del genio; dobbiamo però ritornarvi, ora, in quanto tale principio, alla luce delle considerazioni che andiamo svolgendo, acquista un nuovo significato.

Che l'interpretazione successiva possieda in linea di principio una superiorità sulla produzione e si possa intendere perciò come un «capir meglio», non si fonda tanto sulla maggior consapevolezza che l'interprete deve realizzare per porsi allo stesso livello dell'autore (come riteneva Schleiermacher), ma piuttosto enuncia semplicemente una insopprimibile differenza tra interprete e autore, differenza che è data dalla distanza storica che li separa. Ogni epoca interpreta necessariamente qualunque testo in un proprio modo, giacché il testo appartiene all'insieme della tradizione che essa ha interesse a comprendere e nella quale si sforza di capire se stessa. Il senso vero di un testo, come esso parla agli interpreti, non dipende da quell'elemento occasionale che è rappresentato dal suo autore e dal pubblico originario a cui esso si rivolgeva. O, almeno, non si risolve completamente in questo. Esso è infatti sempre anche determinato dalla situazione storica dell'interprete e, quindi, dallo sviluppo storico obiettivo. [...] Ora, questo è di importanza fondamentale. Non solo occasionalmente, ma sempre, è vero che il senso di un testo trascende il suo autore. Perciò il comprendere non è mai solo un atto riproduttivo, ma anche un atto produttivo. Non è forse esatto parlare, per questo momento produttivo del comprendere, di un «capir meglio». Questa espressione, come abbiamo visto, è solo la trasposizione di un principio della critica illuministica sul piano della estetica del genio. La comprensione non è mai, in realtà, un «capir meglio», né nel senso del sapere meglio le cose in base a concetti più chiari, né nel senso della superiorità che possiederebbe la consapevolezza rispetto al carattere inconscio della produzione. È sufficiente dire che, *quando in generale si comprende*, si comprende *diversamente*.

Un tal concetto della comprensione rompe evidentemente in modo radicale il cerchio costruito dall'ermeneutica romantica. Nella misura in cui ora non si ha più di mira l'individualità e il suo pensiero, ma la verità delle cose, il testo non è più inteso come una pura espressione di vita, ma viene preso sul serio nella sua pretesa di verità. Che anche questo, anzi che proprio questo, si chiami «comprendere», fu fino a un certo momento qualcosa di ovvio [...]. Ma questa dimensione del problema ermeneutico è stata screditata dalla coscienza storica e ad opera della svolta psicologica impressa all'ermeneutica da Schleiermacher, e si è potuta ricuperare solo col venire in luce delle aporie dello storicismo, che hanno condotto a quella nuova fondamentale svolta determinata essenzialmente, pare a me, da Heidegger. Solo, infatti, in base alla portata ontologica attribuita da Heidegger alla comprensione intesa come un «esistenziale», e in base alla interpretazione temporale da lui data al modo di essere dell'esserci, è divenuto possibile pensare la distanza temporale in tutta la sua fecondità sul piano ermeneutico.

Il tempo non è più anzitutto un abisso che deve essere scavalcato perché separa e allontana, ma è invece, in verità, il fondamento portante dell'accadere, nel quale il presente ha le sue radici. La distanza temporale, perciò, non è qualcosa che debba essere superata. Questo era semmai l'ingenuo presupposto dello storicismo, per il quale ci si doveva trasporre nello spirito dell'epoca, pensare secondo i suoi concetti e secondo la sua mentalità e non secondo la propria, perché solo così si sarebbe potuta raggiungere l'obiettività storica. In realtà, invece, si tratta di riconoscere nella distanza temporale una positiva e produttiva possibilità del comprendere. Questa distanza non è un abisso spalancato davanti a noi, ma è riempito dalla continuità della trasmissione e della tradizione, nella cui luce ci si mostra tutto ciò che è oggetto di comunicazione storica. Non è esagerato parlare qui di una autentica produttività dell'accadere. Tutti conoscono l'impotenza caratteristica del nostro giudizio quando non ci sia la distanza temporale a fornirci criteri sicuri. Così, per esempio, il giudizio sull'arte contemporanea è molto problematico per la coscienza scientifica. A tali produzioni noi ci avviciniamo con dei pregiudizi incontrollabili, con dei presupposti che ci sono troppo connaturati perché possiamo esserne coscienti, e che ci fanno correre il rischio di attribuire alla produzione contemporanea una eccessiva risonanza, che non corrisponde al suo vero contenuto e al suo autentico significato. Solo la scomparsa di tutti i legami con l'attualità rende visibile la sua figura autentica e ne rende così possibile una comprensione che legittimamente può presentarsi come universalmente valida.

È questa esperienza che, nella ricerca storica, ha condotto all'idea che solo da una certa distanza storica si possa raggiungere una conoscenza storiografica obiettiva. È vero che quello che è implicito in un certo fenomeno storico, il suo contenuto intrinseco, si distingue solo in una posizione di distacco dall'attualità contingente. La possibilità di uno sguardo complessivo, il carattere di relativa compiutezza di un corso di eventi, la sua lontananza dalle molteplici opinioni che riempiono il presente, sono tutte, in un certo senso, condizioni effettivamente positive della comprensione storica. Il presupposto sottinteso del metodo storico, di conseguenza, è che qualcosa diventa obiettivamente conoscibile nel suo significato definitivo solo quando si lascia inserire in un contesto conchiuso. In altre parole, quando è abbastanza morto da poter essere oggetto di un interesse soltanto storico. Solo a questo punto sembra possa realizzarsi l'esclusione degli interessi soggettivi dell'osservatore. Si tratta, in realtà, di un paradosso: la traduzione in termini di teoria del conoscere dell'antico problema morale se qualcuno possa esser chiamato felice prima che sia morto. E come, a proposito di tale questione, Aristotele ha mostrato che essa stimola una estrema acutizzazione delle umane capacità di giudizio[4], così anche qui la riflessione ermeneutica abbisogna di un estremo affinamento della consapevolezza metodologica della scienza. È perfettamente vero che, quando un oggetto presenta un interesse solo più storico, si realizzano automaticamente certe condizioni per la comprensione. In tal caso certe cause d'errore sono di per se stesse messe fuori questione. Ma resta da vedere se, in tal modo, il problema ermeneutico sia totalmente risolto. La distanza temporale ha chiaramente anche un altro senso, oltre a quello di sopprimere ogni interesse soggettivo per l'oggetto. Essa soltanto, infatti, fa venire in luce il

[4] *Eth. Nic.*, A 7.

senso vero contenuto in un fenomeno. Ma la messa in luce del senso vero contenuto in un testo o in una produzione artistica non giunge a un certo punto alla sua conclusione; è in realtà un processo infinito. Non solo vengono eliminate sempre nuove cause di errore, sicché il senso vero viene purificato da ogni confusione, ma nascono anche sempre nuove fonti di comprensione, che rivelano insospettate connessioni di significato. La distanza temporale, che opera questa distillazione del senso, non ha una dimensione limitata, ma è in un continuo movimento di dilatazione. Con l'aspetto negativo di questo processo di distillazione, operato dalla distanza temporale, è dato però anche l'aspetto positivo che esso possiede per la comprensione. La distanza temporale non elimina solo i pregiudizi di natura particolaristica, ma fa d'altra parte emergere quelli che sono tali da aiutare una vera comprensione.

Solo questa distanza temporale rende possibile la soluzione del peculiare problema critico dell'ermeneutica, quello cioè della distinzione tra pregiudizi *veri*, alla luce dei quali *comprendiamo*, e pregiudizi *falsi*, che conducono al *fraintendimento*. La coscienza ermeneutica esperta sarà dunque quella che include in sé una coscienza storica. Essa porterà a consapevolezza i pregiudizi che guidano la propria comprensione, in modo che il testo da interpretare, dal canto suo, si definisca nettamente per contrasto come opinione di altri e come tale si faccia valere. Mettere in evidenza un pregiudizio in quanto tale vuol dire, ovviamente, sospenderne la validità. Fino a che un certo pregiudizio ci domina, infatti, noi non lo riconosciamo come un giudizio. Come viene, dunque, messo in evidenza in quanto tale? Porre di fronte a sé un proprio pregiudizio è cosa che non può riuscire finché questo pregiudizio funziona in maniera surrettizia e inosservata, ma solo quando, per così dire, viene stuzzicato. Ora, questo accade proprio in virtù dell'incontro con ciò ch'è oggetto di trasmissione storica. Giacché ciò che stimola la comprensione deve essersi già prima fatto valere nella sua alterità. Ciò da cui il comprendere muove, [...] è che qualcosa ci parla, ci interpella. Questa è la prima e suprema fra tutte le condizioni ermeneutiche. Sappiamo già che cosa, con essa, è richiesto: una fondamentale sospensione di tutti i propri pregiudizi. Ma ogni sospensione di giudizi, e quindi anche, e anzitutto, di pregiudizi, ha, vista logicamente, la struttura della *domanda*.

L'essenza della *domanda* è il porre e mantenere aperte delle possibilità. Se un pregiudizio è posto in questione — in base a ciò che un altro o un testo ci dice — ciò non significa che esso è semplicemente messo da parte e che un altro o qualcosa d'altro ne prende il posto e la funzione. Questa è proprio l'ingenuità dell'obiettivismo storicistico, il quale ritiene possibile che si giunga a prescindere in tal modo da se stessi. In realtà, il proprio pregiudizio gioca autenticamente proprio in quanto è esso stesso messo in gioco, in questione. Solo in quanto si mette in gioco, esso può capire la pretesa di verità dell'altro e gli rende possibile di mettersi a sua volta in gioco.

L'ingenuità di quello che chiamiamo storicismo consiste nel fatto che esso si rifiuta a una tale riflessione e che, con la sua fiducia assoluta nel proprio metodo, dimentica la propria stessa storicità. Qui dobbiamo fare appello, contro un pensiero storico malamente inteso, a un tipo di pensiero storico da intendere in modo più adeguato. Un pensiero autenticamente storico deve essere consapevole anche della *propria* storicità. Solo così esso non si ridurrà a inseguire il fantasma di un oggetto storico — quello che sarebbe oggetto di una ricerca che si sviluppa progressivamente come quella della scienza naturale — ma sarà un modo di riconoscere ciò che è altro da sé, riconoscendo così, con l'altro, se stesso. Il vero oggetto della storia non è affatto un oggetto, ma l'unità di questi due termini, un rapporto in cui consiste sia la realtà della storia, sia, insieme, la realtà della comprensione storica. Un'ermeneutica adeguata dovrebbe mettere in luce la realtà della storia anche nello stesso comprendere. Chiamo ciò che forma l'oggetto di questa esigenza *Wirkungsgeschichte*, storia degli effetti o delle determinazioni. Il comprendere è, nella sua essenza, un processo che è inserito entro questa storia e ne deve tener conto.

Che l'interesse storico non si rivolga soltanto al fenomeno storico come tale o all'opera trasmessaci dalla storia isolatamente intesa, ma anche, in una tematizzazione secondaria, alla loro «fortuna» e ai loro effetti nella storia (che, in ultima analisi, comprendono anche la stessa storia della ricerca su quel tema), è cosa che si ammette generalmente in termini di semplice completamento dell'impostazione di un problema storico. [...] In questi termini, ciò che ho chiamato storia degli effetti non è nulla di nuovo. Ma dire che tale storia degli effetti è sempre indispensabile quando si voglia mettere in piena luce il significato autentico di un'opera o di un dato storico sottraendolo ad uno stato in cui oscilla fra storia e tradizione, questo è in verità qualcosa di nuovo, l'enunciazione di una esigenza — fatta valere non tanto nei confronti della ricerca, quanto della stessa coscienza metodologica — che deriva come risultato necessario dalla riflessione sulla coscienza storica.

È chiaro che non si tratta di un precetto ermeneutico nel senso del concetto tradizionale di ermeneutica. Non si vuol dire, infatti, che la ricerca debba sviluppare una tale storia degli effetti *accanto* allo studio dell'opera come tale. Il precetto ha invece un significato teoretico. La coscienza storica deve prender consapevolezza del fatto che nella pretesa immediatezza con la quale essa si mette davanti all'opera o al dato storico, agisce anche sempre, sebbene inconsapevole e quindi non controllata, questa struttura della storia degli effetti. Quando noi, dalla distanza storica che caratterizza e determina nel suo insieme la nostra situazione ermeneutica, ci sforziamo di capire una determinata manifestazione storica, siamo già sempre sottoposti agli effetti della Wirkungsgeschichte. Questa decide anticipatamente di ciò che si presenta a noi come problematico e come oggetto di ricerca, e noi dimentichiamo la metà di ciò che è, anzi dimentichiamo l'intera verità del fenomeno storico se assumiamo tale fenomeno, nella sua immediatezza, come l'intera verità.

H. G. Gadamer, *Verità e metodo*, trad. it. di G. Vattimo, Bompiani, Milano, 1992, pp. 343-351

1-9. Gadamer riconosce il suo debito nei confronti di Heidegger per quanto riguarda la chiarificazione dell'esperienza della comprensione storica. In che cosa consiste propriamente l'esperienza del comprendere? In un incontro, afferma l'autore, tra il presente e il passato, o, meglio, tra il mondo di colui che interpreta e quello dell'oggetto da conoscere. Tra questi due mondi c'è una più o meno ampia distanza temporale, ma essa non costituisce un ostacolo alla comprensione, in quanto tra l'interprete (presente) e gli eventi (passato) c'è una sostanziale affinità, derivante dalla comune appartenenza alla storia. «Ciò che è costitutivo dell'uomo — osserva G. Vattimo — non è l'essere estraniato dal proprio passato storico, ma l'essere sempre collocato, nei suoi confronti, in una posizione media tra familiarità ed estraneità: questo fonda la centralità e l'universalità del problema ermeneutico» (*Introduzione* a *Verità e metodo* di Gadamer, in *op. cit.*, p. XIX). La comprensione, dunque, non dipende, secondo Gadamer, dal «metodo» o dalle tecniche più o meno raffinate della conoscenza, bensì dall'essenziale storicità dell'esperienza umana. In questa affermazione traspare la critica all'efficacia del "metodo scientifico" che, a partire dall'età moderna, ha preteso di essere l'unico modello rigoroso di conoscenza, incentrato sui canoni del'obiettività e della dimostrazione. Al suddetto metodo Gadamer contrappone l'esperienza di verità che si verifica nella fruizione estetica e nel campo delle scienze storiche, che non propugnano un irrealizzabile ideale di oggettività, ma ammettono che in quanto ente storico l'uomo è parte sempre interessata dell'incessante conversazione tra presente e passato.

10-19. Gadamer si sofferma ora sull'ermeneutica del testo, per dire che quando leggiamo un testo (ad esempio una lettera) presupponiamo sempre che esso sia dotato di senso, sia cioè perfetto dal punto di vista della forma («il presupposto della perfezione»). Soltanto se fatichiamo a capirne il significato siamo assaliti dal dubbio che esso ci sia pervenuto lacunoso o formalmente difettoso.

20-37. In questa parte del brano Gadamer prende in esame una seconda accezione del cosiddetto «presupposto della perfezione»: quella che riguarda il contenuto. Da questo punto di vista, un testo (ad esempio la lettera di cui si parlava sopra) viene subito compreso in quanto il suo contenuto ci risulta in qualche modo familiare: ce lo aspettavamo. In altri termini, la lettera ci parla di un argomento affrontato in situazioni precedenti, su cui abbiamo opinioni abbastanza precise. Soltanto quando il testo ci propone un contenuto che non ci aspettavamo, cerchiamo di disporci al confronto con opinioni diverse dalle nostre.

38-42. La comprensione non tende a ricostruire le condizioni (storiche o psicologiche) che sono all'origine della produzione di un evento (testo o fatto), ma a cogliere la struttura dell'evento stesso. Il lettore di un'opera, cioè, si interessa a ciò che l'opera dice e non alla psicologia del suo creatore. La comprensione è un dialogo tra il testo e il lettore, un domandare e un rispondere. Questo processo ha successo solo se tra i due interlocutori si instaura effettivamente un rapporto. Tale rapporto è la co-appartenenza alla tradizione storica. Essa consente al lettore di avere una «pre-comprensione» del testo, in cui anticipa l'orizzonte di senso del testo stesso (la pre-comprensione è in qualche modo paragonabile all'*ipotesi* che spinge lo scienziato ad avanzare determinate congetture sui fenomeni naturali).

43-57. Siamo al passaggio fondamentale di tutto il testo gadameriano: l'identificazione del rapporto di *familiarità-estraneità* tra l'oggetto e l'interprete. Tale rapporto non va inteso in modo romantico, come incontro tra due psicologie (quella dell'autore dell'opera e quella del lettore), ma come rapporto con una tradizione comune. Qui, come anche più avanti, Gadamer critica esplicitamente l'assunto fondamentale dell'ermeneutica romantica di Schleiermacher (1768-1834), che vedeva nell'atto della comprensione un incontro tra due personalità. Al contrario, Gadamer sottolinea che si tratta di un dialogo che coinvolge l'interprete con qualcosa di detto (o di scritto), cioè con l'opera, intesa come un evento della storia e caratterizzata linguisticamente. Di qui la centralità del linguaggio (in particolare nella III parte di *Verità e metodo*), che fa di Gadamer uno dei protagonisti della cosiddetta *svolta linguistica* del Novecento, insieme a pensatori di differente formazione, da Heidegger a Wittgenstein ai filosofi analitici.

58-66. L'essenziale "storicità" dell'esperienza conoscitiva esclude che ci si possa fidare di un *metodo* scientifico che sia in grado di darci le regole secondo cui procedere nella conoscenza. Gadamer, che ha sapientemente costruito il suo libro maggiore sul filo dell'opposizione *verità-metodo*, ritiene che non possa esserci un *metodo* che, come pensavano Bacone e Cartesio, sia capace di metterci al riparo dai pregiudizi. Anzi, secondo il nostro autore non solo è impossibile liberarsi da essi, ma non è neppure utile. I *pre-giudizi*, infatti, costituiscono la base di quella «pre-comprensione» che gioca un ruolo essenziale nel circolo ermeneutico. «Ciò non significa però — nota acutamente G. Vattimo nella sua citata *Introduzione* a *Verità e metodo* — che l'interpretazione si riduca a un muoversi del "soggetto" all'interno dei propri pregiudizi e delle proprie fantasie arbitrarie. E questo per due ragioni: la prima è che, di fatto, proprio muovendo dalla precomprensione che già sempre ha della cosa da interpretare, l'interprete muove alla scoperta di quest'ultima, mettendo alla prova i propri pregiudizi non tanto in un impossibile confronto di essi con la cosa "in sé", ma verificando se essi gli consentano o no un dialogo coerente con la cosa stessa. (...) L'interprete (inoltre) in realtà non è mai un soggetto chiuso che possa avere pregiudizi o fantasie del tutto remote e distaccate dall'oggetto del suo comprendere. C'è qui in sintesi la radice del metodologismo moderno e, anche, di quella che ad alcuni interpreti è apparsa l'ambiguità della posizione di Gadamer davanti al problema del metodo delle scienze dello spirito. La possibilità che il pregiudizio e la precomprensione con cui l'interprete affronta il suo oggetto non rappresentino un limite e una chiusura invalicabile sta nel fatto che all'inizio di questo processo non c'è una vera estraneità tra l'interprete e la cosa, come invece immaginano le teorie che contrappongono rigidamente il soggetto all'oggetto. (...) L'interprete ha una precomprensione fondata della cosa perché appartiene esistenzialmente a una storia costituita e codeterminata dalla cosa stessa che gli si dà da interpretare» (p. XVIII). Per capire questa posizione gadameriana si deve tener conto che l'esperienza della comprensione è essenzialmente un'esperienza paradossale e ambigua: da una parte richiede che il soggetto incontri realmente *qualcosa di nuovo* (ecco l'*estraneità*) e, dall'altra, che ci sia un'aria di *familiarità* con ciò che deve comprendere. Questa ambiguità (peraltro già magistralmente colta da Platone) non deriva dall'insufficienza della teoria della conoscenza, ma è connaturata all'attività ermeneutica, in quanto l'uomo è sempre posto in una posizione media tra familiarità ed estraneità rispetto ai fatti della storia.

67-129. Qui Gadamer affronta il tema della «distanza temporale» come fattore positivo della comprensione. Per dimostrare questo assunto, egli deve fare i conti con l'estetica romantica (rr. **71-82**) e, in particolare, con Schleiermacher, che aveva la pretesa di collegare direttamente l'interprete (o il fruitore dell'opera d'arte) con il suo autore, saltando tutte le epoche storiche che si frappongono tra loro. È importante ricordare che Gadamer nella prima parte di *Verità e metodo*, dedicata all'esperienza dell'arte, rigetta la tesi di Schleiermacher, per il quale la funzione dell'ermeneutica consisteva nel ripristinare le condizioni originarie in cui un'opera d'arte era stata composta. Significativamente, a tal riguardo Gadamer cita il seguente brano del filosofo romantico: «Un'opera d'arte è anche, in senso vero e proprio, radicata nel suo terreno e nel suo suolo, nell'ambiente a cui appartiene. Essa perde già il suo significato quando è tratta fuori da tale ambiente e diventa un oggetto di scambio; diventa come qualcosa che sia stato salvato dal fuoco, e che porta su di sé tracce di bruciatura» (F. D. Schleiermacher, *Aesthetik*, in H. G. Gadamer, *Verità e metodo*, cit., p. 204). Per Schleiermacher, dunque, il trascorrere del tempo è un ostacolo alla comprensione di un testo o di un'opera antica. Il lavoro dell'interprete consiste, quindi, nel cercare di *restaurare* ciò che il tempo ha fatto perdere. Del tutto opposta è la veduta di Gadamer, che ritiene impossibile e destinata allo scacco questa ricostruzione. Richiamandosi allo Hegel della *Fenomenologia dello spirito*, Gadamer ricorda che le opere d'arte del passato «sono ora quelle che sono per noi — bei frutti distaccati dall'albero: un destino amico ce li porse, come una fanciulla suol presentarli; non c'è la vita effettuale della loro esistenza, non l'albero che li produsse, non la terra né gli elementi che costituirono la loro sostanza, né il clima che costituì la loro determinatezza, né l'avvicendarsi delle stagioni che dominarono il processo del loro divenire. (...) Ma soltanto la velata reminiscenza di questa realtà» (G. F. Hegel, *Fenomenologia dello spirito*). Per questo Gadamer può affermare che il senso di un testo trascende il suo tempo e il suo autore: il compito dell'ermeneutica non è un compito riproduttivo, ma creativo. È merito di Heidegger, riconosce Gadamer (rr. **107-110**), aver messo in luce questa funzione positiva della «distanza temporale», perché Heidegger ha interpretato l'essere dell'uomo come storicità. La «distanza temporale» non è come un abisso che si apre davanti a noi, perché è riempita di altri eventi tra loro connessi e collegati al passato (la lunga catena della tradizione). La "distanza storica" è, dunque, garanzia di comprensione, in quanto ci aiuta ad allargare il nostro sguardo oltre l'attualità. Sappiamo, infatti, che un evento troppo vicino a noi, anziché esser più facile a capirsi, rischia di essere frainteso a causa di pregiudizi incontrollabili.

130-160. Gadamer affronta a questo punto il delicato problema della comprensione di fatti troppo vicini a noi, che spesso sono fraintesi perché non hanno dispiegato ancora tutte le loro potenzialità o perché l'osservatore è parte in causa e, dunque, fazioso. Siamo al paradosso della comprensione (rr. **140-145**), simile al paradosso della felicità di cui aveva parlato Aristotele nell'*Etica Nicomachea*, secondo cui una vita può dirsi «felice» solo alla fine, quando è già compiuta: «Infatti — diceva Aristotele — una rondine non fa primavera, né un sol giorno: così un sol giorno o poco tempo non fanno nessun beato o felice» (I, 7). Svolgendo l'analogia, possiamo dire che, a rigor di termini, la comprensione si ottiene solo in rapporto agli eventi passati. La distanza temporale è, dunque, necessaria per operare la "distillazione" del senso dei fatti storici e liberarci dai cattivi pregiudizi (rr. **149-160**).

161-185. Ma Gadamer va oltre e individua nella distanza storica la funzione di far emergere i pregiudizi positivi che aiutano la comprensione. In altre parole, attraverso il dialogo con un evento della storia (un testo, un'opera, ecc.) l'uomo fa l'esperienza dell'alterità e della diversità delle opinioni, e ciò contribuisce alla presa di coscienza dei propri pregiudizi. Il nostro pregiudizio passa inosservato a noi stessi, ci appare cioè come un normale giudizio, fino a che non viene messo in crisi dall'incontro con l'alterità del testo. Questo non vuol dire che noi azzeriamo i nostri pregiudizi, come pensa ingenuamente lo storicismo quando crede che sia possibile cogliere la verità delle cose prescindendo da se stessi e calandosi interamente nel tempo storico che ha prodotto l'oggetto.

186-222. Dopo aver accusato d'ingenuità la posizione dello storicismo, che nel tentativo di esaltare il fatto storico dimentica la propria stessa storicità, Gadamer definisce molto chiaramente, in questa parte finale, la sua visione della conoscenza. L'uomo non può mai afferrare del tutto e in modo definitivo l'oggetto della sua conoscenza, proprio perché esso non è mai propriamente un "oggetto" (rr. **193-195**). Un testo o un'opera non sono mai qualcosa di definitivo e in sé conchiuso, tale da contrapporsi alle ulteriori interpretazioni della storia; al contrario, la loro storia è anche la storia dei vari significati che hanno assunto nella tradizione, di cui fa parte integrante l'interprete. La cosa da interpretare è un evento che appartiene alla storia e che tocca, nei suoi effetti (Gadamer usa l'espressione *Wirkungsgeschichte* o *storia degli effetti*), anche il lettore o l'interprete. Ad esempio, la storia delle interpretazioni de *I Promessi sposi* fa parte integrante del significato che questo romanzo riveste per noi oggi, per cui il lettore odierno lo interpreta rivolgendogli delle *domande* che derivano da tale storia. L'affermazione del principio della «storia degli effetti», avverte in conclusione Gadamer, non va intesa come un precetto ermeneutico che prescrive la necessità di studiare, accanto all'opera, anche la storia della sua critica, ma come suggerimento teorico, come consapevolezza che quando ci poniamo, come lettori o interpreti, di fronte ad un'opera o ad un evento storico, questa lunga catena di significati della tradizione è sempre all'opera, anche se non ce ne rendiamo conto (rr. **211-222**).

LABORATORIO FILOSOFICO

*Il punto di partenza della riflessione di Gadamer è costituito dalla consapevolezza dell'insufficienza della nozione di "metodo", così come è stata intesa dalle scienze della natura a partire dalla Rivoluzione scientifica del Seicento fino al Novecento, con i caratteri della rigorosità matematica, dell'obiettività e della dimostrabilità. Il dominio di questo modello conoscitivo, scrive Gadamer, «conduce a screditare ogni possibilità di conoscere che si collochi fuori da questo ambito metodologico» (*Verità e metodo*, cit., p. 113). Ma, si chiede il filosofo, le cose stanno veramente così? Quando interpretiamo un testo o gustiamo un'opera d'arte, ad esempio, adoperiamo quel metodo? E, inoltre, l'esperienza della verità si verifica soltanto nelle scienze? La risposta è negativa. Gadamer considera un vero e proprio errore dell'età moderna quello di aver riservato la prerogativa del raggiungimento della verità alle sole scienze della natura e al loro metodo. Di qui il titolo del suo capolavoro del 1960,* Verità e metodo *(in tedesco:* Wahrheit und Methode*), che mette in gioco il contrasto tra la verità e il metodo matematico. Gadamer è convinto che l'uomo faccia l'esperienza della verità in modo "anti-metodico", ad esempio attraverso l'arte. La prima parte di* Verità e metodo *è dedicata alla riflessione sull'esperienza artistica, che egli non interpreta nei termini magici e irreali del Romanticismo (l'arte per lui non è sogno), ma come un'esperienza che trasforma e coinvolge l'artefice e tutti coloro che, lungo il corso dei secoli, l'avvicinano. Per Gadamer, infatti, la rappresentazione artistica è un "evento" che realizza la sua verità e il suo significato nell'incontro con l'interprete. All'arte è essenziale il suo compimento, che si realizza nella esecuzione e nella rappresentazione. Inoltre, l'interpretazione, sostiene Gadamer, non è interessata alla ricostruzione delle condizioni originarie che hanno prodotto l'opera (siano esse il clima culturale o l'intenzione dell'autore), ma al "mondo" di senso che l'opera racchiude in sé. Nell'esperienza estetica si integrano due mondi di significato, quello dell'opera e quello dell'interprete, cioè il passato e il presente. A questo punto il terreno è maturo per affrontare il problema più generale dell'esperienza conoscitiva, che per Gadamer è sempre determinata dalla storicità. Sulle orme della riflessione di Heidegger, Gadamer — nella seconda parte del suo capolavoro — sviluppa il tema del «circolo ermeneutico» e dell'interpretazione come dialettica di* familiarità/estraneità*. Portando come esempio il modello della lettura di un testo, Gadamer mostra come l'atto interpretativo muova da una «pre-comprensione» del testo (una vera e propria anticipazione di senso fondata sull'esperienza precedente e sulla familiarità con l'oggetto), per poi lasciare il posto al confronto con la* diversità *(o* estraneità*) contenuta nell'universo testuale, e, infine, alla* fusione degli orizzonti *dell'opera e del lettore, del passato e del presente. Ma, a differenza di quanto pensava Hegel, questa circolarità non ha mai termine, in quanto l'oggetto non è mai assorbito nel soggetto. Il circolo ermeneutico, essendo un atto di vita, è sempre aperto agli ulteriori sviluppi. La fusione degli orizzonti non è, infatti, la fine della conoscenza, ma dialogo tra il testo e l'interprete. Un dialogo che ha una struttura complessa, in quanto le domande che il lettore rivolge al testo sono in qualche modo provocate dal testo stesso, o comunque dalla storia delle sue interpretazioni. Si inserisce in questo compito in-finito dell'ermeneutica il tema della «storia degli effetti» o della fortuna di un'opera, la quale vive e giunge fino a noi attraverso la più o meno lunga catena dei significati della tradizione (di cui non possiamo fare a meno). La struttura dialogica della verità, infine, dà luogo alla trattazione della terza e ultima parte di* Verità e metodo*, incentrata sul linguaggio. In sintonia con altri importanti filosofi del Novecento (da Heidegger a Wittgenstein, per fare solo qualche nome), Gadamer ritiene che il nostro incontro con il mondo sia sempre mediato linguisticamente. Il mondo è una totalità di significati organizzati dall'uomo e, dunque, l'impresa conoscitiva è sempre veicolata dal linguaggio. Insomma, storia e linguaggio sono per Gadamer i due termini che definiscono le caratteristiche essenziali dell'esistenza e della comprensione. Ciò spiega il grande interesse che il filosofo ha riservato all'ermeneutica del testo, in quanto mondo di senso appartenente alla tradizione e consegnato al linguaggio.*

1

Analizza il testo di Gadamer (T. 1), servendoti del seguente schema di lettura:

a) identificazione del tema e della tesi dell'autore;
b) enunciazione delle principali argomentazioni;
c) identificazione della critica all'estetica romantica e allo storicismo;
d) illustrazione del rapporto tra le tesi dell'autore e quelle di Heidegger.

2

Suddividi il suddetto T. 1 in paragrafi, assegnando a ciascuno un titolo pertinente.

3

Esponi a parole tue il contenuto del seguente brano di Gadamer:
«In realtà, l'orizzonte del presente è sempre in atto di farsi, in quanto noi non possiamo far altro che mettere continuamente alla prova i nostri pregiudizi. Di questa continua messa alla prova fa parte anche, in prima linea, l'incontro con il passato e la comprensione della tradizione da cui veniamo. L'orizzonte del presente non si costruisce dunque in modo indipendente e separato dal passato. Un orizzonte del presente come qualcosa di separato è altrettanto astratto quanto gli orizzonti storici singoli che si tratterebbe di acquisire uscendo da esso. *La comprensione, invece, è sempre il processo di fusione di questi orizzonti che si ritengono indipendenti tra loro.* La forza di questa fusione possiamo vederla in modo eminente nei tempi più antichi, nel loro modo ingenuo di rapportarsi a se stessi e alla propria tradizione. Il mantenersi delle tradizioni è proprio un esempio di questo processo di continua fusione. In esse, infatti, vecchio e nuovo concrescono in forme sempre nuove e vitali, senza che si dia mai un'esplicita distinzione e contrapposizione dell'uno all'altro.

Se però non esistono tali orizzonti distaccati, perché si parla di una fusione di orizzonti e non semplicemente della costruzione di un unico orizzonte che allarga i suoi confini alla profondità della tradizione? Porre questo problema significa riconoscere la peculiarità della situazione in cui si trova il comprendere quando diventa compito scientifico, e riconoscere nello stesso tempo che si tratta appunto di enucleare finalmente le linee di questa situazione in quanto situazione ermeneutica. Ogni incontro con il dato storico, che si compia con una esplicita coscienza storiografica, sperimenta in sé la tensione fra testo da interpretare e presente dell'interprete. Il compito dell'ermeneutica consiste nel non lasciare che questa tensione venga coperta e obliata in un malaccorto atto di livellamento dei due momenti, ma venga invece consapevolmente esplicitata. Per questo, l'atto ermeneutico implica necessariamente la delineazione di un orizzonte storiografico che si distingue dall'orizzonte del presente. La coscienza storica è consapevole della propria alterità e distingue perciò l'orizzonte del dato storico trasmesso dal proprio orizzonte. Questa alterità, però, come ci siamo sforzati di mostrare, emerge soltanto nel seno di una tradizione vivente, per cui la coscienza storica, mentre distingue, anche nello stesso tempo riunisce i due poli della distinzione, di modo che, nell'unità dell'orizzonte storico che definisce, essa media sé con se stessa.

Il progetto di un orizzonte storiografico è dunque solo una fase dell'atto del comprendere, e non si irrigidisce nella definitiva estraneità di una coscienza passata, ma viene raggiunto proprio partendo dal peculiare orizzonte interpretativo del presente. Nell'atto della comprensione si realizza una vera fusione di orizzonti, per cui l'orizzonte storiografico, mentre si costituisce, anche viene superato. Abbiamo detto che questa fusione, in quanto atto deliberato e consapevole, è il compito della coscienza della determinazione storica. Mentre ad opera del positivismo estetistico e storicistico, che seguiva in ciò l'ermeneutica romantica, questo compito è stato obliato e coperto, esso rappresenta invece il problema centrale di ogni ermeneutica. Incontriamo qui il problema della *applicazione*, che è necessariamente connessa a ogni atto di comprensione» (H. G. Gadamer, *Verità e metodo*, cit., pp. 356-357).

Altre linee di tendenza dell'ermeneutica odierna

L'ermeneutica odierna non è rappresentata soltanto da Gadamer, ma anche da altri studiosi, che, talora, si trovano in aperta polemica con taluni aspetti del suo pensiero o con l'impostazione complessiva della sua teoria dell'interpretazione. Fra questi studiosi spiccano le figure di Betti, Pareyson e Ricoeur.

Emilio Betti (1890-1968), docente a Roma e autore di una monumentale *Teoria generale dell'interpretazione* (1955), si è fatto paladino di un'ermeneutica obiettivistica polemicamente orientata contro il "soggettivismo" e il "relativismo" delle ermeneutiche di matrice heideggeriana. In particolare, Betti accusa Gadamer di aver privilegiato l'aspetto *ontologico* dell'ermeneutica a scapito di quello *metodologico*, dimenticando che il compito primario di una teoria dell'interpretazione non è di tipo *descrittivo*, bensì *normativo*, ossia volto a mettere in luce «quali scopi il compito dell'interpretazione debba proporsi, e quali procedimenti seguire». Inoltre Betti accusa Gadamer (e, prima di lui, Bultmann) di aver sopravvalutato indebitamente la *soggettività* dell'interprete, sino a smarrire l'*autonomia* e l'*alterità* dell'oggetto ermeneutico.

Luigi Pareyson (1918-1991), docente a Torino e autore di numerosi studi (fra cui ricordiamo *Esistenza e persona*, 1950, e *Verità ed interpretazione*, 1971), è stato uno dei grandi maestri italiani dell'esistenzialismo. Fautore di una forma di *personalismo ontologico*, proteso a salvaguardare i diritti della persona e dell'essere (che l'esistenzialismo europeo avrebbe finito per smarrire), Pareyson ha progressivamente accentuato la fisionomia ermeneutica del suo pensiero (inizialmente elaborata in campo estetico), concependo il rapporto essere-persona alla stregua di un rapporto fra verità e interpretazione. Nemico di ogni risoluzione nichilistica e storicistica dell'ermeneutica, Pareyson si è sforzato di conciliare, al tempo stesso, l'*unicità* metatemporale della verità e la *pluralità* storica delle sue interpretazioni. Nello stesso tempo ha insistito sulla distinzione fra pensiero «espressivo» (che si limita a rispecchiare il proprio tempo) e pensiero «rivelativo» (il quale, insieme al proprio tempo, rivela anche la verità). Conformemente alle matrici spiritualistiche ed esistenzialistiche della sua ermeneutica, Pareyson si è mostrato particolarmente attento al valore "libertà", pervenendo ultimamente ad una *ontologia della libertà*, che radica la libertà dell'uomo in quella di Dio. Un Dio che, secondo Pareyson, ospiterebbe in sé il male, sia pure a titolo di negativo debellato o da debellare.

Paul Ricoeur (n. nel 1913), professore in varie università francesi e a Chicago, ha sviluppato un pensiero multiforme che si è nutrito delle suggestioni più disparate. Muovendo dalla fenomenologia e dall'esistenzialismo, Ricoeur ha elaborato dapprima una originale *Philosophie de la volonté* (come suona un'opera del 1950-1960). In seguito, attraverso una meditazione sui "simboli", è pervenuto all'ermeneutica. Sensibile alle sollecitazioni dei cosiddetti «maestri del sospetto» (espressione fortunata con cui egli ha inteso alludere alla filosofia "demistificatrice" di Nietzsche, Marx e Freud, i quali, al di là dei valori del Vero, del Bene, della Civiltà e della Coscienza, hanno "sospettato" l'azione di forze ben diverse, quali la volontà di potenza, gli interessi economici, l'inconscio, ecc.) e alle provocazioni incarnate dalle varie metodologie di ricerca (dallo strutturalismo alla filosofia analitica), Ricoeur ha insistito sul *Conflitto delle interpretazioni* (così suona il titolo di un'importante opera del 1969) che dilania la cultura contemporanea, proponendo un'opera di «arbitraggio» fra le medesime volta a contrastare le loro pretese totalizzanti e a recuperare la loro parziale verità. Inoltre, contro l'*opposizione* gadameriana fra verità e metodo, egli ha sostenuto la necessità di cercare una loro possibile *integrazione* («perché la filosofia è sempre morta tutte le volte che ha interrotto il suo dialogo con le scienze»).

L'ermeneutica ha trovato consensi e diffusione anche nell'ambito culturale anglo-americano, combinandosi con le correnti di pensiero ivi prevalenti. Il più noto esponente di tale connubio è Richard Rorty (n. nel 1931), il quale, in *La filosofia e lo specchio della natura* (1979), ha insistito sulla necessità di liquidare definitivamente il fondazionalismo filosofico, cioè la pretesa (sviluppata dalla tradizione europea che va da Cartesio, Locke e Kant sino a Husserl) di dare alla conoscenza umana fondamenti ultimi e indubitabili.

Oggigiorno l'ermeneutica è divenuta ormai una delle filosofie più influenti del panorama mondiale (Gianni Vattimo ha visto in essa una sorta di *koinè* filosofica del nostro tempo) ed è entrata in stretti rapporti con altre espressioni della cultura odierna, quali l'epistemologia, le scienze umane, la teologia, la critica letteraria, ecc.

GLOSSARIO E RIEPILOGO

Ermeneutica. La teoria filosofica dell'interpretazione. Nell'accezione specifica di Gadamer, l'ermeneutica non si configura come una metodologia del comprendere, ma come un'analisi delle strutture che lo rendono possibile.

Verità. La verità con cui hanno a che fare le scienze dello spirito — cioè le scienze storiche — è oggetto di *interpretazione* e risulta irriducibile al *metodo* delle scienze naturali. Da ciò il suo carattere *extra*-metodico.

Circolo ermeneutico. La situazione circolare per cui, nel processo interpretativo, ciò che si deve comprendere risulta già, in parte, compreso. Secondo Gadamer, che si rifà ad Heidegger, il circolo risulta qualcosa di *ineliminabile*, in quanto noi possiamo accedere all'*interpretandum* solo in virtù di una serie di pre-comprensioni e di pre-giudizi che costituiscono delle preliminari ipotesi di lettura dell'interpretato stesso. Ne segue che il problema non è quello di *sbarazzarsi* del circolo, ma quello di prenderne *coscienza*, mettendo «alla prova» i pregiudizi che lo costituiscono.

Lontananza temporale. La situazione di lontananza in cui si trova l'interpretante rispetto all'interpretato. Tale lontananza non va pensata come un abisso vuoto, ma come uno spazio riempito dalla tradizione, la quale funge da cordone ombelicale tra passato e presente.

Storia degli effetti. Espressione gadameriana per sottolineare come l'interprete possa accingersi al compito interpretativo solo sulla base di una serie di interpretazioni già *date*, ovvero sulla scorta della «fortuna» o degli «effetti» prodotti da un deteminato evento.

Coscienza della determinazione storica. È la consapevolezza della storicità *costitutiva* del nostro comprendere, ossia del fatto che noi siamo esposti agli *effetti* della storia. Consapevolezza che elimina la pretesa di rapportarsi alla storia da un ipotetico punto di vista «assoluto» e «metatemporale», cioè collocato al di fuori del flusso della storia e della tradizione.

Fusione di orizzonti. Espressione che sottolinea come il lavoro ermeneutico non consista in un ingenuo tentativo di mettere tra parentesi se stessi e il proprio presente, ma in una fusione (o in un incontro) di orizzonti nel quale il *proprio* tempo non è annullato, ma posto al servizio della comprensione *altrui*.

L'essere, che può venir compreso, è il linguaggio. Formula con cui Gadamer intende porre in evidenza come tutto ciò che risulta oggetto di comprensione e di interpretazione venga espresso con il linguaggio, al punto che l'essere stesso risulta definibile *come* linguaggio.

INDICAZIONI BIBLIOGRAFICHE

Opere generali (in cui si trovano anche notizie relative ai singoli autori):

F. Bianco, *Storicismo ed ermeneutica*, Bulzoni, Roma 1974.

P. De Vitiis, *Ermeneutica e sapere assoluto*, Milella, Lecce 1984.

M. Ravera (a cura di), *Il pensiero ermeneutico*, Marietti, Genova 1986.

AA.VV., *La filosofia oggi, tra ermeneutica e dialettica* (a cura di E. Berti), Studium, Roma 1987.

G. Mura, *Ermeneutica e verità. Storia e problemi della filosofia dell'interpretazione*, Città nuova editrice, Roma 1990.

AA.VV., *Novecento filosofico e scientifico. Protagonisti* (a cura di A. Negri), Marzorati, Milano 1991.

M. Ferraris, *L'ermeneutica*, Laterza, Roma-Bari 1998.

Su Gadamer:

A. Da Re, *L'ermeneutica di Gadamer e la filosofia pratica*, Maggioli, Rimini 1982.

G. Sansonetti, *Il pensiero di Gadamer*, Morcelliana, Brescia 1988.

G. Fornero, *Filosofia ed ermeneutica*, in *Storia della filosofia* fondata da N. Abbagnano, vol. IV, *La filosofia contemporanea*, tomo 1° di G. Fornero, Utet, Torino 1991, pp. 484-584.

V. Venier, *La critica della coscienza estetica nella riflessione ermeneutica di H. G. Gadamer*, Cafoscarina, Venezia 1991.

A. De Simone, *Tra Gadamer e Kant. Verità ermeneutica e cultura estetica*, Quattroventi, Urbino 1996.

C. Tuozzolo, *H. G. Gadamer e l'interpretazione come accadere dell'essere*, Angeli, Milano 1996.

G. Moretto, *La dimensione religiosa in Gadamer*, Queriniana, Brescia 1997.

G. Ripanti, *Gadamer*, Milella, Lecce 1999.

Come strumento didattico si veda:

M. L. Martini (a cura di), *«Verità e metodo» di Gadamer e il dibattito ermeneutico contemporaneo*, Paravia, Torino 1992.

SCHEDA BIBLIOGRAFICA

Gadamer

Il problema della coscienza storica, trad. it. di G. Bartolomei, Guida, Napoli, 1969; *Verità e metodo*, trad. it. di G. Vattimo, Fabbri, Milano, 1972; *Ermeneutica e metodica universale*, trad. it. di U. Margiotta, Marietti, Torino, 1973; *La dialettica di Hegel*, trad. it. di R. Dottori, Marietti, Torino, 1973; *Maestri e compagni nel cammino del pensiero. Uno sguardo retrospettivo*, trad. it. di G. Moretto, Queriniana, Brescia, 1980; *La ragione nell'età della scienza*, trad. it. di A. Fabris, Il Melangolo, Genova, 1982; *Studi platonici*, trad. it. di G. Moretto, 2 voll., Marietti, Casale Monferrato, 1983, 1984; *L'attualità del bello*, trad. it. di R. Dottori e L. Bottani, Marietti, Genova, 1986; *I sentieri di Heidegger*, trad. it. di R. Cristin, Marietti, Genova, 1987; *Chi sono io, chi sei tu? Su Paul Celan*, trad. it. di F. Camera, Marietti, Genova, 1988; *Interpretazioni di poeti*, I, trad. it. di G. e M. Bonola, Marietti, Genova, 1990; *L'inizio della filosofia occidentale*, a cura di V. De Cesare, Guerini e Associati, Milano, 1993.

Capitolo diciannovesimo

Decostruzione e postmoderno: Derrida e Rorty

Decostruzione e post-moderno: Derrida e Rorty*

1. Jacques Derrida

1.1. Oltre il moderno

Jacques Derrida, nato a El Biar (Algeria) nel 1930 da una famiglia di origine ebrea, è una delle personalità più importanti della filosofia francese del dopoguerra. Ha ricoperto incarichi di grande prestigio: professore all'École Normale di Parigi e direttore del celebre Collège International de Philosophie della medesima città; la sua attività di insegnamento si è inoltre svolta anche negli Stati Uniti d'America, in particolare a Yale e a Irvine. Vastissima la sua produzione editoriale, di cui ricordiamo le opere più significative: *La scrittura e la differenza* (1967); *Della grammatologia* (1967); *La voce e il fenomeno* (1967); *Margini della filosofia* (1972); *La disseminazione* (1972); *La carte postale. De Socrate à Freud et au delà* (1980); *Spettri di Marx* (1993); *Politiche dell'amicizia* (1994); *Addio a Emmanuel Lévinas* (1997). Vite e opere

L'importanza del progetto di questo filosofo consiste nel tentativo da lui perseguito, soprattutto nella produzione tra gli anni Sessanta e Ottanta, di *uscire dalla tradizione filosofica della modernità*. Anche se Derrida ha sempre respinto l'idea di essere classificato come un pensatore postmoderno (come, invero, ogni altra classificazione), possiamo tuttavia individuare proprio in questo intento il tratto più rilevante del suo progetto filosofico. Il profilo filosofico

Che cosa si deve intendere per *postmoderno* in filosofia? Per rispondere a questa domanda, è utile una breve digressione su un altro grande personaggio del Novecento francese, Jean-François Lyotard (nato nel 1924). È stato lui, infatti, a introdurre nel dibattito filosofico il termine *postmoderno*, nell'ormai celebre libro del 1979 intitolato *La condizione postmoderna*. Per capire il *postmoderno* è bene soffermarsi a considerare prima che cosa sia stata la modernità, di cui si parla in termini di superamento e oltrepassamento (concetti contenuti nel prefisso *post*). Concetto di *post-moderno* in filosofia

In poche battute, ricordiamo che per Lyotard la *modernità* si identifica con la fiducia in alcune grandi *narrazioni*, che avevano la funzione di legittimare la storia umana, presentandola come un'evoluzione progressiva e inarrestabile verso il *rischiaramento intellettuale* (si pensi all'Illuminismo), il *perfezionamento morale* (si pensi all'idealismo) e la *liberazione dalla servitù economica e politica* (si pensi al marxismo). Questi racconti sono serviti a consolare l'uomo, a cui hanno fatto credere di poter vivere felicemente, attraverso la scienza, le arti, la tecnica o la rivoluzione politica. Il marxismo ottocentesco, in particolare, ultimo tra le grandi narrazioni, ha cercato di conciliare il progresso tecno-scientifico con la rivoluzione, individuando nella classe operaia il motore del processo di emancipazione della storia. I racconti del *moderno* secondo Lyotard

Nel corso del Novecento la forza di questi racconti si è dissolta sotto i colpi di eventi storici terribili e drammatici (le guerre mondiali, i campi di concentramento, le dittature, la bomba atomica), e con il sopravvento della ragione tecnologica e strumentale, una ragione

* In questo capitolo, la sezione su Derrida è stata curata da D. Massaro (tranne il testo antologico, scelto e commentato da G. Chiurazzi); la sezione su Rorty è di G. Fornero.

che si pone, cioè, obiettivi ristretti e circoscritti, quali il conseguimento dell'utile immediato o del vantaggio economico. Alla fede nel progresso meraviglioso e inarrestabile della storia sono subentrate, dunque, l'incertezza e la precarietà di una condizione umana che appare ben distante dalla perfezione ipotizzata nell'Ottocento. Che fare allora? Bisogna ripiegare – questa la diagnosi di Lyotard – su racconti brevi e a raggio limitato, che siano capaci di mostrarci tutta la difficoltà di perseguire verità certe e definitive sulla condizione umana. Non più grandi racconti sull'uomo e la sua felicità, ma spezzoni di discorsi faticosamente messi assieme e sempre esposti all'incertezza e al rischio di essere falsificati.

La *post-modernità* come condizione di incertezza e precarietà

Sintetizzata in queste poche linee generali l'idea di *postmodernità*, vediamo ora in che senso Derrida ritiene che si debba *uscire dalla modernità* e operare una *svolta* coraggiosa e decisiva nel modo di pensare che è stato tipico di tutta la tradizione filosofica occidentale. Un progetto per molti versi convergente con le posizioni espresse da altri filosofi della seconda metà del Novecento, tra cui Richard Rorty (v. par. 2), che ha elaborato il concetto di «una filosofia dopo la filosofia» (cioè dopo la tradizione metafisica occidentale).

Uscire dalla *modernità*

1.2. Il mito del fondamento e l'intolleranza politica

L'ispirazione etico-politica del pensiero di Derrida

Derrida è il filosofo che appare più convinto di dover uscire dalla tradizione della filosofia moderna. Perché? Noi pensiamo soprattutto per una ragione di *carattere etico-politico*, vale a dire per il bisogno di affermare la differenza delle culture e riconoscere la pluralità e la diversità dei modi di vivere e pensare degli uomini. Tutte cose che stanno molto a cuore a Derrida, che è certamente una figura di filosofo militante, impegnato nelle battaglie più significative della nostra epoca – tra cui vogliamo ricordare quella per una politica dell'*ospitalità* degli stranieri e di rispetto delle loro tradizioni, oltre a quella per la difesa dell'insegnamento della filosofia nei licei (su quest'ultimo tema, si veda il libro *Du droit à la philosophie*, Galilée, Paris, 1990). Ricostruiamo, dunque, il ragionamento del nostro autore, che presenta un linguaggio denso di metafore e di giochi di parole (cosa che lo rende difficile per il lettore non specialista).

La metafisica come pensiero della presenza o dell'identità

La tradizione metafisica occidentale – egli osserva – tende all'intolleranza nei confronti della diversità e ha legami ambigui con la violenza. Essa, infatti, ha privilegiato il pensiero della *presenza*, vale a dire il discorso parlato, vivo, cosciente, dietro il quale si nasconde sempre il *soggetto* parlante che, come padre forte e autorevole, difende l'identità della propria parola contro gli attacchi degli altri o le possibili distorsioni interpretative. Questo fenomeno viene definito da Derrida come *logocentrismo* o, anche, *fonocentrismo*, cioè centralità della parola pronunciata oralmente (*phonè*: voce, suono). A tal proposito, si ricordi che la filosofia si è istituita con Socrate proprio come parola scambiata tra persone, vale a dire come *dialogo* vivente all'interno della cerchia di amici, appartenenti alla medesima classe sociale e uniti da un identico bagaglio di valori.

Tale pensiero dell'identità e della presenza si è conservato nella lunga tradizione filosofica dell'Occidente, tanto che Cartesio, il filosofo del *cogito*, ha identificato – all'origine della modernità, nel Seicento – il luogo della verità salda e indiscutibile proprio nella *coscienza individuale*, vista come unico criterio di garanzia per uscire dalle nebbie del dubbio e fondare la scienza. La coscienza dell'individuo è, dunque, il luogo privilegiato in cui la verità è *presente*, e da cui ogni conoscenza trae origine e fondamento.

Nel mito della coscienza e dell'io si annida l'intolleranza

Questo progetto appare a Derrida dogmatico sul piano filosofico e politicamente pericoloso. Quando infatti si afferma con decisione la verità ultima (o prima) delle cose e si assume che tale verità si rivela alla coscienza individuale, il rischio dell'intolleranza e della violenza è in agguato. Si tratta di un mito che tende a omologare i differenti punti di vista sul mondo in una prospettiva unica e assoluta. La distanza e le differenze – tra le razze, le culture, i modi di vivere e i costumi – tendono a essere assorbite entro una prospettiva unica e totalizzante, che le annulla.

1.3. Il mito di Teuth ovvero l'avversione per la differenza

A testimonianza di queste idee, Derrida svolge lunghe analisi di carattere ermeneutico, soffermandosi ad analizzare i testi dei filosofi, di Platone in particolare, non senza un certo funambolismo verbale, che stupisce e spiazza il lettore. Un saggio brillante di questa sua bravura retorica e interpretativa è rappresentato dall'analisi di un celebre mito di Platone, contenuto nel bellissimo dialogo intitolato *Fedro*. Qui Platone parla del mito di Teuth e condanna la scrittura, mentre difende la parola viva e il dialogo in presenza. Ecco in breve il riassunto: il dio Teuth, inventore della scrittura, si presenta al re egizio Thamus per magnificare la sua invenzione e convincere il sovrano della sua utilità. Ma il re si mostra scettico, anzi condanna la scrittura come un *veleno* (in greco *phàrmakon* = veleno, ma anche medicina), in quanto è copia della voce e dunque ha in sé il rischio di allontanarsi dalla verità, facendole perdere il senso vero e originario. La scrittura moltiplica e distanzia nel tempo il messaggio e offre il destro all'errore e alla perdita di quel carattere di genuinità che è tipico del discorso immediato e vivo, fatto in presenza degli interlocutori. La scrittura uccide il senso proprio perché si allontana dalla sua origine, ovvero dalla presenza dell'anima di colui che parla, la quale è garanzia di sincerità e di verità. Parafrasando Platone, Derrida dice che la *scrittura* «ripete senza sapere», è una formula vana e superba, figlio bastardo e parricida (*La farmacia di Platone*, in J. Derrida, *La disseminazione*, trad. it. di S. Petrosino, Jaca Book, Milano, 1989, pp. 105 sgg.).

Sintesi del celebre mito di Teuth contenuto nel *Fedro* di Platone

In una bella pagina di *La farmacia di Platone,* l'opera appena citata, Derrida spiega il senso di quest'antica condanna della scrittura da parte della filosofia, affermando che dietro di essa si cela la diffidenza per tutto ciò che è *copia* e *raddoppiamento* dell'originale, cioè molteplicità e differenza: «La scrittura – scrive Derrida – appare a Platone (e dopo di lui a tutta la filosofia che si costituisce come tale in questo gesto) come questo impulso fatale del raddoppiamento: supplemento di supplemento, significante di un significante, rappresentante di un rappresentante. [...] Significante del significante fonico. Mentre quest'ultimo [il segno fonico, la voce] si terrebbe nella prossimità animata, nella presenza vivente di *mnème* [memoria] o di *psyché* [anima], il significante grafico che lo riproduce e lo imita se ne allontana di un grado, cade fuori dalla vita, trascina questa fuori di sé e la mette in letargo nel suo doppio reso "*tipo*" [cioè segno scritto]» (*ibidem*, p. 142).

L'antica diffidenza dei filosofi per la differenza

1.4. La scrittura come parola della differenza

Da questa tradizione filosofica incentrata sul *mito della coscienza* e della *parola in presenza* occorre uscire, prendere congedo. Per far posto all'*altro* e alla *differenza*. A ben riflettere, osserva Derrida, ogni esperienza di vita è sempre frutto della duplicazione e della distanza dall'originale. Ad esempio, conosciamo le cose della vita quotidiana, ma lo facciamo sempre attraverso parole e schemi logici che ci vengono dalla tradizione e dagli altri. Non cogliamo le cose se non nelle parole che le indicano, nei codici che le significano. Le parole ci fanno vivere le cose, anche quando queste sono assenti. Non conosciamo mai le cose nella loro immediatezza, ma attraverso le parole. E le parole sono frutto di una tradizione culturale, sono significative soltanto all'interno di una comunità di parlanti. Il linguaggio, dunque, riveste una funzione importante nella conoscenza e nella vita degli uomini. E nell'ambito del linguaggio, la forma dominante di conoscenza ed espressione è la *scrittura*, e non la parola parlata. *La scrittura è il modello di ogni linguaggio*.

L'importanza del linguaggio e della scrittura

Ma che cos'è la *scrittura*? La scrittura è *segno* tracciato sulla pagina, disseminazione plurima di significato. Essa è costituita dai "testi" scritti che vengono a noi da un lontano passato e ci consegnano un linguaggio grazie al quale facciamo l'esperienza del mondo. Senza questi *testi-della-tradizione* noi non saremmo in grado di conoscere le cose del mondo: il fuoco e l'acqua, la terra e l'aria, ma anche l'amore e l'odio, la pace e la guerra sono tali in quanto sono giunti fino a noi attraverso una lunga tradizione storica documentata nei testi scritti.

Attraverso la *scrittura* facciamo l'esperienza del mondo

I testi scritti, però, non pretendono di esaurire il significato delle cose, non vogliono farci toccare con mano l'essenza stessa della realtà: essi non ci mettono in *presenza* della verità. I testi scritti, al contrario, si consegnano alla tradizione e all'interpretazione, le quali non mettono mai capo a un luogo privilegiato considerato come l'origine o la causa ultima della verità.

La scrittura si presta all'interpretazione

La scrittura ci mette, invece, sulle *tracce delle cose*. In questo senso la scrittura è *differenza*, in quanto "differisce", sposta sempre in avanti (tramanda) il senso delle cose, senza mai essere definitiva e categorica: essa lascia aperto il lavorìo dell'interpretazione. Un testo letterario è bello e significativo nella misura in cui non chiude il lettore in un'unica verità o prospettiva interpretativa, ma lo *rimanda* a sensi sempre più diversificati e nuovi.

La scrittura è *differenza* perché rispettosa degli altri e dei diversificati punti di vista sul mondo. La stessa tecnica tipografica, con i suoi margini e gli spazi vuoti, si presta a questa funzione del *rinvio* oltre il testo, verso altri lidi interpretativi.

Scrittura tecnologica e e-mail

È appena il caso di sottolineare come queste riflessioni derridiane, compiute negli anni in cui si venivano profilando nuove forme di scrittura grazie ai new media – si pensi alla comunicazione elettronica delle e-mail dei nostri giorni –, sono di grande interesse. In breve, possiamo dire che oggi appare più chiaramente che il "testo" non è per nulla morto, ma è venuto assumendo nuove funzioni, divenendo sempre più qualcosa di fluido e familiare, potenzialmente alla portata di tutti.

1.5. Decostruire i testi

Come dobbiamo leggere?

Se i testi sono decisivi per la nostra esperienza del mondo, è importante capire come dobbiamo leggerli. Derrida risponde a questa domanda con una proposta che gli ha provocato grande attenzione e notorietà nel campo delle discipline umanistiche e della critica letteraria, ma anche diffidenza e ostilità presso i filosofi tradizionalisti. Egli afferma che i testi della tradizione devono essere scomposti e scompaginati, al fine di scompigliarne il gioco. Essi infatti possono essere fonte di conservazione e di autoritarismo, specie se pretendono di insegnarci la verità ultima. Anche nei testi si annida il rischio dell'intolleranza e della verità assoluta. Ma noi possiamo vincerlo, più facilmente di quello rappresentato dalla parola orale. Come? Attraverso l'opera di *decostruzione*, cioè portando alla luce i materiali di cui sono fatti (i materiali di costruzione). In altre parole, Derrida ritiene che dietro le parole dei testi occorra spiare i riferimenti alle condizioni storiche ed etico-politiche che le hanno generate. Egli stesso nelle sue opere, e in particolare nel già citato studio su Platone, mostra come deve operare la *decostruzione*, rilevando come ad esempio la condanna della scrittura da parte del filosofo antico si fondi sulla metafisica della presenza e su una decisione di carattere politico (di tipo autoritario), prima ancora che teoretico. Sulle orme di Nietzsche, Derrida arriva a considerare l'attività decostruttiva come una ricerca che tende a porre in discussione ogni punto di vista consolidato sulle cose: un'attività paragonabile alla genealogia della morale di Nietzsche, che deve mettere in luce il carattere illusorio di ogni norma e di ogni prescrizione, dunque una sorta di ermeneutica nichilista, che cioè annulla ogni punto di riferimento solido.

L'altro punto di riferimento di questo progetto filosofico è Heidegger, di cui Derrida apprezza in particolare la demolizione della metafisica della presenza. Certo è che il *decostruttivismo* di Derrida, se da un lato mette capo a un progetto politicamente promettente in quanto costringe la filosofia a porsi il problema dei nuovi bisogni delle società multietniche e a rispettare le differenze, dall'altro appare un'attività ai margini (o ai limiti) della filosofia. Da questo secondo punto di vista, la decostruzione è qualcosa di paradossale, perché cerca di svincolare la filosofia da ogni presupposto logico e gnoseologico, mettendo in crisi ad esempio la validità del principio di identità e di quello dell'evidenza, oltre che l'esigenza di fondare le conoscenza su qualche base certa e sicura. Siamo effettivamente al limite, se non oltre la filosofia, verso quello che è considerato il terreno più tipico della letteratura e della poesia.

La *decostruzione* come attività che travalica la filosofia

D'altronde, come è noto, Heidegger – a cui Derrida riconosce il suo debito – era approdato nell'ultima fase del suo pensiero alla poesia e al commento dei grandi poeti. Derrida, forse più modestamente, giunge a ipotizzare una scrittura di testi brevi, anzi, di frammenti, di cartoline postali senza destinazione certa. Nell'opera del 1980 *La carte postale*, la scrittura si traduce nell'invio di brani di lettere che, senza mai fare il nome del destinatario, di continuo affermano il carattere epistolare di ogni scrittura, anche di quella dei testi che si trovano nelle biblioteche. Scrivere è corrispondere continuamente e assiduamente, ma senza alcuna garanzia che ci sia un destinatario, una persona che leggerà i messaggi. Una disseminazione dei segni linguistici, senza nessuna garanzia di incontrare un'altra coscienza. Scrive Derrida: «Vi è là una sofferenza della destinazione [...] in cui ho tutti i diritti di riconoscermi. Io sof-

Non più libri, ma solo cartoline postali

fro (ma come chiunque, no? Io lo so) di una vera patologia della destinazione: io mi rivolgo sempre a qualcun altro (no, a qualcun altro ancora!), ma a chi?» (*La carte postale*).

Derrida si interroga sulla *scrittura* e ci trasmette un'idea di società rispettosa della diversità e della differenza

Tirando le fila del pensiero di Derrida, a volte immaginifico e disorientante, possiamo concludere dicendo che esso è un ***pensiero della scrittura***, vale a dire una ***pratica di pensiero*** (più che una filosofia) ***che si interroga sulla scrittura***, nell'ottica della condizione postmoderna segnata dall'assenza dei solidi punti di riferimento tradizionali. Più in generale, possiamo dire che questo *pensiero della scrittura* ci trasmette un'idea di cultura (e di società) incentrata sull'esperienza della differenza e della diversità. Tale idea contiene inoltre una visione della *storia* precaria e postmoderna, in quanto è senza un fine, senza un destino e senza una trama unitaria, ma costituita da un complesso tessuto (donde la parola *testo*) fatto di percorsi che si incrociano e si divaricano, un continuo inviare e rinviare, una serie di innesti senza corpo principale: cartoline postali senza destinazione certa.

Oltre il moderno, per una nuova etica della cittadinanza mondiale

L'impressione che si ricava dal complesso dell'opera derridiana è quella di un pensiero che riflette gli incerti e labili confini delle società contemporanee, in cui le frontiere tra gli Stati, per quanto rafforzate dai soldati armati, sono sempre penetrabili ed esposte alla visitazione degli altri, ospiti e nemici allo stesso tempo. Anzi, per Derrida – che in questo discorso risente dell'influsso della cultura ebraica – tutta la storia è esodo, un continuo attraversamento di frontiere, a causa dell'economia globalizzata e delle emigrazioni di uomini e profughi. La «democrazia a venire» deve fondarsi, dunque, sul rispetto dell'alterità dell'altro, che non può mai essere assimilato o identificato preventivamente. In definitiva, nella storia come nella scrittura, Derrida afferma con forza il bisogno di superare l'intolleranza e la violenza, attraverso la moltiplicazione del senso e l'esaltazione della differenza e dell'alterità: tutti valori estranei alla tradizione metafisica occidentale, incentrata sul predominio della coscienza individuale e delle identità forti. Di qui la necessità di *uscire dal moderno*, per frequentare le incerte vie della contemporaneità.

LA *DIFFÉRANCE*

TESTO 1

Il brano qui riportato è tratto dalla celebre conferenza che Derrida tenne il 27 gennaio 1968 alla Société française de philosophie, e che costituisce una pietra miliare nell'elaborazione teorica di Jacques Derrida. In esso viene illustrata quella importante nozione di différance *che costituisce il crocevia di esperienze teoriche che Derrida riesce a raccogliere in una sintesi ardita, e che vanno da Heidegger allo strutturalismo, da Nietzsche a Freud. L'estratto che proponiamo costituisce il punto in cui Derrida tenta un'analisi semantica di questo strano lessema,* différance.

Benché *différance* non sia né una parola né un concetto, tentiamo tuttavia un'analisi semantica facile e approssimativa che ci darà a vedere la posta in gioco.

Si sa che il verbo «differire» (verbo latino *differre*) ha due sensi che sembrano ben distinti; essi sono oggetto, per esempio nel Littré, di due voci separate. In questo senso, il *differre* latino non è la semplice traduzione del *diapherein* greco e ciò non sarà per noi senza conseguenze, dato che lega questo discorso a una lingua particolare e a una lingua che passa per essere meno filosofica dell'altra. Poiché la distribuzione del senso nel *diapherein* greco non comporta uno dei due motivi del *differre* latino, cioè l'azione di rimandare a più tardi, di tener conto, di tenere il conto del tempo e delle forze in un'operazione che implica un calcolo economico, una deviazione, una dilazione, un ritardo, una riserva, una rappresentazione, tutti concetti che riassumerò qui in un termine di cui non mi sono mai servito ma che si potrebbe inscrivere in questa catena: il *temporeggiamento* [*temporisation*]. Differire, in questo senso, è temporeggiare, è ricorrere, coscientemente e incoscientemente, alla mediazione temporale e temporeggiatrice di una deviazione che sospende il comportamento o il riempimento del «desiderio» o della «volontà», e che parimenti li effettua in un modo che ne annulla o tempera l'effetto. E vedremo – più tardi – in cosa questo temporeggiamento è anche temporizzazione e spaziamento, divenir-tempo dello spazio e divenir-spazio del tempo, «costituzione originaria» del tempo e dello spazio, direbbero la metafisica o la fenomenologia trascendentale nel linguaggio che è qui sottoposto a critica e spostamento.

L'altro senso di differire è il più comune e il più identificabile: non essere identico, essere altro, discernibile, ecc. Trattandosi di *différen(t)(d)s*, parola che si può cioè scrivere, a piacere, con una «t» o una «d» finale, sia che sia questione di alterità di dissomiglianza o di alterità di allergia e di polemica, bisogna comunque che, attivamente, dinamicamente, e con una certa perseveranza nella ripetizione, tra gli elementi altri si produca intervallo, distanza, *spaziamento*.

J. Derrida, *La différance*, in *Margini della filosofia*, trad. it. di M. Iofrida, Einaudi, Torino, 1997, pp. 34-35

1-12. Derrida tiene qui a sottolineare in particolar modo il significato temporale del verbo «differire», presente nel latino *differre* ma non nel greco *diapherein*. Questo senso diacronico è infatti importante, poiché la *différance* comporta una radicale ristrutturazione della nozione tradizionale di temporalità come successione lineare di presenti, e cioè come modificazione (passata o futura) di quella forma costante che è il *presente*.
12-19. Il significato temporale del differire si precisa come *temporeggiamento*, cioè come *rimando*, *rinvio*: il rimando non è quindi una semplice funzione segnica, da leggersi sincronicamente, ma soprattutto una funzione temporale. Rimandare è così rinviare la presenza, il compimento del desiderio, il muoversi (*coscientemente* o *incoscientemente*) in un ordine di sostituzioni, di spostamenti. Il desiderio (di cui la *différance* costituisce l'economia) è infatti l'«origine» non presente del tempo e dello spazio: l'analisi psicoanalitica si mostra così determinante nella riconsiderazione derridiana dei concetti di spazio e di tempo.
20-25. Anche il senso «normale» del differire – essere diverso – implica uno spaziamento, una distanziazione dinamica che genera i differenti (*différents*) e i contendenti (*différends*). La *différance* è proprio il movimento di costituzione di questo iato, questa spaziatura in sé indicibile e insignificante.

2. Richard Rorty

2.1. La formazione e gli scritti

Un pensatore di «rottura»

Fra i pensatori statunitensi più noti e discussi, sia nel mondo angloamericano, sia in quello europeo-continentale, Richard Rorty rappresenta lo studioso che più di ogni altro ha rotto i legami con la filosofia analitica e con la maniera tradizionale di fare filosofia.

La carriera accademica — *La formazione culturale*

Rorty è nato a New York nel 1931. Dopo aver insegnato filosofia a Princeton, è passato al Dipartimento di discipline letterarie dell'Università della Virginia. La sua formazione è avvenuta a Chicago e a Yale, due «bastioni di resistenza», come dirà il suo compagno di studi R. Bernstein, alla dilagante egemonia della filosofia analitica. Circostanza che non esclude il peso di tale filosofia nella formazione di Rorty, ma che, sin dall'inizio, gli ha permesso di muoversi in orizzonti più vasti. Egli stesso dichiarerà in seguito di dovere molto ad alcuni fra i principali esponenti «eterodossi» della filosofia analitica: W. Sellars, Quine e, in misura minore, Goodman. Altri autori che hanno influito sul suo pensiero sono Kuhn e Davidson. Nel 1961 appare il suo primo articolo pubblicato, *Pragmatism, Categories and Language*, in cui manifesta interesse per Pierce e introduce «temi che avrebbero pervaso il suo lavoro: la tradizione pragmatistica americana e il potere terapeutico dell'ultimo Wittgenstein» (R. Bernstein). In seguito partecipa alle discussioni sul rapporto mente-corpo, approdando ad una prospettiva antidualistica, basata sulla tesi, condivisa da Feyerabend, secondo cui «non ci sono menti, ma soltanto cervelli».

L'interesse per Pierce, il pragmatismo e l'ultimo Wittgenstein — *Gli interventi sul problema del rapporto mente-corpo*

Nel 1967 pubblica un'ampia raccolta di testi della tradizione analitica, nelle sue varie espressioni e correnti. Nell'introduzione, intitolata *Difficoltà metafilosofiche della filosofia linguistica*, Rorty inizia a prendere le distanze da tale tradizione, esaminando, nel contempo, una serie di possibili scenari alternativi per la «fine» della filosofia (v. par. 2.3). Egli ritiene che il pensiero analitico, sia quello di matrice neopositivistica, sia quello del linguaggio ordinario, pur non avendo rispettato la promessa di fare, della filosofia, una scienza, abbia pur sempre avuto il merito di attirare l'attenzione sulle difficoltà epistemologiche della filosofia tradizionale: «la cosa più importante che è accaduta nella filosofia degli ultimi trent'anni non è la svolta linguistica come tale, ma piuttosto l'inizio di un ripensamento a tutto campo di certe difficoltà epistemologiche che hanno tormentato i filosofi a partire da Platone e Aristotele» (*La svolta linguistica*, trad. it., Garzanti, Milano 1994, p. 100).

La presa di posizione nei confronti della filosofia analitica

Negli anni Settanta-Ottanta (a partire dal suo capolavoro, *La filosofia e lo specchio della natura*, 1979), Rorty approda ad una prospettiva radicalmente post-analitica e post-filosofica, caratterizzata da un recupero della tradizione pragmatistica americana (Dewey, James) e da un confronto creativo con l'heideggerismo, l'hegelismo, il nietzscheanesimo, l'ermeneutica, il decostruzionismo, il postmoderno ecc. Nello stesso tempo, accentua i suoi interessi letterari, confrontandosi non solo con i filosofi, ma anche con gli scrittori (Proust, Nabokov, Orwell ecc.). I suoi scritti principali sono: *La svolta linguistica* (1967), *La filosofia e lo specchio della natura* (1979), *Conseguenze del pragmatismo* (1982), *Contingenza, ironia e solidarietà* (1989), *Oggettività, relativismo e verità* (1991), *Saggi su Heidegger e altri articoli filosofici* (1991), *Verità e progresso* (1998). Il lavoro del 1989 è stato tradotto in italiano con il titolo *La filosofia dopo la filosofia*. I lavori seguenti sono stati raccolti con il titolo *Scritti filosofici* (voll. I e II).

La prospettiva post-analitica e post-filosofica

Gli scritti

2.2. Filosofia, conoscenza e mente

L'impegno di Rorty non è quello di escogitare nuove concezioni circa i tradizionali oggetti della filosofia (Dio, l'essere, l'Uomo ecc.), ma quello di sbarazzarsi di un bimillenario modo di filosofare. Al centro della sua riflessione troviamo infatti una serrata polemica contro la Filosofia (la maiuscola indica la tradizione filosofica «ufficiale» a cui egli intende opporsi) e un atteggiamento «terapeutico», come egli stesso lo chiama, contro la corrente dominante del pensiero occidentale: «I pragmatisti ritengono che la più grande aspirazione della filosofia è quella di non praticare la Filosofia».

La polemica contro la Filosofia

Questa impostazione risulta particolarmente evidente in *La filosofia e lo specchio della natura*. L'immagine canonica della filosofia, puntualizza Rorty in questo scritto, che più di ogni altro ha contribuito alla sua fama di studioso, è quella di un «sapere fondazionale» che giudica la validità di tutte le altre aree della cultura (dalla scienza alla religione, dalla matematica alla poesia) assegnando, ad ognuna di esse, un posto specifico. Tale immagine trova in Kant, e nella sua concezione della filosofia come metacritica delle scienze speciali, il maggior teorico e interprete: «Dobbiamo al XVIII secolo, e in particolare a Kant, la nozione della filosofia come tribunale della ragione pura, che conferma o respinge le pretese della cultura restante» (*La filosofia e lo specchio della natura*, trad. it., Bompiani, Milano 1986, p. 8). In seguito, la ritroviamo nel neokantismo, nella fenomenologia, in Russell, nell'empirismo logico e nella stessa filosofia analitica, che in luogo della critica trascendentale pone l'analisi linguistica.

L'immagine kantiana della filosofia...

... e le sue eredità novecentesche

Il presupposto comune di queste dottrine è l'idea della Filosofia come disciplina che possiede una sua specifica e privilegiata via d'accesso ai *fondamenti* della conoscenza e ai meccanismi della mente: «La filosofia può essere fondazionale nei confronti della cultura restante perché la cultura è la raccolta delle pretese di conoscenza, mentre la filosofia sottopone a giudizio tali pretese. Può fare questo perché comprende i fondamenti della conoscenza e trova questi fondamenti attraverso lo studio dell'uomo-come-soggetto-della-conoscenza, dei "processi mentali" o delle "attività della rappresentazione" che rendono possibile la conoscenza. Conoscere significa rappresentare accuratamente quel che si trova fuori della mente; in tal modo concepire la possibilità e la natura della conoscenza significa capire il modo in cui la mente riesce a costruire tali rappresentazioni. Il compito centrale della filosofia è quello di

Le idee interconnesse di Filosofia, conoscenza e mente

costituire una teoria generale della rappresentazione, una teoria che sia in grado di dividere la cultura nelle aree che rappresentano bene la realtà, in quelle che la rappresentano meno bene, e in quelle che non la rappresentano affatto (malgrado la loro pretesa di riuscirci)» (*ivi*, p. 7).

La concezione della mente come «specchio»...

Filosofia, conoscenza e mente sono quindi idee interconnesse. Ma di quale «mente» sta polemicamente parlando Rorty? Della mente come «specchio», ovvero come occhio immateriale che *rappresenta*, in modo adeguato o inadeguato, la realtà. Infatti, puntualizza Rorty – secondo cui sono le immagini piuttosto che le proposizioni, le metafore piuttosto che le asserzioni a determinare il maggior numero delle nostre convinzioni filosofiche –, esiste un'immagine che continua a tenere prigioniera la filosofia. È l'immagine della mente «come un grande specchio, che contiene rappresentazioni diverse – alcune accurate, altre no – e può essere studiato attraverso metodi puri, non empirici». Del resto, continua Rorty, senza la nozione della mente come specchio non ci sarebbe stata l'idea della conoscenza come rappresentazione accurata e quindi non avrebbero avuto senso gli sforzi di Cartesio e di Kant, volti ad ottenere «rappresentazioni più accurate attraverso l'esame, la riparazione e la pulitura dello specchio». Nemmeno avrebbero avuto senso, fuori di questa strategia, «le recenti tesi secondo le quali la filosofia consisterebbe di "analisi concettuale", o di "analisi fenomenologica", o di "spiegazione dei significati", o di esame della "logica del nostro linguaggio" oppure della "struttura dell'attività costitutiva della coscienza"» (*ivi*, p. 15).

... e le sue conseguenze teoriche

2.3. Dalla Filosofia alla post-Filosofia

La crisi della dottrina «speculare» o «spettatoriale» della conoscenza...

Questa dottrina «speculare» o «spettatoriale» della conoscenza – che affonda le sue radici in Platone e nel mondo greco, ovvero in una tradizione di pensiero che ha concepito la conoscenza in termini di metafore visive – oggi risulta in crisi. Infatti, la pretesa di *uscire* dalle nostre rappresentazioni, per attingere un punto di vista *esterno* o neutrale, da cui potersi interrogare circa la *legittimità* delle rappresentazioni stesse, si è rivelata un semplice mito cartesiano-lockiano-kantiano, ovvero il frutto di una costruzione *storica*, da cui abbiamo preso irrimediabilmente le distanze. Tant'è che, se la Filosofia tradizionale aveva l'aspetto di un pensiero fondazionalista ed epistemologico (termini che in Rorty sono sinonimi: cfr. il *Glossario*), la post-Filosofia ha l'aspetto di un pensiero antifondazionalista e antiepistemologico (e quindi antikantiano e postkantiano).

... e del paradigma fondazionalista ed epistemologico

La linea Cartesio-Locke-Kant e la linea Wittgenstein, Heidegger e Dewey

Del resto, le ambizioni epistemologiche della Filosofia sono state respinte da quelle stesse attività (la scienza, la politica ecc.) che la Filosofia si proponeva di legittimare. E se Cartesio, Locke e Kant sono stati i «fondatori» della filosofia moderna, Wittgenstein, Heidegger e Dewey ne sono stati i distruttori. Infatti, dopo aver cercato, in un primo tempo, nuovi modelli di filosofia fondazionale, in un secondo tempo ciascuno di essi «consumò il proprio tempo a metterci in guardia contro quelle tentazioni alle quali essi stessi avevano ceduto. Così la loro opera successiva è terapeutica piuttosto che costruttiva...» (*ivi*, p. 9).

Lo scopo «terapeutico» di Rorty e la problematica della «fine» della Filosofia

Anche lo scopo di Rorty, come si è già accennato, intende essere «terapeutico», cioè indirizzato a «guarire» le menti dalla filosofia e a promuovere la transizione dalla Filosofia alla post-Filosofia. Tuttavia, come risulta chiaro dalle ultime pagine del suo capolavoro, il discorso di Rorty è più *articolato* di quanto sembri a prima vista. Da un lato, l'autore dichiara la *fine* della Filosofia, assimilandola a una «malattia culturale» da cui occorre liberarsi, in vista di una nuova età postfilosofica: «può darsi che l'immagine del filosofo proposta da Kant stia per tramontare com'è tramontata l'immagine medievale del prete» (*ivi*, p. 303). Dall'altro, egli puntualizza che dopo la Filosofia ci sarà ancora la filosofia, in quanto ad essere finita non è la filosofia *tout court*, ma la filosofia protesa ad una fondazione sistematica dell'Essere e della Conoscenza: «non c'è pericolo che la filosofia "si esaurisca". La religione non è finita con l'Illuminismo, né la pittura con l'impressionismo [...] anche se la filosofia del XX secolo si avvia ad apparire come un confuso stadio di transizione [...] ci sarà certamente qualcosa chiamato "filosofia" dopo la transizione» (*ivi*, p. 304). Convinzione ribadita in un intervento del 1990: «Sono spesso accusato di essere un pensatore della "fine della filosofia", e vorrei cogliere quest'occasione per sottolineare ancora una volta [...] che, semplicemente, la filosofia non è un genere di cosa che possa avere una fine; è un termine troppo vago e amorfo per sopportare il peso di predicati come "inizio" o "fine"» (*Venticinque anni dopo*, in *La svolta linguistica*, cit., p. 147).

Filosofi «normali» e «rivoluzionari»

Per quanto concerne il presente, Rorty, dopo aver distinto tra filosofi «normali» e «rivoluzionari», afferma che tra questi ultimi occorre distinguere due tipi: *a*) quelli che «fondano nuove scuole all'interno delle quali può essere praticata la filosofia normale e professionalizzata» (ad es. Descartes e Kant, Husserl e Russell); *b*) quelli che «rifiutano l'idea che il loro vocabolario possa mai essere istituzionalizzato, o che i loro scritti possano essere considerati commensurabili con la tradizione» (ad es. Kierkegaard e Nietzsche, l'ultimo Wittgenstein e l'ultimo Heidegger). La simpatia di Rorty va esplicitamente a quest'ultima categoria di filosofi, che egli chiama *edificanti* per distinguerli da quelli *sistematici*: «I grandi filosofi sistematici sono costruttivi e offrono argomentazioni. I grandi filosofi edificanti sono reattivi e offrono satire, parodie e aforismi [...] I grandi filosofi sistematici, come i grandi scienziati, costruiscono per l'eternità. I grandi filosofi edificanti distruggono a beneficio della loro propria generazione» (*La filosofia e lo specchio* ecc., cit., p. 283).

«Edificanti» e «sistematici»

Dall'epistemologia all'ermeneutica (cfr. il *Glossario*)

Più in particolare, la filosofia edificante, che Rorty avvicina all'*ermeneutica* (per la comune ispirazione storicistica e antiepistemologica), lascia cadere sia l'immagine della filosofia come sapere professionale di tipo specialistico, sia l'idea del filosofo come uno «che conosce alcunché intorno al conoscere che nessun altro conosce altrettanto bene», e si concretizza in una ricerca dedisciplinarizzata di nuovi dizionari e di nuove maniere di vivere e di pensare. Per queste sue caratteristiche di sapere *narrativo*, la filosofia appare protesa a «edificare», cioè a *formare* gli uomini, più che a «conoscere» oggettivamente il mondo. In questa nuova veste, di tipo etico-formativo, la filosofia, semplice scrittura fra le scritture, non si pone (più) come espressione privilegiata del sapere, ma come una delle tante voci all'interno della «conversazione» complessiva dell'umanità: «l'impegno morale dei filosofi dovrebbe essere quello di continuare la conversazione dell'Occidente» (*La filosofia e lo specchio* ecc., cit., p. 304). Conversazione che si nutre del dialogo, ossia di una «democrazia dialettica» che vive del confronto costante dei diversi punti di vista, senza pretese di sopraffazione reciproca.

La filosofia come «genere di scrittura» avente una funzione pedagogica e formativa

La «democrazia dialettica»

2.4. Contingenza, ironia e solidarietà

In *Contingenza, ironia e solidarietà* (1989, tradotto in italiano con il titolo *La filosofia dopo la filosofia*) Rorty è andato sempre più accentuando la fisionomia *storicistica* e *pragmatistica* del suo pensiero. All'idea «metafisica» di una descrizione privilegiata della realtà, capace di rispecchiare in modo sovratemporalmente valido l'«essenza» delle cose, egli ha contrapposto l'idea «postmetafisica» di una pluralità mutevole di approcci al reale, ossia il concetto della storicità dei vari modelli di comprensione dell'esistente (e quindi dei vari «paradigmi culturali» entro cui il mondo ci è dato).

La curvatura storicistica, pragmatistica e antimetafisica del filosofare rortyano

Non esiste, afferma Rorty a più riprese, un mitico «là fuori» che la nostra mente, intesa come essenza rispecchiante (*glassy essence*), avrebbe il compito di riprodurre, poiché la realtà esiste sempre all'interno di una serie di prospettive storicamente e socialmente condizionate che corrispondono a modi diversi di *atteggiarsi* di fronte al mondo. Alla concezione (metafisica) della verità come «scoperta», Rorty, partendo dall'idea del «mondo finalmente perduto», oppone la concezione (pragmatistica) della verità come «costruzione» umana, connessa a determinate pratiche sociali di giustificazione e di controllo e quindi a determinati valori. Non esiste una verità oggettiva di tipo platonico, cioè esistente al di sopra e indipendentemente dagli uomini. Vero è ciò che una determinata comunità, sulla base di determinate regole storiche di controllo e di verifica, crede, in maniera argomentata, che sia tale. Il punto decisivo dell'opera di Rorty, scrive Aldo G. Gargani, consiste «proprio nel rovesciamento teorico che egli opera quando, in luogo di una legittimazione degli enunciati in rapporto diretto e ostensivo ai loro referenti "là fuori", indipendenti dai nostri sistemi simbolici, [...] propone invece un nuovo modo di guardare ai nostri discorsi, che non devono essere legittimati rispetto ai princìpi o fondamenti già predisposti, ma in relazione a ciò che riteniamo migliore, più utile, più bello da fare e da pensare nell'ambito di una comunità [...] di valori condivisi e partecipati». Prospettiva che viene ribadita e radicalizzata nel terzo volume dei *Philosophical Papers* (*Verità e progresso*, 1998), in cui Rorty afferma che soltanto «sbarazzandosi» delle teorie tra-

La verità come costruzione umana e l'idea del «mondo finalmente perduto» (cfr. il *Glossario*)

dizionali della verità la filosofia riesce ad assolvere meglio alla sua funzione culturale ed esistenziale.

La necessità di una cultura postmetafisica e secolarizzata

Questo atteggiamento neo-storicistico e neo-pragmatistico, che rifiuta «la nevrotica ansia cartesiana di certezze», si accompagna alla proclamata necessità di una *cultura postmetafisica* (osservando che «cultura postmetafisica [...] sembra non più impossibile di una cultura postreligiosa ed egualmente desiderabile»). Cultura che, per Rorty, porta a termine il processo moderno di secolarizzazione e disincantamento del mondo:

«A cominciare dal XVII secolo cercammo di sostituire all'amore per Dio l'amore per la verità, trattando il mondo descritto dalla scienza come una semidivinità. A partire dalla fine del XVIII secolo cercammo di sostituire all'amore per la verità scientifica l'amore per noi stessi, di venerare la nostra natura profonda, spirituale e poetica, trattandola come un'ulteriore semi-divinità. La prospettiva condivisa da Blumenberg, Nietzsche, Freud e Davidson ci chiede di provare a non venerare più *nulla*, a non considerare niente come una semidivinità, a considerare *tutto* – linguaggio, coscienza, comunità – come un prodotto del tempo e del caso» (*La filosofia dopo la filosofia*, trad. it., Laterza, Roma-Bari 1990, p. 32).

«Una cultura post-Filosofica, quindi, sarebbe una cultura nella quale uomini e donne si sentirebbero soli, semplicemente finiti, senza legami con un Aldilà» (*Consequences of Pragmatism*, p. 37).

Contingenza, ironia e solidarietà (cfr. il *Glossario*)

La nuova prospettiva di Rorty ruota intorno a tre parole-chiave: contingenza, ironia e solidarietà. Con il termine *contingenza* Rorty intende la tesi secondo cui non esistono essenze universali e sovratemporali, ma «tutto è socializzazione, e quindi circostanza storica». Con il termine *ironia* intende la posizione di chi riconosce il carattere storico, cioè fugace e contingente, delle proprie convinzioni. Per *solidarietà* intende l'atteggiamento di chi si batte per diminuire la sofferenza e l'umiliazione degli esseri umani.

TESTO 2 LA FILOSOFIA DOPO LA FILOSOFIA

Il capolavoro di Rorty si presenta esplicitamente come epocale. Come scrivono D. Marconi e G. Vattimo nella nota introduttiva alla traduzione italiana, esso «dichiara chiusa un'epoca della storia della filosofia, e annuncia che se ne apre una nuova. È finita l'epoca della filosofia come materia o Fach, *campo di ricerca specialistica; tramonta l'immagine della filosofia che ci è stata consegnata da Kant, per cui ci sono problemi specificamente filosofici e c'è un metodo filosofico per affrontarli ed eventualmente risolverli [...] È finita la filosofia sistematica e fondante. Ma non perciò è finita la filosofia in quanto tale: anche se non ci occuperemo più dei problemi che stavano a cuore a Platone, continueremo la conversazione che egli ha iniziato. Perché questo appunto diventa la filosofia: "una voce nella conversazione dell'umanità", una maniera specifica di intervenire nella discussione su ogni sorta di problema...».*

Lasciar cadere l'immagine del filosofo come di uno che conosce alcunché intorno al conoscere che nessun altro conosce altrettanto bene, significherebbe abbandonare la convinzione che la sua voce goda di un superiore diritto all'attenzione degli altri partecipanti nella conversazione. Significherebbe anche abbandonare la nozione che ci sia qualcosa chiamato «metodo filosofico» o «tecnica filosofica» o «punto di vista filosofico», che metta in grado, *ex officio*, il filosofo professionista di possedere opinioni interessanti circa, ad esempio, la rispettabilità della psicoanalisi, la legittimità di certe leggi dubbie, la soluzione di dilemmi morali, la «ragionevolezza» delle scuole di storiografia o di critica letteraria e così via. I filosofi hanno spesso delle opinioni interessanti su tali problemi, e la loro formazione professionale di filosofi costituisce spesso una condizione necessaria per farsi le opinioni di cui dispongono. Ma questo non significa riconoscere ai filosofi un tipo speciale di conoscenza intorno alla conoscenza (o a qualsiasi altra cosa) dalla quale possano trarre i relativi corollari. Gli utili curiosi sguardi che essi ci possono fornire sui vari temi che ho appena ricordato sono resi possibili dalla loro familiarità con lo sfondo storico delle argomentazioni su simili temi, e, cosa ancora più importante, dal fatto che le argomentazioni su tali temi sono costellate di stantii stereotipi filosofici, nei quali gli altri partecipanti alla discussione sono inciampati nelle loro letture, e dei quali invece i filosofi professionisti conoscono a memoria i pro e i contro.

L'immagine neokantiana della filosofia come professione si trova dunque implicita nell'immagine della «mente» o del «linguaggio» rispecchianti la natura. Può così sembrare che il behaviorismo epistemologico e il conseguente rifiuto delle immagini rispecchiate implichino la tesi che non ci possa o non ci debba essere una tale professione. Ma questa non è una conseguenza necessaria. Le professioni possono sopravvivere ai paradigmi che le hanno generate. Il bisogno di insegnanti che abbiano letto i grandi filosofi del passato risulta comunque del tutto sufficiente a garantire che ci saranno dipartimenti di filosofia finché ci saranno università. Il vero risultato di una diffusa perdita di fiducia nell'immagine dello specchio sarebbe semplicemente un «incapsulamento» dei problemi creati da questa immagine all'interno di un periodo storico. Non so se ci troviamo effettivamente alla fine di un'era. Questo dipenderà, credo, dal fatto se Dewey, Wittgenstein e Heidegger saranno presi sul serio. Può darsi che l'immagine dello specchio e la «corrente centrale» della filosofia sistematica vengano rivitalizzate ancora una volta da un qualche rivoluzionario di genio. Oppure può darsi che l'immagine del filosofo proposto da Kant stia per tramontare come è tramontata l'immagine medievale del prete. Se questo succede, anche gli stessi filosofi non prenderanno più sul serio la nozione che la filosofia sia in grado di fornire «fondazioni» o «giustificazioni» per il resto della cultura, o di giudicare *quaestiones juris* riguardo i campi propri delle altre discipline.

Qualsiasi delle alternative si verifichi non c'è pericolo che la filosofia «si esaurisca». La religione non è finita con l'Illuminismo, né la pittura con l'impressionismo. Anche se il periodo da Platone a Nietzsche risulta incapsulato e «distanziato» nel modo che Heidegger suggerisce, e anche se la filosofia del XX secolo si avvia ad apparire come un confuso stadio di transizione (un po' come oggi ci appare la filosofia del XVI secolo), ci sarà certamente qualcosa chiamato «filosofia» dopo la transizione. Perché anche se i problemi che riguardano la rappresentazione appariranno obsoleti ai nostri discendenti come sembrano a noi oggi quelli intorno all'ilomorfismo, la gente continuerà a leggere Platone, Aristotele, Descartes, Kant, Hegel, Wittgenstein e Heidegger. Nessuno sa quali ruoli questi filosofi avranno nella conversazione dei nostri discendenti. Nessuno nemmeno sa se la distinzione tra filosofia sistematica ed edificante sarà superata. Forse la filosofia diventerà puramente edificante, e così ci si potrà riconoscere filosofi soltanto in base ai libri che si leggono e si discutono, piuttosto che in base ai problemi che si desidera risolvere. Forse invece si troverà una nuova forma di filosofia sistematica che non ha nulla a che fare con l'epistemologia, ma che è in grado di rendere possibile la normale ricerca filosofica. Sono queste delle speculazioni oziose, e nulla di ciò che ho detto rende una possibilità più plausibile dell'altra. Il solo punto sul quale vorrei insistere è che l'impegno morale dei filosofi dovrebbe essere quello di continuare la conversazione dell'Occidente, piuttosto che insistere nel mantenere un posto all'interno di quella conversazione per i problemi tradizionali della filosofia moderna.

R. Rorty, *La filosofia e lo specchio della natura*, Bompiani, Milano, 1986, pp. 302-304

1-18. La crisi della filosofia fondazionale coincide con la crisi dell'immagine tradizionale del filosofo come individuo in grado di arrampicarsi, con la mente, là dove nessun altro intellettuale può elevarsi, per poi dispensare, da simili altezze metafisiche, giudizi categorici sulle restanti attività umane.
19-28. L'immagine della filosofia come professione critica privilegiata, implicante la concezione della mente come «specchio» della natura (specchio che il filosofo avrebbe il compito di «pulire» e di «riparare»), sembra insidiata dal behaviorismo epistemologico (espressione con cui Rorty intende la propria concezione del sapere come insieme di modelli che non dipendono da qualche realtà o verità «oggettiva», ma da semplici pratiche umane e storiche). In realtà, dichiara Rorty – tranquillizzan-

do i propri colleghi –, le professioni possono sopravvivere ai paradigmi che le hanno generate, per cui è prevedibile che anche in futuro ci saranno ancora insegnanti e dipartimenti di filosofia.
28-36. Del resto, prosegue Rorty, non sappiamo se la Filosofia (tradizionale) sia veramente finita. Questo accadrà se autori controcorrente come Dewey, Wittgenstein e Heidegger saranno presi sul serio. Può anche darsi che la Filosofia e le sue metafore (a cominciare da quella dello «specchio») tornino a nuova vita, oppure può darsi che l'immagine «kantiana» del filosofo stia per tramontare definitivamente, alla stregua di un irrecuperabile relitto del passato.
37-55. In ogni caso, comunque andranno le cose, non c'è pericolo che la filosofia venga meno. Non solo dopo la crisi della Filosofia (tradizionale) ci sarà certamente qualcosa chiamato «filosofia», ma anche i grandi filosofi continueranno ad essere letti e studiati. Forse la filosofia diventerà unicamente edificante o forse si troverà una nuova forma di filosofia sistematica, profondamente diversa da quella tradizionale. L'unico punto certo, conclude Rorty, è che i filosofi, anziché sforzarsi di «mantenere» ad ogni costo il quadro problematico tradizionale, dovrebbero impegnarsi a continuare quella grande conversazione di spiriti liberi che costituisce il lascito più alto dell'Occidente.

LABORATORIO FILOSOFICO

In questo capitolo abbiamo trattato il pensiero di Jacques Derrida e di Richard Rorty, due filosofi di differente formazione culturale e appartenenti a due aree geografiche diverse. Derrida si colloca infatti nella tradizione continentale europea, in una linea di continuità e di sviluppo rispetto al pensiero di Heidegger, mentre Rorty è americano e presenta una derivazione dalla tradizione pragmatista e linguistica anglo-americana. In entrambi, però, a dispetto delle aree di appartenenza, è evidente una tensione antimetafisica e un bisogno di superare schemi e confini. Il filo rosso che unifica le due posizioni è, dunque, l'idea che occorra uscire dall'immagine tradizionale della filosofia, come sapere fondazionale e assoluto: fine della metafisica e fine della modernità o, come a volte essi dicono con un linguaggio provocatorio, fine della filosofia (intendendo per "filosofia" quella della tradizione e del passato).

Un pensiero convergente con le suddette posizioni della fine della modernità si incontra in Europa nei lavori di Jean-François Lyotard (autore di un significativo libro del 1979 intitolato La condizione postmoderna*.*

Per Jacques Derrida l'uscita dalla metafisica si configura come affermazione della centralità della scrittura, intesa come il luogo della «differenza», nel duplice senso di "differire", spostare in avanti temporalmente il senso delle parole, e di rispettare le "differenze" e la pluralità dei punti di vista sul mondo. Tutto questo sfuggiva alla filosofia tradizionale, filosofia logocentrica della presenza e della supremazia della coscienza individuale. Interessante in Derrida è la consapevolezza di dover adattarsi a una visione della "storia" (con la lettera minuscola) fatta – al pari della scrittura, anzi della cartolina postale – di invii, rimandi, ritardi, scambi, senza però destinazione. Incerti e labili, infatti, nella condizione postmoderna sono i confini e i rapporti tra gli Stati e le persone, come i significati dell'esistenza.

Richard Rorty è considerato il maggior rappresentante della filosofia post-analitica o, secondo l'espressione da lui coniata, della «post-filosofia». La sua formazione culturale, avvenuta nel periodo di maggiore affermazione del pensiero analitico, si arricchisce ben presto di contributi estranei a tale tradizione grazie agli insegnamenti, di impostazione prevalentemente pragmatista, ricevuti a Chicago e a Yale. La profonda conoscenza della tradizione analitica, la personale posizione di "distanza" da essa, ma anche la varietà dei suoi interessi filosofici emergono chiaramente già negli scritti degli anni Sessanta del Novecento. In questi, infatti, il filosofo matura l'idea che il merito del pensiero analitico non consista tanto nella «svolta linguistica», quanto nell'aver saputo evidenziare le difficoltà epistemologiche della filosofia tradizionale. E a quest'ultima, che ormai celebra la sua "fine", Rorty sente l'improrogabile dovere di proporre alternative. Negli anni Settanta e Ottanta, le sue ricerche sono tese tutte verso questa direzione: in La filosofia come specchio della natura, *frutto della rielaborazione originale di molteplici spunti (il pragmatismo, Nietzsche, Heidegger, l'ermeneutica…) il filosofo mette a punto una concezione radicalmente post-analitica e post-filosofica. La pretesa della Filosofia, ossia della sua tradizione "ufficiale", è quella di porsi come "sapere fondazionale": un sapere che, cioè, pensa di essere in grado di cogliere i fondamenti della conoscenza e della realtà. Si tratta di un ruolo della filosofia che, originato dalla metafisica greca, rappresentato al massimo grado da Kant e ripreso poi dal pensiero analitico, si basa su un'immagine che da sempre "imprigiona" tale tradizione: l'idea che la mente sia uno «specchio» della natura, un «occhio immateriale» in grado di rappresentare la realtà in modo più o meno fedele. Tale dottrina "spettatoriale" della conoscenza, che è poi alla base delle pretese fondazionali della filosofia, è un'illusione che ormai appartiene al passato: essa va superata dal pensiero antifondazionalista della «post-filosofia». Sulla scia di pensatori quali Wittgenstein, Heidegger e Dewey, che, una volta abbandonata l'iniziale aspirazione fondazionalista, hanno poi voluto "far guarire" da quella tentazione, anche Rorty intende conferire al suo pensiero un programmatico valore "terapeutico", che sia in grado di facilitare la transizione alla post-filosofia. Non tutti i filosofi, tuttavia, sono adatti allo scopo: lo sono certamente quelli che egli definisce «edificanti». A differenza dei «sistematici» che mirano a realizzare costruzioni intramontabili, «i grandi filosofi edificanti distruggono a beneficio della loro propria generazione», nello sforzo di liberare dalla «malattia culturale» della filosofia. Rifiutando l'identificazione con un sapere professionale e specialistico, questo nuovo pensiero, di ispirazione ermeneutica, assume i caratteri di un sapere narrativo aperto al dialogo con altre forme della cultura, soprattutto letterarie. Esso è volto a formare gli uomini, si pone come una voce tra le tante voci del sapere, come una delle possibili scritture, e – ispirato ai valori del confronto democratico – persegue «l'impegno morale [...] di continuare la conversazione dell'Occidente».*

Ne consegue che l'atteggiamento del nuovo "tipo intellettuale", definito da Rorty «ironico-liberale», riflette e sintetizza le tre tesi-chiave della cultura postmetafisica: contingenza (non esistono essenze universali, tutto è situazione storica), ironia (le nostre stesse convinzioni sono contingenti), solidarietà (occorre lottare contro la sofferenza dei più deboli). Nell'opera del 1989 che s'intitola appunto Contingenza, ironia e solidarietà, *queste tesi confluiscono nella prospettiva etico-politica del rapporto da stabilire tra la sfera del "privato" e quella del "pubblico": tra la prima, tipica del pensatore teso solo alla propria autoperfezione (es. Baudelaire, Heidegger), e la seconda, caratteristica di chi è attento per lo più a questioni di giustizia sociale (es. Marx, Dewey), non va operata una "scelta"; gli esempi e i modelli offerti dai diversi intellettuali vanno invece "usati" per scopi diversi, sulla base della equilibrata valutazione dei loro meriti. L'ironico-liberale infatti, superando le pretese assolutistiche della filosofia tradizionale, afferma «il primato della democrazia sulla filosofia», che è il solo proponibile in una società democratica e pluralistica.*

1

Leggi il seguente brano di Derrida.

«Affinché la mia "comunicazione scritta" esprima la propria funzione di scrittura, cioè la propria leggibilità, è necessario che essa resti leggibile malgrado la scomparsa assoluta di ogni destinatario determinato in generale. È necessario che essa sia ripetibile – iterabile – in assenza assoluta del destinatario o dell'insieme empiricamente determinabile dei destinatari. [...] Una scrittura che non fosse strutturalmente leggibile – iterabile – al di là della morte del destinatario non sarebbe una scrittura. Ogni scrittura deve dunque, per essere ciò che è, poter funzionare in assenza radicale di ogni destinatario empiricamente determinato in generale. E questa assenza non è una modifica continua della presenza, è una rottura della presenza» (*Margini della filosofia*).

Svolgi i seguenti esercizi:

- ☐ illustra in che senso la scrittura differisce dal discorso orale;
- ☐ esponi il significato che l'autore attribuisce alla scrittura come pratica della «differenza»;
- ☐ più in generale, ricostruisci le linee della visione della storia di Derrida, confrontandola con quella della metafisica tradizionale, che egli critica.

2

In *La filosofia e lo specchio della natura* (1979), Rorty muove alla tradizione filosofica l'accusa di porsi come «sapere fondazionale». In forma scritta, riporta gli argomenti di tale critica, e indica a quali pensatori, o movimenti, il filosofo fa prevalente riferimento.

3

La dottrina "spettatoriale" della conoscenza, e quindi il carattere fondazionalista della filosofia tradizionale, vanno superati da un nuovo sapere: la *post-filosofia*. Illustrane:

- ☐ gli aspetti antitetici alla "Filosofia";
- ☐ il valore "terapeutico";
- ☐ il carattere di "sapere narrativo".

4

L'opera *Contingenza, ironia e solidarietà* (1989) segna l'approdo di Rorty ad una posizione in base alla quale afferma, tra le altre, la tesi della *verità* come «costruzione umana», sulla base del «mondo finalmente perduto».

Illustra in forma scritta:

- ☐ la nuova idea di "verità" proposta dal filosofo;
- ☐ e concezioni alle quali, prevalentemente, si ispira in questa fase del suo pensiero;
- ☐ il significato che Rorty assegna alle parole-chiave *contingenza*, *ironia* e *solidarietà*, e la loro funzione nell'ambito della cultura post-filosofica.

5

Rorty ritiene che nelle società democratiche economicamente avanzate l'intellettuale *ironico-liberale* debba affermare il «primato della democrazia sulla Filosofia».
In forma scritta, illustra questa tesi collegandola al concetto di *etnocentrismo moderato*.

GLOSSARIO E RIEPILOGO

Derrida

Decostruzione. Termine introdotto da Derrida per indicare un lavoro di destrutturazione del sistema di opposizioni concettuali proprio della metafisica. Esso implica una fase di *capovolgimento* di queste opposizioni (ad es., portando in primo piano la scrittura come struttura «originaria») e poi di *spostamento* logico-semantico, per cui, grazie allo *slittamento* di un significato sotto altri significanti, si produce una riorganizzazione globale del sistema. Per sottolineare il carattere *non discorsivo* del campo di forze su cui agisce, la decostruzione è soprattutto una pratica testuale, scritturale: la scrittura è infatti di per sé «sovversiva», poiché sempre di principio emancipabile dal *logos* e dalle sue costrizioni (presenzialità, coscienza, voce).

Différance. La *différance* è il gioco delle differenze in base a cui si produce il «significato». Il fatto che essa sia il risultato di un'«aggressione grafica», grazie alla quale la parola *différence* viene scritta con la «*a*» anziché con la «*e*», e senza che ciò sia rilevabile («*significativo*») a livello fonetico, sta a indicare l'azione silenziosa che in generale la scrittura esercita, apportando mutamenti non concettualizzabili né percepibili, mutamenti che rimandano appunto a un ordine *altro* rispetto a quello del *logos*. La *différance* è il significante di questo ordine altro, il significante di un non-fondamento, poiché differire significa anche e sempre «rimandare»: essa è fatta di tracce e tracce di tracce.

Grammatologia. La grammatologia è la «scienza» del gramma, della traccia, cioè di quella struttura di rinvio che porta a *eccedere* l'orizzonte tradizionale dell'ontologia, ovvero la presenza. Se l'ontologia si costituisce come pensiero della presenza (di ciò che *è*, con i caratteri della sostanzialità e dell'eternità), la grammatologia è un pensiero della non-presenza: non come modificazione della presenza, bensì della non-presenza come alterità assoluta o inconscio. In tal senso essa è anche «scienza» della scrittura (fenomeno dell'assenza per eccellenza), nella misura in cui una scienza del genere possa affrancarsi dal *logos*.

Logocentrismo. Col termine «logocentrismo», Derrida indica il sistema concettuale della metafisica consistente nell'attribuire una posizione centrale al *logos*, e per conseguenza alla *phoné*. Il logocentrismo sorge dall'associazione sistematica tra presenzialità e *logos* (discorso), in base al fatto che nel discorso l'ordine del senso e del significato, per la sua prossimità (assicurata dalla voce) alla coscienza, per la sua immediatezza, è salvaguardato dalla dispersione e dalla possibile perdita. Alla base del logocentrismo c'è quindi un *desiderio*, il desiderio della presenza come difesa dalla morte e dal non senso, difesa, cioè, dalla scrittura e da ciò che essa rappresenta. Essendo la scrittura una struttura di rinvio senza termine, e cioè senza centro, il logocentrismo può anche essere definito non come pensiero della centralità del *logos*, ma più semplicemente come desiderio di un centro.

Rorty

Filosofia. Usato al maiuscolo è un termine *polemico* che indica la tradizione filosofica «ufficiale», a cui Rorty intende opporsi tramite la cosiddetta post-Filosofia (v.). Tradizione caratterizzata soprattutto dal fondazionalismo (v.)

Fondazionalismo. È l'atteggiamento proprio della Filosofia (v.), kantianamente intesa come «disciplina che giudica le pretese della scienza e della religione, della matematica e della poesia, della ragione e del sentimento, assegnando a ognuna il posto appropriato» (*La filosofia e lo specchio della natura*). Il presupposto del fondazionalismo è la concezione della filosofia come un tipo di sapere che possiede una sua specifica e privilegiata comprensione dei fondamenti della conoscenza (v.) e dei meccanismi della mente (v.).

Conoscenza. In senso tradizionale, conoscere significa «rappresentare accuratamente quel che si trova fuori della mente». Per cui, comprendere la possibilità e la natura della conoscenza significa comprendere il modo in cui riusciamo a costruire tali rappresentazioni. Il presupposto di questa visione «spettatoriale» della conoscenza, che si accompagna ad un concetto della filosofia come «teoria generale della rappresentazione», è una specifica dottrina della mente (v.).

Mente. La Filosofia ha concepito la mente alla stregua di uno «specchio», ossia di un occhio immateriale che riproduce, in modo adeguato o inadeguato, la realtà. L'idea moderna di mente è opera soprattutto di Descartes. Quella di conoscenza (v.) è opera soprattutto di Locke. Quella di Filosofia (v.) è opera soprattutto di Kant.

Cultura post-Filosofica. È la filosofia antifondazionalista, antiepistemologica e antimetafisica, cioè anti-kantiana e post-metafisica, che Rorty ritiene debba succedere alla Filosofia (v.) tradizionale e alle sue pretese assolutistiche. *N.B.* Il neologismo cultura post-Filosofica «è indicato con la maiuscola, a sottolineare il fatto che tale cultura intende superare non la filosofia, ma proprio la Filosofia, intesa nella sua accezione classica di *scientia scientiarum*» (G. Borradori).

Filosofia edificante. Rifacendosi alla terminologia di Kuhn, Rorty distingue tra filosofi «normali» e «rivoluzionari». Tuttavia, all'interno di questi ultimi, distingue fra quelli che fondano nuove scuole nelle quali può essere praticata la filosofia normale e professionalizzata (ad es. Cartesio e Kant) e coloro che rifiutano che il loro vocabolario possa mai essere istituzionalizzato (ad es. Kierkegaard e Nietzsche). Rorty predilige questi ultimi, che egli chiama edificanti, per distinguerli da quelli sistematici. La filosofia edificante, che egli avvicina all'ermeneutica (v.), lascia cadere sia l'immagine della filosofia come sapere specialistico sia l'idea del filosofo come figura privilegiata, ponendosi come sapere *narrativo*, proteso a «formare» gli uomini, più che a «conoscere» oggettivamente il mondo – ovvero come una delle tante «voci» all'interno della «conversazione» complessiva dell'umanità.

Metafisica. Rorty usa questo termine in un'accezione *negativa*, intendendo alludere, con esso, all'atteggiamento di chi crede nella possibilità di attingere le essenze stabili e universali delle cose. Alla metafisica e alla sua «ricerca di una visione fissa e totale delle cose», egli contrappone le istanze dello storicismo – e le connesse idee di contingenza (v.) e ironia (v.) – ovvero la necessità di una cultura postmetafisica e postfilosofica (v.).

Contingenza. La tesi secondo cui non esistono essenze necessarie universali e atemporali (e presunti metavocabolari capaci di esprimerle), ma tutto è storico, locale e mutevole, ovvero «un prodotto del tempo e del caso».

Ironia. L'atteggiamento che consiste nel sostenere risolutamente le proprie convinzioni, riconoscendo al tempo stesso la loro validità *contingente*: «Uso il termine "ironico" per designare un individuo che guarda a viso aperto la contingenza delle sue credenze e dei suoi desideri fondamentali, uno che è storicista e nominalista quanto basta per aver abbandonato l'idea che tali credenze e desideri rimandino a qualcosa che sfugge al tempo e al caso» (*La filosofia dopo la filosofia*).

Solidarietà. L'atteggiamento di chi si immedesima con le vite altrui, battendosi per diminuire la sofferenza e l'umiliazione degli esseri umani. *N.B.* Per Rorty la solidarietà non discende dal riconoscimento *metafisico* di una intemporale essenza comune, ma da un'iniziativa *storica* dell'uomo.

Ironico liberale. Colui che sintetizza in se stesso le tre istanze postfilosofiche della contingenza (v.), dell'ironia (v.) e della solidarietà (v.): «La mia definizione di "liberale" è presa in prestito da Judith Shklar, secondo la quale i liberali sono coloro che pensano che la crudeltà è il nostro maggior misfatto. Uso il termine "ironico" per designare un individuo che guarda a viso aperto la contingenza delle sue credenze e dei suoi desideri fondamentali (...) Gli ironici liberali sono persone che hanno, tra questi loro desideri infondabili, la speranza che la sofferenza possa diminuire e che possa aver fine l'umiliazione subita da alcuni esseri umani a causa di altri esseri umani...» (*ivi*).

Priorità della democrazia sulla Filosofia. Quando la Filosofia tradizionale, con le sue pretese assolutistiche e totalizzanti, entra in contraddizione con gli assetti pluralistici e libertari della democrazia, non c'è dubbio, per Rorty, che la democrazia debba avere «la precedenza» sulla Filosofia.

Etnocentrismo moderato. Contro l'anti-etnocentrismo di coloro che, partendo dal postulato dell'equivalenza di *tutte* le culture (relativismo culturale), rinunciano a difendere i valori della *propria* cultura, Rorty afferma un anti-antietnocentrismo moderato che, pur essendo consapevole del carattere *locale* di determinati valori dell'Occidente (libertà, uguaglianza di diritti ecc.) ne afferma la validità transituazionale, cioè l'universalità di diritto: «gli ideali possono essere locali e legati a una cultura e ciò nondimeno costituire la più grande speranza della specie» (*Scritti filosofici*, vol. I).

INDICAZIONI BIBLIOGRAFICHE

Su Derrida:

«Nuova Corrente», 1981, n. 84, monografico su Derrida.
S. Agosti (a cura di), *Jacques Derrida, o La lezione di calcolo*, Tilgher, Genova 1981.
M. Ferraris, *Differenze*, Multhipla, Milano 1981.
P. A. Rovatti, *La posta in gioco*, Bompiani, Milano 1987.
J. Culler, *Sulla decostruzione*, Bompiani, Milano 1988.
M. Iofrida, *Forma e materia. Saggio sullo storicismo antimetafisico di Jacques Derrida*, ETS, Pisa 1988.
M. Ferraris, *Postille a Derrida*, Rosenberg & Sellier, Torino 1990.
C. Resta, *Pensare al limite. Tracciati di Derrida*, Guerini e Associati, Milano 1990.
F. Restaino, *Derrida. Decostruzione e post-filosofia*, in *Storia della filosofia* fondata da N. Abbagnano, vol. IV, *La filosofia contemporanea*, tomo 1° di G. Fornero, Utet, Torino 1991, pp. 895-912.
G. Chiurazzi, *Scrittura e tecnica. Derrida e la metafisica*, Rosenberg & Sellier, Torino 1992.
A. Sevenant, *La decostruzione e Derrida*, Centro internazionale studi di estetica, Palermo 1992.
J. Forrester, *Le seduzioni della psicoanalisi: Freud, Lacan e Derrida*, Il Mulino, Bologna 1993.
V. Vitiello (a cura di), *Ritorno da Mosca. Omaggio a J. Derrida*, Guerini e Associati, Milano 1993.
D. Giugliano, *Derrida – Saussure. Segno e differenza*, Bulzoni, Roma 1994.
C. Dovolich, *Derrida tra differenza e trascendentale*, Angeli, Milano 1995.

V. Costa, *La generazione della forma. La fenomenologia e il problema della genesi in Husserl e in Derrida*, Jaca Book, Milano 1996.
S. Petrosino, *Jacques Derrida e la legge del possibile. Un'introduzione*, Jaca Book, Milano 1997 (1ª ed. 1983).
M. Telmon, *La differenza praticata. Saggio su Derrida*, Jaca Book, Milano 1997.
M. Ferraris, *Honoris causa a Derrida*, Rosenberg & Sellier, Torino 1998.

Su Rorty:

G. Borradori, *Il pensiero post-filosofico*, Jaca Book, Milano 1988.
F. Restaino, *Filosofia e postfilosofia in America*, Angeli, Milano 1990.
G. Borradori, *Conversazioni americane*, Laterza, Roma-Bari 1991.
F. Restaino, *Filosofia analitica e post-analitica*, in *Storia della filosofia* fondata da N. Abbagnano, vol. IV, *La filosofia contemporanea*, tomo 1° di G. Fornero, Utet, Torino 1991, pp. 913-941.
P. Emanuele, *Il mito dell'analisi da Aristotele a Rorty*, Laterza, Roma-Bari 1993.
A. Gargani (a cura di), *Richard Rorty*, Laterza, Roma-Bari 1993.
U. Eco, *Interpretazione e sovrainterpretazione: un dibattito con R. Rorty, J. Culler e C. Brooke-Rose*, Bompiani, Milano 1995.

Indice dei nomi

Sono riportati solo i nomi attinenti alla cultura antica, rinascimentale, moderna e contemporanea relativi alla parte storico-interpretativa:
– il neretto indica le pagine in cui l'autore è trattato analiticamente;
– il corsivo segnala invece una citazione in: testi, schede, glossario, laboratorio filosofico, note e indicazioni bibliografiche.

a

Abbagnano Nicola, *145*, *245*, *347*, *368*, 373, 375, **408-410**, *416*, *417*
Adler Alfred, 205, 206, *217*
Adler Max, 317, 318
Adorno Theodor W., *159*, 221, 227, 228, *230*, 232, *236*, *237*, *239*
Aliotta Antonio, *409*
Althusser Louis, 59
Amiel, *22*
Anassimandro, 388, 394
Anscombe G. E., *300*, *308*
Antiseri Dario, *316*, *318*
Ardigò Roberto, **121-122**, *124*, *126*
Aristarco, 340
Aristotele, *42*, *107*, 228, *246*, 339, *343*, *345*, 382, *427*, *431*, 445, *449*, *457*

b

Bacone Francesco, 95, 97, *108*, *229*, *230*, 318, *430*
Bakunin Michail A., 53, 75
Balzac Honoré de, *235*
Bauch Bruno, *195*
Baudelaire Charles, *452*
Baudino M., *316*
Bauer Bruno, 53, *66*
Bäumler Alfred, 130
Bedeschi G., *89*
Beethoven Ludwig van, *21*
Benjamin Walter, 227, 232, *233*, *234*, *236*, *237*, *239*
Bentham Jeremy, 121
Bergson Henri, *22*, **165-175**, 187, 206, 279, 293
Berkeley George, 5, 355
Berlinguer Enrico, 257
Bernstein R., 444
Betti Emilio, *434*
Binswanger Ludwig, *366*
Bobbio Norberto, *55*, 74, 372
Bolognesi Francesco, *21*
Bonaparte Napoleone, 182, 206, *263*, 326
Borradori G., *455*
Bovero M., *55*
Brecht Bertolt, *233*
Brentano Franz, 354
Bréton André, *240*
Breuer Joseph, 199, 200
Brianese G., *157*
Broglie Maurice de, *332*
Brooke-Rose C., *457*
Buffon Georges, 113
Bulow Cosima, 129
Bultmann Rudolf, *434*
Burckhardt Jacob, 183
Buron George, 206

c

Calderón de la Barca, 5, *13*, 276
Camus Albert, *18*, 372
Calderoni Mario, 275
Caracciolo A., 393
Carnap Rudolf, *99*, *308*, *328*, *347*
Cartesio Renato, 5, 95, 97, *99*, 180, *213*, *214*, *405*, *430*, *434*, 440, 446, 447, *449*, *455*
Cassirer Ernst, *99*, **180-181**, *190*, *191*, *193*, *195*
Catone, 181
Cattaneo Carlo, *106*, *110*
Celan Paul, *417*, *436*
Chalmers A. F., *318*
Charcot Jean Martin, 200
Chiodi Pietro, 371, 389, *409*
Chiurazzi G., *439*
Cicerone, 186
Cocteau Jean, *407*
Cohen Hermann, 180, *190*, *195*
Colli Giorgio, 130, 131, 132
Comte Auguste, 93, **94-100**, *105*, *106*, *107*, *108*, *109*, 120, *123*, *124*, *125*, 186, 323, *407*
Copernico Nicola, 340
Correggio, *17*, *18*
Cotroneo Girolamo, 327
Croce Benedetto, *23*, 243, **248-255**, 256, 259, *260*, *262*, *263*, *264*, *265*, *266*, *267*, 293, 323
Cromwell Oliver, 326
Culler J., *457*
Cuvier Georges, 113

d

D'Annunzio Gabriele, *155*
Dalton John, 342
Dante Alighieri, *12*
Darwin Charles, 94, 113, 114, 115, *123*, *126*, 202, 277, 319, *331*
Davidson Donald, 444, 448
De Amicis Edmondo, 94
De Beauvoir Simone, 372
De Gennaro P., 150
De Sanctis Francesco, *23*
Democrito, 186, *287*, *332*
Demostene, 206
Derrida Jacques, **439-444**, *451*, *452*, *454*, *456*, *457*
Descartes (v. Cartesio Renato)
Dewey John, 272, **276-283**, *284*, *285*, *286*, *287*, *288*, *289*, *290*, 323, *335*, *409*, 445, 446, *449*, *450*, *451*, *452*
Diderot Denis, *405*
Dilthey Wilhelm, **183-187**, 187, 188, 189, *190*, *191*, *192*, *194*, *195*, *196*, *235*, 421
Disraeli Benjamin, *66*
Dostoevskij Fëdor, 372, *403*
Duhring Karl Eugen, *77*, *109*

e

Eccles John, 313, *335*
Eddington Arthur S., *322*
Einstein Albert, *175*, 180, 205, 313, 314, *322*, *328*, *332*, 343, *358*
Eliade Mircea, 146
Eliot George, *22*
Engelmann P., *299*, *308*
Engels Friedrich, 53, 54, 61, *63*, *65*, *66*, *67*, *73*, 74, 75, *76*, **77**, *84*, *85*, *86*, *90*, 401
Epicuro, 186
Eraclito, 186, 323, 324, 388
Erodoto, *12*, *14*
Eschilo, 133, *134*
Esiodo, 323
Euclide, 5
Euripide, 133, *134*, *157*

f

Fabro C., *39*, *45*
Faraday Michael, *332*
Fedro, 441
Feigl, *328*
Feuerbach Ludwig, **49-52**, 54, 57, 58, 59, *60*, 61, *77*, *78*, *80*, *81*, *82*, *83*, *89*
Feyerabend Paul K., 339, **342-343**, *346*, *347*, *349*, *350*, 444
Fichte Johann Gottlieb, 3, 4, 5, *19*, 113, 186, *236*
Fink E., 148
Fornero Giovanni, *100*, *145*, *308*, *314*, *347*, *385*, *417*, *439*
Förster-Nietzsche Elisabeth, 130
Fortunato Giustino, 259
Foucault Michel, *162*
Fourier Charles, *67*
Franklin Benjamin, *343*
Frege Gottlob, 293
Freud Anna, 208
Freud Sigmund, *13*, *22*, *161*, **199-205**, 206, 207, *211*, *212*, *213*, *214*, *215*, *216*, *217*, 228, 231, *237*, *238*, *239*, *240*, 317, *434*, 439, *443*, 448, *456*
Fromm Erich, 208, 209

g

Gadamer Hans Georg, **421-433**, *434*, *436*
Galilei Galileo, 95, *99*, 320, *364*
Galimberti Umberto, *390*
Gargani A., *299*, 447
Gentile Giovanni, *23*, **243-247**, 248, *260*, *261*, *265*, *267*, 293, *417*
George Stefan, 387
Geymonat Ludovico, 94
Gianquitto B., *116*
Gide André, *22*
Gioanola Elio, 372, 373
Giovanni Evangelista, *34*
Goethe Wolfgang, 3, *43*, *153*, 186, 189
Goodman Nelson, 444
Gramsci Antonio, 243, **255-259**, *260*, *263*, *264*, *266*, *267*
Grün K., *66*
Gruppi Luciano, 256
Gupta R. K., *22*

h

Habermas Jürgen, *161*, 227, *230*
Hamilton William, 115, 116, 122
Hanson Norwood Russell, *348*
Hardy Thomas, *22*
Harris J., 319
Hartnack J., *308*
Hegel Georg Wilhelm Friedrich, 4, *13*, *19*, 31, 36, *39*, *40*, *42*, 49, 51, 53, 54, 55, 56, 57, 58, *60*, 67, *77*, *78*, *81*, *82*, *83*, *89*, 96, 97, *99*, *109*, *155*, 184, 186, 228, 243, 244, 248, 253, *260*, *265*, *267*, 277, 279, 323, 324, *332*, *335*, 382, 422, 424, *425*, *431*, *432*, *436*, *449*
Hehlmholtz Hermann Ludwig Ferdinand, *190*
Heidegger Martin, *22*, 143, *160*, *161*, *213*, *235*, *364*, 373, 374, **375-393**, 394, 396, 398, 399, *404*, *405*, *406*, *407*, *408*, *409*, *410*, *411*, *412*, *413*, *414*, *415*, *416*, *417*, 421, 422, *424*, *427*, *429*, *430*, *431*, *432*, *433*, *435*, *436*, 442, *443*, 445, 446, 447, *449*, *450*, *451*, *452*
Herbart Johann Friedrich, *259*
Hess Moses, 61, *66*, *89*
Hitler Adolf, *308*
Hobbes Thomas, *13*, 186
Hobsbawm Eric J., *67*
Hölderlin Friedrich, 375, 384, *385*, 387, 388, 389, 391, 392, *413*
Horkheimer Max, *22*, *23*, 221, 227, 228, 229, *230*, *236*, *239*
Horney Karen, 208
Hume David, 101, 121, 296, 297, *328*, *330*, 341
Husserl Edmund, 225, **353-368**, 375, 394, 399, *434*, 447
Huxley Thomas, 114, 115
Hyndman H. M., 74

i

Ignazio di Loyola, 100

j

James William, 272, **274**, 277, *278*, *284*, *285*, *286*, *287*, *288*, 445
Jaspers Karl, *22*, *235*, 371, 373, 375, **394-398**, *404*, *405*, *408*, *409*, *415*, *417*, 422
Jung Carl Gustav, 206, 207, *216*, *217*
Jünger Ernst, 390

k

Kafka Franz, 372
Kant Immanuel, 3, 4, 5, 6, *8*, 15, *24*, 30, 120, 179, 180, 181, 182, 186, *190*, *191*, *193*, 201, *267*, 314, 318, 341, *365*, 375, *405*, *406*, *409*, 423, 424, *434*, *436*, 445, 446, 447, *448*, *449*, *451*, *455*
Keplero Giovanni , *99*, 340
Kierkegaard Søren, *21*, *22*, **29-45**, 276, 372, 374, 394, *404*, *405*, *408*, *409*, 447, *455*
Klein Melanie, 208
Kleinpaul R., *211*
Koffka Kurt, *348*
Kohler Wolfgang, *348*
Kraus Karl, *299*
Kriege H., *66*
Kugelmann Ludwig, 74
Kuhn Thomas, *335*, **339-341**, 343, *344*, *345*, *347*, *348*, *349*, *350*, 444, *455*
Küng Hans, 145

l

Labiche Eugène-Marin, *173*
Labriola Antonio, *259*, *260*, *266*, *267*
Lacan Jacques, 209, *456*
Lakatos Imre, 339, 340, **341**, *347*, *349*, *350*
Lamarck Jean de, 113, *123*, *125*
Lavoisier Antoine-Lairent, *343*, *345*
Leibniz Gottfried Wilhelm, *13*, 96, 120, 180, 186, 189, 297, *405*
Lenin Nikolaj, 74, *77*, *84*, 255, *346*
Lentini Luigi, *314*
Leopardi Giacomo, 8, *18*, *20*, *23*, 251
Leucippo, *332*, 342
Lévinas Emmanuel, 439
Le Verrier, U.-J.-J., *99*
Liszt Franz, *21*
Livio Tito, *18*
Locke John, *434*, 446, *455*
Lorenz K., *335*
Löwith Karl, *78*
Lucrezio, 186
Lukács György, *23*, 151, *234*, *235*, 323
Lutero Martin, *34*, *35*
Lyell Charles, 113, *343*
Lyotard Jean-François, 439, 440, *451*

m

Mach Ernst, 296
Machiavelli Niccolò, 253, 255, 256
Maine de Biran François Pierre, 186
Malcolm N., *305*
Mallarmé Stéphane, *233*
Malthus Thomas R., 114
Mann Thomas, *22*, 232
Mansel Henry, 115,116
Marcel Gabriel, 373, 375, *405*, **408**, *416*, *417*
Marco Evangelista, *38*
Marconi D., *448*
Marcuse Herbert, 207, 221, 227, 231, *236*, *237*, *238*, *239*, *240*
Marinetti Filippo Tommaso, *234*
Martensen Hans Lassen, 29
Martinetti Piero, *23*
Marx Karl, *13*, *45*, 51, **52-75**, *76*, *77*, *78*, *79*, *80*, *81*, *82*, *83*, *84*, *85*, *86*, *87*, *88*, *89*, *90*, *199*, 207, 208, 209, *213*, *214*, *226*, 228, 229, 231, *234*, *240*, 248, 317, 324, *332*, *335*, *434*, 439, *452*
Masini F., 131
Massaro Domenico, *3*, 100, *102*, *116*, *243*, 293, *308*, *385*, *424*, *439*
Matteo Evangelista, *34*, *38*
Maupassant Guy de, *22*
Maxwell James Clerk, *332*,
Mayer Frederich, 4
Mead Margaret, 272, 281, *287*
Meinecke Friedrich, 183, 187, 188, **189**, *191*
Mendel Gregor, 319
Merleau-Ponty Maurice, *409*
Micheletti M., *22*
Mill James, 100, 121
Mill John Stuart, *22*, *99*, **100-104**, *105*, *109*, 120, 121, *123*, 323
Miller D., 211, 319
Mommsen Theodor, 183
Montale Eugenio, 253, 373
Montinari Mazzino, 26, 114, 122, 130, 132
Moore George Edward, 186, 294
Moravia Sergio, 292, 422
Mozart Wolfgang Amadeus, *43*
Musatti Cesare, 202, 204, 209

n

Nabokov Vladimir, 445
Nagel Ernst, *347*
Natorp Paul, 180, 181, *190*, 421
Negri A., *149*
Newton Isaac, 94, *99*, 296, 314, 339, 343, *358*
Nietzsche Friedrich, 13, *22*, *23*, *26*, *89*, **129-162**, 187, 188, 199, 206, *213*, *214*, *235*, 375, 382, 383, 389, 392, *416*, *417*, *434*, 442, *443*, 447, 448, *449*, *451*, *455*
Nordhofen E., *299*

o

Olsen Regina, 29
Omero, 228
Orwell George, 445
Otto Rudolf, *366*
Owen Robert, 54, *67*

p

Paci Enzo, *364*
Papini Giovanni, *23*
Pareyson Luigi, 375, *434*
Parmenide, 388
Parrini P., *332*
Pasquinelli A., *322*
Peirce Charles Sanders, **272-274**, 275, 277, *284*, *285*, *287*, *288*, 444
Petrarca Francesco, 10
Pianciola Cesare, 75, *86*
Pindaro, 5
Pirandello Luigi, *173*, 251
Pititto R., *300*
Planck Max, *358*
Platone, 3, 5, 180, 186, *191*, 228, *246*, 323, 324, 326, *332*, *335*, 383, 391, *404*, 422, *430*, 440, 441, 442, 445, 446, *448*, *449*
Plutarco, *18*
Poincaré Henri, *308*
Polibio, *153*
Popper Karl Raimund, **313-335**, 340, 341, 342, *347*, *350*
Proudhon Pierre-Joseph, 53, *66*
Proust Marcel, 165, 445

q

Quasimodo Salvatore, 373
Quine Willard Van Orman, 444

r

Raffaello Sanzio, *17*, *18*
Rank Otto, 207
Reale Giovanni, *318*
Rée Paul, 129
Reich Wilhelm, 207, 208, *217*
Reichenbach Hans, *347*
Restaino F., *347*
Ricardo David, 54, 67, *78*, *79*, *89*
Richter Jean-Paul, *21*, *190*
Rickert Heinrich, 182, 189, *193*, *196*, 375
Ricoeur Paul, *199*, *213*, *214*, *434*
Rilke Rainer Maria, 388
Ritschl Friedrich, 129
Robespierre Maximilien, 326
Robinson Joan Violet, 71
Rorty Richard, *434*, *439*, 440, **444-450**, *451*, *452*, *453*, *454*, *455*, *456*, *457*
Rossi Petro, 187
Rousseau Jean-Jacques, *83*
Ruge Arnold, 53
Ruggenini M., *160*
Russell Bertrand, 294, *300*, 318, 323, *335*, 445, 447

s

Saba Umberto, 373
Sacchetto Mauro, *273*
Saint-Ilaire Geoffroy, 113
Saint-Simon Claude-Henri de, 54, *67*, 75, 93, 100, *109*
Salomé Lou, 129, 130, *217*
Sartre Jean-Paul, 372, 373, 374, 375, **398-403**, *404*, *405*, *406*, *407*, *409*, *415*, *417*
Saussure Ferdinand de, *456*
Scheler Max, **365**, *366*, *368*, 390
Schelling Friedrich Wilhelm Joseph, 4, *19*, 29, 113, 186
Schiller Friedrich, *153*, 272
Schlechta Karl, 132
Schleiermacher Friedrich Daniel Ernst, 184, 186, *195*, 421, *426*, *427*, *430*
Schlick Moritz, *99*, 294, *308*, *322*
Schmitt Carl, *240*
Schopenhauer Arthur, **3-26**, 129, *134*, *135*, 140, *152*, *153*, *158*, 187, 205, *235*
Schrödinger Erwin, *332*
Schulte J., *298*, *299*, *307*
Schulze Gottlob Ernst, 3
Schweitzer Albert, 208
Sellars W., 444
Sereni P., *169*
Shakespeare William, 5, *20*
Shaw George Bernard, *22*

Shklar Judith, *456*
Silberstein E., *217*
Simmel Georg, *22*, 182, **187**, *191*, *194*, *235*, 357
Sini C., 357
Sismondi J.-C.-L. de, *66*
Smith Adam, 54, 67, *78*, *89*
Socrate, 29, 36, 133, *134*, 439, 440
Sofocle, 5, 133, *134*, *157*, *212*
Spaventa Bertrando, 243, *259*
Spencer Herbert, *113*, **115-121**, 122, *123*, *124*, *125*, *126*, *127*
Spengler Oswald, *22*, **187**, 188, *191*, *194*, *196*, *235*
Spinoza Baruch, 186, 208, 394
Stalin, 218, 221, 326
Stirner Max, *89*
Strauss David, 49
Sullivan Harry Stack, 208
Svevo Italo, *23*
Sweezy Paul Marlor, 71

t

Tarski Alfred, 320
Tichy P., 319
Togliatti Palmiro, 257
Tolomeo, 340, *343*, *345*
Tolstoj Lev Nikolaevič, *22*
Toynbee Arnold, 187, *195*
Trakl Georg, 388
Troeltsch Ernst, 187, 188, **189**, *191*, *195*

u

Unamuno Miguel de, **275-276**
Ungaretti Giuseppe, 373
Urmson J. O., *308*

v

Vailati Giovanni, **275**
Van Breda, 354
Varrone, *407*
Vasoli C., *19*
Vattimo Gianni, 131, 133, *146*, 147, 150, 231, 252, 380, 386, 387, 388, 389, 390, *405*, *410*, *414*, 421, *429*, *430*, *434*, *448*
Vecchiotti Icilo, *4*, *21*, *23*
Veneziani Lidia, *23*
Verne Jules, 94
Verri Pietro, 8
Vico Gian Battista, 252
Virgilio, *211*
Visalberghi A., *245*
Volpi F., *145*, 390, 391, *414*
Voltaire, 3, *405*

w

Wagner Richard, 16, *21*, *22*, 129, 130, 132, *135*
Weber Max, 187, *196*, 221, **222-227**, 228, *230*, *235*, *236*, *237*, *239*, 394
Weierstrass Karl, 354
Weischedel W., 393
Weismann F., *308*
Wertheimer Max, *348*
Westphalen Jenny von, 53, 54
Weydemeyer, 64, *66*, 74
Windelband Wilhelm, 182, 184, *190*, *193*, *195*, *196*
Wittgenstein Hermine, 294, 313
Wittgenstein Ludwig, *22*, **293-310**, 320, *328*, *347*, *364*, *430*, *432*, 444, 446, 447, *449*, *450*, *451*
Wittgenstein Margarethe, 294

z

Zeller Eduard, 183
Zola Émile, *22*

Indice generale

Capitolo primo **SCHOPENHAUER: L'IRRAZIONALITÀ DEL MONDO E L'ASCESI ATEA** 1

1. Vita e opere 3
2. Le radici culturali 3
3. Il mondo della rappresentazione come «velo di Maya» 4
4. La «volontà di vivere» 6
5. Caratteri e manifestazioni della «volontà di vivere» 7
6. La vita è dolore 8

TESTO 1 *Come un pendolo, oscilliamo sempre tra dolore e noia* 10

TESTO 2 *L'inferno del mondo* 11

7. Le vie di liberazione dal dolore 14

TESTO 3 *L'estasi e il nulla* 17

LABORATORIO FILOSOFICO 19

Scheda delle interpretazioni: *Schopenhauer nella cultura moderna* 21

GLOSSARIO E RIEPILOGO 24

Indicazioni bibliografiche 26

Scheda bibliografica 26

Capitolo secondo **KIERKEGAARD: LA FEDE COME ANTIDOTO CONTRO LA DISPERAZIONE** 27

1. Vita e scritti 29
2. L'esistenza come possibilità 30
3. La singolarità come categoria propria dell'esistenza umana 31
4. Gli stadi dell'esistenza 31
5. Il sentimento del possibile: l'angoscia 33

TESTO 1 *L'angoscia* 34

6. Disperazione e fede 35
7. L'attimo e la storia: l'eterno nel tempo 36

TESTO 2 *La fede come scandalo* 37

LABORATORIO FILOSOFICO 40

GLOSSARIO E RIEPILOGO 42

Indicazioni bibliografiche 45

Capitolo terzo **FEUERBACH E MARX: DALLA CRITICA DELLA RELIGIONE ALLA CRITICA DELLA SOCIETÀ** 47

1. Destra e sinistra hegeliana 49
2. Feuerbach 49
3. Marx 52

TESTO 1 *Le tesi su Feuerbach* 59

TESTO 2 *Struttura e sovrastruttura* 62

TESTO 3 *Classi e lotte di classi* 65

Scheda di approfondimento: *La critica dei falsi socialismi* 66

TESTO 4 *Il plus-valore* 72

TESTO 5 *La rivoluzione comunista* 75

Engels e il materialismo dialettico 77

LABORATORIO FILOSOFICO 78

GLOSSARIO E RIEPILOGO 81

Indicazioni bibliografiche 89

Scheda bibliografica 90

Capitolo quarto **COMTE E MILL: DUE VERSIONI DEL POSITIVISMO EUROPEO** 91

1. Caratteri generali del Positivismo 93

2. Comte 94

TESTO 1 *La filosofia positiva* 98

3. Mill 100

TESTO 2 *La logica come «scienza del ragionamento»* 102

TESTO 3 *L'induzione* 102

TESTO 4 *L'uniformità del corso della natura* 103

LABORATORIO FILOSOFICO 105

Scheda di approfondimento: *Il Positivismo sociale in Italia: Cattaneo* 106

GLOSSARIO E RIEPILOGO 107

Indicazioni bibliografiche 109

Capitolo quinto **SPENCER E IL POSITIVISMO EVOLUZIONISTICO** 111

1. Il concetto di evoluzione e il principio romantico dell'infinito 113

2. La teoria dell'evoluzione: Darwin 114

3. Spencer 115

TESTO 1 *Non c'è antagonismo tra scienza e religione* 116

4. Ardigò 121

LABORATORIO FILOSOFICO 123

GLOSSARIO E RIEPILOGO 125

Indicazioni bibliografiche 126

Capitolo sesto **NIETZSCHE: DALLA *MORTE DI DIO* ALL'IDEALE DELL'*OLTRE-UOMO*** 127

1. Vita e scritti 129

2. Caratteristiche del pensiero e della scrittura di Nietzsche 130

3. Fasi o periodi del filosofare nietzscheano 132

4. La nascita della tragedia 132

TESTO 1 *Apollineo e dionisiaco come categorie interpretative del mondo greco* 133

5. L'accettazione totale della vita 135

6. La critica della morale tradizionale e la nuova tavola dei valori 136

TESTO 2 *Morale dei signori e morale degli schiavi* 138

Nichilismo

7. La «morte di Dio» 140
TESTO 3 *Il grande annuncio* 141
8. Dalla «morte di Dio» all'avvento del «superuomo» 142
9 Il problema del nichilismo e del suo superamento 143
10. L'eterno ritorno 145
Scheda di approfondimento: *Così parlò Zarathustra* 147
11. Il «superuomo» 148
12. La volontà di potenza 149
LABORATORIO FILOSOFICO 152
Scheda dei confronti: *Nietzsche e Schopenhauer* 153
Scheda di approfondimento: *Sull'utilità e il danno della storia* 155
GLOSSARIO E RIEPILOGO 157
Indicazioni bibliografiche 161
Scheda bibliografica 162

Capitolo settimo **BERGSON E LA REAZIONE AL POSITIVISMO** 163
1. Vita e scritti 165
2. Tempo, durata e libertà 165
3. Spirito e corpo: materia e memoria 166
4. Lo slancio vitale 167
5. Istinto e intelligenza 168
6. Società, morale e religione 168
TESTO 1 *Società chiusa e società aperta* 169
LABORATORIO FILOSOFICO 172
GLOSSARIO E RIEPILOGO 174
Indicazioni bibliografiche 175

Capitolo ottavo **IL NEO-CRITICISMO E LO STORICISMO** 177
1. Caratteri generali del neo-criticismo 179
2. La scuola di Marburgo 179
3. Cassirer e la teoria dell'uomo come «animale simbolico» 180
4. La filosofia dei valori 182
5. Lo storicismo tedesco 183
6. Dilthey 183
7. Simmel: la filosofia della vita 187
8. Spengler: «il tramonto dell'Occidente» e la replica di Toynbee 187
9. Troeltsch e Meinecke 188
LABORATORIO FILOSOFICO 190
GLOSSARIO E RIEPILOGO 193
Indicazioni bibliografiche 195

Capitolo nono **FREUD E LA PSICOANALISI** 197
1. La rivoluzione psicoanalitica 199
2. L'inconscio e i modi per accedere ad esso 200
3. La scomposizione psicoanalitica della personalità 201
4. I sogni, gli atti mancati e i sintomi nevrotici 202
5. La teoria della sessualità e il complesso edipico 203
6. La religione e la civiltà 204
7. Sviluppi della psicoanalisi 205
TESTO 1 *Un caso di lapsus* 209
LABORATORIO FILOSOFICO 212
GLOSSARIO E RIEPILOGO 215
Indicazioni bibliografiche 217
Scheda bibliografica 217

Capitolo decimo **WEBER E LA SCUOLA DI FRANCOFORTE** 219
1. Il mondo nell'epoca del "disincanto" 221
2. Max Weber e l'etica della responsabilità 222
TESTO 1 *L'ascesi intramondana* 225
3. La teoria critica della società 227
TESTO 2 *Dialettica dell'illuminismo* 229
4. Civiltà e repressione 231
5. Arte, tecnica e industria culturale 231
TESTO 3 *L'arte nell'epoca della tecnica* 233
L'estetica marxista di Lukács 234
LABORATORIO FILOSOFICO 236
GLOSSARIO E RIEPILOGO 239
Indicazioni bibliografiche 240

Capitolo undicesimo **GENTILE, CROCE E GRAMSCI** 241
Premessa: il ritorno a Hegel 243
1. Gentile e l'attualismo 243
TESTO 1 *Il pensiero come atto* 246
2. Croce: la storia, la dottrina dell'arte e la svalutazione della scienza 248
TESTO 2 *L'arte* 253
3. Gramsci e la specificità del marxismo italiano 255
TESTO 3 *L'importanza della funzione intellettuale* 257
Scheda dei confronti: *Labriola e la specificità del marxismo rispetto al Positivismo e all'idealismo* 259
LABORATORIO FILOSOFICO 260
GLOSSARIO E RIEPILOGO 265
Indicazioni bibliografiche 267

Capitolo dodicesimo **La ragione come strumento. Il pragmatismo** 269
1. Il pragmatismo: caratteri generali 271
2. Peirce 272
3. James 274
4. Vailati 275
5. De Unamuno: pragmatismo e «sentimento tragico della vita» 275
6. Dewey 276
Testo 1 *Dewey: il concetto globale di esperienza* 280
Laboratorio filosofico 284
Glossario e riepilogo 287
Indicazioni bibliografiche 289

Capitolo tredicesimo **Wittgenstein: la filosofia come terapia** 291
1. La vita e gli scritti 293
Testo 1 *Pensieri segreti* 295
2. La prima fase del pensiero di Wittgenstein: il *Tractatus* 295
Testo 2 *Un limite al linguaggio* 298
Testo 3 *Il silenzio mistico* 299
3. Il secondo Wittgenstein: scoperta del linguaggio ordinario nella varietà dei suoi usi 300
Testo 4 *La teoria dei giochi linguistici* 302
Laboratorio filosofico 305
Scheda dei confronti: *Il* Tractatus *e il Circolo di Vienna* 308
Glossario e riepilogo 309
Indicazioni bibliografiche 310
Scheda bibliografica 310

Capitolo quattordicesimo **Popper, filosofo della ragione critica e della libertà** 311
1. La vita e le opere 313
2. I contatti con il Circolo di Vienna e l'influsso di Einstein 313
3. Il criterio di falsificabilità 314
4. Il metodo della scienza 316
5. La critica al marxismo e alla psicanalisi 317
6. Il rifiuto dell'induzione e la teoria della mente come «faro» e non come «recipiente» 318
7. Scienza e verità: il fallibilismo 319
Testo 1 *La falsificabilità come criterio di demarcazione* 321
8. Epistemologia e filosofia politica 323
9. Storicismo, utopia e violenza 323
10. La teoria della democrazia 324
Testo 2 *Elogio della democrazia* 325
11. Il riformismo gradualista 326

LABORATORIO FILOSOFICO 328

Scheda lessicale: *Metafisica* 332

GLOSSARIO E RIEPILOGO 333

Indicazioni bibliografiche 334

Scheda bibliografica 335

Capitolo quindicesimo **LA NUOVA EPISTEMOLOGIA** 337

1. L'epistemologia post-positivistica 339

2. Kuhn: la struttura delle rivoluzioni scientifiche 339

3. Lakatos: i programmi di ricerca 341

4. Feyerabend: l'anarchismo metodologico 342

TESTO 1 *Scienza normale e rivoluzione scientifica* 343

TESTO 2 *Contro il metodo* 345

LABORATORIO FILOSOFICO 347

Gestalt 348

GLOSSARIO E RIEPILOGO 349

Indicazioni bibliografiche 350

Capitolo sedicesimo **HUSSERL E LA FENOMENOLOGIA** 351

1. Caratteri della fenomenologia 353

2. Husserl: vita e scritti 354

3. L'atteggiamento fenomenologico 354

4. L'intenzionalità e l'io 355

5. La crisi delle scienze europee 357

TESTO 1 *Una crisi di senso* 358

TESTO 2 *Il mondo della vita* 360

TESTO 2 *Una nuova scientificità* 361

LABORATORIO FILOSOFICO 364

Scheda di approfondimento: *Max Scheler e la fenomenologia della vita emotiva* e *La fenomenologia come metodo di analisi dalla psichiatria al fenomeno religioso* 365

GLOSSARIO E RIEPILOGO 367

Indicazioni bibliografiche 368

Capitolo diciassettesimo **HEIDEGGER, JASPERS E SARTRE. LA RIFLESSIONE SULL'ESISTENZA** 369

1. Caratteri generali dell'esistenzialismo 371

2. Heidegger 375

TESTO 1 *I caratteri dell'Esserci* 381

3. Il secondo Heidegger 382

TESTO 2 *L'uomo è il pastore dell'Essere* 384

4. Jaspers 394

TESTO 3 *Il naufragio* 396

5. Sartre 398
TESTO 4 *L'esistenzialismo ateo* 402
LABORATORIO FILOSOFICO 404
☐ Scheda di approfondimento: *L'esistenzialismo spiritualistico di G. Marcel e L'esistenzialismo positivo di N. Abbagnano* 408
☐ Scheda lessicale: *Esistentivo - Esistenziale - Ontico - Ontologico* 410
GLOSSARIO E RIEPILOGO 411
Indicazioni bibliografiche 416

Capitolo diciottesimo **GADAMER E L'ERMENEUTICA FILOSOFICA** 419
1. L'ermeneutica: da tecnica dell'interpretazione a filosofia generale 421
2. Gadamer 421
TESTO 1 *La coscienza storica e la comprensione* 424
LABORATORIO FILOSOFICO 432
☐ *Altre linee di tendenza dell'ermeneutica odierna* 434
GLOSSARIO E RIEPILOGO 435
Indicazioni bibliografiche 436
☐ Scheda bibliografica *Gadamer* 436

Capitolo diciannovesimo **DECOSTRUZIONE E POSTMODERNO: DERRIDA E RORTY** 437
1. Jacques Derrida 439
TESTO 1 *La* différance 443
2. Richard Rorty 444
TESTO 2 *La filosofia dopo la filosofia* 448
LABORATORIO FILOSOFICO 451
GLOSSARIO E RIEPILOGO 454
Indicazioni bibliografiche 456
Indice dei nomi 458
Indice generale 462

Indice delle illustrazioni

p. 1: Edouard Vuillard, *Theodore Duret*, 1912, Washington, National Gallery of Art.
p. 27: Odilon Redon, *Il silenzio* (part.), 1911, olio su carta, New York, Museum of Modern Art.
p. 47: Honoré Daumier, *Nous Voulons Barabbas (Ecce Homo)*, 1850 ca., olio su tela, Essen, Folkwang Museum.
p. 91: Robert Delaunay, *Champs de Mars (La Torre rossa)*, 1911, olio su tela, Chicago, Art Institute of Chicago.
p. 111: Tom Purvis, *Imperial Airways*, 1935, stampa, collezione privata.
p. 127: Emil Nolde, *Gente eccitata,* 1913, olio su tela, Nolde-Stiftung, Seebull.
p. 163: Wassily Kandinsky, *Improvvisazione n.26,* 1912, olio su tela, Monaco, Stadtische Galerie.

p. 177: Gustave Moreau, *Tirteo* (part.), 1860-1862, Parigi, Musée Gustave Moreau.
p. 197: Odilon Redon, *Il Ciclope,* 1914 ca., olio su tela, Otterlo, Museum Kroller-Muller.
p. 219: Ernst Kirchner, *Visita allo zoo* (part.), Offenburg, Collezione Burda.
p. 241: Medardo Rosso, *Ecce puer,* 1906, gesso, Milano, Galleria d'Arte Moderna.
p. 269: Henri Meyer, *La consegna della colossale statua della Libertà a M. Morton, ambasciatore degli Stati Uniti a Parigi* (part.), 1884, disegno.
p. 291: Paul Klee, *Ad marginem,* 1930, acquarello su cartone, Basilea, Kunstmuseum.
p. 311: Nicholas De Stael, *Natura morta con bottiglia* (part.), 1952, olio su tela, Gand, collezione privata.
p. 337: Marc Tobey, *Verso i bianchi,* 1957, tempera su cartone, Torino, Galleria Civica d'Arte Moderna e Contemporanea.
p. 351: Raoul Hausmann, Testa meccanica (Lo spirito del nostro tempo), 1919, testiera da parruccaio e assemblaggi vari, Parigi, Musée National d'Art Moderne, Centre Pompidou.
p. 369: Giorgio Morandi, *Fiori,* 1918, olio su tela, Milano, collezione privata.
p. 419: Lucio Fontana, *Concetto Spaziale,* 1963-64, olio e graffiti su tela, collezione privata.

Referenze fotografiche

Appunti

Appunti